U0940689

云南统计年鉴

YUNNAN STATISTICAL YEARBOOK

2018

（总第 34 期 No. 34）

云南省统计局 编

Compiled by Statistical Bureau of Yunnan Province

中国统计出版社
China Statistics Press

图书在版编目 (CIP) 数据

云南统计年鉴 . 2018 : 汉英对照 / 云南省统计局编 .
-- 北京 : 中国统计出版社 , 2018.9
ISBN 978-7-5037-8518-4

Ⅰ . ①云… Ⅱ . ①云… Ⅲ . ①统计资料—云南—2018 —年鉴—汉、英 Ⅳ . ① C832.74-54

中国版本图书馆 CIP 数据核字 (2018) 第 155064 号

云南统计年鉴 - 2018

作　　者 / 云南省统计局
责任编辑 / 钟　钰
责任校对 / 魏寒松
装帧设计 / 李　赪
出版发行 / 中国统计出版社
地　　址 / 北京市丰台区西三环南路甲 6 号　邮政编码 / 100073
电　　话 / 邮购 (010)63376909　书店 (010)68783171
网　　址 / http://www.zgtjcbs.com
印　　刷 / 昆明市普琳特印刷有限责任公司
经　　销 / 新华书店
开　　本 / 890mm × 1240mm 1/16
字　　数 / 1000 千字
印　　张 / 37.5
版　　别 / 2018 年 9 月第 1 版
版　　次 / 2018 年 9 月第 1 次印刷
定　　价 / 468.00 元　　Price: 468.00 RMB

本书附同版本 CD-ROM 一张，光盘内容以书面文字为准。
如有印装差错，由本社发行部负责调换。

《云南统计年鉴》
2018

编 委 会

编 辑 部

Yunnan Statistical Yearbook
2018

编 者 说 明

一、《云南统计年鉴—2018》是一部全面反映云南省国民经济和社会发展情况的统计资料工具书，汇集了全省及各州（市）、县（市、区）2017年和主要年份经济和社会发展主要统计数据。

二、本年鉴对上年度年鉴章节内容进行了部分调整，调整后全书共18章，即：1. 省情概况；2. 国民经济核算；3. 固定资产投资；4. 城乡市场消费；5. 公共财政；6. 对外经济贸易；7. 农业和农村；8. 工业和能源；9. 建筑业和房地产业；10. 交通运输、通信和服务业；11. 金融和保险业；12. 旅游业；13. 教育、科技和文化；14. 卫生、体育和社会管理；15. 人口与就业；16. 资源与环境；17. 民族自治地方经济概况；18. 县域经济概况。

三、本年鉴每个章节后附有主要统计指标解释，对主要统计指标的含义、统计范围和统计方法作了简要说明。本年鉴的资料来源，大部分来自年度统计报表。由于统计口径范围和调查方法的差别，部分指标各州（市）、县（市、区）数字相加可能不等于全省总计，对于一些统计指标的统计口径范围发生变化的，本年鉴对有关数据作了相应的调整，并在有关统计表中作了解释，在使用中请注意。

四、度量衡单位均采用国家颁布的国际统一标准计量单位。本年鉴中对计量单位进一步统一调整，符号使用说明："空格"表示无该项统计指标数据，或不足本表最小单位数，或资料不详；"#"表示指标的其中项。

五、对各级党委、政府和有关部门给予《云南统计年鉴—2018》编辑工作的关心和大力支持，以及参与此项工作的同志付出的辛勤努力表示衷心感谢！为不断改进和提高本年鉴质量，更好地满足社会各界的需要，希望广大读者提出宝贵的意见。本年鉴如有差错之处，欢迎读者批评指正。

EDITOR' S NOTES

I. *Yunnan Statistical Yearbook 2018* is an annual statistics reference book which fully reflects the national economy and social development in Yunnan province. The present yearbook covers comprehensive data in each city, county and prefecture in 2017 as well as some key data in significant years of the whole province.

II. After revision, this book contains the following nineteen parts: 1. Provincial survey; 2. Economies; 3. Investment in Fixed Assets; 4. Urban and Rural Consumption; 5. Public Finance; 6. Foreign Trade; 7. Agriculture and Country; 8. Industry and Energy; 9. Construction and Real Estate; 10. Transport and Communications Industry; 11. Banking and Insurance; 12. Tourism; 13. Education, Science and Technology and Culture; 14. Public Health, Sports and Social Services; 15. Population and Employment; 16. Resources and Environment; 17. Survey of National Autonomous Area; 18. Survey of Intra-county Economies.

Ⅲ. Explanatory Notes on Principal Statistical Indicators are provided at the end of each part to describe the content, scope and method of provincial statistical indicators briefly. The major data in this publication are obtained from annual statistical reports. It is advisable to note in the reference that the sum of data of each city, county and prefecture may not correspondingly equal the total of the whole province in some statistical indicators due to different statistical ranges and investigation methods. As for changes of statistical ranges, the relevant data are adjusted and explained accordingly in the present yearbook.

Ⅳ. The units of measurement used in this book are international standard measurement units issued by the state. Notations used in this yearbook, "(Blank)" indicates that the data are not available; or refers to numbers of minimum units or refers to numbers which are not in detail. "#" indicates that the major items of the total.

Ⅴ. Thanks for the great support and attention given by party members and governments at each level, and colleagues who participate in this editing work. In order to perfect the yearbook and meet the requirements of the society better, comments from various readers are highly appreciated. At the same time, readers are welcome to correct our mistakes made in this book.

目　录

CONTENTS

一、省情概况

Chapter 1 Provincial Survey

二、国民经济核算

Chapter 2 National Account

三、固定资产投资

Chapter 3 Investment in Fixed Assets

四、城乡市场消费

Chapter 4 Urban and Rural Consumption

五、公共财政

Chapter 5 Public Finance

六、对外经济贸易

Chapter 6 Foreign Trade

七、农业和农村

Chapter 7 Agriculture and Country

八、工业和能源

Chapter 8 Industry and Energy

九、建筑业和房地产业

Chapter 9 Construction and Real Estate

十、交通运输、通信和服务业

Chapter 10 Transport Communication And Service Industry

十一、金融和保险业

Chapter 11 Banking and Insurance

十二、旅 游 业

Chapter 12 Tourism

十三、教育、科技和文化

Chapter 13 Education , Science and Technololgy and Culture

十四、卫生、体育和社会管理

Chapter 14 Public Health, Sports and Social Mangement

十五、人口与就业

Chapter 15 Population and Employment

十六、资源与环境

Chapter 16 Resources and Environment

十七、民族自治地方经济概况

Chapter 17 Survey of National Autonomous Area

十八、县域经济概况

Chapter 18 Survey of Intra - counry Economies

Chapter 1

一、省情概况
Provincial Survey

1-1 人口和资源(2017年)

Population and Resources (2017)

指标	Item	2017
全省年末人口总数（万人）	Total Population (year-end) (10 000 persons)	4 800.5
人口密度（人/平方千米）	Population Density (person/sq.km)	121.8
全省土地面积（万平方千米）	Total Land Area (10 000 sq.km)	39.41
民族自治地方土地面积（万平方千米）	Autonomous Area of Nationalities (10 000 sq.km)	27.67
全省年末耕地总资源（万公顷）	Total Cultivated Land Resources at Year-end (10 000 hectares)	621.33
牧草地面积（万公顷）	Area of Grassland (10 000 hectares)	14.70
全省森林面积（万公顷）	Forest Area (10 000 hectares)	2 300.62
全省森林覆盖率(%)	Forest Coverage Rate (%)	59.70
全省森林蓄积量（亿立方米）	Standing Stock Volume (100 million cu.m)	19.30
全省水域及水利设施用地面积（万公顷）	Water Area and Water Conservancy Facilities Area (10 000 hectares)	70.29
全省水能资源理论蕴藏量（亿千瓦）	Hydropower Resources by Theoretic (100 million kw)	1.04
全省水资源总量（亿立方米）	Total of Water Resources (100 million cu.m)	2 208.00
全省铁矿保有资源储量（亿吨）	Ensured Reserves of Iron Ore (100 million tons)	40.55
全省煤矿保有资源储量（亿吨）	Ensured Reserves of Coal Ores (100 million tons)	342.65
全省磷矿石保有资源储量（亿吨）	Ensured Reserves of Phosphate Ores (100 million tons)	49.47

注：1.森林资源有关数据为2012年云南省第八次森林资源连续清查数据。
2.牧草地面积为二次土地调查2014年土地变更调查数据，与2008年以前土地详查数据在土地分类标准、技术标准、调查手段和方法上不一致。

Note: a.Data of forest resource are the reviewing data of the 8th provincial continuous forest resource census in 2012.
b.Pasture land area data are obtained from 2014 land changing survey of the second land survey.detailed land survey before 2008 in terms of land classification standard, technical standard and investigation methods.

1–2 全省行政区划及代码(2017年)

Administrative Divisions and Their Codes in Yunnan (2017)

单位：个 (unit)

州市 Autonomous Prefectures and Municipalities	县级单位名称 County Units	县级单位数 Number Of County Units		
		市辖区 Districts under Municipal Jurisdiction	县级市 Cities at County Level	县 Counties
昆明市 Kunming	五华区 盘龙区 官渡区 西山区 东川区 呈贡区 晋宁区 富民县 宜良县 石林县 嵩明县 禄劝县 寻甸县 安宁市 Wuhua District, Panlong District, Guandu District,Xishan District, Dongchuan District,Chenggong District, Jinning District, Fumin, Yiliang, Shilin,Songming, Luquan, Xundian, Anning City	7	1	6
曲靖市 Qujing	麒麟区 沾益区 马龙县 陆良县 师宗县 罗平县 富源县 会泽县 宣威市 Qilin District,Zhanyi District,Malong, Luliang, Shizong, Luoping, Fuyuan, Huize, Xuanwei City	2	1	6
玉溪市 Yuxi	红塔区 江川区 澄江县 通海县 华宁县 易门县 峨山县 新平县 元江县 Hongta District, Jiangchuan District, Chengjiang, Tonghai, Huaning, Yimen, Eshan, Xinping,Yuanjiang	2		7
保山市 Baoshan	隆阳区 施甸县 龙陵县 昌宁县 腾冲市 Longyang District, Shidian, Longling, Changning, Tengchong City	1	1	3
昭通市 Zhaotong	昭阳区 鲁甸县 巧家县 盐津县 大关县 永善县 绥江县 镇雄县 彝良县 威信县 水富县 Zhaoyang District, Ludian, Qiaojia, Yanjin, Daguan, Yongshan, Suijiang, Zhenxiong, Yiliang, Weixin, Shuifu	1		10
丽江市 Lijiang	古城区 玉龙县 永胜县 华坪县 宁蒗县 Gucheng District,Yulong, Yongsheng, Huaping, Ninglang	1		4
普洱市 Pu'er	思茅区 宁洱县 墨江县 景东县 景谷县 镇沅县 江城县 孟连县 澜沧县 西盟县 Simao District, Ning'er, Mojiang, Jingdong, Jinggu, Zhenyuan, Jiangcheng, Menglian, Lancang, Ximeng	1		9
临沧市 Lincang	临翔区 凤庆县 云县 永德县 镇康县 双江县 耿马县 沧源县 Linxiang District, Fengqing, Yunxian, Yongde, Zhenkang, Shuangjiang, Gengma, Cangyuan	1		7
楚雄州 Chuxiong	楚雄市 双柏县 牟定县 南华县 姚安县 大姚县 永仁县 元谋县 武定县 禄丰县 Chuxiong City, Shuangbo, Mouding, Nanhua, Yao'an, Dayao, Yongren, Yuanmou, Wuding, Lufeng		1	9
红河州 Honghe	个旧市 开远市 蒙自市 弥勒市 屏边县 建水县 石屏县 泸西县 元阳县 红河县 金平县 绿春县 河口县 Gejiu City, Kaiyuan City, Mengzi City, Mile City, Pingbian, Jianshui, Shiping, Luxi, Yuanyang,Honghe, Jinping, Luchun, Hekou		4	9
文山州 Wenshan	文山市 砚山县 西畴县 麻栗坡县 马关县 丘北县 广南县 富宁县 Wenshan City, Yanshan, Xichou, Malipo, Maguan, Qiubei, Guangnan, Funing		1	7
西双版纳州 Xishuangbanna	景洪市 勐海县 勐腊县 Jinghong City, Menghai, Mengla		1	2
大理州 Dali	大理市 漾濞县 祥云县 宾川县 弥渡县 南涧县 巍山县 永平县 云龙县 洱源县 剑川县 鹤庆县 Dali City, Yangbi, Xiangyun, Binchuan, Midu, Nanjian, Weishan, Yongping, Yunlong,Eryuan, Jianchuan, Heqing		1	11
德宏州 Dehong	瑞丽市 芒市 梁河县 盈江县 陇川县 Ruili City, Mangshi City,Lianghe, Yingjiang, Longchuan		2	3
怒江州 Nujiang	泸水市 福贡县 贡山县 兰坪县 Lushui City,Fugong,Gongshan,Lanping		1	3
迪庆州 Diqing	香格里拉市 德钦县 维西县 Shangri-La City, Deqin, Weixi		1	2
全 省 **Yunnan**	**8个省辖市、8个民族自治州；16个市辖区、15个县级市、29个民族自治县、69个县** **8 Provincial Jurisdiction Cities,8 Ethnic Minority Autonomous Prefectures, 16 Municipal Jurisdiction Districts，15 Cities at County Level,29 ethinic minority autonomous counties，69 counties**			

1－2　续表1

单位：个

州　市	Region	县级单位数 Total	县级市 Cities at County Level	市辖区 Municipal Districts	民族自治县 Ethnic Minority Autonomous Counties	边境县 Counties of Border
全　省	**Yunnan**	**129**	**15**	**16**	**29**	**25**
昆　明	Kunming	14	1	7	3	
曲　靖	Qujing	9	1	2		
玉　溪	Yuxi	9		2	3	
保　山	Baoshan	5	1	1		2
昭　通	Zhaotong	11		1		
丽　江	Lijiang	5		1	2	
普　洱	Pu'er	10		1	9	4
临　沧	Lincang	8		1	3	3
楚　雄	Chuxiong	10	1			
红　河	Honghe	13	4		3	3
文　山	Wenshan	8	1			3
西双版纳	Xishuangbanna	3	1			3
大　理	Dali	12	1		3	
德　宏	Dehong	5	2			4
怒　江	Nujiang	4	1		2	3
迪　庆	Diqing	3	1		1	

continued

(unit)

乡镇单位数					社区村单位数		
	街道办事处	镇	乡			居委会	村委会
				民族乡			
Total	Community Offices	Towns	Townships	Townships of Ethnic Minority	Total	Community Residents' Committees	Villagers Committees
1 403	**175**	**683**	**545**	**140**	**14 323**	**2 421**	**11 902**
135	76	43	16	4	1 647	712	935
134	43	51	40	8	1 655	394	1 261
75	24	25	26	10	709	267	442
75	6	35	34	10	917	77	840
146	7	99	40	17	1 336	243	1 093
65	7	23	35	15	465	65	400
103		66	37	10	1 045	53	992
77	2	32	43	13	929	38	891
103		65	38	4	1 100	134	966
133	3	68	62	5	1 315	180	1 135
104	3	42	59	16	960	78	882
32	1	19	12	7	250	27	223
112	2	70	40	11	1 151	80	1 071
51	1	23	27	5	380	44	336
29		13	16	2	272	17	255
29		9	20	**3**	192	12	180

1-2 续表2 continued

单位：个 (unit)

州市县	Region	行政区划代码 Administrative Division Codes	乡镇单位数 Total	街道办事处 Community Offices	镇 Town	乡 Township	民族乡 Townships of Ethnic Minority	社区村单位数 Total	居委会 Community Residents' Committees	村委会 Villagers Committees
全　省	**Yunnan**	**530000**	**1 403**	**175**	**683**	**545**	**140**	**14 323**	**2 421**	**11 902**
昆明市	**Kunming**	**530100**	**135**	**76**	**43**	**16**	**4**	**1 647**	**712**	**935**
五华区	Wuhua	530102	10	10				89	89	
盘龙区	Panlong	530103	12	12				103	71	32
官渡区	Guandu	530111	10	10				119	119	
西山区	Xishan	530112	10	10				114	114	
东川区	Dongchuan	530113	8	1	6	1		165	35	130
呈贡区	Chenggong	530114	10	10				69	69	
晋宁区	Jinning	530115	8	2	4	2	2	137	8	129
富民县	Fumin	530124	7	2	5			75	2	73
宜良县	Yiliang	530125	8	2	4	2	2	138	88	50
石林县	Shilin	530126	7	3	3	1		93	6	87
嵩明县	Songming	530127	4	1	3			75	36	39
禄劝县	Luquan	530128	16	1	9	6		199	14	185
寻甸县	Xundian	530129	16	3	9	4		174	28	146
安宁市	Anning	530181	9	9				97	33	64
曲靖市	**Qujing**	**530300**	**134**	**43**	**51**	**40**	**8**	**1 655**	**394**	**1 261**
麒麟区	Qilin	530302	16	13	3			143	87	56
沾益区	Zhanyi	530303	11	4	2	5		130	42	88
马龙县	Malong	530321	10	5	2	3		75	47	28
陆良县	Luliang	530322	11	2	7	2		148	36	112
师宗县	Shizong	530323	10	3	4	3	3	110	21	89
罗平县	Luoping	530324	13	3	4	6	3	154	46	108
富源县	Fuyuan	530325	12	2	9	1	1	161	36	125
会泽县	Huize	530326	23	3	7	13	1	378	33	345
宣威市	Xuanwei	530381	28	8	13	7		356	46	310
玉溪市	**Yuxi**	**530400**	**75**	**24**	**25**	**26**	**10**	**709**	**267**	**442**
红塔区	Hongta	530402	11	9		2	2	104	94	10
江川区	Jiangchuan	530403	7	1	4	2	1	74	21	53
澄江县	Chengjiang	530422	6	2	4			40	18	22
通海县	Tonghai	530423	9	2	4	3	3	76	27	49
华宁县	Huaning	530424	5	1	3	1	1	77	23	54
易门县	Yimen	530425	7	2	1	4	3	58	19	39
峨山县	Eshan	530426	8	2	3	3		76	15	61
新平县	Xinping	530427	12	2	4	6		123	26	97
元江县	Yuanjiang	530428	10	3	2	5		81	24	57

1-2 续表3 continued

单位：个 (unit)

州市县	Region	行政区划代码 Administr-ative Division Codes	乡镇单位数 Total	街道办事处 Community Offices	镇 Town	乡 Township	民族乡 Townships of Ethnic Minority	社区村单位数 Total	居委会 Community Residents' Committees	村委会 Villagers Committees
保 山 市	**Baoshan**	**530500**	**75**	**6**	**35**	**34**	**10**	**917**	**77**	**840**
隆阳区	Longyang	530502	21	6	5	10	4	314	47	267
施甸县	Shidian	530521	13		5	8	2	138	5	133
龙陵县	Longling	530523	10		5	5	1	121	5	116
昌宁县	Changning	530524	13		9	4	3	124	6	118
腾冲市	Tengchong	530581	18		11	7		220	14	206
昭 通 市	**Zhaotong**	**530600**	**146**	**7**	**99**	**40**	**17**	**1 336**	**243**	**1 093**
昭阳区	Zhaoyang	530602	20	3	10	7	4	184	61	123
鲁甸县	Ludian	530621	12		10	2	2	97	27	70
巧家县	Qiaojia	530622	16		12	4		184	37	147
盐津县	Yanjin	530623	10		6	4		94	17	77
大关县	Daguan	530624	9		8	1	1	84	8	76
永善县	Yongshan	530625	15		8	7	2	142	28	114
绥江县	Suijiang	530626	5		5			42	11	31
镇雄县	Zhenxiong	530627	30	3	20	7	2	254	20	234
彝良县	Yiliang	530628	15		10	5	5	139	7	132
威信县	Weixin	530629	10		7	3	1	87	18	69
水富县	Shuifu	530630	4	1	3			29	9	20
丽 江 市	**Lijiang**	**530700**	**65**	**7**	**23**	**35**	**15**	**465**	**65**	**400**
古城区	Gucheng	530702	11	7	2	2	1	59	33	26
玉龙县	Yulong	530721	16		7	9	3	104	7	97
永胜县	Yongsheng	530722	15		9	6	6	150	8	142
华坪县	Huaping	530723	8		4	4	4	61	10	51
宁蒗县	Ninglang	530724	15		1	14	1	91	7	84
普 洱 市	**Pu'er**	**530800**	**103**		**66**	**37**	**10**	**1 045**	**53**	**992**
思茅区	Simao	530802	7		5	2	2	73	17	56
宁洱县	Ning'er	530821	9		6	3		89	4	85
墨江县	Mojiang	530822	15		12	3	1	168	8	160
景东县	Jingdong	530823	13		10	3		170	4	166
景谷县	Jinggu	530824	10		6	4		141	5	136
镇沅县	Zhenyuan	530825	9		8	1		111	2	109
江城县	Jiangcheng	530826	7		5	2		51	3	48
孟连县	Menglian	530827	6		4	2		42	3	39
澜沧县	Lancang	530828	20		5	15	6	161	4	157
西盟县	Ximeng	530829	7		5	2	1	39	3	36
临 沧 市	**Lincang**	**530900**	**77**	**2**	**32**	**43**	**13**	**929**	**38**	**891**
临翔区	Linxiang	530902	10	2	1	7	2	102	13	89
凤庆县	Fengqing	530921	13		8	5	3	187	4	183
云　县	Yunxian	530922	12		7	5	3	194	4	190
永德县	Yongde	530923	10		3	7	2	118	2	116
镇康县	Zhenkang	530924	7		3	4	1	74	3	71
双江县	Shuangjiang	530925	6		2	4		75	3	72
耿马县	Gengma	530926	9		4	5	1	86	6	80
沧源县	Cangyuan	530927	10		4	6	1	93	3	90

1-2 续表4 continued

单位：个 (unit)

州市县	Region	行政区划代码 Administrative Division Codes	乡镇单位数 Total	街道办事处 Community Offices	镇 Town	乡 Township	民族乡 Townships of Ethnic Minority	社区村单位数 Total	居委会 Community Residents' Committees	村委会 Villagers Committees
楚 雄 州	**Chuxiong**	**532300**	**103**		**65**	**38**	**4**	**1 100**	**134**	**966**
楚雄市	Chuxiong	532301	15		12	3		154	31	123
双柏县	Shuangbo	532322	8		5	3		84	7	77
牟定县	Mouding	532323	7		4	3		89	5	84
南华县	Nanhua	532324	10		6	4	1	128	12	116
姚安县	Yao'an	532325	9		6	3		77	13	64
大姚县	Dayao	532326	12		8	4	1	129	17	112
永仁县	Yongren	532327	7		3	4	1	63	3	60
元谋县	Yuanmou	532328	10		3	7		78	10	68
武定县	Wuding	532329	11		7	4	1	133	7	126
禄丰县	Lufeng	532331	14		11	3		165	29	136
红 河 州	**Honghe**	**532500**	**133**	**3**	**68**	**62**	**5**	**1 315**	**180**	**1 135**
个旧市	Gejiu	532501	10	1	7	2		112	39	73
开远市	Kaiyuan	532502	7	2	2	3	1	78	24	54
蒙自市	Mengzi	532503	11		7	4	2	101	15	86
弥勒市	Mile	532504	12		10	2		136	34	102
屏边县	Pingbian	532523	7		4	3		80	4	76
建水县	Jianshui	532524	14		8	6		153	16	137
石屏县	Shiping	532525	9		7	2		115	3	112
泸西县	Luxi	532527	8		5	3		87	6	81
元阳县	Yuanyang	532528	14		3	11		138	4	134
红河县	Honghe	532529	13		5	8		91	3	88
金平县	Jinping	532530	13		4	9	1	98	4	94
绿春县	Luchun	532531	9		4	5		92	21	71
河口县	Hekou	532532	6		2	4	1	34	7	27
文 山 州	**Wenshan**	**532600**	**104**	**3**	**42**	**59**	**16**	**960**	**78**	**882**
文山市	Wenshan	532601	17	3	7	7	5	139	26	113
砚山县	Yanshan	532622	11		4	7	4	103	17	86
西畴县	Xichou	532623	9		2	7		72	3	69
麻栗坡县	Malipo	532624	11		4	7	1	102	9	93
马关县	Maguan	532625	13		9	4		124	6	118
丘北县	Qiubei	532626	12		3	9	5	101	6	95
广南县	Guangnan	532627	18		7	11		174	7	167
富宁县	Funing	532628	13		6	7	1	145	4	141
西双版纳州	**Xishuangbanna**	**532800**	**32**	**1**	**19**	**12**	**7**	**250**	**27**	**223**
景洪市	Jinghong	532801	11	1	5	5	2	101	15	86
勐海县	Menghai	532822	11		6	5	3	90	5	85
勐腊县	Mengla	532823	10		8	2	2	59	7	52

1-2 续表5 continued

单位：个 (unit)

州市县	Region	行政区划代码 Administrative Division Codes	乡镇单位数 Total	街道办事处 Community Offices	镇 Town	乡 Township	民族乡 Townships of Ethnic Minority	社区村单位数 Total	居委会 Community Residents' Committees	村委会 Villagers Committees
大 理 州	**Dali**	**532900**	**112**	**2**	**70**	**40**	**11**	**1 151**	**80**	**1 071**
大理市	Dali	532901	13	2	10	1	1	142	32	110
漾濞县	Yangbi	532922	9		4	5		66	1	65
祥云县	Xiangyun	532923	10		8	2	1	139	7	132
宾川县	Binchuan	532924	10		8	2	2	90	11	79
弥渡县	Midu	532925	8		6	2	1	89	7	82
南涧县	Nanjian	532926	8		5	3		81	4	77
巍山县	Weishan	532927	10		4	6		83	4	79
永平县	Yongping	532928	7		3	4	3	75	3	72
云龙县	Yunlong	532929	11		4	7	2	86	1	85
洱源县	Eryuan	532930	9		6	3		90	2	88
剑川县	Jianchuan	532931	8		5	3		93	5	88
鹤庆县	Heqing	532932	9		7	2	1	117	3	114
德 宏 州	**Dehong**	**533100**	**51**	**1**	**23**	**27**	**5**	**380**	**44**	**336**
瑞丽市	Ruili	533102	6		3	3		40	11	29
芒　市	Mangshi	533103	12	1	5	6	1	98	18	80
梁河县	Lianghe	533122	9		3	6	2	66	4	62
盈江县	Yingjiang	533123	15		8	7	1	103	6	97
陇川县	Longchuan	533124	9		4	5	1	73	5	68
怒 江 州	**Nujiang**	**533300**	**29**		**13**	**16**	**2**	**272**	**17**	**255**
泸水市	Lushui	533301	9		6	3	1	77	6	71
福贡县	Fugong	533323	7		1	6	1	59	2	57
贡山县	Gongshan	533324	5		2	3		28	2	26
兰坪县	Lanping	533325	8		4	4		108	7	101
迪 庆 州	**Diqing**	**533400**	**29**		**9**	**20**	**3**	**192**	**12**	**180**
香格里拉市	Shangri-La	533401	11		4	7	1	64	6	58
德钦县	Deqing	533422	8		2	6	2	46	3	43
维西县	Weixi	533423	10		3	7		82	3	79

1-3　云南国民经济主要指标数据（2010-2017）

指　　标	Item
云南生产总值(当年价)(亿元)	**Gross Regional Product of Yunnan Province (at current prices) (100 Million yuan)**
#非公经济增加值	Added Value of Individual and Private Economy
年末总人口数（万人）	**Total Population at Year-end (10 000 persons)**
年末就业人员数　（万人）	**Total Number of Employed Persons at Year-end (10 000 persons)**
#城镇单位在岗职工人数	Number of employees on duty of urban entities
工农业总产值　（亿元）	**Gross Output Value of Industry and Agriculture (100 million yuan)**
农业总产值	Gross Output Value of Farming, Forestry, Animal Husbandry and Fishery
工业总产值(当年价)	Gross Output Value of Industry (at current prices)
#轻工业产值	Total Output Value of Light Industry
重工业产值	Total Output Value of Heavy Industry
主要农产品产量(万吨)	**Output of Major Agricultural Products (10 000 tons)**
粮　食	Grain
油　料	Oil-bearing Crops
甘　蔗	Sugarcane
烤　烟	Flue-cured Tobacco
水　果	Fruits
茶　叶	Tea
猪、牛、羊肉	Pork,Beef and Mutton
水产品	Aquatic Product
主要工业产品产量	**Output of Major Industrial Products**
原　煤（万吨）	Raw Coal (10 000 tons)
粗　钢（万吨）	Steel (10 000 tons)
钢　材（万吨）	Steel Products (10 000 tons)
发电量（亿千瓦小时）	Electricity (100 million kwh)
成品糖（万吨）	Sugar of Finished Product (10 000 tons)
卷　烟（亿支）	Cigarettes(100 million pieces)
水　泥（万吨）	Cement (10 000 tons)
布（万米）	Cloth (10 000 m)
机制纸及纸板（万吨）	Machine-made Paper and Paperboards (10 000 tons)
能源生产与消费(等价热值)	**Production and Consumption of Energy(Equivalent Caloricity)**
能源生产总量(万吨标准煤)	Total Energy Production (10 000 tons of SCE)
能源消费总量(万吨标准煤)	Total Energy Consumption (10 000 tons of SCE)
万元生产总值能耗(吨标准煤/万元)	Total Energy Consumption per 10 000 yuan of GRP (tons of SEC/10 000 yuan)

注：1.计算万元生产总值能耗的生产总值按当年价格计算。
2.2016-2017年主要农产品产量数据为第三次全国农业普查核定和修订的数据。

Principal Indicators on National Economy of Yunnan (2010-2017)

2010	2011	2012	2013	2014	2015	2016	2017
7 224.18	**8 893.12**	**10 309.47**	**11 832.31**	**12 814.59**	**13 619.17**	**14 719.95**	**16 376.34**
2 931.38	3 743.14	4 546.48	5 454.69	5 958.78	6 339.94	6 896.49	7 721.48
4 601.60	**4 631.00**	**4 659.00**	**4 686.60**	**4 713.90**	**4 741.80**	**4 770.50**	**4 800.50**
2 765.85	**2 857.24**	**2 881.90**	**2 912.36**	**2 962.25**	**2 942.49**	**2 998.89**	**2 992.65**
303.68	317.18	344.65	352.27	347.06	343.25	345.80	357.38
9 691.23	**11 901.64**	**14 321.68**	**15 813.02**	**16 101.94**	**15 552.76**	**16 456.33**	**16 985.88**
1 810.53	2 306.49	2 680.22	3 056.04	3 261.30	3 383.09	3 633.12	3 872.93
7 880.70	9 595.15	11 641.46	12 756.98	12 840.64	12 169.67	12 823.21	13 112.95
2 317.95	2 779.50	3 555.22	3 911.54	4 017.84	4 257.50	4 650.60	4 563.72
5 562.75	6 815.66	8 086.25	8 845.44	8 822.80	7 912.16	8 172.61	8 549.24
1 650.00	1 755.38	1 827.84	1 897.61	1 940.82	1 969.79	1 815.10	1 843.40
34.23	60.75	62.84	60.68	64.68	65.92	56.34	56.26
1 750.92	1 898.78	2 043.78	2 146.25	2 110.40	1 930.05	1 523.77	1 516.15
95.40	101.82	111.05	103.85	94.50	90.34	87.89	83.85
397.91	476.43	581.12	634.52	669.02	726.54	797.77	783.90
20.73	23.83	27.17	30.17	33.55	36.58	37.30	39.30
474.82	517.44	578.18	597.48	627.46	627.03	369.60	374.10
48.17	54.88	68.01	78.16	87.01	93.74	60.15	63.12
9 763.38	9 957.41	7 610.37	8 185.53	4 013.66	4 590.14	4 251.82	4 392.91
1 293.77	1 323.23	1 526.69	1 884.80	1 689.07	1 418.08	1 417.33	1 517.50
1 214.99	1 351.85	1 600.04	2 053.92	1 935.05	1 695.37	1 654.65	1 607.38
1 364.85	1 555.13	1 533.94	1 954.62	2 347.21	2 352.40	2 469.50	2 730.09
179.78	173.51	205.93	236.52	249.68	249.58	220.77	227.13
3 573.78	3 649.91	3 841.16	3 787.75	3 848.06	3 903.63	3 736.89	3 589.36
5 786.16	6 788.88	7 793.66	9 009.16	9 492.64	9 305.31	10 963.53	11 292.89
412.76	449.58	419.00	298.00	156.00	118.00	104.00	93.00
44.87	49.12	51.46	41.43	46.58	58.89	78.46	89.55
8 822.03	9 752.64	10 577.62	12 531.99	9 805.49	11 091.10	11 429.88	12 410.04
8 674.17	9 540.28	10 433.68	10 072.09	10 454.83	10 356.56	10 655.85	11 090.97
1.20	1.09	1.01	.85	0.82	0.75	0.72	0.67

Note: a.Numbers of total energy consumption per 10000 yuan of GDP are calculated at current prices.
b.Data of output of major farm products from 2016 to 2017 are verified and revised by the Third National Agricultural Census.

1–3 续表

指　　标	Item
全社会固定资产投资总额(亿元)	**Total Investment in Fixed Assets (100 million yuan)**
社会消费品零售总额（亿元）	**Total Retail Sales of Consumer Goods (100 million yuan)**
进出口总额(亿美元)	**Total Value of Exports and Imports (USD 100 million)**
出口额	Exports Value
进口额	Imports Value
实际利用外商直接投资总额(亿美元)	**Actually Utilized Foreign Investment Value**
财　政（亿元）	**Government Finance (100 million yuan)**
财政总收入	Government Revenue
地方一般公共预算支出	Government Expenditure
交通运输邮电	**Transport, Posts and Telecommunication Services**
货运周转量（亿吨公里）	Freight Traffic(100 million ton-km)
铁　路	Railways
公　路	Highways
水　路	Waterways
民用航空	Civil Aviation
旅客周转量（亿人公里）	Passenger Traffic(100 million passenger-km)
铁　路	Railways
公　路	Highways
水　路	Waterways
民用航空	Civil Aviation
邮电业务总量（亿元）	**Total Post and Telecommunication Services(10 000 yuan)**
旅游总收入(亿元)	**Total Tourism Revenue(100 million yuan)**
#旅游外汇收入(亿美元)	Foreign Exchange Earning from International Tourism(USD 100 million)
职工工资	**Wages of Staff and Workers**
职工工资总额（亿 元）	Total Wages of Staff and Wokers (100 million yuan)
#国有单位职工工资总额（亿元）	Total Wages of Staff and Wokers of State-owned Entities (100 million yuan)
职工平均工资（万元）	Annual Average Wages of Staff and Workers (yuan)
#国有单位职工平均工资（万元）	Annual Average Wages of Staff and Workers of State-owned Units (yuan)
居民消费价格指数（%）(上年=100)	**Consumer Price Index (%)(preceding year = 100)**
教育文化	**Education and Culture**
高等学校数（所）	Number of Regular Institutions of Higher Education (unit)
高等学校在校学生数（万人）	Student Enrollment of Regular Institutions of Higher Education (10 000 person)
中等专业学校在校学生数（万人）	Student Enrollment of Specialized Secondary Schools (10 000 person)
普通中学在校学生数（万人）	Student Enrollment of Regular Secondary Schools (10 000 persons)
小学在校学生数（万人）	Student Enrollment of Primary Schools (10 000 persons)
艺术表演团体（个）	Number of Art Performance Groups (unit)
报纸出版数量（亿份）	Number of Newspapers Issued (100 million pieces)
各类杂志出版数量（亿册）	Number of Magazines Issued (100 million pieces)
图书出版数量（亿册）	Number of Books Published (100 million copies)
卫　生	**Health Care**
卫生机构数（个）	Number of Health Institutions (unit)
床位数（万张）	Number of Sickbeds of Health Institutions (10 000 units)
#医院病床数（万张）	Number of Sickbeds of Hospital (10 000 units)
专业卫生技术人员（万人）	Number of Medical Technical Personnel (10 000 persons)
#执业（助理）医师(万人)	Doctors (10 000 persons)

注：1.进出口总额包括边境贸易。
2.财政总收入包括上划中央的“两税”收入。
3.2012年以前卫生机构数包括主要卫生机构、诊所、卫生保健所、医务室等，从2013年开始还包括村卫生室。

continued

2010	2011	2012	2013	2014	2015	2016	2017
5 528.71	**6 185.30**	**7 831.10**	**9 968.30**	**11 498.58**	**13 500.62**	**16 119.40**	**18 935.99**
2 542.44	**3 000.14**	**3 541.60**	**4 036.01**	**4 632.87**	**5 103.15**	**5 722.90**	**6 423.06**
133.68	**160.53**	**210.05**	**258.29**	**296.22**	**245.27**	**199.99**	**233.94**
76.06	94.70	100.18	159.59	188.02	166.26	115.82	114.30
57.62	65.80	109.87	98.70	108.20	79.01	84.17	119.64
13.29	**17.38**	**21.89**	**25.15**	**27.06**	**29.92**	**8.67**	**9.63**
1 809.29	2 258.71	2 624.40	2 976.75	3 156.73	3 250.02	3 204.95	3 392.08
2 285.72	2 929.60	3 572.66	4 096.51	4 437.98	4 712.83	5 018.86	5 712.97
915.04	996.20	1 092.09	1 325.30	1 407.63	1 465.30	1 569.20	1 798.67
358.31	369.70	379.75	390.24	390.59	371.83	379.44	420.62
548.53	617.27	702.51	921.98	1 002.35	1 077.89	1 173.06	1 360.37
6.91	8.19	8.71	11.65	13.09	14.08	15.20	16.21
1.29	1.04	1.12	1.43	1.60	1.51	1.50	1.46
523.64	610.78	670.22	720.33	573.63	599.49	585.55	596.70
80.73	91.91	91.99	99.34	103.22	111.38	110.92	131.90
352.10	424.57	470.20	323.10	321.06	330.21	319.99	308.27
1.78	1.96	2.02	2.23	2.37	2.50	2.70	2.88
89.03	92.34	106.01	125.40	146.98	155.40	151.93	153.66
268.94	**316.22**	**362.59**	**402.61**	**567.23**	**791.55**	**1 285.81**	**1 210.26**
1 006.83	**1 300.29**	**1 702.54**	**2 111.24**	**2 665.74**	**3 281.79**	**4 726.25**	**6 922.23**
13.24	16.09	19.47	24.19	24.21	28.76	30.75	35.50
903.72	1 111.38	1 340.24	1 630.67	1 727.71	1 958.70	2 284.05	2 636.42
619.53	709.16	794.46	797.61	916.93	1 065.57	1 323.26	1 565.96
3.02	3.54	3.89	4.40	4.78	5.50	6.36	7.35
3.43	4.04	4.51	4.90	5.44	6.45	7.89	9.57
103.7	**104.9**	**102.7**	**103.1**	**102.4**	**101.9**	**101.5**	**100.9**
61	64	66	67	67	69	72	77
43.69	48.76	51.22	54.86	57.70	61.46	65.66	70.59
29.00	30.15	31.56	30.13	30.84	30.97	31.25	32.12
270.63	270.90	265.95	261.07	266.55	267.60	267.78	270.69
435.21	424.08	406.70	392.08	382.69	377.78	376.61	375.21
142	161	220	259	284	276	221	316
6.41	6.52	6.54	6.51	6.14	4.61	4.00	3.56
0.35	0.33	0.39	0.42	0.40	0.38	0.34	0.28
1.51	1.70	1.67	1.72	1.53	1.90	1.52	1.64
9 699	9 956	10 070	24 267	24 285	24 186	24 241	24 688
15.71	17.34	19.47	21.01	22.49	23.76	25.36	27.48
11.25	12.63	14.35	15.61	16.97	18.13	19.47	21.08
14.17	14.93	16.48	19.33	20.89	22.80	25.02	28.39
6.21	6.34	6.69	7.49	7.54	7.96	8.59	9.39

Note: a.The total value of imports and exports includes frontier trade value.
b.The government revenue is the total government revenue,including two taxes turned over to the central government.
c.Health institutions include main medical institutions, clinics， health care centers,infirmaries and so on in 2012 and before,and since 2013, village clinics are also included.

1–4 主要年份云南国民经济主要指标总量和增长速度

指　　标	Item	总量指标	
		1978	1990
生产总值(GDP)(亿元)	**Gross Regional Product of Yunnan Province**	**69.05**	**451.67**
年末总人口(万人)	**Total Population at Year-end (10 000 persons)**	**3 091.50**	**3 730.60**
全社会固定资产投资总额(亿元)	**Total Investment in Fixed Assets (100 million yuan)**	**15.04**	**75.74**
社会消费品零售总额(亿元)	**Total Retail Sales of Consumer Goods (100 million yuan)**	**28.38**	**145.59**
进出口总额(亿美元)	**Total Value of Exports and Imports (USD 10 000)**	**1.04**	**5.48**
出口额	Export Value	0.69	4.34
进口额	Import Value	0.35	1.14
财　政（亿元）	**Government Finance (100 million yuan)**		
财政总收入	Government Revenue	11.76	77.43
地方一般公共预算支出	Government Expenditure	18.28	90.76
主要农产品产量(万吨)	**Output of Major Agriculture Products(10 000 tons)**		
粮　食	Grain	864.05	1 061.21
油　料	Oil-bearing Crops	5.51	13.31
甘　蔗	Sugarcane	160.01	661.88
烤　烟	Flue-cured Tobacco	12.26	43.60
水　果	Fruits	11.62	31.97
茶　叶	Tea	1.78	4.48
猪、牛、羊肉	Pork,Beef and Mutton	29.23	74.74
水产品	Aquatic Products	1.12	4.60
主要工业产品产量（万吨）	**Output of Major Industrial Products (10 000 tons)**		
原　煤	Raw Coal	1 483	2 227
粗　钢	Steel	35.12	80.15
成品钢材	Steel Products	25.59	68.97
发电量（亿千瓦小时）	Electricity (100 million kwh)	52.51	125.78
水　泥	Cement	131	471
卷　烟（亿支）	Cigarettes(100 million pieces)	315	2240
布（万米）	Cloth (10 000 m)	10 507	17 974
机制纸及纸板	Machine-made Paper and Paperboards	5.12	15.43
成品糖	Sugar of Finished Product	14.00	51.00
交通运输	**Transportation**		
货运周转量（亿吨公里）	Freight Traffic(100 million ton-km)	62.34	260.67
旅客周转量（亿人公里）	Passenger Traffic(100 million passenger-km)	24.25	87.67
邮电业务总量（亿元）	**Total Post and Telecommunication Services(10 000 yuan)**	**0.30**	**1.27**
国有单位职工平均工资(元)	**Average Wages of Staff and Workers of State-owned Entities(yuan)**	**629**	**2 200**
教　育（万人）	**Education (10 000 persons)**		
高等学校在校学生数	Student Enrollment of Regular Institutions of Higher Education	1.59	4.35
中等专业学校在校学生数	Student Enrollment of Specialized Secondary Schools	2.66	7.38
普通中学在校学生数	Student Enrollment of Regular Secondary Schools	128.54	123.95
小学在校学生数	Student Enrollment of Primary Schools	436.03	446.86
卫　生	**Health Care**		
医院病床数(万张)	Number of Hospital Sickbeds (10 000)	5.41	7.61
专业卫生技术人员(万人)	Number of Medical Technical Personnel (10 000 persons)	6.55	10.16
#执业（助理）医师(万人)	Number of Doctors	3.11	5.39

Growth Rate and Total Amounts of Principal Indicators on National Economy in Significant Years of Yunnan

Aggregate Data			各年比上年增长(±%) Growth Rate over Last Year				年平均增长速度(%) Average Annual Growth Rate(%)			
2000	2010	2017	1990	2000	2010	2017	1979-2017	1991-2017	2001-2017	2011-2017
2 011.19	**7 224.18**	**16 376.34**	**8.7**	**7.5**	**12.3**	**9.5**	**10.0**	**10.1**	**10.4**	**10.5**
4 240.80	**4 601.60**	**4 800.50**	**2.3**	**1.2**	**0.7**	**0.6**	**1.1**	**0.9**	**0.7**	**0.6**
697.94	**5 528.71**	**18 935.99**	**11.7**	**-2.7**	**22.1**	**17.5**	**20.1**	**23.2**	**21.8**	**19.5**
583.17	**2 555.80**	**6 423.06**	**2.4**	**8.2**	**24.5**	**12.2**	**14.9**	**15.1**	**15.2**	**14.1**
18.13	**133.68**	**233.94**	**0.1**	**9.2**	**66.7**	**17.0**	**14.9**	**14.9**	**16.2**	**8.3**
11.75	76.06	114.30	16.0	13.6	68.5	-1.3	14.0	12.9	14.3	6.0
6.38	57.62	119.64	-34.2	2.0	64.4	42.1	16.1	18.8	18.8	11.0
432.95	1 809.20	3 392.08	22.4	1.8	21.4	5.8	15.6	15.0	12.9	9.4
414.11	2 285.72	5 712.97	10.8	9.5	17.1	13.8	15.9	16.6	16.7	14.0
1 467.80	1 650.00	1 843.40	6.3	4.9	4.6	1.6	2.0	2.1	1.3	1.6
26.98	34.23	56.26	21.9	30.8	-31.8	-0.1	6.1	5.5	4.4	7.4
1 420.29	1 750.92	1 516.15	20.1	-7.0	-0.6	-0.5	5.9	3.1	0.4	-2.0
64.61	95.40	83.85	-4.5	6.0	8.4	-4.6	5.1	2.5	1.5	-1.8
76.95	397.91	783.90	50.9	4.2	16.1	-1.7	11.4	12.6	14.6	10.2
7.94	20.73	39.30	4.9	5.7	13.3	5.4	8.3	8.4	9.9	9.6
191.51	474.82	374.10	9.4	6.2	75.3	1.2	6.8	6.1	4.0	-3.3
16.62	48.17	63.12	4.3	7.0	11.9	4.9	10.9	10.2	8.2	3.9
2 216.00	9 763.38	4 392.91	2.1	-16.8	9.4	3.3	2.8	2.5	4.1	-10.8
189.41	1 293.77	1 517.50	11.0	6.0	23.3	7.1	10.1	11.5	13.0	2.3
183.71	1 214.99	1 607.38	11.5	0.9	24.8	-2.9	11.2	12.4	13.6	4.1
317.46	1 364.85	2 730.09	10.2	6.5	16.3	10.6	10.7	12.1	13.5	10.4
1 642.80	5 786.16	11 292.89	4.1	1.2	14.7	3.0	12.1	12.5	12.0	10.0
3 063.85	3 573.78	3 589.36	10.0	1.5	3.4	-3.9	6.4	1.8	0.9	0.1
5 855.00	412.76	93.00	0.4	-4.0	13.1	-10.6	-11.4	-17.7	-21.6	-19.2
22.32	44.87	89.55	1.4	-6.6	-2.5	14.1	7.6	6.7	8.5	10.4
152.25	179.78	227.13	9.9	-6.3	-19.7	2.9	7.4	5.7	2.4	3.4
479.52	915.04	1 798.67	15.7	8.2	8.8	14.6	9.0	7.4	8.1	10.1
237.94	523.64	596.70	-6.7		16.8	1.9	8.6	7.4	5.6	1.9
85.64	**268.94**	**1 210.26**	**15.5**	**39.8**	**-59.9**	**119.6**	**23.7**	**28.9**	**16.9**	**24.0**
9 422	**34 330**	**95 688**	**13.6**	**11.5**	**13.2**	**21.3**	**13.8**	**15.0**	**14.6**	**15.8**
9.04	43.69	70.59	-3.5	22.3	12.2	7.5	10.2	10.9	12.9	7.1
11.92	29.00	32.12	2.8	-0.3	24.1	2.8	6.6	5.6	6.0	1.5
185.97	270.63	270.69	3.7	11.1	2.1	1.1	1.9	2.9	2.2	0.0
472.06	435.21	375.21	-2.3	-1.8	-2.0	-0.4	-0.4	-0.6	-1.3	-2.1
6.61	11.25	21.08	1.5	2.4	12.8	8.3	3.5	3.8	7.1	9.4
12.41	14.17	28.39	-89.7	2.5	5.9	13.5	3.8	3.9	5.0	10.4
6.26	6.21	9.39	3.8	3.2	4.5	9.3	2.9	2.1	2.4	6.1

1-5 按经济类型划分的云南国民经济主要指标数据（2017年）

Principal National Economical Indicators by Types of Economy of Yunnan (2017)

指　　标	Item	全　省 Yunnan	比重(%) As Percentage to Total (%) (total=100)
生产总值(GDP)(亿元)	**Gross Regional Product (100 million yuan)**	**16 376.34**	**100.00**
国有经济	State-owned Economy	6 807.59	41.57
集体经济	Collective-owned Economy	1 847.27	11.28
非公有制经济	Non-public-owned Economy	7 721.48	47.15
规模以上工业增加值(亿元)	**Added Value of Industry (100 million yuan)**	**3 876.34**	**100.00**
国有企业	State-owned Enterprises	275.66	7.11
集体企业	Collective-owned Enterprises	7.07	0.18
股份合作制企业	Joint Stock Cooperative Enterprises	1.67	0.04
股份制企业	Joint Stock Enterprises	3 388.84	87.42
外商及港澳台资企业	Foreign-funded and Enterprises funded by Hong Kong,Macao and Taiwan	162.32	4.19
其他工业	Other Enterprises	40.79	1.05
全社会固定资产投资总额(亿元)	**Total Investment in Fixed Assets (100 million yuan)**	**18 935.99**	**100.00**
国有经济	State-owned Economy	10 790.53	57.00
集体经济	Collective-owned Economy	320.05	1.70
个体私营经济	Individual and Private Economy	100.88	0.50
其他各种经济	Other Types of Ownership Economy	7 263.43	38.40
农村农户投资	Investment of rural households	461.10	2.40
社会消费品零售总额(亿元)	**Total Retail Sales of Consumer Goods (100 million yuan)**	**6 423.06**	**100.00**
公有经济	Public Ownership Economy	1 210.23	18.84
#国有经济	Of which:State-owned Economy	973.43	15.16
非公有经济	Individual and Private Enterprises	5 212.83	81.16
#私有经济	Of which: Private Economy	4 619.75	71.92
就业人员总数(万人)	**Total Number of Employed Persons (10 000 persons)**	**2 992.65**	**100.00**
城镇单位就业人员	Employed Persons in Urban Entities	407.53	13.62
#国有单位职工人数	Employed Persons in Urban State-owned Entities	160.88	5.38
城镇个体私营就业人员	Self-employed Individuals and Others	416.55	13.92
乡村就业人员	Rural Employed Persons	2 168.57	72.46

注：生产总值、规模以上工业增加值按当年价格计算。
Note: Gross regional product and added value of industry are calculated at current prices.

1-6 云南省国民经济主要数据占全国的比重（2017年）

Proportion of Principal Indicators of National Economy of Yunnan Province to the Whole Country (2017)

单位：%　　(%)

指　标	Item	全　国 China	云　南 Yunnan	云南占全国的比重(%) Proportion of Yunnan to National Total(%)
生产总值(GDP)(亿元)	**Gross Regional Product (100 million yuan)**	**827 121.7**	**16 376.34**	**2.0**
第一产业	Primary Industry	65 467.6	2 338.37	3.6
第二产业	Secondary Industry	334 622.6	6 204.97	1.9
第三产业	Tertiary Industry	427 031.5	7 833.00	1.8
人均生产总值(元/人)	**Per Capita Gross Regional Product(yuan/person)**	**59 660**	**34 221**	**57.4**
年末总人口(万人)	**Total Population at the Year-end (10 000 persons)**	**139 008**	**4 800.5**	**3.5**
城镇化率(%)	**Urbanization Rate(%)**	**58.52**	**46. 69**	**79.8**
全部职工平均工资(元)	**Average Wages of All Staff and Workers (yuan)**	**76 121**	**73 515**	**96.6**
城镇常住居民人均可支配收入(元)	**Annual Average Disposable Income of Urban Households (yuan)**	**36 396**	**30 996**	**85.2**
农村常住居民人均可支配收入(元)	**Rural Per Capita Net Income (yuan)**	**13 432**	**9 862**	**73.4**
全社会固定资产投资额(亿元)	**Total Investment in Fixed Assets of the whole Province (100 million yuan)**	**641 238.4**	**18 935.99**	**3.0**
社会消费品零售总额(亿元)	**Total Retail Sales of Consumer Goods (100 million yuan)**	**366 261.6**	**6 423.06**	**1.8**
对外贸易进出口总额（亿美元）	**Total Value of Export and Import in Foreign Trade (USD 100 million)**	**41 045.04**	**233.94**	**0.6**
#出口总额	Total Export Value	22 635.22	114.30	0.5
实际利用外商直接投资(亿美元)	**Actually Utilized Direct Foreign Investment (USD 100 million)**	**1 310.35**	**9.63**	**0.7**
工农业主要产品产量(万吨)	**Output of Major Industrial and Farm Products (10 000 tons)**			
粮　食	Grain	61 793.0	1 843.40	3.0
烤　烟	Flue-cured Tobacco	—	83.85	—
油　料	Oil-bearing Crops	3 732	56.34	1.5
猪、牛、羊肉	Pork , Beef and Mutton	6 534.0	374.10	5.7
原　煤(亿吨)	Coal (100 Million tons)	35.24	0.44	1.2
粗　钢	Steel	83 172.80	1 517.50	1.8
钢　材	Steel Products	104 958.82	1 607.38	1.5
发电量(亿千瓦小时)	Electricity (100 million kwh)	64 951.43	2 730.09	4.2
水　泥(亿吨)	Cement (100 Million tons)	23.37	1.13	4.8
农用化肥(折100%)	Chemical Fertilizer	6 184.25	271.98	4.4
成品糖（万吨）	Sugar of Finished Product (10 000 tons)	1 470.64	227.13	15.4
卷　烟（亿支）	Cigarettes (10 billions cigarettes)	23 448.25	3 589.36	15.3
普通高等学校在校学生数(万人)	**Student Enrollment of Regular Institutions of Higher Education (10 000 persons)**	**2 753.60**	**70.6**	**2.6**
卫生机构病床数(万张)	**Number of Hospital Sickbeds (10 000 beds)**	**794.0**	**27.48**	**3.5**
卫生技术人员(万人)	**Medical Technical Personnel (10 000 persons)**	**897.8**	**28.39**	**3.2**
#执业（助理）医师(万人)	Doctors	335.0	9.39	2.8

注：本表全国数据主要来自《中国统计摘要（2018）》。全国钢材产量数据中含企业之间重复加工钢材约24000万吨。

Note: The national data in this table is from China statistical summary (2018).The national steel production data contains about 240 million tons of terra processed steel among enterprises.

1-7 全省按国民经济行业门类分的法人单位数（2013-2017年）
Number of Legal Entities by National Economy Indicators (2013-2017)

单位：个 (unit)

国民经济行业	National Economy Indicators	2013	2014	2015	2016	2017
全　省	**Yunnan**	**191 663**	**279 006**	**372 755**	**451 891**	**579 001**
农、林、牧、渔业	Agriculture, Forestry, Animal Husbandry and Fishery	4 541	36 078	59 968	78 056	109 423
采矿业	Mining	5 739	6 492	6 690	7 080	7 568
制造业	Manufacturing	17 162	20 034	23 311	26 905	32 978
电力、燃气及水生产和供应业	Production and Supply of Electricity, Gas and Water	2 291	2 561	2 882	3 206	3 521
建筑业	Construction	7 762	11 046	14 631	18 936	26 555
批发和零售业	Wholesale and Retail Trades	41 751	66 547	99 551	127 986	166 569
交通运输、仓储和邮政业	Transport, Storage and Post	4 014	5 210	6 720	8 685	11 046
住宿和餐饮业	Hotels and Catering Services	3 572	4 915	8 134	11 186	14 873
信息传输、软件业和信息技术服务业	Information Transmission, Computer Software and Information Technology Services	3 433	5 318	9 055	11 683	17 568
金融业	Financial Intermediation	1 032	3 022	3 516	4 080	4385
房地产业	Real Estate	7 488	9 591	10 949	12 215	14 489
租赁和商务服务业	Leasing and Business Services	14 332	21 345	31 252	39 115	54 745
科学研究和技术服务业	Scientific Research, Technical Services	7 507	9 847	12 532	14 057	18 964
水利、环境和公共设施管理业	Management of Water Conservancy, Environment and Public Facilities	2 347	2 655	2 965	3 220	4 194
居民服务、修理和其他服务业	Services to Households and Other Services	3 122	5 289	9 186	12 280	14 686
教　育	Education	9 890	10 521	10 956	11 604	12641
卫生和社会工作	Health, Social Security and Social Welfare	5 171	5 376	5 575	5 713	5 956
文化、体育和娱乐业	Culture, Sports and Entertainment	5 432	6 212	7 768	9 216	12 425
公共管理、社会保障和社会组织	Public Management and Social Organizations	45 077	46 947	47 114	46 668	46 415
国际组织	International Organization					

1-8 各州市法人单位数（2010-2017年）
Number of Legal Entities by Region (2010-2017)

单位：个 (unit)

州　市	Region	2010	2011	2012	2013	2014	2015	2016	2017
全　省	**Yunnan**	**170 936**	**197 322**	**214 490**	**191 663**	**279 006**	**372 755**	**451 891**	**579 001**
昆　明	Kunming	61 867	74 604	78 113	63 683	93 825	125 560	151 657	196 315
曲　靖	Qujing	15 531	17 371	19 615	16 960	25 755	37 439	46 183	57 596
玉　溪	Yuxi	10 918	12 075	13 108	13 871	17 546	23 511	27 784	32 310
保　山	Baoshan	5 889	6 624	7 325	6 888	10 233	13 267	17 003	21 621
昭　通	Zhaotong	8 737	9 510	10 244	9 521	13 541	18 572	23 378	29 076
丽　江	Lijiang	4 720	5 522	6 346	5 203	9 231	12 231	15 086	18 229
普　洱	Pu'er	7 679	8 743	10 009	9 123	13 873	17 624	20 678	24 841
临　沧	Lincang	5 586	6 324	7 147	6 046	9 846	12 701	15 452	20 996
楚　雄	Chuxiong	8 500	9 589	10 402	10 226	16 337	22 513	26 940	34 438
红　河	Honghe	13 081	14 361	15 837	14 894	18 879	23 483	24 327	38 199
文　山	Wenshan	6 537	7 442	8 128	7 780	10 847	13 596	19 125	23 637
西双版纳	Xishuangbanna	4 295	5 233	5 603	4 787	6 533	8 934	11 429	16 294
大　理	Dali	9 150	10 557	12 050	12 899	18 610	25 292	31 958	38 096
德　宏	Dehong	4 795	5 273	5 956	5 743	7 756	9 798	11 554	14 082
怒　江	Nujiang	2 069	2 290	2 625	2 124	3 619	4 451	5 430	6 361
迪　庆	Diqing	1 582	1 804	1 982	1 913	2 575	3 783	3 907	6 910

1-9 各州市按三次产业分的法人单位数（2017年）

Number of Legal Entities by Three Strata of Industry and Region (2017)

单位：个 (unit)

州 市	Region	法人单位数 Number of Impersonal Entities	第一产业 Single-industry Corporation	第二产业 Multi-industry Corporation	第三产业 Activity of Multi-industry Corporation
全 省	**Yunnan**	**579 001**	**103 864**	**70 301**	**404 836**
昆 明	Kunming	196 315	11 129	24 036	161 150
曲 靖	Qujing	57 596	11 902	6 918	38 776
玉 溪	Yuxi	32 310	5 132	4 672	22 506
保 山	Baoshan	21 621	5 626	3 092	12 903
昭 通	Zhaotong	29 076	7 518	3 226	18 332
丽 江	Lijiang	18 229	5 972	1 494	10 763
普 洱	Pu'er	24 841	8 086	2 874	13 881
临 沧	Lincang	20 996	5 461	3 195	12 340
楚 雄	Chuxiong	34 438	9 513	3 818	21 107
红 河	Honghe	38 199	7 900	5 158	25 141
文 山	Wenshan	23 637	4 905	2 617	16 115
西双版纳	Xishuangbanna	16 294	3 040	1 677	11 577
大 理	Dali	38 096	9 607	4 520	23 969
德 宏	Dehong	14 082	2 792	1 738	9 552
怒 江	Nujiang	6 361	2 407	625	3 329
迪 庆	Diqing	6 910	2 874	641	3 395

1–10 各州市按机构类型分的法人单位数（2017年）
Number of Legal Entities By Type of Institutions and Region (2017)

单位：个 (unit)

州 市	Region	法人单位数 Number of Impersonal Entities	企业法人 Single-industry Corporation	机关法人 Government Entity	事业法人 Institution Entity	社团团体 Multi-industry Corporation	其他 Activity of Multi-industry Corporation
全 省	**Yunnan**	**579 001**	**457 374**	**11 415**	**22 241**	**11 123**	**76 848**
昆 明	Kunming	196 315	180 540	1 360	3 144	1 953	9 318
曲 靖	Qujing	57 596	45 860	905	2 601	881	7 349
玉 溪	Yuxi	32 310	25 084	768	2 193	1 271	2 994
保 山	Baoshan	21 621	15 708	494	854	362	4 203
昭 通	Zhaotong	29 076	18 224	976	1 735	675	7 466
丽 江	Lijiang	18 229	12 871	455	721	413	3 769
普 洱	Pu'er	24 841	16 108	711	1 582	731	5 709
临 沧	Lincang	20 996	14 279	704	1 296	597	4 120
楚 雄	Chuxiong	34 438	26 334	822	1 390	604	5 288
红 河	Honghe	38 199	29 953	1 117	1 853	896	4 380
文 山	Wenshan	23 637	16 200	665	1 091	452	5 229
西双版纳	Xishuangbanna	16 294	12 087	347	894	618	2 348
大 理	Dali	38 096	26 477	1 033	1 850	744	7 992
德 宏	Dehong	14 082	9 615	470	545	525	2 927
怒 江	Nujiang	6 361	3 766	293	295	286	1 721
迪 庆	Diqing	6 910	4 268	295	197	115	2 035

1-11 各州市按控股情况分的企业法人单位数（2017年）

Numbers of Corporate Enterprises by Region and the Status of Holdings (2017)

单位：个 (unit)

州市	Region	法人单位数 Number of Impersonal Entities	国有控股 Single-industry Corporation	集体控股 Collective-holding	私人控股 Private-holding	港澳台商控股 Hong Kong, Macao and Taiwan-holding	外资控股 Multi-industry Corporation	其他 Activity of Multi-industry Corporation
全省	**Yunnan**	**457 374**	**9 558**	**6 341**	**422 374**	**597**	**979**	**17 525**
昆明	Kunming	180 540	3 084	1 694	169 110	370	506	5 776
曲靖	Qujing	45 860	857	702	41 205	21	38	3 037
玉溪	Yuxi	25 084	584	416	23 086	15	29	954
保山	Baoshan	15 708	418	239	14 522	16	27	486
昭通	Zhaotong	18 224	374	352	16 607	6	7	878
丽江	Lijiang	12 871	257	112	12 150	5	31	316
普洱	Pu'er	16 108	486	377	14 762	14	14	455
临沧	Lincang	14 279	415	322	12 617	13	19	893
楚雄	Chuxiong	26 334	501	407	24 714	22	19	671
红河	Honghe	29 953	802	694	26 662	27	25	1 743
文山	Wenshan	16 200	480	334	14 984	11	16	375
西双版纳	Xishuangbanna	12 087	290	157	11 246	17	113	264
大理	Dali	26 477	545	314	24 279	32	69	1 238
德宏	Dehong	9 615	237	89	9 088	15	35	151
怒江	Nujiang	3 766	92	43	3 512	5	3	111
迪庆	Diqing	4 268	136	89	3 830	8	28	177

1–12 各州市基本单位数（2017年）

Number of Basic Entities by Region (2017)

单位：个 (unit)

州市	Region	法人单位数 Number of Impersonal Entities	单产业法人 Single-industry Corporation	多产业法人 Multi-industry Corporation	产业活动单位数 Number of Industrial Activity Entities	多产业法人单位所属产业活动 Activity of Multi-industry Corporation
全省	**Yunnan**	**579 001**	**555 047**	**23 954**	**695 334**	**116 333**
昆明	Kunming	196 315	188 851	7 464	219 571	23 256
曲靖	Qujing	57 596	55 642	1 954	70 569	12 973
玉溪	Yuxi	32 310	31 125	1 185	38 396	6 086
保山	Baoshan	21 621	20 596	1 025	28 169	6 548
昭通	Zhaotong	29 076	28 002	1 074	36 713	7 637
丽江	Lijiang	18 229	17 421	808	22 556	4 327
普洱	Pu'er	24 841	23 789	1 052	29 381	4 540
临沧	Lincang	20 996	20 130	866	26 026	5 030
楚雄	Chuxiong	34 438	32 760	1 678	43 192	8 754
红河	Honghe	38 199	36 347	1 852	48 283	10 084
文山	Wenshan	23 637	22 649	988	30 408	6 771
西双版纳	Xishuangbanna	16 294	15 651	643	20 075	3 781
大理	Dali	38 096	36 112	1 984	47 360	9 264
德宏	Dehong	14 082	13 278	804	18 665	4 583
怒江	Nujiang	6 361	6 074	287	8 057	1 696
迪庆	Diqing	6 910	6 620	290	7 913	1 003

注：本表产业活动单位的汇总范围，包括外省(地、州)法人单位在本地的产业活动单位，但不包括本省(地、州)法人单位在外地的产业活动单位。

Note: The number of industrial activity entities by region does not include the number outside the province.

Chapter 2

二、国民经济核算
National Accounts

2-1 云南生产总值（1978-2017年）

Historic Gross Regional Product (1978-2017)

单位：亿元 (100 million yuan)

年 份 Year	生 产 总 值 Gross Regional Product	第一产业 Primary Industry	第二产业 Secondary Industry	第三产业 Tertiary Industry	工 业 Industry	建筑业 Construction	人均生产总值（元/人） Per Capita Gross Regional Product (yuan/person)
1978	69.05	29.46	27.58	12.01	20.91	6.67	226
1979	76.83	32.38	30.50	13.95	23.56	6.94	247
1980	84.27	35.89	33.98	14.40	25.86	8.12	267
1981	94.13	41.23	35.80	17.10	28.62	7.18	294
1982	110.12	47.04	42.39	20.69	34.21	8.18	339
1983	120.07	49.33	47.28	23.46	39.08	8.20	363
1984	139.58	57.33	54.38	27.87	44.14	10.24	416
1985	164.96	66.07	65.41	33.48	52.51	12.90	486
1986	182.28	71.32	70.83	40.13	61.09	9.74	528
1987	229.03	84.06	84.30	60.67	73.30	11.00	653
1988	301.09	103.47	112.40	85.22	99.19	13.21	845
1989	363.05	119.01	138.06	105.98	124.73	13.33	1 003
1990	451.67	168.13	157.80	125.74	142.77	15.03	1 224
1991	517.41	169.48	179.56	168.37	162.32	17.24	1 377
1992	618.69	186.80	219.03	212.86	193.90	25.13	1 625
1993	783.27	191.45	325.57	266.25	284.65	40.92	2 030
1994	983.78	236.25	428.68	318.85	383.91	44.77	2 515
1995	1 222.15	302.69	534.78	384.68	480.95	53.83	3 083
1996	1 517.69	360.48	669.06	488.15	599.82	69.24	3 779
1997	1 676.17	387.02	743.82	545.33	657.05	86.77	4 121
1998	1 831.33	403.43	818.26	609.64	705.55	112.71	4 446
1999	1 899.82	406.87	811.90	681.05	686.09	125.81	4 558
2000	2 011.19	431.80	833.25	746.14	704.00	129.25	4 770
2001	2 138.31	444.42	868.06	825.83	730.81	137.25	5 015
2002	2 312.82	463.44	934.88	914.50	788.44	146.44	5 366
2003	2 556.02	494.60	1 047.66	1 013.76	882.08	165.58	5 870
2004	3 081.91	593.59	1 281.63	1 206.69	1 066.41	215.22	7 012
2005	3 462.73	661.69	1 426.42	1 374.62	1 168.68	257.74	7 812
2006	3 988.14	724.40	1 705.83	1 557.91	1 401.57	304.26	8 929
2007	4 772.52	837.35	2 038.39	1 896.78	1 696.29	342.10	10 609
2008	5 692.12	1 020.56	2 452.75	2 218.81	2 051.73	401.02	12 570
2009	6 169.75	1 067.60	2 582.53	2 519.62	2 088.17	494.36	13 539
2010	7 224.18	1 108.38	3 223.49	2 892.31	2 604.07	619.42	15 752
2011	8 893.12	1 411.01	3 780.32	3 701.79	2 994.30	786.02	19 265
2012	10 309.47	1 654.55	4 419.20	4 235.72	3 450.72	968.48	22 195
2013	11 832.31	1 860.80	4 939.21	5 032.30	3 763.57	1 182.14	25 322
2014	12 814.59	1 991.17	5 281.82	5 541.60	3 898.97	1 389.66	27 264
2015	13 619.17	2 055.78	5 416.12	6 147.27	3 848.26	1 574.77	28 806
2016	14 719.95	2 195.11	5 649.34	6 875.50	3 850.30	1 806.22	30 949
2017	16 376.34	2 338.37	6 204.97	7 833.00	4 089.37	2 123.68	34 221

注：生产总值按当年价格计算。2013起，第二、三产业中的服务业增加值划入第三产业。2017年生产总值包含研发支出。

Note: Data of gross product are calculated at current prices, From 2013 the added value of service industry of primary and secondary industry has been classified tertiary industry. GDP of 2017 inculdes R&D.

2-2 云南生产总值指数（一）（1978-2017年）

Historic Indices of Gross Regional Product (Ⅰ) (1978-2017)

本表按不变价计算
(上年=100)

Data in this table is calculated at constant price
(preceding year=100)

年份 Year	生产总值指数（%） Indices of Gross Regional Product (%)	第一产业 Primary Industry	第二产业 Secondary Industry	第三产业 Tertiary Industry	工业 Industry	建筑业 Construction	人均生产总值指数（%） Indices of Per Capita Gross Regional Product (%)
1978	121.7	113.7	129.0	119.2	128.3	132.6	119.0
1979	103.1	93.0	105.8	114.8	106.3	103.2	101.3
1980	108.5	109.8	110.1	102.5	109.4	113.9	107.1
1981	107.8	109.3	103.3	117.2	105.7	91.5	106.3
1982	115.5	112.8	115.1	120.4	115.7	111.6	113.6
1983	108.4	104.2	108.9	113.3	110.3	100.2	106.6
1984	114.5	113.7	112.9	118.9	111.8	120.0	113.0
1985	113.0	106.8	113.6	119.6	112.6	119.3	111.5
1986	104.3	97.7	106.6	107.1	106.6	106.7	102.7
1987	112.3	107.7	110.4	120.7	110.3	111.0	110.4
1988	116.0	107.8	118.5	119.0	118.1	120.8	114.2
1989	105.8	103.2	103.9	111.3	104.5	100.4	104.1
1990	108.7	108.5	109.8	107.1	110.1	107.9	106.7
1991	106.6	101.1	108.9	111.0	109.3	105.5	104.7
1992	110.9	103.0	116.8	113.4	115.2	133.5	109.5
1993	111.1	102.5	113.7	117.0	113.2	117.8	109.6
1994	112.2	103.0	117.3	114.7	117.7	114.0	110.7
1995	111.7	105.0	113.5	115.2	114.2	107.1	110.3
1996	111.1	105.2	111.5	115.1	112.0	106.6	109.7
1997	109.7	104.6	110.6	112.3	109.6	120.4	108.3
1998	108.1	103.0	109.2	110.3	107.2	126.6	106.7
1999	107.3	104.5	107.0	109.3	106.5	110.9	106.0
2000	107.5	105.6	105.8	110.4	107.0	97.2	106.2
2001	106.8	103.9	103.9	111.7	103.9	104.2	105.6
2002	109.0	103.8	109.3	111.4	110.0	105.8	107.8
2003	108.8	105.5	110.1	109.1	110.2	109.7	107.7
2004	111.3	105.3	112.7	112.8	111.8	117.8	110.3
2005	108.9	104.8	107.5	111.7	106.4	113.6	107.9
2006	111.6	105.5	116.8	109.0	116.5	118.2	110.7
2007	112.2	104.2	115.2	112.5	117.0	107.2	111.4
2008	110.6	106.3	112.1	110.7	113.4	105.5	109.8
2009	112.1	105.2	113.6	113.1	111.2	126.3	111.4
2010	112.3	104.2	115.8	111.5	114.6	121.1	111.6
2011	113.7	106.0	117.9	112.0	117.6	119.4	112.9
2012	113.0	106.7	116.7	110.9	115.6	121.2	112.3
2013	112.1	106.8	112.5	113.5	110.5	120.6	111.5
2014	108.1	106.2	109.1	107.4	107.2	116.2	107.5
2015	108.7	105.9	108.6	109.6	106.7	114.8	108.0
2016	108.7	105.6	108.9	109.5	106.5	114.6	108.0
2017	109.5	106.1	110.7	109.5	110.3	111.5	108.8

注：生产总值按当年价格计算，2013起，第二、三产业中的服务业增加值划入第三产业。
Note: Data of gross product are calculated at current prices. From 2013 the added value of service industry of primary and secondary industry has been classified tertiary industry.

2-3 云南生产总值指数（二）（1978—2017年）
Historic Indices of Gross Regional Product (Ⅱ) (1978-2017)

本表按不变价计算　　Data in this table is calculated at constant price

(1952年=100)　　(year of 1952=100)

年份 Year	生产总值指数（%） Indices of Gross Regional Product (%)	第一产业 Primary Industry	第二产业 Secondary Industry	第三产业 Tertiary Industry	工业 Industry	建筑业 Construction	人均生产总值指数（%） Indices of Per Capita Gross Regional Product (%)
1978	459.8	250.1	1 441.3	362.8	1 382.2	1 874.0	253.9
1979	474.1	232.6	1 524.9	416.5	1 469.3	1 934.0	257.2
1980	514.4	255.4	1 678.9	426.9	1 607.4	2 202.8	275.5
1981	554.5	279.2	1 734.3	500.3	1 699.0	2 015.6	292.9
1982	640.4	314.9	1 996.2	602.4	1 965.7	2 249.4	332.7
1983	694.2	328.1	2 173.9	682.5	2 168.2	2 253.9	354.7
1984	794.9	373.0	2 454.3	811.5	2 424.0	2 704.7	400.8
1985	898.2	398.4	2 788.1	970.6	2 729.4	3 226.7	446.9
1986	936.8	389.2	2 972.1	1 039.5	2 909.5	3 442.9	459.0
1987	1 052.0	419.2	3 281.2	1 254.7	3 209.2	3 821.6	506.7
1988	1 220.3	451.9	3 888.2	1 493.1	3 790.1	4 616.5	578.7
1989	1 291.1	466.4	4 039.8	1 661.8	3 960.7	4 635.0	602.4
1990	1 403.4	506.0	4 435.7	1 779.8	4 360.7	5 001.2	642.8
1991	1 496.0	511.6	4 830.5	1 975.6	4 766.2	5 276.3	673.0
1992	1 659.1	526.9	5 642.0	2 240.3	5 490.7	7 043.9	736.9
1993	1 843.3	540.1	6 415.0	2 621.2	6 215.5	8 297.7	807.6
1994	2 068.2	556.3	7 524.8	3 006.5	7 315.6	9 459.4	894.0
1995	2 310.2	584.1	8 540.6	3 463.5	8 354.4	10 131.0	986.1
1996	2 566.6	614.5	9 522.8	3 986.5	9 356.9	10 799.6	1 081.8
1997	2 815.6	642.8	10 532.2	4 476.8	10 255.2	13 002.7	1 171.6
1998	3 043.7	662.1	11 501.2	4 937.9	10 993.6	16 461.4	1 250.1
1999	3 265.9	691.9	12 306.3	5 397.1	11 708.2	18 255.7	1 325.1
2000	3 510.8	730.6	13 020.1	5 958.4	12 527.8	17 744.5	1 407.3
2001	3 749.5	759.1	13 527.9	6 655.5	13 016.4	18 489.8	1 486.1
2002	4 087.0	787.9	14 786.0	7 414.2	14 318.0	19 562.2	1 602.0
2003	4 446.7	831.2	16 279.4	8 088.9	15 778.4	21 459.7	1 725.4
2004	4 949.2	875.3	18 346.9	9 124.3	17 640.3	25 279.5	1 903.1
2005	5 389.7	917.3	19 722.9	10 191.8	18 769.3	28 717.5	2 053.4
2006	6 014.9	967.8	23 036.3	11 109.1	21 866.2	33 944.1	2 273.1
2007	6 748.7	1 008.4	26 537.8	12 497.7	25 583.5	36 388.1	2 532.2
2008	7 464.1	1 071.9	29 748.9	13 835.0	29 011.7	38 389.4	2 780.4
2009	8 367.3	1 127.6	33 794.8	15 647.4	32 261.0	48 485.8	3 097.4
2010	9 396.5	1 175.0	39 134.4	17 446.9	36 971.1	58 716.3	3 456.7
2011	10 683.8	1 245.5	46 139.5	19 540.5	43 478.0	70 107.3	3 902.6
2012	12 072.7	1 328.9	53 844.8	21 670.4	50 260.6	84 970.0	4 382.6
2013	13 533.5	1 419.3	60 575.4	24 595.9	55 538.0	102 473.8	4 886.6
2014	14 629.7	1 507.3	66 087.8	26 416.0	59 536.7	119 074.6	5 253.1
2015	15 902.5	1 596.2	71 771.4	28 951.9	63 525.7	136 697.6	5 673.3
2016	17 286.0	1 685.6	78 158.8	31 702.3	67 654.8	156 655.5	6 127.3
2017	18 928.2	1 788.4	86 521.8	34 714.0	74 623.2	174 670.9	6 666.5

注：生产总值按当年价格计算，2013起，第二、三产业中的服务业增加值划入第三产业。

Note: Data of gross product are calculated at current prices. From 2013 the added value of service industry of primary and secondary industry has been classified tertiary industry.

2-4 各州市生产总值（2017年）

单位：亿元

州市	Region	生产总值 Gross Regional Product	第一产业 Primary Industry	第二产业 Secondary Industry	第三产业 Tertiary Industry	工业 Industry	建筑业 Construction
全省	**Yunnan**	**16 376.34**	**2 338.37**	**6 204.97**	**7 833.00**	**4 089.37**	**2 123.68**
昆明	Kunming	4 857.64	210.13	1 865.97	2 781.54	1 159.20	707.44
曲靖	Qujing	1 941.12	351.76	756.88	832.48	565.49	192.17
玉溪	Yuxi	1 415.14	141.95	729.44	543.75	662.53	67.43
保山	Baoshan	678.95	159.06	245.70	274.19	159.12	86.78
昭通	Zhaotong	832.45	156.38	357.94	318.13	218.49	139.54
丽江	Lijiang	339.48	49.61	137.14	152.73	71.98	65.28
普洱	Pu'er	624.59	159.82	222.89	241.88	118.11	104.83
临沧	Lincang	604.06	162.24	207.87	233.95	123.00	84.99
楚雄	Chuxiong	937.37	171.02	366.11	400.24	246.23	120.22
红河	Honghe	1 478.57	225.03	687.94	565.60	499.47	188.68
文山	Wenshan	809.11	163.03	291.67	354.41	182.21	110.19
西双版纳	Xishuangbanna	393.84	96.80	106.63	190.41	58.44	48.31
大理	Dali	1 066.55	214.95	409.63	441.97	301.63	108.43
德宏	Dehong	356.97	81.87	89.19	185.91	57.59	31.66
怒江	Nujiang	141.50	20.86	43.25	77.39	23.82	19.44
迪庆	Diqing	198.65	12.01	75.99	110.65	20.39	55.59

注：1.由于省、州(市)分级核算，各州(市)数相加不等于全省数。
2.全省2017年数据为年报数，各州市、县区为快报数。

Gross Regional Product by Region (2017)

(100 million yuan)

交通运输、仓储及邮政业 Transport,Storage, Post and Telecommunication Services	批发和零售业 Wholesale and Retail Trades	三次产业构成 Composition (%)			人均GDP(元/人) Per Capita Gross Regional Product (yuan/person)
		第一产业 Primary Industry	第二产业 Secondary Industry	第三产业 Tertiary Industry	
366.59	**1 567.79**	**14.3**	**37.9**	**47.8**	**34 221**
106.59	568.21	4.3	38.4	57.3	71 906
48.41	212.24	18.1	39.0	42.9	31 806
22.43	101.78	10.0	51.5	38.5	59 510
15.35	55.44	23.4	36.2	40.4	26 058
15.95	49.60	18.8	43.0	38.2	15 119
8.53	24.66	14.6	40.4	45.0	26 368
9.86	35.49	25.6	35.7	38.7	23 821
7.22	45.72	26.9	34.4	38.7	23 942
23.04	80.45	18.2	39.1	42.7	34 192
23.86	128.14	15.2	46.5	38.3	31 479
16.38	78.91	20.1	36.0	43.9	22 299
12.55	20.34	24.6	27.1	48.3	33 490
32.97	88.67	20.2	38.4	41.4	29 846
8.20	66.55	22.9	25.0	52.1	27 427
1.87	6.30	14.7	30.6	54.7	25 940
11.72	12.47	6.0	38.3	55.7	48 334

Note:a.The sum of the data of all prefectures and cities is not necessary equal to the provincial total because the regional data are calculated respectively.
b.In 2017,the data of the whole province are annual reports,and the data of each city and county are express mumbers.

2-5 支出法云南生产总值（1978--2017年）

年份 Year	生产总值(亿元) Gross Regional Product of Yunnan Province by Expenditure Approach (100 million yuan)	最终消费 Final Consumption Expenditure	居民消费 Household Consumption	农村居民 Rural Households	城镇居民 Urban Households	政府消费 Government Consumption
1978	69.05	52.03	47.80	33.03	14.77	4.23
1979	76.83	58.86	54.35	36.05	18.30	4.51
1980	84.27	63.35	58.87	38.10	20.77	4.48
1981	94.13	67.85	63.04	41.12	21.92	4.81
1982	110.12	84.44	78.72	52.89	25.83	5.72
1983	120.07	89.85	83.45	54.63	28.82	6.40
1984	139.58	101.28	93.70	56.24	37.46	7.58
1985	164.96	119.86	110.69	56.90	53.79	9.17
1986	182.28	133.08	121.36	55.49	65.87	11.72
1987	229.03	155.63	141.23	58.78	82.45	14.40
1988	301.09	197.01	178.00	57.37	120.63	19.01
1989	363.05	241.71	218.26	54.94	163.32	23.45
1990	451.67	298.97	269.68	57.71	211.97	29.29
1991	517.41	361.73	325.36	65.58	259.78	36.37
1992	618.69	413.48	365.98	67.05	298.93	47.50
1993	783.27	473.88	417.49	68.68	348.81	56.39
1994	983.78	576.50	498.67	73.25	425.42	77.83
1995	1 222.15	697.85	595.27	76.74	518.53	102.58
1996	1 517.69	874.19	736.07	80.71	655.36	138.12
1997	1 676.17	1 002.35	821.93	100.56	721.37	180.42
1998	1 831.33	1 113.45	866.26	103.63	762.63	247.19
1999	1 899.82	1 286.18	998.08	193.51	804.57	288.10
2000	2 011.19	1 524.48	1 097.63	327.70	769.93	426.85
2001	2 138.31	1 473.30	962.06	417.68	544.38	511.24
2002	2 312.82	1 581.97	1 061.50	433.10	628.40	520.47
2003	2 556.02	1 656.30	1 126.28	416.22	710.06	530.02
2004	3 081.91	2 042.43	1 456.91	521.76	935.15	585.52
2005	3 462.73	2 365.67	1 705.56	616.99	1 088.57	660.11
2006	3 988.14	2 662.39	1 866.84	684.54	1 182.30	795.55
2007	4 772.52	2 960.48	2 100.76	805.52	1 295.24	859.72
2008	5 692.12	3 390.10	2 454.25	885.75	1 568.50	935.85
2009	6 169.75	3 745.96	2 700.65	920.54	1 780.11	1 045.31
2010	7 224.18	4 332.64	3 123.69	1 137.92	1 985.77	1 208.95
2011	8 893.12	5 273.62	3 821.44	1 429.23	2 392.21	1 452.18
2012	10 309.47	6 306.75	4 543.53	1 624.16	2 919.37	1 763.22
2013	11 832.31	7 364.18	5 244.58	1 685.88	3 558.70	2 119.60
2014	12 814.59	8 207.52	5 750.89	1 969.94	3 780.95	2 456.63
2015	13 619.17	8 855.33	6 354.25	2 101.34	4 252.91	2 501.08
2016	14 719.95	9 605.69	6 912.78	2 213.08	4 699.70	2 692.91
2017	16 376.34	10 506.05	7 599.78	2 334.79	5 264.99	2 906.27

注：2017年生产总值包含研发支出。

Gross Regional Product of Yunnan Province by Expenditure Approach (1978-2017)

资本形成总额 Gross Capital Formation	固定资本 Gross Fixed Capital Formation	存货变动 Changes in Inventory	净出口 Net Export	最终消费率(%) Final Consumption Rate(%)	资本形成率(%) Capital Formation Rate (%)
26.96	20.55	6.41	-9.94	75.4	39.0
30.63	27.64	2.99	-12.66	76.6	39.9
30.30	28.70	1.60	-9.38	75.2	36.0
28.35	26.09	2.26	-2.07	72.1	30.1
35.83	29.01	6.82	-10.15	76.7	32.5
34.57	29.63	4.94	-4.35	74.8	28.8
48.01	41.97	6.04	-9.71	72.6	34.4
56.76	50.07	6.69	-11.66	72.7	34.4
63.21	55.66	7.55	-14.01	73.0	34.7
68.70	59.75	8.95	4.70	68.0	30.0
93.77	77.51	16.26	10.31	65.4	31.1
114.22	79.90	34.32	7.12	66.6	31.5
132.16	89.25	42.91	20.54	66.2	29.3
185.88	150.37	35.51	-30.20	69.9	35.9
254.18	208.41	45.77	-48.97	66.8	41.1
372.84	288.95	83.89	-63.45	60.5	47.6
437.78	337.09	100.69	-30.50	58.6	44.5
498.64	399.91	98.73	25.66	57.1	40.8
623.77	472.82	150.95	19.73	57.6	41.1
717.40	560.29	157.11	-43.58	59.8	42.8
785.64	703.15	82.49	-67.76	60.8	42.9
761.83	738.21	23.62	-148.19	67.7	40.1
746.15	722.27	23.88	-259.44	75.8	37.1
957.96	770.20	187.76	-292.95	68.9	44.8
920.50	860.67	59.83	-189.65	68.4	39.8
1 188.55	1 068.51	120.04	-288.83	64.8	46.5
1 450.44	1 352.78	97.66	-410.96	66.3	47.1
1 798.86	1 564.23	234.63	-701.80	68.3	52.0
2 025.26	1 795.88	229.38	-699.51	66.8	50.8
2 113.54	2 063.58	49.96	-301.50	62.0	44.3
3 017.36	2 302.17	715.19	-715.34	59.6	53.0
3 756.61	3 502.42	254.19	-1 332.82	60.7	60.9
5 578.57	5 213.05	365.52	-2 687.03	60.0	77.2
7 138.91	6 678.17	460.74	-3 519.41	59.3	80.3
8 576.36	7 949.51	626.85	-4 573.64	61.2	83.2
9 955.27	9 311.13	644.14	-5 487.14	62.2	84.1
11 678.64	10 918.83	759.81	-7 071.57	64.0	91.1
12 606.93	12 080.10	526.83	-7 843.09	65.0	92.6
13 821.88	13 239.71	582.17	-8 707.62	65.3	93.9
15 486.95	14 825.48	661.47	-9 616.66	64.2	94.6

Note:GDP of 2017 inculdes R&D.

2-6 支出法云南生产总值构成（1978-2017年）
Composition of Gross Regional Product of Yunnan Province by Expenditure Approach (1978-2017)

年份 Year	比重(资本形成总额=100)(%) Proportion (Gross Capital Formation=100)		比重(最终消费=100)(%) Proporton (Final Consumption Expenditure=100)	
	固定资本形成总额 Gross Fixed Capital Formation	存货变动 Changes in Inventory	居民消费 Household Consumption	政府消费 Government Consumption
1978	76.2	23.8	91.9	8.1
1979	90.2	9.8	92.3	7.7
1980	94.7	5.3	92.9	7.1
1981	92.0	8.0	92.9	7.1
1982	81.0	19.0	93.2	6.8
1983	85.7	14.3	92.9	7.1
1984	87.4	12.6	92.5	7.5
1985	88.2	11.8	92.3	7.7
1986	88.1	11.9	91.2	8.8
1987	87.0	13.0	90.7	9.3
1988	82.7	17.3	90.4	9.6
1989	70.0	30.0	90.3	9.7
1990	67.5	32.5	90.2	9.8
1991	80.9	19.1	89.9	10.1
1992	82.0	18.0	88.5	11.5
1993	77.5	22.5	88.1	11.9
1994	77.0	23.0	86.5	13.5
1995	80.2	19.8	85.3	14.7
1996	75.8	24.2	84.2	15.8
1997	78.1	21.9	82.0	18.0
1998	89.5	10.5	77.8	22.2
1999	96.9	3.1	77.6	22.4
2000	96.8	3.2	72.0	28.0
2001	80.4	19.6	65.3	34.7
2002	93.5	6.5	67.1	32.9
2003	89.9	10.1	68.0	32.0
2004	93.3	6.7	71.3	28.7
2005	87.0	13.0	72.1	27.9
2006	88.7	11.3	70.1	29.9
2007	97.6	2.4	71.0	29.0
2008	76.3	23.7	72.4	27.6
2009	93.2	6.8	72.1	27.9
2010	93.4	6.6	72.1	27.9
2011	93.5	6.5	72.5	27.5
2012	92.7	7.3	72.0	28.0
2013	93.5	6.5	71.2	28.8
2014	93.5	6.5	70.1	29.9
2015	95.8	4.2	71.8	28.2
2016	95.8	4.2	72.0	28.0
2017	95.7	4.3	72.3	27.7

2–7 非公有制经济增加值（2005–2017年）

Added Value of Non-Public Ownership Economy (2005-2017)

单位：亿元 (100 million yuan)

州 市	Region	非公经济增加值 Added Value of Non-Public Ownership Economy	第一产业 Primary Industry	第二产业 Secondary Industry	第三产业 Tertiary Industry
2005		1 211.76	142.27	523.62	545.87
2006		1 457.20	159.37	674.70	623.13
2007		1 784.92	190.92	831.50	762.50
2008		2 191.47	239.81	1 056.28	895.38
2009		2 412.38	263.69	1 115.65	1 033.04
2010		2 931.38	277.06	1 412.90	1 241.42
2011		3 743.14	365.45	1 705.82	1 671.87
2012		4 546.48	455.00	2 081.44	2 010.04
2013		5 454.69	563.44	2 410.33	2 480.92
2014		5 958.78	636.82	2 581.55	2 740.41
2015		6 339.94	658.92	2 654.45	3 026.57
2016		6 896.49	709.19	2 821.50	3 365.80
2017		7 721.48	760.63	3 135.70	3 825.15
昆 明	Kunming	2 270.73	66.11	829.76	1 374.86
曲 靖	Qujing	961.59	143.31	436.22	382.05
玉 溪	Yuxi	514.97	40.22	255.12	219.63
保 山	Baoshan	344.88	38.06	175.45	131.37
昭 通	Zhaotong	364.25	54.53	188.88	120.84
丽 江	Lijiang	183.68	16.92	86.96	79.81
普 洱	Pu'er	263.48	55.21	117.96	90.31
临 沧	Lincang	269.47	46.66	121.73	101.07
楚 雄	Chuxiong	432.33	48.47	224.22	159.64
红 河	Honghe	628.73	61.34	333.87	233.52
文 山	Wenshan	415.79	48.43	170.32	197.04
西双版纳	Xishuangbanna	185.20	29.07	62.84	93.30
大 理	Dali	509.27	68.47	256.92	183.89
德 宏	Dehong	166.52	25.33	52.63	88.56
怒 江	Nujiang	56.87	5.20	31.44	20.23
迪 庆	Diqing	92.41	3.37	33.82	55.22

注：1.生产总值按当年价格计算,2013起，第二、三产业中的服务业增加值划入第三产业。
2.2017年省级数据为年报数，州市数据为快报数。

Note: a.Data of gross product are calculated at current prices, From 2013 the added value of service industry of primary and secondary Industry has been classified into tertiary industry.
b.In 2017,the data of the whole province are annual reports,and the data of each city and county are express mumbers.

主要统计指标解释

生产总值 即原国内生产总值，指按市场价格计算的一个国家（或地区）所有常住单位在一定时期内生产活动的最终成果（国家称国内生产总值，各省区市称地区生产总值）。生产总值有三种表现形态，即价值形态、收入形态和产品形态。从价值形态看，它是所有常住单位在一定时期内生产的全部货物和服务价值超过同期投入的全部非固定资产货物和服务价值的差额，即所有常住单位的增加值之和；从收入形态看，它是所有常住单位在一定时期内创造并分配给常住单位和非常住单位的初次收入之和；从产品形态看，它是所有常住单位在一定时期内最终使用的货物和服务价值与货物和服务净出口价值之和。在实际核算中，生产总值有三种计算方法，即生产法、收入法和支出法。

生产法 是从生产的角度衡量常住单位在核算期内新创造价值的一种计算方法。即从生产的全部货物和服务总产品的价值中，扣除生产过程中投入的中间产品的价值，得到增加值。全社会所有常住单位增加值的总和就是生产总值。计算公式为：

增加值 = 总产出 – 中间投入

国（地区）外净要素收入 是指本国（或本地区）居民对国（或本地区）外从事投资和提供劳务所得的要素收入，与外国（或本地区）居民对本国（或本地区）从事投资和提供劳务所得的要素收入的差额。

三次产业 三次产业的划分是世界上较为常用的产业结构分类，但各国的划分不尽一致。中国的三次产业划分是：

第一产业：是指农（种植）、林、牧、渔业（不含农、林、牧、渔服务业）。

第二产业：是指采矿业（不含开采辅助活动），制造业（不含金属制品、机械和设备修理业），电力、热力、燃气及水生产和供应业，建筑业。

第三产业即服务业，是指除第一产业、第二产业以外的其他行业。第三产业包括：批发和零售业，交通运输、仓储和邮政业，住宿和餐饮业，信息传输、软件和信息技术服务业，金融业，房地产业，租赁和商务服务业，科学研究和技术服务业，水利、环境和公共设施管理业，居民服务、修理和其他服务业，教育，卫生和社会工作，文化、体育和娱乐业，公共管理、社会保障和社会组织，国际组织，以及农、林、牧、渔业中的农、林、牧、渔服务业，采矿业中的开采辅助活动，制造业中的金属制品、机械和设备修理业。

支出法地区生产总值 是从最终使用的角度反映一个国家或地区一定时期内生产活动最终成果的一种方法，包括最终消费支出、资本形成总额及货物和服务净出口三部分。计算公式为：

支出法地区生产总值 = 最终消费支出 + 资本形成总额 + 货物和服务净出口

最终消费支出 指常住单位为满足物质、文化和精神生活的需要，从本国经济领土和国外购买的货物和服务的支出。它不包括非常住单位在本国经济领土内的消费支出。最终消费支出分为居民消费支出和政府消费支出。

居民消费支出 指常住住户在一定时期内对于货物和服务的全部最终消费支出。居民消费支出除了直接以货币形式购买的货物和服务的消费支出外，还包括以其他方式获得的货物和服务的消费支出，即所谓的虚拟消费支出。居民虚拟消费支出包括如下几种类型：单位以实物报酬及实物转移的形式提供给劳动者的货物和服务；住户生产并由本住户消费了的货物和服务，其中的服务仅指住户的自有住房服务和付酬的家庭雇员提供的家庭和个人服务；金融机构提供的金融媒介服务。

政府消费支出 指政府部门为全社会提供的公共服务的消费支出和免费或以较低的价格向居民住户提供的货物和服务的净支出，前者等于政府服务的产出价值减去政府单位所获得的经营收入的价值，后者等于政府部门免费或以较低价格向居民住户提供的货物和服务的市场价值减去向住户收取的价值。

资本形成总额 指常住单位在一定时期内获得减去处置的固定资产和存货的净额，包括固定资本形成总额和存货增加两部分。

固定资本形成总额 指常住单位在一定时期内获得的固定资产减处置的固定资产的价值总额。固定资产是通过生产活动生产出来的，且其使用年限在一年以上、单位价值在规定标准以上的资产，不包括自然资产，耐用消费品、小型工器具。固定资本形成总额按购买者价格计算，并在所有权发生变化时记录。核算内容主要包括住宅，非住宅建筑物，机器和设备（包括武器系统），知识产权产品中的研发支出、计算机软件、矿藏勘探费、文学艺术品原件，新增役、种、奶、毛及娱乐用牲畜和新增经济林木价值等培育资产，住宅产权和非生产资产所有权转移费用等。

存货变动 指常住单位在一定时期内存货实物量变动的市场价值，即期末价值减期初价值的差额，再扣除当期由于价格变动而产生的持有收益。存货增加可以是正值，也可以是负值，正值表示存货上升，负值表示存货下降。存货包括生产单位购进的原材料、燃料和储备物资等存货，以及生产单位生产的产成品、在制品和半成品等存货。

货物和服务净出口 指货物和服务出口减货物和服务进口的差额。出口包括常住单位向非常住单位出售或无偿转让的各种货物和服务的价值；进口包括常住单位从非常住单位购买或无偿得到的各种货物和服务的价值。由于服务活动的提供与使用同时发生，一般把常住单位从非常住单位得到的服务作为进口，非常住单位从常住单位得到的服务作为出口。货物的出口和进口都按离岸价格计算。

Explanatory Notes on Principal Statistical Indicators

Gross Regional Product was called gross domestic Product under national level before. At national level,it is still called gross domestic product . It refers to the final products at market prices produced by all resident entities in a country (or territory) during a certain period of time. Gross regional product is expressed in three different forms, namely value, income, and products respectively. Gross regional product in its value perspective refers to the difference between the total value of all goods and services produced by all resident units during a certain period of time , minus the total value of goods and services of the nature of non-fixed assets input in the same period, in other words, it is the sum of added value of all resident units. Gross regional product in the perspective of income refers to the total initial income created by all resident units and distributed to resident and non-resident units in a certain period of time. Gross regional product in the perspective of product refers to the value of all goods and services for final demand by all resident units plus the net exports of goods and services during a given period of time. In the practice of national accounting, gross regional product is calculated by three approaches, i.e. production approach, income approach and expenditure approach.

Production Approach refers to the calculation method for measuring the newly increased value of resident units in the accounting period from the perspective of production, i.e. the value of total goods and services produced minus that of intermediate products input in the process of production is added value. The sum of added value created by all resident units makes GDP. The formula is as follows: Added Value = Total Output –Intermediate Input

Net Factor Income from Abroad refers to the difference between factor income earned by residents of a country (or territory) from their investment and labor services in foreign countries (or territories) and that earned by residents of foreign countries (or territories) from their investment and labor services in that country (or territory).

Three Industries Classification of economic activities into three industries is a common practice in the world,although the grouping varies to some extent form country to country. In China, economic activities are categorized as follows: Primary industry refers to farming, forestry, animal husbandry and fishery.Secondary industry refers to mining and quarrying, manufacturing, production and supply of electricity, water,fuel gas and construction.Tertiary industry refers to all other economic activities not included in primary or secondary industry,including services of farming, forestry, animal husbandry and fishery, communications and transportation, storage and postal services, information transmission, computer and software services wholesale and retail trade, hotel and food services, banking, real estate, lease and commercial services, scientific research and technical service,geological prospecting, management services of water conservancy, environment and public facilities, resident and other services, education, health care, social security and welfare, culture, sports and entertainment, public management and social organizations.

Gross Regional Product by Expenditure Approach refers to the method of measuring the final results of production activities of a country or region during a given period from the perspective of final uses. It includes final consumption expenditure, gross capital formation and net export of goods and services. The formula for computation is.:

Gross Regional Product by expenditure approach = final consumption expenditure + gross capital formation +net export of goods and services

Final Consumption Expenditure refers to the total expenditure of resident units for purchases of goods and services from both the domestic economic territory and abroad to meet the needs of material, cultural and spiritual life. It does not include the expenditure of non-resident units on consumption in the economic territory of the country. The final consumption expenditure is broken down into household consumption expenditure and government consumption expenditure.

Household Consumption Expenditure refers to the total expenditure of resident households on the final consumption of goods and services. In addition to the consumption of goods and services bought by the households directly with money, the household consumption expenditure also includes expenditure on goods and services obtained by the households in other ways, i.e. the so-called imputed consumption expenditure, which includes the following: a) the goods and services provided to households by employers in the form of payment in kind and transfer in kind; b) goods and services produced and consumed by the households themselves, in which the services refer to the owner-occupied housing and services offered by payed family employees; c) financial intermediate services provided by financial institution.

Government Consumption Expenditure refers to the consumption expenditure spent for the provision of public services provided by the government to the whole country and the net expenditure on the goods and services provided by the government to households free of charge or at reduced prices. The former equals to the output value of the government services minus the value of operating income obtained by the government departments.The latter equals to the market value of the goods and services provided by the government free of charge or at reduced prices to the households minus the value received by the government from the households.

Gross Capital Formation refers to the fixed assets acquired less disposals and the net value of inventory, thus including gross fixed capital formation and changes in inventories.

Gross Fixed Capital Formation refers to the value of acquisitions less those disposals of fixed assets during a given period. Fixed assets are the assets produced through production activities with unit value above a specified amount and which could be used for over one year. Natural assets,consumer durables and small tools are not included.The gross fixed capital formation is calculated at the buyer's price and is recorded when ownership changes. Accounting content mainly includes residential and non-residential buildings, machinery and equipment (including weapons systems), spending on research and development of intellectual property products, computer software, mineral exploration, original works of art, literature, the value of draught animals, breeding stock and animals for milk, for wool and for recreational purposes and the newly increased forest with economic value, residential property and unproductive assets ownership transfer fees, etc.

Changes in Inventories refers to the market value of the change in the physical volume of inventory of resident units during a given period, i.e. the difference between the values at the beginning and at the end of the period minus the gains duc to the change in prices. The changes in inventories can have a positive or a negative value. A positive value indicates an increase in inventory while a negative value indicates a decrease in inventory. The inventory includes raw materials, fuels and reserve materials purchased by the production units as well as the inventory of finished products, semi-finished products and work-in-progress.

Net Export of Goods and Services refers to the exports of goods and services subtracting the imports of goods and services. Exports include the value of various goods and services sold or gratuitously transferred by resident units to non-resident units. Imports include the value of various goods and services purchased or gratuitously acquired resident units from non-resident units. Because the provision of services and the use of them happen simultaneously, the acquisition of services by resident units from abroad is usually treated as import while the acquisition of services by non-resident units in this country is usually treated as export. The exports and imports of goods are calculated at FOB.

Chapter 3

三、固定资产投资
Investment in Fixed Assets

3-1 全社会固定资产投资总额（1978-2017年）

Total Investment in Fixed Assets (1978-2017)

单位：亿元 (100 million yuan)

年 份 Year	固定资产投资额 Investment in Fixed Assets	国有经济 State-owned Entities	集体经济 Collective-owned Entities	其他经济 Others	个体经济 Self-employed Entities	农 村 Rural
1978	15.04	13.43	1.15		0.46	0.46
1979	16.77	14.45	1.26		1.07	1.07
1980	20.90	15.95	1.45		3.50	3.50
1981	18.68	13.99	1.47		3.22	3.20
1982	24.55	20.25	1.75		2.55	2.50
1983	24.50	20.23	1.11		3.15	3.11
1984	32.99	24.13	3.92		4.94	4.83
1985	46.28	31.99	7.43		6.85	6.58
1986	49.92	33.91	8.48		7.53	7.15
1987	54.38	36.09	10.02		8.27	7.72
1988	67.77	45.61	10.80		11.35	10.17
1989	67.80	41.72	14.00		12.08	10.40
1990	75.74	51.22	12.57		11.96	11.05
1991	98.32	71.19	14.21		12.92	12.10
1992	140.69	103.93	20.32		16.44	14.87
1993	251.40	181.38	37.26	9.81	22.96	19.82
1994	321.73	221.11	38.69	26.76	35.17	31.56
1995	380.57	262.84	38.55	39.66	39.52	35.95
1996	448.02	298.67	47.56	55.34	46.45	41.98
1997	540.50	367.04	51.30	68.92	53.24	47.40
1998	672.54	483.90	51.21	77.87	59.56	51.50
1999	717.28	498.35	52.43	66.13	100.37	45.65
2000	697.94	466.20	47.44	74.28	110.03	49.75
2001	734.81	490.41	42.44	73.81	128.16	55.86
2002	828.65	522.34	53.36	117.10	135.85	56.09
2003	1 021.18	544.48	54.89	223.89	197.93	65.68
2004	1 330.60	617.34	58.04	376.44	278.78	72.50
2005	1 755.30	815.27	79.47	619.98	240.58	63.28
2006	2 220.45	1 067.50	136.81	639.11	377.03	142.90
2007	2 798.89	1 211.78	193.99	806.76	586.36	234.12
2008	3 526.60	1 426.95	228.97	1 118.10	752.58	261.70
2009	4 527.02	2 144.32	111.54	1 851.44	419.72	386.48
2010	5 528.71	2 623.07	107.41	2 549.41	24.44	224.39
2011	6 185.30	2 463.63	99.35	3 328.78	35.25	258.29
2012	7 831.10	3 007.87	184.01	4 280.27	81.36	277.59
2013	9 968.30	3 950.12	228.59	5 350.48	92.64	346.47
2014	11 498.58	4 765.09	306.20	5 944.45	58.12	424.72
2015	13 500.62	6 295.66	480.16	6 214.59	78.98	431.23
2016	16 119.40	8 649.13	451.74	6 486.47	75.15	456.91
2017	18 935.99	10 790.53	320.05	7 263.43	100.88	461.10

注：1.2006年国家对全社会固定资产投资口径和计算方法做了调整。
2.2010年国家对全社会固定资产投资口径范围、统计起点和计算方法做了调整，投资项目统计起点由50万元提高到500万以上。

Note: a.In 2006,the National Bureau of Statistics adjusted the coverage and calculation method for calculating total investment in fixed assets.
b.In 2010,the National Bureau of Statistics adjusted the coverage ,statistical starting point and calculation method for calculating total investment in fixed assets.Statistical starting point of investment project raised to 5 million yuan from 0.5 million yuan.

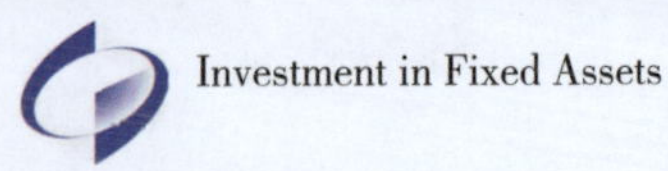

3-2 按经济类型分固定资产投资构成（1978-2017年）

Total Investment in Fixed Assets by Economic Types (1978-2017)

单位：% (%)

年份 Year	固定资产投资构成 Investment in Fixed Assets	国有经济 State-owned Entities	集体经济 Collective-owned Entities	其他经济 Others	个体经济 Self-employed Entities	农村 Rural
1978	100.0	89.3	7.6		3.1	3.1
1979	100.0	86.2	7.5		6.3	6.4
1980	100.0	76.3	6.9		16.8	16.7
1981	100.0	74.9	7.9		17.2	17.1
1982	100.0	82.5	7.1		10.4	10.2
1983	100.0	82.6	4.5		12.9	12.7
1984	100.0	73.1	11.9		15.0	14.6
1985	100.0	69.1	16.1		14.8	14.2
1986	100.0	67.9	17.0		15.1	14.3
1987	100.0	66.4	18.4		15.2	14.2
1988	100.0	67.3	15.9		16.8	15.0
1989	100.0	61.5	20.6		17.9	15.3
1990	100.0	67.6	16.6		15.8	14.6
1991	100.0	72.4	14.5		13.1	12.3
1992	100.0	73.9	14.4		11.7	10.6
1993	100.0	72.1	14.8	3.9	9.2	7.9
1994	100.0	68.7	12.1	8.3	10.9	9.8
1995	100.0	69.1	10.1	10.4	10.4	9.4
1996	100.0	66.7	10.5	12.4	10.4	9.4
1997	100.0	67.9	9.5	12.7	9.9	8.8
1998	100.0	72.0	7.5	11.6	8.9	7.7
1999	100.0	69.5	7.3	9.2	14.0	6.4
2000	100.0	66.8	6.8	10.6	15.8	7.1
2001	100.0	66.7	5.8	10.0	17.5	7.6
2002	100.0	63.0	6.4	14.1	16.5	6.8
2003	100.0	53.3	5.4	21.9	19.4	6.4
2004	100.0	46.4	4.4	28.3	20.9	5.4
2005	100.0	46.4	4.5	35.3	13.8	3.6
2006	100.0	48.1	6.2	28.8	16.9	6.4
2007	100.0	43.3	6.9	28.8	21.0	8.4
2008	100.0	40.5	6.5	31.7	21.3	7.4
2009	100.0	47.4	2.5	40.9	9.3	8.5
2010	100.0	47.5	1.9	46.1	0.4	4.1
2011	100.0	39.8	1.6	53.8	0.6	4.2
2012	100.0	38.4	2.4	54.7	1.0	3.5
2013	100.0	39.6	2.3	53.7	0.9	3.5
2014	100.0	41.4	2.7	51.7	0.5	3.7
2015	100.0	46.6	3.6	46.0	0.6	3.2
2016	100.0	53.7	2.8	40.2	0.5	2.8
2017	100.0	57.0	1.7	38.4	0.5	2.4

3-3　固定资产投资（不含农户）情况（一）（2017年）

Total Investment in Fixed Assets (Exclude Rural Households) (Ⅰ) (2017)

单位：亿元　　(100 million yuan)

国民经济行业	National Economic Sector	固定资产投资 Total Investment in Fixed Asset	房地产开发 Investment in Real Estate Development
固定资产投资总额	**Total Investment in Fixed Assets**	**18 474.89**	**2 786.25**
按登记注册类型分	**Grouped by Registration Status**		
内　资	Domestic Fund	18 218.63	2 713.05
国　有	State-owned	9 181.38	91.43
集　体	Collective-owned	300.63	14.93
联　营	Joint Ownership	2.95	
股份制	Share Holding	332.70	69.75
其　他	Others	8 400.97	2 536.95
港澳台商投资	Fund from Hong Kong,Macao and Taiwan	94.38	56.40
# 合资经营	Joint Venture	11.70	2.46
合作经营	Collaborative Operation	0.51	
独　资	Solely Foreign-owned	70.09	53.92
外商投资	Fund from Overseas	61.00	16.81
# 合资经营	Joint Venture	30.97	1.86
合作经营	Collaborative Operation	5.03	
独　资	Solely Foreign-owned	10.62	1.17
按隶属关系分	**Grouped by Jurisdiction of Management**		
中　央	Central Investment	801.92	69.40
地　方	Local Investment	17 672.97	2 716.85
省	Province	1 538.05	176.26
州(市)	Prefectures(Cities)	1 885.24	239.05
县(区、县级市)	Counties(Regions and Cities at County Level)	8 249.09	539.20
其　他	Others	6 000.59	1 762.34
按建设性质分	**Grouped by Type of Construction**		
# 新　建	New Construction	10 192.92	
扩　建	Expansion	3 601.83	
改建和技术改造	Reconstruction and Technical Transformation	1 547.11	
单纯建造生活设施	Housing	74.50	
迁　建	Removal and Reconstruction	156.18	
恢　复	Resumption	19.22	
单纯购置	Purchase only	96.88	

3-4 固定资产投资（不含农户）情况（二）（2017年）
Total Investment in Fixed Assets (Exclude Rural Households) (Ⅱ) (2017)

单位：亿元 (100 million yuan)

类 别	Category	全 省 Yunnan	地 方 Local
固定资产投资额	**Total Investment in Fixed Assets**	**18 474.89**	**17 672.97**
#住宅投资	Residential Buildings	2 329.32	2 268.77
#经济适用房	Economically Affordable Houses		
按构成分	**Investment by Structure**		
建筑工程	Construction	15 321.43	14 864.90
安装工程	Installation	461.24	421.45
设备工器具购置	Purchase of Equipment and Instruments	660.28	568.83
#购置旧设备	Purchase of Second-hand Equipments	8.65	5.24
#用于更新的设备	Purchase of Equipment to Renew Old Ones		
其他费用	Others	2 031.94	1 817.79
#旧建筑物购置费	Purchase of Used Buildings	82.61	81.06
#土地购置费	Purchase of Field	978.81	941.18
本年新增固定资产	**Newly Increased Real Estate**	**11 394.07**	**11 083.26**
本年施工房屋面积(万平方米)	Project under Construction (10 000 sq.m)	33 151.16	32 888.67
#住 宅	Residential Building	18 310.96	18 155.73
#经济适用房	Economically Affordable Houses		
本年竣工房屋面积(万平方米)	Project Completed and Put into Use (10 000 sq.m)	9 974.37	9 937.93
#住 宅	Residential Building	5 148.21	5 129.52
#经济适用房	Economically Affordable Houses		
本年竣工房屋价值	Project Completed and Put into Use	2 283.00	2 275.47
#住 宅	Residential Building	1 084.58	1 082.72
施工项目个数（个）	Number of Projects Under Construction (unit)	42 104	41 593
#本年新开工	Started This Year	28 790	28 683
本年投产项目个数(个)	Number of Projects Put into Use (unit)	30 139	30 000
规划用地面积(万平方米)	Land Space Planned (10 000 sq.m)		
本年实际征用和购置土地面积(万平方米)	Land Space Purchased and Used This Year (10 000sq.m)		
本年实际征用和购置土地成交价款	Value of Land Purchased and Used This Year		
本年资金来源合计	**Total Fund of Different Sources**		
上年末结余资金	Fund Left Last Year	1 078.43	1 033.76
本年资金来源小计	Total Fund of This Year	13 479.28	12 712.31
国家预算内资金	State Budgetary Appropriations	1 782.18	1 729.57
国内贷款	Domestic Loans	2 176.65	1 881.75
债 券	Stock	74.94	11.50
利用外资	Overseas Funds	8.67	8.67
#外商直接投资	Direct Foreign Investment		
自筹资金	Self-raising Fund	6 578.17	6 337.12
#企事业单位自有资金	Fund of Enterprises		
其他资金来源	Other Sources of Funds	2 858.67	2 743.70
本年各项应付款合计	**Total of Account Payable**	**6 084.76**	**5 919.63**
#工程款	for Projects	3 815.23	3 717.62

3-5 按国民经济行业分的固定资产投资（2017年）
Investment in Fixed Assets by National Economic Sector (2017)

单位：亿元 (100 million yuan)

国民经济行业	National Economic Sector	全　省 Yunnan
固定资产投资额	**Total Investment in Fixed Assets**	**18 474.89**
农、林、牧、渔业	**Farming, Forestry, Animal Husbandry and Fishery**	**1 209.03**
农　业	Farming	542.24
林　业	Forestry	52.44
畜牧业	Animal Husbandry	285.55
渔　业	Fishery	15.77
农、林、牧、渔服务业	Services for Farming, Forestry, Animal Husbandry and Fishery	313.03
采矿业	**Mining**	**376.64**
煤炭开采和洗选业	Mining and Washing of Coal	158.75
石油和天然气开采业	Extraction of Petroleum and Natural Gas	
黑色金属矿采选业	Mining and Dressing of Ferror Metal Ores	24.86
有色金属矿采选业	Mining and Dressing of Nonferror Metals Ores	132.10
非金属矿采选业	Mining and Dressing of Nonmetal Ores	60.93
开采辅助活动	Mining Auxiliary Activities	
其他采矿业	Mining and Dressing of Other Ores	
制造业	**Manufacture**	**1 838.50**
农副食品加工业	Processing of Farm and Sideline Food	228.63
食品制业	Manufacture of Food	85.51
饮料制业	Manufacture of Beverage	97.44
烟草制品业	Tobacco Products	11.93
纺织业	Textile Industry	12.56
纺织服装、鞋、帽制业	Manufacture of Textile Garments, Footwear and Headgear	11.58
皮革、毛皮、羽毛(绒)及其制品业	Feather, Furs, Down and Related Products	3.66
木材加工及木、竹、藤、棕、草制品业	Timber Processing, Bamboo, Cane, Palm Fiber & Straw Products	37.16
家具制业	Manufacture of Furniture	16.09
造纸及纸制品业	Papermaking and Paper Products	19.59
印刷业和记录媒介的复制	Printing and Record Medium Reproduction	6.68
文教体育用品制业	Manufacture of Cultural, Educational and Sports Goods	7.02
石油加工、炼焦及核燃料加工业	Petroleum Refining, Coking and Nuclear Fuel Processing	9.80
化学原料及化学制品制业	Manufacture of Raw Chemical Materials and Chemica Products	81.36
医药制业	Manufacture of Medicines	83.90
化学纤维制业	Chemical Fiber Manufacturing	2.43
橡胶和塑料制品业	Rubber and Plastic Products	35.05
非金属矿物制品业	Nonmetal Mineral Products	256.50
黑色金属冶炼及压延加工业	Smelting and Pressing of Ferror Metals	33.69
有色金属冶炼及压延加工业	Smelting and Pressing of Nonferror Metals	145.42
金属制品业	Metal Products	51.24
通用设备制业	Manufacture of General Purpose Equipment	17.71
专用设备制业	Manufacture of Special Purpose Equipment	26.09
汽车制业	Automotive Industry	49.49
铁路、船舶、航空航天等制业	Manufacture of Transport Equipment for Railway,Boats and Aerospace and Other Transport Equipments	13.76
电气机械及器材制业	Electric Equipment and Machinery	62.07
计算机、通信和其他电子设备制业	Communication Equipment, Computers and Other Electronic Equipment Production	53.37
仪器仪表制业	Instrument Industry	1.06
其他制业	Other Goods Production	334.64
废弃资源综合利用业	Comprehensive Utilization of Discarded Resources and Waste	41.85
金属制品、机械和设备修理业	Manufacture of Metal Products, Machine and Equipment Maintenance	1.22
电力、热力、燃气及水生产和供应业	**Production and Supply of Electric, Heat，Gas and Water**	**631.25**
电力、热力生产和供应业	Production and Supply of Electric Power and Heat Power	467.02
燃气生产和供应业	Production and Supply of Gas	53.01
水的生产和供应业	Production and Supply of Tap Water	111.22
建筑业	**Construction**	**1.72**
房屋建筑业	House Building	0.57
土木工程建筑业	Construction Industry of Civil Engineering	
建筑安装业	Construction Installation	
建筑装饰和其他建筑业	Building Decoration and Other Construction Industry	1.15

3–5 续表 continued

单位：亿元 (100 million yuan)

国民经济行业	National Economic Sector	全 省 Yunnan
交通运输、仓储和邮政业	**Transport, Storage and Postal Services**	**3 718.24**
铁路运输业	Railway Transport	195.90
道路运输业	Road Transport	3 291.97
水上运输业	Waterway Transport	12.17
航空运输业	Air Transport	74.01
管道运输业	Pipeline Transport	5.43
装卸搬运和其他运输服务业	Loading and Unloading and Other Transport Services	16.40
仓储业	Storage	116.57
邮政业	Postal Services	5.79
信息传输、软件和信息技术服务业	**Information Transmission Computer Service and Software Service**	**136.02**
电信、广播电视和卫星传输服务业	Telecommunication and Other Information Transmission Service	89.46
互联网和相关服务业	Computer Service	7.09
软件和信息技术服务业	Software Service	39.47
批发和零售业	**Wholesale and Retail Trades**	**380.53**
批发业	Wholesale Trade	104.43
零售业	Retail Trade	276.10
住宿和餐饮业	**Hotels and Catering Services**	**358.32**
住宿业	Hotels	261.39
餐饮业	Catering Services	96.93
金融业	**Finance and Insurance**	**8.75**
货币金融业	Banking	8.34
资本市场业	Securities Industry	
保险业	Insurance	0.41
其他金融业	Other Financial Trade	
房地产业	**Real Estate Trade**	**4 483.28**
租赁和商务服务业	**Leasing and Business Services**	**70.26**
租赁业	Leasing Services	3.99
商务服务业	Business Services	66.27
科学研究和技术服务业	**Scientific Research,Technology Service**	**27.66**
研究与试验发展	Research and Experimental Development	5.69
专业技术服务业	Special Technical Services	16.64
科技交流和推广服务业	Scientific & Technological Exchange and Promotion Services	5.33
水利、环境和公共设施管理业	**Management of Water Conservancy,Environment and Public Facilities**	**3 035.39**
水利管理业	Management of Water Conservancy	726.48
生态保护和环境治理业	Protection of Ecological Environment and Admistration of Environment	201.02
公共设施管理业	Management of Public Facilities	2 107.89
居民服务和其他服务业	**Services to Households and Other Services**	**70.86**
居民服务业	Services to Households	46.78
机动车、电子产品和日用产品修理业	Repair Industry of Automotive Vehicles、Electronic Products and Daily Products	17.73
其他服务业	Other Services	6.35
教 育	**Education**	**584.85**
卫生和社会工作	**Health Care, Social Work**	**288.10**
卫 生	Health Care	212.58
社会工作	Social Work	75.52
文化、体育和娱乐业	**Culture, Sports and Recreation**	**310.15**
新闻出版业	Publication	
广播、电视、电影和音像业	Radio, Television, Film and Video	9.47
文化艺术业	Culture and Arts	163.76
体 育	Sports	82.31
娱乐业	Recreation	54.61
公共管理和社会组织	**Public Administration and Social Organizations**	**945.34**
中国共产党机关	Organs of Communist Party of China	
国家机构	Government Agencies	61.71
人民政协和民主党派	CPPCC and Democratic Parties	
社会保障	Social Security	2.88
群众团体、社会团体和其他成员组织	Mass Groups, Social Groups and Religion Organization	7.80
基层群众自治组织	Self-governing Mass Organizations at the Grass-roots Level	872.95
国际组织	**International Organizations**	

3-6 新增生产能力（2017年）

Newly Increased Production Capacity (2017)

单位：万吨/年 (10 000 tons/year)

生产能力(或)效益名称	Item	建设规模 Total Construction Size	本年施工规模 Under Construction This Year	本年新开工 Started This Year	累计生产能力 Accumulative Production Capacity	本年新增 Newly Increased This Year
原煤开采	Coal Minng	1 375.56	989.06	791.06	542.06	384.06
洗　煤	Coal Washing					
焦　炭	Coke					
铁矿开采(原矿)	Iron Ore Minng	580.00	576.10	76.10	68.00	64.10
生　铁	Pig Iron					
铁合金	Ferroalloy					
钢　材	Rolled Steel					
铜冶炼	Copper Smelting	5.01	5.01	0.01	5.01	5.01
氧化铝	Aluminum Oxide	60.00	60.00			
铝加工	Aluminum Machining	21.90	21.20	21.20		
发电机组容量(万千瓦)	Installation Capacity of Power Generation (10 000 kw)					
水力发电	Hydro Power Generation	6 004.17	769.29	47.74	3 549.73	146.90
火力发电	Thermal Power Generation	1.24	1.24	1.24	1.24	1.24
其他发电	Others	168.13	120.93	87.43	68.91	60.91
输电线路长度(11万伏及以上)(公里)	Length of Transmission Line (over 110kv) (km)	12 134.41	5 471.41	2 219.91	8 040.90	2 493.70
水　泥	Cement	282.00	178.60	60.80	0.50	0.30
氮　肥	Nitrogen Fertilizers					
磷　肥	Phosphate Fertilizers	29.00	29.00	29.00	29.00	29.00
塑料树脂及共聚物	Plastics,Colophony and Copolymer	0.30	0.04	0.04	0.04	0.04
合成橡胶	Synthetic Rubber	11.00	2.50	2.50	2.50	2.50
酒	Liquor					
啤　酒	Beer					
白　酒	Wine	1.02	0.48	0.48	0.52	0.38
机制纸浆	Machine-made Pulp	0.90	0.90	0.30	0.90	0.90
新建公路(公里)	Length of Newly-built Highway (km)	4 432	3 221	1 288	1 291	884
#高速公路	Expressway	3 387	2 549	1 067	824	675
一级公路	Class-A Highway	166	96	70	16	8
二级公路	Class-B Highway	327	144	11	247	19
改建公路(公里)	Length of Reconstructed Highway (km)	3 941	2 644	1 084	1 748	1 103
一级公路	Class-A Highway	93	34	9	25	
二级公路	Class-B Highway	1 203	742	482	673	535
新建独立公路桥梁（延长米）	Length of Newly-built Bridges (m)	6 167	3 133	1 778	3 564	1 564
新建独立公路桥梁(座)	Number of Newly-built Bridges (set)	20	13	10	11	10
新(扩)建客、货运站(个)	Cargo or Passenger Terminals (uint)	10	8	7	4	4
新(扩)建客货运站（万平方米）	Cargo or Passenger Terminals (10 000 sq.m)	13.28	11.68	9.01	4.26	4.26
候机楼（座）	Terminals (uint)	1	1			
候机楼（平方米）	Terminals (sq.m)	23 993.00	8 000.00			
城市自来水供水能力(万吨/日)	Urban Volume of Water Supply (10 000 tons/day)	97.04	57.54	41.34	41.44	30.54
城市污水处理能力(万吨/日)	Urban Capacity of Sewage Treatment (10 000 tons/day)	49.21	36.71	33.71	14.43	9.43

主要统计指标解释

固定资产投资 是以货币形式表现的在一定时期内建造和购置固定资产的工作量以及与此有关的费用的总称。该指标是反映固定资产投资规模、结构和发展速度的综合性指标，又是观察工程进度和考核投资效果的重要依据。固定资产投资按登记注册类型可分为国有、集体、个体、联营、股份制、外商、港澳台商、其他等。固定资产投资统计口径为各种登记注册类型的法人单位及个体经营进行的计划总投资500万元及以上的建设项目投资。

房地产开发投资 指各种登记注册类型的房地产开发法人单位统一开发的住宅、厂房、仓库、饭店、宾馆、度假村、写字楼、办公楼等房屋建筑物和配套的服务设施，土地开发工程（如道路、给水、排水、供电、供热、通讯、平整场地等基础设施工程）和土地购置的投资；不包括单纯的土地开发和交易活动。

固定资产投资按国民经济行业分 根据建设项目建成投产后的主要产品或主要用途及社会经济活动性质来确定国民经济所属行业。一般情况下，一个建设项目或一个企业、事业单位只能属于一种国民经济行业。

固定资产投资按隶属关系分 是按调查单位的主管上级机关确定的。

（1）中央：是指中共中央、人大常委会和国务院各部、委、局、总公司以及直属机构直接领导的建设项目和企业、事业、行政单位。这些单位的固定资产投资计划由国务院各部门直接编制和下达，建设中所需物资、主要设备以及建设中的问题都由中央有关部门安排和解决。

（2）地方：是由省（自治区、直辖市）、地区（州、盟、省辖市）、县（旗、县级市）三级政府及业务主管部门直接领导和管理的建设项目、企业、事业、行政单位。地方项目还包括不隶属以上各级政府及主管部门的建设项目和企业、事业单位，如外商投资企业和无主管部门的企业等。

固定资产投资按建设性质分 根据整个建设项目情况来确定。建设项目的性质一般分为新建、扩建、改建和技术改造、迁建、恢复等。

（1）新建：一般指从无到有开始建设的项目。现有企业、事业、行政单位一般不属于新建。但如有的单位原有基础很小，经过建设后新增的固定资产价值超过该企、事业、行政单位原有固定资产价值（原值）三倍以上的也应作为新建。

（2）扩建：为扩大原有产品的生产能力（或效益）或增加新的产品生产能力，而增建主要的生产车间（或主要工程）、分厂、独立的生产线。行政、事业单位在原单位增建业务用房（如学校增建教学用房、医院增建门诊部、病房等）也作为扩建。

现有调查单位为扩大原有主要产品生产能力或增加新的产品生产能力，增建一个或几个主要生产车间（或主要工程）、分厂，同时进行一些更新改造工程的，也应作为扩建。

（3）改建和技术改造：指对原有设施进行技术改造或更新（包括相应配套的辅助性生产、生活福利设施）的建设项目。调查单位为适应市场变化的需要，而改变企业的主要产品种类（如军工企业转产民用品等）的建设项目，应作为改建。原有产品生产作业线由于各工序（车间）之间能力不平衡，为填平补齐充分发挥原有生产能力而增建不增加本企业主要产品设计能力的车间，也应作为改建。技术改造是指调查单位在现有基础上，用先进的技术代替落后的技术，用先进的工艺和装备代替落后的工艺和装备，以改变企业落后的技术经济面貌，实现以内涵为主的扩大再生产，达到提高产品质量、促进产品更新换代、节约能源、降低消耗、扩大生产规模、全面提高社会经济效益的目的。技术改造具体包括以下内容：机器设备和工具的更新改造；生产工艺改革、节约能源和原材料的改造；厂房建筑和公共设施的改造；保护环境进行的“三废”治理改造；劳动条件和生产环境的改造等。

固定资产投资按构成分 固定资产投资活动按其工作内容及其实现方式分为建筑工程，安装工程，设备、工具、器具购置，其他费用四个部分。

（1）建筑工程：指各种房屋、建筑物的建造工程，又称建筑工作量。包括各种房屋建造工程；各种用途设备基础和各种工业窑炉的砌筑工程及金属结构工程；为施工而进行的各种准备工作和临时工程以及完工后的清理工作等；铁路、道路的铺设，矿井的开凿及石油管道的架设等；水利工程；防空地下建筑等特殊工程；列入房屋工程预算内的暖气、卫生、通风、照明、煤气等设备的价值及装设油饰工程；列入建筑工程预算内的各种管道（蒸汽、压缩空气、石油、给排水等管道）、电力、电讯电缆导线等的敷设工程；房地产开发单位进行的商品房屋开发建设工程、土地开发工程。

（2）安装工程：指各种设备、装置的安装工程，又称安装工作量。包括各种需要安装设备的装配和安装，与设备相连的装设工程及附属于被安装设备的其他工程；为测定安装工程质量，对设备进行的试运工作。但不包括被安装设备本身的价值。

（3）设备、工具、器具购置：指报告期内购置或自制的，达到固定资产标准的设备、工具、器具的价值。新建单位及扩建单位的新建车间，按照设计或计划要求购置或自制的全部设备、工具、器具，不论是否达到固定资产标准均计入“设备、工具、器具购置”中。

（4）其他费用：指在固定资产建造和购置过程中发生的，除上述几项内容以外的各种应分摊计入固定资产的费用。

新增固定资产 指在报告期已经完成建造和购置过程，并已交付生产或使用单位的固定资产的价值。包括已经建成投入生产或交付使用的工程投资和达到固定资产标准的设备、工具、器具的投资及有关应摊入的费用。属于增加固定资产价值的其他建设费用，应随同交付使用的工程一并计入新增固定资产。

施工房屋面积 指报告期内施工的全部房屋建筑面积。包括本期新开工的面积和上期开工跨入本期继续施工的房屋面积，以及上期已停缓建在本期复工的房屋面积。本期竣工和本期施工后又停缓建的房屋，其建筑面积仍计入本期施工房屋面积中。

房屋新开工面积 指报告期内新开工的全部房屋建筑面积，以单位工程为核算对象。房屋新开工面积指整栋房屋的全部建筑面积，不能分割计算。

竣工房屋面积 指在报告期内房屋建筑按照设计要求已全部完工，达到住人和使用条件，经验收鉴定合格（或达到竣工验收标准），可正式移交使用的各栋房屋建筑面积的总和。

竣工房屋价值 指在报告期内竣工房屋本身的建造价值。竣工房屋价值按房屋设计和预算规定的内容计算。

施工项目 指报告期内进行过建筑或安装施工活动的项目。凡是报告期内施过工的建设项目，不论施工时间长短，均作为施工项目统计。施工项目个数可以反映一定时期固定资产投资的实际规模，与同期全部建成投产项目个数相比，可以从建设速度的角度反映固定资产投资的效果。

全部建成投产项目 报告期内按设计文件规定建成主体工程和相应配套的辅助设施，形成生产能力或工程效益，经验收合格，并且已正式投入生产或交付使用的建设项目。

新增生产能力 指通过固定资产投资活动而增加的设计能力或工程效益，它是用实物形态表示的固定资产投资的成果。新增生产能力的计算，是以能独立发挥生产能力或效益的工程为对象。当工程建成，经有关部门鉴定合格，正式移交投入生产，即可计算新增生产能力。

规划用地面积 指根据经有关部门批准的项目规划，建设项目需要使用的土地面积。

实际征用和购置土地面积 指报告期内通过征用等各种方式获得使用权的土地面积。

实际征用和购置土地成交价款 指报告期内征用和购置土地进行土地使用权交易活动的最终金额。征用和购置的土地成交价款与征用和购置土地面积同口径，目的是正确计算平均土地征用和购置价格。

固定资产投资的资金来源 根据固定资产投资的资金来源不同，分为上年末结余资金和本年资金来源。其中本年资金来源又分为六种：

（1）国家预算资金包括中央预算资金和地方预算资金。

（2）国内贷款指报告期固定资产投资项目单位向银行及非银行金融机构借入的用于固定资产投资的各种国内借款。包括银行利用自有资金及吸收的存款发放的贷款、上级主管部门拨入的国内贷款、国家专项贷款（包括煤代油贷款、劳改煤矿专项贷款等），地方财政专项资金安排的贷款、国内储备贷款、周转贷款等。银行贷款、非银行金融机构贷款等。

（3）债券指企业或金融机构为筹集用于固定资产投资的资金向投资者出具的承诺按一定发行条件还本付息的债务凭证，包括金融债券和企业债券。

（4）利用外资指报告期收到的用于固定资产建造和购置投资的境外资金（包括设备、材料、技术在内）。计算利用外资时，需要折算成人民币，折算中所使用的外汇汇率按现汇计算，即按使用外汇时的汇率计算。

（5）自筹资金指在报告期内筹集的用于项目建设和购置的资金。包括自有资金、股东投入资金和借入资金，但不包括各类财政性资金、从各类金融机构借入资金和国外资金。

（6）其他资金来源指在报告期收到的除以上各种资金之外其他用于固定资产投资的资金。包括社会集资、个人资金、无偿捐赠的资金及其他单位拨入的资金等。

Explanatory Notes on Principal Statistical Indicators

Total Investment in Fixed Assets refers to the volume of activities in construction and purchases of fixed assets and related fees, expressed in monetary terms during the reference period. It is a comprehensive indicator which shows the size, structure and growth of the investment in fixed assets, providing a basis for observing the progress of construction projects and evaluating results of investment. Total investment in fixed assets includes, by type of ownership, the investment by State-owned units, collective-owned units, individuals, joint ownership units, share-holding units, as well as investments by entrepreneurs from foreign countries and from Hong Kong, Macao and Taiwan, and by other units. Its statistical range is construction projects involving a total planned (or required) investment over 5 million yuan by enterprises of various types of ownership, institutions, administrative units and individuals in urban areas.

Investment in Real Estate Development refers to investment by real estate development companies, commercialized buildings construction companies and other real estate development units of various types of ownership in the construction of buildings, such as residential buildings, factory buildings, warehouses, hotels, guesthouses, holiday villages, office buildings, and the complementary service facilities and land development projects, such as roads, water supply, water drainage, power supply, heating supply, telecommunications, land leveling and other infrastructural projects. It does not include activities in pure land transactions.

Investment in Fixed Assets by Sector The classification of construction projects by sector is determined by the major products or the purpose of the projects when they are put into production or use, and by the nature of their social economic activities. In general, one project or one enterprise or institution can only be classified into one sector.

Investment in Fixed Assets by Jurisdiction of Management refers to the classification of investment by the competent authorities under which investment is made by construction units, enterprises, institutions or administrative units.

(1)Central investment refers to the investment in projects or by enterprises, institutions or administrative units which are under the direct leadership and management of the State Council and of the national commissions, ministries, agencies and State-owned large corporations. Various ministries and departments of the State Council prepare and implement plans for investment in fixed assets by those departments, and arrange and ensure the supply of materials and key equipment required for the projects.

(2)Local investment refers to the investment in projects or by enterprises, institutions or administrative units which are under the direct leadership and management of departments under the provincial, prefecture and county governments. Also included are projects by foreign-invested enterprises and enterprises without competent managing authorities.

Investment in Fixed Assets by Type of Construction Construction projects in general can be classified, by the type of construction, into new construction, expansion, reconstruction and technical transformation, moving and restoration.

(1)New construction in General refers to construction projects, which start from scratch, of enterprises, institutions, administrative agencies. Construction in existing enterprises, institutions or agencies is generally not considered as new construction. In case the size of the existing unit is quite small, and the value of newly added fixed assets is more than three times of the original value, the expansion will be considered as new construction.

(2)Expansion refers to construction of new major production workshop, branch factory or independent production line within a factory or in other locations, for the purpose of increasing the production capacity (or improving efficiency) or adding new production capacity. Newly constructed accommodation for the operation of institutions and administrative organizations (such as newly constructed buildings for teaching in schools, buildings for clinics or wards in hospitals, etc.)are also classified as expansion.

Also included in expansion are investments by existing enterprises or institutions in building major production line(s)or branch factory(ies)along with some work on innovation, for the purpose of expanding the production capacity of original products or producing new products.

(3)Reconstruction and technical transformation refers to construction projects by existing enterprises or institutions in innovation or technical transformation of the old facilities (including auxiliary production equipment and welfare facilities). Also considered as reconstruction is the construction of new workshops by the existing enterprises or institutions to change the variety of products to meet the market demand (such as the production of civil products by defense industries), or to bring the designed production capacity into full play through a more balanced production process on production lines. Technical transformation refers to replacement of old technology or equipment by new technology or equipment, in order to expand the reproduction through improvement of technology contents in production, to improve product quality, to promote new products, to save energy, to reduce consumption, to expand the production scale and to improve overall social-economic efficiency. Contents of technical transformation include: updating of machinery, equipment and tools; reforming production process by using energy or materials saving technology; construction of factory workshops and transformation of public facilities; improvement of working conditions and environment, etc.

Investment in Fixed Assets by Structure By their contents and the mode of implementation, investment activities are classified into 3 categories, i.e. construction and installation, purchase of equipment and instrument, and other expenses.

(1)Construction (work volume of construction) refers to the construction of houses and buildings, They include construction of houses; equipment foundations, industrial kilns and stoves, and metal structure work; preparation works and temporary works for project construction, and clearing up works post project construction; pavement of railways and roads, drilling of mines and putting up of oil pipes; construction of water conservancy; construction of underground air-raid shelters and construction of other special projects; value of equipment for heating, sanitation, ventilation, lighting, gas, painting, etc. that are covered by the budget of housing projects; laying out of various pipelines (for steam, compressed air, petroleum, tap water and sewage) and wiring and cabling for electric power and for communications; installation of various machinery and equipment; testing operation for pre-testing the quality of installation projects, and land and other development work conducted by real estate developers for commercialized housing.

(2)Installation (work volume of installation) refers to the installation of various kinds of equipment and instruments, the installation projects connected with the equipment and other projects attach to the installation equipment; preparing work of the equipment to test the quality of the installation projects. The value of equipment installed is itself not included in the value of installation projects.

(3)Purchase of equipment and instrument srefers to the total value of equipment, tools, and instruments purchased or self-produced which come up to the cut-off point for fixed assets by the construction units or investing enterprises or institutions. Equipment, tools and instruments purchased or self-produced for new workshops by newly established or expanded units are categorized as "purchase of equipment and instruments" no matter whether they come up to the cut-off point for fixed assets.

(4)Other Expenses refer to expenses arising during the construction or purchase of fixed assets other than those mentioned above.

Newly Increased Fixed Assets refer to the newly increased value of fixed assets, constructed or purchased, that have been transferred to the investors. This is an indicator that demonstrates the results of investment in fixed assets in monetary terms, and an important indicator to reflect the speed of construction and to calculate the efficiency of investment.

Floor Space under Construction refers to total floor space of all buildings under construction during the reference period, including floor space of newly started buildings during the reference period, floor space of construction extended from the previous period to the current period, and floor space of construction suspended during the previous period and resumed in the current period. Floor space of construction completed in the current period, and floor space of construction started and then suspended in the current period are also included in the floor space under construction of the current year.

Floor Space of Newly Started refers to the total floor space of buildings of newly started in the reference period and its accounting coverage is the unit construction. It is the total floor space of the whole building and it should be calculated as a whole.

Floor Space Completed refers to the floor space of all buildings completed in the reference period, which has been appraised and accepted (or come up to the designed standards) and has been transferred to owner units.

Value of Floor Space Completed refers to the value of floor space of all buildings completed in the reference period, it is calculated according to the building design and the content of the budget regulation.

Projects under Construction refer to projects with construction and installation activities undertaken in the reference period. The number of projects under construction can reflect the actual size of investment in fixed assets during a given period, and when compared with the number of projects completed and put into use during the same period, it demonstrates the results of investment in fixed assets from the angle of the speed of the construction. Depending on the nature of construction activities, projects under construction can also be classified into projects beginning construction in current year, winding-up projects in current year and stopped or suspended projects in previous years (with resumption of work in current year).

Projects Completed and Put into Use refers to the construction projects which have been completed the main work and responding supporting facilities which has built up the productivity or project benefit in accordance with the design documents, have been checked and accepted after relevant examination; and have been formally delivered for use in the reference period.

Newly Increased Production Capacity (or Project Efficiency) refers to the increase in design capacity (or project efficiency) through investment in fixed assets, which reflects the accomplishment of investment in fixed assets in physical form, and its calculating coverage is the construction which can produce the production capacity and project efficiency independently and has been appraised and accepted (or come up to the designed standards) and has been transferred to use formally when it is completed.

Plan land area for Use refers to the land area of the construction projects and the project planning which have been approved by relevant department.

Actual Requisitioning and Purchased Land Area refers to the area of the land obtained by requisition and other ways in the reference period.

Actual Sales Amount of Requisitioning and Purchasing Land refers to the final amount of money spent on requisitioning and purchasing land in the reference period. In order to calculating the average requisitioning land and purchasing price correctly, the coverage of requisitioning and purchasing land area is same as that of actual price of requisitioning and purchasing land.

Sources of Funds for Investment in Fixed Assets are categorized as surplus fund from the year-end of preceding year and source of funds this year ,depending on the sources of investment. Source of funds this year are categorized as follows:

(1)Fund from the State budget consists of budgetary appropriation includes central budget funds and local budget funds.central budget funds includes funds from the budget of the central government, capital construction fund (operation fund and non-operational fund), special expenses (e.g. expenses on substituting petroleum with coal), loans from repayment, discount fund, expenses on innovation and trial production of new products, expenses on urban construction, expenses on temporary construction from business departments, development fund for less developed areas, as well as local budgetary fund transferred from the central budget.

(2)Domestic loans refer to loans of various forms borrowed by investing units from banks and non-bank financial institutions during the reference period for the purpose of investment in fixed assets, including loans issued by banks from their self-owned funds and deposit, loans appropriated by higher authorities, special loans by government, loans arranged by local government from special funds, domestic reserve loan, and working loan.

(3)Bond refers to the funds raised by enterprises (corporations) or financial institutions through bonds issue and used for the investment in fixed assets, including the key enterprises bond and fundamental construction bond issued by banks deputized for national professional investment corporations.

(4)Foreign investment refers to foreign funds received during the reference period for the construction and purchase of investment in fixed assets (covering equipment, materials and technology). In calculating the utilization of foreign capital, foreign currencies are converted into Chinese Renminbi applying the current exchange rate when the foreign capitals are actually used.

(5)Self-raised funds refer to extra-budgetary funds for investment in fixed assets received during the reference period by investing units from central government ministries, local governments, enterprises and institutions, including their self-raised funds.

(6)Others refer to funds for investment in fixed assets received from sources other than those listed above, including capital raised through issuing bonds by enterprises or financial institutions, funds raised from individuals and through donations, and funds transferred from other units.

Chapter 4

四、城乡市场消费
Urban and Rural Consumption

4-1 全省流通业基本情况（2012-2017年）
Basic Statistics on Circulation of Commodities of Yunnan Province（2012-2017）

类 别	Category	2012	2013	2014	2015	2016	2017
全省限额以上法人企业（个）	**Corporate Enterprises above Designated Size (unit)**	**3 424**	**3 916**	**4 075**	**3 989**	**4 372**	**4 506**
批发和零售业	Wholesale and Retail Trades	2 616	2 990	3 161	3 077	3 286	3 356
住宿业	Hotels	512	566	553	537	593	611
餐饮业	Catering Services	296	360	361	375	493	539
全省限额以上单位从业人员（万人）	**Employed Persons in Enterprises above Designated Size (10 000 person)**	**38.47**	**40.37**	**36.31**	**35.70**	**35.58**	**34.15**
批发和零售业	Wholesale and Retail Trades	25.86	27.89	24.71	24.10	23.85	22.74
住宿业	Hotels	7.65	7.44	6.82	7.02	6.99	6.77
餐饮业	Catering Services	4.96	5.04	4.78	4.58	4.74	4.63
全省批发和零售业（亿元）	**Wholesale and Retail Trade (100 million yuan)**						
商品购进总额	Total Purchases	6 819.51	7 342.24	7 470.19	6 597.49	7 122.67	7 955.98
商品销售总额	Total Sales	10 381.17	11 548.00	12 869.09	14 417.16	16 571.64	19 154.36
商品库存总额	Total Inventory	818.70	820.32	860.08	781.15	750.78	742.84
全省社会消费品零售总额（亿元）	**Total Retail Sales of Consumer Goods (100 million yuan)**	**3 597.85**	**4 112.56**	**4 632.87**	**5 103.15**	**5 722.90**	**6 423.06**
按销售单位所在地分	**Grouped by Location of Marketing Establishments**						
城 镇	Urban Areas	3 118.03	3 559.76	4 009.03	4 405.81	4 936.70	5 534.07
#城 区	Cities	2 458.74	2 585.87	2 911.87	3 181.51	3 550.92	3 977.02
乡 村	Rural Areas	479.82	552.80	623.84	697.34	786.20	888.99
按消费形态分	**by Consumption Pattern**						
商品零售	Commodity Retail	3 084.94	3 502.26	3 962.20	4 359.06	4 886.40	5 475.26
餐饮收入	Food & Beverage Revenue	512.91	610.30	670.67	744.10	836.50	947.80

注：1．从业人员、商品购进总额、商品库存总额的统计口径包括达到限额以上标准的法人企业、个体户和非同业产业活动单位。
2．2010—2013年相关数据根据2013年第三次经济普查结果有所调整。
3．商品销售总额含限额以上及限额以下单位，而商品购进总额及商品库存总额仅包含限额以上单位。

Note: a.The statistical caliber of Employed Persons,Total Purchases,Total Inventory including Corporate Enterprises Designated above Size and self-Designated Size

b.Data of retail sales from 2010 to 2013 have been adjusted according to the third economic census.

c.Data of total sales include that of enterprises below and above designated size,while total purchases and total inventory data only include that of enterprises above designated size.

4-2 社会消费品零售总额（1978-2017年）
Total Retail Sales of Consumer Goods (1978-2017)

单位：亿元 (100 million yuan)

年 份 Year	社会消费品零售总额 Total Retail Sales of Consumer Goods	城 镇 Urban Areas	城 区 Cities	乡 村 Rural Areas	按消费形态分 By Consumption Pattern 商品零售 Commodity Retail	餐饮收入 Food & Beverage Revenue
1978	28.38	18.74	6.93	9.64		
1979	32.60	20.36	8.49	12.24		
1980	37.96	24.35	10.79	13.61		
1981	42.04	26.33	10.24	15.71		
1982	44.54	27.71	11.89	16.84		
1983	55.19	34.21	14.66	20.97		
1984	65.58	41.25	21.01	24.34		
1985	84.45	54.38	31.54	30.07		
1986	91.91	58.08	30.35	33.83		
1987	102.55	65.76	33.94	36.79		
1988	135.57	89.13	46.24	46.44		
1989	142.15	94.10	49.98	48.05		
1990	145.59	97.58	52.44	48.02		
1991	163.75	111.73	59.90	52.02		
1992	204.60	144.05	81.00	60.55		
1993	261.90	195.20	117.62	66.70		
1994	304.97	228.78	142.05	76.19		
1995	369.55	277.47	172.30	92.08		
1996	414.18	309.01	192.07	105.17		
1997	467.07	353.25	227.60	113.82		
1998	500.09	382.53	256.26	117.55		
1999	538.95	413.04	283.37	125.91	463.07	61.78
2000	583.17	448.36	309.28	134.81	493.53	74.87
2001	640.80	493.65	343.41	147.14	533.82	90.10
2002	711.25	550.37	384.61	160.88	585.57	106.61
2003	782.46	605.75	425.26	176.71	635.42	124.63
2004	915.31	710.20	498.96	205.11	732.07	134.55
2005	1 041.29	809.19	568.30	232.10	829.62	156.54
2006	1 204.75	938.82	659.75	265.93	963.16	181.23
2007	1 422.57	1 111.53	786.82	311.04	1 093.98	236.87
2008	1 764.74	1 387.01	985.53	377.73	1 351.77	306.76
2009	2 052.83	1 665.19	1 287.86	387.64	1 728.77	324.06
2010	2 555.80	2 156.46	1 644.16	399.34	2 167.21	388.59
2011	3 105.89	2 694.34	2 131.24	411.55	2 656.81	449.08
2012	3 597.85	3 118.03	2 458.74	479.82	3 084.94	512.91
2013	4 112.56	3 559.76	2 585.87	552.80	3 502.26	610.30
2014	4 632.87	4 009.03	2 911.87	623.84	3 962.20	670.67
2015	5 103.15	4 405.81	3 181.51	697.34	4 359.05	744.10
2016	5 722.90	4 936.70	3 550.92	786.20	4 886.40	836.50
2017	6 423.06	5 534.07	3 977.02	888.99	5 475.26	947.80

注：1.2005-2008年零售额相关数据根据2008年第二次经济普查结果有所调整。2009-2013年零售额相关数据根据2013年第三次经济普查结果有所调整。

2.2008年及以前按消费形态分数据是原按行业分的数据，2009年以后改为按消费形态分。

Note:a.Data of retail sales from 2005 to 2008 have been adjusted according to the second economic census.Data of retail sales from 2009 to 2013 have been adjusted according to the third economic census.

b.Data by consumption pattern in and before 2008 are data by sector,while after 2009 are that by consumption pattern.

4-3 各州市社会消费品零售总额（2017年）
Total Retail Sales of Consumer Goods by Region (2017)

单位：亿元 (100 million yuan)

州　市	Region	社会消费品零售总额 Total Retail Sales of Consumer Goods
全　省	**Yunnan**	**6 423.06**
昆　明	Kunming	2 590.95
曲　靖	Qujing	635.33
玉　溪	Yuxi	367.45
保　山	Baoshan	224.90
昭　通	Zhaotong	266.74
丽　江	Lijiang	117.70
普　洱	Pu'er	182.86
临　沧	Lincang	195.28
楚　雄	Chuxiong	335.99
红　河	Honghe	411.85
文　山	Wenshan	363.40
西双版纳	Xishuangbanna	130.33
大　理	Dali	373.81
德　宏	Dehong	138.52
怒　江	Nujiang	36.53
迪　庆	Diqing	51.42

4–4 限额以上批发和零售业商品销售情况（2016–2017年）
Total Sales of Enterprises above Designated Size in Wholesale and Retail Trades by Category of Commodities (2016-2017)

单位：亿元 (100 million yuan)

类　别	Category	商品销售额 Sales		批发额 Wholesale		零售额 Retail	
		2016	2017	2016	2017	2016	2017
合　计	**Total**	**8 383.88**	**9 763.70**	**5 831.56**	**6 868.03**	**2 552.32**	**2 895.67**
粮油、食品类	Oil and Food	728.29	1 059.40	379.26	624.84	349.03	434.56
饮料类	Beverages	114.56	135.09	64.54	74.96	50.02	60.13
烟酒类	Tobacco and Liquor	711.39	727.87	665.43	673.64	45.95	54.22
服装、鞋帽、针、纺织品类	Clothing, Footwear, Headgear，Knitting and Textiles	130.79	145.05	30.88	36.09	99.91	108.96
#服装类	Clothing	69.63	78.49	7.99	10.46	61.64	68.03
化妆品类	Cosmetics	29.05	33.87	1.02	1.33	28.03	32.55
金银珠宝类	Gold,Silver and Jewelry	258.62	214.91	187.53	146.74	71.09	68.16
日用品类	Articles for Daily Use	162.83	167.77	66.00	55.23	96.83	112.54
五金、电料类	Hardware and Electrical Materials	12.00	13.87	5.82	6.99	6.18	6.88
体育、娱乐用品类	Sports and Recreation Articles	7.53	6.53	1.17	1.39	6.36	5.14
书报杂志类	Newspapers and Magazines	51.59	61.53	25.37	30.69	26.22	30.83
电子出版物及音像制品类	E-journals and Audio-visual Products	4.52	2.42	2.14	1.38	2.38	1.04

4-4 续表 continued

单位：亿元 (100 million yuan)

类　别	Category	商品销售额 Sales		批发额 Wholesale		零售额 Retail	
		2016	2017	2016	2017	2016	2017
家用电器和音像器材类	Household Appliances and Audio-visual Equipment	145.49	156.14	65.68	70.81	79.81	85.33
中西药品类	Traditional Chinese and Western Medicines	596.61	620.94	446.83	448.06	149.79	172.88
西药类	Western Medicine	485.66	503.53	370.48	376.06	115.17	127.48
中草药及中成药类	Herban Medicine and Traditional Chinese Medicines Products	90.18	92.09	67.38	61.91	22.80	30.18
文化办公用品类	Cultural Goods and Office Stationery	50.99	50.83	29.92	27.58	21.07	23.26
家具类	Furniture	22.31	29.06	1.19	2.31	21.12	26.75
通讯器材类	Communication Equipment	45.65	62.18	23.27	35.83	22.38	26.35
煤炭及制品类	Coal and Related Products	247.21	316.34	240.01	308.73	7.20	7.61
木材及制品类	Timber and Related Products	21.43	22.33	21.43	22.33		
石油及制品类	Petroleum and Related Products	1 018.91	1 299.65	367.60	580.51	651.31	719.14
化工材料及制品类	Chemical Industrial Materials and Related Products	626.31	763.19	626.31	763.19		
#化肥类	Fertilizer	327.30	403.39	327.30	403.39		
金属材料类	Metal Materials	1 237.75	1 681.41	1 237.75	1 681.41		
建筑及装潢材料类	Building and Decoration Materials	296.94	278.26	220.38	185.99	76.56	92.26
机电产品及设备类	Mechanical and Electric Products and Equipment	71.93	84.99	57.74	69.91	14.19	15.08
汽车类	Automobiles	714.36	806.24	27.95	33.00	686.41	773.24
种子饲料类	Seeds and Forage	7.74	10.36	7.74	10.36		
棉麻类	Cotton and Hemp	1.76	2.40	1.50	2.02	0.26	0.37
其他类	Others	1 067.30	1 011.07	1 027.10	972.70	40.20	38.37

注：因年度限额以上单位数量及填报的数据均有变化，上年同期数以今年填报数为准，与历史统计年鉴数据有区别。

Note: Because the number of enterprises above designated size changed, The data are different from historical Statistical Yearbook. Data of last year is subject to submitted data.

4-5 限额以上批发和零售业法人企业商品购进、销售、库存总额（2017年）

单位：亿元

类　　别	Category	法人企业数（个）Number of Corporate Enterprises (unit)	从业人员数（万人）Number of Employed Persons (10 000 persons)
批发和零售业	**Wholesale Trade and Retail Trade**	**3 356**	**21.71**
批发业	**Wholesale Trade**	**1 106**	**7.89**
按登记注册类型分	**Grouped by Status of Registration**		
内资企业	Domestic-funded Enterprises	1 097	7.77
国有企业	State-owned Enterprises	31	1.55
集体企业	Collective-owned Enterprises	11	0.08
股份合作企业	Joint Stock Cooperative Enterprises	2	0.01
有限责任公司	Limited Liability Companies	364	2.33
股份有限公司	Incorporated Corporations	56	0.83
私营企业	Private Enterprises	620	2.95
其他企业	Other Enterprises	13	0.02
港、澳、台商投资企业	Enterprises Invested by Hong Kong, Macao and Taiwan	5	0.07
外商投资企业	Foreign-funded Enterprises	4	0.05
按国民经济行业分	**Grouped by Sector**		
农、林、牧产品批发	Wholesale of Farm and Livestock Products	90	0.32
食品、饮料及烟草制品批发	Wholesale of Food, Beverages and Tobaccos	209	2.92
米、面制品及食用油批发	Wholesale of Rice, Flour and Edible Oil	41	0.18
果品、蔬菜批发	Fruits and Vegetables	71	0.70
酒、饮料及茶叶批发	Wholesale of Liquor，Beverages and Tea	35	0.33
烟草制品批发	Wholesale of Tobaccos	16	1.50
纺织、服装及家庭用品批发	Wholesale of Textiles, Garments and Daily Consumer Articles	50	0.19
文化、体育用品及器材批发	Wholesale of Culture, Sports Appliances and Equipments	24	0.30
医药及医疗器材批发	Wholesale of Medicines and Medical Appliances	141	1.56
西药批发	Wholesale of Western Medical	109	1.32
中药批发	Wholesale of Chinese herbal Medical	25	0.19
矿产品、建材及化工产品批发	Wholesale of Mineral Products, Building Materials and Chemical Products	463	1.98
煤炭及制品批发	Wholesale of Coal and Related Products	42	0.09
石油及制品批发	Wholesale of Petrolem and Related Products	39	0.70
金属及金属矿批发	Wholesale of Metal Materials	115	0.34
建材批发	Wholesale of Building Materials	76	0.15
化肥批发	Wholesale of Chemical Fertilizer	107	0.40
机械设备、五金产品及电子产品批发	Wholesale of Machinery, Hardware and Electronic Products	104	0.40
贸易经纪与代理	Trade Broker and Agency	4	0.02
其他批发业	Other Wholesale Trades	21	0.19

Total Purchases, Sales and Inventory of Corporate Enterprises above Designated Size of Wholesale and Retail Trades (2017)

(100 million yuan)

商品购进总额 Total Purchases of Goods	进口 Imports of Goods	商品销售总额 Total Sales of Goods	批发 Wholesale	出口 Outputs	零售 Retail	年末库存总额 Inventory at Year-end	年末零售营业面积（万平方米） Retail Operating Area at Year-end (10 000 sq.m)
7 955.98	**340.73**	**9 325.78**	**6 726.16**	**254.98**	**2 599.62**	**742.84**	**873.59**
5 977.01	**308.56**	**6 853.24**	**6 369.92**	**252.71**	**483.32**	**522.67**	**123.76**
5 910.36	307.31	6 778.50	6 298.65	252.66	479.85	515.09	122.18
764.63		1 219.03	1 202.02	2.12	17.01	225.71	1.48
14.70	1.21	16.92	13.28	0.51	3.64	1.47	2.48
0.64		1.28	0.58		0.70	0.16	0.25
3 527.87	223.36	3 782.31	3 724.48	107.96	57.82	147.69	32.89
620.22	0.52	693.03	353.78	4.83	339.25	38.09	24.20
972.65	82.22	1 054.48	995.51	137.25	58.98	101.92	59.31
9.66		11.45	9.00		2.45	0.06	1.57
41.98	0.55	44.35	41.95	0.05	2.40	0.58	0.27
24.68	0.71	30.39	29.32		1.06	7.00	1.31
37.36	2.38	45.45	41.98	1.85	3.48	8.15	19.81
1 087.14	41.28	1 594.85	1 556.44	70.56	38.40	267.35	19.24
48.07		48.42	43.29		5.13	33.96	4.41
147.74	39.35	162.68	149.47	45.21	13.20	0.86	8.41
65.33	0.88	102.25	89.96	2.65	12.29	25.41	2.27
674.65		1 125.41	1 119.94	17.35	5.47	199.99	1.02
99.25	0.09	142.24	140.99	30.88	1.25	9.50	1.10
110.86	0.46	91.17	90.31		0.86	34.10	1.79
477.60	0.16	506.78	473.67	2.59	33.12	45.09	21.73
444.20	0.16	465.06	435.64	2.51	29.42	40.92	19.63
29.73		33.33	30.80	0.08	2.52	3.11	1.43
3 454.38	216.41	3 713.59	3 317.91	43.02	395.67	115.28	55.71
47.66		55.18	50.22		4.96	1.79	3.73
631.81		707.85	341.68	0.84	366.17	26.62	25.28
1 796.64	100.73	1 832.92	1 826.06	7.75	6.85	41.83	7.97
316.61	3.70	328.51	322.86	1.53	5.65	7.92	4.15
309.75	14.81	415.65	405.36	13.45	10.29	22.60	11.40
193.13	3.44	203.48	196.48	47.33	7.00	10.83	2.88
309.80	44.01	322.46	322.35	34.02	0.11	18.08	
207.50	0.33	233.22	229.80	22.46	3.43	14.28	1.52

1-5 续表1

单位：亿元

类　别	Category	法人企业数（个）Number of Corporate Enterprises (unit)	从业人员数（万人）Number of Employed Persons (10 000persons)
零售业	**Retail Trade**	**2 250**	**13.83**
按登记注册类型分	**Grouped by Status of Registration**		
内资企业	Domestic Funded Enterprises	2 215	12.30
国有企业	State-owned Enterprises	21	0.09
集体企业	Collective-owned Enterprises	33	0.17
股份合作企业	Joint Stock Cooperative Enterprises	29	0.10
有限责任公司	Limited Liability Companies	711	4.90
股份有限公司	Incorporated Corporations	55	0.53
私营企业	Private Enterprises	1 334	6.43
其他企业	Other Enterprises	32	0.08
港、澳、台商投资企业	Enterprises Invested by Hong Kong, Macao and Taiwan	22	0.56
外商投资企业	Foreign-funded Enterprises	13	0.96
按国民经济行业分	**Grouped by Sector**		
综合零售	Integrated Retail	407	3.91
百货零售	Retail of General Merchandise	202	1.13
超级市场零售	Retail of Supermarkets	137	2.43
食品、饮料及烟草制品专门零售	Retail of Food, Beverages and Tobaccos	353	1.22
粮油零售	Retail of Food and Edible Oil	71	0.19
果品、蔬菜零售	Fruits and Vegetables	122	0.50
肉、禽、蛋、奶及水产品零售	Meat,Poultry,Egg,Milk and Aquatic Products	57	0.18
酒、饮料及茶叶零售	Retail of Liquor、Beverages and Tea	50	0.14
纺织、服装及日用品专门零售	Retail of Textiles, Garments and Daily Consumer Articles	66	0.49
服装零售	Retail of Garments	35	0.32
文化、体育用品及器材专门零售	Retail of Culture, Sports Appliances and Equipments	113	0.63
图书、报刊零售	Retail of Books and Papers	28	0.35
珠宝首饰零售	Retail of Jewels	39	0.18
医药及医疗器材专门零售	Retail of Medicines and Medical Equipments	101	2.42
药品零售	Retail of Medicines	95	2.40
汽车、摩托车、燃料及零配件专门零售	Retail of Motor Vehicles, Motorcycles,Fuel and Parts	857	4.07
汽车零售	Retail of Motor Vehicles	606	2.65
机动车燃料零售	Retail of Fuel of Motor Vehicles	158	1.10
家用电器及电子产品专门零售	Special Retail of Household Electric Appliances and Electronic Products	207	0.72
日用家电设备零售	Retail of Household Electric Appliances	60	0.11
计算机、软件及辅助设备零售	Retail of Computer, Software and Assistant Appliances	82	0.20
通信设备零售	Retail of Communication Equipments	18	0.09
五金、家具及室内装饰材料专门零售	Special Retail of Hardware, Furniture and Decoration Materials	84	0.22
家具零售	Furniture Merchandise	25	0.04
货摊、无店铺及其他零售业	Non-shop and Other Retails	62	0.15
按零售业态分	**Grouped by Retail Form**		
有店铺零售	Retail Sales by Shop	2 153	13.53
超市	Supermarket	247	1.50
大型超市	Hypermarket	39	1.56
百货店	Department Store	147	0.81
专业店	Specialty Store	781	5.57
专卖店	Exclusive Shop	739	3.27
无店铺零售	Retail Sales without Shop	97	0.30

continued

(100 million yuan)

商品购进总额 Total Purchases of Goods	进口 Imports of Goods	商品销售总额 Total Sales of Goods	批发 Wholesale	出口 Outputs	零售 Retail	年末库存总额 Inventory at Year-end	年末零售营业面积(万平方米) Retail Operating Area at Year-end (10 000 sq.m)
1 978.96	**32.17**	**2 472.54**	**356.24**	**2.27**	**2 116.30**	**220.17**	**749.83**
1 752.11	28.32	2 210.32	348.41	2.20	1 861.91	178.35	692.14
14.82	0.03	16.09	3.44		12.65	1.70	1.95
35.62		39.96	7.98		31.98	1.15	10.26
32.09		35.39	12.33		23.06	2.69	11.34
839.62	18.13	1 102.80	230.07	2.11	872.73	69.91	336.78
162.55	0.77	172.61	20.83		151.77	6.17	34.29
657.97	9.39	832.84	72.35	0.09	760.49	96.41	290.20
9.43		10.65	1.42		9.23	0.32	7.33
141.38	3.81	166.26	7.83	0.07	158.43	28.92	17.88
85.47	0.04	95.96			95.96	12.90	39.81
314.55	0.32	367.86	30.93	1.91	336.93	41.46	193.85
124.37	0.26	150.63	15.39		135.24	16.76	80.06
136.18	0.05	158.25	3.66	1.91	154.59	19.94	89.52
145.08	0.48	237.23	26.12	0.11	211.11	13.72	57.44
33.96	0.01	104.62	6.61		98.01	7.76	11.77
56.03		64.21	7.09	0.11	57.12	1.18	21.55
29.06		33.83	7.35		26.48	0.90	13.44
14.25		18.30	3.71		14.59	1.85	3.94
28.88	0.76	39.53	9.90	0.07	29.63	7.69	12.90
23.38		31.10	9.34		21.75	5.78	10.33
160.97	0.19	175.43	118.90	0.16	56.53	11.24	31.80
29.92		33.92	2.22		31.70	4.94	20.01
127.00	0.19	136.37	115.61		20.76	5.40	7.27
93.64	0.32	130.21	13.64		116.57	15.81	68.20
91.92	0.06	128.03	12.19		115.84	15.68	68.03
1 093.30	29.79	1 350.35	120.66		1 229.69	114.68	327.35
666.32	29.79	733.69	13.66		720.04	100.13	148.09
385.67		563.31	106.60		456.71	8.49	167.48
75.93	0.22	98.47	10.53		87.94	10.27	32.40
13.39		14.90	1.71		13.18	2.00	5.19
15.40	0.22	17.47	2.87		14.60	2.81	2.36
10.52		11.25	4.25		7.00	2.15	1.70
49.22	0.05	51.68	20.08		31.59	4.42	16.48
2.93		3.41	0.06		3.35	0.46	6.18
17.39	0.06	21.78	5.47	0.03	16.31	0.88	9.42
1 949.95	31.80	2 437.80	347.66	2.19	2 090.14	216.58	734.24
91.13	0.43	103.75	6.56		97.19	12.58	61.31
105.57	0.04	123.05	4.01	1.91	119.04	13.86	70.39
125.12	1.02	149.75	17.59		132.16	15.83	62.52
847.45	5.78	1 142.98	250.91	0.08	892.07	84.24	325.35
688.79	24.39	744.54	44.94	0.10	699.60	80.48	165.37
29.02	0.37	34.74	8.57	0.08	26.16	3.59	15.60

4-5 续表2

单位：亿元

类　别	Category	法人企业数（个）Number of Corporate Enterprises (unit)	从业人员数（万人）Number of Employed Persons (10 000 persons)
批发业按地区分组	**Whole Trade by Region**		
昆　明	Kunming	378	2.67
曲　靖	Qujing	77	0.89
玉　溪	Yuxi	83	0.78
保　山	Baoshan	46	0.31
昭　通	Zhaotong	22	0.28
丽　江	Lijiang	19	0.24
普　洱	Pu'er	35	0.26
临　沧	Lincang	44	0.21
楚　雄	Chuxiong	85	0.25
红　河	Honghe	54	0.31
文　山	Wenshan	46	0.28
西双版纳	Xishuangbanna	22	0.14
大　理	Dali	77	0.56
德　宏	Dehong	110	0.58
怒　江	Nujiang	3	0.02
迪　庆	Diqing	5	0.11
零售业按地区分组	**Retail Trade by Region**		
昆　明	Kunming	436	6.13
曲　靖	Qujing	270	1.11
玉　溪	Yuxi	133	0.72
保　山	Baoshan	117	0.37
昭　通	Zhaotong	95	0.44
丽　江	Lijiang	75	0.36
普　洱	Pu'er	86	0.56
临　沧	Lincang	94	0.32
楚　雄	Chuxiong	275	0.89
红　河	Honghe	196	0.85
文　山	Wenshan	131	0.49
西双版纳	Xishuangbanna	53	0.33
大　理	Dali	176	0.87
德　宏	Dehong	77	0.25
怒　江	Nujiang	16	0.07
迪　庆	Diqing	20	0.07

continued

(100 million yuan)

商品购进总额 Total Purchases of Goods	进口 Imports of Goods	商品销售总额 Total Sales of Goods	批发 Wholesale	出口 Outputs	零售 Retail	年末库存总额 Inventory at Year-end	年末零售营业面积（万平方米） Retail Operating Area at Year-end (10 000 sq.m)
3 855.71	117.41	4 207.31	3 991.56	90.22	215.75	207.42	42.18
312.10		427.57	376.11		51.46	50.42	8.96
303.18	0.12	322.54	279.67	48.09	42.87	24.72	8.66
98.02	0.29	131.61	119.24	0.71	12.36	16.54	6.77
71.97		97.05	93.90		3.15	20.11	2.69
44.72		66.76	52.92		13.85	11.57	3.31
117.97	30.07	158.01	138.89	0.64	19.12	29.43	2.13
88.46	1.16	119.80	98.02	0.62	21.78	18.04	5.06
103.98		208.41	184.85	0.23	23.57	21.85	15.67
140.56	2.14	193.78	192.01	6.17	1.76	26.55	3.14
23.40		29.46	28.11	0.13	1.35	3.06	3.32
105.30	5.38	114.90	110.67	1.93	4.23	5.25	0.47
251.06	1.07	269.53	216.51	6.67	53.02	26.43	13.97
435.52	150.20	467.29	449.98	97.29	17.31	51.75	6.02
3.87		8.92	8.92			1.18	
21.19	0.71	30.31	28.55		1.76	8.35	1.40
910.45	21.68	1 282.51	221.25	0.16	1 061.26	121.99	343.72
191.83	0.25	214.26	41.66		172.59	19.35	58.65
94.50	5.28	107.20	20.83	1.98	86.37	13.74	35.61
66.61	0.14	70.35	3.46		66.89	5.18	18.02
111.88	0.11	118.50	13.03	0.02	105.47	5.02	17.60
33.14		38.18	7.33		30.85	3.36	23.37
35.26		40.59	1.33		39.26	5.96	21.90
47.16		54.99	3.18		51.81	3.50	23.75
67.53	0.12	77.23	3.72		73.51	7.28	42.63
160.39	0.93	181.27	14.35		166.92	8.59	48.62
81.40		88.81	10.43	0.11	78.38	6.41	33.05
41.32		46.30	3.60		42.71	3.87	22.94
96.97	3.28	108.01	9.09		98.92	11.19	38.64
20.40	0.39	23.20	2.24	0.01	20.97	2.98	12.12
8.26		8.23	0.03		8.20	0.75	3.15
11.89		12.92	0.72		12.20	0.99	6.05

4-6 限额以上批发和零售业法人企业财务状况（2017年）

单位：亿元

类　别	Category	法人企业数（个）Number of Corporate Enterprises (unit)	资产总计 Total Assets
批发和零售业	**Wholesale Trade and Retail Trade**	**3 356**	**4 398.41**
批发业	**Wholesale Trade**	**1 106**	**3 272.75**
按登记注册类型分	**Grouped by Status of Registration**		
内资企业	Domestic-funded Enterprises	1 097	3 232.36
国有企业	State-owned Enterprises	31	775.59
集体企业	Collective-owned Enterprises	11	3.66
股份合作企业	Joint Stock Cooperative Enterprises	2	0.77
有限责任公司	Limited Liability Companies	364	1 656.30
股份有限公司	Incorporated Corporations	56	214.09
私营企业	Private Enterprises	620	580.59
其他企业	Other Enterprises	13	1.36
港、澳、台商投资企业	Enterprises Invested by Hong Kong, Macao and Taiwan	5	17.68
外商投资企业	Foreign-funded Enterprises	4	22.70
按国民经济行业分	**Grouped by Sector**		
农、林、牧产品批发	Wholesale of Farm and Livestock Products	90	37.40
食品、饮料及烟草制品批发	Wholesale of Food, Beverages and Tobaccos	209	1 026.02
米、面制品及食用油批发	Wholesale of Rice, Flour and Edible Oil	41	74.98
果品、蔬菜批发	Fruits and Vegetables	71	35.54
酒、饮料及茶叶批发	Wholesale of Liquor，Beverages and Tea	35	151.47
烟草制品批发	Wholesale of Tobaccos	16	704.93
纺织、服装及家庭用品批发	Wholesale of Textiles, Garments and Daily Consumer Articles	50	135.17
文化、体育用品及器材批发	Wholesale of Culture, Sports Appliances and Equipments	24	68.88
医药及医疗器材批发	Wholesale of Medicines and Medical Appliances	141	278.22
西药批发	Wholesale of Western Medical	109	250.15
中药批发	Wholesale of Chinese herbal Medical	25	23.47
矿产品、建材及化工产品批发	Wholesale of Mineral Products, Building Materials and Chemical Products	463	1 463.21
煤炭及制品批发	Wholesale of Coal and Related Products	42	61.25
石油及制品批发	Wholesale of Petrolem and Related Products	39	150.60
金属及金属矿批发	Wholesale of Metal Materials	115	557.22
建材批发	Wholesale of Building Materials	76	111.40
化肥批发	Wholesale of Chemical Fertilizer	107	456.03
机械设备、五金产品及电子产品批发	Wholesale of Machinery, Hardware and Electronic Products	104	107.96
贸易经纪与代理	Trade Broker and Agency	4	64.06
其他批发业	Other Wholesale Trades	21	91.82

Financial Indicators of Enterprises above Designated Size of Wholesales and Retail Trades (2017)

(100 million yuan)

流动资产合计 Total Current Assets	固定资产合计 Total Fixed Assets	负债合计 Total Liabilities	所有者权益 Total Owners' Equities	主营业务收入 Revenue from Principal Business	主营业务成本 Cost of Principal Business	主营业务税金及附加 Taxes and Other Charges on Principal Business	主营业务利润 Profits from Principal Business
3 291.31	**338.47**	**2 691.87**	**1 706.54**	**8 230.04**	**7 438.62**	**76.71**	**714.71**
2 530.66	**175.35**	**1 931.98**	**1 340.77**	**6 090.73**	**5 518.02**	**71.12**	**501.59**
2 501.94	174.53	1 911.30	1 321.06	6 023.61	5 457.34	70.94	495.32
678.24	49.42	204.40	571.19	1 057.87	707.81	64.90	285.16
2.50	0.59	2.93	0.73	15.28	14.28	0.01	0.99
0.46	0.18	0.49	0.28	0.76	0.69		0.07
1 257.93	49.00	1 111.38	544.92	3 375.75	3 265.04	3.67	107.03
144.15	28.71	143.59	70.50	593.49	558.61	0.83	34.05
418.26	46.21	448.21	132.38	969.03	900.60	1.52	66.91
0.39	0.41	0.30	1.06	11.41	10.31		1.10
9.84	0.54	10.72	6.97	38.65	36.29	0.05	2.31
18.88	0.28	9.96	12.74	28.48	24.39	0.13	3.96
24.70	7.42	20.01	17.39	43.89	39.31	0.20	4.38
811.09	79.09	333.50	692.52	1 408.57	1 024.29	65.34	318.94
51.03	12.88	61.27	13.71	44.34	43.97	0.03	0.35
21.08	7.67	21.26	14.28	147.21	140.35	0.07	6.78
75.29	11.16	75.83	75.64	101.80	80.71	0.27	20.82
618.75	43.71	131.84	573.09	980.97	629.50	64.84	286.64
132.14	0.39	104.27	30.90	123.20	107.81	0.26	15.13
54.84	0.99	48.93	19.96	76.74	70.59	0.06	6.10
244.96	12.88	198.97	79.25	439.36	391.84	1.10	46.42
219.90	12.15	178.06	72.09	403.18	361.98	0.97	40.24
21.18	0.34	18.27	5.20	28.88	23.71	0.10	5.07
1 029.00	67.38	1 050.29	412.92	3 303.50	3 218.67	3.41	81.43
20.89	3.44	62.21	-0.96	49.07	46.10	0.07	2.91
97.00	27.84	91.54	59.07	605.43	572.65	0.60	32.18
423.61	15.76	377.02	180.21	1 607.04	1 585.26	1.41	20.37
104.00	3.02	95.16	16.24	286.82	278.51	0.39	7.92
294.69	6.10	337.42	118.61	404.17	393.52	0.60	10.05
94.66	2.22	85.16	22.80	184.28	172.18	0.48	11.63
61.38	0.08	58.12	5.94	307.60	301.02	0.04	6.54
77.88	4.89	32.73	59.10	203.59	192.32	0.24	11.02

4-6 续表1

单位：亿元

类　别	Category	法人企业数（个）Number of Corporate Enterprises (unit)	资产总计 Total Assets
零售业	**Retail Trade**	**2 250**	**1 125.66**
按登记注册类型分	**Grouped by Status of Registration**		
内资企业	Domestic Funded Enterprises	2 215	970.97
国有企业	State-owned Enterprises	21	9.82
集体企业	Collective-owned Enterprises	33	6.15
股份合作企业	Joint Stock Cooperative Enterprises	29	3.15
有限责任公司	Limited Liability Companies	711	409.12
股份有限公司	Incorporated Corporations	55	88.42
私营企业	Private Enterprises	1 334	451.39
其他企业	Other Enterprises	32	2.92
港、澳、台商投资企业	Enterprises Invested by Hong Kong, Macao and Taiwan	22	97.09
外商投资企业	Foreign-funded Enterprises	13	57.60
按国民经济行业分	**Grouped by Sector**		
综合零售	Integrated Retail	407	192.97
百货零售	Retail of General Merchandise	202	84.02
超级市场零售	Retail of Supermarkets	137	84.85
食品、饮料及烟草制品专门零售	Retail of Food, Beverages and Tobaccos	353	94.90
粮油零售	Retail of Food and Edible Oil	71	31.45
果品、蔬菜零售	Fruits and Vegetables	122	26.06
肉、禽、蛋、奶及水产品零售	Meat,Poultry,Egg,Milk and Aquatic Products	57	9.67
酒、饮料及茶叶零售	Retail of Liquor、Beverages and Tea	50	17.54
纺织、服装及日用品专门零售	Retail of Textiles, Garments and Daily Consumer Articles	66	32.73
服装零售	Retail of Garments	35	25.41
文化、体育用品及器材专门零售	Retail of Culture, Sports Appliances and Equipments	113	79.18
图书、报刊零售	Retail of Books and Papers	28	30.10
珠宝首饰零售	Retail of Jewels	39	42.30
医药及医疗器材专门零售	Retail of Medicines and Medical Equipments	101	96.21
药品零售	Retail of Medicines	95	94.25
汽车、摩托车、燃料及零配件专门零售	Retail of Motor Vehicles, Motorcycles,Fuel and Parts	857	565.60
汽车零售	Retail of Motor Vehicles	606	340.99
机动车燃料零售	Retail of Fuel of Motor Vehicles	158	203.03
家用电器及电子产品专门零售	Special Retail of Household Electric Appliances and Electronic Products	207	36.38
日用家电设备零售	Retail of Household Electric Appliances	60	4.14
计算机、软件及辅助设备零售	Retail of Computer, Software and Assistant Appliances	82	9.47
通信设备零售	Retail of Communication Equipments	18	4.80
五金、家具及室内装饰材料专门零售	Special Retail of Hardware, Furniture and Decoration Materials	84	12.49
家具零售	Furniture Merchandise	25	4.12
货摊、无店铺及其他零售业	Non-shop and Other Retails	62	15.20
按零售业态分	**Grouped by Retail Form**		
有店铺零售	Retail Sales by Shop	2 153	1 098.72
超市	Supermarket	247	44.12
大型超市	Hypermarket	39	61.90
百货店	Department Store	147	83.49
专业店	Specialty Store	781	424.91
专卖店	Exclusive Shop	739	413.95
无店铺零售	Retail Sales without Shop	97	26.94

continued

(100 million yuan)

流动资产合计 Total Current Assets	固定资产合计 Total Fixed Assets	负债合计 Total Liabilities	所有者权益 Total Owners' Equities	主营业务收入 Revenue from Principal Business	主营业务成本 Cost of Principal Business	主营业务税金及附加 Taxes and Other Charges on Principal Business	主营业务利润 Profits from Principal Business
760.65	**163.13**	**759.90**	**365.77**	**2 139.31**	**1 920.59**	**5.59**	**213.12**
651.74	144.72	678.21	292.76	1 952.85	1 763.04	4.93	184.88
5.91	2.23	6.17	3.65	13.90	12.32	0.02	1.55
3.81	1.87	5.01	1.15	37.01	34.76	0.09	2.16
1.66	0.77	2.20	0.95	31.00	29.64	0.04	1.32
243.83	72.51	277.77	131.35	968.99	880.79	2.08	86.13
51.52	13.85	57.42	31.00	142.94	133.16	0.21	9.57
343.44	52.31	328.64	122.75	748.55	663.33	2.47	82.76
1.58	1.18	1.00	1.91	10.46	9.04	0.03	1.40
69.36	6.45	51.15	45.94	101.98	87.55	0.42	14.01
39.55	11.96	30.54	27.07	84.48	70.00	0.25	14.23
124.28	35.38	117.75	75.22	324.97	280.98	1.16	42.83
57.63	13.74	36.03	48.00	131.91	114.78	0.54	16.59
58.72	17.43	59.56	25.29	138.36	114.68	0.46	23.22
63.05	17.69	57.11	37.79	228.66	208.13	0.81	19.73
22.00	4.95	20.40	11.05	103.59	97.16	0.23	6.20
16.29	6.59	13.57	12.49	61.36	56.25	0.06	5.04
4.49	2.61	4.66	5.02	31.26	27.85	0.33	3.08
12.96	2.22	12.16	5.38	16.28	13.79	0.07	2.42
19.69	7.30	22.10	10.63	34.48	27.46	0.14	6.88
15.64	6.60	16.92	8.49	26.91	22.00	0.08	4.83
59.68	12.78	53.98	25.20	152.97	139.12	0.45	13.40
18.27	6.75	15.55	14.55	30.29	20.63	0.20	9.46
38.69	2.77	35.49	6.81	117.75	114.36	0.22	3.17
70.24	7.33	54.80	41.42	112.82	79.78	0.69	32.36
68.32	7.29	53.49	40.76	110.79	78.20	0.68	31.92
370.84	76.60	411.13	154.47	1 128.97	1 051.70	1.99	75.28
275.26	30.63	270.94	70.05	648.94	608.65	1.23	39.07
76.47	44.76	121.18	81.85	430.36	396.88	0.67	32.80
31.56	2.38	24.76	11.62	89.89	78.83	0.24	10.83
3.54	0.44	2.48	1.67	13.31	12.15	0.02	1.13
8.53	0.66	5.69	3.79	15.93	14.05	0.05	1.83
4.50	0.15	4.28	0.51	10.07	9.11	0.02	0.95
10.64	1.24	8.03	4.45	45.21	39.34	0.06	5.80
3.82	0.27	3.37	0.76	3.41	2.84	0.02	0.55
10.66	2.43	10.23	4.97	21.34	15.25	0.06	6.02
743.18	158.43	742.47	356.25	2 106.66	1 893.12	5.51	208.03
27.52	8.02	30.27	13.85	93.51	83.11	0.29	10.11
41.82	14.21	42.88	19.02	106.92	88.54	0.30	18.08
58.49	13.99	35.07	48.42	131.12	113.42	0.59	17.11
244.72	65.72	268.85	156.06	941.04	841.61	2.50	96.93
330.31	42.25	312.11	101.84	665.83	612.14	1.44	52.25
17.47	4.70	17.42	9.52	32.65	27.48	0.08	5.09

4-6 续表2

单位：亿元

类别	Category	法人企业数（个）Number of Corporate Enterprises (unit)	资产总计 Total Assets	流动资产合计 Total Current Assets	固定资产合计 Total Fixed Assets
批发业按地区分组	**Whole Trade by Region**				
昆明	Kunming	378	1 998.55	1 534.41	60.24
曲靖	Qujing	77	204.14	173.22	20.13
玉溪	Yuxi	83	148.08	123.54	15.19
保山	Baoshan	46	58.33	44.03	8.35
昭通	Zhaotong	22	46.74	37.49	5.02
丽江	Lijiang	19	31.05	22.37	4.25
普洱	Pu'er	35	76.57	62.35	7.50
临沧	Lincang	44	47.96	37.18	6.00
楚雄	Chuxiong	85	99.85	81.06	9.95
红河	Honghe	54	111.86	93.36	4.58
文山	Wenshan	46	15.92	10.66	3.09
西双版纳	Xishuangbanna	22	48.95	40.96	2.50
大理	Dali	77	106.45	82.51	13.79
德宏	Dehong	110	246.12	159.99	14.26
怒江	Nujiang	3	2.58	2.24	0.26
迪庆	Diqing	5	29.59	25.29	0.25
零售业按地区分组	**Retail Trade by Region**				
昆明	Kunming	436	628.58	423.69	69.80
曲靖	Qujing	270	60.23	45.13	9.12
玉溪	Yuxi	133	45.24	28.43	11.32
保山	Baoshan	117	24.20	13.72	5.57
昭通	Zhaotong	95	27.76	16.24	7.84
丽江	Lijiang	75	15.93	9.41	4.74
普洱	Pu'er	86	18.72	14.81	2.68
临沧	Lincang	94	28.62	20.63	4.32
楚雄	Chuxiong	275	35.58	23.72	6.83
红河	Honghe	196	95.16	68.18	13.06
文山	Wenshan	131	33.19	19.63	7.37
西双版纳	Xishuangbanna	53	27.34	18.40	6.01
大理	Dali	176	59.62	45.69	7.31
德宏	Dehong	77	12.71	9.30	1.67
怒江	Nujiang	16	3.69	1.23	1.40
迪庆	Diqing	20	9.10	2.45	4.09

continued

(100 million yuan)

负债合计 Total Liabilities	所有者权益 Total Owners' Equities	主营业务收入 Revenue from Principal Business	主营业务成本 Cost of Principal Business	主营业务税金及附加 Taxes and Other Charges on Principal Business	主营业务利润 Profits from Principal Business
1 352.34	646.22	3 726.50	3 547.41	18.17	160.92
59.82	144.32	368.03	284.41	9.08	74.54
57.99	90.09	290.61	251.49	3.81	35.31
17.24	41.08	127.12	99.52	3.72	23.88
18.94	27.80	85.88	61.72	5.81	18.35
9.30	21.75	56.75	40.95	2.47	13.33
40.50	36.07	134.02	107.95	3.52	22.55
26.48	21.48	94.83	77.15	3.00	14.68
28.74	71.11	181.18	141.06	4.00	36.12
45.10	66.77	170.02	135.60	6.15	28.27
6.68	9.24	28.35	25.47	0.04	2.84
40.93	8.02	101.98	96.27	2.44	3.27
46.06	60.39	259.03	215.00	5.35	38.68
164.24	81.88	429.61	404.56	1.97	23.08
1.30	1.29	7.65	5.92	0.70	1.03
16.33	13.26	29.15	23.52	0.90	4.73
432.56	196.02	1 112.93	991.27	2.74	118.92
42.21	18.02	190.73	174.70	0.79	15.24
32.23	13.00	96.05	87.23	0.21	8.60
13.86	10.34	47.92	44.22	0.15	3.55
16.23	11.54	68.25	63.99	0.17	4.10
9.48	6.45	35.21	31.28	0.11	3.82
14.32	4.39	34.94	30.25	0.11	4.58
17.59	11.03	49.86	41.32	0.16	8.38
20.34	15.24	71.04	63.65	0.30	7.10
60.90	34.26	166.67	151.81	0.24	14.62
20.31	12.88	81.01	75.03	0.14	5.84
20.01	7.33	39.96	35.52	0.09	4.35
43.08	16.54	103.35	93.56	0.24	9.54
9.59	3.12	20.49	18.61	0.04	1.84
1.17	2.51	8.18	7.33	0.02	0.82
6.01	3.09	12.73	10.83	0.08	1.82

4-7 限额以上住宿和餐饮业法人企业经营情况（2017年）

单位：亿元

类别	Category	法人企业数（个）Number of Corporate Enterprises (unit)	从业人员数（万人）Number of Employed Persons (10 000 persons)	营业总收入 Total Business Income	客房收入 Hotels
住宿和餐饮业	**Hotels and Catering Services**	**1 150**	**8.71**	**160.09**	**57.89**
住宿业	**Hotels**	**611**	**5.58**	**96.02**	**55.54**
按登记注册类型分	**Grouped by Status of Registration**				
内资企业	Domestic-funded Enterprises	591	5.28	89.66	51.79
国有企业	State-owned Enterprises	40	0.44	7.67	3.30
集体企业	Collective-owned Enterprises	7	0.05	0.52	0.35
股份合作企业	Joint Stock Cooperative Enterprises	1		0.05	0.05
联营企业	Joint Ownership Enterprises	2	0.02	0.25	0.15
有限责任公司	Limited Liability Companies	209	2.57	48.12	25.86
股份有限公司	Incorporated Corporations	13	0.15	2.77	1.39
私营企业	Private Enterprises	314	2.03	29.98	20.58
其他企业	Other Enterprises	5	0.02	0.29	0.11
港、澳、台商投资企业	Enterprises Invested by Hong Kong, Macao and Taiwan	10	0.21	4.68	2.78
外商投资企业	Foreign-funded Enterprises	10	0.09	1.67	0.97
按住宿业行业小类分	**Grouped by Subclass of Hotels**				
旅游饭店	Tourist Hotel	388	4.30	75.00	41.72
一般旅馆	Fonda	205	1.15	19.42	12.86
其他住宿业	Others	18	0.14	1.59	0.96
按星级分	**Grouped by Stars Level**				
五星	Five - star	39	0.98	20.81	11.73
四星	Four - star	87	1.27	21.65	11.00
三星	Three - star	111	0.75	12.55	7.11
二星	Two- star	29	0.14	2.43	1.27
一星	One- star	1		0.01	
其他	Others	344	2.44	38.57	24.42

Basic Statistics of Corporate Enterprises above Designated Size of Hotel Industry and Catering Services (2017)

(100 million yuan)

餐费收入 Catering Services	商品销售收入 Retail Sales of Commodities	其他收入 Other	客房数（万间） Number of Hotel Rooms (10 000 units)	床位数（万个） Number of Hotel Beds (10 000 units)	餐位数（万位） Number of Dining Seats (10 000 units)	年末餐饮营业面积(万平方米) Catering Services Operational Area at Year-end (10 000 sq.m)
85.40	**5.94**	**10.85**	**11.17**	**19.16**	**57.19**	**208.27**
28.25	**3.06**	**9.15**	**10.67**	**18.32**	**26.90**	**119.65**
26.20	2.90	8.77	10.28	17.69	25.75	116.42
2.37	0.59	1.41	0.60	1.07	2.08	8.81
0.13		0.04	0.08	0.15	0.25	1.29
			0.01	0.02	0.01	0.01
0.09		0.01	0.02	0.04	0.07	0.71
15.11	1.56	5.58	3.89	6.54	11.06	49.24
1.10	0.07	0.21	0.28	0.50	0.59	1.41
7.25	0.67	1.47	5.37	9.31	11.58	53.73
0.14	0.01	0.03	0.03	0.05	0.12	1.23
1.61	0.01	0.27	0.29	0.47	0.79	2.15
0.44	0.14	0.11	0.09	0.16	0.36	1.09
23.00	2.32	7.96	7.66	13.24	18.71	82.48
4.78	0.71	1.07	2.79	4.71	7.67	34.48
0.47	0.03	0.13	0.22	0.37	0.51	2.69
7.18	0.26	1.64	1.36	2.20	3.77	12.64
5.83	0.99	3.83	1.68	2.90	5.38	19.92
3.60	0.66	1.17	1.56	2.66	5.47	21.76
0.66	0.15	0.34	0.28	0.51	0.94	5.89
						0.20
10.98	1.01	2.16	5.78	10.04	11.33	59.24

4-7 续表1

单位：亿元

类 别	Category	法人企业数（个）Number of Corporate Enterprises (unit)	从业人员数（万人）Number of Employed Persons (10 000 persons)	营业总收入 Total Business Income	客房收入 Hotels
餐饮业	**Catering Services**	**539**	**3.12**	**64.07**	**2.35**
按登记注册类型分	**Grouped by Status of Registration**				
内资企业	Domestic-funded Enterprises	533	2.63	55.38	2.35
国有企业	State-owned Enterprises	8	0.05	1.31	0.36
集体企业	Collective-owned Enterprises	2	0.01	0.25	0.08
有限责任公司	Limited Liability Companies	122	0.91	18.18	0.23
股份有限公司	Incorporated Corporations	8	0.11	1.52	
私营企业	Private Enterprises	381	1.52	33.44	1.60
其他企业	Other Enterprises	12	0.03	0.68	0.08
港、澳、台商投资企业	Enterprises Invested by Hong Kong, Macao and Taiwan	3	0.10	2.77	
外商投资企业	Foreign-funded Enterprises	3	0.39	5.92	
按餐饮业行业小类分	**By Subclass of Catering Services**				
正餐服务	Restaurant	521	2.49	52.34	2.35
快餐服务	Fast Food	6	0.46	8.60	
饮料及冷饮服务	Beverages and Cold Drinks	2	0.01	0.35	
其他餐饮业	Others	10	0.15	2.78	

continued

(100 million yuan)

餐费收入 Catering Services	商品销售收入 Retail Sales of Commodities	其他收入 Other	客房数 (万间) Number of Hotel Rooms (10 000 units)	床位数 (万个) Number of Hotel beds (10 000 units)	餐位数 (万位) Number of Dining Seats (10 000 units)	年末餐饮营业面积(万平方米) Catering Services Operational Area at the Year-end (10 000 sq.m)
57.15	**2.88**	**1.69**	**0.51**	**0.84**	**30.29**	**88.62**
49.06	2.86	1.10	0.51	0.84	29.34	85.07
0.85	0.05	0.05	0.04	0.07	0.55	1.41
0.17			0.01	0.02	0.11	0.53
15.62	1.92	0.41	0.08	0.15	9.74	29.02
1.51	0.01				1.20	1.46
30.36	0.84	0.63	0.36	0.58	16.85	50.74
0.54	0.05	0.01	0.01	0.02	0.89	1.91
2.45	0.01	0.30			0.07	0.98
5.64		0.29			0.88	2.57
46.06	2.83	1.10	0.51	0.84	28.63	83.85
8.27	0.04	0.29			1.36	3.58
0.35					0.03	0.18
2.46	0.01	0.30			0.27	1.01

4-7 续表2

单位：亿元

类别	Category	法人企业数（个）Number of Corporate Enterprises (unit)	从业人员数（万人）Number of Employed Persons (10 000 persons)	营业总收入 Total Business Income	客房收入 Hotels
住宿业按地区分组	**Hotel Trade by Region**				
昆　明	Kunming	168	2.03	37.90	20.94
曲　靖	Qujing	52	0.39	6.53	4.49
玉　溪	Yuxi	27	0.21	5.08	1.85
保　山	Baoshan	22	0.30	3.74	2.48
昭　通	Zhaotong	28	0.20	3.16	1.79
丽　江	Lijiang	54	0.52	8.32	5.56
普　洱	Pu'er	23	0.14	2.04	1.40
临　沧	Lincang	13	0.10	1.51	1.10
楚　雄	Chuxiong	62	0.25	4.55	2.97
红　河	Honghe	36	0.34	8.21	3.63
文　山	Wenshan	17	0.12	1.33	0.84
西双版纳	Xishuangbanna	19	0.25	4.13	2.46
大　理	Dali	50	0.43	5.32	3.60
德　宏	Dehong	17	0.17	2.25	1.36
怒　江	Nujiang	6	0.04	0.44	0.23
迪　庆	Diqing	17	0.10	1.49	0.85
餐饮业按地区分组	**Catering Trade by Region**				
昆　明	Kunming	171	1.86	33.73	0.94
曲　靖	Qujing	63	0.32	13.11	0.52
玉　溪	Yuxi	30	0.10	1.77	0.11
保　山	Baoshan	19	0.06	0.88	0.04
昭　通	Zhaotong	15	0.06	1.28	0.21
丽　江	Lijiang	11	0.12	2.00	0.02
普　洱	Pu'er	8	0.02	0.35	0.05
临　沧	Lincang	11	0.03	1.00	0.01
楚　雄	Chuxiong	135	0.25	5.37	0.26
红　河	Honghe	27	0.09	2.05	0.02
文　山	Wenshan	11	0.05	0.71	0.15
西双版纳	Xishuangbanna	2	0.01	0.20	
大　理	Dali	15	0.07	0.78	
德　宏	Dehong	14	0.04	0.52	0.02
怒　江	Nujiang	3	0.01	0.08	
迪　庆	Diqing	4	0.02	0.25	

continued

(100 million yuan)

餐费收入 Catering Services	商品销售收入 Retail Sales of Commodities	其他收入 Other	客房数（万间） Number of Hotel Rooms (10 000 units)	床位数（万个） Number of Hotel beds (10 000 units)	餐位数（万位） Number of Dining Seats (10 000 units)	年末餐饮营业面积(万平方米) Catering Services Operational Area at the Year-end (10 000 sq.m)
11.67	1.46	3.83	3.32	5.40	8.24	34.10
1.76	0.14	0.14	0.73	1.27	3.95	12.77
1.47	0.30	1.46	0.27	0.54	1.65	9.61
0.93	0.07	0.27	1.42	2.62	0.94	4.54
0.96	0.18	0.23	0.34	0.55	0.64	5.09
1.81	0.14	0.80	0.87	1.53	1.14	6.54
0.47	0.03	0.14	0.54	0.95	0.67	1.66
0.26	0.05	0.11	0.18	0.29	0.37	1.92
1.23	0.13	0.22	0.54	0.97	1.79	7.36
3.50	0.28	0.80	0.50	0.90	2.88	8.76
0.31	0.07	0.11	0.20	0.30	0.42	4.78
1.16	0.16	0.35	0.48	0.84	1.05	3.96
1.51	0.03	0.19	0.70	1.19	1.83	11.49
0.64	0.01	0.24	0.27	0.43	0.80	3.15
0.09	0.02	0.10	0.11	0.22	0.11	0.56
0.47	0.01	0.16	0.19	0.33	0.42	3.36
29.45	1.92	1.42	0.17	0.27	12.62	39.44
12.50	0.08	0.02	0.06	0.10	4.11	11.89
1.46	0.14	0.06	0.04	0.06	1.88	4.51
0.79	0.03	0.02	0.01	0.01	0.80	2.09
0.98	0.07	0.02	0.05	0.10	0.85	2.27
1.72	0.15	0.11			1.17	2.16
0.26	0.03	0.01	0.02	0.04	0.52	0.97
0.98	0.01		0.01	0.02	0.83	3.37
4.78	0.30	0.02	0.08	0.13	4.10	11.82
1.91	0.12		0.01	0.02	1.58	3.88
0.55		0.01	0.04	0.07	0.49	1.16
0.20					0.04	0.20
0.77					0.47	2.35
0.48	0.01		0.01	0.01	0.57	1.74
0.08					0.09	0.31
0.25					0.19	0.48

4−8 限额以上住宿和餐饮业企业法人财务状况（2017年）

单位：亿元

类　别	Category	法人企业数（个）Number of Corporate Enterprises (unit)	资产总计 Total Assets
住宿和餐饮业	**Hotels and Catering Services**	**1 150**	**489.21**
住宿业	**Hotels**	**611**	**404.14**
按登记注册类型分	**Grouped by Status of Registration**		
内资企业	Domestic-funded Enterprises	591	373.33
国有企业	State-owned Enterprises	40	18.12
集体企业	Collective-owned Enterprises	7	0.73
股份合作企业	Joint Stock Cooperative Enterprises	1	0.04
联营企业	Joint Ownership Enterprises	2	0.20
有限责任公司	Limited Liability Companies	209	237.39
股份有限公司	Incorporated Corporations	13	5.25
私营企业	Private Enterprises	314	110.81
其他企业	Other Enterprises	5	0.77
港、澳、台商投资企业	Enterprises Invested by Hong Kong, Macao and Taiwan	10	22.28
外商投资企业	Foreign-funded Enterprises	10	8.53
按住宿业行业小类分	**Grouped by Subclass of Hotels**		
旅游饭店	Tourist Hotel	388	354.11
一般旅馆	Fonda	205	44.80
其他住宿业	Others	18	5.22
按星级分	**Grouped by Stars Level**		
五星	Five - star	39	113.65
四星	Four - star	87	69.49
三星	Three - star	111	27.44
二星	Two- star	29	3.46
一星	One- star	1	1.34
其他	Others	344	188.75

Financial Indicators of Corporate Enterprises above Designated Size of Hotel Industry Catering Services by Region (2017)

(100 million yuan)

流动资产合计 Total Current Assets	固定资产合计 Total Fixed Assets	负债合计 Total Liabilities	所有者权益 Total Owners' Equities	主营业务收入 Revenue from Principal Business	主营业务成本 Cost of Principal Business	主营业务税金及附加 Taxes and Other Charges on Principal Business	主营业务利润 Profits from Principal Business
192.66	**203.03**	**329.78**	**159.43**	**149.33**	**79.55**	**3.48**	**66.29**
144.01	**175.46**	**282.62**	**121.52**	**88.77**	**41.06**	**2.40**	**45.31**
135.58	157.64	268.44	104.88	82.85	39.44	2.28	41.13
8.21	7.75	9.85	8.27	6.78	2.85	0.19	3.73
0.27	0.33	0.38	0.35	0.50	0.15		0.35
0.04		0.02	0.02	0.05	0.03		0.02
0.06	0.05	0.03	0.17	0.24	0.06		0.18
86.96	104.13	179.88	57.52	44.49	20.24	1.36	22.90
2.07	1.52	3.01	2.24	2.56	1.21	0.06	1.29
37.84	43.60	74.72	36.10	27.91	14.68	0.65	12.58
0.13	0.27	0.56	0.20	0.33	0.23	0.01	0.09
6.01	12.73	9.74	12.54	4.35	1.11	0.08	3.15
2.42	5.08	4.44	4.09	1.58	0.51	0.04	1.02
126.14	151.37	252.18	101.93	69.21	30.43	1.99	36.79
16.15	21.51	27.23	17.58	18.21	9.89	0.40	7.92
1.72	2.58	3.21	2.01	1.36	0.74	0.02	0.60
32.31	56.66	69.89	43.76	17.97	6.91	0.48	10.57
31.35	24.14	46.56	22.93	18.88	7.52	0.37	10.99
11.20	10.33	14.94	12.50	11.11	5.09	0.21	5.82
1.00	1.94	2.20	1.27	2.23	1.20	0.06	0.98
0.61	0.38	1.38	-0.04				
67.55	82.01	147.65	41.10	38.59	20.35	1.29	16.95

4-8 续表1

单位：亿元

类　别	Category	法人企业数（个） Number of Corporate Enterprises (unit)	资产总计 Total Assets
餐饮业	**Catering Services**	**539**	**85.07**
按登记注册类型分	**Grouped by Status of Registration**		
内资企业	Domestic-funded Enterprises	533	81.21
国有企业	State-owned Enterprises	8	0.67
集体企业	Collective-owned Enterprises	2	0.10
有限责任公司	Limited Liability Companies	122	22.15
股份有限公司	Incorporated Corporations	8	1.50
私营企业	Private Enterprises	381	56.49
其他企业	Other Enterprises	12	0.30
港、澳、台商投资企业	Enterprises Invested by Hong Kong, Macao and Taiwan	3	1.70
外商投资企业	Foreign-funded Enterprises	3	2.17
按餐饮业行业小类分	**Grouped by Subclass of Catering Services**		
正餐服务	Restaurant	521	79.73
快餐服务	Fast Food	6	3.13
饮料及冷饮服务	Beverages and Cold Drinks	2	0.29
其他餐饮业	Others	10	1.92

continued

(100 million yuan)

流动资产合计 Total Current Assets	固定资产合计 Total Fixed Assets	负债合计 Total Liabilities	所有者权益 Total Owners' Equities	主营业务收入 Revenue from Principal Business	主营业务成本 Cost of Principal Business	主营业务税金及附加 Taxes and Other Charges on Principal Business	主营业务利润 Profits from Principal Business
48.65	**27.57**	**47.16**	**37.91**	**60.56**	**38.49**	**1.08**	**20.99**
46.33	26.88	45.39	35.82	52.43	34.17	1.06	17.20
0.24	0.36	0.52	0.15	1.09	0.76	0.02	0.31
0.05	0.04	0.13	-0.04	0.24	0.20		0.04
9.25	8.71	11.75	10.40	17.19	10.59	0.32	6.28
1.29	0.17	1.17	0.32	1.47	0.80	0.05	0.63
35.37	17.42	31.70	24.79	31.76	21.35	0.66	9.76
0.12	0.17	0.11	0.19	0.68	0.48	0.01	0.18
1.47	0.21	0.71	0.99	2.56	1.74	0.02	0.80
0.85	0.48	1.06	1.10	5.56	2.58		2.99
45.90	26.25	44.77	34.96	49.60	33.17	1.04	15.39
0.97	0.92	1.39	1.74	8.06	3.46		4.59
0.23	0.05	0.09	0.20	0.28	0.16	0.01	0.11
1.54	0.35	0.91	1.01	2.62	1.69	0.03	0.90

4-8 续表2

单位：亿元

类别	Category	法人企业数(个) Number of Corporate Enterprises (unit)	资产总计 Total Assets	流动资产合计 Total Current Assets
住宿业按地区分组	**Hotel Trade by Region**			
昆　明	Kunming	168	155.43	64.06
曲　靖	Qujing	52	12.45	4.46
玉　溪	Yuxi	27	8.69	2.03
保　山	Baoshan	22	17.51	5.48
昭　通	Zhaotong	28	7.24	3.61
丽　江	Lijiang	54	48.49	12.46
普　洱	Pu'er	23	6.72	2.75
临　沧	Lincang	13	8.16	3.72
楚　雄	Chuxiong	62	11.70	3.76
红　河	Honghe	36	18.73	6.02
文　山	Wenshan	17	6.56	3.01
西双版纳	Xishuangbanna	19	29.56	9.82
大　理	Dali	50	40.00	15.95
德　宏	Dehong	17	15.81	2.14
怒　江	Nujiang	6	2.02	1.15
迪　庆	Diqing	17	15.07	3.59
餐饮业按地区分组	**Catering Trade by Region**			
昆　明	Kunming	171	56.70	37.81
曲　靖	Qujing	63	5.75	2.67
玉　溪	Yuxi	30	1.30	0.37
保　山	Baoshan	19	1.53	0.72
昭　通	Zhaotong	15	0.63	0.25
丽　江	Lijiang	11	2.46	0.97
普　洱	Pu'er	8	0.81	0.21
临　沧	Lincang	11	1.07	0.59
楚　雄	Chuxiong	135	9.33	1.83
红　河	Honghe	27	1.06	0.56
文　山	Wenshan	11	1.43	1.21
西双版纳	Xishuangbanna	2	0.43	0.38
大　理	Dali	15	0.78	0.42
德　宏	Dehong	14	1.09	0.33
怒　江	Nujiang	3	0.21	0.01
迪　庆	Diqing	4	0.49	0.32

continued

(100 million yuan)

固定资产合计 Total Fixed Assets	负债合计 Total Liabilities	所有者权益 Total Owners' Equities	主营业务收入 Revenue from Principal Business	主营业务成本 Cost of Principal Business	主营业务税金及附加 Taxes and Other Charges on Principal Business	主营业务利润 Profits from Principal Business
48.74	104.96	50.47	36.85	13.52	1.25	22.09
5.54	6.16	6.29	6.06	3.32	0.17	2.58
5.20	4.80	3.89	4.37	2.85	0.10	1.42
9.74	15.93	1.58	3.63	2.00	0.10	1.54
2.37	5.61	1.63	2.93	1.86	0.05	1.02
28.83	38.13	10.36	7.81	2.97	0.20	4.64
2.81	3.87	2.85	1.79	1.02	0.02	0.76
3.29	6.51	1.65	1.40	0.75	0.04	0.61
5.03	4.72	6.98	3.95	2.36	0.08	1.51
10.29	7.91	10.82	5.94	4.15	0.08	1.71
3.08	5.40	1.16	1.26	0.54	0.03	0.70
18.14	27.93	1.62	3.75	1.31	0.10	2.34
10.90	31.93	8.06	5.06	2.15	0.10	2.81
11.27	10.62	5.19	2.10	1.66	0.06	0.38
0.63	1.74	0.28	0.42	0.26	0.01	0.15
9.60	6.41	8.66	1.46	0.36	0.03	1.07
13.25	35.51	21.19	31.82	17.45	0.49	13.88
2.36	2.19	3.56	12.43	10.12	0.26	2.05
0.86	0.81	0.49	1.75	1.29	0.07	0.39
0.63	0.52	1.00	0.86	0.59		0.27
0.37	0.28	0.35	1.14	0.79	0.02	0.32
1.37	0.86	1.60	1.78	0.96	0.03	0.79
0.55	0.20	0.61	0.30	0.21	0.01	0.08
0.41	0.49	0.58	0.90	0.57	0.03	0.30
6.35	3.02	6.31	5.16	3.76	0.08	1.32
0.31	0.74	0.33	1.99	1.36	0.04	0.59
0.08	1.13	0.31	0.67	0.37	0.01	0.30
0.05	0.28	0.15	0.20	0.13		0.07
0.31	0.31	0.47	0.75	0.40	0.02	0.33
0.40	0.58	0.50	0.50	0.30	0.01	0.19
0.20	0.16	0.05	0.08	0.05		0.02
0.07	0.09	0.40	0.25	0.15	0.01	0.09

主要统计指标解释

批发业 指向其他批发或零售单位（含个体经营者）及其他企事业单位、机关团体等批量销售生活用品、生产资料的活动，以及从事进出口贸易和贸易经纪与代理的活动，包括拥有货物所有权，并以本单位（公司）的名义进行交易活动，也包括不拥有货物的所有权，收取佣金的商品代理、商品代售活动；还包括各类商品批发市场中固定摊位的批发活动，以及以销售为目的的收购活动。

零售业 指百货商店、超级市场、专门零售商店、品牌专卖店、售货摊等主要面向最终消费者（如居民等）的销售活动，以互联网、邮政、电话、售货机等方式的销售活动，还包括在同一地点，后面加工生产，前面销售的店铺（如面包房）；谷物、种子、饲料、牲畜、矿产品、生产用原料、化工原料、农用化工产品、机械设备（乘用车、计算机及通信设备除外）等生产资料的销售不作为零售活动；多数零售商对其销售的货物拥有所有权，但有些则是充当委托人的代理人，进行委托销售或以收取佣金的方式进行销售。

批发和零售业商品购进、销售、库存额 指各种登记注册类型的批发和零售业企业（单位）以本企业（单位）为总体的，从国内、国外市场购进的商品总量，销售和出口的商品总量，库存的商品总量等情况。该指标可以反映商品流转过程中商品的购进、销售、库存之间的比例关系和存在的问题。

商品购进额 指从本企业以外的单位和个人购进（包括从国外直接进口）作为转卖或加工后转卖的商品金额（含增值税）。商品购进包括：（1）从工农业生产者、批发和零售业企业、住宿和餐饮业企业、出版社或报社的出版发行部门和其他服务业企业购进的商品；（2）从机关团体、事业单位购进的商品；（3）从海关、市场管理部门购进的缉私和没收的商品；（4）从居民收购的废旧商品等。不包括：（1）企业为本单位自身经营用，不是作为转卖而购进的商品，如材料物资、包装物、低值易耗品、办公用品等；（2）未通过买卖行为而收入的商品，如接受其他部门移交的商品、借入的商品、收入代其他单位保管的商品、其他单位赠送的样品、加工回收的成品等；（3）经本单位介绍，由买卖双方直接结算，本单位只收取手续费的业务；（4）销售退回和买方拒付货款的商品；（5）商品溢余；（6）期货交易商品。

商品销售额 指对本单位以外的单位和个人出售的商品金额（包括售给本单位消费用的商品，含增值税）。在批发和零售业中，本指标反映在国内市场上销售商品以及出口商品的总价。

商品销售包括：（1）售给个人和社会集团消费用的商品；（2）售给农业、工业、建筑业、服务业等国民经济各行业用于生产、经营用的商品，包括售予批发和零售业作为转卖或加工后转卖的商品；（3）对国（境）外直接出口的商品。

商品销售不包括：（1）未通过买卖行为付出的商品，如机构变动移交给其他企业单位的商品、借出的商品、归还受其他单位委托代保管的商品、付出的加工原料和赠送给其他单位的样品等；（2）促销返券所销售的、不计入营业收入的商品；（3）经本单位介绍，由买卖双方直接结算，本单位只收取手续费的业务；（4）未发生所有权转移的商品预付卡销售，如加油卡；（5）汽车维修、电话卡销售等服务性经济活动；（6）购货退回的商品；（7）商品损耗和损失；（8）出售本单位自用的废旧物资；（9）期货交易商品；（10）自来水供应企业、电力企业、天然气供应企业提供的水、电、气。

商品库存额 对于批发和零售业法人单位和个体经营户，是指报告期末取得所有权的全部商品金额（含增值税）；对于批发和零售业产业活动单位，是指报告期末实际在库且归属法人具有所有权的全部商品金额（含增值税）。库存商品包括：（1）存放在本单位（如门市部、批发站、采购站、经营处）的仓库、货场、货柜和货架中的商品；（2）挑选、整理、包装中的商品；（3）已记入购进而尚未运到本单位的商品，即发货单或银行承兑凭证已到而货未到的商品；（4）寄放他处的商品，如因购货方拒绝付款而暂时存在购货方的商品；（5）委托其他单位代销(未作销售或调出)尚未售出的商品；（6）代其他单位购进尚未交付的商品。不包括：所有权不属于本单位的商品；委托外单位加工的商品；外贸企业代理其他单位从国外进口，尚未付给订货单位的商品；代国家储备部门保管的商品。

社会消费品零售总额 指企业（单位、个体户）通过交易直接售给个人、社会集团非生产、非经营用的实物商品金额，以及提供餐饮服务所取得的收入金额。个人包括城乡居民和入境人员，社会集团包括机关、社会团体、部队、学校、企事业单位、居委会或村委会等。

住宿业 指为旅行者提供短期留宿场所的活动，有些单位只提供住宿，也有些单位提供住宿、饮食、商务、娱乐一体的服务，不包括主要按月或按年长期出租房屋住所的活动。

餐饮业 指通过即时制作加工、商业销售和服务性劳动等，向消费者提供食品和消费场所及设施的服务。

营业额 指住宿和餐饮业单位在经营活动中因提供服务或销售商品等取得的全部收入（含增值税）。包括：客房收入、餐费收入、商品销售额和其他收入。其中，客房收入指住宿和餐饮业单位在经营活动中因提供住宿服务取得的收入(含增值税)。餐费收入指本单位为顾客提供就餐服务取得的收入(含增值税)，包括：经烹饪、调制加工后出售的各种食品，如主食、炒菜、凉拌菜等的收入。

Explanatory Notes on Principle Statistical Indicators

Wholesale Trade refers to the activities of selling wholesale commodities for daily use and capital goods to enterprises of wholesale and retail trades (including self-employed individuals) and other enterprises, institutions and government organs and organizations, and the activities of engaging in import and export and acting as a trade agent. The wholesaler may have the ownership of the commodities for wholesale and trade in the name of its own (a company), and the wholesaler can act as commission agent or commodity broker without the ownership of commodities. Also included are the wholesale activities at the fixed stalls in wholesale market and the acquisition for sales purpose.

Retail Trade refers to the activities of department store, supermarket, franchised store, brand store, retail stall and on-the-spot-making-selling store selling commodities to the final consumers (residents) by any means including internet, post, telephone, sales machine. It also includes shops with sales and production located in the same places (such as bakeries). Retail trade excludes the activities of sales of capital goods such as grain, seed, feed, livestock, mineral products, raw material for production, industrial chemicals, chemical products for agricultural use, machine and equipment (excluding vehicles, computers and communication equipment). Most retailers have the ownership of commodities to sell, but some are acting as agents or brokers to make transactions for a commission.

Purchase, Sales and Stock of Commodities by Wholesale and Retail Trades refer to the total volume of commodities purchased, total volume of sales and exports, and the stock of commodities by wholesale and retail enterprises (establishments) of different status of registration from domestic and overseas markets. This indicator reflects the relationship among purchase, sales and stock of commodities in the circulation of goods and reveals the existing problems

Total Purchases of Commodities refer to the total value of purchases of commodities by enterprises (establishments) from other establishments or individuals (including direct import from abroad) for the purpose of re-selling, either with or without further processing of the commodities purchased. The commodities include: (1) commodities purchased from agricultural and industrial producer, wholesaler, retailer, publishing house and other service business; (2) commodities purchased from institutions and government departments; (3) confiscated goods purchased from the customs authorities or market management agencies; (4) second-hand goods and wastes purchased from residents; The commodities exclude (1) commodities purchased by enterprises (establishments) for use in their own business operation, commodities obtained without buying or selling procedures such as materials, consumable goods of low value, office appliance, etc. (2) received goods without trading, such as goods handed over from others, borrowed goods, preserved goods for others, donated goods from others, processed and retrieved goods, etc. (3) goods of direct settlement between buyer and seller with handling fees introduced by others, (4) goods returned or refused to pay by the buyer, (5) excessive goods.(6)futures traded commodity.

Total Sales of Commodities refer to value of commodities sold by the establishments to other establishments and individuals (including goods sold for self consumption, including the value-added tax). In the wholesale and retail trade, this indicator reflects the total price of goods sold on the domestic market and exported.

The commodities include (1) commodities sold to individuals and social groups for their consumption; (2) commodities sold to establishments in all industries for their production and operation, including agriculture, industry, construction, and catering services including commodities sold to wholesale and retail establishments for re-selling, with or without further processing; (3) commodities for direct export to abroad.

Excluded are (1) extended commodities without trading, such as goods handed over to other enterprises and institutions because of the change of organizations, lent goods, returned goods preserved for others, extended processing materials and samples donated to others; (2)The goods sold by the promotional coupons and not included in the operating income; (3) goods of direct settlement between buyer and seller with handling fees introduced by others; (4) the sale of prepaid CARDS, such as fuel CARDS, without transfer of ownership; (5) service economic activities such as automobile maintenance and sales of telephone CARDS; (6) goods returned after purchase; (7) damaged and spoiled goods; (8) waste and used goods of self use; (9) commodities traded in futures; (10) water supply enterprises, electric power enterprises and natural gas supply enterprises provide water, electricity and gas.

Total Stock of Commodities For the legal entities and self-employed individuals engaged in wholesale and retail trade, it refers to total value (including VAT) of commodities possessed at the end of the reference period; and for wholesale and retail establishments, it refers to the value (including VAT) of all commodities actually in stock and owned by their legal persons at the end of reference period. The commodities in stock includes: (1) commodities located in storage, garages, counters, and shelves of operating places of wholesale and retail trades (such as sale stores, wholesale centres, procurement stations and operating offices); (2) commodities in the process of being selected, sorted, and packed; (3) commodities not arrived but recorded as purchase in the account, i.e. commodities not arrived but payment receipts for the commodities from the sellers or the banks arrived; (4) commodities deposited in other places rather than places mentioned above, for instance: commodities in the hold of purchasers temporarily due to the refusal of payment; (5) commodities entrusted to other units to sell but not sold yet; (6) commodities purchased for other units but not delivered yet. Commodities not included as stock are those not owned by the enterprises (units), commodities on commission for processing, imported commodities of agency of foreign trade enterprise but not yet delivered to ordering units and finally those put in stock on behalf of the state reserves units.

Large Commodity Markets with Transaction Value over 100 Million Yuan refers to the commodity markets with an annual transaction at and above 100 million. The commodity market refers to the markets approved and managed by related departments, where there are fixed sites, facilities, managers and administration offices, where there are a certain number of traders to operate for three month and above or all the year, where the commodities including the articles for daily consumption and capital goods and services are traded in a centralized, independent and open way. Such market includes markets of daily goods and market of capital goods, etc.

Total Retail Sales of Consumer Goods refer to the amount obtained by enterprises (units, self-employed individuals) through direct sales of non-production and non-business physical commodity to individuals, social institutions, and revenue from providing catering services. Individuals include rural and urban households, population from abroad, social institutions include government agencies, social organizations, military units, schools, institutions, neighbourhood (village) committees.

Hotel Services refer to the accommodation services provided to visitors. Some units may provide only accommodation while others provide a combination of accommodation, meals, business services and/or recreational facilities. It excludes activities related to the provision of long-term primary residences in facilities such as apartments typically leased on a monthly or annual basis.

Catering Services refer to the activities of providing foods, serving locations and facilities to customers through instant processing, commercial sales and service-type labor.

Business Revenue refers to revenue of hotels and catering services received from providing services or selling commodities through business activities, including the total income (including value-added tax) from hotels, from catering services, from selling of commodities (including VAT) and from other services. Income (including value-added tax) from hotels refers to income of hotels and catering services by providing lodging services through business activities. Income (including value-added tax) from catering services refers to income from providing catering services, including selling of cooked or prepared foods, such as staple food, cooked dishes, or cold dishes.

Chapter 5

五、公共财政
Public Finance

5-1 地方一般公共预算收支额（1981-2017年）

General Pubilc Budgetary Revenue and Expenditure of Local Government (1981-2017)

单位：亿元 (100 million yuan)

年 份 Year	地方一般公共预算收入 Pubilc Budgetary Revenue of Local Government	增值税 Value Added Tax	营业税 Business Tax	企业所得税 Enterprise Income Tax	地方一般公共预算支出 Pubilc Budgetary Expenditure of Local Government	农业支出 Expenditure for Agriculture	文教科卫事业费 Expenditure for Culture, Education, Science and Health	行政管理费 Expenditure for Government Administration	社会保障补助支出 Expenditure for Social Security
1981	12.69				15.73	2.46	4.30	2.21	
1982	15.66				18.80	3.15	5.14	2.47	
1983	17.17				24.23	3.68	6.55	2.98	
1984	19.73				30.77	4.41	8.15	4.54	
1985	27.41			5.98	36.70	4.18	9.38	4.92	
1986	30.01			4.50	47.31	5.71	11.29	5.75	
1987	37.49			4.78	53.86	6.66	12.59	6.29	
1988	50.53			7.59	64.84	8.39	15.56	6.45	
1989	63.27			9.19	81.89	11.62	18.15	7.50	
1990	77.43			7.21	90.76	13.20	21.32	8.88	
1991	99.78			8.09	110.82	15.91	24.08	10.56	
1992	109.32			5.17	121.59	18.53	28.76	13.86	
1993	204.94			4.99	200.62	23.82	37.36	16.73	
1994	76.70	22.52	11.75	6.72	203.73	25.06	48.91	21.40	
1995	98.35	23.28	15.40	7.87	235.10	28.28	54.06	24.47	
1996	130.01	26.54	21.21	9.42	270.39	32.51	69.04	30.22	
1997	150.42	27.84	25.36	9.70	313.20	33.82	75.01	30.58	
1998	168.23	30.57	29.76	14.47	328.00	34.66	80.50	32.07	2.71
1999	172.67	31.06	33.94	14.95	378.05	36.59	89.86	33.47	7.33
2000	180.75	31.37	36.00	20.17	414.11	39.20	98.70	37.24	15.89
2001	191.28	33.62	36.68	26.29	496.43	45.26	116.70	44.76	26.21
2002	206.76	34.42	41.41	25.78	526.89	46.35	132.37	49.36	25.67
2003	229.00	39.11	45.17	21.50	587.35	48.99	143.99	55.43	42.30
2004	263.36	45.56	56.57	27.78	663.64	71.90	170.60	67.76	33.31
2005	321.65	56.02	67.64	33.35	766.31	73.50	192.06	78.12	29.03
2006	379.97	67.50	89.49	41.30	893.58	83.86	236.16	95.21	34.15
2007	486.71	85.72	112.47	55.71	1 135.22	127.60	300.55	187.01	170.48
2008	614.05	99.41	136.63	66.03	1 470.24	177.77	392.19	217.12	224.72
2009	698.25	97.53	175.79	65.29	1 952.34	267.28	510.84	237.22	304.10
2010	871.19	112.78	237.26	82.28	2 285.72	327.21	615.46	246.50	304.69
2011	1 111.16	136.64	277.71	110.61	2 929.60	409.80	793.63	282.05	386.50
2012	1 338.15	148.00	340.54	135.82	3 572.66	518.60	1 036.48	338.16	439.06
2013	1 611.30	158.22	418.84	146.65	4 096.51	538.97	1 090.49	394.77	505.45
2014	1 698.06	186.11	396.31	159.63	4 437.98	594.45	1 126.71	399.48	584.08
2015	1 808.15	190.25	367.68	147.44	4 712.83	641.52	1 300.34	388.51	648.69
2016	1 812.29	369.93	167.23	148.76	5 018.86	712.92	1 462.91	476.98	692.38
2017	1 886.17	527.91		161.19	5 712.97	674.82	1 670.04	609.83	750.33

注：1.本表中1994年以来的财政收支及分组口径调整，与历史资料不可比。
2.2006年以前农业支出包括农业支出、林业支出、水利气象支出和农林水利气象部门事业费。
3.2007年以后财政支出科目调整，对应关系为：农业支出对应农林水事务，文教科卫事业费对应文教科卫支出，行政管理费对应一般公共服务，社会保障补助支出对应社会保障和就业。
4.本表中2016年数据为新口径。
5.自2016年6月1日全面实施营改增后，取消了营业税，营业税并入增值税，2017年增值税已包含营业税。

Note: a.Since 1994,the local government revenue and expenditure and the grouping standard in this table are not comparable with the previous years.
b.Before 2006,the expenditure for agriculture included the spending on agriculture,forestry,water conservancy and meteorology and operating expenses for agriculture,forestry,water conservancy and meteorology.
c.After 2007, the local government expenditure category changed,the corresponding relationships are as follows:operating expense for agriculture refers to the expenditure for agriculture,forestry and water conservancy,operating expense for culture,education,science and technology and health care refers to expenditure for culture,education,science and technology and health care,operating expense for government administration refers to the expenditure for public service, operating expense for social security refers to the expenditure for social security and employment.
d.Date of 2016 in this table is new caliber
e.Since June 1,2016,the full implementation of replacing business tax with VAT,the business tax has been abolished, and the business tax has included in the VAT. In 2017, the VAT has included business tax.

5-2 地方一般公共预算收入（2016-2017年）
General Pubilc Budgetary Revenue of Local Government (2016-2017)

单位：亿元　(100 million yuan)

类　别	Category	2016	2017	2017年比2016年增长(%) Increase rate in 2017 over 2016(%)
地方一般公共预算收入	**Pubilc Budgetary Revenue of Local Government**	**1 812.29**	**1 886.17**	**6.2**
税收收入	**Tax Revenue**	**1 173.52**	**1 233.85**	**8.5**
增值税	Value-added Tax	369.93	527.91	5.4
营业税	Business Tax	167.23		
企业所得税	Enterprise Income Tax	148.76	161.19	8.4
个人所得税	Personal Income Tax	52.54	69.15	31.6
资源税	Resource Tax	17.24	24.56	42.4
固定资产投资方向调节税	Tax Raised from Adjustment of Real-estate Investment			
城市维护建设税	Tax on City Maintenance and Construction	103.65	112.32	8.4
房产税	Tax on Real Estates	37.92	41.96	10.6
印花税	Stamp Tax	16.56	19.55	18.1
城镇土地使用税	Holding Tax on Urban and County Land	30.39	37.11	22.1
土地增值税	Land Value Added Tax	42.63	50.53	18.5
车船税	Tax on Vehicles and Their Registration	17.54	20.07	14.4
耕地占用税	Farmland Occupation Tax	61.28	52.99	- 13.5
契　税	Contract Tax	52.35	63.36	21.0
烟叶税	Tobacco Leaf Tax	55.50	53.16	- 4.2
其他税收收入	Others			
非税收入	**Non-tax Revenue**	**638.77**	**652.32**	**2.1**
专项收入	Specific Revenue	225.45	202.84	- 10.0
行政性收费收入	Income from Administrative Fees	103.54	100.71	- 2.7
罚没收入	Penalty and Confiscatory Income	67.15	58.79	- 12.4
国有资本经营收入	Profits of State-owned Enterprises	25.25	1.98	-92.2
国有资源(资产)有偿使用收入	Revenue of Compensable Use of State-owned Resources (Assets)	149.98	231.19	54.1
其他收入	Others	67.40	56.81	- 15.7

5-3 地方一般公共预算支出（2016-2017年）

General Pubilc Budgetary Expenditure of Local Government (2016-2017)

单位：亿元 (100 million yuan)

类　别	Item	2016	2017	2017年比2016年增长(%) Increase rate in 2017 over 2016 (%)
地方一般公共预算支出	**Pubilc Budgetary Expenditure of Local Government**	**5 018.86**	**5 712.97**	**13.8**
一般公共服务	General Public Service	476.98	609.83	27.9
公共安全	Public Security	293.61	343.26	16.9
教　育	Education	871.14	998.33	14.6
科学技术	Science and Technology	46.86	53.42	14.0
文化体育与传媒	Culture, Sports and Media	77.93	71.30	-8.5
社会保障和就业	Social Security and Employment	692.38	750.33	8.4
医疗卫生与计划生育	Expenditure for Medical and Health Care, and Family Planning	466.98	546.99	17.1
节能环保	Expenditure for Environment Protection	150.13	179.48	19.5
城乡社区事务	Urban and Rural Community Affairs	216.49	464.75	114.7
农林水事务	Farming, Forestry and Irrigation Affairs	712.92	674.82	-5.3
交通运输	Transport	487.06	511.24	5.0
工业商业金融等事务	Industrial,Commercial and Financial Affairs	134.42	110.56	-17.8
其他各项支出	Others	391.96	398.66	1.7

5-4 各州市地方一般公共预算收入（2016-2017年）

General Pubilc Budgetary Revenue of Local Government by Region (2016-2017)

单位：亿元 (100 million yuan)

州 市	Region	2016	2017	2017年比2016年增长(%) Increase Rate in 2017 over 2016 (%)
全 省	**Yunnan**	**1 812.29**	**1 886.17**	**6.2**
昆 明	Kunming	530.00	560.86	8.2
曲 靖	Qujing	126.31	136.22	7.9
玉 溪	Yuxi	131.06	137.22	2.5
保 山	Baoshan	57.51	62.32	13.2
昭 通	Zhaotong	59.80	67.53	13.2
丽 江	Lijiang	48.25	40.06	-15.1
普 洱	Pu'er	50.06	53.22	7.2
临 沧	Lincang	38.27	40.04	5.7
楚 雄	Chuxiong	73.64	80.26	10.4
红 河	Honghe	133.10	141.28	6.1
文 山	Wenshan	54.69	56.88	6.9
西双版纳	Xishuangbanna	30.48	28.46	-4.0
大 理	Dali	82.01	87.01	7.6
德 宏	Dehong	32.61	33.77	4.7
怒 江	Nujiang	9.46	9.93	9.4
迪 庆	Diqing	16.47	10.17	-36.9

5-5 各州市地方一般公共预算支出（2016-2017年）

General Pubilc Budgetary Expenditure of Local Government by Region (2016-2017)

单位：亿元 (100 million yuan)

州 市	Region	2016	2017	2017年比2016年增长(%) Increase Rate in 2017 over 2016 (%)
全 省	**Yunnan**	**5 018.86**	**5 712.97**	**13.8**
昆 明	Kunming	688.40	775.90	12.7
曲 靖	Qujing	400.15	442.55	10.6
玉 溪	Yuxi	233.35	262.12	12.3
保 山	Baoshan	212.65	238.03	11.9
昭 通	Zhaotong	410.06	416.42	1.6
丽 江	Lijiang	150.07	160.80	7.1
普 洱	Pu'er	245.72	271.78	10.6
临 沧	Lincang	213.39	242.95	13.9
楚 雄	Chuxiong	235.21	248.69	5.7
红 河	Honghe	378.79	402.79	6.3
文 山	Wenshan	272.23	321.57	18.1
西双版纳	Xishuangbanna	117.31	117.77	0.4
大 理	Dali	294.82	338.18	14.7
德 宏	Dehong	134.26	150.92	12.4
怒 江	Nujiang	83.35	89.67	7.6
迪 庆	Diqing	118.66	139.94	17.9

主要统计指标解释

财政收入 指国家财政参与社会产品分配所取得的收入，是实现国家职能的财力保证。

地方一般公共预算收入 是指按照一定的形式和程序，由地方各级财政部门组织并纳入地方财政一般预算管理的各项收入。主要包括：

1. 税收收入： 包括国内增值税、营业税、企业所得税、个人所得税、资源税、城市维护建设税、各银行总行、各保险公司总公司集中交纳的部分、房产税、印花税、城镇土地使用税、土地增值税、车船税、耕地占用税、契税、烟叶税等。

2. 非税收入： 包括专项收入、行政事业性收费、罚没收入、国有资本经营收入、国有资源（资产）有偿使用收入和其他收入。

财政支出 指国家财政将筹集起来的资金进行分配使用，以满足经济建设和各项事业的需要。

地方一般公共预算支出 是指地方各级财政部门对所集中的预算收入有计划地分配和使用而安排的支出。主要包括：

1. 一般公共服务： 指政府提供基本公共管理与服务的支出，包括人大事务、政协事务、政府办公厅（室）及相关机构事务、发展与改革事务、统计信息事务、财政事务、税收事务、审计事务、海关事务、人力资源事务、纪检监察事务、人口与计划生育事务、商贸事务、知识产权事务、工商行政管理事务、国土资源事务、海洋管理事务、测绘事务、地震事务、气象事务、民族事务、宗教事务、港澳台侨事务、档案事务、共产党事务、民主党派事务及工商联事务、群众团体事务、彩票事务等。

2. 公共安全： 指政府维护社会公共安全方面的支出，包括武装警察、公安、国家安全、检察、法院、司法行政、监狱、劳教、国家保密、缉私警察等。

3. 教育： 指政府教育事务支出，包括教育行政管理、学前教育、小学教育、初中教育、普通高中教育、普通高等教育、初等职业教育、中专教育、技校教育、职业高中教育、高等职业教育、广播电视教育、留学生教育、特殊教育、干部继续教育、教育机关服务等。

4. 科学技术： 指用于科学技术方面的支出，包括科学技术管理事务、基础研究、应用研究、技术研究与开发、科技条件与服务、社会科学、科学技术普及、科技交流与合作等。

5. 文化教育与传媒： 指政府在文化、文物、体育、广播影视、新闻出版等方面的支出。

6. 社会保障和就业： 指政府在社会保障与就业方面的支出，包括社会保障和就业管理事务、民政管理事务、财政对社会保险基金的补助、补充全国社会保障基金、行政事业单位离退休、企业改革补助、就业补助、抚恤、退役安置、社会福利、残疾人事业、城市居民最低生活保障、其他城镇社会救济、农村社会救济、自然灾害生活救助、红十字事务等。

7. 城乡社区事务： 指政府城乡社区事务支出，包括城乡社区管理事务支出、城乡社区规划与管理支出、城乡社区公共设施支出、城乡社区住宅支出、城乡社区环境卫生支出、建设市场管理与监督支出等。

8. 农林水事务： 指政府农林水事务支出，包括农业支出、林业支出、水利支出、扶贫支出、农业综合开发支出等。

9. 交通运输： 指政府交通运输和邮政业方面的支出，包括公路运输支出、水路运输支出、铁路运输支出、民用航空运输支出、邮政业支出等。

10. 工业商业金融等事务： 指政府对工业、商业及金融等方面的支出，包括采掘业支出、制造业支出、建筑业支出、工业和信息产业监管支出、国有资产监管支出、商业流通事务支出、金融业监管支出、旅游业管理与服务支出等。

Explanatory Notes on Principle Statistical Indicators

Government Revenue refers to income for the government finance through participating in the distribution of social products. It is the financial guarantee to ensure government functioning.

Local Government Budgetary Revenue refers to incomes which were organized and managed by the financial departments of local governments at all levels according to certain forms and procedures.

The contents of the local government budgetary revenue include the following main items:

a.Tax Revenues, including domestic value added tax (VAT), domestic consumption tax, VAT and consumption tax from imports, VAT and consumption tax rebate for exports, business tax, corporate income tax, individual income tax, resource tax, city maintenance and construct tax, house property tax, stamp tax, urban land use tax, land appreciation tax, tax on vehicles and boat operation, ship tonnage tax, vehicle purchase tax, tariffs, farm land occupation tax, deed tax, and tobacco leaf tax, etc.

b.Non-tax revenue, including special program receipts, charge of administrative and institutional units, penalty receipts and others non-tax receipts.

Government Expenditure refers to the distribution and use of the funds which the government finance has raised, so as to meet the needs of economic construction and various causes.

Local Government Budgetary Expenditure refers to the planned distribution and use of the raised budgetary revenue by the financial departments of local government at all levels.

It includes the following main items:

a.Expenditure for general public services: It refers to the spending on the basic public management and services which provided by governments, including the expense on affairs of People's Congress, affairs of People's Political Consultative Conference, affairs of government general office and relative institutions, affairs of development and reform, affairs of statistics, affairs of finance, affairs of taxation, affairs of audit, affairs of customs, affairs of human resources and social security, affairs of discipline inspection and supervision, affairs of population and family planning, affairs of commerce and trade, affairs of intellectual property, affairs of administration for industry and commerce, affairs of land and resources, affairs of oceanic administration, affairs of surveying and mapping, affairs of earthquake, ethnic affairs, religious affairs, affairs of Hong Kong, Macao, Taiwan, and Overseas Chinese, affairs of archives administration, affairs of Chinese Communist Party, affairs of democratic parties and federation of industry and commerce, affairs of mass organization, and affairs of lottery, etc.

b.Expenditure for public security: It refers to the spending of government on maintaining social and public security, including the expense on armed police force, public security, state security, prosecution, courts, justice, prison, labour education and rehabilitation, protection of state secrecy, anti-smuggling police, etc.

c.Expenditure for education: It refers to the spending of government on education, including the expense on the administration of education, pre-primary education, primary education, secondary education, high school education, regular higher education, primary vocational education, secondary vocational education, technical school education, vocational high school education and higher vocational education, radio and television education, student abroad education, special education, on the job training of cadres, education authorities services, etc.

d.Expenditure for Science and Technology: It refers to the spending of government on science and technology (S&T), including the expense on the administration of S&T, basic research, applied research, research and development, conditions and services of S&T, popularization of social science, science and technology, exchanges and cooperation of S&T, etc.

e.Expenditure for Culture, Sport and Media: It refers to the spending of government on culture, cultural heritage, sports, radio, film, television, press and publication, etc.

f.Expenditure for Social Safety Net And Employment Effort: It refers to the spending of government on social safety net and employment, including the expense on administration of social safety net and employment, civil affairs, budgetary subsidy on the social insurance funds, subsidy on National Social Security Fund, retirees of administrative units and institutions, subsidy on enterprise reform, subsidy on employment effort, pension, placement of ex-serviceman, social welfare, the handicapped undertakings, the system of cost of living allowances for urban residents, other urban social relief, rural social relief, living relief of natural disasters, affairs of Red Cross Society, etc.

g.Expenditure for Urban and Rural Community Affairs: It refers to the spending of government on urban and rural community affairs, including the expense on administration of urban and rural community, planning and management of urban and rural community, public facilities of urban and rural community, housing of urban and rural community, sanitation of urban and rural community, management and supervision on the construction market, etc.

h.Expenditure for Agriculture, Forestry and Irrigation Affairs: It refers to the spending of government on agriculture, forestry and irrigation affairs, including the expense on agriculture, forestry, irrigation affairs, poverty alleviation, comprehensive agricultural development, etc.

i.Expenditure for Transportation: It refers to the spending of government on transportation and postal services, including the expense on road transportation, waterway transportation, railway transportation, civil aviation transportation, and postal services.

j.Expenditure for Industry, Commerce and Banking: It refers to the spending of government on industry, commerce and banking, including the expense on mining, manufacturing, construction, industry and information technology supervision and administration, State-owned assets supervision and administration, commerce and circulation affairs, financial intermediation supervision and administration, tourism administration and service, etc.

Chapter 6

六、对外经济贸易
Foreign Trade

6-1 进出口贸易总额（1980-2017年）

Total Value of Import and Export Trade (1980-2017)

单位：亿美元 (USD 100 million)

年 份 Year	进出口总额 Total Value of Export and Import	出口额 Exports	进口额 Imports	差 额 (出超+、入超-) Balance (Favorable balance(+), Trade Deficit(-))
1980	1.10	0.96	0.14	0.82
1981	1.35	1.03	0.31	0.72
1982	1.36	1.09	0.27	0.82
1983	1.47	1.19	0.29	0.90
1984	1.51	1.11	0.39	0.72
1985	2.10	1.29	0.81	0.48
1986	2.65	1.69	0.96	0.72
1987	3.42	2.62	0.80	1.82
1988	4.44	3.42	1.02	2.40
1989	5.48	3.74	1.73	2.01
1990	5.48	4.34	1.14	3.21
1991	5.51	4.01	1.50	2.51
1992	6.71	4.67	2.04	2.63
1993	8.40	5.23	3.17	2.06
1994	13.44	9.10	4.34	4.76
1995	18.96	12.15	6.81	5.35
1996	19.22	10.96	8.26	2.70
1997	19.37	11.72	7.65	4.08
1998	19.03	11.74	7.30	4.44
1999	16.60	10.34	6.25	4.09
2000	18.13	11.75	6.38	5.37
2001	19.89	12.44	7.45	4.99
2002	22.26	14.30	7.97	6.33
2003	26.77	16.77	9.91	6.85
2004	37.48	22.39	15.09	7.30
2005	47.38	26.42	20.97	5.45
2006	62.32	33.91	28.40	5.51
2007	87.80	47.36	40.44	6.92
2008	95.99	49.87	46.12	3.75
2009	80.19	45.14	35.05	10.09
2010	133.68	76.06	57.62	18.43
2011	160.53	94.73	65.80	28.93
2012	210.05	100.18	109.87	-9.69
2013	258.29	159.59	98.70	60.88
2014	296.22	188.02	108.20	79.82
2015	245.27	166.26	79.01	87.25
2016	199.99	115.82	84.17	31.65
2017	233.94	114.30	119.64	-5.33

6-2 主要贸易方式进出口总额（1980-2017年）

Total Value of Main Trade Modes of Import and Export (1980-2017)

单位：亿美元 (USD 100 million)

年 份 Year	进出口总额 Total Value of Export and Import	出口额 Exports	进口额 Imports	一般贸易 出口额 Exports	一般贸易 进口额 Imports	边境小额贸易 出口额 Exports	边境小额贸易 进口额 Imports
1980	1.10	0.96	0.14				
1981	1.35	1.03	0.31				
1982	1.36	1.09	0.27				
1983	1.47	1.19	0.29				
1984	1.51	1.11	0.39				
1985	2.10	1.29	0.81			0.21	0.23
1986	2.65	1.69	0.96			0.28	0.31
1987	3.42	2.62	0.80			0.61	0.64
1988	4.44	3.42	1.02			1.31	1.01
1989	5.48	3.74	1.73			1.66	0.90
1990	5.48	4.34	1.14			1.28	0.75
1991	5.51	4.01	1.50			1.03	0.53
1992	6.71	4.67	2.04			1.55	0.75
1993	8.40	5.23	3.17			2.08	0.77
1994	13.44	9.10	4.34			1.46	1.11
1995	18.96	12.15	6.81			1.18	1.13
1996	19.22	10.96	8.26			0.45	0.91
1997	19.37	11.72	7.65			0.42	0.32
1998	19.03	11.31	5.22	9.25	3.60	0.89	0.42
1999	16.60	10.34	6.25	7.23	4.71	2.32	0.56
2000	18.13	11.75	6.38	7.84	4.21	2.78	0.78
2001	19.89	12.44	7.45	8.66	5.25	2.30	1.16
2002	22.26	14.29	7.97	10.57	5.25	2.31	1.37
2003	26.77	16.76	9.92	12.82	6.97	2.53	1.66
2004	37.48	22.39	15.04	16.73	11.27	3.09	2.15
2005	47.38	26.42	20.97	18.24	15.21	3.86	2.69
2006	62.32	33.91	28.40	22.34	20.28	4.65	3.11
2007	87.80	47.36	40.44	34.54	30.15	5.68	4.43
2008	95.99	49.87	46.12	39.96	37.51	5.72	6.29
2009	80.19	45.14	35.05	35.85	27.74	7.07	5.54
2010	133.68	76.03	57.62	44.34	47.23	9.88	7.47
2011	160.53	94.73	65.80	67.98	53.32	12.16	7.88
2012	210.05	100.18	109.87	48.33	64.45	13.95	7.54
2013	258.29	159.59	98.70	102.13	39.98	18.47	14.87
2014	296.22	188.02	108.20	130.75	50.29	21.79	14.00
2015	245.27	166.26	79.01	136.50	40.26	16.75	8.16
2016	199.99	115.82	84.17	86.36	37.71	17.51	11.96
2017	233.94	114.30	119.64	78.86	56.09	19.32	14.90

6-3 边境贸易进出口总额（1997-2017年）

Total Value of Imports and Exports of Border Trade (1997-2017)

单位：亿美元 (USD 100 million)

年份 Year	边境贸易进出口总额 Total Value of Export and Import	出口额 Exports	进口额 Imports
1997	0.74	0.42	0.32
1998	1.31	0.89	0.42
1999	2.78	2.32	0.56
2000	3.56	2.78	0.78
2001	3.46	2.30	1.16
2002	3.68	2.31	1.37
2003	4.19	2.53	1.66
2004	5.24	3.09	2.15
2005	6.55	3.86	2.69
2006	7.76	4.65	3.11
2007	10.11	5.68	4.43
2008	12.01	5.72	6.29
2009	12.61	7.07	5.54
2010	17.36	9.88	7.47
2011	20.05	12.16	7.88
2012	21.49	13.95	7.54
2013	33.34	18.47	14.87
2014	35.79	21.79	14.00
2015	24.91	16.75	8.16
2016	29.47	17.51	11.96
2017	34.23	19.32	14.90

6-4 各州市进出口总额（2017年）

Total Value of Import and Export by Region (2017)

单位：亿美元 (USD 100 million)

州 市	Region	进出口总额 Total Value of Import and Export	出口额 Exports	2017年比2016年增长(%) Increase Rate in 2017 Over 2016(%)	进口额 Imports	2017年比2016年增长(%) Increase Rate in 2017 Over 2016(%)	2017年比2016年增长(%) Increase Rate in 2017 Over 2016(%)
全 省	**Yunnan**	**233.94**	**114.30**	**-0.5**	**119.64**	**42.3**	**17.6**
昆 明	Kunming	78.18	29.43	-27.5	48.75	90.9	18.2
曲 靖	Qujing	8.72	8.42	33.9	0.29	865.5	38.0
玉 溪	Yuxi	21.01	20.64	3.6	0.37	34.7	4.0
保 山	Baoshan	3.20	1.30	-11.5	1.89	64.0	21.7
昭 通	Zhaotong	0.05	0.50	-11.4		-85.0	-20.6
丽 江	Lijiang	0.47	0.47	-31.1		-65.1	-31.7
普 洱	Pu'er	12.46	1.79	-8.5	10.66	15.2	11.1
临 沧	Lincang	6.57	1.25	17.1	5.32	-4.6	-1.1
楚 雄	Chuxiong	5.84	5.82	14.7	0.01	-51.4	14.3
红 河	Honghe	36.66	17.26	81.2	19.40	88.2	84.8
文 山	Wenshan	5.36	0.39	-27.1	4.96	-7.8	-9.6
西双版纳	Xishuangbanna	10.45	2.12	-4.0	8.32	26.4	18.7
大 理	Dali	2.68	2.57	-2.3	0.11	1 006.10	1.5
德 宏	Dehong	42.15	22.69	0.1	19.45	-2.0	-0.9
怒 江	Nujiang	0.09	0.05	-62.3	0.04	121.3	-39.3
迪 庆	Diqing	0.04	0.03	-52.0	0.01	-77.5	-63.1

6-5 引进利用外资概况（1987-2017年）
Utilization of Foreign Capital (1987-2017)

年份 Year	协议利用外资 Utilization of Foreign Capital		对外借款 Foreign Borrowings		外商直接投资 Foreign Direct Investment		外商其他投资 Other Foreign Investment	
	项目（个） Number of Projects (unit)	金额（亿美元） Value (USD 100 million)	项目（个） Number of Projects (unit)	金额（亿美元） Value (USD 100 million)	项目（个） Number of Projects (unit)	金额（亿美元） Value (USD 100 million)	项目（个） Number of Projects (unit)	金额（亿美元） Value (USD 100 million)
签订利用外资协议(合同)额 Total Amount of Contracted Foreign Capital								
1987	9	0.14			9	0.11		0.04
1988	9		1		8			
1989	10	0.04			10	0.03		0.01
1990	16				11			
1991	31	0.60		0.34	22	0.16	6	0.10
1992	202				202			
1993	509	5.64			509	5.01		0.63
1994	262				262			
1995	277		8		269			
1996	159		6		153			
1997	135	3.25	8	0.57	127	2.67		
1998	122		3		119			
1999	140		2		138			
2000	110		4		106			
2001	140	2.94			140	2.94		
2002	150				150			
2003	167	5.44			167	5.44		
2004	167				167			
2005	152	4.36			152	4.36		
2006	204				204			
2007	170	9.66			170	9.66		
2008	228				228			
2009	190	16.82			190	16.82		
2010	163				163			
2011	163	21.54			163	21.54		
2012	121	10.95			121	10.95		
2013	116	12.14			116	12.14		
2014	132	10.82			132	10.82		
2015	142	22.58			142	22.58		
2016	134	26.54			134	26.54		
2017	215	51.61			215	51.61		

注：从1991年起实际利用外资额中对外借款从国家外汇管理局云南分局取得数字，1990年以前是从中国银行昆明分行取得数字。1994年后对外借款从云南省发改委外经处取得数字。

Note:Since 1991,data of borrowings in the foreign investment actually used have been obtained from Yunnan Branch of State Foreign Exchange Admistration Bureau,Before 1990,they were obtained from Kunming Branch of Bank of China. Since 1994, data of foreign exchange borrowings have been obtained from Foreign Trade Section of Provincial Development and Reform Commission.

6–5　续表　continued

年　份 Year	协议利用外资 Utilization of Foreign Capital		对 外 借 款 Foreign Borrowings		外商直接投资 Foreign Direct Investment		外商其他投资 Other Foreign Investment	
	项 目 (个) Number of Projects (unit)	金 额 (亿美元) Value (USD 100 million)	项 目 (个) Number of Projects (unit)	金 额 (亿美元) Value (USD 100 million)	项 目 (个) Number of Projects (unit)	金 额 (亿美元) Value (USD 100 million)	项 目 (个) Number of Projects (unit)	金 额 (亿美元) Value (USD 100 million)
实际利用外资金额 Total Amount of Foreign Capital Actually Used								
1987								
1988		0.08				0.03		0.05
1989								
1990				0.04		0.03		0.05
1991								
1992		0.50		0.21		0.23		0.06
1993								
1994		3.14		1.11		2.03		
1995			27					
1996		3.38		1.58		1.80		
1997								
1998		2.98		1.52		1.46		
1999								
2000								
2001								
2002		2.84		1.72		1.12		
2003								
2004		2.14		0.73		1.42		
2005								
2006		4.29		1.27		3.02		
2007								
2008		9.36		1.59		7.77		
2009								
2010		13.29				13.29		
2011		17.38				17.38		
2012		21.89				21.89		
2013		25.15				25.15		
2014		27.06				27.06		
2015		29.92				29.92		
2016		8.67				8.67		
2017		9.63				9.63		

注：2016年起实际利用外资数据为新口径
Note: The Date of actually utilization of foreign capital are new caliber Since 2016.

6-6 分行业利用外商直接投资情况（2017年）

Utilization of Foreign Direct Investment by Sector (2017)

单位：亿美元 (USD 100 million)

国民经济行业	National Economic Sector	协议投资 Contracted Investment 项目(个) Number of Projects(unit)	金额 Value	实际投资金额 Actual Investment Amount
全 省	**Yunnan**	**215**	**51.61**	**9.63**
农、林、牧、渔业	Farming,Forestry,Animal Husbandry and Fishery	29	20.33	0.23
采矿业	Mining and Quarrying	1	0.07	
制造业	Manufacturing	19	5.50	3.81
电力、煤气及水生产和供应业	Production and Supply of Electricity,Gas and Water	17	1.91	1.15
建筑业	Construction	2	-2.38	
地质勘查、水利管理业	Geological Prospecting and Water Conservancy			
交通运输、仓储及邮电通信业	Transport,Storage,Postal and Telecommunication Services	7	1.83	0.45
批发和零售贸易餐饮业	Wholesale and Retail Trade and Food Services	70	3.43	0.63
房地产业	Real Estate	5	0.57	1.47
社会服务业	Social Services	65	20.34	1.88
卫生体育和社会福利业	Health Care,Sports and Social Welfare			
教育、文化艺术和广播电影电视业	Education,Culture and Arts,Broadcasting,Film and Television			
科学研究和综合技术服务业	Scientific Research and Polytechnic Services			
其他行业	Others			

6–7 各州市利用外商直接投资情况（2016–2017年）

Utilization of Foreign Direct Investment by Region (2016-2017)

单位：亿美元 (USD 100 million)

州市	Region	协议投资 Contracted Investment				实际投资金额 Actual Investment	
		项目(个) Number of Projects (unit)		金额 Value			
		2016	2017	2016	2017	2016	2017
全省	**Yunnan**	**134**	**215**	**26.54**	**51.61**	**8.67**	**9.63**
昆明	Kunming	67	78	17.69	11.89	4.3	8.01
曲靖	Qujing	1	10	0.11	2.77	0.05	0.23
玉溪	Yuxi	1	11	0.14	0.56	0.01	0.11
保山	Baoshan	1	8	0.03	9.42	0.12	0.1
昭通	Zhaotong	1	1		0.06		0.04
丽江	Lijiang	2	10	0.04	0.07	0.01	
普洱	Pu'er	4	3	0.07	12.68	0.11	0.11
临沧	Lincang	1	2	0.17	0.07	0.02	0.04
楚雄	Chuxiong	3	5	2.3	1.78	0.27	0.03
红河	Honghe	4	8	2.73	2.42	0.32	0.21
文山	Wenshan	3	3			0.03	
西双版纳	Xishuangbanna	31	24	0.15	2.45	0.07	0.13
大理	Dali	6	8	1.4	0.23	0.64	0.41
德宏	Dehong			0.29		0.33	
怒江	Nujiang	2	1		0.12		
迪庆	Diqing	1	3	-0.03	0.09		0.19
省直	Those Directly under Provincial Government	6		1.43		2.38	

6-8 实际利用外资额（2012-2017年）

Foreign Investment Actually Utilized (2012-2017)

单位：亿美元 (USD 100 million)

项　目	Item	2012	2012	2013	2014	2015	2017
全　省	**Yunnan**	**21.89**	**25.15**	**27.06**	**29.92**	**8.67**	**9.63**
外商直接投资	Foreign Direct Investment	21.89	25.15	27.06	29.92	8.67	9.63
合资经营企业	Joint Ventures	6.82	7.14	5.15	7.45	2.71	1.03
合作经营企业	Cooperative Enterprises	0.07	2.09	3.61	3.64	0.03	0.04
独资企业	Sole Proprietorship Enterprises	14.90	15.58	15.04	17.51	3.47	5.05
外商投资股份制企业	Foreign-funded Joint Stock Enterprises	0.10	0.35	3.25	1.32	2.46	3.51

6-9 对外承包工程和劳务合作（1991-2017年）
Contracted Projects and Labor Cooperation with Foreign Countries (1991-2017)

单位：亿美元 (USD 100 million)

年 份 Year	合同份数（份） Number of Contracts (unit)	合同金额 Contracted Value	完成营业额 Value of Business Fulfilled
承包工程 Contracted Projects			
1991	19	0.11	0.08
1992	6	0.15	0.15
1993	3	0.40	0.26
1994	15	1.02	0.21
1995	46	2.20	1.01
1996	25	0.78	1.22
1997	47	0.77	0.91
1998	72	3.06	0.99
1999	120	2.50	1.25
2000	162	2.96	1.53
2001	60	1.53	1.45
2002	107	2.94	2.25
2003	71	3.07	2.44
2004	83	3.16	3.36
2005	131	5.34	3.87
2006	85	6.04	4.33
2007	96	7.00	4.99
2008	94	7.80	6.17
2009	63	9.24	7.38
2010	22	9.71	9.85
2011	47	11.21	11.45
2012	52	12.77	15.48
2013	55	12.81	18.17
2014	44	13.44	20.70
2015	95	12.86	23.42
2016	48	19.19	25.75
2017	99	13.63	17.03
劳务合作 Labor Consultation Service			
1991	4	0.01	
1992	3	0.01	
1993	9	0.01	
1994	7	0.03	0.01
1995	7	0.02	0.01
1996	9	0.02	0.01
1997	13	0.10	0.03
1998	11	0.04	0.01
1999	14	0.02	0.03
2000	8	0.04	0.02
2001	9	0.02	0.01
2002	2		0.01
2003	2	0.01	
2004	2		0.01
2005	1		
2006			
2007	2	0.01	0.02
2008	6	0.15	0.04
2009	26	0.06	0.04
2010	16	0.05	0.05

注：从2009年起承包工程统计包括设计咨询在内。
Note: Since 2009, statistics of design consultation had been included in that of construction projects under contract.

6–10 云南省对主要国家或地区出口总额（2016–2017年）

Total Value of Provincial Exports to Major Countries and Regions (2016-2017)

单位：亿美元 (USD 100 million)

国家或地区	Country or Region	2016	2017	2017年比2016年增长(%) Increase Rate in 2017 Over 2016 (%)
亚洲小计	**Asia**	**99.39**	**97.24**	**- 1.4**
阿富汗	Afghanistan			
孟加拉国	Bangladesh	1.22	0.50	- 58.9
文　莱	Brunei	0.04	0.03	- 11.5
缅　甸	Myanmar	24.89	27.01	8.6
柬埔寨	Cambodia	0.50	0.61	22.6
朝　鲜	The Democratic People's Republic of Korea	0.57	0.11	- 86.4
中国香港	Hong Kong,China	25.13	18.54	- 23.9
中国澳门	Macao，China	0.42	0.28	- 33.4
中国台湾	Taiwan,China	0.96	0.88	- 7.0
印　度	India	3.49	3.82	9.4
印度尼西亚	Indonesia	4.28	5.19	21.4
伊　朗	Iran	0.25	0.08	- 66.9
以色列	Israel	0.12	0.12	3.1
日　本	Japan	1.68	1.41	- 15.8
约　旦	Jordan	0.03	0.09	234.2
科威特	Kuwait	0.03	0.01	- 57.0
老　挝	Laos	2.10	2.44	15.8
黎巴嫩	Lebanon	0.02	0.02	18.0
马来西亚	Malaysia	3.67	2.15	- 40.4
尼泊尔	Nepal			12.8
阿　曼	Oman	0.03	0.03	8.0
巴基斯坦	Pakistan	0.34	0.72	113.4
菲律宾	The Philippines	1.04	0.85	- 18.3
沙特阿拉伯	Saudi Arabia	0.31	0.55	82.9
新加坡	Singapore	0.76	1.33	77.6
韩　国	The Republic of Korea	1.97	1.29	- 34.0
斯里兰卡	Sri Lanka	0.31	0.18	- 42.1
叙利亚	Syria	0.03	0.01	- 48.6
泰　国	Thailand	10.09	8.10	- 19.7
土耳其	Turkey	0.13	0.17	35.1
阿拉伯联合酋长国	The United Arab Emirates	0.65	1.03	60.1
越　南	Vietnam	13.90	19.57	40.9
非洲小计	**Africa**	**1.99**	**1.21**	**- 38.5**
阿尔及利亚	Algeria	0.05	0.01	- 77.5
埃　及	Egypt	0.14	0.24	73.0
埃塞俄比亚	Ethiopia	0.01	0.03	91.4
肯尼亚	Kenya	0.09	0.02	- 71.8
毛里求斯	Mauritius	0.06	0.02	- 55.9
摩洛哥	Morocco	0.05	0.03	- 30.2

6-10 续表1 continued

单位：亿美元 (USD 100 million)

国家或地区	Country or Region	2016	2017	2017年比2016年增长(%) Increase Rate in 2017 Over 2016(%)
尼日尔	Niger			- 94.2
尼日利亚	Nigeria	0.17	0.07	-56.2
南非(阿扎尼亚)	South Africa (Azania)	0.32	0.16	-49.9
多　哥	Togo	0.03	0.03	22.7
津巴布韦	Zimbabwe			-80.6
欧洲小计	**Europe**	**6.61**	**6.61**	**1.4**
比利时	Belgium	0.87	0.99	14.9
丹　麦	Denmark	0.02	0.01	22.6
英　国	The United Kingdom	0.55	0.69	29.0
德　国	Germany	1.30	1.41	10.6
法　国	France	0.48	0.49	7.9
爱尔兰	Ireland	0.01		-74.7
意大利	Italy	0.57	0.68	20.1
荷　兰	The Netherlands	0.73	0.67	-7.0
希　腊	Greece	0.14	0.12	-7.2
葡萄牙	Portugal	0.03	0.04	116.3
西班牙	Spain	0.36	0.47	31.0
奥地利	Austria			- 54.5
保加利亚	Bulgaria			29.3
芬　兰	Finland	0.19	0.01	-93.1
匈牙利	Hungary			-55.4
马耳他	Malta	0.03	0.01	-53.5
挪　威	Norway	0.05	0.03	-43.7
波　兰	Poland	0.29	0.32	11.1
罗马尼亚	Romania	0.05	0.01	-64.5
瑞　典	Sweden	0.04	0.21	379.8
瑞　士	Switzerland	0.01	0.01	-14.5
拉脱维亚	Latvia	0.01		-37.8
立陶宛	Lithuania	0.01	0.01	25.7
俄罗斯联邦	Russia	0.66	0.23	-64.8
乌克兰	Ukraine	0.08	0.04	-48.7
南斯拉夫	Yugoslavia			
斯洛文尼亚	Slovenia	0.04	0.04	-10.5
捷　克	Czech	0.01	0.01	43.0
拉丁美洲小计	**Latin America**	**2.75**	**2.67**	**-2.9**
阿根廷	Argentina	0.50	0.40	-18.3
巴　西	Brazil	0.84	0.94	11.6
智　利	Chile	0.15	0.25	61.5
哥伦比亚	Colombia	0.09	0.06	-31.5
多米尼加联邦	The Commonwealth of Dominica			

6−10 续表2 continued

单位：亿美元 (USD 100 million)

国家或地区	Country or Region	2016	2017	2017年比2016年增长(%) Increase Rate in 2017 Over 2016 (%)
古　巴	Cuba	0.12	0.05	- 51.9
多米尼加共和国	The Dominican Republic	0.01		-20.4
海　地	Haiti	0.01		-82.9
墨西哥	Mexico	0.35	0.36	3.7
巴拿马	Panama	0.08	0.06	-20.7
巴拉圭	Paraguay	0.01	0.01	10.8
秘　鲁	Peru	0.22	0.19	-12.9
波多黎各	Puerto Rico			-85.7
圣卢西亚岛	Saint Lucia			
萨尔瓦多	El Salvador			-55.8
乌拉圭	Uruguay	0.04	0.11	171.1
委内瑞拉	Venezuela	0.14	0.01	-86.1
北美洲小计	**North America**	**3.67**	**4.97**	**35.3**
加拿大	Canada	0.33	0.43	33.4
美　国	The United States	3.41	4.54	35.5
大洋洲小计	**Oceanica**	**1.35**	**1.60**	**20.0**
澳大利亚	Australia	1.22	1.48	23.0
斐　济	Fiji		0.01	130.4
新西兰	New Zealand	0.09	0.09	2.8
巴布亚新几内亚	Papua New Guinea	0.01		-93.3
合计中：东南亚国家联盟	**Total of ASEAN**	**61.26**	**67.27**	**10.0**
合计中：欧洲联盟	**Total of European Union**	**5.70**	**6.24**	**11.1**

6-11 云南省对主要国家或地区进口总额（2016-2017年）

Total Value of Provincial Imports from Major Countries and Regions (2016-2017)

单位：亿美元 (USD 100 million)

国家或地区	Country or Region	2016	2017	2017年比2016年增长(%) Increase Rate in 2017 Over 2016 (%)
亚洲小计	**Asia**	**61.9**	**90.05**	**45.6**
缅　甸	Myanmar	35.76	36.09	1.0
中国香港	Hong Kong,China	0.02		-80.6
中国澳门	Macao,China			
中国台湾	Taiwan,China	0.84	0.58	- 31.5
印　度	India	0.25	0.56	124.6
印度尼西亚	Indonesia	0.04	0.25	469.3
伊　朗	Iran	0.77	3.2	320.5
以色列	Israel	0.06	0.06	-4.5
日　本	Japan	0.41	0.45	10.5
科威特	Kuwait	0.15	1.32	777.1
老　挝	Laos	6.59	7.66	15.9
马来西亚	Malaysia	0.12	0.54	344.9
菲律宾	The Philippines		0.16	14 772.7
卡塔尔	Qatar	0.14	0.15	11.0
沙特阿拉伯	Saudi Arabia	0.75	8.9	1 082.3
新加坡	Singapore	0.28	0.27	- 2.9
韩　国	The Republic of Korea	0.05	0.09	39.7
泰　国	Thailand	1.35	1.72	27.4
阿拉伯联合酋长国	The United Arab Emirates	0.34	2.28	576.3
越　南	Vietnam	12.92	16.9	30.8

6-11 续表 continued

单位：亿美元 (USD 100 million)

国家或地区	Country or Region	2016	2017	2017年比2016年增长(%) Increase Rate in 2017 Over 2016 (%)
非洲小计	**Africa**	**0.38**	**1.77**	**363.7**
南非(阿扎尼亚)	South Africa	0.34	1.19	255.2
坦桑尼亚	Tanzania			
欧洲小计	**Europe**	**5.18**	**7.28**	**40.5**
比利时	Belgium	0.01	0.02	36.8
丹 麦	Denmark	0.01	0.01	24.3
英 国	The United Kingdom	0.18	0.04	-73.5
德 国	Federal Republic of Germany	1.40	0.80	-42.6
法 国	France	0.15	0.08	-42.7
爱尔兰	Ireland			88.9
意大利	Italy	0.26	0.17	-26.1
荷 兰	The Netherlands	0.75	0.90	18.4
西班牙	Spain	0.12	0.75	506.4
奥地利	Austria	1.21	0.37	-68.9
芬 兰	Finland	0.05	0.01	-66.4
罗马尼亚	Romania			
瑞 典	Sweden	0.07	0.08	13.4
瑞 士	Switzerland	0.08	0.11	26.9
哈萨克斯坦	Kazakhstan			
俄罗斯联邦	Russia	0.48		-98.8
乌克兰	Ukraine	0.14		-98.1
拉丁美洲小计	**Latin America**	**8.39**	**14.27**	**69.8**
阿根廷	Argentina		0.28	
巴 西	Brazil	1.31	4.66	255.6
智 利	Chile	2.42	3.36	39.5
圭亚那	Guyana			
墨西哥	Mexico	1.51	0.63	-58.0
秘 鲁	Peru	3.14	5.29	67.5
北美洲小计	**North America**	**6.14**	**2.66**	**-56.1**
加拿大	Canada	0.36	0.80	123.4
美 国	The United States	5.78	1.86	-67.5
大洋洲小计	**Oceanica**	**2.18**	**3.59**	**65.2**
澳大利亚	Australia	2.15	3.55	65.6
新西兰	New Zealand	0.03	0.04	43.7
东南亚国家联盟	**Total of ASEAN**	**57.07**	**63.63**	**11.5**
欧洲联盟	**Total of European Union**	**4.33**	**4.48**	**-19.8**

6–12 实际利用外商直接投资额（按国别或地区分）（2016–2017年）

Actually Utilized Foreign Direct Investment by Country and Region (2016-2017)

单位：亿美元 (USD 100 million)

国家或地区	Country or Region	2016	2017	国家或地区	Country or Region	2016	2017
总 计	**Total**	**8.67**	**9.63**	丹 麦	Denmark		0.01
亚 洲	**Asia**			爱尔兰	Ireland		
#中国香港	Hong Kong,China	2.43	8.24	希 腊	Greece		
中国台湾	Taiwan,China			葡萄牙	Portugal		
中国澳门	Macao,China		0.03	西班牙	Spain	0.33	
菲律宾	The Philippines			芬 兰	Finland		
泰 国	Thailand			瑞 士	Switzerland		
新加坡	Singapore	0.07	0.2	俄罗斯联邦	Russia		
马来西亚	Malaysia			**拉丁美洲**	**Latin America**		
日 本	Japan	0.06		#巴 西	Brazil		
韩 国	The Republic of Korea			维尔京群岛	Virgin Islands	0.01	0.21
缅 甸	Myanmar			开曼群岛	Cayman Islands	0.09	
非 洲	**Africa**			**北美洲**	**North America**		
欧 洲	**Europe**			#加拿大	Canada		
#德 国	Germany			美 国	The United States	0.01	0.07
法 国	France			**大洋洲**	**Oceanica**		
意大利	Italy			#澳大利亚	Australia	0.03	
荷 兰	The Netherlands			新西兰	New Zealand		
英 国	The United Kingdom	1.02	0.02	**其 他**	**Others**		
比利时	Belgium						

主要统计指标解释

货物进出口总额 指实际进出我国国境的货物总金额。包括对外贸易实际进出口货物，来料加工装配进出口货物，国家间、联合国及国际组织无偿援助物资和赠送品，华侨、港澳台同胞和外籍华人捐赠品，租赁期满归承租人所有的租赁货物，进料加工进出口货物，边境地方贸易及边境地区小额贸易进出口货物(边民互市贸易除外)，中外合资企业、中外合作经营企业、外商独资经营企业进出口货物和公用物品，到、离岸价格在规定限额以上的进出口货样和广告品(无商业价值、无使用价值和免费提供出口的除外)，从保税仓库提取在中国境内销售的进口货物，以及其他进出口货物。该指标可以观察一个国家在对外贸易方面的总规模。我国规定出口货物按离岸价格统计，进口货物按到岸价格统计。

商品经营单位所在地进、出口额 指在所在地海关注册登记的有进出口经营权的企业实际进、出口额。

商品目的地进口额和商品货源地出口额 目的地进口额指进口货物的消费、使用或最终抵运地的实际进口额；货源地出口额指出口货物的产地或原始发货地的实际出口额。

服务进出口 指常住单位与非常住单位之间相互提供的服务。包括运输服务、旅游服务、通信服务、建筑服务、保险服务、金融服务、计算机和信息服务、咨询服务、广告宣传服务、电影音像服务、专有权利使用费和特许费、其他商务服务。不包括政府服务。

外商直接投资 是指外国投资者在我国境内通过设立外商投资企业、合伙企业、与中方投资者共同进行石油资源的合作勘探开发以及设立外国公司分支机构等方式进行投资。外国投资者可以用现金、实物、无形资产、股权等投资，还可以用从外商投资企业获得的利润进行再投资。

外商其他投资 指除对外借款和外商直接投资以外的各种利用外资的形式。包括企业在境内外股票市场公开发行的以外币计价的股票发行价总额，国际租赁进口设备的应付款，补偿贸易中外商提供的进口设备、技术、物料的价款，加工装配贸易中外商提供的进口设备、物料的价款。

对外直接投资 指我国企业、团体等(简称境内投资主体)在国外及港澳台地区以现金、实物、无形资产等方式投资，并以控制国(境)外企业的经营管理权为核心的经济活动。对外直接投资的内涵主要体现在一经济体通过投资于另一经济体而实现其持久利益的目标。

对外承包工程 根据《对外承包工程管理条例》，对外承包工程是指中国的企业或者其他单位承包境外建设工程项目的活动。

对外劳务合作 指组织劳务人员赴其他国家或地区为国外的企业或机构工作的经营性活动。

Explanatory Notes on Principal Statistical Indicators

Total Import and Export of Goods refer to the real value of commodities imported and exported across the border of China. They include the actual imports and exports through foreign trade, imported and exported goods under the processing and assembling trades and materials, supplies and gifts as aid given gratis between governments and by the United Nations and other international organizations, and contributions donated by overseas Chinese, compatriots in Hong Kong and Macao and Chinese with foreign citizenship, leasing commodities owned by tenant at the expiration of leasing period, the imported and exported commodities processed with imported materials, commodities trading in border areas (excluding mutual exchange goods), the imported and exported commodities and articles for public use of the Sino-foreign joint ventures, cooperative enterprises and ventures with sole foreign investment. Also included is import or export of samples and advertising goods for which CIF or FOB value are beyond the permitted ceiling (excluding goods of no trading or use value and free commodities for export), imported goods sold in China from bonded warehouses and other imported or exported goods. The indicator of the total imports and exports at customs can be used to observe the total size of external trade in a country. In accordance with the stipulation of the Chinese government, imports are calculated at CIF, while exports are calculated at FOB.

Import or Export Value by Location of China's Foreign Trade Managing Units refers to actual value of imports and exports carried out by corporations which have been registered by the local Customs house and are vested with right to run import export business.

Import Value of Commodities by Place of Destination and Export Value of Commodities by Place of Origin in China The former indicator refers to the value of import commodities of the places of their consumption, utilization or the places of their final destination. The latter indicator refers to the value of export commodities of the places of their origin or the places of the commodities dispatched.

Import and Export of Services refers to services provided between resident and non-resident units, including services on transportation, tourism, communications, construction, insurance, banking, computer and information, consultancy, advertising and publicity, as well as film, audio and video services, royalty for patents, trade marks and other special rights, other commercial services, but excluding government services.

Foreign Direct Investment refers to foreign investment in China through the establishment of foreign invested enterprises, cooperative exploration and development of petroleum resources with domestic investors and the establishment of branch organizations of foreign enterprises. Foreign investment can be made in forms of cash, physical investment, intangible assets and equity, in addition with reinvestment of the foreign enterprises with the profits gained from the investment.

Other Foreign Investment refers to all forms of utilization of foreign capitals other than foreign borrowings and foreign direct investment. It includes the total value of stock shares in foreign currencies issued by enterprises at domestic or foreign stock exchanges, rent payable for the imported equipment through international leasing arrangement, cost of imported equipment, technology and materials provided by foreign counterparts in compensation trade and processing and assembly trade.

Overseas Direct Investment refers to investment made by domestic enterprises and organizations (referred to as domestic investors) in foreign countries and Hong Kong SAR, Macao SAR and Taiwan province in forms of

cash, physical investment and intangible assets, and the economic activities centring on operation and management of those enterprises are under the control of domestic investors. The content of overseas direct investment mainly reflects one economic entity by investing in another economic entity to achieve its goal of lasting interest.

Overseas Contracted Projects refer to activities of contracting overseas construction projects by Chinese enterprises or any other units, which are stipulated in the Regulations on Administration of Foreign Contracted Project.

Overseas Labour Services refer to operational activities of organizing labour force to go abroad providing services to foreign enterprises or agencies.

Chapter 7

七、农业和农村
Agriculture and Country

7-1 云南省农村和农业生产基本情况（2013-2017年）
Basic Statistics on Rural Areas and Agriculture Production (2013-2017)

指　　标	Item	2013	2014	2015	2016	2017
乡村户数及人口	**Number of Rural Households and Population**					
乡村户数（万户）	Number of Rural Households(10 000 households)	975	971	991	994	1 000
乡村人口数（万人）	Rural Population (10 000 persons)	3 705	3 713	3 730	3 740	3 763
乡村从业人员（万人）	**Number of Rural Employed Persons (10 000 persons)**	**2 181**	**2 189**	**2 192**	**2 203**	**2 214**
#农业从业人员	Number of Employees Involved in Agriculture	1 598	1 569	1 596	1 608	1 585
按人口性别分（万人）	**Population Grouped by Sex （10 000 persons）**					
男	Male	1 151	1 158	1 161	1 168	1 175
女	Female	1 029	1 031	1 030	1 035	1 039

注：乡村总人口是按1984年前的老口径统计，故本表的数字大于人口篇乡村总人口数。

Note: The total rural population is calculated according to original standards before 1984, so the data in this table are bigger than the rural population in chapter on population.

7-2 主要农业机械拥有量（1978—2017年）

Number of Major Agricultural Machinery Owned (1978-2017)

年份 Year	农业机械总动力（万千瓦） Total Power of Agricultural Machinery (10 000 kw)	农用大中型拖拉机（万台/亿瓦特） Large and Medium-sized Agricultural Tractors (10 000 units/ 100 million watt)	农用小型及手扶拖拉机（万台/亿瓦特） Small and Walking Agricultural Tractors (10 000 units/ 100 million watt)	大中型拖拉机机引农具(万部) Farm Tools Towed by Large and Medium Sized Tractors (10 000 units)	小型拖拉机机引农具（万部） Farm Tools Towed by Small Tractors (10 000 units)	农用水泵（万台） Water Pumps for Agricultural Use (10 000 units)	联合收割机（台） Combine Harvesters (unit)	机动脱粒机（万台） Power-driver Shellers (10 000 units)
1978	243	1.44	2.52	2.23	1.87	1.71	215	4.19
1979	292	1.67	3.13	2.19	2.42	2.12	201	5.07
1980	295	1.72	3.34	2.11	2.96	2.21	184	5.36
1981	328	1.68	3.42	2.06	3.11	2.24	156	5.28
1982	335	1.65	3.80	1.86	2.88	2.19	170	4.84
1983	369	1.82	4.90	1.76	3.35	2.66	93	4.22
1984	407	1.84	6.11	1.47	3.20	2.79	68	3.97
1985	439	1.77	7.38	1.28	2.95	2.82	53	3.38
1986	475	1.91	8.62	1.10	4.00	3.24	53	3.13
1987	513	1.78 / 6.92	9.06 / 14.75	1.06	3.53	3.45	42	3.17
1988	579	1.75 / 6.86	11.57 / 10.27	1.02	3.91	3.71	60	3.74
1989	612	1.68 / 6.68	12.81 / 11.40	0.97	4.41	4.22	124	3.39
1990	649	1.62 / 6.39	14.13 / 12.62	0.94	5.40	4.46	120	3.66
1991	710	1.55 / 6.19	15.99 / 14.30	0.90	6.45	4.77	154	4.14
1992	754	1.39 / 5.58	17.22 / 15.36	0.86	6.40	5.01	125	4.59
1993	788	1.17 / 4.84	18.42 / 16.56	0.76	7.54	5.19	197	5.05
1994	850	1.05 / 4.42	19.87 / 17.99	0.67	8.00	4.46	126	5.44
1995	906	0.96 / 3.95	21.62 / 19.69	0.66	8.97	5.70	134	5.92
1996	1 003	0.84 / 3.57	26.03 / 24.04	0.35	6.52	5.41	101	8.01
1997	1 104	0.85 / 3.61	29.16 / 27.99	0.34	7.47	5.89	171	9.70
1998	1 177	1.01 / 3.89	31.41 / 3.05	0.36	8.17	6.20	257	10.22
1999	1 255	1.56 / 4.99	30.44 / 29.83	0.82	13.90	7.88	360	9.24
2000	1 301	3.83 / 10.16	30.07 / 29.94	0.81	15.03	8.88	450	11.10
2001	1 398	5.26 / 13.75	30.48 / 29.98	0.88	15.79	9.03	484	11.57
2002	1 460	6.69 / 17.69	29.91 / 30.39	1.03	16.46	9.49	483	11.58
2003	1 543	8.63 / 23.10	30.51 / 30.71	0.91	17.20	10.19	652	11.24
2004	1 608	9.15 / 25.08	30.48 / 31.04	0.90	16.66	11.01	817	11.57
2005	1 666	4.50 / 12.14	27.48 / 30.74	1.15	18.08	11.77	1 150	12.40
2006	1 755	4.86 / 12.83	27.88 / 28.13	1.23	18.83	12.72	1 570	14.82
2007	1 862	7.51 / 18.10	28.68 / 32.81	1.51	20.23	14.73	2 168	17.67
2008	2 014	17.51 / 37.90	29.57 / 31.17	1.91	22.30	17.09	2 537	21.80
2009	2 159	20.89 / 44.63	32.12 / 33.86	2.79	25.79	20.55	3 016	24.31
2010	2 411	22.51 / 49.41	33.92 / 35.82	3.15	27.69	21.66	3 496	27.10
2011	2 628	24.32 / 54.34	35.52 / 36.87	3.86	30.51	25.62	4 299	31.85
2012	2 874	26.77 / 61.88	37.12 / 38.18	4.54	32.08	27.58	5 075	33.92
2013	3 070	28.70 /	37.70 /	5.00	34.00	29.00	5 803	35.00
2014	3 215	30.12 / 70.70	36.83 / 38.00	5.64	34.44	30.21	6 596	36.93
2015	3 333	31.76 / 75.00	37.18 / 38.28	6.16	35.44	32.05	7 214	40.22
2016	3 440	32.13 / 76.54	37.44 / 38.28	6.52	35.97	32.38	8 051	41.90
2017	3 535	32.09 / 78.45	37.46 / 37.99	6.76	35.65	34.14	8 275	45.42

注：由于统计指标变化，表中2013年农用拖拉机功率数已经取消。

Note: Because of the change of statistical indicators,data of agricultural tractors' power have been cancelled in 2013.

7-3 各州市农村基本情况及农业生产条件（2017年）
Basic Conditions of Rural Areas and Agricultural Production by Region (2017)

州 市	Region	自来水受益村数（个）Villages with Tap Water Supply (unit)	通有线电视村数（个）Villages with Wire Television (unit)	通宽带村数（个）Villages with Band (unit)	农村用电量（亿千瓦时）Rural Consumption of Electricity (100 million kwh)
全 省	**Yunnan**	**12 620**	**9 132**	**11 964**	**102.34**
昆 明	Kunming	950	786	897	11.43
曲 靖	Qujing	1 665	1 239	1 471	12.73
玉 溪	Yuxi	663	631	661	17.76
保 山	Baoshan	861	781	828	5.85
昭 通	Zhaotong	1 149	602	935	7.37
丽 江	Lijiang	416	245	400	1.99
普 洱	Pu'er	988	551	839	4.02
临 沧	Lincang	889	304	941	2.48
楚 雄	Chuxiong	964	966	964	4.98
红 河	Honghe	1 112	790	1 033	11.23
文 山	Wenshan	835	467	914	6.96
西双版纳	Xishuangbanna	258	258	258	1.96
大 理	Dali	1 092	945	1 080	10.52
德 宏	Dehong	335	247	336	1.28
怒 江	Nujiang	259	179	238	0.86
迪 庆	Diqing	184	141	169	0.92

7-4 各州市农田水利情况（2017年）

Basic Conditions of Farmland Water Conservancy by Region (2017)

州 市	Region	水库座数 (座) Number of Reservoirs (unit)	水库总库容 (亿立方米) Capacity of Reservoirs (100 million cu.m)	耕地灌溉面积 (万公顷) Effective Irrigated Area (10 000 hectares)
全 省	**Yunnan**	**6 384**	**132.42**	**185.14**
昆 明	Kunming	834	27.64	13.44
曲 靖	Qujing	863	23.24	19.86
玉 溪	Yuxi	589	7.47	7.41
保 山	Baoshan	377	5.45	15.28
昭 通	Zhaotong	176	7.33	12.07
丽 江	Lijiang	149	3.85	6.93
普 洱	Pu'er	317	6.34	13.93
临 沧	Lincang	260	5.05	13.37
楚 雄	Chuxiong	1 093	12.44	10.46
红 河	Honghe	497	11.32	18.27
文 山	Wenshan	316	6.41	16.60
西双版纳	Xishuangbanna	188	3.60	5.31
大 理	Dali	632	8.68	16.73
德 宏	Dehong	67	2.94	11.94
怒 江	Nujiang	12	0.36	1.66
迪 庆	Diqing	14	0.30	1.88

7-5 水库库容量（2005-2017年）
Storage Capacity of Reservoirs (2005-2017)

年份 Year	水　库（座） Number of Reservoirs (unit)				水库库容量（亿立方米） Reservoir Capacity (100 million cu.m)				比上年增长（%） Increase Rate Over Last Year(%)	
	总计 Total	大型水库 Large Reservoirs	中型水库 Medium Size Reservoirs	小型水库 Small Reservoirs	总计 Total	大型水库 Large Reservoirs	中型水库 Medium Size Reservoirs	小型水库 Small Reservoirs	水　库 Number of Reservoirs	水库库容量 Capacity of Reservoirs
2005	5 368	5	169	5 194	98.87	16.79	48.68	33.40	0.8	1.9
2006	5 399	6	171	5 222	104.36	21.62	48.98	33.76	0.6	5.5
2007	5 403	6	173	5 224	106.23	21.62	50.33	34.28	0.1	1.8
2008	5 474	6	178	5 290	106.98	21.62	50.94	34.42	1.3	0.7
2009	5 514	6	183	5 325	108.30	21.63	52.01	34.67	0.7	1.2
2010	5 555	7	188	5 360	111.04	22.69	53.46	34.89	0.7	2.5
2011	5 590	7	201	5 382	114.19	22.69	56.15	35.35	0.6	2.8
2012	5 631	9	211	5 411	122.00	28.25	57.86	35.83	0.7	6.8
2013	5 964	10	215	5 739	123.97	29.79	58.14	36.04	5.9	1.6
2014	6 000	10	221	5 769	125.39	29.79	58.22	37.38	0.6	1.2
2015	6 126	10	230	5 886	127.57	29.79	59.63	38.15	2.1	1.7
2016	6 271	10	237	6 024	130.42	29.79	61.30	39.33	2.4	2.2
2017	6 384	10	246	6 128	132.42	29.79	62.61	40.02	1.8	1.5

7-6 各州市农用化肥及农用薄膜施用量（2017年）

Quantity of Chemical Fertilizers and Chemical Film Used for Farming by Region (2017)

单位：万吨 (10 000 tons)

州市	Region	化肥施用量 Consumption of Chemical Fertilizer	氮肥 Nitrogenous Fertilizer	磷肥 Phosphate Fertilizer	钾肥 Potash Fertilizer	复合肥 Compound Fertilizer	农用塑料薄膜使用量 Plastic Film	地膜使用量 Mulching Film	农药使用量 Compound Fertilizer
全省	**Yunnan**	**231.94**	**112.93**	**34.66**	**26.23**	**58.13**	**12.02**	**9.62**	**5.77**
昆明	Kunming	19.72	9.91	3.47	1.37	4.97	1.36	0.96	0.45
曲靖	Qujing	38.51	17.37	7.93	3.88	9.33	2.52	2.29	0.64
玉溪	Yuxi	8.96	4.85	1.16	2.25	0.69	1.10	0.87	0.53
保山	Baoshan	11.62	6.40	1.28	1.78	2.15	0.64	0.56	0.46
昭通	Zhaotong	15.09	8.89	2.08	1.83	2.29	0.69	0.60	0.15
丽江	Lijiang	9.11	3.39	2.27	1.03	2.43	0.36	0.32	0.16
普洱	Pu'er	9.47	6.23	0.85	0.99	1.39	0.53	0.30	0.42
临沧	Lincang	21.60	8.34	0.73	1.58	10.95	0.38	0.33	0.24
楚雄	Chuxiong	16.09	8.70	2.98	0.72	3.68	0.90	0.75	0.36
红河	Honghe	27.47	12.56	3.98	3.73	7.20	1.64	1.01	1.05
文山	Wenshan	18.68	9.33	3.07	2.00	4.27	0.71	0.61	0.35
西双版纳	Xishuangbanna	7.72	3.49	1.06	1.64	1.52	0.09	0.08	0.34
大理	Dali	17.61	7.10	2.56	2.20	5.74	0.71	0.61	0.42
德宏	Dehong	7.72	5.22	0.71	1.13	0.65	0.24	0.22	0.16
怒江	Nujiang	0.92	0.48	0.08	0.01	0.35	0.05	0.04	0.01
迪庆	Diqing	1.67	0.67	0.44	0.07	0.49	0.09	0.07	0.02

注：化肥施用量按折纯计算。

Note: Consumption of chemical fertilizers is calculated according to the volume of effective component of the chemical fertilizers.

7-7 农、林、牧、渔业总产值（2016-2017年）
Gross Output Value of Farming, Forestry, Animal Husbandry and Fishery (2016-2017)

单位：亿元 (100 million yuan)

项　　目	Item	按当年价格计算 At Current Prices	
		2016	2017
农、林、牧、渔业总产值	**Gross Output Value of Farming, Forestry, Animal Husbandry and Fishery**	**3 704.69**	**3 872.93**
农业产值	**Gross Output Value of Farming**	**1 888.83**	**1 982.52**
谷物及其他作物	Cereals and Other Crops	735.85	**738.53**
#谷物	Corn Cereals	312.11	313.78
薯类	Tubers	55.30	48.67
油料	Oil-bearing Crops	31.08	28.93
豆类	Beans and Peas	49.14	48.87
糖料	Sugar Crops	65.52	65.19
烟草	Tobacco	219.59	231.85
蔬菜园艺作物	Vegetables and Horticultural Crops	515.51	552.08
水果、坚果、饮料和香料作物	Fruits，Nuts, Beverages and Spiceberry Crops	451.84	469.59
中药材	Traditional Chinese Medicinal Materials	185.64	222.33
林业产值	**Gross Output Value of Animal Husbandry**	**330.37**	**381.53**
林木的培育和种植	Cultivation of Forest Trees	68.59	69.65
竹木采运	Logging and Transport of Timber and Bamboo	102.82	107.41
林产品	Forest Products	158.96	204.48
牧业产值	**Gross Output Value of Animal Husbandry**	**1 286.06**	**1 289.45**
牲畜饲养产值	Livestock Raising	277.90	353.62
生猪产值	Hogs	817.02	773.51
家禽产值	Poultry	169.25	136.47
狩猎和捕捉动物	Hunting	0.04	0.05
其他畜牧业	Others	21.86	25.81
渔业产值	**Gross Output Value of Fishery**	**76.39**	**87.70**
农、林、牧、渔服务业产值	**Output Value of Services in Support of Farming, Forestry，Animal Husbandry and Fishery**	**123.04**	**131.72**

注：农、林、牧、渔业总产值及增加值数据为第三次全国农业普查核定和修订的数据。
Note: Data of total output value and added value of farming,forestry,animal husbandry and fishery are verified and revised by the Third National Agricultural Census.

7–8 农、林、牧、渔业总产值（1978–2017年）

Historical Total Output Value of Farming, Forestry, Animal Husbandry and Fishery (1978-2017)

(按当年价格计算)
单位：亿元

(calculated at current prices)
(100 million yuan)

年 份 Year	农业总产值 Historic Total Output Value of Farming	农 业 Farming	林 业 Forestry	牧 业 Animal Husbandry	渔 业 Fishery	农、林、牧、渔服务业 Services in Support of Agriculture,Forestry, Animal Husbandry and Fishery
1978	40.02	28.58	2.48	7.08	0.08	1.80
1979	44.71	31.03	3.17	8.27	0.09	2.15
1980	48.20	33.02	2.94	10.22	0.19	1.83
1981	55.20	38.32	3.77	10.74	0.20	2.17
1982	61.84	41.90	3.87	12.79	0.21	3.07
1983	65.68	42.30	4.73	13.84	0.24	4.57
1984	77.36	48.78	5.97	15.79	0.27	6.55
1985	88.88	52.02	7.90	20.33	0.40	8.23
1986	96.01	51.80	7.40	26.14	0.71	9.96
1987	111.25	61.75	8.85	29.42	0.95	10.28
1988	135.39	76.11	10.05	37.01	1.56	10.66
1989	152.68	84.30	12.97	41.68	1.93	11.80
1990	211.72	119.63	18.27	54.01	1.39	18.42
1991	222.93	130.67	18.69	55.68	1.37	16.52
1992	250.35	146.70	22.84	61.54	2.02	17.25
1993	281.21	179.39	25.39	72.89	3.54	
1994	356.78	228.99	30.41	92.13	5.25	
1995	474.46	299.48	40.53	127.19	7.26	
1996	567.51	369.36	43.21	146.03	8.91	
1997	612.01	397.09	40.40	163.93	10.59	
1998	620.02	381.26	41.77	184.83	12.16	
1999	642.48	394.96	45.60	188.82	13.10	
2000	680.86	416.36	49.75	201.49	13.26	
2001	703.53	431.31	47.21	210.63	14.38	
2002	737.55	445.35	53.52	223.49	15.19	
2002(新口径)	743.75	414.89	59.27	223.49	15.19	
2003	799.33	433.91	73.17	242.53	16.56	33.16
2004	965.22	516.92	86.40	305.42	19.14	35.19
2005	1 068.58	559.32	105.53	339.68	22.97	41.08
2006	1 209.76	630.19	142.59	362.89	26.30	44.78
2007	1 414.79	707.15	156.27	459.63	35.73	56.00
2008	1 641.46	790.87	183.60	570.01	38.12	58.86
2009	1 706.19	850.65	196.13	557.76	41.96	59.69
2010	1 810.53	925.58	184.23	588.81	48.06	63.85
2011	2 306.49	1 124.72	245.67	808.20	55.93	71.98
2012	2 680.22	1 398.18	225.83	912.97	63.10	80.14
2013	3 056.04	1 639.40	293.25	962.55	70.41	90.43
2014	3 261.30	1 805.06	303.25	974.98	78.35	99.66
2015	3 383.09	1 840.61	317.52	1 031.48	81.67	111.80
2016	3 704.69	1 888.83	330.37	1 286.06	76.39	123.04
2017	3 872.93	1 982.52	381.53	1 289.45	87.70	131.72

注：1．“农林牧渔服务业”1992年及以前年份为“副业”。
2．从2003年开始，按新国民经济行业分类标准，农业总产值中取消“农民家庭兼营的商品性工业”；“木材采运”改为全社会口径；增加“农林牧渔服务业”。“农林牧渔服务业”包含在“农业总产值”中(下同)。

Note: a. Services in Support of farming，forestry,animal husbandry and fishery was called sideline production before 1992.
b. According to the new standards for the classification of National Economy,subsidiary commercial industry operated by farmers has been deleted from the output value of agriculture since 2003. The Statistical Coverage of logging and transport of timber has been changed to the whole society. Services in support of farming, forestry,animal husbandry and fishery are added.Services of farming, forestry,animal husbandry and fishery are included in the output value of agriculture (The same as below).

7-9 农、林、牧、渔业总产值指数（1978-2017年）
Indices of Historical Gross Output Value of Farming，Forestry, Animal Husbandry and Fishery (1978-2017)

(1952年=100) (1952=100)

年份 Year	农业总产值指数 Indices of Historic Gross Output Value of Farming	农业 Farming	林业 Forestry	牧业 Animal Husbandry	渔业 Fishery	农、林、牧、渔服务业 Services in Support of Agriculture,Forestry, Animal Husbandry and Fishery
1978	249.2	233.0	13 119.8	410.2	1 296.6	103.5
1979	235.2	213.5	14 288.8	404.3	1 619.3	103.9
1980	251.2	231.3	14 938.3	418.3	1 759.0	104.9
1981	273.6	255.7	16 118.2	439.9	1 886.9	105.7
1982	302.9	274.1	16 885.3	525.0	1 946.7	150.0
1983	319.7	274.8	19 622.1	568.2	2 225.7	222.2
1984	368.3	303.7	25 504.0	645.6	2 500.9	321.5
1985	391.8	308.2	29 241.5	700.0	3 058.1	404.4
1986	382.6	288.0	25 449.1	717.4	3 599.1	489.3
1987	406.0	315.8	24 428.5	738.9	4 402.0	504.9
1988	432.8	339.7	25 935.5	781.7	5 771.3	524.1
1989	445.3	346.4	27 366.2	821.8	5 091.1	530.0
1990	474.5	366.1	29 995.2	882.9	5 318.0	566.6
1991	501.1	398.6	30 756.4	929.5	5 702.4	514.0
1992	523.0	416.5	33 893.6	968.5	6 181.4	503.7
1993	538.8	422.1	40 280.4	991.9	7 462.5	479.0
1994	555.4	426.3	42 959.2	1 050.2	9 256.1	
1995	591.2	457.0	43 946.1	1 112.7	11 177.8	
1996	634.9	490.8	46 714.7	1 195.0	13 223.3	
1997	686.9	530.1	49 941.7	1 303.4	14 728.1	
1998	718.1	533.2	52 506.4	1 467.9	18 282.1	
1999	753.7	555.6	53 943.5	1 571.6	20 274.7	
2000	802.7	589.3	56 155.9	1 705.5	20 850.3	
2001	831.5	611.7	54 154.9	1 800.6	22 289.4	
2002	870.0	633.3	59 030.7	1 892.0	24 368.0	
2003	927.8	663.1	67 532.6	2 027.4	25 600.1	105.1
2004	990.7	703.8	70 033.8	2 204.5	28 027.2	116.6
2005	1 059.1	734.0	76 196.7	2 431.6	31 222.3	121.1
2006	1 148.5	791.1	86 271.6	2 610.6	36 558.9	132.5
2007	1 232.3	844.1	94 553.7	2 767.3	44 309.4	146.7
2008	1 329.7	899.8	105 521.9	3 016.3	47 278.1	152.1
2009	1 407.2	938.0	112 529.3	3 255.4	52 293.3	153.9
2010	1 472.9	972.1	119 348.5	3 440.4	57 204.7	158.6
2011	1 562.2	1 038.5	133 935.2	3 527.5	62 460.7	170.5
2012	1 672.1	1 094.5	147 321.8	3 803.6	71 248.7	184.5
2013	1 788.7	1 166.4	165 132.5	4 018.6	81 035.5	201.9
2014	1 897.8	1 235.2	179 829.3	4 235.6	88 814.9	217.2
2015	2 011.7	1 310.5	197 272.8	4 405.0	96 630.6	239.2
2016	2 129.2	1 391.0	219 145.5	4 534.6	107 345.4	260.3
2017	2 257.6	1 477.2	242 527.8	4 733.6	117 446.4	276.2

注：1.本表按可比价格计算。
2.“农林牧渔业”1993年及以前年份为“副业”。
3.农林牧渔服务业产值指数从2003年开始计算，为新农业发展速度口径。

Note: a. The data in this table are calculated at comparable prices.
b.Farming，forestry,animal husbandry and fishery in 1993 and years before 1993 were called sideline production.
c.The indices of services in support of agriculture,forestry,animal husbandry and fishery has been calculated according to the new calculating coverage of agriculture developing speed since 2003.

7-10 各州市农、林、牧、渔业总产值（2017年）
Gross Output Value of Farming, Forestry, Animal Husbandry and Fishery by Region (2017)

(按当年价格计算)　　(calculated at current prices)
单位：亿元　　(100 million yuan)

州　市	Region	农业总产值 Gross Output Value of Farming	农　业 Farming	林　业 Forestry	牧 业 Animal Husbandry	渔　业 Fishery	农、林、牧、渔服务业 Services in Support of Agriculture,Forestry, Animal Husbandry and Fishery
全　省	**Yunnan**	**3 872.93**	**1 982.52**	**381.53**	**1 289.45**	**87.70**	**131.72**
昆　明	Kunming	366.38	199.07	15.93	129.07	9.30	13.01
曲　靖	Qujing	603.74	238.20	18.33	322.27	16.52	8.41
玉　溪	Yuxi	245.58	142.23	5.27	92.39	3.12	2.57
保　山	Baoshan	262.09	124.83	21.12	105.68	6.69	3.77
昭　通	Zhaotong	247.02	114.92	8.28	114.50	5.44	3.88
丽　江	Lijiang	91.03	43.74	3.57	38.17	2.86	2.69
普　洱	Pu'er	273.35	139.55	45.36	64.97	16.72	6.76
临　沧	Lincang	263.38	160.46	14.66	76.62	6.53	5.12
楚　雄	Chuxiong	305.62	160.80	7.09	113.67	3.88	20.18
红　河	Honghe	382.73	164.92	21.27	179.64	11.13	5.77
文　山	Wenshan	278.05	139.22	18.16	108.87	7.46	4.34
西双版纳	Xishuangbanna	169.59	81.05	56.96	15.22	7.50	8.85
大　理	Dali	407.92	229.39	11.30	146.27	9.95	11.01
德　宏	Dehong	132.38	82.89	9.74	30.66	5.53	3.56
怒　江	Nujiang	33.70	13.92	5.23	12.73	0.06	1.77
迪　庆	Diqing	21.26	10.19	2.40	6.52	0.46	1.68

注：由于省、州(市)农业总产值实行分级核算，所以各州(市)加总不等于全省合计数(下同)。
Note:Total agricultural output value is not the value calculated by plusing the agricultural output value of each prefecture(city) because the agricultural output value of the province and prefecture(city) are accounted at different levels.(Same as below).

7-11 各州市农、林、牧、渔业总产值指数（2017年）
Indices of Gross Output Value of Agriculture, Forestry, Animal Husbandry and Fishery by Region (2017)

(上年=100)　　(preceding year = 100)
单位：%　　(%)

州 市	Region	指 数 Indices of Gross Output Value of Agriculture	农 业 Farming	林 业 Forestry	牧 业 Animal Husbandry	渔 业 Fishery	农、林、牧、渔服务业 Services in Support of Agriculture,Forestry, Animal Husbandry and Fishery
全 省	**Yunnan**	**106.0**	**106.2**	**110.7**	**104.4**	**109.4**	**106.1**
昆 明	Kunming	106.0	105.6	124.4	105.1	105.0	103.4
曲 靖	Qujing	106.0	105.8	104.7	106.1	108.3	105.2
玉 溪	Yuxi	106.3	106.6	93.7	106.7	105.1	105.9
保 山	Baoshan	106.2	107.0	108.9	105.7	107.3	78.2
昭 通	Zhaotong	105.9	105.2	109.9	106.1	110.5	109.0
丽 江	Lijiang	105.9	105.6	105.0	106.5	104.2	106.5
普 洱	Pu'er	106.2	106.0	104.6	106.8	108.3	111.1
临 沧	Lincang	106.1	105.5	100.8	108.3	109.1	106.8
楚 雄	Chuxiong	106.3	105.2	104.7	108.0	109.5	106.5
红 河	Honghe	106.2	105.9	105.8	106.5	105.0	109.2
文 山	Wenshan	106.0	105.6	111.0	104.8	118.5	107.3
西双版纳	Xishuangbanna	105.7	104.6	106.1	108.8	112.3	103.0
大 理	Dali	106.1	107.2	110.4	105.1	92.4	106.0
德 宏	Dehong	106.0	107.3	94.5	106.9	104.9	104.1
怒 江	Nujiang	105.4	100.7	118.3	106.3	80.6	104.1
迪 庆	Diqing	105.8	100.6	129.6	105.8	114.2	104.5

注：本表按可比价格计算。
Note : The data in the table is calculated at comparable prices.

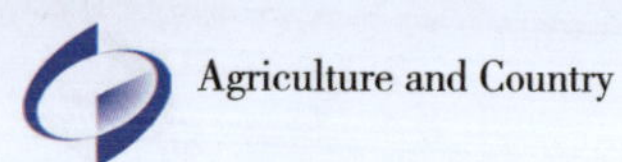

7-12 各州市农、林、牧、渔业总产值构成（2017年）
Composition of Gross Output Value of Farming, Forestry, Animal Husbandry and Fishery by Region (2017)

(按当年价格计算)　　(calculated at current prices)

单位：%　　(%)

州市	Region	构成 Composition	农业 Farming	林业 Forestry	牧业 Animal Husbandry	渔业 Fishery	农、林、牧、渔服务业 Services in Support of Agriculture,Forestry, Animal Husbandry and Fishery
全　省	**Yunnan**	**100.00**	**51.19**	**9.85**	**33.29**	**2.26**	**3.40**
昆　明	Kunming	100.00	54.33	4.35	35.23	2.54	3.55
曲　靖	Qujing	100.00	39.45	3.04	53.38	2.74	1.39
玉　溪	Yuxi	100.00	57.91	2.15	37.62	1.27	1.05
保　山	Baoshan	100.00	47.63	8.06	40.32	2.55	1.44
昭　通	Zhaotong	100.00	46.52	3.35	46.35	2.20	1.57
丽　江	Lijiang	100.00	48.05	3.92	41.93	3.14	2.95
普　洱	Pu'er	100.00	51.05	16.59	23.77	6.12	2.47
临　沧	Lincang	100.00	60.92	5.57	29.09	2.48	1.94
楚　雄	Chuxiong	100.00	52.61	2.32	37.19	1.27	6.60
红　河	Honghe	100.00	43.09	5.56	46.94	2.91	1.51
文　山	Wenshan	100.00	50.07	6.53	39.16	2.68	1.56
西双版纳	Xishuangbanna	100.00	47.80	33.59	8.98	4.42	5.22
大　理	Dali	100.00	56.23	2.77	35.86	2.44	2.70
德　宏	Dehong	100.00	62.62	7.36	23.16	4.18	2.69
怒　江	Nujiang	100.00	41.31	15.51	37.76	0.17	5.24
迪　庆	Diqing	100.00	47.93	11.31	30.68	2.19	7.90

7-13 各州市农、林、牧、渔业增加值（2017年）
Added Value of Farming, Forestry, Animal Husbandry and Fishery by Region (2017)

(按当年价格计算)　　(calculated at current prices)
单位：亿元　　(100 million yuan)

州市	Region	农业增加值 Added Value of Farming	农业 Farming	林业 Forestry	牧业 Animal Husbandry	渔业 Fishery	农、林、牧、渔服务业 Services in Support of Agriculture，Forestry, Animal Husbandry and Fishery
全省	**Yunnan**	**2 388.55**	**1 330.27**	**250.29**	**705.33**	**52.48**	**50.18**
昆明	Kunming	217.12	123.81	10.77	70.33	5.22	6.98
曲靖	Qujing	358.42	147.13	11.91	183.52	9.21	6.66
玉溪	Yuxi	143.69	94.19	3.48	42.21	2.07	1.73
保山	Baoshan	161.56	79.33	13.80	61.86	4.08	2.50
昭通	Zhaotong	159.30	83.77	5.95	63.24	3.41	2.92
丽江	Lijiang	51.08	24.42	2.17	21.30	1.72	1.47
普洱	Pu'er	163.83	84.97	30.24	35.16	9.46	4.01
临沧	Lincang	165.86	106.63	8.22	43.39	4.01	3.62
楚雄	Chuxiong	181.79	105.18	0.35	63.30	2.19	10.78
红河	Honghe	228.45	101.61	12.95	103.82	6.65	3.42
文山	Wenshan	165.16	78.74	12.44	67.21	4.64	2.13
西双版纳	Xishuangbanna	104.34	51.52	30.96	9.57	4.76	7.53
大理	Dali	221.34	127.18	5.47	76.95	5.37	6.37
德宏	Dehong	83.69	52.21	7.95	18.47	3.25	1.82
怒江	Nujiang	21.63	9.12	3.53	8.17	0.04	0.76
迪庆	Diqing	13.22	6.44	1.78	3.48	0.31	1.22

7-14 各州市农、林、牧、渔业中间消耗（2017年）
Intermediate Consumption of Farming, Forestry, Animal Husbandry and Fishery by Region (2017)

(按当年价格计算) (calculated at current prices)
单位：亿元 (100 million yuan)

州 市	Region	农业中间消耗 Intermediate Consumption of Farming	农 业 Farming	林 业 Forestry	牧 业 Animal Husbandry	渔 业 Fishery	农、林、牧、渔服务业 Services in Support of Agriculture，Forestry, Animal Husbandry and Fishery
全 省	**Yunnan**	**1 484.38**	**652.25**	**131.25**	**584.12**	**35.22**	**81.54**
昆 明	Kunming	149.27	75.26	5.16	58.74	4.08	6.03
曲 靖	Qujing	245.32	91.08	6.42	138.76	7.31	1.75
玉 溪	Yuxi	101.89	48.04	1.79	50.18	1.05	0.84
保 山	Baoshan	100.53	45.50	7.32	43.82	2.62	1.27
昭 通	Zhaotong	87.72	31.14	2.33	51.26	2.03	0.96
丽 江	Lijiang	39.94	19.32	1.40	16.87	1.14	1.22
普 洱	Pu'er	109.52	54.58	15.12	29.81	7.26	2.74
临 沧	Lincang	97.52	53.83	6.44	33.23	2.52	1.50
楚 雄	Chuxiong	123.82	55.62	6.74	50.37	1.69	9.40
红 河	Honghe	154.27	63.30	8.32	75.82	4.49	2.34
文 山	Wenshan	112.88	60.48	5.72	41.66	2.82	2.21
西双版纳	Xishuangbanna	65.25	29.54	26.00	5.66	2.74	1.32
大 理	Dali	186.59	102.21	5.83	69.33	4.58	4.64
德 宏	Dehong	48.69	30.69	1.79	12.19	2.28	1.73
怒 江	Nujiang	12.08	4.80	1.70	4.56	0.02	1.00
迪 庆	Diqing	8.04	3.75	0.63	3.05	0.15	0.46

7-15 各州市农林牧渔业中间消耗、增加值占总产值比重（2017年）
Proportion of Intermediate Consumption and Added Value of Farming, Forestry, Animal Husbandry and Fishery to Gross Output Value by Region (2017)

(按当年价格计算) (calculated at current prices)
单位：亿元 (100 million yuan)

州市	Region	农、林、牧、渔业总产值 Gross Output Value Animal Husbandry and Fishery	中间消耗 Intermediate Consumption		增加值 Added Value	
			绝对数 Absolute value	比重（%） Proportion	绝对数 Absolute value	比重（%） Proportion
全　省	**Yunnan**	**3 872.93**	**1 484.38**	**38.33**	**2 388.55**	**61.67**
昆　明	Kunming	366.38	149.27	40.74	217.12	59.26
曲　靖	Qujing	603.74	245.32	40.63	358.42	59.37
玉　溪	Yuxi	245.58	101.89	41.49	143.69	58.51
保　山	Baoshan	262.09	100.53	38.36	161.56	61.64
昭　通	Zhaotong	247.02	87.72	35.51	159.30	64.49
丽　江	Lijiang	91.03	39.94	43.88	51.08	56.12
普　洱	Pu'er	273.35	109.52	40.07	163.83	59.93
临　沧	Lincang	263.38	97.52	37.03	165.86	62.97
楚　雄	Chuxiong	305.62	123.82	40.52	181.79	59.48
红　河	Honghe	382.73	154.27	40.31	228.45	59.69
文　山	Wenshan	278.05	112.88	40.60	165.16	59.40
西双版纳	Xishuangbanna	169.59	65.25	38.47	104.34	61.53
大　理	Dali	407.92	186.59	45.74	221.34	54.26
德　宏	Dehong	132.38	48.69	36.78	83.69	63.22
怒　江	Nujiang	33.70	12.08	35.83	21.63	64.17
迪　庆	Diqing	21.26	8.04	37.80	13.22	62.20

7-16 主要农产品产量（1978-2017年）
Output of Major Farm Products (1978-2017)

单位：万吨 (10 000 tons)

年份 Year	粮食 Grain	稻谷 Rice	小麦 Wheat	玉米 Corn	豆类 Beans	大豆 Soybeans	薯类（折粮） Tubers	油料 Oil-bearing Crops	花生 Peanuts	油菜籽 Rapeseeds	烟叶 Tobacco	烤烟 Flue-cured Tobacco
1978	864.05	411.60	85.95	233.10		9.70	48.65	5.51	2.05	3.18		12.26
1979	792.90	382.50	70.55	225.05		6.50	46.90	4.61	1.63	2.74		10.59
1980	865.55	387.60	78.55	263.05		7.05	53.60	6.48	1.83	4.18		10.38
1981	917.09	436.20	73.81	269.79		7.86	53.40	10.71	2.63	7.25		16.36
1982	945.90	463.90	67.20	278.20		8.70	56.00	13.81	3.00	9.95		25.10
1983	954.35	456.90	86.60	268.95		8.80	55.90	13.80	2.57	10.63		14.44
1984	1 005.00	500.90	82.00	273.95		10.00	60.55	12.37	3.06	8.37		27.50
1985	935.00	482.95	61.90	248.75		9.60	63.00	11.81	3.60	7.17		41.00
1986	870.00	440.00	43.50	257.80		9.50	64.70	10.98	3.44	6.70		28.60
1987	934.84	457.96	74.58	249.81		8.42	64.29	13.52	2.88	10.03		33.56
1988	940.72	458.32	82.72	250.37		9.37	60.75	11.89	2.77	8.57		50.73
1989	998.41	467.54	80.40	292.79		10.18	66.31	10.32	2.93	6.72		45.67
1990	1 061.21	509.44	106.79	280.56		10.12	67.51	13.31	2.93	9.65	44.70	43.60
1991	1 093.00	516.87	115.11	300.15		10.10	69.64	17.16	3.14	13.07		58.18
1992	1 070.40	503.39	127.57	272.20		8.82	66.50	18.85	2.96	14.88		77.80
1993	1 085.24	479.31	135.58	289.12		10.08	73.89	13.37	3.37	9.04		87.44
1994	1 146.47	510.23	124.07	332.36		11.14	78.55	13.95	4.11	9.06		59.23
1995	1 188.91	515.77	138.50	341.83		13.13	79.48	19.58	4.33	14.29	76.83	76.07
1996	1 246.30	535.15	145.39	365.03		12.02	82.72	18.81	4.32	13.61	90.19	88.39
1997	1 271.90	533.77	166.14	365.63		12.54	85.10	17.43	3.82	12.80	110.16	109.28
1998	1 319.50	540.86	152.22	420.72		12.95	87.58	17.46	4.55	11.95	57.29	56.37
1999	1 399.25	534.34	153.47	463.44		13.43	98.86	20.62	4.78	14.54	62.66	60.95
2000	1 467.80	536.29	151.19	473.30		13.99	145.46	26.98	5.35	19.11	65.57	64.61
2001	1 486.30	595.87	137.88	477.30		15.97	148.96	27.66	5.40	20.42	61.47	60.08
2002	1 424.74	543.20	134.11	461.50		15.89	153.88	27.52	5.37	20.52	71.80	66.15
2003	1 471.01	635.89	124.35	399.93		14.81	172.29	29.70	5.34	22.75	65.49	63.68
2004	1 509.50	639.40	121.67	425.66		20.62	191.39	33.41	5.59	26.23	70.75	69.24
2005	1 514.93	646.34	106.86	449.31		17.39	193.60	36.22	5.75	29.02	79.09	77.22
2006	1 457.60	612.90	93.00	478.00	93.80	10.90	157.40	39.01	5.80	31.57	77.73	75.78
2007	1 460.70	589.70	91.20	498.60	80.10	17.90	162.20	36.65	6.11	29.07	79.12	76.68
2008	1 518.59	621.01	83.05	529.55	112.12	26.16	169.76	40.38	6.70	32.10	86.38	83.97
2009	1 576.92	636.23	92.30	542.67	130.36	29.06	172.18	50.16	7.13	41.41	91.69	88.03
2010	1 650.00	492.75	40.52	741.29	84.51	26.54	226.08	34.23	7.01	25.98	99.14	95.40
2011	1 755.38	509.20	85.81	704.80	113.01	46.53	250.02	60.75	7.04	51.84	105.57	101.82
2012	1 827.84	483.82	79.99	787.78	118.96	30.00	260.04	62.84	7.49	53.50	115.00	111.05
2013	1 897.61	495.00	77.28	836.42	120.02	31.18	269.03	60.68	7.99	50.69	107.55	103.85
2014	1 940.82	488.59	81.06	873.63	117.90	31.22	272.15	64.68	8.15	54.93	98.35	94.50
2015	1 969.79	479.95	81.20	902.14	123.07	31.43	274.83	65.92	8.20	56.07	92.76	90.34
2016	1 815.10	524.10	71.50	892.30	117.00	43.10	145.40	56.34	6.30	47.51	90.74	87.89
2017	1 843.40	529.20	73.70	912.90	118.30	43.50	157.00	56.26	6.24	47.52	86.23	83.85

7-16 续表 continued

单位：万吨 (10 000 tons)

年 份 Year	糖 料 Sugar Crops	甘 蔗 Sugarcane	茶 叶 Tea	水 果 Fruits	猪牛羊肉 Pork, Beef and Mutton	禽 蛋 Poultry Eggs	水产品 Aquatic Products	麻 类 Fiber Crops	棉 花 Cotton
1978	160.04	160.01	1.78	11.62	29.23		1.12		
1979	181.46	181.44	1.49	9.74	30.01		1.40		
1980	184.59	184.45	1.78	11.63	30.91		1.52		
1981	224.95	224.74	2.04	13.90	35.92		1.63		
1982	307.44	307.12	2.28	14.12	37.84	2.59	1.69		
1983	354.60	354.15	2.57	16.77	46.91	2.78	1.93		
1984	378.01	377.76	2.82	22.64	51.54	3.97	2.17		
1985	480.13	479.77	3.11	21.18	56.82	3.90	2.65		
1986	529.85	529.49	3.41	27.49	56.73	3.84	3.12		
1987	558.80	558.47	3.92	31.63	59.62	4.04	3.81		
1988	584.29	583.83	4.28	33.96	64.55	4.09	4.13		
1989	551.82	551.28	4.27	34.32	68.34	4.59	4.41		
1990	662.32	661.88	4.48	31.97	74.74	4.90	4.60	0.22	0.04
1991	821.29	820.74	4.77	36.74	81.27	5.13	4.94		
1992	907.20	906.89	2.29	42.83	87.28	4.82	5.37		
1993	900.03	899.92	6.10	47.72	96.16	5.17	5.83		
1994	928.46	928.00	6.38	50.14	107.68	6.42	6.85		
1995	1 056.31	1 055.92	6.40	55.71	120.45	6.85	8.44	0.22	0.07
1996	1 143.36	1 143.08	6.82	59.01	133.37	7.41	10.20	0.30	0.06
1997	1 435.18	1 434.92	7.08	66.02	148.95	8.51	11.89	0.23	0.07
1998	1 598.09	1 597.71	7.75	68.07	166.21	8.70	13.84	0.22	0.08
1999	1 526.89	1 526.53	7.51	73.83	180.35	9.83	15.53	0.21	0.06
2000	1 420.61	1 420.29	7.94	76.95	191.51	10.63	16.62	0.19	0.05
2001	1 481.49	1 481.10	8.07	79.29	203.84	11.80	18.02	0.49	0.05
2002	1 733.66	1 733.36	8.36	85.63	218.74	13.16	19.26	2.33	0.04
2003	1 695.24	1 694.96	8.59	96.53	234.53	14.39	20.43	4.49	0.03
2004	1 688.80	1 688.49	9.51	115.52	257.10	16.49	22.05	13.66	0.03
2005	1 415.89	1 415.50	11.59	136.63	277.32	20.35	23.85	14.10	0.02
2006	1 679.06	1 678.73	13.82	162.56	296.13	20.54	29.24	5.88	0.02
2007	1 938.81	1 938.67	16.99	202.37	238.60	18.00	33.39	2.42	0.03
2008	1 898.88	1 898.75	17.15	266.18	257.18	19.41	39.37	2.28	0.04
2009	1 761.42	1 761.31	18.29	342.74	270.88	20.75	43.06	1.84	0.04
2010	1 750.97	1 750.92	20.73	397.91	474.82	37.78	48.17	0.56	0.04
2011	1 898.78	1 898.78	23.83	476.43	517.44	40.98	54.88	1.05	0.04
2012	2 043.78	2 043.78	27.17	581.12	578.18	47.40	68.01	1.02	0.07
2013	2 146.25	2 146.25	30.17	634.52	597.48	56.51	78.16	0.79	0.04
2014	2 110.40	2 110.40	33.55	669.02	627.46	60.59	87.01	0.36	0.03
2015	1 930.05	1 930.05	36.58	726.54	627.03	72.23	93.74	0.05	0.01
2016	1 523.77	1 523.77	37.30	797.77	369.60	71.22	60.15	0.05	0.01
2017	1 516.15	1 516.15	39.30	783.90	374.10	73.62	63.12	0.02	

注：1.1991—2009年粮食产量为抽样调查数，2010—2015年为全面统计数。
2.2008—2009年畜牧业数据为抽样调查数，2010—2015年为全面统计数。
3.2016—2017年主要农产品及水产品数据为第三次全国农业普查核定和修订的数据。

Note:a.Data of grain output from 1991 to 2009 are sampling survey data,since 2010,those are comprehensive statistics.
b.Data of animal husbandry from 2008 to 2009 are sampling survey data,since 2010,those are comprehensive statistics.
c.Data of output of major farm products and aquatic products from 2016 to 2017 are verified and revised according to the Third National Agricultural Census.

7-17 粮食播种面积和产量（1978-2017年）

Sown Areas and Grain Yields (1978-2017)

单位：万吨、万公顷 (10 000 tons, 10 000 hectares)

年 份 Year	粮食产量 Total Yield of Grain	夏收粮 Summer Harvest Grain		秋收粮 Autumn Harvest Grain	
		面积 Area	产量 Grain Yield	面积 Area	产量 Grain Yield
1978	864.05	105.26	134.79	262.52	729.26
1979	792.90	103.81	107.27	264.93	685.63
1980	865.55	93.99	126.64	265.28	738.91
1981	917.10	88.24	124.01	265.75	793.09
1982	945.90	82.72	111.59	264.67	834.31
1983	954.35	84.86	140.28	262.22	814.07
1984	1 005.00	85.43	135.28	258.70	869.72
1985	935.00	84.55	109.23	247.30	825.77
1986	870.00	84.42	75.48	248.87	794.52
1987	934.84	85.87	133.89	250.58	800.95
1988	940.72	92.86	138.49	248.92	802.23
1989	998.41	97.85	132.19	254.86	866.22
1990	1 061.21	102.87	170.02	259.36	891.19
1991	1 093.00	104.41	184.25	257.48	908.75
1992	1 070.40	105.62	196.00	252.58	874.40
1993	1 085.24	106.54	211.24	246.17	874.00
1994	1 146.47	113.62	201.36	253.26	945.11
1995	1 188.91	112.69	228.18	251.59	960.73
1996	1 246.30		234.30		1 012.00
1997	1 271.90		254.70		1 017.20
1998	1 319.50		240.15		1 079.35
1999	1 399.25	130.09	234.49	274.12	1 164.76
2000	1 467.80	126.48	241.00	272.69	1 226.80
2001	1 486.30	133.00	233.86	300.90	1 252.44
2002	1 424.74	121.82	240.85	294.24	1 183.89
2003	1 471.01	119.45	244.55	287.39	1 226.46
2004	1 509.50	117.67	236.32	298.17	1 273.18
2005	1 514.93	118.89	222.31	306.50	1 292.62
2006	1 457.60	110.55	220.60	291.66	1 237.00
2007	1 460.70	109.72	223.40	289.73	1 237.30
2008	1 518.59	110.17	207.58	299.42	1 311.01
2009	1 576.92	112.83	236.47	307.18	1 340.45
2010	1 650.00	116.23	139.44	313.67	1 484.98
2011	1 755.38	118.00	237.22	318.45	1 441.40
2012	1 827.84	117.27	270.11	324.51	1 557.73
2013	1 897.61	121.39	273.25	323.63	1 623.91
2014	1 940.82	69.38	169.75	247.29	1 370.69
2015	1 969.79	120.17	272.10	324.88	1 671.44
2016	1 815.10				
2017	1 843.40				

注：1.1991—2009年粮食数据为抽样调查数，2010年起粮食数据为全面统计数。粮食总计为夏收粮、早稻与秋收粮之和。
2.粮食总计为谷物、豆类和薯类（折粮）之和。2014年夏收粮食和秋收粮食统计口径为夏收谷物和秋收谷物。
3.2016—2017年粮食产量数据为第三次全国农业普查核定和修订的数据。分季节数据国家尚未核定。

Note:a.Data of grain are data of sampling survey from 1991 to 2009,and since 2010,they are comprehensive statistics.Grain yields inclue yeild of summer harvest grain,early season rice and autumn harvest grain.

b.Grain includes cereal,beans and tubers(converted amount).Since 2014,the statistical coverage of summer harvest grain and autumn harvest grain changed to summer harvest cereal and autumn harvest cereal.

c.Data of total yield of grain from 2016 to 2017 are verified and revised according to the Third National Agricultural Census.The seasonal data have not been verified by the country.

7−18 各州市主要农作物播种面积（2017年）

Total Sown Areas of Major Farm Crops by Region (2017)

单位：万公顷 (10 000 hectares)

州 市	Region	总播种面积 Total Sown Area	粮食播种面积 Sown Area of Grain Crops	稻谷 Rice	小麦 Wheat	玉米 Corn	豆类 Beans	薯类 Tubers
全 省	**Yunnan**		**416.92**	**87.05**	**34.37**	**176.38**	**46.85**	**52.77**
昆 明	Kunming	46.24	27.21	2.14	3.14	9.48	4.29	4.51
曲 靖	Qujing	116.63	68.50	5.35	3.59	22.54	7.44	20.20
玉 溪	Yuxi	28.02	11.38	1.81	1.46	5.59	1.28	0.53
保 山	Baoshan	40.93	26.25	6.29	1.10	9.53	3.51	2.11
昭 通	Zhaotong	74.55	54.09	2.58	3.69	22.39	4.92	18.52
丽 江	Lijiang	19.04	13.60	1.42	1.39	4.34	2.72	2.27
普 洱	Pu'er	50.30	34.90	7.14	2.69	18.44	3.68	1.83
临 沧	Lincang	49.24	30.19	4.11	3.95	14.38	4.25	2.22
楚 雄	Chuxiong	43.59	25.99	5.17	3.69	7.70	5.37	1.14
红 河	Honghe	65.01	39.41	8.39	3.57	13.34	5.38	4.53
文 山	Wenshan	82.78	46.40	6.55	4.92	17.87	9.51	5.70
西双版纳	Xishuangbanna	14.13	8.67	3.13		5.16	0.20	0.09
大 理	Dali	42.67	31.69	5.64	1.61	11.17	5.65	2.09
德 宏	Dehong	26.92	14.19	6.04	0.20	5.40	0.73	1.79
怒 江	Nujiang	9.94	7.43	0.54	0.69	2.55	1.74	1.12
迪 庆	Diqing	6.48	4.80	0.25	0.77	1.81	0.54	0.57

注：2017年粮食面积州市数据为年报数据，全省数据为第三次全国农业普查核定和修订数据。

Note: In 2017,data of grain area are annual report data by region, and data of the whole province are verified and revised by the Third National Agricultural Census.

7-18 续表 continued

单位：万公顷 (10 000 hectares)

州 市	Region	油料播种面积 Oil-bearing Crops	花 生 Peanuts	油菜籽 Rapeseeds	甘 蔗 Sugarcane	烤烟播种面积 Flue-cured Tobacco	蔬菜播种面积 Vegetables and Melon	其他作物 Other Farm Crops
全 省	**Yunnan**	**28.88**	**3.75**	**23.21**	**23.99**	**41.25**	**108.48**	**38.63**
昆 明	Kunming	0.69	0.05	0.58		3.40	10.47	3.23
曲 靖	Qujing	7.46	0.06	7.20		8.27	16.28	11.70
玉 溪	Yuxi	1.38	0.06	1.26	0.93	3.89	8.97	0.74
保 山	Baoshan	2.59	0.07	2.25	1.91	2.97	4.12	1.00
昭 通	Zhaotong	2.66	0.41	2.16	0.05	1.79	8.97	5.32
丽 江	Lijiang	0.48	0.07	0.37	0.01	1.43	1.59	0.54
普 洱	Pu'er	1.21	0.66	0.48	3.69	2.54	3.54	2.40
临 沧	Lincang	1.14	0.15	0.92	7.22	2.24	3.27	2.40
楚 雄	Chuxiong	2.10	0.09	1.89	0.04	4.10	8.85	1.48
红 河	Honghe	1.67	0.68	0.89	2.08	3.51	12.26	4.24
文 山	Wenshan	5.18	1.28	3.21	2.54	2.85	19.38	3.15
西双版纳	Xishuangbanna	0.09	0.09		1.23		2.00	0.29
大 理	Dali	1.23	0.03	1.16	0.02	3.20	4.89	0.56
德 宏	Dehong	0.54	0.05	0.48	4.23	0.99	2.71	0.93
怒 江	Nujiang	0.23	0.01	0.17	0.04		0.96	0.27
迪 庆	Diqing	0.22		0.19		0.07	0.23	0.38

注：1.2001—2009年全省粮食播种面积为抽样调查数。2010年起全省粮食播种面积为全面统计数。
2.2017年主要农作物数据为第三次全国农业普查核定和修订的数据。

Note: a.Data of grain sown area are sampling surver data from 2001 to 2009. Since 2010,those are comprehensive statistics.
b.Data of major crops in 2017 are verified and revised by the Third National Agricultural Census.

7-19 橡胶、咖啡和香料作物面积和产量（2005-2017年）
Areas and Output of Rubber, Coffee and Perfume plants (2005-2017)

单位：万公顷、万吨 (10 000 hectare,10 000 tons)

年 份 Year	橡 胶 Rubber			咖 啡 Coffee			香料作物(折香料油) Perfume Plants (perfume oil)		
	年末实有面积 Real Area at Year-end	收获面积 Harvest Area	总 产 量 Total Output	年末实有面积 Real Area at Year-end	收获面积 Harvest Area	总 产 量 Total Output	年末实有面积 Real Area at Year-end	收获面积 Harvest Area	总 产 量 Total Output
2005	29.90	13.96	24.03	1.72	1.53	2.16	1.00	0.77	0.12
2006	33.41	15.33	26.42	1.84	1.42	2.54	0.70	0.53	0.09
2007	39.65	16.66	28.22	2.04	1.49	2.96	0.52	0.40	0.09
2008	43.58	17.35	25.72	2.43	1.62	3.29	0.45	0.38	0.10
2009	46.14	48.67	18.46	3.66	2.24	4.76	0.48	0.34	0.11
2010	48.67	21.04	33.06	4.31	2.50	4.94	0.60	0.52	0.08
2011	53.03	22.25	36.34	6.13	2.94	6.51	0.60	0.51	0.11
2012	55.64	24.95	38.98	9.23	3.76	9.18	0.50	0.40	0.07
2013	55.43	26.26	42.56	11.91	4.94	11.66	0.56	0.45	0.09
2014	57.10	28.12	43.33	12.21	6.12	13.71	0.68	0.58	0.33
2015	57.34	30.74	43.93	11.80	6.97	13.91	0.59	0.52	0.09
2016	59.17	32.19	44.86	11.70	8.05	15.84	0.48	0.43	0.08
2017	57.73	32.85	43.79	11.07	8.34	16.47	0.42	0.39	0.07

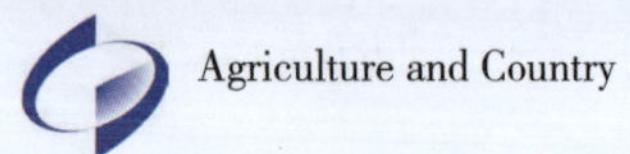

7-20 茶叶、水果生产情况（2005-2017年）

Planting Areas and Output of Tea and Fruits (2005-2017)

单位：万公顷、万吨 (10 000 hectares,10 000 tons)

年份 Year	茶叶 Tea		水果 Fruits		香蕉 Bananas		苹果 Apples		柑橘 Citrus	
	面积 Area	产量 Output	面积 Area	产量 Output	面积 Area	产量 Output	面积 Area	产量 Output	面积 Area	产量 Output
2005	21.85	11.59	22.48	136.63	2.24	24.52	3.15	15.94	2.79	21.11
2006	24.75	13.82	24.20	162.56	2.46	33.81	3.03	20.20	2.91	24.36
2007	30.29	16.99	26.51	202.37	3.62	54	3.11	23.49	3.21	28.08
2008	33.57	17.15	28.90	266.18	5.09	94.85	2.99	26.8	3.29	32.72
2009	35.46	18.29	32.72	342.74	5.85	115.59	3.05	26.93	3.41	38.31
2010	36.77	20.73	31.52	397.91	6.32	133.58	3.09	25.79	3.43	41.66
2011	38.00	23.83	37.69	476.43	7.98	168.74	3.19	25.29	3.65	45.04
2012	38.96	27.17	42.02	581.12	9.13	218.29	4.06	32.24	3.95	51.73
2013	40.06	30.17	43.17	634.52	9.24	240.50	4.19	33.65	4.05	56.61
2014	40.94	33.55	45.79	669.02	9.36	236.96	4.54	38.74	4.20	53.59
2015	42.48	36.58	50.27	726.54	10.23	258.83	4.69	41.38	4.47	59.49
2016	42.21	37.30	57.57	797.77	7.98	210.20	6.93	57.40	5.91	76.90
2017	43.79	39.30	59.43	783.90	7.35	176.80	7.07	59.70	7.57	88.80

注：2016-2017年主要农产品数据为第三次全国农业普查核定和修订的数据。

Note: Data of output of major farm products from 2016 to 2017 are verified and revised by the Third National Agricultural Census.

7-20 续表 continued

单位：万公顷、万吨 (10 000 hectares,10 000 tons)

年 份 Year	梨 Pears		葡 萄 Grapes		菠 萝 Pineapple		瓜果Melon and Fruit		# 西瓜 Watermelon	
	面 积 Area	产 量 Output	面 积 Area	产 量 Output	面 积 Area	产 量 Output	面 积 Area	产 量 Output	面 积 Area	产 量 Output
2005	3.97	19.70	0.56	6.97	0.34	2.21				
2006	4.17	21.69	0.63	9.01	0.37	1.95				
2007	4.34	24.05	0.70	9.38	0.38	2.49	2.22	49.60	1.88	42.62
2008	4.69	28.69	0.79	12.84	0.41	2.89	1.83	47.26	1.49	39.32
2009	4.83	27.87	0.96	16.71	0.43	3.65	1.78	38.89	1.40	31.36
2010	5.16	33.2	1.23	20.6	0.38	3.62	2.49	56.27	2.11	48.22
2011	4.89	36.41	1.92	35.61	0.41	3.63	2.84	71.04	2.39	60.28
2012	5.22	41.63	2.71	54.35	0.40	5.51	2.77	70.40	2.21	59.26
2013	5.32	47.17	2.82	65.94	0.39	4.40	2.52	63.06	1.81	48.86
2014	5.26	48.14	3.56	80.55	0.43	6.85	2.63	63.74	2.08	51.22
2015	5.46	50.88	3.88	85.16	0.57	7.71	3.04	70.21	2.47	60.59
2016	6.59	60.30	5.79	136.50	0.53	7.33	2.68	62.07	2.14	52.46
2017	6.44	63.60	5.55	126.50	0.57	8.96	2.43	58.51	1.83	47.42

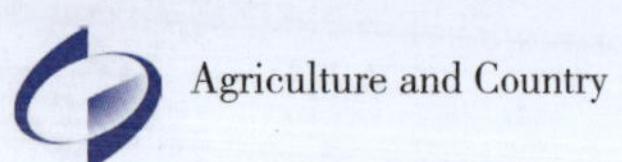

7-21 各州市营造林生产情况

Forestry Production by Region

单位：万公顷 (10 000 hectares)

年份 州市	Year Region	人工造林面积 Area of Artificial afforestation	人工更新造林面积 Area of Reforested Slash	森林抚育作业面积 Area of Cultivating Growth	成林抚育面积 Area of Cultivating Mature Forest	零星(四旁)植树(万株) Number of Four-side Tree Planting(10 000 trees)	育苗面积(公顷) Area of Growing Seedings (hectare)	无林地新封山育林面积 Area of afforestation without Forest
2002					5.64	11 226	2 579	
2003					3.12	11 972	3 303	
2004					3.02	10 990	3 098	
2005					1.65	11 687	3 748	
2006					6.11	10 112	2 040	
2007					3.96	8 650	1 911	
2008					2.42	8 891	3 627	
2009					3.84	9 166	4 332	
2010					4.86	9 261	5 823	
2011					12.73	9 323	4 358	
2012					14.02	10 740	6 449	
2013					14.82	9 855	115 997	
2014					14.14	9 885	9 491	
2015		35.05	0.56	18.07		9 614	6 895	3.66
2016		30.84		16.40		9 817	6 352	2.31
2017		27.77		14.33		9 554	15 151	1.79
昆明	Kunming	0.75		1.10		1 222	427	0.03
曲靖	Qujing	2.18		0.98		1 390	476	0.19
玉溪	Yuxi	0.93		0.13		449	104	
保山	Baoshan	0.83		1.29		501	418	0.25
昭通	Zhaotong	3.54		1.14		918	1 423	0.34
丽江	Lijiang	1.24		1.18		261	191	
普洱	Pu'er	1.81		0.39		414	1 107	
临沧	Lincang	4.70		0.33		394	456	0.19
楚雄	Chuxiong	1.60		0.71		1 936	713	0.03
红河	Honghe	2.41		2.43		494	1 397	
文山	Wenshan	2.16		1.13		290	6 176	0.32
西双版纳	Xishuangbanna	1.07		1.57		94	289	
大理	Dali	1.12		0.84		794	1 781	0.43
德宏	Dehong	0.22		0.27			66	
怒江	Nujiang	2.11		0.10		140	79	
迪庆	Diqing	1.09		0.73		256	48	0.01

注：零星(四旁)植树是指在路、沟旁、渠旁、宅旁植树。

Note: Scattered (four-side)Planting Trees refer to trees planted by the roadside,near the ditch,canal and house.

7–22 各州市主要林产品产量（2017年）

Output of Major Forest Products by Region (2017)

单位：万吨 (10 000 tons)

州 市	Region	橡 胶 Rubber	松 脂 Pine Resin	油桐籽 Tung-oil Seeds	油茶籽 Rapeseeds	核 桃 Walnuts	板 栗 Chestnuts	紫 胶 Shellac
全 省	**Yunnan**	**43.79**	**10.64**	**1.23**	**1.77**	**87.50**	**7.10**	**0.21**
昆 明	Kunming					0.88	2.52	
曲 靖	Qujing			0.67	0.31	1.79	0.46	
玉 溪	Yuxi		0.05			1.35	0.71	
保 山	Baoshan		0.01	0.01	0.04	11.75	0.18	0.02
昭 通	Zhaotong			0.14		3.29	0.24	
丽 江	Lijiang					1.54	0.16	
普 洱	Pu'er	7.25	9.51		0.01	1.86	0.13	0.09
临 沧	Lincang	4.41	0.71	0.07	0.01	20.89	0.07	0.05
楚 雄	Chuxiong		0.30			5.77	1.59	0.05
红 河	Honghe	1.73				0.98	0.23	
文 山	Wenshan		0.01	0.28	1.26	0.30	0.15	
西双版纳	Xishuangbanna	29.83	0.04			0.01		
大 理	Dali		0.01	0.03		33.86	0.49	
德 宏	Dehong	0.57			0.14	0.48	0.07	
怒 江	Nujiang			0.03		1.02	0.03	
迪 庆	Diqing					1.72	0.06	

7-23 畜牧业生产情况（2013-2017年）

Basic Conditions of Animal Husbandry Production（2013-2017）

单位：万头、万吨 (10 000 heads,10 000tons)

指　　标	Item	2013	2014	2015	2016	2017
牲畜年末头数	**Number of Livestock (at year-end)**					
大牲畜	Large Livestock	1 234.32	1 303.89	1 342.97	854.10	855.41
牛	Cattle and Buffaloes	1 083.05	1 132.40	1 177.38	808.30	810.90
马	Horses	58.58	68.87	66.70	13.90	13.29
驴	Donkeys	33.56	37.51	35.85	12.20	12.02
骡	Mules	59.14	65.11	63.05	19.70	19.20
猪	Hogs	4 379.14	4 619.39	4 811.67	3 027.50	3 029.20
羊（万只）	Goats and Sheep (10 000 heads)	1 338.80	1 452.77	1 545.54	1 222.80	1 240.20
畜禽产品产量	**Output of Livestock and Poultry Products**					
肉类总产量	Total Output of Meat	654.11	688.15	687.95	413.60	419.20
#猪　肉	Pork	523.85	546.64	545.02	316.70	320.20
牛　肉	Beef	54.10	59.67	61.15	35.20	35.80
羊　肉	Mutton	19.53	21.15	20.86	17.70	18.10
其他畜禽产品产量	**Output of Other Livestock and Poultry Products**					
牛　奶	Milk	69.80	72.94	66.11	54.00	56.80
绵羊毛	Sheep Wool	0.28	0.14	0.15	0.14	0.16
禽　蛋	Poultry Eggs	56.51	60.59	72.23	29.20	30.70
蚕　茧	Silkworm Cocoons	2.81	3.18	3.06	3.46	3.61

注：2017年数据为第三次全国农业普查核和修订的数据。

Note: Data in 2017 are verified and revised by the Third National Agricultural Census.

7-24 各州市畜产品产量（2017年）

Output of Livestock Products by Region (2017)

单位：万吨 (10 000 tons)

州市	Region	畜产品产量 Output of Livestock Products	猪肉 Pork	牛肉 Beef	羊肉 Mutton	奶类 Milk	#牛奶 Cow Milk	绵羊毛(吨) Sheep Wool(ton)	禽蛋 Eggs	蜂蜜 Honey
全省	**Yunnan**	**374.10**	**320.20**	**35.80**	**18.10**	**64.50**	**56.80**	**1 607**	**80.30**	**1.12**
昆明	Kunming	43.29	37.64	3.70	1.96	12.15	10.64	105	8.89	0.06
曲靖	Qujing	176.14	155.15	14.76	6.23	3.52	1.88	272	8.31	0.20
玉溪	Yuxi	27.74	24.29	2.58	0.87	0.84	0.82		13.94	0.03
保山	Baoshan	44.08	38.45	4.28	1.35	0.71	0.71	1	2.10	0.19
昭通	Zhaotong	49.50	45.42	3.01	1.07	0.04	0.04	743	2.95	0.02
丽江	Lijiang	13.73	11.46	1.26	1.01	0.46	0.46	194	0.55	0.04
普洱	Pu'er	17.53	15.19	1.79	0.54	0.01	0.01		1.71	0.11
临沧	Lincang	26.55	22.73	2.96	0.86	0.03	0.03		1.37	0.04
楚雄	Chuxiong	38.19	31.34	4.94	1.91			7	1.56	0.14
红河	Honghe	84.22	75.96	6.71	1.54	9.81	5.73	49	17.24	0.02
文山	Wenshan	50.96	42.59	7.39	0.97	0.62	0.62		2.89	0.01
西双版纳	Xishuangbanna	3.60	3.09	0.48	0.03				0.56	0.08
大理	Dali	50.33	39.64	7.58	3.12	27.61	27.16	148	10.13	0.10
德宏	Dehong	10.41	8.36	1.86	0.19	0.21	0.21		0.81	0.02
怒江	Nujiang	3.62	2.70	0.43	0.49	0.01	0.01	49	0.47	0.02
迪庆	Diqing	3.08	2.38	0.53	0.17	1.33	1.33	39	0.13	0.04

注：2017年全省畜产品产量为第三次全国农业普查核定数据，分州（市）数据为2017年年报数据。
Note: In 2017, data of output of livestock products of the whole province are verified by the Third National Agricultural Census, and the data by region are annual reports.

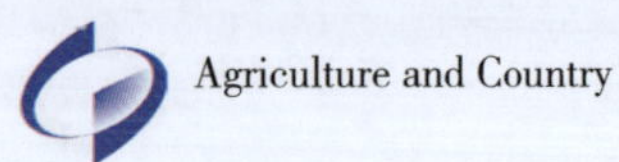

7–25 各州市水产品产量及养殖面积（2017年）

Output of Aquatic Products and Aquaculture Areas by Region (2017)

单位：万吨、万公顷 (10 000 tons,10 000 hectare)

州　　市	Region	水产品产量 Output of Aquatic Products	养殖产量 Artificially Cultured	捕捞产量 Naturally Grown	鱼类 Fish	虾蟹类 Shrimps, Prawns and Crabs	贝类 Shellfish	其他 Others	水产养殖面积 Aquiculture Area
全　省	**Yunnan**	**63.12**	**57.52**	**5.59**	**62.30**	**0.37**	**0.17**	**0.28**	**9.35**
昆　明	Kunming	4.14	3.55	0.59	4.08	0.06			0.66
曲　靖	Qujing	16.49	15.42	1.07	16.42	0.06			2.06
玉　溪	Yuxi	1.72	1.52	0.20	1.71	0.01			1.06
保　山	Baoshan	5.35	5.10	0.26	5.31	0.03		0.01	1.19
昭　通	Zhaotong	5.07	4.79	0.29	5.06	0.01			1.62
丽　江	Lijiang	1.98	1.58	0.40	1.92			0.06	0.38
普　洱	Pu'er	16.10	13.62	2.48	15.80	0.16	0.05	0.09	1.00
临　沧	Lincang	11.71	10.52	1.19	11.57	0.05	0.06	0.03	1.11
楚　雄	Chuxiong	3.11	3.07	0.04	3.10			0.01	0.97
红　河	Honghe	8.20	8.05	0.15	8.10	0.05		0.05	1.36
文　山	Wenshan	9.21	8.39	0.82	9.12	0.06	0.02		1.37
西双版纳	Xishuangbanna	6.82	6.37	0.45	6.77	0.02	0.02	0.01	0.57
大　理	Dali	9.00	7.82	1.18	8.71	0.11		0.18	1.08
德　宏	Dehong	4.74	4.53	0.21	4.60	0.01	0.13	0.01	0.74
怒　江	Nujiang	0.10	0.10		0.10				0.01
迪　庆	Diqing	0.28	0.28	0.01	0.28				0.05

注：2017年全省数据为第三次全国农业普查核定和修订的数据，分州（市）数据为年报数据。
Note: In 2017, data of the whole province are verified and revised by the Third National Agricultural Census, and the data by region are annual reports.

7-26 各州市主要蔬菜产品产量（2017年）

Output of Major Vegetable Products by Region (2017)

单位：万吨 (10 000 tons)

州 市	Region	蔬菜产量 Yield of Vegetable	叶菜类 Leaf Vegetables	白菜类 Chinese Cabbage	甘蓝类 Wild Cabbage	根茎类 Rhizome	瓜菜类 Melon Vegetables	豆类 Soybeans	茄果类 Eggplant Vegetables	葱蒜类 Onion and Garlic Vegetables	水生菜类 Aquatic Vegetables
全 省	**Yunnan**	**2 077.76**	**263.86**	**496.34**	**112.66**	**330.19**	**140.60**	**157.96**	**242.28**	**161.93**	**31.07**
昆 明	Kunming	288.16	55.46	91.66	20.01	21.33	19.15	13.94	17.04	13.90	3.45
曲 靖	Qujing	283.69	27.98	100.71	6.58	71.42	10.52	9.36	21.84	10.21	3.59
玉 溪	Yuxi	240.22	20.31	36.31	38.43	32.81	11.13	32.41	17.96	30.32	1.29
保 山	Baoshan	86.45	7.60	12.80	1.63	8.72	7.60	16.46	21.29	3.43	2.64
昭 通	Zhaotong	138.27	11.44	64.82	6.92	24.54	6.78	5.11	9.85	5.77	0.99
丽 江	Lijiang	27.60	2.98	6.08	0.64	3.17	2.65	1.88	3.07	4.79	1.54
普 洱	Pu'er	51.71	8.60	9.84	2.40	8.42	6.79	4.71	7.01	2.18	0.11
临 沧	Lincang	77.79	7.78	11.72	2.43	11.03	9.10	10.02	16.86	3.27	1.51
楚 雄	Chuxiong	220.48	35.68	41.82	10.75	48.45	16.07	23.30	32.82	4.51	1.65
红 河	Honghe	310.75	40.33	65.84	18.62	38.09	25.90	20.34	50.79	28.62	11.67
文 山	Wenshan	152.00	21.82	31.32		43.88	10.53	5.77	28.24	4.51	0.69
西双版纳	Xishuangbanna	24.85	2.57	2.92	1.35	1.94	4.86	5.29	2.96	0.90	0.42
大 理	Dali	128.29	14.63	16.19	1.36	10.37	5.00	7.18	8.85	47.41	1.38
德 宏	Dehong	35.01	5.18	2.09	1.11	2.34	2.92	1.70	2.43	1.07	0.12
怒 江	Nujiang	8.23	1.17	1.33	0.13	2.81	1.10	0.32	0.69	0.53	0.01
迪 庆	Diqing	4.28	0.35	0.88	0.31	0.86	0.49	0.18	0.59	0.49	

7-27 各州市特种作物生产情况（2017年）

Output of Special Crops by Region (2017)

州 市	Region	鲜切花 (亿枝) Fresh Cut Flowers (100 million branches)	药 材 (万 吨) Medicinal Materials (10 000 tons)	食用菌 (万 吨) Edible Mushrooms (10 000 tons)
全 省	**Yunnan**	**110.29**	**36.80**	**9.14**
昆 明	Kunming	71.09	2.87	0.26
曲 靖	Qujing	5.54	9.51	3.75
玉 溪	Yuxi	17.98	1.69	0.06
保 山	Baoshan	0.02	1.36	0.77
昭 通	Zhaotong	0.06	2.03	0.09
丽 江	Lijiang	0.39	3.19	0.01
普 洱	Pu'er	0.29	1.55	0.26
临 沧	Lincang	0.06	0.84	0.12
楚 雄	Chuxiong	7.05	1.53	0.66
红 河	Honghe	5.71	3.17	0.19
文 山	Wenshan	0.05	1.83	1.33
西双版纳	Xishuangbanna	1.41	0.30	0.64
大 理	Dali	0.63	1.71	0.35
德 宏	Dehong	0.01	1.45	0.63
怒 江	Nujiang		0.41	0.01
迪 庆	Diqing		3.36	0.02

主要统计指标解释

农、林、牧、渔业总产值 指以货币形式表现的农林渔业全部产品总量和对农、林、牧、渔业生产活动进行的各种支持性服务活动的价值。它反映了一定时期（通常指一年）农、林、牧、渔业生产及其服务的总成果和总规模。

1957 年以前的农业总产值包括了厩肥和农民自给性手工业（如农民自制衣服、鞋、袜，自己从事粮食初步加工等）。1958 年及以后的农业总产值，林业中增加了村及村以下竹木采伐产值；牧业中取消了厩肥产值; 副业中取消了农民自给性手工业产值，增加了村及村以下的工业产值; 渔业中增加了机械化捕鱼产值。1980 年及以后农业总产值，在副业中增加了农民商品性家庭手工业的产值。从 1984 年起村及村以下办工业产值划归工业。1993 年取消副业产值，农业总产值改为农、林、牧、渔业总产值。原副业产值的采集野生植物和农民家庭兼营商品性工业划归农业产值；捕猎野兽野禽划归牧业产值。2003 年开始，增加农林牧渔服务业产值，同时取消农民家庭兼营商品性工业，竹木采运由村及村以下扩大到全社会口径。

农、林、牧、渔业中间消耗 指各种经济类型的农业生产单位和农户在农业生产经营过程中投入（或消耗）的各种物质产品和劳务价值的总和。包括中间物质消耗和中间劳务消耗两个部分。计入中间消耗必须具备以下两个条件：一是与总产出相对应的生产过程中消耗的物质产品和劳务活动；二是本期投入并一次性消耗的不属于固定资产的非耐用品。

农、林、牧、渔业增加值 指农、林、牧、渔及农林牧渔服务业生产货物或提供服务活动而增加的价值。增加值的计算方法有两种，一是生产法：农、林、牧、渔业增加值 = 农、林、牧、渔业总产出 – 农、林、牧、渔业中间消耗；二是分配法：农、林、牧、渔业增加值 = 固定资产折旧 + 劳动者报酬 + 生产税净额（生产税 – 生产补贴）+ 营业盈余。

自来水受益村数包括取水、净水、输配水三部分组成的自来水供给的，或由取水和输配水两部分的符合饮用卫生标准的简易自来水年末实际受益的村委会个数。

通汽车村数 指拥有乡级以上公路通过，并通达客运或货运汽车的村委会个数。

粮食产量 指全社会的产量。包括国营农场等全民所有制经营的、集体统一经营的和农民家庭经营的粮食产量，还包括工矿企业家属办的农场和其他生产单位的产量。粮食除包括稻谷、小麦、玉米、高粱、谷子及其他杂粮外，还包括薯类和大豆。其产量计算方法，豆类按去豆荚后的干豆计算；薯类（包括甘薯和马铃薯，不包括芋头和木薯）1963 年以前按每 4 公斤鲜薯折 1 公斤粮食计算，从 1964 年以后按 5 公斤鲜薯折 1 公斤粮食计算。其他粮食一律按脱粒后的原粮计算。

谷物 指稻谷、小麦、玉米、谷子、高粱和其他谷物，不包括薯类和豆类。其他谷物指除稻谷、小麦、玉谷、高粱以外的一些子实主要用作粮食的作物，包括大麦、元麦（青稞）、莜麦、荞麦、糜子等。

油料产量 指全部油料作物的生产量。包括花生、油菜籽、芝麻、向日葵子、胡麻子（亚麻子）和其他油料。不包括大豆、木本油料和野生油料。花生以带壳干花生计算。

水产品产量 指人工养殖的水产品天然生长的水产品的捕捞量。包括海水的鱼类、虾蟹类、贝类和藻类以及淡水的鱼类、虾蟹类、贝类，不包括淡水水生植物。

猪、牛、羊产量 指当年的猪、牛、羊的肉产量。即屠宰后除去头、蹄、下水后带骨肉（即胴体重）的重量。

期初（末）畜禽存栏头（只）数 指报告期初（末）农村各种合作经济组织和国营农场、农民个人、机关、团体、学校、工矿企业、部队等单位以及城镇居民饲养的大牲畜、猪、羊、家禽等畜禽的存栏数。数据上报方式及数据调整情况同猪、牛、羊肉产量。

灌溉面积 指有效灌溉面积，即具有一定的水源，地块比较平整，灌溉工程或设备已经配套，在一般年景下当年能够正常灌溉的耕地面积。

迹地更新面积在新、旧采伐迹地和火烧迹地上，进行人工更新或人工促进天然更新的面积（包括乔木林和灌木林）称迹地更新面积。迹地更新面积不包括未经人工措施的天然更新面积以及补植面积。

农作物播种面积 指实际播种或移植有农作物的面积。凡是实际种植有农作物的面积，不论种植在耕地上还是种植在非耕地上，均包括在农作物播种面积中。在播种季节基本结束后，因遭灾而重新改种和补种的农作物面积，也包括在内。它是反映我国耕地面积利用情况的一个重要指标。目前，农作物播种面积主要包括粮食、棉花、油料、糖料、麻类、烟叶、蔬菜和瓜类、药材和其他农作物九大类。

农用化肥施用量 指本年内实际用于农业生产的化肥数量，包括氮肥、磷肥、钾肥和复合肥。化肥施用量要求按折纯量计算数量。折纯量是指把氮肥、磷肥、钾肥分别按含氮、含五氧化二磷、含氧化钾的百分之百成分进行折算后的数量。复合肥按其所含主要成分折算。公式为：

折纯量 = 实物量 × 某种化肥有效成分含量的百分比

农业机械总动力 指主要用于农、林、牧、渔业的各种动力机械的动力总和。包括耕作机械、排灌机械、收获机械、农用运输机械、植物保护机械、牧业机械、林业机械、渔业机械和其他农业机械（内燃机按引擎马力折成瓦（特）计算、电动机按功率折成瓦（特）计算）。不包括专门用于乡、镇、村、组办工业、基本建设、非农业运输、科学试验和教学等非农业生产方面用的动力机械与作业机械。这个指标的统计数据主要来源于农机部门。

Explanatory Notes on Principal Statistical Indicators

Gross Output Value of Farming, Forestry, Animal Husbandry and Fishery refers to the total value of products of farming, forestry, animal husbandry and fishery and the value of support services for production of farming, forestry, animal husbandry and fishery, which reflects the total scale and result of agricultural production and services during a given period (generally one year).

The gross agricultural output value before 1957 included output value of barnyard manure and farmers' self-supporting handicraft industry (e.g., self-made clothing, shoes, socks, initial grain processing, etc.). Since 1958, output value of felling timber and bamboo by villages and organizations has been included in below village that of forestry; output value of barnyard manure has been excluded from that of animal husbandry; output value of farmers' self-supporting handicraft industry has been excluded from that of sideline production, while output value of industries run by villages and organizations had been included in it; output value of mechanized fishing has been included in that of fishery. Since 1980, output value of farmers' commercial household handicraft industry has been added to that of sideline production. Since 1984, output value of industries run by villages or organizations below village has been classified into that of industry. Since 1993, output value of sideline production has been cancelled and gross agricultural output value has been changed to gross output value of farming, forestry, animal husbandry and fishery; output value of wild plants gathering and commercial industry run by rural households has been incorporated to agricultural output value; output value of animal and bird hunting has been classified into that of animal husbandry. Since 2003, output value of services of farming, forestry, animal husbandry and fishery has been added while farmers' commercial household industry has been cancelled, and transporting and felling timber and bamboo by villages and organizations below village has been expanded to all levels.

Intermediate Consumption of Farming, Forestry, Animal Husbandry and Fishery refers to the total value of material products and labor input (or consumed) by various agricultural production entities and rural households in the process of agricultural production and operation. It is composed of intermediate material consumption and intermediate labor consumption. Items calculated into intermediate consumption should satisfy the following two conditions: first, they are material products and labor consumed in the process of production against total output; second, they are is non-durable goods that do not belong to fixed assets but input and consumed up one time in the present phase.

Added Value of Farming, Forestry, Animal Husbandry and Fishery refers to the added Value produced by manufacturing goods or supplying service in farming, forestry, animal husbandry, fishery and service in support of farming,forestry, animal husbandry, fishery .There are two methods to calculate value added: one is the method of production: added value of farming, forestry, animal husbandry and fishery = total output of farming, forestry, animal husbandry and fishery - intermediate consumption of farming, forestry, animal husbandry and fishery; the other is the method of distribution: added value of farming, forestry, animal husbandry and fishery = depreciation of fixed assets +remuneration of laborers + net production tax (production tax — production subsidy) + business surplus.

Number of Villages Benefiting from Tap Water Supply refers to the number of villages practically enjoying tap water supply composed of water intakes, water treatment and water conveyance and distribution or up-to-standard potable water supply composed of water intakes and water conveyance and distribution at the year-end.

Number of Villages Accessible to Motor Vehicle refers to the number of villages with town-level road passing through and transport service.

Grain Yield refers to the total yield in the whole country including grain produced by state farms, collective entities, rural households, industrial enterprises and mines. Grain includes rice, wheat, maize, sorghum, millet and other cereals as well as tubers and soybeans. Output of beans refers to dry beans without pods. Output of tubers (sweet potatoes and potatoes, not including taros and cassava) was converted into that of grain at the ratio 4:1, i.e. 4

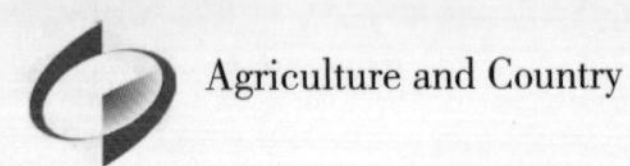

kilograms of fresh tubers was equivalent to 1 kilogram of grain up to 1963. Since 1964 the ratio for conversion has been 5:1. Tubers supplied as vegetables (such as potatoes) in cities and suburbs are calculated as fresh vegetables and their output is not included in the output of grain. Other kinds of grain are calculated as husked grain.

Cereals refer to rice, wheat, maize millet, sorghum and other kinds of grain, but tubers and beans are not included. Other kinds of grain refer to some crops whose seeds are mainly used for food such as barley, highland barley, naked oats, buckwheat, broom corn millet, etc.

Output of Oil-bearing Crops refers to the total production of oil-bearing crops of various kinds, including peanuts (dry, in shell), rapeseeds, sesame, sunflower seeds, flax seeds, and other oil-bearing crops. Soybeans, oil-bearing woody plants, and wild oil-bearing crops are not included.

Output of Aquatic Products refers to catches of both artificially cultured and naturally grown aquatic products, including fish, shrimps, crabs and shellfish in sea and inland water as well as seaweed. Freshwater plants are not included.

Output of Pork, Beef, and Mutton refers to the weight of the meat of slaughtered hogs, cattle, sheep and goats with head, feet, and offal taken away.

Number of Livestock or Poultry in Stock at Beginning (or End) of Period refers to the total number of large animals, pigs, sheep, fowls, etc. raised by rural cooperative organizations, State farms, rural individuals, government agencies, schools, industrial and mining enterprises, army, and urban residents at the beginning (or end) of the reference period. Data reporting system and data adjustment are the same as that in the output of pork, beef and mutton.

Irrigated Area refers to area under effective irrigation, i.e., area of cultivated land which is relatively level and has water source and complete sets of irrigation facilities to lift and move adequate water for irrigation purpose under normal conditions.

Reforested area refers to the area created by artificial reforestation or artificial measures promoting regeneration (including arbor and shrubbery forests) in new and old cut-over areas and burned areas. Reforested area excludes natural forest regeneration area and reinforcement planting area.

Sown Area of Crops refers to area of land sown or transplanted with crops regardless of being in cultivated area or non-cultivated area. Area of land resown due to natural disasters is also included. This is an important indicator that can reflect the utilization condition of the cultivated land in China. At present, the sown area of crops mainly include the following 9 categories of crops: grain, cotton, oil-bearing crops, sugar crops, flax crops, tobacco, vegetables and melons, medicinal materials and other farm crops.

Consumption of Chemical Fertilizers in Agriculture refers to the quantity of chemical fertilizers applied in agriculture in the year, including nitrogenous fertilizer, phosphate fertilizer, potash fertilizer, and compound fertilizer. The consumption of chemical fertilizers is calculated in terms of volume of effective components by means of converting the gross weight of the respective fertilizers into weight containing effective component (e.g. nitrogen content in nitrogenous fertilizer, phosphorous pentoxide contents in phosphate fertilizer, and potassium oxide contents in potash fertilizer). Compound fertilizer is converted in regard to its major components. The formula is:

Volume of effective component=physical quantity×effective component of certain chemical fertilizer(%)

Total Power of Agricultural Machinery refers to total mechanical power of machinery used in agriculture, forestry, animal husbandry and fishery, including machinery for ploughing, irrigation and drainage, harvesting, transport, plant protection, animal husbandry, forestry and fishery and other agricultural machineries. (For the power of internal combustion engines, it is converted from its horsepower into watts while for electric motors the output power is converted into watts.) Machinery employed for non-agricultural purposes, such as the machines used in township-run and village-run industry, construction, non-agricultural transport, scientific experiments and teaching, are not included. Data are mainly from agricultural machinery agencies.

Chapter 8

八、工业和能源
Industry and Energy

8-1 工业总产值及其构成（1978-2017年）

Gross Industrial Output Value by Light and Heavy Industry (1978-2017)

单位：亿元 (100 million yuan)

年份 Year	工业总产值 Gross Industrial Output Value	轻工业 Light Industry	重工业 Heavy Industry	占全部工业总产值的比重(%) Share in Gross Industrial Output Value(%) 轻工业 Light Industry	重工业 Heavy Industry
1978	55.43	23.84	31.60	43.0	57.0
1979	62.38	26.26	36.12	42.1	57.9
1980	65.35	29.54	35.81	45.2	54.8
1981	72.54	35.18	37.36	48.5	51.5
1982	83.60	41.30	42.30	49.4	50.6
1983	95.11	47.37	47.75	49.8	50.2
1984	112.27	55.13	57.15	49.1	50.9
1985	136.26	65.93	70.33	48.4	51.6
1986	147.02	67.71	79.31	46.1	53.9
1987	181.85	85.53	96.32	47.0	53.0
1988	244.63	121.64	122.99	49.7	50.3
1989	304.91	154.61	150.30	50.7	49.3
1990	345.26	181.14	164.12	52.5	47.5
1991	393.63	203.85	189.78	51.8	48.2
1992	477.07	240.85	236.22	50.5	49.5
1993	690.08	333.28	356.79	48.3	51.7
1994	948.71	514.69	434.02	54.3	45.7
1995	1 230.01	656.60	573.41	53.4	46.6
1996	1 291.38	695.56	595.82	53.9	46.1
1997	1 440.11	751.15	688.96	52.2	47.8
1998	1 503.23	774.72	728.52	51.5	48.5
1999	1 561.08	793.88	767.20	50.9	49.1
2000	1 589.36	802.70	786.66	50.5	49.5
2001	1 675.11	863.76	811.35	51.6	48.4
2002	1 850.46	954.27	896.19	51.6	48.4
2003	2 176.40	1 014.70	1 161.69	46.6	53.4
2004	2 479.07	917.21	1 561.86	37.0	63.0
2005	3 249.84	1 120.47	2 129.37	34.5	65.5
2006	4 110.25	1 269.63	2 840.61	30.9	69.1
2007	5 137.30	1 830.16	3 307.14	35.6	64.4
2008	5 738.81	1 447.80	4 291.01	25.2	74.8
2009	6 261.75	1 930.88	4 330.87	30.8	69.2
2010	7 880.70	2 317.95	5 562.75	29.4	70.6
2011	9 595.15	2 779.50	6 815.66	29.0	71.0
2012	11 641.46	3 555.22	8 086.25	30.5	69.5
2013	12 756.98	3 911.54	8 845.44	30.7	69.3
2014	12 840.64	4 017.84	8 822.80	31.3	68.7
2015	12 169.67	4 257.50	7 912.16	35.0	65.0
2016	12 823.21	4 650.60	8 172.61	36.3	63.7
2017	13 112.95	4 563.72	8 549.24	34.8	65.2

注：本表总产值按当年价格计算。
Note: Gross output values in this table are calculated at current prices.

8-2 规模以上工业增加值（2012-2017年）

单位：亿元

工业行业	Industrial Sector	2012 工业增加值 Industrial Added Value	2012 比上年增长(%) Increase Rate over Last Year (%)
全　省	**Yunnan**	**3 084.96**	**15.6**
轻工业	Light Industry	1 353.79	17.1
重工业	Heavy Industry	1 731.17	14.4
按行业类别分	**Grouped by Industry Sector**		
采矿业	**Mining**		
煤炭开采和洗选业	Mining and Washing of Coal	222.45	18.2
石油和天然气开采业	Extraction of Petroleum and Natural Gas		
黑色金属矿采选业	Mining and Processing of Ferrous Metal Ores	61.42	14.8
有色金属矿采选业	Mining and Processing of Non-Ferrous Metal Ores	99.80	23.2
非金属矿采选业	Mining and Processing of Nonmetal Ores	42.22	35.3
开采辅助活动	Mining Auxiliary Activities		
其他采矿业	Other Minerals Mining		
制造业	**Manufacturing Industry**		
农副食品工业	Processing of Food from Agricultural Products	112.44	29.2
食品制造业	Manufacture of Foods	34.06	29.3
酒、饮料和精制茶制造业	Beverage Manufacturing	53.66	27.2
烟草制品业	Manufacture of Tobacco	976.25	13.2
纺织业	Manufacture of Textile	4.71	51.1
纺织服装、服饰业	Textile,Clothing, Footwear Production	1.45	98.4
皮革、毛皮、羽毛及其制品和制鞋业	Feather, Furs, Down, Related Products and Footwear	1.83	58.2
木材加工及木、竹、藤、棕、草制品业	Processing of Timber, Manufacture of Wood,Bamboo,Rattan, Palm and Straw Products	13.38	81.9
家具制造业	Manufacture of Furniture	0.34	-5.5
造纸及纸制品业	Manufacture of Paper and Paper Products	21.19	24.3
印刷业和记录媒介的复制	Printing, Reproduction of Recording Media	24.17	7.1
文教、工美、体育和娱乐用品制造业	Manufacture of Culture, Education,Industrial Arts, Sports and Entertainment Goods	16.84	140.5
石油加工、炼焦及核燃料工业	Processing of Petroleum, Coking, Processing of Nuclear Fuel	46.81	-3.7
化学原料及化学制品制造业	Manufacture of Raw Chemical Materials and Chemical Products	202.21	9.6
医药制造业	Manufacture of Medicines	73.89	26.6
化学纤维制造业	Manufacture of Chemical Fibers	4.56	-0.2
橡胶和塑料制品业	Rubber and Plastic Products	13.09	48.9
非金属矿物制品业	Manufacture of Non-metallic Mineral Products	98.82	17.1
黑色金属冶炼及压延工业	Smelting and Pressing of Ferrous Metals	158.69	5.6
有色金属冶炼及压延工业	Smelting and Pressing of Non-ferrous Metals	335.16	19.7
金属制品业	Manufacture of Metal Products	19.28	49.1
通用设备制造业	Manufacture of General Purpose Machinery	19.38	-11.1
专用设备制造业	Manufacture of Special Purpose Machinery	18.09	17.9
汽车制造业	Automotive Industry	25.40	17.9
铁路、船舶、航空航天和其他运输设备制造业	Manufacture of Trnmsport Equipment for Railway,Boats and Aerospace and Other Transport Equipments	7.15	-6.3
电气机械及器材制造业	Manufacture of Electrical Machinery and Equipment	15.37	10.3
计算机、通信和其他电子设备制造业	Computers,Communication Equipment and Other Computers and Other Electronic Equipment	6.63	29.9
仪器仪表制造业	Instrument Industry	5.27	19.7
其他制造业	Others	1.25	41.9
废弃资源综合利用业	Comprehensive Utilization of Discarded Resources and Waste	0.84	-20.9
金属制品、机械和设备修理业	Manufacture of Metal Products, Machinery and Equipment Repairing	0.07	36.8
电力、热力、燃气及水生产和供应业	**Production and Supply of Electricity, Heat ,Gas and Water**		
电力、热力生产和供应业	Production and Supply of Electric Power and Heat Power	332.49	10.1
燃气生产和供应业	Production and Supply of Gas	5.44	14.2
水的生产和供应业	Production and Supply of Water	8.85	6.6

注：本表绝对数据当年价格计算，增幅按可比价计算。

Added Value of Industry Above Designated Size (2012-2017)

(100 million yuan)

2013		2014		2015		2016		2017	
工业增加值 Industrial Added Value	比上年增长(%) Increase Rate over Last Year (%)	工业增加值 Industrial Added Value	比上年增长(%) Increase Rate over Last Year (%)	工业增加值 Industrial Added Value	比上年增长(%) Increase Rate over Last Year (%)	工业增加值 Industrial Added Value	比上年增长(%) Increase Rate over Last Year (%)	工业增加值 Industrial Added Value	比上年增长(%) Increase Rate over Last Year (%)
3 470.66	**12.3**	**3 545.41**	**7.3**	**3 623.08**	**6.7**	**3 668.28**	**6.5**	**3 876.34**	**10.6**
1 528.14	7.4	1 704.54	10.1	1 852.57	6.5	1 798.76	2.1	1 905.33	4.4
1 942.53	16.3	1 840.87	4.9	1 770.51	6.9	1 869.52	10.9	1 971.01	17.5
487.46	**15.9**	**348.08**	**-17.8**	**326.69**	**10.6**	**328.93**	**17.3**	**316.35**	**9.3**
254.79	19.2	127.81	-38.0	115.55	17.0	124.37	26.1	85.40	7.7
70.83	20.4	60.21	-1.5	50.18	-4.4	52.93	10.3	56.36	12.4
112.48	10.7	112.18	12.4	112.78	14.0	109.15	19.3	129.95	11.3
49.36	5.6	47.88	-9.5	48.19	8.2	42.48	-1.8	44.64	4.1
2 540.25	**10.0**	**2 667.06**	**10.0**	**2 731.98**	**6.0**	**2 683.34**	**5.6**	**2 827.82**	**8.5**
125.34	15.1	131.58	13.5	143.46	10.4	149.01	17.3	164.77	11.7
43.06	18.2	51.25	20.5	52.13	11.2	57.22	21.6	63.14	10.4
73.97	26.8	92.51	19.0	103.97	10.4	107.74	18.5	113.52	11.4
1 076.53	3.9	1 207.57	8.5	1 300.17	4.4	1 183.50	-4.3	1 220.48	0.5
4.44	-7.1	4.79	17.4	5.38	14.6	5.82	17.5	6.91	8.8
2.52	55.8	3.41	38.2	4.99	41.6	5.64	34.0	5.26	4.5
1.44	10.2	1.55	45.8	2.42	16.1	2.79	10.5	3.09	4.7
18.63	22.6	22.60	19.4	23.21	5.8	23.76	5.4	23.68	5.0
0.36	-6.7	0.93	87.6	1.32	5.4	2.19	45.3	4.28	52.9
19.41	-3.3	20.70	4.0	23.17	7.5	26.15	22.8	29.61	14.6
25.53	4.2	23.90	-3.6	24.84	2.5	24.42	0.4	24.28	2.4
22.05	34.8	28.60	27.0	42.89	41.5	45.76	9.8	45.88	1.7
42.64	11.6	34.19	-4.8	20.31	-16.6	15.63	6.2	66.82	534.3
187.77	2.6	173.16	5.7	166.79	6.8	156.16	3.3	151.70	3.6
89.68	16.0	90.18	8.6	91.29	7.0	113.07	16.9	139.60	13.5
5.36	11.5	5.72	1.5	5.69	-4.4	5.48	-2.8	6.11	4.9
22.95	67.5	23.26	9.8	25.60	7.5	24.37	7.2	24.33	-0.7
122.38	20.5	136.83	10.4	131.53	3.4	144.45	21.6	189.75	15.2
172.62	14.6	141.73	-3.4	87.03	-19.2	64.42	-5.3	95.08	8.2
339.25	15.2	319.46	18.9	313.98	14.2	315.97	6.9	230.96	6.5
18.12	17.8	18.57	7.6	23.89	30.5	28.29	36.2	27.08	-8.8
25.11	21.9	30.00	29.3	32.86	14.8	36.10	8.7	20.18	-2.0
24.28	22.2	19.19	13.7	20.09	5.6	20.21	10.8	24.92	11.3
31.71	18.0	37.39	17.7	34.42	3.2	35.38	27.4	43.63	30.6
9.41	2.7	10.63	0.5	12.46	6.3	15.14	38.2	8.79	-39.8
18.61	18.5	23.01	12.6	20.92	16.5	19.02	1.2	23.02	5.7
8.05	2.1	6.03	20.1	7.82	19.9	47.16	506.9	58.76	127.4
4.94	4.5	1.55	13.7	1.53	20.6	1.23	2.7	3.12	74.6
3.05	91.6	1.83	16.5	1.61	9.9	1.02	3.8	0.89	-4.6
0.90	7.0	4.65	116.3	5.98	32.6	5.87	29.9	7.72	60.3
0.16	75.4	0.28	11.4	0.22	-12.7	0.34	62.6	0.47	-0.7
442.95	**22.7**	**530.27**	**16.8**	**564.41**	**7.5**	**656.01**	**4.9**	**732.17**	**19.5**
425.32	23.6	509.68	17.2	535.76	7.9	615.90	5.2	661.39	19.6
7.75	-0.9	9.22	-2.2	13.27	-3.4	22.64	-3.7	50.14	24.3
9.88	5.2	11.38	19.3	15.38	5.0	17.47	4.5	20.63	6.2

Note: Absolute figures in this table are calculated at current prices while increase rates are calculated at comparable prices.

8-3 规模以上工业发展指数（2007-2017年）

(按可比价格计算，上年=100)

工业行业	Industrial Sector	2007	2008
全　省	**Yunnan**	**117.5**	**112.6**
轻工业	Light Industry	117.9	114.2
重工业	Heavy Industry	116.5	111.3
按行业类别分	**Grouped by Industry Sector**		
采矿业	**Mining**		
煤炭开采和洗选业	Mining and Washing of Coal	105.1	135.2
石油和天然气开采业	Extraction of Petroleum and Natural Gas	83.9	51.2
黑色金属矿采选业	Mining and Processing of Ferrous Metal Ores	137.6	133.6
有色金属矿采选业	Mining and Processing of Non-Ferrous Metal Ores	118.5	106.2
非金属矿采选业	Mining and Processing of Nonmetal Ores	112.5	120.9
开采辅助活动	Mining Auxiliary Activities		
其他采矿业	Other Minerals Mining		
制造业	**Manufacturing Industry**		
农副食品加工业	Processing of Food from Agricultural Products	120.0	114.5
食品制造业	Manufacture of Foods	127.4	117.4
酒、饮料和精制茶制造业	Beverage Manufacturing	144.9	95.8
烟草制品业	Manufacture of Tobacco	117.7	115.3
纺织业	Manufacture of Textile	112.5	121.6
纺织服装、服饰业	Textile,Clothing, Footwear Production	134.3	99.9
皮革、毛皮、羽毛及其制品和制鞋业	Feather, Furs, Down, Related Products and Footwear	34.4	117.7
木材加工及木、竹、藤、棕、草制品业	Processing of Timber, Manufacture of Wood,Bamboo,Rattan, Palm and Straw Products	105.2	107.7
家具制造业	Manufacture of Furniture	75.2	113.0
造纸及纸制品业	Manufacture of Paper and Paper Products	117.6	107.6
印刷业和记录媒介的复制	Printing, Reproduction of Recording Media	115.0	97.2
文教、工美、体育和娱乐用品制造业	Manufacture of Culture, Education,Industrial Arts, Sports and Entertainment Goods	100.0	100.5
石油加工、炼焦及核燃料加工业	Processing of Petroleum, Coking, Processing of Nuclear Fuel	147.4	135.5
化学原料及化学制品制造业	Manufacture of Raw Chemical Materials and Chemical Products	118.6	119.3
医药制造业	Manufacture of Medicines	124.0	118.9
化学纤维制造业	Manufacture of Chemical Fibers	104.8	101.5
橡胶制品业	Manufacture of Rubber	111.0	104.2
塑料制品业	Manufacture of Plastics	106.5	140.8
橡胶和塑料制品业	Rubber and Plastic Products		
非金属矿物制品业	Manufacture of Non-metallic Mineral Products	105.1	111.8
黑色金属冶炼及压延加工业	Smelting and Pressing of Ferrous Metals	133.0	108.0
有色金属冶炼及压延加工业	Smelting and Pressing of Non-ferrous Metals	107.0	95.3
金属制品业	Manufacture of Metal Products	110.5	112.1
通用设备制造业	Manufacture of General Purpose Machinery	140.9	109.4
专用设备制造业	Manufacture of Special Purpose Machinery	119.2	105.1
交通运输设备制造业	Manufacture of Transport Equipment	118.7	129.6
汽车制造业	Automotive Industry		
铁路、船舶、航空航天和其他运输设备制造业	Manufacture of Transport Equipment for Railway,Boats and Aerospace and Other Transport Equipments		
电气机械及器材制造业	Manufacture of Electrical Machinery and Equipment	108.9	122.3
计算机、通信和其他电子设备制造业	Computers,Communication Equipment and Other Computers and Other Electronic Equipment	118.4	126.0
仪器仪表制造业	Instrument Industry	104.6	107.7
其他制造业	Others	111.9	114.6
废弃资源综合利用业	Comprehensive Utilization of Discarded Resources and Waste	31.2	169.4
金属制品、机械和设备修理业	Manufacture of Metal Products, Machinery and Equipment Repairing		
电力、热力、燃气及水生产和供应业	**Production and Supply of Electricity, Heat ,Gas and Water**		
电力、热力生产和供应业	Production and Supply of Electric Power and Heat Power	115.9	112.1
燃气生产和供应业	Production and Supply of Gas	207.2	121.4
水的生产和供应业	Production and Supply of Water	102.4	103.7
昆　明	Kunming	117.7	113.0
曲　靖	Qujing	114.9	113.1
玉　溪	Yuxi	119.5	116.6
保　山	Baoshan	118.9	112.7
昭　通	Zhaotong	116.2	106.2
丽　江	Lijiang	125.1	121.0
普　洱	Pu'er	129.8	129.2
临　沧	Lincang	123.4	124.1
楚　雄	Chuxiong	119.7	114.1
红　河	Honghe	111.7	109.3
文　山	Wenshan	128.8	116.1
西双版纳	Xishuangbanna	137.6	100.7
大　理	Dali	121.7	113.6
德　宏	Dehong	133.5	103.7
怒　江	Nujiang	107.6	101.3
迪　庆	Diqing	109.4	106.9

Development Indices of Industry above Designated Size by Sector (2007-2017)

(Data in this table are calculated at comparable prices,preceding year=100)

2009	2010	2011	2012	2013	2014	2015	2016	2017
111.2	**115.0**	**118.0**	**115.6**	**112.3**	**107.3**	**106.7**	**106.5**	**110.6**
113.0	115.0	117.9	117.1	107.4	110.1	106.5	102.1	104.4
109.8	115.0	118.0	114.4	116.3	104.9	106.9	110.9	117.5
				115.9	**82.2**	**110.6**	**117.3**	**109.3**
103.1	114.8	129.0	118.2	119.2	62.0	117.0	126.1	107.7
41.7	44.7							
110.5	114.7	133.8	114.8	120.4	98.5	95.6	110.3	112.4
107.4	105.7	118.2	123.2	110.7	112.4	114.0	119.3	111.3
107.3	109.2	118.9	135.3	105.6	90.5	108.2	98.2	104.1
				110.0	**110.0**	**106.0**	**105.6**	**108.5**
115.4	109.7	119.7	129.2	115.1	113.5	110.4	117.3	111.7
114.0	127.1	127.2	129.3	118.2	120.5	111.2	121.6	110.4
115.3	122.6	125.1	127.2	126.8	119.0	110.4	118.5	111.4
111.4	116.0	117.5	113.2	103.9	108.5	104.4	95.7	100.5
85.1	117.7	105.6	151.1	92.9	117.4	114.6	117.5	108.8
90.3	114.9	98.1	198.4	155.8	138.2	141.6	134.0	104.5
87.1	111.3		158.2	110.2	145.8	116.1	110.5	104.7
112.8	139.2	107.6	181.9	122.6	119.4	105.8	105.4	105.0
92.0	139.8	86.0	94.5	93.3	187.6	105.4	145.3	152.9
115.7	102.8	115.3	124.3	96.7	104.0	107.5	122.8	114.6
114.6	108.8	110.6	107.1	104.2	96.4	102.5	100.4	102.4
			240.5	134.8	127.0	141.5	109.8	101.7
100.9	115.8	103.5	96.3	111.6	95.2	83.4	106.2	634.3
105.4	117.1	122.1	109.6	102.6	105.7	106.8	103.3	103.6
117.2	112.0	122.7	126.6	116.0	108.6	107.0	116.9	113.5
102.6	97.6	101.1	99.8	111.5	101.5	95.6	97.2	104.9
99.1	148.1	124.5						
114.7	109.6	114.7						
			148.9	167.5	109.8	107.5	107.2	99.3
120.7	118.9	120.1	117.1	120.5	110.4	103.4	121.6	115.2
109.1	118.7	112.6	105.6	114.6	96.6	80.8	94.7	108.2
103.6	111.0	116.7	119.7	115.2	118.9	114.2	106.9	106.5
176.7	104.2	111.6	149.1	117.8	107.6	130.5	136.2	91.2
92.3	142.7	115.7	88.9	121.9	129.3	114.8	108.7	98.0
115.2	109.8	99.8	117.9	122.2	113.7	105.6	110.8	111.3
150.4	99.9	109.6						
			117.9	118.0	117.7	103.2	127.4	130.6
			93.7	102.7	100.5	106.3	138.2	60.2
112.8	104.7	105.6	110.3	118.5	112.6	116.5	101.2	105.7
106.4	154.2	128.2	129.9	102.1	120.1	119.9	606.9	227.4
110.0	110.2	105.6	119.7	104.5	113.7	120.6	102.7	174.6
667.6	71.0	104.6	141.9	191.6	116.5	109.9	103.8	95.4
135.1	103.7	128.6	79.1	107.0	216.3	132.6	129.9	160.3
			136.8	175.4	111.4	87.3	162.6	99.3
				122.7	**116.8**	**107.5**	**104.9**	**119.5**
116.6	119.9	118.3	110.1	123.6	117.2	107.9	105.2	119.6
222.1	139.1	86.4	114.2	99.1	97.8	96.6	96.3	124.3
115.8	96.9	95.6	106.6	105.2	119.3	105.0	104.5	106.2
110.1	115.8	116.6	115.6	111.0	107.0	105.4	104.5	110.4
112.7	115.1	115.9	115.7	115.5	99.3	104.5	107.9	111.0
111.5	115.9	116.6	117.2	106.8	108.1	106.4	102.6	107.2
125.8	115.2	125.6	112.5	118.0	113.2	115.2	112.2	114.1
111.3	116.8	122.9	120.1	124.0	101.0	104.9	103.9	109.3
117.2	124.4	132.7	126.9	127.5	97.2	108.9	106.0	113.0
118.2	114.0	126.8	124.3	127.5	108.0		112.1	112.1
102.7	104.6	124.2	120.5	119.6	114.4	110.6	112.3	113.1
110.0	114.4	116.2	120.5	110.3	113.1	110.0	110.3	112.2
110.1	110.1	117.1	116.0	112.0	107.2	110.2	110.9	114.0
118.6	116.1	124.2	116.5	122.7	118.1	112.3	111.5	114.5
112.2	110.1	118.8	121.9	122.5	120.6	112.0	102.2	107.1
116.2	115.8	124.7	114.1	114.0	109.0	107.8	106.2	111.3
131.4	128.1	119.1	119.1	108.9	106.9		109.7	115.2
107.7	93.2	101.1	114.2	110.6	109.4	105.6	109.6	113.8
118.3	115.1	111.9	102.8	123.2	108.5	102.1	105.1	116.1

8-4 规模以上工业企业主要经济数据

单位：亿元

年份 类别	Year Item	企业单位数（个） Number of Enterprises (unit)	亏损企业 Loss-making Enterprises
2000		2 124	862
2001		2 031	853
2002		2 072	911
2003		1 995	846
2004		2 407	856
2005		2 362	829
2006		2 601	813
2007		2 698	744
2008		3 320	1 056
2009		3 489	1 036
2010		3 599	832
2011		2 773	599
2012		3 211	805
2013		3 551	939
2014		3 797	1 147
2015		3 876	1 207
2016		4 194	1 005
2017		4 186	824
按登记注册类型分	**Grouped by Registration Status**		
内资企业	Domestic Funded Enterprises	4 021	790
国有企业	State-owned Enterprises	79	25
集体企业	Collective-owned Enterprises	31	6
股份合作企业	Share Holding Enterprises	7	1
联营企业	Joint Ownership Enterprises		
有限责任公司	Limited Liability Corporations	1 663	330
股份有限公司	Share-holding Corporations Limited	184	36
私营企业	Private Enterprises	2 044	389
其他企业	Other Enterprises	13	3
港澳台商投资企业	Enterprises with Funds from Hong Kong, Macao and Taiwan	83	12
外商投资企业	Foreign Funded Enterprises	82	22
在总计中：亏损企业	Of which:Lossmaking Enterprises	824	824
在总计中：国有控股企业	Of which:State-holding Enterprises	661	157
按企业规模分	**Grouped by Size of Enterprises**		
大型企业	Large Enterprises	96	15
中型企业	Medium-sized Enterprises	528	122
小型企业	Small Enterprises	3 289	626
微型企业	Microenterprise	273	61
按门类分	**Grouped by Sector**		
采矿业	Mining	452	116
制造业	Manufacturing Industry	3 314	618
电力、热力、燃气及水生产和供应业	Production and Supply of Electricity, Heat ,Gas and Water	420	90

Main Economic Indicators of Industrial Enterprises above Designated Size

(100 million yuan)

工业总产值 Gross Industrial Output Value	工业销售产值 Industrial Sale Output Value	出口交货值 Delivery Value of Exports	资产合计 Total Assets	产成品 Finished Goods
1 063.36	1 050.45		2 310.22	75.61
1 157.40	1 141.31		2 585.06	80.17
1 320.62	1 307.43		2 722.14	82.86
1 557.17	1 547.14		3 033.50	131.01
2 093.98	2 061.84	94.04	3 567.17	116.54
2 596.21	2 577.47	89.63	3 964.32	146.72
3 393.09	3 338.22	115.76	4 808.98	186.21
4 298.29	4 225.66	159.26	5 834.12	219.13
5 144.58	4 896.85	116.03	7 185.11	259.64
5 178.21	4 962.99	99.14	7 674.88	266.08
6 464.63	6 247.87	115.14	9 611.09	317.04
7 780.83	7 527.74	114.19	11 053.93	417.82
9 224.81	8 783.33	125.59	13 076.97	513.52
10 289.07	9 831.22	130.91	15 854.90	518.55
10 521.79	10 022.04	153.60	17 458.16	565.88
10 155.67	9 667.86	172.95	18 180.58	559.16
10 609.75	10 084.35	269.81	19 474.18	540.81
11 559.51	11 150.77	269.46	20 241.46	574.40
11 050.62	10 662.77	253.10	19 488.24	546.57
620.82	582.70	1.47	1 277.55	55.44
26.42	25.07	0.84	25.36	0.51
4.39	4.35		6.48	0.83
6 068.57	5 926.69	185.29	11 341.97	245.89
1 591.94	1 542.40	14.52	4 324.83	84.53
2 724.29	2 567.44	50.98	2 494.39	159.04
14.20	14.13		17.65	0.32
231.37	218.20	5.97	384.52	16.42
277.52	269.80	10.40	368.71	11.41
1 658.52	1 591.07	18.23	4 605.80	103.37
5 824.75	5 741.90	38.19	14 186.83	249.49
4 509.68	4 484.79	63.44	8 984.48	172.45
2 814.15	2 721.03	115.19	5 110.43	164.52
4 077.51	3 792.96	88.68	5 723.22	230.33
158.18	151.99	2.16	423.33	7.10
805.55	780.16		1 424.54	38.73
9 294.42	8 915.29	264.36	11 337.11	534.87
1 459.54	1 455.32	5.10	7 479.81	0.80

8-4　续表1

单位：亿元

年　份 类　别	Year Item	负债合计 Total Liabilities	主营业务收入 Revenue from Principal Business
2000		1 280.62	1 058.91
2001		1 399.56	1 161.38
2002		1 475.14	1 313.29
2003		1 664.86	1 537.37
2004		1 878.60	2 052.46
2005		2 068.42	2 569.71
2006		2 638.14	3 357.53
2007		3 173.66	4 306.61
2008		4 168.36	4 961.12
2009		4 382.48	4 968.08
2010		5 735.24	6 356.24
2011		6 763.81	7 621.91
2012		8 255.51	8 942.15
2013		10 223.00	10 040.21
2014		10 991.96	10 358.22
2015		11 782.30	9 829.69
2016		12 431.16	10 149.03
2017		12 555.54	11 684.53
按登记注册类型分	**Grouped by Registration Status**		
内资企业	Domestic Funded Enterprises	12 118.98	11 164.84
国有企业	State-owned Enterprises	945.28	656.95
集体企业	Collective-owned Enterprises	11.33	26.50
股份合作企业	Share Holding Enterprises	4.24	4.41
联营企业	Joint Ownership Enterprises		
有限责任公司	Limited Liability Corporations	6 820.99	5 862.34
股份有限公司	Share-holding Corporations Limited	2 833.13	2 057.29
私营企业	Private Enterprises	1 491.32	2 542.23
其他企业	Other Enterprises	12.68	15.10
港澳台商投资企业	Enterprises with Funds from Hong Kong, Macao and Taiwan	212.72	218.13
外商投资企业	Foreign Funded Enterprises	223.84	301.56
在总计中：亏损企业	Of which:Lossmaking Enterprises	3 978.05	1 557.17
在总计中：国有控股企业	Of which:State-holding Enterprises	8 909.07	6 311.14
按企业规模分	**Grouped by Size of Enterprises**		
大型企业	Large Enterprises	5 158.24	4 940.28
中型企业	Medium-sized Enterprises	3 255.87	2 724.33
小型企业	Small Enterprises	3 851.17	3 866.08
微型企业	Microenterprise	290.26	153.84
按门类分	**Grouped by Sector**		
采矿业	Mining	892.14	771.21
制造业	Manufacturing Industry	6 044.41	9 519.36
电力、热力、燃气及水生产和供应业	Production and Supply of Electricity, Heat ,Gas and Water	5 619.00	1 393.96

continued

(100 million yuan)

主营业务税金及附加 Taxes and Other Charges on Principal Business	销售费用 Selling Expenses	管理费用 Administration Expenses	利润总额 Total Profits	亏损企业亏损总额 Total Losses of Loss-making Enterprises	利税总额 Total Tax and Profits	本年应交增值税 Value Added Tax Payable	全部从业人员年均人数(万人) Employed Persons at Year-end (10 000 persons)
174.86	26.58	86.12	69.75	23.15	333.13	88.52	11.63
171.03	36.40	94.09	82.19	20.15	347.40	94.18	2.22
192.48	52.00	102.95	73.16	30.04	371.47	105.83	0.79
207.08	57.37	119.55	108.06	29.44	439.03	123.90	0.10
227.08	64.86	144.36	215.47	24.63	593.76	151.21	27.05
245.62	76.28	154.21	227.91	31.18	651.22	177.68	9.83
278.24	90.70	179.26	310.18	32.78	806.86	218.45	35.15
327.11	108.45	208.88	388.61	28.21	996.13	280.41	0.46
389.51	133.66	275.17	310.14	99.67	1 005.52	305.87	2.12
442.36	150.01	282.10	360.25	59.77	1 094.18	291.57	3.25
507.41	198.84	371.07	599.34	38.14	1 444.33	337.57	92.60
619.98	214.50	402.02	639.70	57.08	1 664.48	404.80	90.62
706.73	245.99	431.81	586.52	130.29	1 758.58	463.85	101.04
786.38	274.62	468.02	630.63	163.97	1 896.76	478.02	103.32
824.19	267.73	463.00	516.08	228.59	1 821.02	472.75	99.24
836.99	275.24	450.86	465.53	298.25	1 758.24	446.16	93.45
766.12	280.90	460.75	334.98	440.42	1 545.48	434.75	90.54
849.50	334.73	485.31	782.65	185.27	2 133.18	487.20	87.10
841.80	289.52	456.46	746.41	176.80	2 073.48	471.65	82.24
57.18	16.85	41.10	15.25	24.69	105.51	32.81	5.03
0.46	1.13	1.63	1.63	0.17	3.23	1.14	0.49
0.07	0.16	0.37	0.30	0.03	0.58	0.21	0.10
754.34	126.80	257.33	489.57	116.31	1 581.59	325.27	39.55
13.17	73.89	59.01	101.06	19.73	177.89	63.03	9.48
16.45	70.34	96.59	137.67	15.85	203.26	48.82	27.45
0.13	0.34	0.42	0.92	0.02	1.43	0.38	0.14
4.57	15.29	15.37	22.91	3.07	34.66	7.05	2.62
3.13	29.92	13.48	13.34	5.40	25.04	8.50	2.24
59.52	34.24	94.06	- 185.27	185.27	- 83.18	41.92	18.87
813.65	113.16	268.17	466.09	136.80	1 661.44	368.76	35.12
747.30	114.55	194.52	315.02	47.53	1 368.05	293.49	25.79
71.95	110.16	132.71	249.98	72.83	433.29	110.52	29.56
29.29	106.33	152.80	203.02	62.51	319.58	86.53	31.36
0.96	3.68	5.29	14.63	2.39	12.25	-3.34	0.39
22.18	22.39	57.27	62.58	13.16	129.84	44.84	11.79
810.47	303.02	383.45	629.13	100.46	1 789.03	336.41	66.11
16.85	9.33	44.60	90.94	71.64	214.31	105.95	9.20

8-4 续表2

单位：亿元

类别	Item	企业单位数(个) Number of Enterprises (unit)	亏损企业 Loss-making Enterprises
按行业类别分	**Grouped by Industry Sector**		
采矿业	**Mining**	**452**	**116**
煤炭开采和洗选业	Coal Mining and Dressing	255	57
石油和天然气开采业	Petroleum & Natural Gas Extraction		
黑色金属矿采选业	Mining & Dressing of Ferrous Metals	42	16
有色金属矿采选业	Mining and Processing of Non-Ferrous Metal Ores	97	33
非金属矿采选业	Mining and Processing of Nonmetal Ores	57	9
开采辅助活动	Assitant Activities of Mining		
其他采矿业	Mining of Other Ores	1	1
制造业	**Manufacturing Industry**	**3 314**	**618**
农副食品加工业	Processing of Food from Agricultural Products	593	59
食品制造业	Manufacture of Foods	179	15
酒、饮料和精制茶制造业	Manufacture of Wine,Beverage and Refined Tea	252	40
烟草制品业	Manufacture of Tobacco	15	
纺织业	Manufacture of Textile	29	4
纺织服装、服饰业	Manufacture of Textile Wearing Apparel and Dress Adornment	17	1
皮革、毛皮、羽毛及其制品和制鞋业	Manufacture of Leather.Fur,Feather and Related Products	6	2
木材加工和木、竹、藤、棕、草制品业	Processing of Timber, Manufacture of Wood, Bamboo, Rattan, Palm and Straw Products	82	19
家具制造业	Manufacture of Furniture	13	
造纸和纸制品业	Manufacture of Paper and Paper Products	82	17
印刷和记录媒介复制业	Printing, Reproduction of Recording Media	67	7
文教、工美、体育和娱乐用品制造业	Manufacture of Articles for Culture,Education,Arts, Sport Activities and Entertainment	47	3
石油加工、炼焦和核燃料加工业	Processing of Petroleum, Coking, Processing of Nuclear Fuel	30	7
化学原料和化学制品制造业	Manufacture of Raw Chemical Materials and Chemical Products	331	104
医药制造业	Manufacture of Medicines	150	26
化学纤维制造业	Manufacture of Chemical Fibers	3	
橡胶和塑料制品业	Manufacture of Rubber and Plastics	144	33
非金属矿物制品业	Manufacture of Non-metallic Mineral Products	495	94
黑色金属冶炼和压延加工业	Smelting and Pressing of Ferrous Metals	121	37
有色金属冶炼和压延加工业	Smelting and Pressing of Non-ferrous Metals	160	52
金属制品业	Manufacture of Metal Products	133	25
通用设备制造业	Manufacture of General Purpose Machinery	59	22
专用设备制造业	Manufacture of Special Purpose Machinery	64	17
汽车制造业	Manufacture of Cars	36	6
铁路、船舶、航空航天和其他运输设备制造业	Manufacture of Railways,Boats,Aerospace and Other Transport Equipment	12	
电气机械和器材制造业	Manufacture of Electrical Machinery and Equipment	95	19
计算机、通信和其他电子设备制造业	Manufacture of Computer,Communication Equipment and Electronic Equipment	38	5
仪器仪表制造业	Manufacture of Measuring Instruments and Machinery	24	1
其他制造业	Other Manufacturing Industry	7	
废弃资源综合利用业	Comprehensive Utilization of Waste	29	3
金属制品、机械和设备修理业	Manufacture of Metal Products, Machinery and Equipment Repairing	1	
电力、热力、燃气及水生产和供应业	**Production and Supply of Electricity, Heat ,Gas and Water**	**420**	**90**
电力、热力生产和供应业	Production and Supply of Electric Power and Heat Power	372	76
燃气生产和供应业	Production and Supply of Gas	16	4
水的生产和供应业	Production and Supply of Water	32	10

continued

(100 million yuan)

工业总产值 Gross Industrial Output Value	工业销售产值 Industrial Sale Output Value	出口交货值 Delivery Value of Exports	资产合计 Total Assets	产成品 Finished Goods
805.55	**780.16**		**1 424.54**	**38.73**
367.22	360.41		596.61	11.18
105.16	97.52		167.43	8.83
239.49	229.69		423.27	12.58
93.32	92.18		236.21	6.14
0.37	0.37		1.01	
9 294.42	**8 915.29**	**264.36**	**11 337.11**	**534.87**
834.06	781.92	42.50	557.03	38.37
247.00	235.78	14.46	214.79	16.73
329.52	305.03	6.36	382.84	34.96
1 534.04	1 501.28	13.00	2 499.43	89.83
33.51	31.82	3.98	29.64	3.56
18.24	17.43	0.86	16.26	0.71
10.21	9.92	1.96	6.54	1.54
74.34	70.05	0.23	70.36	5.83
8.25	6.78		6.96	1.34
88.85	81.40		111.54	8.00
79.31	75.26	0.47	114.99	7.07
123.72	97.86	0.16	56.42	8.31
353.82	340.88		500.16	10.22
896.83	869.05	15.24	1 059.90	53.79
393.11	353.05	3.66	652.89	25.12
15.41	14.43		9.53	0.92
139.14	131.13	0.01	99.06	8.76
683.81	660.50	0.16	818.91	24.49
846.12	851.46	2.65	862.68	37.90
1 488.59	1 467.02	7.16	2 179.11	77.29
152.00	145.11	3.35	151.94	9.24
69.54	64.10	2.61	89.50	7.53
68.30	63.58	3.69	88.22	5.02
334.94	303.95	42.24	285.22	23.97
39.02	36.25	15.13	82.16	2.52
156.81	149.09	1.45	147.33	14.55
185.96	167.50	76.22	147.46	13.33
35.13	30.89	6.40	46.16	0.95
9.30	9.08	0.39	6.03	0.50
45.19	43.29		43.70	2.52
0.37	0.37		0.37	
1 459.54	**1 455.32**	**5.10**	**7 479.81**	**0.80**
1 349.38	1 342.87	5.10	6 658.19	0.32
72.16	72.48		529.63	0.39
38.00	39.97		291.99	0.09

8-4 续表3

单位：亿元

类　　别	Item	负债合计 Total Liabilities
按行业类别分	**Grouped by Industry Sector**	
采矿业	**Mining**	**892.14**
煤炭开采和洗选业	Coal Mining and Dressing	388.61
石油和天然气开采业	Petroleum & Natural Gas Extraction	
黑色金属矿采选业	Mining & Dressing of Ferrous Metals	116.73
有色金属矿采选业	Mining and Processing of Non-Ferrous Metal Ores	232.76
非金属矿采选业	Mining and Processing of Nonmetal Ores	153.28
开采辅助活动	Assitant Activities of Mining	
其他采矿业	Mining of Other Ores	0.75
制造业	**Manufacturing Industry**	**6 044.41**
农副食品加工业	Processing of Food from Agricultural Products	325.38
食品制造业	Manufacture of Foods	101.10
酒、饮料和精制茶制造业	Manufacture of Wine,Beverage and Refined Tea	200.12
烟草制品业	Manufacture of Tobacco	508.37
纺织业	Manufacture of Textile	18.35
纺织服装、服饰业	Manufacture of Textile Wearing Apparel and Dress Adornment	7.79
皮革、毛皮、羽毛及其制品和制鞋业	Manufacture of Leather，Fur,Feather and Related Products	3.62
木材加工和木、竹、藤、棕、草制品业	Processing of Timber, Manufacture of Wood, Bamboo, Rattan, Palm and Straw Products	36.72
家具制造业	Manufacture of Furniture	4.53
造纸和纸制品业	Manufacture of Paper and Paper Products	73.37
印刷和记录媒介复制业	Printing, Reproduction of Recording Media	42.16
文教、工美、体育和娱乐用品制造业	Manufacture of Articles for Culture,Education,Arts,Sport Activities and Entertainment	14.36
石油加工、炼焦和核燃料加工业	Processing of Petroleum, Coking, Processing of Nuclear Fuel	278.81
化学原料和化学制品制造业	Manufacture of Raw Chemical Materials and Chemical Products	841.54
医药制造业	Manufacture of Medicines	335.17
化学纤维制造业	Manufacture of Chemical Fibers	0.80
橡胶和塑料制品业	Manufacture of Rubber and Plastics	58.16
非金属矿物制品业	Manufacture of Non-metallic Mineral Products	524.15
黑色金属冶炼和压延加工业	Smelting and Pressing of Ferrous Metals	629.37
有色金属冶炼和压延加工业	Smelting and Pressing of Non-ferrous Metals	1 423.39
金属制品业	Manufacture of Metal Products	90.29
通用设备制造业	Manufacture of General Purpose Machinery	64.24
专用设备制造业	Manufacture of Special Purpose Machinery	60.03
汽车制造业	Manufacture of Cars	179.92
铁路、船舶、航空航天和其他运输设备制造业	Manufacture of Railways,Boats,Aerospace and Other Transport Equipment	22.48
电气机械和器材制造业	Manufacture of Electrical Machinery and Equipment	77.16
计算机、通信和其他电子设备制造业	Manufacture of Computer,Communication Equipment and Electronic Equipment	67.51
仪器仪表制造业	Manufacture of Measuring Instruments and Machinery	32.03
其他制造业	Other Manufacturing Industry	3.32
废弃资源综合利用业	Comprehensive Utilization of Waste	20.01
金属制品、机械和设备修理业	Manufacture of Metal Products, Machinery and Equipment Repairing	0.16
电力、热力、燃气及水生产和供应业	**Production and Supply of Electricity, Heat ,Gas and Water**	**5 619.00**
电力、热力生产和供应业	Production and Supply of Electric Power and Heat Power	5 314.42
燃气生产和供应业	Production and Supply of Gas	116.74
水的生产和供应业	Production and Supply of Water	187.84

continued

(100 million yuan)

主营业务收 入 Revenue from Principal Business	主营业务税金及附加 Taxes and Other Charges on Principal Business	销售费用 Selling Expenses	管理费用 Administration Expenses	利润总额 Total Profit	亏损企业亏损总额 Total Losses of Loss- Making Enterprises	利税总额 Total Tax and Profit	本年应交增值税 Value Added Tax Payable	全部从业人员年均人数(万人) Employed Persons Average Number of (10 000 persons)
771.21	**22.18**	**22.39**	**57.27**	**62.58**	**13.16**	**129.84**	**44.84**	**11.79**
363.85	9.86	10.33	31.28	17.82	8.98	46.74	18.97	6.96
96.94	2.47	3.10	5.24	10.24	0.90	18.60	5.85	0.78
217.84	5.90	1.86	12.92	27.07	2.64	46.06	13.00	2.90
91.78	3.92	7.09	7.75	7.47	0.62	18.43	7.02	1.14
0.79	0.03		0.07	-0.01	0.01	0.02		
9 519.36	**810.47**	**303.02**	**383.45**	**629.13**	**100.46**	**1 789.03**	**336.41**	**66.11**
758.07	2.27	21.63	23.62	41.62	3.15	54.87	10.95	7.08
235.24	1.11	19.88	10.39	17.88	0.35	23.81	4.80	2.96
329.82	5.62	30.13	16.71	26.27	2.45	40.91	8.89	4.51
1 549.13	724.30	28.44	81.91	205.01		1 121.50	181.02	3.64
28.90	0.13	0.26	0.93	0.33	0.65	1.14	0.67	0.55
17.04	0.05	0.30	0.95	0.81	0.01	1.09	0.23	0.47
12.38	0.02	0.68	0.72	0.22	0.12	0.29	0.05	0.31
66.79	0.27	1.68	2.83	2.75	1.23	4.47	1.45	1.19
6.61	0.05	0.27	0.28	0.33		0.46	0.08	0.12
78.71	0.50	2.27	3.92	4.27	1.24	7.34	2.47	1.06
70.81	0.56	1.70	7.32	8.80	0.14	12.81	3.40	1.15
113.08	1.42	3.54	13.31	11.91	0.05	18.17	4.83	0.83
341.57	48.98	2.88	10.85	-10.29	13.17	48.76	9.87	1.18
906.62	3.74	36.45	39.33	97.27	23.04	115.62	14.21	7.25
338.46	3.47	79.19	22.66	38.18	7.03	61.41	19.67	3.15
14.43	0.07	0.09	0.74	3.67		4.30	0.56	0.05
130.77	0.39	2.51	4.25	3.81	1.60	5.67	1.46	1.61
629.85	4.64	21.23	29.50	50.14	6.82	76.82	21.85	6.29
955.14	2.26	14.28	18.96	31.58	3.66	45.75	11.83	5.09
1 925.91	6.90	13.75	43.63	31.74	25.29	64.38	25.37	8.87
141.44	0.64	2.96	5.77	4.87	1.28	7.85	2.27	1.43
59.32	0.23	2.51	4.61	-1.33	3.45	0.24	1.33	0.97
65.54	0.37	1.69	5.00	3.01	1.09	4.72	1.31	0.94
299.61	0.61	4.54	9.16	11.10	2.86	14.09	2.34	1.76
36.16	0.33	0.55	3.57	1.70		2.14	0.11	0.35
147.68	0.82	4.28	9.73	6.38	0.98	9.46	2.22	1.34
179.89	0.33	3.89	8.06	33.45	0.08	34.97	1.19	1.09
30.26	0.17	0.55	3.12	0.43	0.69	1.35	0.73	0.56
8.59	0.03	0.24	0.25	0.33		0.59	0.23	0.07
41.23	0.18	0.65	1.34	2.88	0.02	4.06	0.99	0.25
0.32			0.04	0.01		0.03	0.02	0.02
1 393.96	**16.85**	**9.33**	**44.60**	**90.94**	**71.64**	**214.31**	**105.95**	**9.20**
1 289.61	13.31	6.11	37.76	76.13	68.59	190.41	100.69	8.15
69.13	0.46	1.39	2.94	9.91	1.69	13.68	3.07	0.48
35.21	3.08	1.82	3.89	4.9	1.36	10.22	2.19	0.57

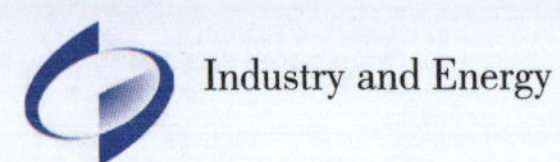

8-5 规模以上工业企业主要财务分析数据（2017年）

类　　别	Item	综合经济效益指数 (%) Composite Economic Performance Index (%)
全　　省	**Yunnan**	**376.5**
按登记注册类型分组	**By Status of Registration**	
国有企业	State-owned Enterprises	411.0
集体企业	Collective-owned Enterprises	197.2
股份合作企业	Cooperative Enterprises	188.8
股份制企业	Share-holding Corporations Limited	391.4
外商及港澳台投资企业	Enterprises with Funds from Hong Kong, Macao, Taiwan and foreign Funds	290.8
其他企业	Others	180.9
在总计中:国有控股企业	of Which:State-holding Enterprises	553.4

注：本表根据年快报数据计算。

Main Financial Analytical Indicators of Industry above Designated Size (2017)

总资产贡献率 (%) Ratio of Total Assets to Industrial Output Value (%)	资本保值增值率 (%) Capital Maintenance and Increasment Ratio (%)	资产负债率 (%) Assets Liability Ratio (%)	流动资产周转率 (次) Ratio of Turnover of Working Capitals (time)	成本费用利润率 (%) Ratio of Profits to Cost (%)	全员劳动生产率 (万元/人) Overall Labor Productivity (10 000 yuan/person)	产品销售率 (%) Ratio of Products Sold (%)
12.1	**109.8**	**62.2**	**1.8**	**7.0**	**44.72**	**95.5**
9.2	231.2	77.1	2.6	2.5	50.81	97.2
14.4	109.2	40.0	2.1	7.0	13.78	99.0
9.1	112.7	65.8	1.5	6.8	15.31	99.1
12.5	107.3	61.3	1.7	7.3	46.96	95.3
8.7	105.5	56.8	1.8	7.2	31.53	96.1
12.0	107.4	63.3	1.7	7.7	12.32	95.2
13.6	110.8	62.9	1.7	8.5	72.65	97.8

Note: Data in this table are calculated according to the bulletin.

8-5 续表

类　　别	Item	综合经济效益指数(%) Composite Economic Performance Index (%)
按行业类别分	**Grouped by Industry Sector**	
采矿业	**Mining**	**255.5**
煤炭开采和洗选业	Coal Mining and Dressing	164.5
石油和天然气开采业	Petroleum & Natural Gas Extraction	
黑色金属矿采选业	Mining & Dressing of Ferrous Metals	468.6
有色金属矿采选业	Mining and Processing of Non-Ferrous Metal Ores	379.5
非金属矿采选业	Mining and Processing of Nonmetal Ores	339.1
开采辅助活动	Assitant Activities of Mining	
其他采矿业	Mining of Other Ores	83.4
制造业	**Manufacturing Industry**	**378.4**
农副食品加工业	Processing of Food from Agricultural Products	245.2
食品制造业	Manufacture of Foods	252.9
酒、饮料和精制茶制造业	Manufacture of Wine,Beverage and Refined Tea	303.6
烟草制品业	Manufacture of Tobacco	2 114.3
纺织业	Manufacture of Textile	143.7
纺织服装、服饰业	Manufacture of Textile Wearing Apparel and Dress Adornment	136.2
皮革、毛皮、羽毛及其制品和制鞋业	Manufacture of Leather，Fur,Feather and Related Products	150.4
木材加工和木、竹、藤、棕、草制品业	Processing of Timber, Manufacture of Wood, Bamboo, Rattan, Palm and Straw Products	202.1
家具制造业	Manufacture of Furniture	298.0
造纸和纸制品业	Manufacture of Paper and Paper Products	255.1
印刷和记录媒介复制业	Printing, Reproduction of Recording Media	246.0
文教、工美、体育和娱乐用品制造业	Manufacture of Articles for Culture,Education,Arts, Sport Activities and Entertainment	483.6
石油加工、炼焦和核燃料加工业	Processing of Petroleum, Coking, Processing of Nuclear Fuel	454.2
化学原料和化学制品制造业	Manufacture of Raw Chemical Materials and Chemical Products	260.0
医药制造业	Manufacture of Medicines	382.0
化学纤维制造业	Manufacture of Chemical Fibers	1 080.9
橡胶和塑料制品业	Manufacture of Rubber and Plastics	163.8
非金属矿物制品业	Manufacture of Non-metallic Mineral Products	290.6
黑色金属冶炼和压延加工业	Smelting and Pressing of Ferrous Metals	198.5
有色金属冶炼和压延加工业	Smelting and Pressing of Non-ferrous Metals	231.9
金属制品业	Manufacture of Metal Products	195.5
通用设备制造业	Manufacture of General Purpose Machinery	160.7
专用设备制造业	Manufacture of Special Purpose Machinery	245.3
汽车制造业	Manufacture of Cars	276.9
铁路、船舶、航空航天和其他运输设备制造业	Manufacture of Railways,Boats,Aerospace and Other Transport Equipment	213.4
电气机械和器材制造业	Manufacture of Electrical Machinery and Equipment	183.3
计算机、通信和其他电子设备制造业	Manufacture of Computer,Communication Equipment and Electronic Equipment	491.3
仪器仪表制造业	Manufacture of Measuring Instruments and Machinery	160.8
其他制造业	Other Manufacturing Industry	161.9
废弃资源综合利用业	Comprehensive Utilization of Waste	313.3
金属制品、机械和设备修理业	Manufacture of Metal Products, Machinery and Equipment Repairing	265.5
电力、热力、燃气及水生产和供应业	**Production and Supply of Electricity, Heat ,Gas and Water**	**568.5**
电力、热力生产和供应业	Production and Supply of Electric Power and Heat Power	566.7
燃气生产和供应业	Production and Supply of Gas	1 135.8
水的生产和供应业	Production and Supply of Water	325.5

continued

总资产贡献率 (%) Ratio of Total Assets to Industrial Output Value (%)	资本保值增值率 (%) Capital Maintenance and Increasement Ratio (%)	资产负债率 (%) Assets Liability Ratio(%)	流动资产周转率 (次) Ratio of Turnover of Working Capitals (time)	成本费用利润率 (%) Ratio of Profits to Cost (%)	全员劳动生产率 (万元/人) Overall Labor Productivity (10 000 yuan /person)	产品销售率 (%) Ratio of Products Sold (%)
9.7	**105.0**	**61.9**	**1.4**	**7.6**	**25.90**	**91.3**
9.2	104.7	63.4	1.8	5.1	11.83	99.5
8.9	102.6	63.4	1.0	9.6	60.98	88.0
11.4	120.1	56.0	1.7	10.4	43.34	84.3
8.7	84.5	66.7	0.9	7.2	41.75	89.9
2.2	338.3	74.3	2.0	- 1.9		100.0
17.1	**111.7**	**53.2**	**1.8**	**6.8**	**43.40**	**95.3**
11.1	97.0	59.2	2.5	5.8	23.25	93.0
13.9	111.4	44.6	2.5	8.4	21.58	94.5
12.5	110.6	50.8	2.0	8.7	31.13	90.6
44.8	100.5	20.2	1.2	25.1	311.09	99.6
5.3	115.8	61.4	1.8	0.2	12.50	93.8
4.5	137.4	54.9	1.3	3.2	9.87	95.5
5.8	95.3	55.7	3.7	1.8	9.64	96.8
8.3	105.7	55.5	2.1	4.1	18.52	90.2
8.1	125.2	65.0	1.5	5.1	34.77	77.8
8.3	115.0	65.3	1.5	5.1	27.71	92.4
11.9	106.5	36.3	1.2	13.5	20.15	95.0
26.5	138.4	24.7	2.6	11.6	53.15	92.2
15.1	347.0	55.8	2.4	- 3.2	56.60	95.8
12.2	177.9	78.4	1.7	11.0	22.40	95.6
10.4	109.8	51.1	0.9	12.3	44.41	87.9
43.4	97.9	8.4	1.9	34.0	134.51	93.7
6.9	106.5	58.2	2.8	2.7	12.15	94.7
10.7	120.3	63.4	2.1	8.2	29.60	96.1
6.3	112.3	72.8	2.7	2.9	18.69	97.6
4.9	114.3	65.3	2.4	1.4	25.56	96.5
6.5	106.3	60.9	1.7	3.7	18.77	95.5
0.6	81.2	69.5	1.0	- 2.1	20.74	90.5
8.2	118.4	65.2	1.5	5.7	25.61	89.6
5.7	108.3	65.4	2.2	3.8	31.87	90.4
2.2	98.5	26.5	0.7	3.3	25.04	94.5
6.1	104.0	57.4	1.3	4.0	17.33	95.1
11.2	125.6	58.1	3.0	5.1	62.83	91.0
6.3	164.5	63.0	1.1	3.9	12.78	98.9
9.9	103.3	54.4	2.7	4.3	10.23	96.8
10.8	173.6	44.2	2.1	7.1	32.62	95.5
8.7	102.4	41.9	0.9	2.7	31.57	100.0
5.1	**106.0**	**76.2**	**1.7**	**8.0**	**78.74**	**99.8**
5.3	106.0	80.5	2.0	7.3	78.53	99.7
3.1	103.9	9.3	0.6	27.3	161.96	99.8
4.2	113.9	65.9	0.4	14.2	36.42	105.4

8-6 各州市规模以上工业企业主要经济数据（2017年）

Main Economic Indicators of Industry above Designated Size by Region (2017)

单位：个 (unit)

州市	Region	企业单位数 Number of Enterprises	大型企业 Large Enterprises	中型企业 Medium-sized Enterprises	小型企业 Small Enterprises	微型企业 Mini Enterprises	亏损企业数 Number of Loss-making Enterprises
全省	**Yunnan**	**4 186**	**96**	**528**	**3 289**	**273**	**824**
昆明	Kunming	999	29	118	811	41	186
曲靖	Qujing	640	16	94	502	28	112
玉溪	Yuxi	416	10	58	319	29	86
保山	Baoshan	258	3	34	195	26	30
昭通	Zhaotong	129	4	28	93	4	32
丽江	Lijiang	75		3	68	4	17
普洱	Pu'er	158	2	27	117	12	50
临沧	Lincang	172	3	20	123	26	41
楚雄	Chuxiong	329	4	23	280	22	41
红河	Honghe	344	10	50	256	28	80
文山	Wenshan	157	3	22	127	5	41
西双版纳	Xishuangbanna	82	3	6	68	5	20
大理	Dali	282	6	26	227	23	46
德宏	Dehong	104	2	13	73	16	30
怒江	Nujiang	18	1	3	14		5
迪庆	Diqing	23		3	16	4	7

8-6 续表1 continued

单位：亿元 (100 million yuan)

州 市	Region	工业总产值 Gross Industrial Output Value	工业销售产值（当年价） Sales Value of Industry (at current prices)	出口交货值 Delivery Value of Exports
全 省	**Yunnan**	**11 559.51**	**11 150.77**	**269.46**
昆 明	Kunming	3 323.92	3 255.02	42.65
曲 靖	Qujing	1 701.09	1 661.38	18.62
玉 溪	Yuxi	1 480.40	1 426.75	26.45
保 山	Baoshan	462.70	423.17	8.88
昭 通	Zhaotong	434.03	432.06	0.78
丽 江	Lijiang	114.11	111.66	0.54
普 洱	Pu'er	242.80	228.69	8.13
临 沧	Lincang	248.75	223.15	1.22
楚 雄	Chuxiong	770.62	727.02	7.45
红 河	Honghe	1 220.42	1 207.00	78.08
文 山	Wenshan	352.10	296.87	3.88
西双版纳	Xishuangbanna	193.68	191.51	
大 理	Dali	747.40	707.59	51.54
德 宏	Dehong	176.71	171.28	21.12
怒 江	Nujiang	46.91	45.64	0.13
迪 庆	Diqing	43.88	41.97	

8-6 续表2 continued

单位：亿元 (100 million yuan)

州 市	Region	资产合计 Total Assets	产成品 Finished Goods	流动资产 Annual Average Balance of Working Capitals	固定资产净值 Annual Average Balance of Net Value of Fixed Assets	负债合计 Total Liabilities
全 省	**Yunnan**	**20 241.46**	**574.40**	**7 269.47**	**8 465.00**	**12 555.54**
昆 明	Kunming	5 478.35	178.30	2 664.42	1 640.43	3 002.12
曲 靖	Qujing	2 261.96	72.30	807.10	835.74	1 461.89
玉 溪	Yuxi	1 745.07	60.42	884.82	422.38	713.78
保 山	Baoshan	650.32	36.65	232.29	279.44	422.12
昭 通	Zhaotong	1 608.71	12.26	267.98	1 098.28	1 089.32
丽 江	Lijiang	814.75	3.71	198.15	511.98	652.08
普 洱	Pu'er	1 196.83	16.81	159.74	715.77	918.81
临 沧	Lincang	713.57	16.90	162.58	359.21	518.85
楚 雄	Chuxiong	1 057.88	30.99	350.49	480.50	663.96
红 河	Honghe	1 764.45	61.84	688.22	650.89	1 177.43
文 山	Wenshan	603.34	21.15	190.95	284.89	377.97
西双版纳	Xishuangbanna	314.17	17.42	106.52	134.51	203.58
大 理	Dali	1 274.90	30.45	391.44	572.14	814.59
德 宏	Dehong	362.65	9.80	97.90	203.86	247.85
怒 江	Nujiang	125.50	2.98	33.14	74.68	84.20
迪 庆	Diqing	269.00	2.42	33.71	200.30	206.99

8-6 续表3 continued

单位：亿元 (100 million yuan)

州 市	Region	主营业务收入 Revenue from Principal Business	主营业务税金及附加 Taxes and Other Charge on Principal Business	销售费用 Selling Expenses	管理费用 Administration Expenses
全 省	**Yunnan**	**11 684.53**	**849.50**	**334.73**	**485.31**
昆 明	Kunming	3 763.64	234.93	154.62	146.32
曲 靖	Qujing	1 690.81	114.46	30.56	68.43
玉 溪	Yuxi	1 395.19	254.68	28.84	58.29
保 山	Baoshan	417.84	4.01	12.70	27.53
昭 通	Zhaotong	423.52	43.24	6.87	17.40
丽 江	Lijiang	100.24	1.13	2.56	4.21
普 洱	Pu'er	222.36	2.60	6.27	8.51
临 沧	Lincang	218.17	1.65	5.06	9.69
楚 雄	Chuxiong	677.79	54.40	14.27	26.84
红 河	Honghe	1 236.83	94.98	22.24	64.41
文 山	Wenshan	345.18	7.05	12.79	15.71
西双版纳	Xishuangbanna	200.90	0.79	6.20	6.72
大 理	Dali	736.80	32.46	25.83	20.13
德 宏	Dehong	168.24	0.78	4.24	6.55
怒 江	Nujiang	45.61	1.33	0.59	2.95
迪 庆	Diqing	41.40	1.00	1.10	1.63

8-6 续表4 continued

单位：亿元 (100 million yuan)

州 市	Region	利税总额 Total Tax and Profits	本年应交增值税 Value Added Tax Payable	利润总额 Total Profit	亏损企业亏损总额 Total Losses of Loss-making Enterprises	全部从业人员年均人数(万人) Average Number of Employed Persons at Year-end (10 000 persons)
全 省	**Yunnan**	**2 133.18**	**487.20**	**782.65**	**185.27**	**87.10**
昆 明	Kunming	542.44	125.85	178.06	40.50	21.21
曲 靖	Qujing	310.24	58.65	134.95	37.85	14.60
玉 溪	Yuxi	458.87	80.75	119.40	3.44	9.08
保 山	Baoshan	52.51	16.26	32.15	7.49	4.13
昭 通	Zhaotong	162.60	41.68	77.07	10.59	3.14
丽 江	Lijiang	9.66	9.45	- 0.94	6.78	1.00
普 洱	Pu'er	36.00	16.36	17.01	6.83	4.18
临 沧	Lincang	22.52	7.87	12.97	4.87	2.85
楚 雄	Chuxiong	110.72	23.09	32.43	12.37	4.35
红 河	Honghe	210.67	52.04	61.90	26.06	10.03
文 山	Wenshan	63.67	16.40	40.15	8.68	3.12
西双版纳	Xishuangbanna	19.45	4.91	13.70	0.63	1.36
大 理	Dali	109.14	21.52	54.59	4.00	4.84
德 宏	Dehong	14.48	5.85	7.84	7.57	1.96
怒 江	Nujiang	11.21	3.46	6.42	0.42	0.87
迪 庆	Diqing	- 1.00	3.04	- 5.06	7.17	0.38

8-7 各州市规模以上工业主要财务分析数据（2017年）
Main Financial Analytical Indicators of Industry above Designated Size by Region (2017)

州 市	Region	综合经济效益指数(%) Composite Economic Performance Index (%)	总资产贡献率(%) Ratio of Total Assets to Industrial Output Value (%)	资本保值增值率(%) Capital Maintenance and Increasement Ratio (%)	资产负债率(%) Assets-Liability Ratio (%)	流动资产周转率(次) Ratio of Turnover of Working Capitals (time)	成本费用利润率(%) Ratio of Profits to Cost (%)	全员劳动生产率(万元/人) Overall Labor Productivity (10 000 yuan /person)	产品销售率(%) Ratio of Products Sold(%)
全 省	**Yunnan**	**376.5**	**12.1**	**109.8**	**62.2**	**1.8**	**7.0**	**44.72**	**95.5**
昆 明	Kunming	371.8	11.0	110.9	55.1	1.5	5.0	45.79	97.9
曲 靖	Qujing	326.9	16.1	120.2	64.1	2.4	8.8	33.05	97.9
玉 溪	Yuxi	539.2	26.7	104.8	41.0	1.7	10.0	65.40	92.3
保 山	Baoshan	320.1	9.8	127.0	63.3	2.0	8.1	34.71	94.6
昭 通	Zhaotong	511.8	11.8	107.6	70.9	1.5	23.9	57.52	99.4
丽 江	Lijiang	346.2	4.3	95.8	79.9	0.6	1.1	48.83	96.8
普 洱	Pu'er	255.3	5.3	117.5	75.9	1.4	7.7	27.47	94.3
临 沧	Lincang	268.2	5.7	92.8	72.1	1.6	6.8	30.27	85.3
楚 雄	Chuxiong	423.1	12.1	107.7	63.6	2.2	5.2	53.00	94.0
红 河	Honghe	335.1	12.6	106.4	68.1	2.2	2.8	40.05	98.7
文 山	Wenshan	409.3	12.3	108.5	60.0	2.1	11.9	46.64	86.3
西双版纳	Xishuangbanna	301.9	7.3	114.2	65.0	1.7	8.4	33.23	91.2
大 理	Dali	383.7	10.7	112.4	62.9	2.2	7.9	45.16	92.6
德 宏	Dehong	265.6	6.6	105.1	69.1	1.6	7.9	28.29	96.8
怒 江	Nujiang	224.4	10.8	112.7	64.2	1.4	18.5	13.45	96.0
迪 庆	Diqing	321.1	2.1	95.3	77.0	1.5	- 10.5	51.21	91.9

注：本表数据根据年快报数据计算。

Note: Data in this table are calculated according to the bulletin.

8-8 主要工业产品产量（2017年）
Output of Major Industrial Products (2017)

单位：万吨 (10 000 tons)

名　　称	Item	生产量 Output
原　煤	Coal	4 392.91
洗精煤(用于炼焦)	Washed Coal （Used For Coking)	1 166.63
焦　炭	Coke	963.80
发电量（亿千瓦小时）	Electricity (100 million kwh)	2 730.09
#水电	Thermal Power	2 277.63
火电	Hydro Power	237.06
铁矿石原矿量	Ironstone in Original Iron Ores	2 717.46
锰矿石成品矿	Manganese Ore	19.61
铜选矿产品含铜量	Copper Content of Copper Dressing Products	23.95
铅选矿产品含铅量	Lead Content of Lead Dressing Products	12.92
锌选矿产品含锌量	Zinc Content of Zinc Dressing Products	58.07
锡选矿产品含锡量	Stannum Content of Stannum Dressing Products	4.82
钨精矿折含量	tungsten ores & concentrates	0.88
硫铁矿（折S 35%）	Pyrite Ore(converted into 35% sulphur)	51.11
磷矿石（折P2O3 30%）	Rock Phosphate (converted into 30% P2O3)	2 620.31
生　铁	Pig Iron	1 322.12
粗　钢	Crude Steel	1 517.50
钢　材	Rolled Steel	1 607.38
中小型型钢	Medium and Small Rolled Steel	41.39
棒　材	Steel Bar	71.21
钢　筋	Corrugated Steel Bar	862.12
盘　条（线材）	Wire Rod(Wire Stock)	403.86
中　板	Medium Steel Plate	
铁合金	Ferroalloy	94.52
十种有色金属	Ten Kinds of Nonferrous Metals	372.73
#铜	Copper	65.09
原铝	Primary Aluminum	129.23
铅	Lead	41.59
锌	Zinc	125.16
锡	Stannum	10.29
锑	Stibium	1.33
硫　酸（折100%）	Sulfuric Acid(Converted into 100% H2SO4)	1 373.13
烧　碱（折100%）	Caustic Soda (Converted into 100% Sodium Hydroxide)	23.61
电　石（折合量）	Calcium Carbide(Reduced Quantity)	54.72
黄　磷	Yellow Phosphorus	58.72
纯　碱	Soda Ash	10.20
初级形态塑料	Plastic	23.37
合成氨	Synthetic Ammonia	217.79
化　肥(折100%)	Chemical Fertilizer(Converted into 100% Nitrogen,Phosphorus and Kalium)	271.98
#氮肥	Nitrogen Fertilizer	87.65
磷肥	Phosphate Fertilizer	181.90
农用簿膜	Agriculture Plastic Film	10.37
小型拖拉机（万台）	Agricultural Transport Machinery(10 000 units)	3.64
饲料	Forage	398.59
复烤烟叶	Flue-cured Tobacco	67.47
卷烟(亿支)	Cigarettes(100 million pieces)	3 589.36
成品糖	Sugar of Finished Product	227.13
发酵酒精（折96度)(万升)	Fermenting Alcohol (Converted into 96% alc.)(10 kiloliters)	19 177.24
精制茶叶	Refined Tea	15.93

注：统计范围为年主营业务收入2000万元及以上工业企业。
Note: Statistical Coverage refers to enterprises of revenue from principal business up to and over 20 million yuan.

8-8 续表 continued

单位：万吨 (10 000 tons)

名　称	Item	生产量 Output
原　盐	Salt	148.49
饮料酒（亿升）	Liquor (100 million liters)	11.57
#白酒（折65度)(亿升)	White Spirit (Converted into 65% alc.)(100 million liters)	1.13
啤酒(亿升)	Beer (100 million liters)	9.80
葡萄酒(亿升)	Wine(10 000 kiloliters)	0.28
软饮料	Soft Drinks	564.16
罐　头	Canned Food	3.02
乳制品	Milk Products	63.22
糖　果	Candy	1.65
化学纤维	Chemical Fiber	6.07
纱	Yarn	1.67
布（万米）	Cloth (10 000 m)	93.00
#纯棉布(万米)	#Cotton Cloth (10 000 m)	93.00
印染布（万米）	Printed Fabric (10 000 m)	3 091.00
丝（吨）	Silk (ton)	4 382.53
服　装（万件）	Garments (10 000 pieces)	1 313.01
塑料制品	Plastic Products	47.32
自来水生产量（万立方米）	Tap Water Output (10 000 cu.m)	68 683.11
合成洗涤剂	Synthetic Detergents	14.52
卫生陶瓷器（万件）	Ceramics for Daily Use (10 000 units)	48.10
日用玻璃制品	Glass Products for Daily Use	4.05
纸　浆	Paper Pulp	33.38
机制纸及纸板	Machine-made Paper and Cardboard	89.55
大　米	Rice	16.79
小麦粉	Wheat Flour	22.53
食用植物油	Edible Vegetable Oil	54.84
水　泥	Cement	11 292.89
平板玻璃（万重量箱）	Plate Glass (10 000 weight boxes)	293.85
大理石板材（万平方米）	Marble Building Block (10 000 sq.m)	1 011.23
商品混凝土（万立方米）	Concrete (10 000 cu.m)	4 250.07
人造板（万立方米）	Manmade Plates (10 000 cu.m)	379.37
复合地板（万平方米）	Engineered Floor(10 000 sq.m)	30.42
松　香	Rosin	27.43
矿山设备	Mining Equipment	5.70
金属轧制设备	Metal Shaping Equipment	0.07
起重机	Lifting Equipment	1.25
发电设备（万千瓦）	Power Equipment (10 000 kw.)	60.17
交流电动机（万千瓦）	Alternating Current Motor (10 000 kw.)	69.69
变压器（万千伏安）	Transformer (10 000 KVA)	1 733.66
金属切削机床（万台）	Metal-cutting Machine Tools (10 000 units)	1.85
汽　车（万辆）	Motor Vehicles (10 000 units)	16.02
发动机（万千瓦）	Internal Combustion Engines (10 000 kw)	3 323.02
电力电缆（万公里）	Electric Power Cable (10 000km)	29.58
轴　承（万套）	Bearing (10 000 units)	
打印机（万台）	Printers (10 000 units)	4.79
单色印刷（万令）	Single-color Printing (10 000 reams)	74.73
化学药品原药	Chemical Medicine	0.40
中成药	Chinese Traditional Patent Medicine	6.11
光学仪器(万台、个)	Optical Instrument (10 000 units, unit)	185.87

8-9 全省综合能源平衡表（2017年）

项　目	Sector	能源消费总量（万吨标准煤） Total Energy Consumption (10 000 tons of SCE)
可供本地区消费的能源量	**Total Energy Available for Consumption**	**11 079.57**
年初库存量	Stock in Early Year	516.62
一次能源生产量	Primary Energy Output	12 410.04
外省(区、市)调入量	Quantity of Fold	5 745.08
进 口 量	mports	48.67
境内轮船和飞机在境外加油量	Fueling Charge in Foreign Countries of Domestic Motorship Engine	1.77
本省(区、市)调出量(－)	Quantity of Call-out (-)	-6 980.14
出 口 量(－)	Exports(-)	-54.09
境外轮船和飞机在境内加油量(－)	Fueling Charge in Foreign Counteries of Foreign Motorship Engine(-)	- 1.77
年末库存量(－)	Stock at Year-end(-)	- 606.60
加工转换投入(－)产出(+)量	**Input(-) and Outputin(+) Processing and Transformation**	**50.69**
损 失 量	**Losses**	**369.30**
终端消费量	**Final Energy Consumpltion**	**10 772.36**
第一产业	Primary Indusrty	228.76
农、林、牧、渔业	Farming,Forestry,Animal Husbandry,Fishery	228.76
第二产业	Secondary Industry	7 390.33
工　业	Industry	7 134.49
建 筑 业	Construction	255.84
第三产业	Tertiary Industry	1 926.46
交通运输、仓储和邮政业	Transport, Storage, Post and Telecommunication Services	1 148.23
批发、零售业和住宿、餐饮业	Wholesale and Retail Trades, Hotels and Catering Services	374.58
其他	Others	403.66
生活消费	Residential Consumption	1 226.81
城　镇	Urban Areas	530.99
乡　村	Rural Areas	695.83
平衡差额（+、－）	**Balance(+、-)**	**- 11.39**
消费量合计	**Total Consumption of Energy**	**11 090.97**

注：本表为等价热值。

Balance Sheet of Overall Energy (2017)

原　煤 (万 吨) Coal (10 000 tons)	焦　炭 (万 吨) Coke (10 000 tons)	石油及石油制品 (万 吨) Petroleum and Related Products (10 000 tons)	天 然 气 (亿立方米) Natural Gas (100 million cu.m)	电　力 (亿千瓦小时) Electricity (100 million kwh)
8 245.12	**-12.50**	**1 289.56**	**10.13**	**1 295.15**
405.81	53.11	75.13		
4 674.98		0.01	0.04	2 715.41
4 108.65	147.50	1 638.81	10.09	0.27
				14.08
		1.21		
- 530.57	-150.38	-306.78		-1 418.95
				-15.65
		-1.21		
-413.75	-62.73	-117.60		
-4 418.11	**963.80**	**-62.60**		**239.66**
				106.83
3 827.01	**951.31**	**1 226.96**	**10.13**	**1 431.26**
217.63	2.65	31.49	0.01	16.92
217.63	2.65	31.49	0.01	16.92
3 112.12	948.46	228.47	8.80	1 028.97
3 074.39	948.46	160.80	8.80	994.42
37.72		67.66		34.55
183.17		802.82	0.13	168.61
12.73		710.12		28.73
110.32		60.88	0.08	50.84
60.12		31.82	0.04	89.04
314.10	0.20	164.18	1.19	216.76
15.81	0.08	83.86	1.19	105.89
298.29	0.11	80.32		110.87
0.00	**0.00**	**0.00**	**0.00**	**- 3.29**
8 245.12	**951.31**	**1 289.56**	**9.57**	**1 538.09**

Note: Data used in this table are equivalent caloricity.

8-10 主要年份能源生产和消费总量及其构成
Total Production and Consumption of Energy and Their Composition in Significant Years

单位：万吨标准煤 (10 000 tons of SCE)

年份 Year	能源生产总量 Total Production of Energy	占能源生产总量的比重(%) Percentage to Total Production (%)		能源消费总量 Total Consumption of Energy	占能源消费总量的比重(%) Percentage to Total Consumption (%)			
		原煤 Coal	一次电 Hydro Power		煤炭 Coal	石油 Petroleum	天然气 Natural Gas	一次电 Hydro Power
1957	114.30	96.00	4.00	119.20	92.00	4.10		3.90
1962	224.70	93.50	6.50	256.30	89.30	4.50		6.20
1965	326.10	93.90	6.10	348.70	87.80	6.50		5.70
1970	555.60	91.80	8.20	591.50	86.20	6.10		7.70
1975	861.10	85.60	14.40	920.30	80.10	6.40		13.50
1976	751.20	85.40	14.60	797.00	79.40	6.80		13.80
1977	893.20	86.30	13.70	931.10	79.60	7.30		13.10
1978	1 002.60	84.50	15.50	1 065.90	78.20	7.20		14.60
1979	933.90	82.70	17.30	1 072.20	72.00	7.50	5.40	15.10
1980	841.90	79.60	20.40	946.10	67.00	9.00	5.70	18.30
1981	872.50	77.90	22.10	948.40	65.90	8.60	5.90	19.60
1982	930.20	81.90	18.10	1 020.60	69.70	8.30	4.90	17.10
1983	966.30	83.30	16.70	1 094.70	72.20	8.50	4.60	14.70
1984	1 076.30	81.50	18.50	1 226.30	71.20	8.30	4.20	16.30
1985	1 162.80	80.40	19.60	1 298.33	69.60	8.50	4.40	17.50
1986	1 220.30	79.50	20.50	1 399.07	69.70	8.40	4.10	17.80
1987	1 355.30	91.10	8.90	1 533.22	72.20	8.40	3.50	15.90
1988	1 404.50	83.50	16.50	1 622.52	75.70	6.90	3.10	14.30
1989	1 522.79	81.80	18.20	1 706.87	72.30	8.10	3.20	16.40
1990	1 594.50	79.80	20.20	1 954.18	71.70	7.20	2.80	18.30
1991	1 649.02	75.30	24.70	1 961.92	67.00	8.50	2.80	21.70
1992	1 763.66	77.10	22.90	2 016.61	69.40	8.00	2.70	19.90
1993	1 811.57	76.70	24.30	2 089.80	70.00	8.00	2.70	19.30
1994	2 073.79	71.50	28.50	2 282.80	66.00	7.70	2.50	23.80
1995	2 313.65	69.20	30.80	2 640.55	66.10	6.90	2.20	24.80
1996	2 556.85	68.60	31.40	2 819.43	64.50	6.90	2.50	26.10
1997	2 619.97	71.85	28.15	3 428.98	71.38	6.01	2.01	20.60
1998	2 451.49	71.99	28.01	3 364.49	71.31	6.52	1.76	20.41
1999	2 267.97	67.06	32.94	3 287.97	68.22	7.18	1.88	22.72
2000	2 471.77	64.03	32.11	3 468.33	62.61	7.46	1.81	25.39
2001	2 611.54	65.48	30.53	3 741.03	62.33	10.62	1.72	22.57
2002	3 259.95	67.19	29.41	4 131.31	61.04	11.12	1.51	23.70
2003	3 608.45	64.24	30.78	4 449.97	60.85	11.64	1.53	22.01
2004	4 455.68	68.13	27.04	5 209.81	63.30	11.13	1.34	20.16
2005	5 353.36	68.93	26.61	6 023.97	62.48	11.14	1.35	21.11
2006	6 075.09	75.29	22.42	6 620.57	67.70	11.52	1.09	17.62
2007	6 546.65	73.82	23.70	7 132.63	66.47	12.37	1.02	17.93
2008	7 595.31	68.87	29.48	7 510.82	60.83	12.81	0.93	23.79
2009	7 851.21	68.65	28.59	8 032.06	62.62	12.74	0.75	21.22
2010	8 822.03	66.60	32.05	8 674.17	56.73	15.11	0.56	23.98
2011	9 752.64	63.97	35.03	9 540.28	55.97	14.88	0.53	27.72
2012	10 577.62	59.33	39.15	10 433.68	53.16	14.93	0.50	29.87
2013	12 531.99	54.50	44.38	10 072.09	50.63	14.36	0.53	33.05
2014	9 805.49	26.63	72.28	10 454.83	43.07	14.71	0.54	40.66
2015	11 091.10	29.93	68.96	10 356.56	40.99	15.45	0.76	41.61
2016	11 429.88	24.69	74.18	10 655.85	40.24	15.96	0.89	41.69
2017	12 410.04	23.12	75.64	11 090.97	36.86	16.64	1.06	44.05

注：采用数据为等价热值，2005至2008年数据根据云南省第二次全国经济普查数据修正；2013至2014年数据根据云南省第三次全国经济普查数据修正。

Note: Data used in this table are equivalent caloricity.Data from year 2005 to 2008 are regulated according to that of the second national economic census. Data from 2013 to 2014 have been adjusted according to the third national economic census.

8-11 全省能源生产弹性系数（1980-2017年）
Elasticity Ratio of Energy Production at Current Year (1980-2017)

年 份 Year	当年能源生产增长(%) Growth Rate of Energy Production at Current Year (%)	当年电力生产增长(%) Growth Rate of Electricity Production at Current Year (%)	当年生产总值增长(%) Growth Rate of Gross Regional Product of Yunnan Province at Current Year (%)	当年能源生产弹性系数 Elasticity Ratio of Energy Production at Current Year	当年电力生产弹性系数 Elasticity Ratio of Electricity Production at Current Year
1980	-9.85	1.63	8.5	-1.16	0.19
1981	3.63	6.17	7.8	0.47	0.79
1982	6.61	3.96	15.5	0.43	0.26
1983	3.88	-0.63	8.4	0.46	-0.07
1984	11.38	14.00	14.5	0.78	0.97
1985	8.04	7.37	13.0	0.62	0.57
1986	4.94	12.02	4.3	1.15	2.80
1987	11.06	11.61	12.3	0.90	0.94
1988	3.63	8.41	16.0	0.23	0.53
1989	8.42	11.60	5.8	1.45	2.00
1990	4.71	10.22	8.7	0.54	1.17
1991	3.42	11.98	6.6	0.52	1.82
1992	6.95	10.58	10.9	0.64	0.97
1993	2.72	10.48	11.1	0.24	0.94
1994	14.47	18.22	12.2	1.19	1.49
1995	11.57	12.29	11.7	0.99	1.05
1996	10.51	11.05	11.1	0.95	1.00
1997	2.47	-0.20	9.7	0.25	-0.02
1998	-6.43	4.54	8.1	-0.79	0.56
1999	-7.49	12.69	7.3	-1.03	1.74
2000	8.99	6.46	7.5	1.20	0.86
2001	5.65	13.25	6.8	0.83	1.95
2002	24.83	18.76	9.0	2.76	2.08
2003	10.69	11.20	8.8	1.21	1.27
2004	23.48	15.43	11.3	2.08	1.37
2005	20.15	13.89	9.0	2.26	1.56
2006	13.48	20.74	11.6	1.16	1.79
2007	7.76	20.02	12.2	0.64	1.64
2008	16.02	14.93	10.6	1.51	1.41
2009	3.37	12.91	12.1	0.28	1.07
2010	12.37	16.27	12.3	1.01	1.32
2011	10.55	13.94	13.7	0.77	1.02
2012	8.46	12.24	13.0	0.65	0.94
2013	18.48	24.92	12.1	1.53	2.07
2014	-21.76	16.95	8.1	-2.69	2.09
2015	13.11	1.07	8.7	1.51	0.12
2016	3.06	8.05	8.7	0.35	0.93
2017	8.58	9.56	9.5	0.90	1.01

注：2005至2008年数据根据云南省第二次全国经济普查数据修正；2013至2014年数据根据云南省第三次全国经济普查数据修正。
Note: Data from year 2005 to 2008 are regulated according to that of the second national economic census.
Data from 2013 to 2014 have been adjusted according to the third national economic census.

8-12 全省能源消费弹性系数（1980-2017年）

Elasticity Ratio of Energy Consumption at Current Year (1980-2017)

年 份 Year	当年能源消费增长(%) Growth Rate of Energy Consumption at Current Year (%)	当年电力消费增长(%) Growth Rate of Electricity Consumption at Current Year (%)	当年生产总值增长(%) Growth Rate of Gross Regional Product at Current Year of Yunnan Province (%)	当年能源消费弹性系数 Elasticity Ratio of Energy Consumption at Current Year	当年电力消费弹性系数 Elasticity Ratio of Electricity Consumption at Current Year
1980	- 11.76	5.07	8.5	-1.38	0.60
1981	0.24	3.42	7.8	0.03	0.44
1982	7.61	4.47	15.5	0.49	0.29
1983	7.26	-0.21	8.4	0.86	-0.02
1984	12.02	13.15	14.5	0.83	0.91
1985	5.87	9.05	13.0	0.45	0.70
1986	7.76	17.69	4.3	1.81	4.12
1987	9.59	4.44	12.3	0.78	0.36
1988	5.82	20.80	16.0	0.36	1.30
1989	5.20	4.74	5.8	0.90	0.82
1990	14.49	12.60	8.7	1.67	1.45
1991	0.40	13.26	6.6	0.06	2.01
1992	2.79	9.79	10.9	0.26	0.90
1993	3.63	26.98	11.1	0.33	2.43
1994	9.24	-0.58	12.2	0.76	-0.05
1995	15.67	14.41	11.7	1.34	1.23
1996	6.77	12.82	11.1	0.61	1.16
1997	21.62	4.56	9.7	2.23	0.47
1998	-1.88	2.44	8.1	-0.23	0.30
1999	-2.27	9.75	7.3	-0.31	1.34
2000	5.49	6.93	7.5	0.73	0.92
2001	7.86	9.40	6.8	1.16	1.38
2002	10.43	13.37	9.0	1.16	1.48
2003	7.71	4.15	8.8	0.88	0.47
2004	17.08	15.96	11.3	1.51	1.41
2005	15.63	17.27	8.9	1.74	1.94
2006	9.90	15.86	11.6	0.85	1.37
2007	7.73	15.47	12.2	0.63	1.27
2008	5.30	11.26	10.6	0.50	1.06
2009	6.94	7.44	12.1	0.57	0.62
2010	7.99	22.04	12.3	0.65	1.79
2011	9.98	19.90	13.7	0.73	1.45
2012	9.36	9.28	13.0	0.72	0.71
2013	8.47	10.94	12.1	0.70	0.91
2014	3.80	4.77	8.1	0.47	0.59
2015	- 0.94	- 5.94	8.7	-0.11	-0.68
2016	2.89	- 1.95	8.7	0.33	-0.22
2017	4.08	9.05	9.5	0.43	0.95

注：2005至2008年数据根据云南省第二次全国经济普查数据修正；2013至2014年数据根据云南省第三次全国经济普查数据修正。
Note: Data from year 2005 to 2008 are regulated according to that of the second national economic census.
Data from 2013 to 2014 have been adjusted according to the third national economic census

8-13 全省规模以上工业企业能源消费与库存（2017年）
Total Consumption and Inventory of Energy of Industrial Enterprises above Designated Size (2017)

单位：万吨 (10 000 tons)

名　　称	Item	年初库存 Stock in Early Year	能源消费量 Consumption	工业生产 Industrial Production	非工业生产 Non-industrial Production	年末库存 Stock at Year-end
原　煤	Raw Coal	321.74	7 111.89	7 095.94	15.95	372.51
洗精煤（用于炼焦）	Well Washed Coal （Used For Coking)	51.86	1 088.44	1 088.44		54.07
其他洗煤	Other Washed Coal	8.47	92.89	92.89		7.56
煤制品	Manufacture of Coal	0.16	2.23	2.23		0.09
焦　炭	Coke	29.52	858.16	858.07	0.09	39.38
其他焦化产品	Other Coked Products	0.06	2.69	2.69		0.98
焦炉煤气（亿立方米）	Coal Gas of Coking Furnace (100 million cu.m)		10.07	10.07		
高炉煤气（亿立方米）	Coal Gas of Furnace (100 million cu.m)		209.61	209.61		
其他煤气（亿立方米）	Other Coal Gas (100 million cu.m)		15.28	15.28		
天然气（亿立方米）	Natural Gas (100 million cu.m)		9.40	9.38	0.01	
液化天然气	Liquefied Natural Gas		0.50	0.50		0.01
原　油	Raw Oil	0.01	401.96	401.96		37.62
汽　油	Gasoline	0.05	3.96	1.63	2.32	0.07
煤　油	Kerosene	0.03	0.08	0.08		0.03
柴　油	Diesel Oil	1.52	37.51	33.95	3.55	1.45
燃料油	Fuel Oil	0.02	0.52	0.52		
液化石油气	Liquefied Petroleum Gas		0.32	0.30	0.02	
炼厂干气	Gas of Metallurgical Plant		11.07	11.07		
其他石油制品	Other Petroleum Products	0.01	0.03	0.03		0.01
热　力（万百万千焦）	Heat (10 000 million kilo-joule)		722.21	722.21		
电　力（亿千瓦小时）	Electricity (100 million kwh)		984.12	974.92	9.20	
其他燃料(万吨标准煤)	Other Fuel (10 000 tons of SCE)	0.34	4.13	4.12		0.09

8-14 主要年份能源利用经济效益指标（一）
Indicators on Economic Benefits from Energy Utilization in Significant Years (Ⅰ)

(按当年价格计算)　　(Calculated at current prices)

年份 Year	能源消费量(万吨标准煤) Total Consumption of Energy (10 000 tons of SCE)	工业部门消费 Industrial Consumption	万元工业产值耗能(吨标准煤/万元) Energy Consumption of Industrial Output Value per 10 000 yuan (ton of SCE/10 000 yuan)	万元生产总值耗能(吨标准煤/万元) Energy Consumption of Gross Regional Product per 10 000 yuan (ton of SCE/10 000 yuan)	吨能创造工业产值(万元) Industrial Output Value Created by Energy per Ton (10 000 yuan)	吨能创造生产总值(万元) Gross Regional Product Created by Energy per Ton (10 000 yuan)
1957	119.20	72.70	10.65	5.29	0.09	0.19
1962	256.30	166.60	17.72	10.46	0.06	0.10
1965	348.70	226.70	17.17	10.37	0.06	0.10
1970	591.50	390.40	19.19	15.36	0.05	0.07
1975	920.30	607.40	21.74	16.95	0.05	0.06
1976	797.00	494.10	24.45	16.18	0.04	0.06
1977	931.10	605.20	20.14	16.67	0.05	0.06
1978	1 065.9	692.80	19.23	15.44	0.05	0.06
1979	1 072.2	696.90	17.19	13.96	0.06	0.07
1980	946.10	615.50	14.48	11.23	0.07	0.09
1981	948.40	612.60	13.07	10.08	0.08	0.10
1982	1 020.60	668.20	12.21	9.27	0.08	0.11
1983	1 094.70	651.30	11.51	9.12	0.09	0.11
1984	1 226.30	709.70	10.92	8.79	0.09	0.11
1985	1 298.33	761.10	9.53	7.87	0.11	0.13
1986	1 399.07	875.00	9.52	7.68	0.11	0.13
1987	1 533.22	937.80	8.43	6.69	0.12	0.15
1988	1 622.52	991.50	6.63	5.39	0.15	0.19
1989	1 706.87	1 037.10	5.60	4.70	0.18	0.21
1990	1 954.18	1 143.60	5.66	4.33	0.18	0.23
1991	1 961.92	1 143.40	4.98	3.79	0.20	0.26
1992	2 016.61	1 189.10	4.23	3.26	0.24	0.31
1993	2 089.80	1 282.00	3.03	2.68	0.33	0.37
1994	2 282.80	1 402.70	2.41	2.34	0.42	0.43
1995	2 640.55	1 948.65	2.48	2.19	0.40	0.46
1996	2 819.43	2 036.82	2.55	1.89	0.39	0.53
1997	3 428.98	2 429.07	2.77	2.09	0.36	0.48
1998	3 364.49	2 383.39	2.40	1.88	0.42	0.53
1999	3 287.97	2 224.42	2.20	1.77	0.45	0.56
2000	3 468.33	2 346.44	1.48	1.72	0.68	0.58
2001	3 741.03	2 481.69	1.48	1.75	0.67	0.57
2002	4 131.31	2 796.86	1.51	1.79	0.66	0.56
2003	4 449.97	3 132.01	1.44	1.74	0.69	0.57
2004	5 209.81	3 802.21	1.53	1.69	0.65	0.59
2005	6 023.97	4 390.68	1.35	1.74	0.74	0.57
2006	6 620.57	4 883.00	1.19	1.66	0.84	0.60
2007	7 132.63	5 300.98	1.03	1.49	0.97	0.67
2008	7 510.82	5 597.96	0.98	1.32	1.03	0.76
2009	8 032.06	5 868.90	0.94	1.30	1.07	0.77
2010	8 674.17	6 088.39	0.90	1.20	1.11	0.83
2011	9 540.28	6 939.30	0.87	1.09	1.15	0.92
2012	10 433.68	7 591.39	0.83	1.01	1.20	0.99
2013	10 072.09	7 241.02	0.71	0.85	1.42	1.17
2014	10 454.83	7 269.69	0.70	0.82	1.43	1.23
2015	10 356.56	6 940.34	0.69	0.75	1.46	1.32
2016	10 655.85	7 096.50	0.66	0.72	1.51	1.38
2017	11 090.97	7 453.15	0.61	0.67	1.65	1.49

注：1.能源综合数据按等价热值计算。
2.生产总值、工业总产值按当年价计算。
3.2005至2008年能源消费量根据云南省第二次全国经济普查数据进行了调整；2013至2014年数据根据云南省第三次全国经济普查数据修正。

Note: a.Comprehensive data of energy were calculated according to equivalent caloricity
b.Total output value and gross value of industrial output were calculated according to the prices of their respective years.
c.The energy consumption volume of year 2005 to 2008 were regulated according to the materials of the second national economic Census. Data from 2013 to 2014 have been adjusted according to the third national economic census.

8-15 主要年份能源利用经济效益指标（二）
Indicators on Economic Benefits from Energy Utilization in Significant Years (Ⅱ)

年 份 Year	能源消费总量（万吨标准煤）Total Consumption of Energy (10 000 tons of SCE)		规模以上工业综合能耗（万吨标准煤）Comprehensive Energy Consumption of the Industrial Enterprises above Designated Size (10 000 tons of SCE)	万元生产总值耗能（吨标准煤/万元）Energy Consumption of Gross Regional Product per 10 000 yuan (tons of SCE/10 000 yuan)		规模以上万元工业增加值能耗（吨标准煤/万元）Energy Consumption per 10 000 yuan of Industrial Added Value above Designated Size (ton of SCE/10 000 yuan)
	等价热值 Equivalent Caloricity	当量热值 Equivalent Heat Value	当量热值 Equivalent Heat Value	按等价热值 Equivalent Caloricity	按当量热值 Equivalent Heat Value	按当量热值 Equivalent Heat Value
	按2000年可比价计算(calculated at comparable prices of 2000)					
2000	3 468.33	2 940.74		1.72	1.46	
2001	3 741.03	3 240.39		1.74	1.51	
2002	4 131.31	3 576.86		1.76	1.53	
2003	4 449.97	3 861.70		1.75	1.52	
2004	5 209.81	4 576.79	3 338.83	1.83	1.61	4.35
2005	6 023.97	5 219.55	3 546.35	1.95	1.69	4.26
	按2005年可比价计算(calculated at comparable prices of 2005)					
2005	6 023.97	5 219.55	3 546.35	1.74	1.51	3.55
2006	6 620.57	5 976.53	4 095.81	1.71	1.55	3.40
2007	7 132.63	6 487.79	4 269.52	1.65	1.50	3.16
2008	7 510.82	6 534.34	4 212.50	1.57	1.37	2.85
2009	8 032.06	7 222.76	4 446.47	1.49	1.34	2.74
2010	8 674.17	7 655.60	4 607.10	1.44	1.26	2.47
	按2010年可比价计算(calculated at comparable prices of 2010)					
2010	8 674.17	7 655.60	4 607.10	1.20	1.06	2.05
2011	9 540.28	8 121.85	4 974.14	1.16	0.99	1.88
2012	10 433.68	8 730.66	5 298.34	1.12	0.94	1.73
2013	10 072.09	8 387.50	5 732.85	0.97	0.81	1.67
2014	10 454.83	8 116.71	5 432.34	0.93	0.72	1.47
2015	10 356.56	7 881.66	4 837.34	0.85	0.64	1.23
	按2015年可比价计算(calculated at comparable prices of 2015)					
2016	10 655.85	8 046.84	4 858.25	0.72	0.54	1.32
2017	11 090.97	8 198.25	5 096.56	0.67	0.50	1.31

注：2005至2008年数据根据云南省第二次全国经济普查数据修正;2013至2014年数据根据云南省第三次全国经济普查数据修正。

Note:Data from 2005 to 2008 are regulated according to that of the second national economic census. Data from 2013 to 2014 have been adjusted according to the third national economic census.

8-16 主要国民经济行业能源消费总量和构成（2013-2017年）

单位：万吨标准煤

国民经济行业	National Economic Sector	2013	
		能源消费量 Total Consumption of Energy	构 成 (%) Percentage (%)
工　业	**Industry**	**7 241.02**	**100.00**
轻工业	Light Industry	333.69	4.61
重工业	Heavy Industry	6 907.34	95.39
采矿业	**Mining**	**666.85**	**9.21**
煤炭开采和洗选业	Coal Mining and Dressing	360.46	4.98
石油和天然气开采业	Petroleum and Natural Gas Extraction		
黑色金属矿采选业	Ferrous Metals Mining and Dressing	142.46	1.97
有色金属矿采选业	Nonferrous Metals Mining and Dressing	100.51	1.39
非金属矿采选业	Nonmetal Minerals Mining and Dressing	63.43	0.88
其他采矿业	Other Mining		
制造业	**Manufacturing**	**5 826.96**	**80.47**
农副食品加工业	Agricultural Non-staple Food Processing	114.78	1.59
食品制造业	Food Manufacturing	24.81	0.34
饮料制造业	Beverage Manufacturing	31.37	0.43
烟草制品业	Tobacco Production	35.98	0.50
纺织业	Textile	7.95	0.11
纺织服装、鞋、帽制造业	Textile,Clothing, Footwear Production	0.28	
皮革、毛皮、羽绒及其制造业	Leather, Furs, Down and Related Products	0.31	
木材加工及竹、藤、棕、草制造业	Timber Processing, Bamboo, Cane, Palm Fiber and Straw Products	22.23	0.31
家具制造业	Furniture Manufacturing	0.09	
造纸及纸制造业	Papermaking and Paper Products	85.20	1.18
印刷业	Printing	4.75	0.07
文教体育用品制造业	Cultural, Educational and Sports Goods	0.41	0.01

注：采用数据按等价热值计算，2005至2008年数据根据云南省第二次全国经济普查数据修正;2013至2014年数据根据云南省第三次全国经济普查数据修正。

Total Energy Consumption of Main National Economic Sectors and Its Composition (2013-2017)

(10 000 tons of SCE)

2014		2015		2016		2017	
能源消费量 Total Consumption of Energy	构　成 (%) Percentage (%)	能源消费量 Total Consumption of Energy	构　成 (%) Percentage (%)	能源消费量 Total Consumption of Energy	构　成 (%) Percentage (%)	能源消费量 Total Consumption of Energy	构　成 (%) Percentage (%)
7 269.69	**100.00**	**6 940.34**	**100.00**	**7 096.50**	**100.00**	**7 453.15**	**100.00**
305.51	4.20	313.88	4.52	351.25	4.95	365.18	4.90
6 964.18	95.80	6 626.47	95.48	6 745.25	95.05	7 087.96	95.10
596.41	**8.20**	**475.34**	**6.85**	**443.11**	**2.32**	**439.55**	5.90
320.16	4.40	279.45	4.03	254.01	3.58	235.76	3.16
113.29	1.56	75.47	1.09	66.38	0.94	70.43	0.94
101.52	1.40	77.18	1.11	76.57	1.08	81.40	1.09
61.42	0.84	43.25	0.62	46.15	0.65	51.72	0.69
0.02						0.24	
6 000.91	**82.55**	**5 691.28**	**82.00**	**5 917.66**	**83.39**	**6 216.94**	83.41
81.57	1.12	102.44	1.48	107.80	1.52	112.79	1.51
32.97	0.45	30.91	0.45	36.90	0.52	38.19	0.51
35.68	0.49	34.90	0.50	46.20	0.65	39.86	0.53
41.17	0.57	34.87	0.50	33.90	0.48	33.43	0.45
7.52	0.10	7.13	0.10	8.26	0.12	7.30	0.10
0.47	0.01	0.41	0.01	0.61	0.01	0.65	0.01
0.52	0.01	0.44	0.01	0.85	0.01	0.57	0.01
30.07	0.41	29.61	0.43	23.67	0.33	20.07	0.27
0.08		0.13		0.17		0.22	
69.64	0.96	68.64	0.99	71.74	1.01	89.13	1.20
4.68	0.06	3.98	0.06	5.01	0.07	5.68	0.08
0.43	0.01	0.86	0.01	1.04	0.01	1.99	0.03

Note: Data used in this table are equivalent caloricity.Data from 2005 to 2008 are regulated according to that of the second national economic census. Data from 2013 to 2014 have been adjusted according to the third national economic census.

8-16 续表

单位：万吨标准煤

国民经济行业	National Economic Sector	2013	
		能源消费量 Total Consumption of Coal	构 成 (%) Percentage (%)
石油加工、炼焦及核燃料加工业	Petroleum Processing,Coking and Nuclear Fuel Processing	317.09	4.38
化学原料及化学品制造业	Raw Chemical Materials and Chemical Products	1 236.82	17.08
医药制造业	Medical and Pharmaceutical Products	19.34	0.27
化学纤维制造业	Chemical Fiber	5.60	0.08
橡胶和塑料制品业	Rubber and plastic Products Manufacturing	14.79	0.20
非金属矿物制品业	Nonmetal Mineral Products	1 059.11	14.63
黑色金属冶炼及压延加工业	Smelting and Pressing of Ferrous Metals	1 943.22	26.85
有色金属冶炼及压延加工业	Smelting and Pressing of Nonferrous Metals	848.07	11.76
金属制品业	Metal Products Manufacturing	10.48	0.14
通用设备制造业	General-purpose Machinery Manufacturing	6.58	0.09
专用设备制造业	Special Purposes Equipment Manufacturing	4.95	0.07
交通运输设备制造业	Transport Equipment Manufacturing	15.77	0.22
电气机械及器材制造业	Electric Equipment and Machinery Manufacturing	6.35	0.09
通信设备、计算机及其他电子设备制造业	Communication Equipment, Computers and Other Electronic Equipment Production	2.03	0.03
仪器仪表、文化办公用机械制造业	Instruments, Meters, Cultural and Clerical Machinery Manufacturing	1.31	0.02
工艺品及其他制造业	Handicraft Articles and Other Goods Production	2.82	0.04
废弃资源和废旧材料回收加工业	Recycling and Disposal of Waste	4.48	
电力、热力、燃气及水生产和供应业	**Production and Supply of Electricity, Heat ,Gas and Water**	**747.21**	**10.32**
电力、热力生产和供应业	Production and Supply of Electric Power and Heat	699.75	9.66
燃气生产和供应业	Gas Production and Supply	38.95	0.54
水的生产和供应业	Water Production and Supply	8.52	0.12
建筑业	**Construction**	**185.00**	
交通运输、仓储及邮电通信业	**Transport, Storage and Post Services**	**961.89**	

continued

(10 000 tons of SCE)

2014		2015		2016		2017	
能源消费量 Total Consumption of Coal	构　成 (%) Percentage (%)	能源消费量 Total Consumption of Coal	构　成 (%) Percentage (%)	能源消费量 Total Consumption of Coal	构　成 (%) Percentage (%)	能源消费量 Total Consumption of Coal	构　成 (%) Percentage (%)
196.94	2.71	162.38	2.34	144.38	2.03	304.85	4.09
1 465.97	20.17	1 415.18	20.39	1 414.11	19.93	1 327.81	17.82
21.64	0.30	20.01	0.29	25.06	0.35	26.81	0.36
5.26	0.07	4.65	0.07	4.89	0.07	4.95	0.07
13.92	0.19	24.33	0.35	21.59	0.30	24.89	0.33
1 105.31	15.21	1 182.46	17.04	1 391.68	19.61	1 405.58	18.86
1 886.61	26.00	1 349.32	19.44	1 307.43	18.42	1 427.79	19.16
938.84	12.96	1 158.47	16.69	1 202.72	16.95	1 276.66	17.13
11.11	0.15	12.23	0.18	14.20	0.20	14.02	0.19
7.07	0.10	4.79	0.07	3.41	0.05	4.58	0.06
4.52	0.06	3.77	0.05	3.59	0.05	3.87	0.05
16.05	0.22	7.33	0.11	8.06	0.11	8.91	0.12
6.70	0.09	8.10	0.12	7.21	0.10	7.74	0.10
3.26	0.04	2.57	0.04	2.60	0.04	5.32	0.07
1.26	0.02	0.57	0.01	0.45	0.01	0.15	
3.88	0.05	4.49	0.06	8.82	0.12	3.61	0.05
8.59		16.31	0.23	21.31	0.30	19.51	0.26
672.37	**9.25**	**773.73**	**11.15**	**735.73**	**10.37**	**796.65**	**10.69**
631.70	8.69	756.16	10.90	714.03	10.06	778.03	10.44
30.78	0.42	5.28	0.08	8.36	0.12	3.10	0.04
9.89	0.14	12.29	0.18	13.34	0.19	15.53	0.21
201.78		**215.13**		**232.01**		**255.86**	
1 032.41		**1 064.43**		**1 124.29**		**1 148.22**	

8–17 主要国民经济行业原煤消费量和构成（2013–2017年）

单位：万吨

国民经济行业	National Economic Sector	2013	
		原煤消费量 Total Consumption of Coal	构 成 (%) Percentage (%)
工　业	**Industry**	**8 965.74**	**100.00**
轻工业	Light Industry	241.39	2.69
重工业	Heavy Industry	8 724.35	97.31
采矿业	**Mining**	**2 702.56**	**30.14**
煤炭开采和洗选业	Coal Mining and Dressing	2 641.78	29.47
石油和天然气开采业	Petroleum and Natural Gas Extraction		
黑色金属矿采选业	Ferrous Metals Mining and Dressing	14.95	0.17
有色金属矿采选业	Nonferrous Metals Mining and Dressing	0.56	0.01
非金属矿采选业	Nonmetal Minerals Mining and Dressing	45.27	0.50
其他采矿业	Other Mining		
制造业	**Manufacturing**	**3 704.75**	**41.32**
农副食品加工业	Agricultural Non-staple Food Processing	44.19	0.49
食品制造业	Food Manufacturing	15.86	0.18
饮料制造业	Beverage Manufacturing	30.24	0.34
烟草制品业	Tobacco Production	22.09	0.25
纺织业	Textile Industry	7.45	0.08
纺织服装、鞋、帽制造业	Textile,Clothing, Footwear Production	0.19	
皮革、毛皮、羽绒及其制品业	Leather, Furs, Down and Related Products	0.38	
木材加工及竹、藤、棕、草制品业	Timber Processing, Bamboo, Cane, Palm Fiber and Straw Products	3.71	0.04
家具制造业	Furniture Manufacturing		
造纸及纸制品业	Papermaking and Paper Products	80.27	0.90
印刷业	Printing	0.27	
文教体育用品制造业	Cultural, Educational and Sports Goods		

注：2005至2008年数据根据云南省第二次全国经济普查数据修正；2013至2014年数据根据云南省第三次全国经济普查数据修正。

Total Consumption Of Coal of Main National Economic Sectors and Its Composition (2013-2017)

(10 000 tons)

2014		2015		2016		2017	
原煤消费量 Total Consumption of Coal	构　成 (%) Percentage (%)	原煤消费量 Total Consumption of Coal	构　成 (%) Percentage (%)	原煤消费量 Total Consumption of Coal	构　成 (%) Percentage (%)	原煤消费量 Total Consumption of Coal	构　成 (%) Percentage (%)
8 387.76	**100.00**	**8 031.31**	**100.00**	**7 958.70**	**100.00**	**7 492.50**	**100.00**
274.63	3.27	221.99	2.76	251.78	3.16	212.04	2.83
8 113.13	76.73	7 809.32	97.24	7 706.91	96.84	7 280.46	97.17
2 707.02	**32.27**	**3 170.11**	**39.47**	**3 154.45**	**39.64**	**2 865.77**	**38.25**
2 647.45	31.56	3 126.02	38.92	3 105.54	39.02	2 812.45	37.54
11.87	0.14	11.56	0.14	13.75	0.17	11.46	0.15
0.63	0.01	0.46	0.01	0.70	0.01	0.66	0.01
47.07	0.56	32.07	0.40	34.45	0.43	41.20	0.55
3 670.72	**43.76**	**3 636.82**	**45.28**	**3776.62**	**47.45**	**3 515.45**	**46.92**
55.14	0.66	39.33	0.49	43.46	0.55	41.63	0.56
21.27	0.25	19.36	0.24	24.94	0.31	22.28	0.30
39.51	0.47	33.27	0.41	40.92	0.51	37.51	0.50
22.51	0.27	17.18	0.21	15.07	0.19	10.96	0.15
9.05	0.11	6.98	0.09	8.09	0.10	6.02	0.08
0.05		0.12		0.16		0.14	
0.36		0.30		0.30		0.21	
6.49	0.08	3.51	0.04	1.32	0.02	0.55	0.01
		0.01					
74.66	0.89	50.44	0.63	61.65	0.77	56.93	0.76
0.34		0.22		0.79	0.01	0.69	0.01
						0.28	

Note: Data from 2005 to 2008 are regulated according to that of the second national economic census.Data from 2013 to 2014 have been adjusted according to the third economic census.

8-17 续表

单位：万吨

国民经济行业	National Economic Sector	2013 原煤消费量 Total Consumption of Energy	2013 构成(%) Percentage (%)
石油加工、炼焦及核燃料加工业	Petroleum Processing,Coking and Nuclear Fuel Processing	807.24	9.00
化学原料及化学品制造业	Raw Chemical Materials and Chemical Products	1 044.58	11.65
医药制造业	Medical and Pharmaceutical Products	13.40	0.15
化学纤维制造业	Chemical Fiber	6.20	0.07
橡胶和塑料制品业	Rubber and plastic Products Manufacturing	3.03	0.03
非金属矿物制品业	Nonmetal Mineral Products	1 115.90	12.45
黑色金属冶炼及压延加工业	Smelting and Pressing of Ferrous Metals	265.95	2.97
有色金属冶炼及压延加工业	Smelting and Pressing of Nonferrous Metals	219.20	2.44
金属制品业	Metal Products Manufacturing	0.97	0.01
通用设备制造业	General-purpose Machinery Manufacturing	0.67	0.01
专用设备制造业	Special Purposes Equipment Manufacturing	0.43	
交通运输设备制造业	Transport Equipment Manufacturing	1.17	0.01
电气机械及器材制造业	Electric Equipment and Machinery Manufacturing	0.38	
通信设备、计算机及其他电子设备制造业	Communication Equipment, Computers and Other Electronic Equipment Production		
仪器仪表、文化办公用机械制造业	Instruments, Meters, Cultural and Clerical Machinery Manufacturing	0.07	
工艺品及其他制造业	Handicraft Articles and Other Goods Production	20.84	0.23
废弃资源和废旧材料回收加工业	Recycling and Disposal of Waste	0.06	
电力、热力、燃气及水生产和供应业	**Production and Supply of Electricity, Heat ,Gas and Water**	**2 558.42**	**28.54**
电力、热力的生产和供应业	Production and Supply of Electric Power and Heat	2 555.27	28.50
燃气生产和供应业	Gas Production and Supply	3.15	0.04
水的生产和供应业	Water Production and Supply		
建筑业	**Construction**	**27.12**	
交通运输、仓储及邮电通信业	**Transport, Storage and Post Services**	**13.88**	

注：能源综合消费量按等价热值计算。

continued

(10 000 tons)

2014		2015		2016		2017	
原煤消费量 Total Consumption of Energy	构　成 (%) Percentage (%)	原煤消费量 Total Consumption of Energy	构　成 (%) Percentage (%)	原煤消费量 Total Consumption of Energy	构　成 (%) Percentage (%)	原煤消费量 Total Consumption of Energy	构　成 (%) Percentage (%)
559.01	6.66	455.96	5.68	413.63	5.20	331.06	4.42
1 090.15	13.02	1 282.00	15.96	1 190.19	14.95	1 044.84	13.95
13.41	0.16	12.92	0.16	18.85	0.24	17.44	0.23
6.29	0.07	5.12	0.06	5.26	0.07	4.79	0.06
6.76	0.08	6.35	0.08	7.70	0.10	8.15	0.11
1 159.14	13.83	1 169.96	14.57	1 415.94	17.79	1 415.78	18.90
330.52	3.94	235.71	2.93	243.17	3.06	244.12	3.26
236.83	2.82	249.64	3.11	237.74	2.99	245.40	3.28
0.88	0.01	3.73	0.05	5.40	0.07	4.76	0.06
0.86	0.01	0.50	0.01	0.22		0.04	
0.27		0.13		0.01		0.01	
1.06	0.01	0.38		0.56	0.01	0.15	
0.46	0.01	0.45	0.01	0.51	0.01	0.15	
0.60	0.01						
32.06	0.38	36.74	0.46	32.30	0.41	13.16	0.18
3.08		6.50	0.08	8.45	0.11	8.40	0.11
2 010.02	**23.96**	**1 224.38**	**15.25**	**1 027.63**	**12.91**	**1 111.28**	**14.83**
2 006.12	23.92	1 223.06	15.23	1 026.04	12.89	1 111.28	14.83
3.90	0.05	1.32	0.02	1.58	0.02		
31.46		**34.92**		**36.88**		**37.73**	
15.13		**15.05**		**15.15**		**12.74**	

Note: The energy consumption volume was calculated according to the equivalent caloricity.

8-18 主要国民经济行业焦炭消费量和构成（2013-2017年）

单位：万吨

国民经济行业	National Economic Sector	2013 焦炭消费量 Total Consumption of Coke	2013 构成(%) Percentage (%)
工 业	**Industry**	**1 345.09**	**100.00**
轻工业	Light Industry	0.31	0.02
重工业	Heavy Industry	1 344.78	99.98
采矿业	**Mining**	**10.63**	**0.79**
煤炭开采和洗选业	Coal Mining and Dressing	0.72	0.05
石油和天然气开采业	Petroleum and Natural Gas Extraction		
黑色金属矿采选业	Ferrous Metals Mining and Dressing	8.53	0.63
有色金属矿采选业	Nonferrous Metals Mining and Dressing	1.38	0.10
非金属矿采选业	Nonmetal Minerals Mining and Dressing		
其他采矿业	Other Mining		
制造业	**Manufacturing**	**1 334.22**	**99.19**
农副食品加工业	Agricultural Non-staple Food Processing	0.14	0.01
食品制造业	Food Manufacturing	0.14	0.01
饮料制造业	Beverage Manufacturing		
烟草制品业	Tobacco Production		
纺织业	Textile Industry		
纺织服装、鞋、帽制造业	Textile,Clothing, Footwear Production		
皮革、毛皮、羽绒及其制品业	Leather, Furs, Down and Related Products		
木材加工及竹、藤、棕、草制品业	Timber Processing, Bamboo, Cane, Palm Fiber and Straw Products		
家具制造业	Furniture Manufacturing		
造纸及纸制品业	Papermaking and Paper Products		
印刷业	Printing		

注：2013至2014年数据根据云南省第三次全国经济普查数据修正。

Total Consumption of Coke of Main National Economic Sectors and Its Composition (2013-2017)

(10 000tons)

2014		2015		2016		2017	
焦炭消费量 Total Consumption of Coke	构　成 (%) Percentage (%)	焦炭消费量 Total Consumption of Coke	构　成 (%) Percentage (%)	焦炭消费量 Total Consumption of Coke	构　成 (%) Percentage (%)	焦炭消费量 Total Consumption of Coke	构　成 (%) Percentage (%)
1 131.23	**100.00**	**876.61**	**100.00**	**909.26**	**100.00**	**948.45**	**100.00**
0.05		0.01					
1 131.18	100.00	876.60	100.00	909.26	100.00	948.45	100.00
5.43	**0.48**	**2.92**	**0.33**	**2.87**	**0.32**	**2.57**	**0.27**
0.08	0.01						
3.16	0.28	2.16	0.25	2.13	0.23	2.24	0.24
2.19	0.19	0.76	0.09	0.74	0.08	0.33	0.03
1 125.47	**99.49**	**873.69**	**99.67**	**906.39**	**99.68**	**945.88**	**99.73**

Note: Data from 2013 to 2014 have been adjusted accordingto the third national economic census.

8-18 续表

单位：万吨

国民经济行业	National Economic Sector	2013 焦炭消费量 Total Consumption of Coke	2013 构成(%) Percentage (%)
石油加工、炼焦及核燃料加工业	Petroleum Processing,Coking and Nuclear Fuel Processing		
化学原料及化学品制造业	Raw Chemical Materials and Chemical Products	209.82	15.60
医药制造业	Medical and Pharmaceutical Products	0.03	
化学纤维制造业	Chemical Fiber		
橡胶和塑料制品业	Rubber and plastic Products Manufacturing		
非金属矿物制品业	Nonmetal Mineral Products	4.62	0.34
黑色金属冶炼及压延加工业	Smelting and Pressing of Ferrous Metals	1 045.73	77.74
有色金属冶炼及压延加工业	Smelting and Pressing of Nonferrous Metals	65.07	4.84
金属制品业	Metal Products Manufacturing		0.04
通用设备制造业	General-purpose Machinery Manufacturing	1.25	0.09
专用设备制造业	Special Purposes Equipment Manufacturing	0.24	0.02
交通运输设备制造业	Transport Equipment Manufacturing	5.66	0.42
电气机械及器材制造业	Electric Equipment and Machinery Manufacturing	0.04	
通信设备、计算机及其他电子设备制造业	Communication Equipment, Computers and Other Electronic Equipment Production		
仪器仪表、文化办公用机械制造业	Instruments, Meters, Cultural and Clerical Machinery Manufacturing		
工艺品及其他制造业	Handicraft Articles and Other Goods Production		
废弃资源和废旧材料回收加工业	Recycling and Disposal of Waste	1.00	0.07
电力、热力、燃气及水生产和供应业	**Production and Supply of Electricity, Heat ,Gas and Water**	**0.24**	**0.02**
电力、热力生产和供应业	Production and Supply of Electric Power and Heat		
燃气生产和供应业	Gas Production and Supply	0.24	0.02
水的生产和供应业	Water Production and Supply		
建筑业	**Construction**		
交通运输、仓储及邮电通信业	**Transport, Storage and Post Services**		

continued

10 000 tons

2014		2015		2016		2017	
焦炭消费量 Total Consumption of Coke	构 成 (%) Percentage (%)	焦炭消费量 Total Consumption of Coke	构 成 (%) Percentage (%)	焦炭消费量 Total Consumption of Coke	构 成 (%) Percentage (%)	焦炭消费量 Total Consumption of Coke	构 成 (%) Percentage (%)
12.17	1.08						
150.51	13.30	153.78	17.54	164.39	18.08	144.55	15.24
0.05		0.01					
4.05	0.36	2.60	0.30	1.68	0.19	3.13	0.33
893.87	79.02	675.30	77.04	703.35	77.35	768.95	81.07
50.71	4.48	35.75	4.08	32.33	3.56	25.13	2.65
0.61	0.05	0.47	0.05	0.49	0.05	0.24	0.03
1.63	0.14	1.10	0.13	0.81	0.09	0.92	0.10
0.31	0.03	0.17	0.02	0.15	0.02		
7.49	0.66	0.69	0.08	0.02		0.01	
0.07	0.01	0.06	0.01	0.04		0.05	0.01
4.00	0.35	3.76	0.43	3.10	0.34	2.90	0.31
0.33	**0.03**						
0.33	0.03						

8–19 主要国民经济行业石油消费量和构成（2013–2017年）

单位：万吨

国民经济行业	National Economic Sector	2013	
		石油消费量 Total Consumption of Petroleum	构 成 (%) Percentage (%)
工 业	**Industry**	**97.58**	**100.00**
轻工业	Light Industry	3.84	3.93
重工业	Heavy Industry	93.74	96.07
采矿业	**Mining**	**19.80**	**20.30**
煤炭开采和洗选业	Coal Mining and Dressing	5.69	5.83
石油和天然气开采业	Petroleum and Natural Gas Extraction		
黑色金属矿采选业	Ferrous Metals Mining and Dressing	3.36	3.45
有色金属矿采选业	Nonferrous Metals Mining and Dressing	6.45	6.61
非金属矿采选业	Nonmetal Minerals Mining and Dressing	4.30	4.41
其他采矿业	Other Mining		
制造业	**Manufacturing**	**74.68**	**76.55**
农副食品加工业	Agricultural Non-staple Food Processing	0.97	0.99
食品制造业	Food Manufacturing	0.85	0.87
饮料制造业	Beverage Manufacturing	0.54	0.55
烟草制品业	Tobacco Production	0.54	0.56
纺织业	Textile	0.11	0.11
纺织服装、鞋、帽制造业	Textile,Clothing, Footwear Production	0.01	0.01
皮革、毛皮、羽绒及其制品业	Leather, Furs, Down and Related Products		
木材加工及竹、藤、棕、草制品业	Timber Processing, Bamboo, Cane, Palm Fiber and Straw Products	0.26	0.27
家具制造业	Furniture Manufacturing		
造纸及纸制品业	Papermaking and Paper Products	0.27	0.28
印刷业	Printing	0.11	0.11
文教体育用品制造业	Cultural, Educational and Sports Goods	0.04	0.05

注：2005至2008年数据根据云南省第二次全国经济普查数据修正；2013至2014年数据根据云南省第三次全国经济普查数据修正。

Total Consumption of Petroleum of Main National Economic Sectors and Its Composition (2013-2017)

(10 000 tons)

2014		2015		2016		2017	
石油消费量 Total Consumption of Petroleum	构 成 (%) Percentage (%)	石油消费量 Total Consumption of Petroleum	构 成 (%) Percentage (%)	石油消费量 Total Consumption of Petroleum	构 成 (%) Percentage (%)	石油消费量 Total Consumption of Petroleum	构 成 (%) Percentage (%)
108.05	**100.00**	**126.23**	**100.00**	**136.12**	**100.00**	**223.40**	**100.00**
4.33	4.01	3.85	3.05	6.82	5.01	3.75	1.68
103.72	95.99	122.38	96.95	129.30	94.99	219.65	98.32
16.09	**14.89**	**17.12**	**13.56**	**21.48**	**15.78**	**21.03**	**9.41**
3.81	3.52	6.56	5.19	4.88	3.59	3.95	1.77
3.41	3.16	3.64	2.88	2.31	1.70	2.15	0.96
4.70	4.35	6.88	5.45	8.35	6.14	8.20	3.67
4.16	3.85	0.04	0.03	5.93	4.36	6.73	3.01
89.44	**82.78**	**107.23**	**84.95**	**112.74**	**82.83**	**200.68**	**89.83**
0.83	0.76	0.91	0.72	1.10	0.81	0.92	0.41
1.06	0.98	0.96	0.76	1.16	0.85	1.21	0.54
0.70	0.65	0.52	0.41	2.66	1.95	0.36	0.16
0.43	0.40	0.42	0.33	0.45	0.33	0.38	0.17
0.06	0.06	0.05	0.04	0.07	0.05		
0.01	0.01			0.01	0.01		
0.01	0.01	0.01	0.01	0.01	0.01		
0.34	0.31	0.27	0.21	0.32	0.23	0.28	0.13
		0.01	0.01				
0.41	0.38	0.26	0.21	0.44	0.32	0.35	0.16
0.11	0.10	0.13	0.10	0.19	0.14	0.17	0.08
0.04	0.03	0.06	0.05	0.09	0.07	0.07	0.03

Note: Data from 2005 to 2008 are regulated according to that of the second national economic census.Data from 2013 to 2014 have been adjusted according to the third natiaonal economic census.

8-19 续表

单位：万吨

国民经济行业	National Economic Sector	2013	
		石油消费量 Total Consumption of Petroleum	构 成 (%) Percentage (%)
石油加工、炼焦及核燃料加工业	Petroleum Processing,Coking and Nuclear Fuel Processing	0.28	0.29
化学原料及化学品制造业	Raw Chemical Materials and Chemical Products	2.26	2.32
医药制造业	Medical and Pharmaceutical Products	0.35	0.36
化学纤维制造业	Chemical Fiber		
橡胶和塑料制品业	Rubber and plastic Products Manufacturing	0.34	0.35
非金属矿物制品业	Nonmetal Mineral Products	12.89	13.22
黑色金属冶炼及压延加工业	Smelting and Pressing of Ferrous Metals	14.08	14.43
有色金属冶炼及压延加工业	Smelting and Pressing of Nonferrous Metals	39.08	40.05
金属制品业	Metal Products Manufacturing	0.28	0.29
通用设备制造业	General-purpose Machinery Manufacturing	0.14	0.14
专用设备制造业	Special Purposes Equipment Manufacturing	0.53	0.54
交通运输设备制造业	Transport Equipment Manufacturing	0.51	0.52
电气机械及器材制造业	Electric Equipment and Machinery Manufacturing	0.13	0.13
通信设备、计算机及其他电子设备制造业	Communication Equipment, Computers and Other Electronic Equipment Production	0.01	0.01
仪器仪表、文化办公用机械制造业	Instruments, Meters, Cultural and Clerical Machinery Manufactur	0.04	0.05
工艺品及其他制造业	Handicraft Articles and Other Goods Production	0.06	0.06
废弃资源和废旧材料回收加工业	Recycling and Disposal of Waste		
电力、热力、燃气及水生产和供应业	**Production and Supply of Electricity, Heat ,Gas and Water**	**3.08**	**3.16**
电力、热力的生产和供应业	Production and Supply of Electric Power and Heat	2.05	2.10
燃气生产和供应业	Gas Production and Supply	0.89	0.91
水的生产和供应业	Water Production and Supply	0.14	0.15
建筑业	**Construction**	**62.27**	
交通运输、仓储及邮电通信业	**Transport, Storage and Post Services**	**605.42**	

continued

(10 000 tons)

2014		2015		2016		2017	
石油消费量 Total Consumption of Petroleum	构 成 (%) Percentage (%)	石油消费量 Total Consumption of Petroleum (10 000 tons)	构 成 (%) Percentage (%)	石油消费量 Total Consumption of Petroleum (10 000 tons)	构 成 (%) Percentage (%)	石油消费量 Total Consumption of Petroleum (10 000 tons)	构 成 (%) Percentage (%)
0.65	0.60	0.50	0.40	0.16	0.12	73.40	32.86
2.74	2.53	1.54	1.22	0.09	0.07	10.92	4.89
0.47	0.44	0.26	0.21	0.28	0.21	0.29	0.13
0.30	0.28	0.27	0.21	0.40	0.29	0.33	0.15
30.75	28.46	41.64	32.99	45.99	33.79	51.41	23.01
14.46	13.38	25.33	20.06	24.15	17.74	25.31	11.33
33.85	31.33	31.50	24.96	32.03	23.53	33.46	14.98
0.29	0.27	0.67	0.53	0.82	0.60	0.43	0.19
0.14	0.13	0.10	0.08	0.10	0.07	0.06	0.03
0.78	0.72	0.54	0.43	0.64	0.47	0.46	0.21
0.53	0.49	0.44	0.35	0.67	0.49	0.62	0.28
0.20	0.19	0.52	0.41	0.27	0.20	0.13	0.06
0.01	0.01	0.01	0.01	0.01	0.01		
0.05	0.05	0.02	0.02	0.02	0.02	0.01	
0.19	0.18	0.26	0.21	0.36	0.27		
0.01	0.01	0.03	0.02	0.24	0.18	0.12	0.05
2.52	**2.33**	**1.88**	**1.49**	**1.90**	**1.40**	**1.69**	**0.76**
2.29	2.12	1.69	1.34	1.64	1.21	1.48	0.66
0.12	0.11	0.13	0.10	0.19	0.14	0.16	0.07
0.11	0.10	0.06	0.05	0.07	0.05	0.05	0.02
59.92		**61.72**		**65.17**		**67.66**	
685.59		**662.72**		**693.90**		**710.12**	

8-20 主要国民经济行业电力消费量和构成（2013-2017年）

单位：亿千瓦小时

国民经济行业	National Economic Sector	2013 电力消费量 Total Consumption of Electricity	2013 构成(%) Percentage (%)
工　业	**Industry**	**1 007.29**	**100.00**
轻工业	Light Industry	41.34	4.10
重工业	Heavy Industry	965.95	95.90
采矿业	**Mining**	**86.37**	**8.57**
煤炭开采和洗选业	Coal Mining and Dressing	22.12	2.20
石油和天然气开采业	Petroleum and Natural Gas Extraction		
黑色金属矿采选业	Ferrous Metals Mining and Dressing	27.04	2.68
有色金属矿采选业	Nonferrous Metals Mining and Dressing	27.36	2.72
非金属矿采选业	Nonmetal Minerals Mining and Dressing	9.85	0.98
其他采矿业	Other Mining		
制造业	**Manufacturing**	**779.85**	**77.42**
农副食品加工业	Agricultural Non-staple Food Processing	12.23	1.21
食品制造业	Food Manufacturing	3.32	0.33
饮料制造业	Beverage Manufacturing	3.34	0.33
烟草制品业	Tobacco Production	6.52	0.65
纺织业	Textile	0.98	0.10
纺织服装、鞋、帽制造业	Textile,Clothing, Footwear Production	0.04	
皮革、毛皮、羽绒及其制品业	Leather, Furs, Down and Related Products	0.05	0.01
木材加工及竹、藤、棕、草制品业	Timber Processing, Bamboo, Cane, Palm Fiber and Straw Products	5.82	0.58
家具制造业	Furniture Manufacturing	0.03	
造纸及纸制品业	Papermaking and Paper Products	9.62	0.96
印刷业	Printing	1.35	0.13
文教体育用品制造业	Cultural, Educational and Sports Goods	0.10	0.01

注：2005至2008年数据根据云南省第二次全国经济普查数据修正；2013至2014年数据根据云南省第三次全国经济普查数据修正。

Total Consumption of Electricity of Main National Economic Sectors and Its Composition (2013-2017)

(100 million kwh)

2014		2015		2016		2017	
电力消费量 Total Consumption of Electricity	构 成 (%) Percentage (%)	电力消费量 Total Consumption of Electricity	构 成 (%) Percentage (%)	电力消费量 Total Consumption of Electricity	构 成 (%) Percentage (%)	电力消费量 Total Consumption of Electricity	构 成 (%) Percentage (%)
1 146.76	**100.00**	**1 037.54**	**100.00**	**1 002.86**	**100.00**	**1 101.25**	**100.00**
39.64	3.46	34.89	3.36	35.01	3.49	40.74	3.70
1 107.12	96.54	1 002.65	96.64	967.85	96.51	1 060.51	96.30
73.05	**6.37**	**53.68**	**5.17**	**44.48**	**4.44**	**48.52**	**4.41**
13.58	1.18	11.62	1.12	9.36	0.93	9.60	0.87
21.71	1.89	14.70	1.42	11.35	1.13	13.03	1.18
28.11	2.45	19.65	1.89	18.44	1.84	19.85	1.80
9.65	0.84	7.71	0.74	5.33	0.53	5.97	0.54
						0.07	0.01
828.47	**72.24**	**756.95**	**72.96**	**749.77**	**74.76**	**827.18**	**75.11**
12.35	1.08	10.29	0.99	9.54	0.95	11.42	1.04
4.84	0.42	4.30	0.41	4.55	0.45	5.43	0.49
3.46	0.30	3.16	0.30	3.23	0.32	3.49	0.32
6.64	0.58	5.41	0.52	4.92	0.49	5.31	0.48
0.69	0.06	0.78	0.08	0.79	0.08	0.97	0.09
0.12	0.01	0.09	0.01	0.13	0.01	0.15	0.01
0.11	0.01	0.09	0.01	0.21	0.02	0.14	0.01
6.66	0.58	6.28	0.61	4.58	0.46	4.41	0.40
0.02		0.03		0.05		0.06	0.01
5.88	0.51	6.29	0.61	6.91	0.69	8.02	0.73
1.31	0.11	1.08	0.10	1.16	0.12	1.35	0.12
0.17	0.01	0.23	0.02	0.26	0.03	0.49	0.04

Note: Data from 2005 to 2008 are regulated according to that of the second national economic census.Data from 2013 to 2014 have been adjusted according to the third economic census.

8-20 续表

单位：亿千瓦小时

国民经济行业	National Economic Sector	2013	
		电力消费量 Total Consumption of Electricity	构 成 (%) Percentage (%)
石油加工、炼焦及核燃料加工业	Petroleum Processing,Coking and Nuclear Fuel Processing	15.10	1.50
化学原料及化学品制造业	Raw Chemical Materials and Chemical Products	182.40	18.11
医药制造业	Medical and Pharmaceutical Products	2.74	0.27
化学纤维制造业	Chemical Fiber	0.66	0.07
橡胶和塑料制品业	Rubber and plastic Products Manufacturing	3.78	0.37
非金属矿物制品业	Nonmetal Mineral Products	90.58	8.99
黑色金属冶炼及压延加工业	Smelting and Pressing of Ferrous Metals	164.00	16.28
有色金属冶炼及压延加工业	Smelting and Pressing of Nonferrous Metals	265.19	26.33
金属制品业	Metal Products Manufacturing	2.69	0.27
通用设备制造业	General-purpose Machinery Manufacturing	1.43	0.14
专用设备制造业	Special Purposes Equipment Manufacturing	1.06	0.11
交通运输设备制造业	Transport Equipment Manufacturing	2.67	0.27
电气机械及器材制造业	Electric Equipment and Machinery Manufacturing	1.72	0.17
通信设备、计算机及其他电子设备制造业	Communication Equipment, Computers and Other Electronic Equipment Production	0.62	0.06
仪器仪表、文化办公用机械制造业	Instruments, Meters, Cultural and Clerical Machinery Manufacturing	0.37	0.04
工艺品及其他制造业	Handicraft Articles and Other Goods Production	0.35	0.04
废弃资源和废旧材料回收加工业	Recycling and Disposal of Waste	1.08	0.11
电力、热力、燃气及水生产和供应业	**Production and Supply of Electricity, Heat ,Gas and Water**	**141.08**	**14.01**
电力、热力的生产和供应业	Production and Supply of Electric Power and Heat	134.40	13.34
燃气生产和供应业	Gas Production and Supply	4.14	0.41
水的生产和供应业	Water Production and Supply	2.54	0.25
建筑业	**Construction**	**21.03**	
交通运输、仓储及邮电通信业	**Transport, Storage and Post Services**	**19.59**	

continued

(100 million kwh)

2014		2015		2016		2017	
电力消费量 Total Consumption of Electricity	构 成 (%) Percentage (%)	电力消费量 Total Consumption of Electricity	构 成 (%) Percentage (%) 1146.760843	电力消费量 Total Consumption of Electricity	构 成 (%) Percentage (%)	电力消费量 Total Consumption of Electricity	构 成 (%) Percentage (%)
13.95	1.22	8.25	0.80	6.94	0.69	12.86	1.17
213.01	18.58	160.79	15.50	163.68	16.32	170.72	15.50
3.30	0.29	2.54	0.24	2.70	0.27	3.27	0.30
0.63	0.05	0.53	0.05	0.49	0.05	0.56	0.05
4.58	0.40	5.91	0.57	4.63	0.46	5.63	0.51
104.73	9.13	96.64	9.31	104.40	10.41	115.75	10.51
191.86	16.73	160.49	15.47	139.09	13.87	161.38	14.65
297.44	25.94	272.48	26.26	279.61	27.88	302.03	27.43
2.81	0.24	2.17	0.21	2.10	0.21	2.44	0.22
1.47	0.13	0.90	0.09	0.69	0.07	1.01	0.09
0.89	0.08	0.81	0.08	0.72	0.07	0.90	0.08
2.27	0.20	1.64	0.16	1.83	0.18	2.28	0.21
1.84	0.16	2.10	0.20	1.89	0.19	2.15	0.20
0.99	0.09	0.76	0.07	0.75	0.07	1.54	0.14
0.25	0.02	0.16	0.02	0.12	0.01	0.04	
0.12	0.01	0.07	0.01	0.08	0.01	0.08	0.01
1.08	0.09	2.67	0.26	3.72	0.37	3.30	0.30
245.24	**21.39**	**226.91**	**21.87**	**208.61**	**20.80**	**225.55**	**20.48**
240.68	20.99	222.18	21.41	203.53	20.29	220.25	20.00
1.60	0.14	1.10	0.11	1.24	0.12	0.83	0.08
2.96	0.26	3.63	0.35	3.83	0.38	4.47	0.41
26.92		**27.32**		**29.47**		**34.55**	
23.65		**24.20**		**27.67**		**28.73**	

8-21 按三次产业划分能源消费量（1997–2017年）

Total Consumption of Energy by Industry (1997-2017)

单位：万吨标准煤 (10 000 tons of SCE)

年份 Year	能源消费总量 Total Consumption of Energy	第一产业 Primary Industry	第二产业 Secondary Industry	#工业 Industry	第三产业 Tertiary Industry	居民生活消费 Household Consumption
1997	3 428.98	182.86	2 466.80	2 429.07	240.75	538.57
1998	3 364.49	179.42	2 420.41	2 383.39	236.22	528.44
1999	3 287.97	282.40	2 261.68	2 224.42	275.50	468.40
2000	3 468.33	297.89	2 385.74	2 346.44	290.61	494.09
2001	3 741.03	271.83	2 518.84	2 481.69	404.99	545.37
2002	4 131.31	264.90	2 840.50	2 796.86	473.48	552.43
2003	4 449.97	239.17	3 180.70	3 132.01	525.53	504.57
2004	5 209.81	216.33	3 859.73	3 802.21	616.96	516.79
2005	6 023.97	228.12	4 468.59	4 390.68	734.12	593.14
2006	6 620.57	225.14	4 975.84	4 883.00	791.77	627.81
2007	7 132.63	237.90	5 395.98	5 300.98	848.27	650.47
2008	7 510.82	205.26	5 714.25	5 597.96	910.28	681.03
2009	8 032.06	215.93	5 999.71	5 868.90	971.21	845.21
2010	8 674.17	177.49	6 461.17	6 301.64	1 214.52	820.99
2011	9 540.28	194.55	7 130.56	6 939.30	1 392.31	822.86
2012	10 433.68	184.21	7 780.95	7 591.39	1 558.60	909.91
2013	10 072.09	180.25	7 426.06	7 241.02	1 533.74	932.04
2014	10 454.83	198.08	7 471.46	7 269.69	1 718.02	1 067.27
2015	10 356.56	232.19	7 155.46	6 940.34	1 811.54	1 157.37
2016	10 655.85	223.67	7 328.53	7 096.52	1 924.55	1 179.09
2017	11 090.97	228.76	7 708.94	7 453.09	1 926.46	1 226.81

注：采用数据为等价热值，2005至2008年数据根据云南省第二次全国经济普查数据修正；2013至2014年数据根据云南省第三次全国经济普查数据修正。

Note: Data used in this table are equivalent caloricity.Data from 2005 to 2008 are regulated according to that of the second national economic census. Data from 2013 to 2014 have been adjusted according to the third national economic census.

主要统计指标解释

工业 指从事自然资源的开采，对采掘品和农产品进行加工和再加工的物质生产部门。具体包括：

1. 对自然资源的开采，如采矿、晒盐等(但不包括禽兽捕猎和水产捕捞)

2. 对农副产品的加工、再加工，如粮油加工、食品加工、缫丝、纺织、制革等；

3. 对采掘品的加工、再加工，如炼铁、炼钢、化工生产、石油加工、机器制造、木材加工等，以及电力、燃气及水的生产和供应等。

4. 对工业品的修理、翻新，如机器设备的修理等。

1984 年以前农村的村及村以下办工业归属农业，1984 年及以后划归工业。

工业统计调查单位为工业法人单位。

工业法人单位指从事工业生产经营活动的法人单位。工业法人单位应同时具备以下条件：①依法成立，有自己的名称、组织机构和场所，能够独立承担民事责任；②独立拥有（或授权）使用资产，承担负债，有权与其他单位签订合同；③具有包括资产负债表在内的帐户，或者能够根据需要编制帐户。

规模以上工业 从 2011 年开始，为年主营业务收入 2000 万元及以上的工业法人单位。

国有经济（全民所有制工业） 是指生产资料归国家所有的一种经济类型。包括中央和地方各级国家机关、事业单位和社会团体使用国有资产和使用自有资金投资举办的工业企业。1957 年以前的公私合营和私营工业，后均改造为国营工业，这部分工业资料不单独列时，均包括在国有经济内。

集体经济 是指生产资料归公民、集体所有的一种经济类型，包括城乡所有使用集体投资举办的工业企业，以及部分个人通过集体自愿放弃所有权并依法经工商行政管理机关认定为集体所有制的工业企业。

私营经济 是指生产资料归公民私人所有，以雇佣劳动力为基础的一种经济类型，包括私营独资企业，私营合伙企业和私营有限责任公司。

个体经济 是指生产资料归劳动者个人所有，以个体劳动为基础，劳动成果归劳动者个人占有和支配的一种经济类型。

“三资工业” 包括外商投资经济和港、澳、台投资经济。

其他经济 指除国有经济，集体经济，联营经济，股份有限公司，股份制经济，外商投资经济，港、澳、台投资经济，私营、个体经济等以外的其他经济。

大、中、小和微型企业 从 2011 年年报开始，企业规模的划分标准执行工业和信息化部、国家统计局、发展和改革委、财政部制定的《统计上大中小微型企业划分办法》，按照企业从业人员、主营业务收入，将企业划分为大型、中型、小型和微型。

工业总产值 指工业企业在报告期内生产的以货币形式表现的工业最终产品和提供工业劳务活动的总价值量。它包括：在本企业内不再进行加工，经检验、包装入库的成品价值、对外加工费收入、自制半成品、在制品期末期初差额价值。工业总产值采用“工厂法”计算，即以工业企业作为一个整体，按企业工业生产活动的最终成果计算，企业内部不允许重复计算，不能把企业内部各个车间（分厂）生产的成果相加。但在企业之间、行业之间、地区之间存在重复计算。

工业总产值计算遵循以下规定：

1. 凡用自备原材料生产的产品，不论其加工的繁简程度如何，一律按全价，即工业总产值包括自备原材料的价值。

2. 凡承接来料加工生产的产品，加工企业只收取加工费，加工企业一律按财务上结算的加工费计算工业总产值，即不包括定货者来料的价值。

3. 自制半成品、在制品期末期初差额价值，原则上应计入工业总产值，但如果会计产品成本核算中不计算自制半成品、在制品成本，则不计入工业总产值；如果会计产品成本核算中计算自制半成品、在制品成本的，则计入工业总产值。

4. 成品价值按成品实物量乘以报告期不含应交增值税（销项税额）的产品实际销售平均单价计算。

工业增加值 是指工业企业在一定时期内以货币表现的工业生产活动的最终成果。

工业企业主要财务指标

1. 资产总计 指企业过去的交易或者事项形成的、由企业拥有或者控制的、预期会给企业带来经济利益的资源。资产一般按流动性分为流动资产和非流动资产。其中流动资产可分为货币资金、交易性金融资产、应收票据、应收账款、预付款项、其他应收款、存货等；非流动资产可分为长期股权投资、固定资产、无形资产及其他非流动资产等。

2. 固定资产原价（原值） 指固定资产的成本，包括企业在建造、购置、安装、改建、扩建、技术改造某项固定资产时所支出的全部货币总额。

3. 流动资产平均余额 流动资产是指可以在一年或者超过一年的一个营业周期内变现或者耗用的资产，包括现金及各种存款、短期投资、存货等；流动资产平均余额指全部流动资产报告期平均余额。计算公式为：

流动资产月平均余额 = 月初、月末流动资产余额之和 ÷ 2

流动资产季平均余额 = 季内各月流动资产平均余额之和 ÷ 3

流动资产年平均余额 =1 至 12 月各月流动资产平均余额之和 ÷ 12

工业企业主要经济效益指标

1. 全员劳动生产率 指根据产品的价值量指标的平均每一职工在单位时间内的产品生产量。目前我国的全员劳动生产率是用工业总产值或工业增加值除以同一时期全部职工的平均人数来计算的。计算公式为：

全员劳动生产率 = 工业总产值 / 全部职工平均人数 ×12/ 累计月份

或 = 工业增加值 / 全部职工平均人数 ×12/ 累计月份

2. 工业产品销售率 指报告期工业销售产值与同期全部工业总产值之比，反映工业产品生产已实现销售的程度。计算公式为：

工业产品销售率（%）= 报告期现价工业销售产值 / 报告期现价工业总产值 ×100%

3. 工业资产利税率 指报告期已实现的利税总额与同期的资产（流动资产和固定资产净值）之比，反映企业资金运用的经济效益。计算公式为：

工业资产利税率（%）= 报告期止累计实现利税总额 / 报告期平均流动资产 + 固定资产净值平均余额 ×12/ 累计月数 ×100%

4. 工业增加值率 指报告期工业增加值与同期工业总产值之比，反映降低中间消耗的经济效益。计算公式为：

工业增加值率（%）= 报告期工业增加值 /（报告期现价工业总产值（新规定）+ 报告期销项税额）×100%

5. 工业成本费用利润率 指报告期实现利润总额与成本费用之比，反映降低成本的经济效益。计算公式为。

工业成本费用利润率（%）= 报告期实现利润总额 / 报告期成本费用总额 ×100%

成本费用是产品销售成本、产品销售费用、管理费用、财务费用之和

6. 流动资产周转率 指一定时期内流动资产完成的周转次数，反映流动资产的周转速度。计算公式为：

流动资产周转率 = 报告期止累计产品销售收入 / 报告期平均流动资产 ×12/ 累计月数

7. 资产负债率 又称债务比率，该比率反映在企业资产总额中有多少资产是通过借债而得到的。是反映企业长期偿债能力的指标之一，也可以用于衡量企业利用债权人提供资金进行经营活动的能力以及企业在清算时保护债权人利益的程度。计算公式为：

资产负债率 = 负债总额 ÷ 资产总额 ×100%

8. 总资产贡献率 是反映全部资产的获利能力，是企业管理水平和经营业绩的集中体现。计算公式为：

总资产贡献率（%）= 利润总额＋利息支出 / 平均资产总额 ×12/ 累计月数 ×100%

平均资产总额为资产总计期初、期末之和的算术平均值。即：

平均资产总额 =（期初资产总额＋期末资产总额）÷2

9. 资本保值增值率 反映企业资产的变动状况，是企业发展能力的集中体现。计算公式为：

资产保值增值率（%）= 期末所有者权益 / 期初所有者权益 ×100%

能源生产总量 指一定时期内全国（地区）一次能源生产量的总和，是观察全国（地区）能源生产水平、规模、过程构成和发展速度的总量指标。一次能源生产量包括原煤、原油、天然气、水电、核电及其他动力能（如风能、地热能等）发电量，不包括低热值燃料生产量、太阳热能等的利用和由一次能源加工转换而成的二次能源产量。

能源消费总量 指一定时期内全国（地区）国民经济各行业和居民家庭在一定时期消费的各种能源的总和。能源消费总量分为三部分，即终端能源消费量、能源加工转换损失量和能源损失量。

1. 终端能源消费量 指一定时期内全国（地区）各行业和居民生活消费的各种能源数量在扣除了用于加工转换二次能源消费量和损失量以后的数量。

2. 能源加工转换损失量 指一定时期内全国（地区）投入加工转换的各种能源数量之和与产出各种能源产品之和的差额。它是观察能源在加工转换过程中损失量变化的指标。

3 . 能源损失量 指一定时期内能源在输送、分配、储存过程中发生的损失和由客观原因造成的各种损失量。不包括各种气体能源放空、放散量。

能源生产弹性系数 是研究能源生产增长速度与国民经济增长速度之间的关系的指标。其计算公式为：

能源生产弹性系数 = 能源生产总量年平均增长速度 / 国民经济年平均增长速度

国民经济年平均增长速度，可根据不同的目的或需要，用工农业总产值、生产总值等指标来计算，本资料是采用生产总值指标计算的。

电力生产弹性系数 是研究电力生产增长速度与国民经济增长速度之间关系的指标。计算公式为：

电力生产弹性系数 = 电力生产量年平均增长速度 / 国民经济年平均增长速度

能源消费弹性系数 是反映能源消费增长速度与国民经济增长速度之间比例关系的指标。计算公式为：

能源消费弹性系数 = 能源消费总量年平均增长速度 / 国民经济年平均增长速度

能源节约量 指在满足相等需求，达到相等目标的条件下节约和少用的能源数量。它是评价和考核节约能源工作好坏的重要指标。包括由于提高管理水平和技术水平，使单位产品能耗降低而节约能源的数量，以及由于调整产业结构、产品结构等使产值能耗降低而少用的能源数量。

能源节约率 是反映能源节约程度的综合性指标。能源节约率一般按年计算，如果要研究一个时期内能源节约程度的一般水平，可计算平均能源节约率指标。计算公式为：

能源节约率 =（报告期单位能源消费量 / 基期单位能源消费量－1）×100%

年平均节能率 =（n 报告期单位能源消费量 / 基期单位能源消费源 -1）×100%

公式中：单位能源消费量可以按生产总值、国民收入或工业总产值等计算

n 为基期与报告期间隔的年份数。

能源加工转换效率 指一定时期内能源经过加工转换后，产出的各种能源产品的数量与投入加工转换的各种能源数量的比率。它是观察能源加工转换装置和生产工艺先进与落后、管理水平高低等的重要指标。计算公式：

能源加工转换效率＝加工转换产出量 / 加工转换投入量 ×100%

能源折算标准 各种能源由于原始计算单位不同，热值也不一样。因此，必须折算成同一标准计算单位，才能进行汇总、对比和分析。国际上习惯采用两种标准计算单位：一种为标准煤，另一种为标准油。目前我国采用标准煤为能源的计算单位。标准煤亦称煤当量，就是将不同品种、不同含热量的能源按各自不同的含热量折合成为一种标准含量的统一计量单位的能源。各类能源折算标准煤是按 1 公斤标准煤的热值为 7000 千卡进行折算的。

当量热值当量 热值又称理论热值（或实际发热值），是指某种能源一个度量单位本身所含热量。其热值的计算可根据试样在充氧的弹筒中（放有浸没氧弹的水的容器）完全燃烧所放出的热量（用燃烧后水温升高计算出来的）进行实测。

等价热值 是指加工转换产出的某种二次能源与相应投入的一次能源的当量，即获得一个度量单位的某种二次能源所消耗的，以热值表示的一次能源量。也就是消耗一个度量单位的某种二次能源，就等价于消耗了以热值表示的一次能源量。等价热值是个变动值，随着能源加工转换工艺的提高和能源管理工作的加强，转换损失逐渐减少，等价热值会不断降低。等价热值是对二次能源及消耗工质而言，因此一次能源不存在折算问题，因此也无所谓等价热值。

等价热值 = 二次能源具有的能量 ÷ 转换效率

转换效率 = 二次能源产出标准量 ÷ 加工转换投入能源标准量

原材料、能源消费量 指在报告期内实际使用的原材料、能源的数量，包括企业主营活动和附营活动实际使用的数量。消费的核算原则为 “谁消费谁统计”，即按使用权来统计。核算方法为当进入第一道生产工序，改变原来的形态或性能、或已实际投入使用，即作消费统计。

原材料、能源库存量 指在报告期期初、期末实际结存的原材料、能源数量。库存的核算原则为“谁支配，谁统计”，即按所有权来统计。核算方法是指企业有权支配动用的某一时点实际结存的原材料、能源的数量。

Explanatory Notes on Principal Statistical Indicators

Industry refers to the material production sector which is engaged in the extraction of natural resources and processing and reprocessing of minerals and agricultural products,including

1.Extraction of natural resources, such as mining, salt production, but not including hunting, fishing and logging;

2.Processing and reprocessing of farm and sideline produces, such as rice husking, food processing, flour milling, wine making, oil pressing, cotton ginning, silk reeling, spinning and weaving, and leather making;

3.Manufacturing of extracted products, such as steel making, iron smelting, chemicals manufacturing, petroleum processing, machine building, timber processing; water and gas production and electricity generation and supply;

4.repairing and renovating of industrial products such as the machinery.

Prior to 1984, the rural industry run by villages and cooperative organizations under village was classified into agriculture. Since 1984, it has been grouped into industry.

In industrial survey,the units of enquiry are industrial corporate units.

Industrial corporate units refer to corporate units engaging in industrial production and operation activities, which meet the following requirements:

1.They are established legally,having their own names,organ-izations,location,and are able to take civil liability independently;

2.They possess (or are authorized to use)assets independently,assume liabilities and are entitled to sign contracts with other units;

3.They have accounts including the balance sheeets or can compile the accounts according to the ne-ed.

Industrial Activity Entities refer to the economic entities located in one single place and engaged entirely or primarily in one kind of industrial activity. Which generally meet the following requirements:

1. Having regular location and entirely or mainly engaging in one kind of industrial activity;
2. Operating and managing their industrial production activities independently;
3. Having independent accounting system for income and expenditures.

Industrial Enterprises above Designated Size refer to industrial enterprises with main business revenue reaches and exceeds 20 million yuan every year since 2011 .

State-owned Enterprises (Whole People Owned Industry) refers to a type of industrial enterprises where the means of production are owned by the state. It includes the industrial enterprises run by the central and local state agencies at all levels and by institutions and social groups in using state-owned assets and self-owned funds. Joint state-private industries and private industries, which existed before 1957, have been transformed into state industries. Statistics on these enterprises has been included in the state-owned industries since 1957 when separation of data was no longer necessary.

Collective-owned Enterprises refers to a type of industrial enterprises where the means of production are owned collectively, including urban and rural enterprises invested by collectives and some enterprises which were formerly owned privately but have been registered in industrial and commercial administration agencies as collective entities through raising funds from the public.

Private Enterprises refers to a type of economic entities where the means of production are owned privately and employed labor force is taken as their basis. It includes private solely-funded enterprises, private partnership enterprises and private limited liability companies.

Individual Enterprises refers to a type of economic entities where the means of production are owned by individual laborer, individual labor is taken as their basis and labor fruits are owned by individual laborer.

3-Capital Industry includes foreign investment economy, Hong Kong, Macao and Taiwan investment economy.

Other Enterprises refers to other enterprises excluding state-owned, collective-owned, private-owned and individual enterprises. It includes joint ownership enterprises, joint stock enterprises, foreign funded enterprises, and enterprises funded by Hong Kong, Macao and Taiwan, etc.

Large, Medium, Small and Microenterprises Since the bulletin of 2011,the standard of grouping the enterprises' scale has been changed according to Statistical Method of Classing Large, Medium, Small and Mini-sized Enterprises established by Ministry of Information and Industry, State Statistical Bureau, National Development and Reform Commission, Ministry of Finance. According to partitioning standards are number of employees, main operation revenue, enterprises are classified into large-sized, medium-sized, small-sized and microenterprises.

Gross Industry Output Value refers to the total value of final industrial products produced and industrial services provided during the reporting period. It is the total volume of industrial products produced during a given period in monetary terms, which reflects the total achievements and overall scale of industrial production. It includes value of finished products, which are not to be further processed in the enterprises and have been inspected, packed and put in storage, income from external processing, and differential value of self-made semi-finished products and products in process at the end and beginning of the report period. The gross industrial output value is calculated by the "factory method", i.e. an industrial enterprise is treated as the basic amounting unit in calculating the gross industrial output value; no double calculations are to be made within the same enterprise, e.g. the output value of the different workshops (branch factories) of an enterprises should not be added, however, this method does not exclude the possibility of double counting among different enterprises, industries and regions.

Calculation of gross Industry output value according to the following rules:

1.Products produced with self-prepared raw material are calculated at all-round price in reporting the gross industrial output value, irrespective complexity of simplicity of production, i.e., the gross industrial output value includes the value of self-prepared raw material.

2. Products processed with supplied materials are calculated, processing enterprises only charge processing fees, according to processing charges financially settled in reporting the gross industrial output value, i.e., the gross industrial output value excludes the value of orders' material.

3. The value of change in semi-finished products should be included in the gross industrial output value if it is included in the accounting record of the enterprise,otherwise it should not be included.

4. Value of finished product is calculated by the quantity of the finished products multiplied by the average unit price at which products are sold(excluding value-added tax).

Added Value of Industry refers to the final results of industrial production of industrial enterprises in monetary terms during the report period.

Principal Finance Indicators of Industrial Enterprises

1.Total Assets refer to all resources that are owned or controlled by enterprises through previous trades or transactions with expectation of making economic profits. Classified by the degree of liquidity,total assets include current assets, ad non-current assents.Current assets can be classified into monetary assets,trading financial assets,notes receivable,accounts receivable,advanced payment, other prepaid money and inventories.Non-current assets can be divided into long-term equity investment, fixed assets,intangible assets and other non-current qssets.

2. Original Value of Fixed Assets refers to the cost of fixed assets,including the total amount of money spent by enterprises, in building, purchase, installation, reconstruction, expansion, and technical transformation of a particular item of fixed assets.

3. Net value of fixed assets refers to the balance of the original value of fixed assets minus the amount of

accumulated depreciation.

4. Average balance of current assets: current assets refer to the assets which can be liquidated or consumed within an operating cycle of one year or over one year, including cash and various deposits, short-term investment, inventory, etc.; average balance of current assets refers to the average balance of all the current assets in the report period. The formulae are as follows:

Monthly Average Balance of Current Assets=Sum of Balance of Current Assets at Beginning and End of Month÷2

Quarterly Average Balance of Current Assets=Sum of Balance of Current Assets in Each Month of Quarter÷3

Annual Average Balance of Current Assets=Sum of Balance of Current Assets in Each Month from January to December÷12

Principal Indicators on Economic Performances of Industrial Enterprises

1. Overall Labor Productivity refers to the average output per employed person of industrial enterprises in unit time in value terms. At present, gross industrial output value or added value of industry and average number of staff and workers of an industrial enterprise in a given period are used to calculate overall labor productivity. The formula used is as follows:

Overall Labor Productivity = Gross Industrial Output Value/Average Number of Staff and Workers× 12/ Aunmulated Months or = Added Value of Industry/Average Number of Staff and Workers×12/Aunmulated Months

2. Ratio of Sales to Gross Output Value refers to the ratio of industrial sales value in the report period to gross industrial output value in the same period, which reflects the linkage between the industrial production and the realized sales. The formula is as follows:

Ratio of Sales to Gross Output Value = (Industrial Sales Value at Current Price in the Report Period/Gross Industrial Output Value at Current Price in the Report Period)×100%

3. Ratio of Profits and Tax to Assets refers to the ratio of total realized profits and tax in the report period to assets (net value of current assets and fixed assets) in the same period, which reflects the economic efficiency of fund utilization. The formula is as follows:

Ratio of Profits and Tax to Assets (%) = [Total Accumulated Profit and Tax by the End of Report Period/ (Average Current Assets in the Report Period + Average Balance of Net Value of Fixed Assets)] ×12/Accumulated Months×100%

4. Value-added Rate of Industry refers to the ratio of added value of industry in the report period to gross output value in the same period, which reflects the economic efficiency of reduction in intermediate input and is calculated as follows:

Value-added Rate of Industry (%) = (Added Value of Industry in the Report Period / Gross Industrial Output Value at Current Price in the Report Period + Sales Tax in the Report Period) ×100%

5. Ratio of Profits to Total Costs and Expenses refers to the ratio of profits realized in the report period to the total costs and expenses in the same period, which reflects the economic efficiency of cost reduction. It is calculated as follows:

Ratio of Profits to Total Costs and Expenses (%) = (Total Profits Realized in the Report Period/Total Costs and Expenses in the Report Period)×100%

Costs and expenses are the sum of product sales cost, product sales expenses and financial expenses.

6. Turnover Rate of Current Assets refers to the number of times of turnover of current assets in a given period of time, which reflects the speed of the turnover of current assets. It is calculated as follows:

Turnover Rate of Current Assets (%) = (Accumulated Sales Revenue of Products by the End of Report Period/ Average Current Assets in the Report Period) ×12/Accumulated Months

7. Ratio of Debts to Assets reflects the proportion of assets obtained by borrowing in the total assets of an enterprise. It is one of the indicators reflecting the debt repaying capability of an enterprise in the long run and can also be used to measure the operating capability of an enterprise with the capital from creditors and the degree to which an enterprise can protect the interest of creditor during liquidation. The formula is as follows:

Ratio of Debts to Assets (%) = (Total Debts/Total Assets) ×100%

8. Contribution Rate of Total Assets reflects the profit-making capability of all assets and it is a key indicator manifesting the performance and management level of an enterprise. The formula is as follows: Contribution Rate of Total Assets (%) = [(Total Profits and Tax + Interest Payment)/Total Average Assets] × 12/Accumulated Months×100%

Total average assets refer to the arithmetic average value of total assets at the beginning and end of period, i.e. Total Average Assets = (Total Assets at the Beginning of Period + Total Assets at the End of Period) ÷2.

9. Rate of Asset Hedge and Increment reflects the variation of assets of an enterprise and manifests the development capability of an enterprise. The formula is as follows:

Rate of Asset Hedge and Increment (%) = (Owner's Equity at the End of Period/ Owner's Equity at the Beginning of Period) ×100%

Total Energy Production Volume refers to the total production volume of primary energy by all energy production enterprises in the country in a given period of time. It is a comprehensive indicator to show the capacity, scale, composition and development of energy production of the country. The production volume of primary energy includes that of coal, crude oil, natural gas, hydro-power and electricity generated by nuclear energy and other means such as wind power and geothermal power, but excludes that of fuels of low calorific value, bio-energy, solar energy and the secondary energy converted from the primary energy.

Total Domestic Energy Consumption refers to the total consumption of energy of various kinds by the production and the households in the country(region) in a given period of time. Total energy consumption can be divided into three parts: end-use energy consumption ; loss during the process of energy conversion ; and energy loss.

1.End-use energy consumption It refers to the total energy consumption by the production sectors and households in the country(region) in a given period of time.It does not include the consumption during the conversion of primary energy into the secondary energy and the loss in the process of energy conversion.

2.Loss during the process of energy conversion It refers to the total input of various kinds of energy for conversion, minus the total output of various kinds of energy in the country(region) in a given period of time. It is an indicator to show the loss that occurs during the process of energy conversion.

3.Energy loss It refers to the total of the loss of energy during the course of energy transport, distribution and storage and the loss caused by any objective reason in a given period of time. The loss of various kinds of gas due to gas discharges and stocktaking is not include.

Elasticity Ratio of Energy Production is an indicator to show the relationship between the growth rate of energy production and that of the national economy. The formula is as follows:

Elasticity Ratio of Energy Production = Average Annual Growth Rate of Energy Production/Average Annual Growth Rate of National Economy.

The average annual growth rate of the national economy can be calculated by gross output value of industry and agriculture, gross output value or other indicators, depending upon the purposes or needs. Gross output value is used in calculation of the ratio in this chapter.

Elasticity Ratio of Electricity Production is an indicator to show the relationship between the growth rate of electricity production that of the national economy. The formula is as follows:

Elasticity Ratio of Electricity Production = Average Annual Growth Rate of Electricity Production/Average Annual Growth Rate of National Economy.

Elasticity Ratio of Energy Consumption is an indicator to show the relationship between the growth rate of energy consumption and that of the national economy. The formula is as follows:

Elasticity Ratio of Energy Consumption = Average Annual Growth Rate of Energy Consumption/Average Annual Growth Rate of National Economy.

Quantity of Energy Conservation refers to the quantity of energy saved and less used in a certain period. It is an important indicator to appraise and examine the work of energy conservation. It includes the quantity of energy saved in unit product by improving management level and technology level and the quantity of energy less used due to the adjustment of industrial structure and product structure.

Ratio of Energy Conservation is a comprehensive indicator reflecting the degree of energy conservation. Ratio of energy conservation is usually calculated annually. The indicator of average ratio of energy conservation can be calculated for the study of the energy conservation in a certain period. The formula is as follows:

Ratio of Energy Conservation = [(Unit Energy Consumption in the Report Period/Unit Energy Consumption in the Base Period) – 1] ×100%

Annual Average Ratio of Energy Conservation = the N-the Root of [(Unit Energy Consumption in the Report Period/Unit Energy Consumption in the Base Period) – 1] ×100%

In which: The unit energy consumption can be calculated according to gross output value, national product or gross industrial output value, etc.

The n represents the number of years between base period and report period.

Efficiency of Energy Processing and Conversion refers to the ratio of the total output of energy products of various kinds after processing and conversion to the total input of energy of various kinds for processing and conversion in the same report period. It is an important indicator to show the current conditions of energy processing and conversion equipment, production technique and management. The formula is as follows:

Efficiency of Energy Processing and Conversion=output of process conversion /input of process conversion×100%

Energy Conversion Standard Different units are often used to compute different caloric value of various energy sources, so a uniform standard computing unit has to be conversed to summarize, compare and analyze energy. There are two standard computing units practiced internationally: one is standard coal and the other is standard oil. Currently, standard coal is adopted as the computing unit in China for energy calculation, Standard coal also call calorie value equivalent, it refers a uniform standard energy of communistically unit is converted into by differed kinds, different caloric value of various energy .Every kind of energy is converted into standard coal according to one kilogram standard coal quail caloric of 7,000 kilocalories.

Equivalent Caloricity also called theoretic caloricity (or actual calorific value) refers to the heat value contained in one measurement unit of certain energy. The calculation of the heat value is according to the actual measurement of the heat released by complete burning of the test specimen in the cylinder filled with oxygen (container with the oxygen bomb immersed by water).

Equivalent Heat Value refers to certain secondary energy produced by conversion and its equivalent value of corresponding input of the primary energy, which means the quantity of the primary energy expressed by heat value and consumed to obtain one measurement unit of certain secondary energy. It is variation value. With the advancement of the energy conversion technology and the improvement of the energy management, the conversion loss becomes less and less, and the equivalent heat value will reduce gradually. Equivalent heat value is specific to secondary energy and consumed actuating medium, so when it comes into primary energy, there is no equivalent heat value.

Equivalent Heat Value = Energy Content of Secondary Energy÷Conversion Efficiency

Conversion Efficiency = Output Standardized Quantity of Secondary Energy ÷ Energy Standardized Quantity

Input by Conversion

Consumption of Raw Materials and Energy refers to the quantity of raw materials and energy actually used in the report period. It includes the volume actually used in the main business line and sideline activities of an enterprise. The calculation principle of consumption is: "The one who consumes energy is responsible for conducting statistics on its consumption", i.e., statistics is made according to the use right. The calculation method is that when raw materials or energy enter the first production sequence and the original form or property is changed or they are put into actual use, they are treated as consumption statistics.

Inventory of Raw Materials and Energy refers to the quantity of raw materials and energy actually stored in the beginning and end of the report period. The calculation principle of inventory is: "The one who disposes energy is responsible for conducting statistics on its inventory", i.e., statistics is made according to the ownership. The calculation method refers to the quantity of raw materials and energy actually stored at a certain time that can be disposed by an enterprise.

Chapter 9

九、建筑业和房地产业
Construction and Real Estate

9-1 主要年份建筑施工企业数、人数和施工产值
Number of Construction Enterprises, Employed Persons and Their Output Value in Significant Years

年 份 Year	全 省 Yunnan	国有建筑施工企业 State-owned Construction Enterprises	集体建筑施工企业 Collective-owned Construction Enterprises	其 他 Others
施工企业数(个) Number of Enterprises (unit)				
1985	2 522	144	2 378	
1990	3 010	123	2 887	
1995	2 657	140	2 517	2 663
2000	1 564	201	854	509
2001	1 583	190	713	680
2002	1 317	152	440	725
2003	1 231	129	330	772
2004	1 663	122	325	1 216
2005	1 648	111	258	1 279
2006	1 796	110	243	1 443
2007	1 903	107	232	1 564
2008	2 150	105	230	1 815
2009	2 117	100	212	1 805
2010	2 176	99	198	1 879
2011	2 227	99	197	1 931
2012	2 362	106	196	2 060
2013	2 483	97	174	2 212
2014	2 520	91	149	2 280
2015	2 651	92	142	2 417
2016	2 760	96	134	2 530
2017	2 772	101	129	2 542
施工企业人数(万人) Number of Employed Persons (10 000 persons)				
1985	46.64	16.70	29.95	
1990	47.61	16.10	31.56	
1995	64.65	18.10	46.39	0.10
2000	53.55	15.90	25.38	12.30
2001	55.58	14.15	22.30	19.12
2002	51.77	12.45	17.03	22.28
2003	57.37	15.35	13.60	28.42
2004	50.30	10.56	10.28	29.46
2005	55.31	9.47	8.63	37.21
2006	63.32	10.53	9.01	43.78
2007	64.77	11.64	7.42	45.71
2008	65.81	11.49	6.86	47.46
2009	70.99	13.44	6.05	51.50
2010	78.64	12.45	5.69	60.50
2011	89.44	9.34	5.28	74.82
2012	91.44	19.24	5.81	66.39
2013	103.25	11.81	6.51	84.93
2014	107.86	23.80	11.20	72.86
2015	113.73	10.02	5.58	98.13
2016	132.32	17.28	5.42	109.62
2017	150.85	15.34	7.50	128.01
建筑业总产值(亿元) Gross Output Value (100 million yuan)				
1985	21.28	10.00	11.01	
1990	36.68	19.00	18.09	
1995	181.22	74.00	107.14	0.34
2000	311.34	131.00	108.83	72.00
2001	345.51	127.83	100.46	117.23
2002	358.24	121.88	77.76	158.59
2003	396.97	132.23	68.24	196.50
2004	448.50	136.31	66.41	245.78
2005	539.59	138.96	58.03	342.60
2006	672.88	183.95	63.78	425.16
2007	763.32	205.86	64.12	493.33
2008	907.58	227.54	71.47	608.57
2009	1 196.86	304.28	77.84	814.74
2010	1 511.85	364.41	83.04	1 064.00
2011	1 869.65	478.01	99.91	1 291.73
2012	2 386.64	532.27	152.15	1 702.22
2013	2 888.82	569.67	177.19	2 141.96
2014	3 059.62	440.42	142.00	2 477.20
2015	3 275.64	435.01	143.75	2 696.88
2016	3 891.65	694.28	147.06	3 050.31
2017	4 726.36	882.95	150.88	3 692.53

注：1．1996年起各种经济类型的、具有资质等级证书的建筑企业均纳入国家统计；集体企业中的农村集体1996年的数据为测算数，以前年度为省乡镇企业局统计数。
2．2013年起施工企业人数和建筑业总产值数据不含劳务分包企业。

Note: 1.Since 1996, the state statistical coverage has included the construction enterprises of various types of ownership with credentials. The figures of rural collective-owned enterprises in 1996 in this table are estimated figures, while before 1996, they were included in the statistical coverage of the provincial bureau of township and town enterprises.
2. Number of employed persons of construction enterprises and total output value of construction industry doesn't include those of labor subcontralting enterprises.

9-2 总承包专业承包建筑施工企业生产情况（2017年）

单位：亿元

类　　别	Category	企业个数（个）Number of Enterprises (unit)	建筑业总产值 Gross Output Value of Construction	建筑工程 Output Value of Construction Projects	安装工程 Output Value of Installation Projects	竣工产值 Value of Construction Completed
全　　省	**Yunnan**	**2 656**	**4 726.36**	**4 185.85**	**301.10**	**2 366.19**
按企业控股情况分	**Grouped by Share Holding**					
国有控股	State-controlled	169	1 927.62	1 733.23	93.38	548.35
集体控股	Collective-controlled	190	258.30	232.99	13.12	182.53
私人控股	Private-controlled	2 180	2 422.98	2 124.89	180.94	1 566.27
按国民经济行业分	**Grouped by Sector**					
房屋建筑业	Building Construction Industry	1 448	3 067.13	2 803.19	90.14	1 722.39
土木工程建筑业	Civil Engineering Construction Industry	538	1 367.33	1 254.70	78.47	454.31
建筑安装业	Construction Installation	327	171.69	45.53	114.48	108.91
建筑装饰和其他建筑业	Architectural Decoration and Other Construction Industry	343	120.20	82.43	18.00	80.59
按企业资质等级分	**Grouped by Qualification Criteria**					
施工总承包	Construction Contract	1 859	4 343.98	3 969.29	169.23	2 116.84
特　级	Special Grade	6	664.67	634.62	6.21	151.07
一　级	First Grade	94	1 359.06	1 239.97	53.38	483.52
二　级	Second Grade	591	1 192.20	1 100.90	46.46	762.89
专业承包	Professional Contract	797	382.38	216.56	131.87	249.35
一　级	First Grade	85	134.24	80.24	46.28	92.47
二　级	Second Grade	309	90.73	54.46	28.27	57.61
按州市分	**Grouped by Region**					
昆　明	Kunming	1 232	2 929.41	2 583.91	203.29	1 169.07
曲　靖	Qujing	207	343.59	296.20	23.77	247.29
玉　溪	Yuxi	187	197.47	172.16	11.24	122.74
保　山	Baoshan	83	150.97	137.99	3.84	102.97
昭　通	Zhaotong	81	91.75	83.61	6.55	51.35
丽　江	Lijiang	70	37.17	35.10	1.34	28.58
普　洱	Pu'er	115	134.52	124.32	7.71	108.73
临　沧	Lincang	63	60.48	52.73	5.04	41.93
楚　雄	Chuxiong	138	184.11	164.99	8.55	131.59
红　河	Honghe	132	310.82	275.16	17.73	179.88
文　山	Wenshan	70	73.83	65.61	2.79	44.22
西双版纳	Xishuangbanna	31	12.60	10.50	1.20	8.17
大　理	Dali	164	122.31	113.41	4.77	79.39
德　宏	Dehong	45	51.34	49.17	0.70	31.76
怒　江	Nujiang	15	10.13	8.59	0.42	5.85
迪　庆	Diqing	23	15.84	12.40	2.19	12.66

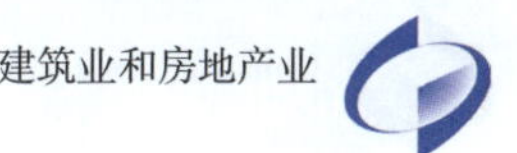

Construction Situation of Construction Enterprises of General Contractors and Professional Contractors (2017)

(100 million yuan)

房屋建筑施工面积(万平方米) Floor Space under Construction (10 000 sq.m)	本年新开工面积 Newly Started Building Area in This Year	房屋建筑竣工面积(万平方米) Floor Space Completed (10 000 sq.m)	房屋建筑面积竣工率(%) Ratio of Floor Space Completed (%)	计算建筑业劳动生产率的平均人数(万人) Average Persons of calculating the Labor Productivity (10 000 persons)	年末从业人数(万人) Number of Employed Persons at Year-end (10 000 persons)	全员劳动生产率(万元/人) Overall Labor Productivity of Construction Enterprises (10 000 yuan/person)
17 318.09	**8 387.33**	**7 465.72**	**43.1**	**150.85**	**152.84**	**31.3**
6 796.08	2 053.00	1 365.26	20.1	41.50	27.27	46.4
979.70	644.60	596.93	60.9	12.12	9.30	21.3
9 157.10	5 451.58	5 324.07	58.1	93.06	112.32	26.0
16 863.18	8 111.33	7 104.33	42.1	104.18	113.75	29.4
313.17	192.52	163.67	52.3	35.77	29.96	38.2
109.36	74.47	61.74	56.5	6.17	5.11	27.8
32.38	9.02	126.97	392.2	4.72	4.02	25.4
16 990.64	8 221.42	7 087.32	41.7	136.56	141.35	31.8
2 449.37	550.99	545.99	22.3	11.57	8.10	57.4
5 968.39	2 411.65	1 433.36	24.0	37.03	26.08	36.7
4 526.15	2 708.70	2 716.03	60.0	40.54	67.00	29.4
327.45	165.91	369.40	112.8	14.28	11.49	26.8
62.00	48.17	30.13	48.6	4.12	3.36	32.6
167.30	55.48	184.65	110.4	4.34	3.41	20.9
10 033.91	4 062.40	3 272.67	32.6	82.37	92.10	35.6
1 408.27	985.66	943.36	67.0	12.68	12.16	27.1
771.66	508.46	631.33	81.8	5.76	5.50	34.3
591.66	364.64	269.95	45.6	6.09	6.30	24.8
417.77	224.17	185.73	44.5	2.89	2.59	31.8
120.52	86.26	61.94	51.4	3.55	1.47	10.5
648.50	312.85	345.98	53.4	5.38	5.11	25.0
185.73	137.22	120.52	64.9	2.05	1.93	29.5
665.99	447.35	383.05	57.5	6.83	6.41	27.0
1 283.28	649.63	655.39	51.1	11.81	10.26	26.3
457.48	217.26	222.68	48.7	2.56	1.75	28.8
81.22	47.63	24.82	30.6	0.51	0.49	24.9
410.13	225.01	253.07	61.7	6.23	4.73	19.6
112.29	50.85	39.79	35.4	1.22	1.24	42.1
71.06	37.36	16.07	22.6	0.41	0.37	24.7
58.64	30.58	30.38	51.8	0.52	0.42	30.6

9-3 总承包专业承包建筑施工企业财务状况（2017年）

单位：亿元

类　别	Item	资产合计 Total Assets	固定资产 Fixed Assets	负债合计 Total Liabilities	流动负债 Liquid Liabilities
全　省	**Yunnan**	**5 572.40**	**374.48**	**3 775.19**	**3 303.50**
按企业控股情况分	**Grouped by Share Holding**				
国有控股	State-controlled	3 452.30	125.03	2 618.45	2 291.78
集体控股	Collective-controlled	176.82	23.17	107.73	92.49
私人控股	Private-controlled	1 788.21	212.70	947.16	827.30
按国民经济行业分	**Grouped by Sector**				
房屋建筑业	Building Construction Industry	3 273.68	203.93	2 180.42	1 981.85
土木工程建筑业	Civil Engineering Construction Industry	1 964.89	120.88	1 402.11	1 148.28
建筑安装业	Construction Installation	213.42	38.88	119.14	109.54
建筑装饰和其他建筑业	Architectural Decoration and Other Construction Industry	120.42	10.80	73.51	63.82
按企业资质等级分	**Grouped by Qualification Criteria**				
施工总承包	Construction Contract	5 124.25	333.40	3 488.48	3 040.17
特　级	Special Grade	1 600.39	56.38	1 133.01	980.35
一　级	First Grade	1 715.47	56.40	1 374.41	1 210.74
二　级	Second Grade	970.23	103.53	559.13	493.85
专业承包	Professional Contract	448.15	41.08	286.70	263.32
一　级	First Grade	122.37	10.49	83.08	75.18
二　级	Second Grade	111.06	11.79	67.42	64.62
劳务分包	Labor Subcontract				
按州市分	**Grouped by Region**				
昆　明	Kunming	4 345.08	217.25	3 097.83	2 715.49
曲　靖	Qujing	178.30	35.12	76.88	63.81
玉　溪	Yuxi	106.09	18.09	48.13	44.69
保　山	Baoshan	75.02	11.11	42.59	33.88
昭　通	Zhaotong	95.57	9.45	70.78	63.23
丽　江	Lijiang	49.53	6.53	29.17	25.33
普　洱	Pu'er	91.10	8.27	58.25	53.58
临　沧	Lincang	39.02	8.77	16.99	14.05
楚　雄	Chuxiong	94.11	9.51	52.92	46.32
红　河	Honghe	161.09	18.53	96.73	78.16
文　山	Wenshan	85.39	4.62	43.57	37.15
西双版纳	Xishuangbanna	10.28	1.04	5.47	4.70
大　理	Dali	152.17	16.94	80.56	75.33
德　宏	Dehong	67.03	3.58	47.59	40.81
怒　江	Nujiang	7.87	2.14	2.63	2.29
迪　庆	Diqing	14.76	3.50	5.09	4.67

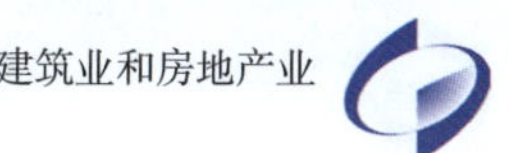

Financial Indicators of Construction Enterprises of General Contractors and Professional Contractors (2017)

(100 million yuan)

所有者权益 Owners' Equity	实收资本 Paid-in Capitals	工程结算收入 Revenue of Project Settlement Accounts	工程结算成本 Cost of Project Settlement Accounts	工程结算税金及附加 Taxes and Extra Charges on Project Settlement Accounts	工程结算利润 Profits of Project Settlement Accounts	经营费用 Operation Expenses	管理费用 Management Expenses	税金 Tax	财务费用 Financial Expenses
1 797.21	**1 003.23**	**3 931.44**	**3 487.66**	**58.24**	**162.26**	**22.55**	**133.35**		**46.95**
833.85	480.21	1 782.43	1 654.51	7.43	60.33	1.73	51.79		27.51
69.06	33.25	207.80	178.36	7.45	7.52	2.00	9.07		1.34
841.08	459.82	1 849.83	1 575.41	41.89	90.36	17.79	67.51		17.21
1 093.26	667.11	2 446.42	2 173.13	44.83	103.71	14.76	69.14		27.94
562.85	252.72	1 208.86	1 084.78	10.50	49.78	3.83	45.77		16.02
94.19	50.87	167.05	143.19	1.41	4.26	2.03	11.32		1.28
46.90	32.53	109.11	86.56	1.50	4.51	1.94	7.11		1.71
1 635.87	894.61	3 575.82	3 189.37	54.88	149.11	16.69	110.07		43.32
467.38	312.38	662.04	609.70	17.49	25.03	0.03	22.01		17.18
341.06	157.69	1 184.25	1 098.87	9.10	44.59	1.26	25.64		12.14
411.10	213.87	903.22	786.87	21.74	42.05	6.56	30.42		7.95
161.33	108.62	355.62	298.29	3.35	13.16	5.86	23.28		3.63
39.29	22.56	127.93	108.57	0.76	4.54	0.96	5.48		0.57
43.63	32.19	80.60	68.44	1.01	2.33	1.43	6.26		0.40
1 247.16	707.11	2 618.93	2 366.51	22.92	98.10	11.31	84.44		34.49
101.42	50.73	243.22	207.85	7.54	15.09	2.57	7.73		1.62
57.96	33.30	135.05	115.91	4.02	5.70	1.95	4.78		1.68
32.42	20.83	132.12	116.80	3.36	5.29	0.62	3.93		0.24
24.79	14.39	79.12	69.61	2.41	2.31	0.14	4.47		0.62
20.35	10.67	36.01	29.06	1.41	1.94	0.40	1.55		0.63
32.85	21.90	78.66	65.56	1.28	3.99	0.49	2.81		0.69
22.04	13.11	48.26	39.69	1.09	2.69	0.78	2.26		0.25
41.27	19.72	129.60	114.39	3.27	4.99	1.12	4.07		0.81
64.36	29.14	178.66	151.97	5.68	7.32	1.77	7.37		2.75
41.82	22.69	63.14	52.30	0.68	3.91	0.48	2.03		0.69
4.81	3.69	11.87	9.91	0.32	0.47	0.05	0.56		0.12
71.60	35.16	113.90	96.40	2.77	6.88	0.40	4.16		1.18
19.44	12.64	40.82	34.40	0.60	2.21	0.17	1.86		1.05
5.24	2.85	10.59	9.10	0.30	0.38	0.15	0.65		0.06
9.67	5.32	11.49	8.19	0.60	1.00	0.15	0.69		0.06

9-3 续表

单位：亿元

类　　别	Item	利润总额 Total Profits
全　　省	**Yunnan**	**163.39**
按企业控股情况分	**Grouped by Share Holding**	
国有控股	State-controlled	61.16
集体控股	Collective-controlled	7.49
私人控股	Private-controlled	90.55
按国民经济行业分	**Grouped by Sector**	
房屋建筑业	Building Construction Industry	103.94
土木工程建筑业	Civil Engineering Construction Industry	50.37
建筑安装业	Construction Installation	4.60
建筑装饰和其他建筑业	Architectural Decoration and Other Construction Industry	4.49
按企业资质等级分	**Grouped by Qualification Criteria**	
施工总承包	Construction Contract	149.59
特　级	Special Grade	24.85
一　级	First Grade	46.01
二　级	Second Grade	41.67
专业承包	Professional Contract	13.80
一　级	First Grade	4.48
二　级	Second Grade	2.58
劳务分包	Labor Subcontract	
按州市分	**Grouped by Region**	
昆　明	Kunming	99.72
曲　靖	Qujing	15.05
玉　溪	Yuxi	5.46
保　山	Baoshan	5.20
昭　通	Zhaotong	2.10
丽　江	Lijiang	1.95
普　洱	Pu'er	3.98
临　沧	Lincang	2.69
楚　雄	Chuxiong	4.73
红　河	Honghe	7.58
文　山	Wenshan	3.75
西双版纳	Xishuangbanna	0.47
大　理	Dali	7.14
德　宏	Dehong	2.21
怒　江	Nujiang	0.37
迪　庆	Diqing	0.99

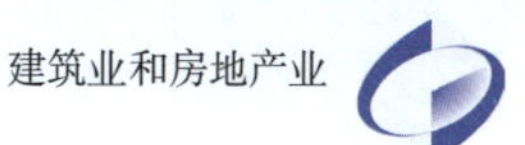

continued

(100 million yuan)

应交所得税 Value-added Tax Payable	企业总收入 Total Revenue	上缴税金 Tax Payment	产值利税率(%) Ratio of Profits & Taxes to Output Value(%)	资产利税率(%) Ratio of Profits and Taxes to Assets(%)
36.68	**4 123.96**	**202.46**	**7.0**	**5.9**
12.11	1 909.22	70.41	6.2	3.5
1.90	214.53	15.91	8.3	12.2
21.57	1 905.29	111.06	7.4	10.1
24.87	2 542.70	137.79	7.1	6.6
9.89	1 298.03	52.09	6.8	4.7
1.08	170.96	7.20	6.2	5.0
0.84	112.27	5.38	7.5	7.5
34.20	3 757.57	188.04	7.0	5.9
5.63	750.13	34.90	8.1	3.4
8.76	1 228.01	41.73	5.8	4.6
9.99	917.88	54.68	7.2	8.9
2.48	366.39	14.42	6.7	5.7
0.75	128.20	5.40	6.8	7.5
0.64	84.19	3.45	5.9	4.8
19.73	2 763.50	111.45	6.5	4.4
3.69	246.39	18.26	8.6	16.6
1.88	149.06	9.80	6.8	12.6
1.82	135.86	9.12	8.3	16.7
0.67	88.81	4.91	6.9	6.6
0.42	38.56	3.14	12.6	9.4
1.41	82.45	5.82	6.2	9.2
0.73	49.16	3.64	9.3	14.4
1.07	130.70	8.75	6.7	13.2
1.49	181.21	11.05	5.5	10.6
1.22	66.60	3.86	8.7	7.5
0.15	12.11	0.84	9.2	11.2
1.72	116.40	8.01	11.0	8.8
0.35	40.97	1.96	7.4	5.7
0.09	10.64	0.70	9.6	12.4
0.23	11.55	1.14	12.0	12.8

9-4 全省房地产业发展情况（2017年）

单位：亿元

类 别	Category	房地产开发投资 Investment in Real Estate Revelopment	国 有 State-owned Economy
本年固定资产投资完成额	**Investment in Fixed Assetes Completed This Year**	**2 786.25**	**91.43**
按构成分	**Grouped by Use of Funds**		
建筑工程	Construction	2 059.18	49.92
安装工程	Installation	255.84	4.19
设备工器具购置	Purchase of Equipment and Instruments	28.78	1.58
其他费用	Others	442.44	35.73
#旧建筑物购置费	Purchase of Used Building	21.86	
土地购置费	Purchase of Land	302.92	25.02
按工程用途分	**Grouped by Use of Buildings**		
住 宅	Residential Buildings	1 743.91	53.09
#90平方米以下住房	Residential Buildings below 90 sq.m	450.97	12.08
别墅、高档公寓	Villas and Upper-scale Apartments	168.77	3.68
办公楼	Office Buildings	144.36	9.99
商业营业用房	Buildings for Business	485.77	9.78
其 他	Others	412.21	18.57
本年新增固定资产	**Newly Increased Fixed Assets**	**793.43**	**47.28**
本年资金来源合计	**Total Funds of All Sources**		
上年末结余资金	Fund Left from Last Year	647.67	39.97
本年资金来源小计	Fund of All Sources in Currrent Year	2 808.18	96.01
国内贷款	Domestic Loans	487.01	13.57
#银行贷款	from Banks	397.98	13.57
非银行金融机构贷款	from Other Financial Deparments	89.02	
利用外资	Foreign Investment	4.08	
#外商直接投资	Foreign Direct Investment		
自筹资金	Self-Raising Funds	1 172.89	45.51
#自有资金	Self-owned Funds		
其他资金来源	Others	1 144.21	36.92
#定金及预收款	Earnest Money and Advance Charge	570.91	14.50
个人按揭贷款	Mortgage Loans	393.90	5.56
本年各项应付款合计	**Account Payable**	**1 062.94**	**26.47**
#工程款	Payment for Construction	577.43	14.16
待开发土地面积（万平方米）	**Space of Land to be Developed (10 000 sq.m)**	**979.76**	**2.35**
本年购置土地面积（万平方米）	**Space of Land Purchased in Current Year (10 000 sq.m)**	**822.61**	**42.30**
本年土地成交价款	**Value of Commercial Land**	**279.01**	**7.33**

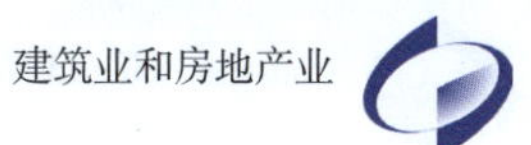

Basic Statistics on Real Estate Development (2017)

(100 million yuan)

集　体 Collective-owned Economy	私营个体 Private and Individuals	股份制 Share Holding Economy	外　商 Foreign Funded Economy	港澳台 Economy with Funds from HongKong, Macao and Taiwan	其　他 Others
14.93	**988.11**	**69.75**	**16.81**	**56.40**	**1 548.83**
11.03	759.23	52.60	15.46	47.88	1 123.07
	80.12	9.35	1.28	2.47	158.43
	8.97	0.77		0.01	17.45
3.90	139.79	7.02	0.07	6.04	249.88
	3.55	0.20			18.11
3.41	107.61	4.82		5.38	156.67
13.96	614.47	55.72	12.10	21.01	973.55
	136.17	10.60	1.39	5.19	285.55
	78.44	16.43		1.37	68.85
	47.89	0.41		11.78	74.29
0.56	198.54	6.92	3.65	19.08	247.24
0.40	127.21	6.69	1.06	4.52	253.75
	265.09	**21.43**		**3.86**	**455.77**
0.32	214.43	9.41	1.05	12.62	369.86
5.50	1 000.57	78.76	15.90	46.77	1 564.67
5.50	109.90	6.31	2.10	12.92	336.70
5.50	45.85	6.24	2.10	12.92	311.81
	64.06	0.07			24.89
				4.08	
	497.89	46.53	1.31	15.51	566.14
	392.77	25.92	12.50	14.26	661.83
	204.00	13.81	6.07	11.87	320.66
	131.52	9.05	6.43	1.65	239.70
9.14	**461.91**	**18.20**	**0.06**	**25.16**	**521.98**
3.54	297.83	12.49		6.59	242.82
	442.90	**46.22**	**16.67**	**9.09**	**462.53**
	488.14	**3.30**		**3.47**	**285.40**
	158.88	**2.08**		**1.61**	**109.11**

9-5 全省房地产开发企业财务状况（2017年）

单位：亿元

类　别	Category	房地产企业 Real Estate	国　有 State-owned Economy
年 初 存 货	**Inventory at Beginning of Current Year**	**5 881.27**	**402.56**
年末资产负债	**Property debt at Year-end**		
流动资产合计	Total Liquid Liabilities	13 204.02	1 271.53
#存　货	Inventory	6 537.98	457.97
固定资产原价	Fixed Asset Value	404.66	52.81
累计折旧	Accumulated Depreciation	96.52	5.17
#本年折旧	in Current Year	17.09	0.72
资产总计	Assets	17 660.41	2 302.80
负债总计	Liabilities	14 748.30	1 558.23
所有者权益合计	Owners' Equity	2 912.11	744.56
#实收资本	Paid-up Capital	1 578.85	146.66
损益及分配	**Net Income or Loss and Distribution**		
主营业务收入	Operating Income	1 349.64	138.97
#土地转让收入	Revenues from Land Transfer	66.80	55.56
商品房屋销售收入	Revenues from Commercial Housing Sales	1 174.03	71.07
房屋出租收入	Housing Rental Income	26.39	0.57
其他收入	Others	79.64	11.76
主营业务成本	Main Business Cost	981.69	100.46
主营业务税金及附加	Main Business Tax & Additional	58.95	2.15
其他业务利润	Other Operating Profits	3.97	1.39
销售费用	Sales Expenses	54.22	1.67
管理费用	Management Expenses	79.98	5.25
#税　金	Taxes		
财务费用	Financial Expenses	88.35	8.89
#利息支出	Interests	66.14	8.16
营业利润	Business Profits	54.60	38.83
营业外收入	Non-operating Income	11.93	2.77
营业外支出	Non-operating Expenses	10.23	1.54
利润总额	Total Profits	56.27	40.06
应缴所得税	Income Tax Payable	21.04	2.27
本年应付工资总额	Wages Payable in Current Year	54.97	3.19

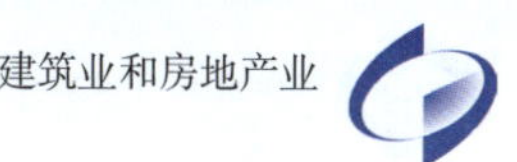

Financial Status of Real Estate Investment and Development Enterprises (2017)

(100 million yuan)

集 体 Collective-owned Economy	私 营 Individuals	股份制 Share Holding Economy	外 商 Foreign Funded Economy	港澳台 Economy with Funds from Hong Kong,Macao and Taiwan	其 他 Others
0.86	**1 978.80**	**161.16**	**41.71**	**86.91**	**3 209.28**
13.82	4 165.18	648.03	71.09	255.88	6 778.49
0.86	2 435.50	156.86	48.82	90.19	3 347.78
0.16	114.72	8.88	10.45	26.91	190.72
0.13	39.61	1.90	2.17	10.48	37.08
0.01	5.50	0.42	0.05	1.33	9.06
23.48	4 633.19	859.86	86.85	652.94	9 101.30
22.25	4 255.28	745.79	56.93	445.04	7 664.77
1.23	377.91	114.07	29.92	207.90	1 436.52
11.88	379.29	61.86	33.87	107.19	838.10
0.03	369.41	32.87	9.80	37.10	761.46
	6.63	0.03			4.58
0.01	348.34	29.23	9.19	33.36	682.82
0.01	2.91	0.05	0.04	3.32	19.48
	9.34	3.55	0.57	0.38	54.03
	287.80	20.96	8.81	28.87	534.79
	20.93	3.03	0.48	1.54	30.81
	0.50	0.05		1.13	0.90
	18.78	0.75	0.42	1.41	31.20
0.04	31.11	1.90	0.58	2.98	38.12
0.02	17.62	0.98	0.82	1.70	58.31
	14.25	0.35	0.14	1.74	41.51
- 0.03	- 13.27	2.43	- 1.51	1.92	26.23
	1.79	1.83		0.27	5.26
	4.06	0.21	0.02	0.08	4.31
- 0.03	- 15.55	4.04	- 1.52	2.11	27.16
	5.06	- 0.42	0.01	0.19	13.93
0.06	19.52	1.72	0.35	1.04	29.08

9-6 房地产开发企业（单位）施工、销售和待售情况（2017年）

类 别	Category	房地产企业 Enterprises Real Estate	住宅 Residential Buildings
房屋施工面积(万平方米)	**Floor Space Under Construction (10 000 sq.m)**	**21 085.35**	**13 534.43**
#新开工面积	Newly-started Projects	4 017.34	2 632.02
房屋竣工面积(万平方米)	**Floor Space Completed (10 000 sq.m)**	**2 419.63**	**1 554.70**
#不可销售面积	Space of Floor not Ready for Sale	152.91	100.11
商品住宅竣工套数(万套)	**Number of Commercial Buildings Completed (10 000 units)**		**13.28**
竣工房屋价值（亿元）	**Value of Buildings Completed (100 million yuan)**	**681.22**	**423.54**
出租房屋面积(万平方米)	**Floor Space of Buildings to Lease (sq.m)**	**80.07**	**65.19**
商品房销售面积(万平方米)	**Floor Space of Commercial Buildings Sold (10 000 sq.m)**	**4 327.18**	**3 484.49**
#现房销售面积	Floor Space of Complete Dapartments	1 116.28	844.78
期房销售面积	Floor Space of Forward Delivery Housing	3 210.91	2 639.71
商品房销售额(亿元)	**Total Sale of Commercial Buildings (100 million yuan)**	**2 561.19**	**1 973.72**
#现房销售额	Sale of Complete Dapartments	577.19	422.84
期房销售额	Sale of Forward Delivery Housing	1 984.00	1 550.89
商品住宅销售套数(万套)	**Number of Commercial Buildings Sold (10 000 units)**		**28.68**
#现房销售套数	Complete Dapartments		6.87
期房销售套数	Forward Delivery Housing		21.81
待售面积(万平方米)	**Floor Space of Commercial Buildings Unoccupied (10 000 sq.m)**	**1 505.73**	**796.93**
#待售1-3年(含1年)	Unoccupied from 1 to 3 Years	718.70	365.23
待售3年及以上	Unoccupied for More Than 3 Years	103.99	44.60

Basic Statistics on Construction,Sale and Vacancy of Buildings Built of Real Estate Enterprises (2017)

		办公楼 Office Buildings	商业营业用房 Buildings for Business	其　他 Others
90平方米 以下住房 below 90 sq.m	别墅、高档公寓 Villas and Upper- scale Apartments			
3 229.55	**1 053.02**	**840.36**	**3 447.33**	**3 263.23**
508.96	265.65	104.38	593.19	687.75
307.95	**127.15**	**58.57**	**380.08**	**426.27**
61.06		1.02	13.48	38.30
4.20	**0.57**			
97.02	**35.61**	**29.02**	**121.66**	**107.00**
65.19		**0.17**	**13.88**	**0.83**
610.72	**292.94**	**110.58**	**418.08**	**314.04**
169.76	95.96	21.14	148.27	102.09
440.96	196.98	89.44	269.81	211.95
369.18	**181.43**	**88.89**	**351.44**	**147.14**
84.26	61.98	9.37	105.75	39.23
284.92	119.44	79.52	245.69	107.91
8.32	**1.40**			
2.31	0.39			
6.01	1.01			
128.24	**119.05**	**69.04**	**368.13**	**271.63**
61.27	43.66	38.90	169.66	144.92
6.49	10.25	4.36	34.09	20.93

主要统计指标解释

建筑施工企业 指从事房屋、构筑物和设备安装生产活动的独立施工单位。

建筑业总产值（自行完成施工产值） 指建筑施工企业在一定时期内所完成的以货币表现的生产总量。是反映全部生产规模、水平和成果的综合指标。

房屋建筑施工面积 指在报告期内施工的全部房屋建筑面积，包括本期新开工的房屋面积、上期施工跨入本期继续施工的房屋面积、上期停缓建在本期恢复施工的房屋面积、本期竣工的房屋面积及本期施工后又停缓建的房屋面积。

房屋建筑竣工面积 指在报告期内房屋建筑按照设计要求全部完工，达到了住人和使用条件，经验收鉴定合格，正式移交使用单位的房屋建筑面积。

自有机械设备年末总台数 指归本企业所有，属于本企业固定资产的生产性机械设备年末总台数。包括施工机械、生产设备、运输设备以及其他设备。

自有机械设备年末总功率 指本企业自有施工机械、生产设备、运输设备以及其他设备等列为在册固定资产的生产性机械设备年末总功率，按设定能力或查定能力计算。包括机械本身的动力和为该机械服务的单独动力设备，如电动机等。计算单位用千瓦，动力换算可按 1 马力 =0.735 千瓦折合成瓦数。电焊机、变压器、锅炉不计算动力。

营业收入 指企业经营主要业务和其他业务所确认的收入总额。包括主营业务收入与其他业务收入。

利润总额 指建筑施工企业在一定时期内实现的利润。

主营业务收入 指企业确认的销售商品、提供服务等主营业务收入。

建筑业增加值 指建筑企业在报告期内以货币表现的建筑生产经营活动的最终成果。

产值利润率 是指报告期内企业实现的利润总额占同期建筑业总产值的百分比。

房地产开发投资 指各种登记注册类型的房地产开发法人单位统一开发的住宅、厂房、仓库、饭店、宾馆、度假村、写字楼、办公楼等房屋建筑物，配套的服务设施，土地开发工程（如道路、给水、排水、供电、供热、通讯、平整场地等基础设施工程）和土地购置的投资；不包括单纯的土地开发和交易活动。

商品房销售面积 指报告期内出售商品房屋的合同总面积（即双方签署的正式买卖合同中所确定的建筑面积）。本月销售面积指从本月 1 日起至本月最后一天止出售商品房屋的合同总面积。商品房销售面积由现房销售建筑面积和期房销售建筑面积两部分组成。

商品房销售额 指报告期内出售商品房屋的合同总价款（即双方签署的正式买卖合同中所确定的合同总价）。本月销售额指从本月 1 日起至本月最后一天止出售商品房屋的合同总价款。该指标与商品房销售面积同口径，由现房销售额和期房销售额两部分组成。

经济适用房 指根据经济适用房计划安排建设的政策性住宅。经济是指房屋建筑造价和销售价格低于一般商品住宅；适用是指适合中低收入家庭购买使用。经济适用房主要是由国家统一下达投资计划，房地产公司开发，对外销售；用地一般采用行政划拨或招标投标方式，免收土地出让金；对各种经批准的收费减半征收，开发利润不超过 3%；销售价格实行政府指导价。该指标可以分析房地产投资结构，反映中低收入家庭商品住宅的供求平衡情况。

不可销售面积 指报告期房地产公司竣工的用于拆迁还建的房屋面积；接受委托、定向开发建设，并收取一定的管理费所建设的统建代建房屋竣工面积；竣工的学校、幼儿园、派出所、居委会、商店等公益设施建筑面积。

待售面积 指报告期末已竣工的可供销售或出租的商品房屋建筑面积中，尚未销售或出租的商品房屋建筑面积，包括以前年度竣工和本期竣工的房屋面积，但不包括报告期已竣工的拆迁还建、统建代建、公共配套建筑、房地产公司自用及周转房等不可销售或出租的房屋面积。按照商品房待售时间的长短可以划分为待售一年以下、待售一至三年（含一年）和待售三年以上（含三年）。

Explanatory Notes on Principle Statistical Indicators

Statistical Entities in Construction refers to corporate enterprises engaged in construction of buildings and structures and equipment installation.

Gross Output Value of Construction (Output Value of Self-completed Projects) refers to the total volume of construction products, expressed in monetary terms and completed by construction and installation enterprises during a given period of time. It is a comprehensive indicator reflecting the whole production scale, level and fruits.

Floor Space of Buildings Under Construction refers to the floor space of buildings under construction during the report period, including newly started buildings, buildings started in the preceding period and continued during the current period, and buildings suspended in the preceding period but restarted in the current period, buildings completed during the current period, and buildings under construction and then suspended during the current period.

Floor Space of Buildings Completed refers to the floor space of buildings that are completed in the report period in accordance with the requirements of the design, up to the standard of putting them into use, and have been checked and accepted by concerned departments as qualified ones.

Total Number of Machinery and Equipment Owned at Year-end refers to the number of machines and equipment owned by enterprises, and listed as their fixed assets by the end of the year, including machinery and equipment for construction, production and transportation.

Total Power of Machinery and Equipment Owned at Year-end refers to the total power of machinery and equipment for construction, production and transportation owned by enterprises, and listed as their fixed assets by the end of the year, which is calculated on the basis of the designed or verified capacity, covering the power of machinery and equipment and separate power equipment serving them (such as electric motors), but excluding welders, transformers and boilers. The unit used for the calculation of power is kilowatt, with horsepower converted to kilowatt by 1 horsepower=0.735kilowatt.

Operating Revenue refers to the sum of income from principal business and other business of enterprises, including income from settlement of projects and other operating income.

Total Profits refer to the profits made by construction enterprises in a certain period of time.

Income from Principal Business refers to income received by merchandising and providing service of enterprises.

Added Value of Construction refers to the final results of production and operation of construction enterprises in monetary terms in the report period.

Ratio of Profit to Output Value refers to the ratio of the total profits to the gross output value of construction in the report period.

Investment in Real Estate Development refers to investment by real estate development companies, commercialized buildings construction companies and other real estate development units of various types of ownership in the construction of buildings, such as residential buildings, factory buildings, warehouses, hotels, guesthouses, holiday villages, office buildings, and the complementary service facilities and land development projects, such as roads, water supply, water drainage, power supply, heating supply, telecommunications, land leveling and other infrastructural projects. It does not include activities in pure land transactions.

Area of Commercialized Housing Sold refers to total contracted area of commercialized housing (i.e. area of floor space as designated in the formal contracts signed by both sides) during the reference time. Sales area of the month refers to the total contractual area of houses sold from the first day of the month to the last day of the month.Area of commercialized housing sold constitutes floor space of completed housing and floor space of future housing.

Value of Commercialized Housing Sold refers to the total contracted value (i.e. value of sales/purchase for selling/purchase of commercialized housing as designated in the contract signed by both sides) during the reference time. Sales of the month refers to the total contract value of a house sold from the first day of the month to the last day of the month.This indicator has the same coverage as the area of commercialized housing sold, which constitutes floor space of completed housing and floor space of housing yet to be completed.

Economically Affordable Housing refers to housing constructed according to the State Plan for economically affordable housing. The features of houses of this category are low cost of construction and low prices, and therefore are affordable to mid-income and low income households. Economically affordable housing projects are developed by real estate companies under the State Investment Plan, with the land provided through government allocation or tendering procedures. Developers are exempted from land utilization fees and enjoy another 50% exemption of all other legitimate fees, while their profits are limited to less than 3%, and the completed houses are sold under government-guided prices. This indicator helps to analyze the investment structure of the real estate industry and the demand and supply of housing for mid-income and low income households.

Non-Marketable Area refers to the building area used for removal and rebuilding which completed by real estate companies in reference period; completed building area of unified construction and acting construction which constructed by accepting commission, orientating development construction and charging certain management overhead; building area of completed schools, kindergartens, police stations, neighborhood committees, stores and such public utility constructions.

Floor Space of Vacant Building refers to the area of commercialized buildings haven't been sold or rent in the area of completed marketable and rentable commercialized buildings in the reference period, including the completed building area in the former years and in the current period, while excluding the completed removal and rebuilding buildings, unified and deputized construction buildings, public matched installations buildings and area of the buildings for self-use and revolving buildings of the real estate companies which are unmarketable or can't be rented. According to the vacant time, the buildings can be categorized as follows: buildings vacant less than one year, vacant for one to three years (including one year), vacant more than three years (including three years).

Chapter 10

十、交通运输、通信和服务业
Transport,Communication and Service Industry

10-1 主要年份年末交通运输线路长度

Length of Transport Routes at Year-end in Significant Years

单位：万公里 (10 000 km)

年 份 Year	铁路营业里程 Length of Railways in Operation	公路通车里程 Total Length of Highways	内河航道里程 Length of Navigable Inland Waterways	民用航空航线里程 Length of Civil Aviation Routes	国际航线 International Lines
1980	0.17	4.41	0.10	0.10	
1985	0.17	4.95	0.10	2.27	0.13
1988	0.16	5.25	0.11	2.37	0.31
1989	0.17	5.47	0.11	2.27	0.31
1990	0.17	5.65	0.11	2.66	0.31
1991	0.17	5.81	0.11	3.08	0.31
1992	0.17	6.00	0.11	4.73	0.41
1993	0.16	6.31	0.11	4.51	0.70
1994	0.16	6.56	0.13	6.42	0.95
1995	0.16	6.82	0.13	5.16	0.95
1996	0.16	7.03	0.13	7.06	0.67
1997	0.20	7.38	0.13	8.98	0.67
1998	0.20	7.70	0.13	12.87	1.63
1999	0.20	10.24	0.15	13.31	3.37
2000	0.20	16.36	0.16	11.97	2.04
2001	0.20	16.40	0.18	13.51	2.07
2002	0.20	16.49	0.18	14.81	2.91
2003	0.20	16.61	0.18	14.55	2.09
2004	0.19	16.71	0.25	13.78	2.43
2005	0.19	19.45	0.28	13.54	2.44
2006	0.19	19.85	0.28	13.68	2.24
2007	0.19	20.03	0.28	12.99	2.63
2008	0.19	20.38	0.28	11.21	1.47
2009	0.19	20.60	0.28	15.20	2.39
2010	0.19	20.92	0.29	18.28	4.96
2011	0.21	21.45	0.32	18.56	5.39
2012	0.24	21.91	0.34	22.85	4.84
2013	0.24	22.29	0.36	29.44	7.06
2014	0.26	23.04	0.36	33.15	10.65
2015	0.27	23.60	0.41	31.69	9.99
2016	0.34	23.81	0.43	26.70	8.45
2017	0.37	24.25	0.43	27.48	9.29

10−2 公路运输线路长度

Length of Highways

单位：公里 (km)

年份 Year / 州市 Region		公路通车里程 Total Length of Highways	等级公路 Expressway Total	高速 Highway	一级 First class	二级 Second Class	三级 Third Class	四级 Fourth Class	等外公路 Highway Below Class IV
1980		44 149							
1985		49 541							
1988		52 534	43 911			99	6 209	37 683	8 543
1989		54 732	46 296			126	6 252	39 902	8 436
1990		56 536	48 244			195	6 484	41 524	8 292
1991		58 123	49 917			199	6 718	42 959	8 206
1992		60 045	52 007			211	6 811	44 900	8 038
1993		63 086	55 317			587	7 056	47 633	7 769
1994		65 578	57 992			615	7 302	50 034	7 586
1995		68 236	60 777			917	7 571	52 248	7 459
1996		70 279	62 936			1 066	7 862	53 922	7 343
1997		73 821	66 561	45	71	1 301	8 080	57 064	7 260
1998		76 957	69 783	205	61	1 311	8 420	59 786	7 174
1999		102 405	95 354	405	72	1 435	8 702	84 740	7 051
2000		109 636	102 626	517	153	1 722	8 798	91 436	7 010
2001		163 953	106 396	517	164	2 106	9 787	93 822	57 557
2002		164 853	107 617	746	164	2 192	9 969	94 546	57 236
2003		166 134	109 302	1 064	230	2 677	10 057	95 274	56 832
2004		167 050	110 876	1 291	237	3 089	10 062	96 197	56 174
2005		167 678	111 961	1 424	287	3 325	9 918	97 007	55 717
2006		198 496	99 834	1 549	279	3 696	9 513	84 797	98 662
2007		200 333	104 771	2 507	600	4 370	9 469	87 825	95 562
2008		203 753	124 526	2 512	633	4 859	9 563	106 959	79 227
2009		206 028	138 150	2 512	628	4 973	9 518	120 519	67 878
2010		209 230	158 119	2 630	733	5 771	9 329	139 656	51 111
2011		214 524	165 843	2 746	842	9 553	8 407	144 295	48 681
2012		219 052	171 960	2 943	974	10 299	8 372	149 371	47 092
2013		222 940	178 371	3 200	1 003	10 307	8 354	155 508	44 568
2014		230 398	189 481	3 255	1 068	10 596	8 409	166 153	40 917
2015		236 007	197 071	4 006	1 152	10 860	8 286	172 768	38 936
2016		238 052	200 898	4 134	1 196	11 752	8 618	175 198	37 154
2017		242 546	208 526	5 022	1 354	11 941	8 937	181 272	34 020
昆　明	Kunming	18 751	16 222	812	156	1 184	475	13 595	2 529
曲　靖	Qujing	24 838	21 930	792	231	698	916	19 292	2 909
玉　溪	Yuxi	17 312	16 900	322	107	687	898	14 885	412
保　山	Baoshan	13 865	11 453	259	51	1 033	191	9 919	2 412
昭　通	Zhaotong	16 977	14 876	268	92	848	497	13 171	2 100
丽　江	Lijiang	7 821	7 349	63	39	537	431	6 279	472
普　洱	Pu'er	20 905	17 296	200	18	1 023	636	15 419	3 609
临　沧	Lincang	16 578	13 835	17	20	1 043	173	12 583	2 743
楚　雄	Chuxiong	19 122	14 359	387	119	407	628	12 818	4 763
红　河	Honghe	23 224	20 687	639	71	964	1 183	17 830	2 537
文　山	Wenshan	16 240	14 508	446	73	756	880	12 352	1 732
西双版纳	Xishuangbanna	6 694	5 560	247	28	420	293	4 570	1 134
大　理	Dali	20 238	15 967	436	297	1 004	1 002	13 228	4 271
德　宏	Dehong	8 146	7 036	134	49	567	177	6 110	1 109
怒　江	Nujiang	5 525	4 762			90	236	4 436	763
迪　庆	Diqing	6 310	5 786		2	680	319	4 785	523

10−3 铁路里程和机车拥有量（2012−2017年）
Length of Railways and Number of Railway Locomotives Owned (2012-2017)

指　　标	Item	2012	2013	2014	2015	2016	2017
铁路里程	**Length of Railways in Operation**						
正线延长里程(公里)	Length of Railways in Trunk Line (km)	2 557.40	2 614.95	2 994.40	3 159.23	4 532.73	4 912.07
营业里程(公里)	Length of Railways in Operation (km)	2 350.10	2 351.10	2 646.60	2 660.08	3 374.78	3 681.68
准　轨(公里)	Standard Tracks (km)	1 693.50	1 693.50	1 990.60	2 004.05	2 712.62	3 022.36
米　轨(公里)	Meter Tracks (km)	656.60	656.00	656.00	656.03	662.16	659.32
内燃机车牵引里程(公里)	Length of Diesel Engine Routes (km)	1 092.50	1 091.90	1 052.20	1 058.37	1 058.39	1 086.33
占营业里程比重(%)	As Percentage of Railways in Operation (%)	46.49	46.47	39.76	39.78	31.36	29.50
半自动闭塞里程(公里)	Semi-automatic Blocking Length (km)	1 685.60	1 703.00	1 639.80	1 495.60	1 483.70	1 463.94
占营业里程比重(%)	As Percentage of Railways in Operation (%)	71.7	72.5	62.0	56.2	70.6	60.5
无缝线路里程(公里)	Length of Continuous Welded Rail (km)	1 384.00	1 384.00	1 585.90	1 585.98	3 960.28	4 126.10
占营业里程比重(%)	As Percentage of Railways in Operation (%)	58.89	58.91	59.92	59.62	63.05	65.59
有电气集中的车站(个)	Number of Stations with Electric Interlocking (unit)	127	131	124	120	123	129
占正式营业线路车站比重(%)	As Percentage of Railways Stations in Operation (%)	127.0	87.9	88.6	100.0	100.0	100.0
营业线路主要车站(个)	Railways Station of in Operation (unit)	144	149	140	120	120	120
铁路机车拥有量(台)	**Number of Railway Locomotives(unit)**	**417**	**453**	**504**	**533**	**562**	**561**
内燃机车	Diesel Locomotives	145	160	165	193	199	204
电力机车	Electric Locomotives	272	293	339	340	363	357

10−4 铁路客货车拥有量（2016−2017年）

Number of Railway Passenger Coaches and Freight Cars Owned (2016-2017)

指　　标	Item	2016	2017
客车合计(辆)	**Passenger Coaches (unit)**	**1 928**	**1 850**
软卧车	Soft Berth Coaches	137	135
硬卧车	Hard berth Coaches	885	828
硬座车	Hard Seat Coaches	610	622
餐　车	Dining Cars	102	93
行李邮政车	Luggage and Post Cars	81	77
货车合计(辆)	**Freight Cars (unit)**	**1 130**	**1 130**
按车型分	Grouped by Type		
棚　车	Covered Cars	185	185
敞　车	Open cars	761	761
平　车	Flat Cars	80	80
罐　车	Tank Cars	94	94
其　他	Others	10	10
按载重量分	Grouped by Capacity		
40吨及以下	40 Tons and Below	1 130	1 130
货车总载重(万吨)	Total Loading Capacity of Freight Cars (10 000 tons)	5.10	5.10
平均每辆车载重量(吨)	Average Marked Loading Capacity Per Car (ton)	45	45

10−5(1) 各州市民用车辆拥有量（按类型分组）（2017年）

Possession of Civil Vehicles by Region (Grouped by Vehicles Types) (2017)

单位：万辆、万人 (10 000 units, 10 000 persons)

州 市	Region	民用车辆拥有量 Civilian Vehicle	汽车合计 Total	摩托车 Motors	拖拉机 Tractors	挂 车 Trailers	其他类型车 Others	机动车驾驶员 Number of Motor Drivers	汽车驾驶员 Automobile Drivers
全 省	**Yunnan**	**1376.66**	**624.17**	**705.49**	**45.24**	**1.75**		**1295.56**	**919.32**
昆 明	Kunming	253.64	214.95	36.17	2.25	0.27		295.85	276.33
曲 靖	Qujing	119.41	63.66	52.43	3.17	0.14		136.66	110.12
玉 溪	Yuxi	92.33	40.71	46.43	4.81	0.38		81.15	63.89
保 山	Baoshan	80.93	22.73	54.92	3.21	0.08		68.35	35.74
昭 通	Zhaotong	87.76	29.91	56.68	1.10	0.07		84.23	50.40
丽 江	Lijiang	32.93	17.22	13.51	2.18	0.02		29.98	23.14
普 洱	Pu'er	109.09	24.69	79.28	5.08	0.04		77.92	36.95
临 沧	Lincang	89.93	17.60	66.26	6.04	0.02		66.71	25.85
楚 雄	Chuxiong	71.51	25.69	42.37	3.31	0.15		69.62	46.56
红 河	Honghe	112.32	46.56	61.34	4.18	0.24		103.64	74.88
文 山	Wenshan	86.81	30.95	53.58	2.24	0.05		82.92	46.20
西双版纳	Xishuangbanna	49.68	17.48	30.73	1.46			38.45	26.64
大 理	Dali	105.23	41.66	61.16	2.21	0.21		91.29	60.68
德 宏	Dehong	60.40	17.99	39.87	2.52	0.02		48.87	27.52
怒 江	Nujiang	11.03	3.89	6.56	0.58	0.01		10.17	6.27
迪 庆	Diqing	11.44	7.02	3.47	0.92	0.04		9.75	8.14

10-5(2) 各州市汽车拥有量（2017年）

Possession of Vehicles by Region (2017)

单位：万辆 (10 000 units)

州市	Region	汽车拥有量合计 Total	载客汽车 Passenger Vehicles	轿车 Cars	载货汽车 Trucks	其他汽车 Others	三轮 Three-wheel	低速货车 Four-wheel
全省	**Yunnan**	**624.17**	**525.58**	**272.28**	**94.43**	**4.16**	**0.30**	**1.22**
昆明	Kunming	214.95	198.64	116.54	15.41	0.90		
曲靖	Qujing	63.66	54.62	25.68	8.66	0.39	0.06	0.09
玉溪	Yuxi	40.71	32.54	18.27	7.93	0.24		0.01
保山	Baoshan	22.73	17.47	8.70	5.12	0.14	0.01	0.05
昭通	Zhaotong	29.91	23.24	9.48	6.31	0.37	0.01	0.22
丽江	Lijiang	17.22	14.00	6.82	2.98	0.25	0.05	0.13
普洱	Pu'er	24.69	18.41	7.93	6.03	0.25	0.02	0.13
临沧	Lincang	17.60	12.96	6.60	4.51	0.13		0.07
楚雄	Chuxiong	25.69	21.38	9.87	4.11	0.20	0.02	0.05
红河	Honghe	46.56	37.46	16.98	8.86	0.25	0.01	0.06
文山	Wenshan	30.95	24.68	11.61	5.97	0.30	0.08	0.12
西双版纳	Xishuangbanna	17.48	13.64	7.16	3.78	0.06		
大理	Dali	41.66	33.57	15.87	7.64	0.45	0.03	0.21
德宏	Dehong	17.99	13.59	7.08	4.29	0.12		0.03
怒江	Nujiang	3.89	2.96	1.13	0.86	0.07		0.05
迪庆	Diqing	7.02	5.04	1.97	1.93	0.06		0.01

10—5(3) 各州市载客汽车拥有量（2017年）

Possession of Passenger Vehicles by Region (2017)

单位：万辆 (10 000 units)

州 市	Region	载客汽车拥有量 Passenger Vehicles	大 型 Large	中 型 Medium	小 型 Small	微 型 Miniature
全 省	**Yunnan**	**525.58**	**2.91**	**2.46**	**513.62**	**6.59**
昆 明	Kunming	198.64	1.18	0.51	194.26	2.68
曲 靖	Qujing	54.62	0.20	0.19	53.67	0.56
玉 溪	Yuxi	32.54	0.13	0.12	31.39	0.91
保 山	Baoshan	17.47	0.10	0.11	17.11	0.16
昭 通	Zhaotong	23.24	0.10	0.09	22.76	0.28
丽 江	Lijiang	14.00	0.14	0.10	13.61	0.15
普 洱	Pu'er	18.41	0.09	0.11	18.09	0.12
临 沧	Lincang	12.96	0.04	0.08	12.74	0.10
楚 雄	Chuxiong	21.38	0.08	0.14	20.85	0.31
红 河	Honghe	37.46	0.23	0.21	36.62	0.40
文 山	Wenshan	24.68	0.11	0.14	24.24	0.19
西双版纳	Xishaungbanna	13.64	0.11	0.11	13.35	0.08
大 理	Dali	33.57	0.19	0.26	32.76	0.36
德 宏	Dehong	13.59	0.06	0.09	13.25	0.18
怒 江	Nujiang	2.96	0.03	0.03	2.88	0.02
迪 庆	Diqing	5.04	0.07	0.05	4.82	0.10

10－5(4) 各州市载货汽车拥有量（2017年）

Possession of Freight Vehicles by Region (2017)

单位：万辆 (10 000 units)

州 市	Region	载货汽车拥有量 Trucks	重 型 Heavy	中 型 Medium	轻 型 Light	微 型 Miniature
全 省	**Yunnan**	**94.43**	**13.71**	**7.76**	**72.94**	**0.03**
昆 明	Kunming	15.41	2.42	1.13	11.85	0.01
曲 靖	Qujing	8.66	1.83	0.59	6.23	
玉 溪	Yuxi	7.93	1.74	0.87	5.31	0.01
保 山	Baoshan	5.12	0.63	0.29	4.19	
昭 通	Zhaotong	6.31	0.77	0.51	5.03	
丽 江	Lijiang	2.98	0.31	0.34	2.33	
普 洱	Pu'er	6.03	0.50	0.77	4.76	
临 沧	Lincang	4.51	0.35	0.40	3.76	
楚 雄	Chuxiong	4.11	0.73	0.36	3.02	
红 河	Honghe	8.86	1.65	0.80	6.41	
文 山	Wenshan	5.97	0.46	0.31	5.20	
西双版纳	Xishuangbanna	3.78	0.11	0.19	3.49	
大 理	Dali	7.64	1.15	0.50	5.99	
德 宏	Dehong	4.29	0.51	0.42	3.35	
怒 江	Nujiang	0.86	0.06	0.06	0.74	
迪 庆	Diqing	1.93	0.47	0.22	1.24	

10-5(5) 各州市摩托车和拖拉机拥有量（2017年）

Possession of Motorcycles and Tractors by Region (2017)

单位：万辆 (10 000 units)

州市	Region	摩托车拥有量 Motors	普通 Common	轻便 Convenient	拖拉机拥有量 Tractors	大中型 Large and Medium	小型方向盘式 Small Steering Wheel
全省	**Yunnan**	**705.49**	**695.88**	**9.61**	**45.24**	**31.97**	**7.21**
昆明	Kunming	36.17	35.57	0.60	2.25	1.66	0.38
曲靖	Qujing	52.43	52.05	0.38	3.17	2.61	0.42
玉溪	Yuxi	46.43	43.48	2.95	4.81	1.80	2.34
保山	Baoshan	54.92	54.37	0.54	3.21	2.82	0.07
昭通	Zhaotong	56.68	56.24	0.44	1.10	0.81	0.28
丽江	Lijiang	13.51	13.41	0.10	2.18	1.16	0.86
普洱	Pu'er	79.28	78.15	1.12	5.08	3.78	0.06
临沧	Lincang	66.26	65.98	0.28	6.04	3.82	0.45
楚雄	Chuxiong	42.37	41.35	1.02	3.31	2.28	0.74
红河	Honghe	61.34	61.01	0.33	4.18	3.60	0.54
文山	Wenshan	53.58	53.44	0.14	2.24	1.90	0.29
西双版纳	Xishaungbanna	30.73	30.37	0.36	1.46	0.75	0.42
大理	Dali	61.16	60.48	0.67	2.21	2.16	0.04
德宏	Dehong	39.87	39.24	0.62	2.52	1.50	0.24
怒江	Nujiang	6.56	6.53	0.03	0.58	0.58	
迪庆	Diqing	3.47	3.44	0.02	0.92	0.74	0.07

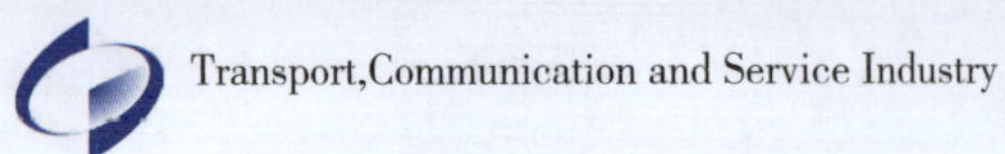

10-6 民用机动运输船舶年末实有数（2012-2017年）
Number of Civil Transport Vessels at Year-end (2012-2017)

类　　型	Type	2012	2013	2014	2015	2016	2017
全　省	**Yunnan**						
艘　数（艘）	Number (unit)	920	951	1 008	1 033	1 092	1 236
净载重量（万吨位）	Net Weight Tonnage (10 000 tons)	11.16	12.05	12.41	12.92	13.32	15.63
载客量（万客位）	Passenger Capacity (10 000 seats)	1.75	2.03	2.19	2.26	2.44	2.88
功　率（万千瓦）	Drawing Power (10 000 kw)	7.81	9.78	10.3	10.7	11.49	12.5
客　船	**Passenger Boat**						
艘　数（艘）	Number (unit)	720	688	731	761	833	933
载客量（万客位）	Passenger Capacity (10 000 seats)	1.70	1.86	1.96	2.02	2.19	2.63
功　率（万千瓦）	Drawing Power (10 000 kw)	2.46	3.72	3.98	4.23	5.11	5.92
客货船	**Passenger Boat and Cargo Vessel**						
艘　数（艘）	Number (unit)	20	48	94	94	87	136
净载重量（吨位）	Net Weight Tonnage (ton)	100	1 083	1 359	1 314	1 322	1 930
载客量（万客位）	Passenger Capacity (10 000 seats)	0.05	0.17	0.24	0.24	0.24	0.24
功　率（万千瓦）	Drawing Power (10 000 kw)	0.09	0.19	0.3	0.3	0.34	0.52
货　船	**Cargo Vessel**						
艘　数（艘）	Number (unit)	178	213	181	176	167	164
净载重量（万吨位）	Net Weight Tonnage (10 000 tons)	10.03	11.04	11.32	11.8	12.17	14.23
功　率（万千瓦）	Drawing Power (10 000 kw)	5.21	5.83	2.97	6.13	5.97	5.99
拖　船	**Tugboat**						
艘　数（艘）	Number (unit)	2	2	2	2	3	3
功　率（千瓦）	Drawing Power (kw)	500	500	500	500	756	756
驳　船	**Barge**						
艘　数（艘）	Number (unit)		1	2	2	2	4
净载重量（吨位）	Net Weight Tonnage (ton)		100	187	187	162	300

10-7 内河、湖泊主要港口吞吐量和码头泊位数（2017年）

Throughput and Number of Berths in Major Ports of Inland Rivers and Lakes (2017)

州 市	Region	旅 客 吞吐量 (万人) Volume of Passenger Traffic (10 000 persons)	出港量 Export Volume	货 物 吞吐量 (万吨) Volume of Freight Handled (10 000 tons)	出港量 Export Volume	生产用 Quay Line For Productive Use 码头长度 (米) Length of Quay Line (m)	泊位数 (个) Number of Berths (unit)	最大靠泊能力 (吨级) The Greatest Capacity (ton)
全 省	**Yunnan**	**1 378.38**	**689.86**	**1 038.94**	**495.41**	**9 060**	**192**	**500**
昆 明	Kunming	147.78	73.89	32.94	16.47	1 767	72	300
曲 靖	Qujing			131.93	65.97	1 310	10	200
玉 溪	Yuxi					214	5	300
昭 通	Zhaotong	631.22	323.90	56.26	28.67	940	17	500
丽 江	Lijiang	19.20	9.60	40.56	20.28	400	2	300
普 洱	Pu'er	98.02	20.30	51.30	25.65	890	17	300
临 沧	Lincang	79.52	39.76	89.60	44.80	706	16	50
楚 雄	Chuxiong	23.45	11.72	70.96	35.48	385	8	
文 山	Wenshan	31.77	15.89	75.57	37.78	330	8	
西双版纳	Xishuangbanna	20.50	6.61	207.50	103.86	773	5	300
大 理	Dali	22.96	11.48	410.16	205.09	1 135	21	300

10−8 主要年份交通运输客运量

Passenger Traffic in Significant Years

单位：亿人 (100 million persons)

年　份 Year	全省客运量 Passenger Traffic	铁　路 Railways	公　路 Highways	水　运 Waterways	民用航空(万人) Civil Aviation(10 000 perons)
1978	0.39	0.13	0.25		8.9
1980	0.53	0.15	0.36	0.01	17.2
1985	0.94	0.15	0.77	0.01	23.0
1987	1.01	0.14	0.86	0.01	39.0
1988	1.06	0.14	0.89	0.02	32.0
1989	1.04	0.13	0.89	0.01	31.0
1990	1.07	0.10	0.95	0.02	34.0
1991	1.11	0.10	0.99	0.01	50.0
1992	1.06	0.11	0.93	0.01	83.0
1993	1.11	0.13	0.95	0.02	127.0
1994	2.52	0.14	2.35	0.01	145.8
1995	2.17	0.13	2.01	0.01	211.0
1996	2.39	0.11	2.24	0.01	253.0
1997	2.50	0.11	2.34	0.01	288.3
1998	2.99	0.13	2.80	0.02	331.1
1999	3.30	0.15	3.08	0.02	435.4
2000	3.37	0.15	3.16	0.02	345.0
2001	4.00	0.14	3.79	0.03	380.0
2002	3.89	0.14	3.67	0.04	393.0
2003	3.52	0.14	3.30	0.04	377.0
2004	3.89	0.15	3.65	0.04	464.0
2005	4.11	0.16	3.85	0.05	495.0
2006	4.38	0.18	4.09	0.05	599.1
2007	4.63	0.21	4.29	0.06	672.3
2008	3.48	0.24	3.12	0.06	599.4
2009	3.66	0.24	3.28	0.07	721.4
2010	4.04	0.27	3.62	0.07	753.8
2011	4.60	0.30	4.14	0.08	758.5
2012	4.96	0.30	4.48	0.09	848.7
2013	5.19	0.33	4.66	0.09	1 000.0
2013（新口径）	4.88	0.33	4.34	0.10	1 000.0
2014	5.01	0.34	4.45	0.11	1 104.1
2015	4.98	0.38	4.37	0.12	1 210.3
2016	4.88	0.51	4.12	0.13	1 183.1
2017	4.70	0.60	3.86	0.13	1 193.0

注：1.公路客运量1993年前为运输系统统计数，1994年起为全社会统计数。
2.2008年公路客运量为全国专项调查数，与2007年口径不一致。
3.铁路客运量从2008年起调整口径。
4.2014年起交通部门调整了公路、水路客运量计算口径。

Note: a. Before 1993,the data of highways passenger traffic were transportation system data, and since 1994, whole society statistics.
b.The data of highways passenger traffic of 2008 were the data of national special survey and the coverage is different from that of 2007.
c. The data of the railways passenger traffic statistics has been changed since 2008.
d.Transport sector has adjusted the coverage of highway and waterway transport volume.

10-9 主要年份交通运输旅客周转量
Passenger-kilometers in Significant Years

单位：亿人公里 (100 million persons-km)

年份 Year	全省旅客周转量 Passenger Traffic of Yunnan Province	铁路 Railways	公路 Highways	水运 Waterways	民用航空 Civil Aviation
1978	24.25	9.92	13.89	0.12	0.32
1980	33.74	12.86	20.30	0.26	0.32
1985	72.84	19.56	52.53	0.32	0.43
1987	88.41	23.20	59.92	0.55	4.74
1988	93.46	23.91	64.81	0.57	4.17
1989	94.01	21.92	67.66	0.42	4.01
1990	87.67	17.22	65.77	0.46	4.22
1991	95.86	17.95	71.83	0.37	5.72
1992	99.98	20.29	69.89	0.34	9.46
1993	111.90	22.86	73.38	0.37	15.29
1994	146.87	24.41	101.77	0.33	20.36
1995	137.93	23.03	93.10	0.35	21.45
1996	149.94	20.57	102.40	0.37	26.61
1997	172.37	22.73	119.47	0.38	29.78
1998	189.85	24.76	131.80	0.58	32.71
1999	237.99	32.82	164.20	0.64	40.34
2000	237.94	31.35	171.20	0.78	34.57
2001	304.20	31.79	232.76	0.82	38.83
2002	281.60	30.50	210.10	0.90	40.10
2003	263.45	30.07	192.87	0.88	39.60
2004	317.76	37.30	227.21	0.91	52.34
2005	331.60	41.04	233.12	1.05	56.39
2006	362.40	47.22	247.71	1.17	66.30
2007	393.40	52.63	265.80	1.21	73.76
2008	411.89	66.61	272.98	1.54	70.76
2009	448.45	63.37	302.22	1.55	81.31
2010	523.64	80.73	352.10	1.78	89.03
2011	610.78	91.91	424.57	1.96	92.34
2012	670.22	91.99	470.20	2.02	106.01
2013	720.33	99.70	493.00	2.23	125.40
2013（新口径）	550.43	99.34	323.10	2.23	125.40
2014	573.63	103.22	321.06	2.37	146.98
2015	599.49	111.38	330.21	2.50	155.40
2016	585.55	110.92	319.99	2.70	151.93
2017	596.70	131.90	308.27	2.88	153.66

注：1.公路旅客周转量1993年前为运输系统统计数，1994年起为全社会统计数。
2.2008年公路旅客周转量为全国专项调查数，与2007年口径不一致。
3.铁路旅客周转量从2008年起调整口径。
4.2014年起交通部门调整了公路、水路客运量计算口径。

Note: a. Before 1993,the data of highways passenger-kilometers were transportation system data, and since 1994, whole society statistics.
b.The data of highways passenger-kilometers of 2008 were the data of national special survey and the coverage is different from that of 2007.
c. The coverage of the railways passenger traffic statistics has been changed since 2008.
d.Transport sector has adjusted the coverage of highway and waterway transport volume.

10-10 主要年份交通运输货运量

Freight Traffic in Significant Years

单位：亿吨 (100 million tons)

年 份 Year	全省货运量 Passenger Traffic	铁 路 Railways	公 路 Highways	水 运(万吨) Waterways (10 000 tons)	民用航空(万吨) Civil Aviation (10 000 tons)
1978	0.50	0.19	0.30	93	0.16
1980	0.48	0.21	0.26	65	0.22
1985	2.00	0.20	1.80	52	0.40
1987	2.16	0.23	1.92	91	0.50
1988	2.30	0.24	2.05	91	0.60
1989	3.08	0.25	2.82	91	1.00
1990	3.83	0.26	3.57	104	0.43
1991	3.08	0.26	2.82	91	0.63
1992	4.28	0.27	4.00	105	1.00
1993	3.57	0.27	3.29	115	1.84
1994	3.79	0.28	3.49	168	2.00
1995	3.84	0.28	3.54	123	2.40
1996	4.29	0.29	3.97	245	3.50
1997	4.68	0.29	4.37	157	5.60
1998	4.84	0.31	4.52	141	7.27
1999	5.08	0.33	4.74	118	7.75
2000	5.25	0.35	4.88	134	7.82
2001	5.32	0.39	4.92	142	8.63
2002	5.50	0.43	5.05	146	6.70
2003	5.87	0.46	5.39	160	6.10
2004	5.96	0.51	5.43	221	7.50
2005	6.22	0.53	5.67	236	7.93
2006	6.64	0.55	6.06	247	8.56
2007	7.18	0.60	6.55	262	8.74
2008	4.56	0.61	3.91	339	7.56
2009	4.71	0.59	4.08	345	7.74
2010	5.23	0.63	4.57	402	8.74
2011	6.63	1.17	5.42	439	6.79
2012	7.55	1.18	6.32	465	6.96
2013	8.39	1.19	7.15	484	8.80
2013（新口径）	11.11	1.19	9.87	508	8.80
2014	11.59	1.21	10.32	560	9.35
2015	11.43	1.17	10.20	602	9.17
2016	12.19	1.18	10.95	646	9.03
2017	13.74	1.26	12.41	667	8.43

注：1.公路货运量从1984年起为国家统计局统一口径的全社会运量数。
2.2008年公路货运量为全国专项调查数，与2007年口径不一致。
3.铁路货运量从2008年起调整口径。
4.2014年起交通部门调整了公路、水路货运量计算口径。

Note: a. Since 1984, the approach in computation of freight-traffic of highways has been included in total social count according to National Bureau of Statistics of China .
b.The data of highways freight traffic of 2008 were the data of national special survey and the coverage is different from that of 2007.
c.The coverage of the railways passenger traffic statistics has been changed since 2008.
d.Transport sector has adjusted the coverage of highway and waterway transport volume.

10—11 主要年份交通运输货物周转量

Freight Ton-kilometers in Significant Years

单位：亿吨公里 (100 million tons-km)

年 份 Year	全省货物周转量 Passenger Traffic of Yunnan Province	铁 路 Railways	公 路 Highways	水 运 Waterways	民用航空 Civil Aviation
1978	62.34	43.52	18.57	0.24	0.01
1980	68.76	50.59	17.84	0.32	0.01
1985	154.11	64.83	88.73	0.50	0.05
1987	195.89	79.77	115.35	0.69	0.08
1988	208.05	82.78	124.44	0.75	0.08
1989	225.21	88.00	136.10	1.04	0.07
1990	260.67	93.91	166.10	0.59	0.07
1991	233.12	96.07	136.42	0.55	0.08
1992	275.85	100.92	173.92	0.88	0.13
1993	241.61	106.23	134.06	1.08	0.24
1994	295.08	107.86	185.99	0.98	0.26
1995	307.71	114.24	192.10	1.06	0.31
1996	352.44	122.24	228.53	1.23	0.44
1997	384.94	129.00	253.96	1.21	0.76
1998	416.18	141.08	273.12	0.96	1.02
1999	443.09	152.64	288.14	0.92	1.11
2000	479.52	180.76	296.65	0.98	1.13
2001	517.31	196.58	318.49	0.99	1.25
2002	551.20	215.80	333.20	1.20	1.00
2003	595.88	235.79	357.64	1.54	0.90
2004	628.39	260.01	365.08	2.12	1.18
2005	656.49	270.37	381.96	2.93	1.23
2006	692.21	277.21	409.46	4.22	1.32
2007	770.96	314.23	450.83	4.59	1.31
2008	811.15	336.20	468.63	5.16	1.16
2009	843.67	340.95	496.14	5.42	1.16
2010	915.04	358.31	548.53	6.91	1.29
2011	996.20	369.70	617.27	8.19	1.04
2012	1 092.09	379.75	702.51	8.71	1.12
2013	1 202.23	390.24	801.04	9.52	1.43
2013（新口径）	1 325.30	390.24	921.98	11.65	1.43
2014	1 407.63	390.59	1 002.35	13.09	1.60
2015	1 465.30	371.83	1 077.89	14.08	1.51
2016	1 569.20	379.44	1 173.06	15.20	1.50
2017	1 798.67	420.62	1 360.37	16.21	1.46

注：1.公路货物周转量从1984年起为国家统计局统一口径的全社会数。
2.2008年公路货物周转量为全国专项调查数，与2007年口径不一致。
3.铁路货物周转量从2008年起调整口径。
4.2014年起交通部门调整了公路、水路货运量计算口径。

Note: a. Since 1984, the approach in computation of freight-kilometers of highways has been included in total social count according to National Bureau of Statistics of China .
b.The data of highways freight ton-kilometers of 2008 were the data of national special survey and the coverage is different from that of 2007.
c.The coverage of the railways passenger traffic statistics has been changed since 2008.
d.Transport sector has adjusted the coverage of highway and waterway transport volume.

10-12 全省铁路货物运输量（2016-2017年）

Railway Freight Traffic of Yunnan Province (2016-2017)

(按货类分) (by category of cargo)

品 种	Item	2016			2017		
		货运量（万吨）Freight Traffic (10 000 tons)	货物周转量（亿吨公里）Freight Ton-kilometers (100 million tons-km)	平均运距（公里）Average Transport Distance (km)	货运量（万吨）Freight Traffic (10 000 tons)	货物周转量（亿吨公里）Freight Ton-kilometers (100 million tons-km)	平均运距（公里）Average Transport Distance (km)
全 省	**Yunnan**	**11 679**	**377.18**	**323**	**12 567**	**418.65**	**333**
煤	Coal	2 094	56.01	267	2 219	65.77	296
焦 炭	Coke	246	5.76	234	298	7.88	265
石 油	Petroleum	884	28.93	327	806	24.55	305
钢铁及有色金属	Steel and Nonferrous metal	1 005	33.27	331	1 117	38.29	343
金属矿石	Metal Ores	1 363	55.07	404	1 680	70.16	418
非金属矿石	Nonmetal Materials	164	4.95	302	191	5.97	312
磷矿石	Phosphate Mineral	472	11.86	251	410	10.01	244
矿物性建筑材料	Mineral Building Materials	545	16.98	312	375	10.15	271
水 泥	Cement	1	0.02	316		0.01	228
木 材	Timber	66	2.12	319	71	2.31	325
化肥农药	Chemical Fertilizers and pesticide	1 068	35.84	336			348
粮 食	Grain	399	13.25	332	419	13.99	334
棉 花	Cotton	0.08		265			272
盐	Salt	29	0.80	274			294
农副土特产品	Farm Crops	47	1.58	335			326
鲜活易腐货物	Goods of Live Animal and Putrescence	5	0.14	271			268
其 他	Others	3 291	110.59	336			339

10-13 全省民用航空运输基本情况（2012-2017年）
Principal Statistics on Civil Aviation of Yunnan Province (2012-2017)

指　　标	Item	2012	2013	2014	2015	2016	2017
旅客发运量（万人）	**Passenger Traffic (10 000 persons)**	**848.60**	**1 000.00**	**1 104.10**	**1 210.32**	**1 183.08**	**1 193.02**
国际航线（万人）	International Routes (10 000 persons)	54.40	80.65	98.33	103.48	109.33	135.73
国内航线（万人）	Domestic Routes (10 000 persons)	794.30	919.33	1 006.21	1 106.84	1 073.75	1 057.29
地区航线（万人）	Regional Routes (10 000 persons)	7.30	12.53	12.05	16.75	21.26	20.21
货邮发运量（万吨）	**Freight Traffic (10 000 tons)**	**6.96**	**8.80**	**9.37**	**9.17**	**9.03**	**8.43**
国际航线（万吨）	International Routes (10 000 tons)	0.21	0.46	1.02	0.75	0.68	0.92
国内航线（万吨）	Domestic Routes (10 000 tons)	6.75	8.35	8.35	8.42	8.35	7.51
地区航线（万吨）	Regional Routes (10 000 tons)	0.01	0.03	0.06	0.17	0.26	0.20
旅客周转量（亿人公里）	Passenger-tons(100 million persons-km)	106.00	125.40	147.30	155.40	151.93	153.66
货邮周转量（亿吨公里）	Freight Ton-kilometers (100 million tons-km)	1.12	1.43	1.61	1.51	1.50	1.46
总周转量（亿吨公里）	Total Air Traffic Ton-kilometers (100 million tons-km)	10.56	12.56	14.66	15.28	14.97	15.16
起飞架次（万架次）	Number of Flying Aircrafts (10 000 units)	8.75	9.99	10.89	11.44	10.73	10.99
飞行里程（万公里）	Distance of Flying (10 000 km)	9 455	10 924	12 492	12 892	12 212	12 447
飞行小时（万小时）	Hours of Flying (10 000 hours)				22.2	21.2	21.9
飞行生产率（吨公里/小时）	Productivity of Flying (ton-km/h)	6 547	6 757	6 902	6 873	7 074	6 909
正班载运率（%）	Carry Rate of Aircrafts (%)			72.8	74.1	75.7	75.1
正班客座率（%）	Utilization Rate of Seats (%)	81.0	77.2	78.8	80.6	81.1	79.4

10–14 全省电信业务基本情况（2000–2017年）

单位：万户

年 份 Year	电信业务总量(亿元) Business Volume of Telecommunication Services (100 million yuan)	移动短信业务量(亿条) Short Message Services (100 million messages)	移动电话年末用户 Number of Mobile Telephone Subscribers at Year-end
2000	82.43		200.90
2001	93.40		338.50
2002	118.50	10.70	502.30
2003	151.45	24.90	628.40
2004	200.80	33.00	732.40
2005	253.60	55.90	898.80
2006	327.70	77.90	1 068.90
2007	458.30	134.00	1 346.40
2008	594.28	169.80	1 635.90
2009	655.25	222.06	1 936.38
2010	253.85	270.00	2 244.50
2011	299.90	310.86	2 589.51
2012	344.34	367.44	2 895.78
2013	379.23	384.12	3 395.76
2014	539.28	356.11	3 748.54
2015	756.25	187.22	3 789.77
2016	1 235.76	145.93	3 942.79
2017	1 144.02	131.91	4 228.40

注：电信业务总量指标测算从2017年起，执行工业和信息化部统一制定的“2015年不变单价”标准。

Basic Conditions of Telecommunication Services of Yunnan Province (2000-2017)

(10 000 subscribers)

3G移动电话用户 3G Wireless Subscribers	(固定)互联网宽带接入用户 Internet Broadband Users	固定电话年末用户 Number of Fixed Telephone Subscribers at Year-end	城市用户 Number of Urban Fixed Subscribers	农村用户 Number of Rural Fixed Subscribers
		288.90	221.90	67.00
		359.90	276.20	83.70
		437.20	357.40	79.60
		483.20	226.50	114.90
		547.20	232.30	121.40
		597.70	444.00	153.80
		644.20	441.70	202.60
		628.70	237.90	210.00
		616.30	248.60	221.00
		583.12	267.29	205.38
88.76	224.10	562.50	357.70	204.80
234.16	306.52	540.11	361.43	178.68
571.79	375.52	524.29	364.68	159.61
1 084.63	405.97	485.41	346.92	138.49
1 286.54	424.88	429.82	312.34	117.48
822.96	455.03	370.94	287.56	83.38
448.07	655.31	335.01	267.14	67.87
320.30	812.60	301.10	247.00	54.10

Note：Since 2017,business volume of telecommunication service is calculated according to the constant price of 2015 stipulated by Ministry of Industry and Information.

10-15 全省主要年份邮政业务基本情况

年份 州市	Year Region	营业网点 (处) Number of Postal Offices (unit)	信筒信箱 (个) Number of Postal Boxes (unit)	邮路总长度 (万公里) Length of Postal Routes (10 000 km)	汽车邮路 Highway Routes	铁路邮路 Railway Routes
1978		1 698	2 359	26.08	25 494	5 101
1980		1 680	3 929	25.58	27 241	4 812
1985		1 684	4 647	5.00	29 261	5 395
1990		1 696	4 500	5.64	31 299	5 398
1995		1 779	4 786	6.56	34 948	5 106
2000		1 930	4 436	12.98	44 420	4 638
2001		1 893	4 538	13.53	51 427	4 666
2002		1 884	4 471	13.65	53 013	4 666
2003		1 891	4 487	13.64	52 855	4 638
2004		1 895	4 292	14.05	58 347	4 666
2005		1 879	4 013	14.60	66 382	4 666
2006		1 853	3 857	14.62	66 777	4 638
2007		1 794	3 936	16.87	67 477	10 375
2008		1 789	3 266	17.57	71 103	13 403
2009		1 736	3 315	17.27	70 151	13 533
2010		1 722	2 927	17.14	79 701	15 170
2011		1 765	2 875	19.48	83 012	21 279
2012		4 410	1 820	50.28	74 136	
2013		4 909	1 817	79.21	73 966	31 422
2014		5 269	1 804	73.41	85 547	3 212
2015		4 802	1 885	67.17	94 867	11 308
2016		6 306	1 904	61.80	96 513	14 482
2017		7 970	1 909	29.10	108 176	13 839
昆明	Kunming	1 889	299	21.82	39 639	13 839
曲靖	Qujing	599	151	0.51	5 110	
玉溪	Yuxi	422	97	0.20	2 022	
保山	Baoshan	518	97	0.35	3 492	
昭通	Zhaotong	487	169	0.90	9 043	
丽江	Lijiang	366	77	0.34	2 863	
普洱	Pu'er	344	129	0.77	6 815	
临沧	Lincang	460	99	0.62	5 455	
楚雄	Chuxiong	465	145	0.86	8 559	
红河	Honghe	631	183	0.60	5 903	
文山	Wenshan	415	125	0.55	5 459	
西双版纳	Xishuangbanna	216	48	0.39	2 908	
大理	Dali	592	145	0.45	4 501	
德宏	Dehong	344	73	0.30	2 510	
怒江	Nujiang	102	33	0.12	1 156	
迪庆	Diqing	120	39	0.34	2 741	

注：1.邮路总长度1980年及以前是邮路及农村投递线路总长度之和。
2.营业网点不含代办点，1998年及以前年份的为邮电支局所(已剔除独立的电信局所)。
3.1990年及以前年份没有单独核算邮政业务量。
4.2012年以后营业网点和邮路总长度是邮政企业和快递企业的汇总数。
5.汽车邮路长度是邮政企业的汇总数。

Basic Conditions of Postal Services of Yunnan Province in Significant Years

快递业务量 (万件) Express Business Volume (10 000 pieces)	农村投递路线长度 (万公里) Rural Delivery Routes (10 000 km)	邮政业务总量 (亿元) Business Volume of Postal Services (100 million yuan)	函 件 (万 件) Number of Letters (10 000 pieces)	报刊期发数 (万份) Issue of Newspaper and Magazines (10 000 copies)
			5 571.57	224.08
			7 023.68	364.22
	18.05		9 496.54	639.24
	17.13		8 957.46	471.20
	17.09	2.17	16 024.08	484.57
	16.69	3.21	10 001.50	421.30
	16.47	7.60	8 876.10	459.20
	16.43	8.30	12 344.10	410.80
	16.52	8.52	9 969.30	328.90
	16.38	8.18	8 386.70	339.10
	16.55	8.60	7 957.40	317.60
	16.05	9.92	7 299.80	342.80
	16.14	11.10	6 695.60	264.50
	16.09	12.71	7 442.82	279.69
	15.99	14.74	6 516.11	305.00
	15.96	15.09	5 498.61	300.76
1 031.86	15.86	16.32	4 119.53	318.51
3 774.37	16.94	18.25	5 250.00	316.01
6 870.32	16.90	23.38	7 231.00	321.00
8 546.08	16.50	27.95	9 550.00	299.00
11 109.14	17.04	35.30	6 664.72	327.66
17 445.80	17.09	50.05	3 647.56	264.92
22 775.76	16.98	66.24	1 777.82	259.34
14 543.94	1.32	34.50	572.44	65.52
789.16	1.89	3.18	577.46	22.23
487.70	0.79	1.79	40.66	11.60
479.66	1.08	1.91	64.66	13.38
582.48	1.33	2.78	25.69	14.72
550.79	0.69	1.79	36.37	8.69
590.81	1.08	1.97	33.29	13.40
260.29	0.90	1.35	15.02	9.52
400.93	1.51	1.76	60.61	16.36
1 068.55	1.76	4.23	30.22	21.30
613.54	1.63	2.57	26.76	16.10
666.18	0.43	2.22	147.58	8.06
1 146.15	1.32	4.03	77.72	19.51
499.62	0.55	1.47	10.61	8.79
38.95	0.34	0.35	4.31	5.62
57.00	0.35	0.35	54.42	4.54

Note: a.Length of postal routes in 1980 and before refers to the length of postal routes and rural delivery routes.
b.Number of postal offices excluded the number of post sub-stations, while in and before 1998,the number of postal offics referred to postal and telcommunication offices (has excluded the independent telcommunication offices)
c.In and before 1990,the business volume of postal services was not calculated independently.
d.Number of post offices and length of postal rotues are those of postal and express enterprises.
e.Number of mail car length is that of postal enterprises

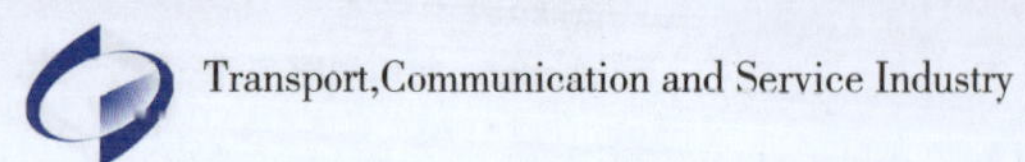

10–16 重点服务业企业财务状况（2016–2017年）

单位：亿元

类 别	Category	企业数（个）Number of Enterprises (unit)
全 省	**Yunnan**	**1 896**
按国民经济行业分	**Grouped by Sector**	
交通运输、仓储和邮政业	Transport, Storage and Post	308
铁路运输业	Railway Transport	2
道路运输业	Highway Transport	190
水上运输业	Waterway Transport	1
航空运输业	Air Transport	10
管道运输业	Pipeline Transport	1
装卸搬运和运输代理业	Lording, Unlording, Carrying and Other Transport Services	50
仓 储 业	Storage	28
邮 政 业	Post	26
信息传输、软件和信息技术服务业	Information Transmission,Software and Information Technology	149
电信、广播电视和卫星传输服务	Telecommunication, Videocast and Satellite Transmissions Service	65
互联网和相关服务	Network and Related Services	11
软件和信息技术服务业	Software and Information Technology Services	73
房地产业(仅含物业管理和房地产中介服务)	Real Estate (Include Property Management Service and Real Estate Intermediary Services Only)	163
物业管理	Property Management Services	157
房地产中介服务	Real Estate Intermediary Services	2
自有房地产经营活动	Own Real Estate Business Activities	4

Financial Statistics of Key Service Industry (2016-2017)

(100 million yuan)

固定资产原价 Original Value of Fixed Assets		本年折旧 Depreciation in the Year		资产总计 Total Assets	
2016	2017	2016	2017	2016	2017
5 348.19	**5 734.67**	**190.82**	**206.07**	**14 774.05**	**14 455.90**
3 665.64	3 920.76	73.52	78.71	7 153.45	7 925.58
781.45	835.79	15.89	13.43	1 371.20	1 616.01
2 312.29	2 473.69	26.31	32.68	4 707.98	5 171.50
0.20	0.02	0.02		0.27	0.04
504.91	541.29	27.63	27.96	894.50	943.83
17.72	17.72	0.71	0.70	16.20	19.74
10.48	11.05	0.63	0.96	53.73	54.15
11.73	10.58	0.74	0.67	70.19	71.40
26.86	30.62	1.59	2.31	39.38	48.91
1 171.68	1 276.98	91.00	98.66	968.81	907.85
1 156.78	1 263.57	90.00	97.81	906.24	832.03
0.22	0.29	0.02	0.05	1.67	4.39
14.68	13.12	0.98	0.80	60.90	71.43
14.60	16.25	0.74	0.81	59.71	71.71
7.31	7.86	0.50	0.52	38.57	48.41
0.14	0.05			0.87	0.13
7.15	8.34	0.24	0.29	20.27	23.17

10–16 续表1

单位：亿元

类 别	Category	企业数 (个) Number of Enterprises (unit)
租赁和商务服务业	Leasing Trade and Business Service	431
租赁业	Leasing Trade	8
商务服务业	Commercial Serive	423
科学研究和技术服务业	Scientific Research, Technology Service	176
研究和试验发展	R & D	12
专品技术服务业	Professional Technology Service	156
科技推广和应用服务业	Technology Promotion and Application Services	8
水利、环境和公共设施管理业	Water Conservancy, Admistration of Environment and Public Facilities	92
水利管理业	Water Conservancy Admistrition	1
生态保护和环境治理业	Conservatory Ecology and Admistration of Environment	6
公共设施管理业	Admistration of Public Facilities	85
居民服务、修理和其他服务业	Services to Households,Repair and Other Services	159
居民服务业	Services to Households	65
机动车、电子产品和日用产品修理业	Repair Services of Motor Vehicle,Electronics and Daily Products	62
其他服务业	Other Services	32
教 育	Education	75
卫生和社会工作	Health Care, Social Works	142
卫 生	Health Care	142
社会工作	Social Works	
文化、体育和娱乐业	Culture, Sports and Entertainment	201
新闻和出版业	News and Publishing	11
广播、电视、电影和影视录音制作业	Broadcast, Television,Filmdom and Audio & Video Production	34
文化艺术业	Culture and Arts	88
体育业	Sports	13
娱乐业	Entertainment	55

continued

(100 million yuan)

固定资产原价 Original Value of Fixed Assets		本年折旧 Depreciation in the Year		资产总计 Total Assests	
2016	2017	2016	2017	2016	2017
173.71	172.98	7.55	7.34	5 382.86	3 925.35
16.33	14.08	0.77	0.72	43.26	29.02
157.38	158.90	6.78	6.62	5 339.60	3 896.33
41.24	39.51	3.15	2.34	435.01	734.97
6.34	5.42	0.35	0.30	59.00	47.17
33.02	32.32	2.41	1.95	369.00	679.48
1.88	1.77	0.39	0.09	7.01	8.32
150.16	151.30	6.09	7.62	429.05	438.33
				1.91	1.84
3.45	3.45	0.08	0.21	15.54	33.44
146.71	147.85	6.01	7.41	411.60	403.05
14.29	17.56	1.28	1.57	48.47	118.38
10.36	12.14	1.01	1.25	29.26	86.89
2.68	3.06	0.17	0.17	6.95	8.12
1.25	2.36	0.10	0.15	12.26	23.37
33.33	38.00	2.48	2.44	54.91	60.08
32.33	32.50	2.66	2.76	52.20	53.35
32.21	32.50	2.65	2.76	49.32	53.35
0.12		0.01		2.88	
51.21	68.83	2.35	3.82	189.58	220.30
3.43	4.03	0.26	0.43	75.48	74.96
2.74	3.63	0.22	0.25	9.66	12.53
12.43	17.50	0.77	1.39	54.63	36.56
19.31	19.30	0.50	0.47	25.12	30.46
13.30	24.37	0.60	1.28	24.69	65.79

10−16 续表2

单位：亿元

类　　别	Category	负 债 合 计 Total Liabilities 2016
全　　省	**Yunnan**	**7 876.50**
按国民经济行业分	**Grouped by Sector**	
交通运输、仓储和邮政业	Transport, Storage and Post	4 221.61
铁路运输业	Railway Transport	415.34
道路运输业	Highway Transport	3 234.87
水上运输业	Waterway Transport	0.11
航空运输业	Air Transport	447.85
管道运输业	Pipeline Transport	8.31
装卸搬运和运输代理业	Lording, Unlording, Carrying and Other Transport Services	36.92
仓 储 业	Storage	58.02
邮 政 业	Post	20.19
信息传输、软件和信息技术服务业	Information Transmission,Software and Information Technology	410.94
电信、广播电视和卫星传输服务	Telecommunication, Videocast and Satellite Transmissions Service	383.35
互联网和相关服务	Network and Related Services	1.27
软件和信息技术服务业	Software and Information Technology Services	26.32
房地产业(仅含物业管理和房地产中介服务)	real estate (Include Property Management Service and Real Estate Intermediary Services Only)	45.47
物业管理	Property Management Services	26.82
房地产中介服务	Real Estate Intermediary Services	0.35
自有房地产经营活动	Own Real Estate Business Activities	18.30

continued

(100 million yuan)

	所有者权益 Total Owners' Equities		营业收入 Total Business Revenue		营业成本 Operating Cost	
2017	2016	2017	2016	2017	2016	2017
7 436.63	**6 897.55**	**7 019.25**	**2 231.67**	**2 268.56**	**1 777.63**	**1 787.20**
4 595.38	2 931.84	3 330.20	1 198.15	1 212.59	1 041.50	1 060.71
491.08	955.85	1 124.93	129.10	169.52	148.37	180.55
3 554.45	1 473.11	1 617.06	702.66	653.91	563.45	518.30
0.01	0.16	0.03	0.21	0.06	0.12	0.02
411.36	446.65	532.46	194.65	215.86	167.37	200.35
9.69	7.90	10.05	4.48	5.01	1.60	1.99
37.84	16.81	16.31	108.67	107.58	103.65	101.48
58.76	12.17	12.64	23.78	21.22	25.39	20.83
32.19	19.19	16.72	34.60	39.43	31.55	37.19
339.49	557.88	568.36	456.26	479.32	310.38	319.05
310.30	522.90	521.72	409.17	419.93	274.25	273.07
2.19	0.40	2.21	1.49	2.02	1.16	1.68
27.00	34.58	44.43	45.60	57.37	34.97	44.30
51.18	14.25	20.52	28.43	35.32	20.19	25.41
33.35	11.76	15.06	26.36	33.04	19.88	25.01
0.02	0.52	0.10	0.23	0.06	0.04	
17.81	1.97	5.36	1.84	2.22	0.27	0.40

10-16 续表3

单位：亿元

类　　别	Category	负债合计 Total Liabilities
		2016
租赁和商务服务业	Leasing Trade and Business Service	2 617.26
租赁业	Leasing Trade	12.49
商务服务业	Commercial Serive	2 604.77
科学研究和技术服务业	Scientific Research, Technology Service	182.61
研究和试验发展	R & D	21.24
专业技术服务业	Professional Technology Service	155.50
科技推广和应用服务业	Technology Promotion and Application Services	5.87
水利、环境和公共设施管理业	Water Conservancy, Admistration of Environment and Public Facilities	216.17
水利管理业	Water Conservancy Admistrition	0.60
生态保护和环境治理业	Conservatory Ecology and Admistration of Environment	2.68
公共设施管理业	Admistration of Public Facilities	212.89
居民服务、修理和其他服务业	Services to Households,Repair and Other Services	29.65
居民服务业	Services to Households	19.17
机动车、电子产品和日用产品修理业	Repair Services of Motor Vehicle,Electronics and Daily Products	5.06
其他服务业	Other Services	5.42
教　育	Education	32.68
卫生和社会工作	Health Care, Social Works	35.24
卫　生	Health Care	32.39
社会工作	Social Works	2.85
文化、体育和娱乐业	Culture, Sports and Entertainment	84.87
新闻和出版业	News and Publishing	28.96
广播、电视、电影和影视录音制作业	Broadcast, Television,Filmdom and Audio & Video Production	6.03
文化艺术业	Culture and Arts	18.97
体 育 业	Sports	14.02
娱 乐 业	Entertainment	16.89

continued

(100 million yuan)

	所有者权益 Total Owners' Equities		营业收入 Total Business Revenue		营业成本 Operating Cost	
2017	2016	2017	2016	2017	2016	2017
1 640.03	2 765.63	2 285.30	219.10	206.49	177.55	152.28
5.89	30.77	23.13	4.55	2.56	2.52	1.21
1 634.14	2 734.86	2 262.17	214.55	203.93	175.03	151.07
370.25	252.40	364.72	165.91	149.49	124.33	114.46
10.34	37.76	36.83	4.51	4.56	2.98	3.31
353.61	213.50	325.87	159.51	142.14	120.51	109.63
6.30	1.14	2.02	1.89	2.79	0.84	1.52
213.82	212.88	224.52	40.79	42.42	26.65	26.72
0.43	1.31	1.41	0.12	0.13	0.08	0.08
4.33	12.86	29.11	2.07	2.63	1.51	1.61
209.06	198.71	194.00	38.60	39.66	25.06	25.03
48.04	18.81	70.34	20.25	30.07	11.66	17.02
32.11	10.08	54.78	12.17	18.92	5.70	9.37
5.68	1.89	2.44	5.48	6.20	4.41	4.72
10.25	6.84	13.12	2.60	4.95	1.55	2.93
35.52	22.23	24.57	20.89	21.05	15.04	13.10
36.44	16.92	16.91	36.32	44.16	24.48	30.72
36.44	16.89	16.91	36.27	44.16	24.44	30.72
	0.03		0.05		0.04	
106.48	104.71	113.81	45.57	47.65	25.85	27.73
25.30	46.52	49.66	12.34	13.47	9.21	9.79
6.80	3.63	5.72	4.39	4.95	2.33	2.91
12.30	35.66	24.26	16.96	15.37	9.43	8.25
13.88	11.10	16.58	3.83	3.60	1.24	1.83
48.20	7.80	17.59	8.05	10.26	3.64	4.95

10-16 续表4

单位：亿元

类　别	Category	营业税金及附加 Taxes and other Charges 2016	2017
全　省	**Yunnan**	**17.46**	**14.93**
按国民经济行业分	**Grouped by Sector**		
交通运输、仓储和邮政业	Transport, Storage and Post	5.91	5.35
铁路运输业	Railway Transport	0.15	0.22
道路运输业	Highway Transport	4.46	3.04
水上运输业	Waterway Transport		
航空运输业	Air Transport	0.86	1.52
管道运输业	Pipeline Transport	0.03	0.05
装卸搬运和运输代理业	Lording, Unlording, Carrying and Other Transport Services	0.16	0.21
仓 储 业	Storage	0.05	0.04
邮 政 业	Post	0.20	0.27
信息传输、软件和信息技术服务业	Information Transmission,Software and Information Technology	3.11	2.30
电信、广播电视和卫星传输服务	Telecommunication, Videocast and Satellite Transmissions Service	1.88	1.98
互联网和相关服务	Network and Related Services	0.01	0.01
软件和信息技术服务业	Software and Information Technology Services	0.26	0.31
房地产业(仅含物业管理和房地产中介服务)	real estate (Include Property Management Service and Real Estate Intermediary Services Only)	0.96	0.61
物业管理	Property Management Services	0.80	0.37
房地产中介服务	Real Estate Intermediary Services	0.01	
自有房地产经营活动	Own Real Estate Business Activities	0.15	0.24

continued

(100 million yuan)

营业费用、管理费用、财务费用合计 Expenses on business, Management and Finance		营业利润 Profits from Business		利润总额 Total Profits		应付职工薪酬 Wages Payable for Employee		从业人员平均人数（万人） Average Number Of Employees (10 000 Persons)
2016	2017	2016	2017	2016	2017	2016	2017	2017
377.35	**395.53**	**210.66**	**290.83**	**260.16**	**316.68**	**338.21**	**391.59**	**44.36**
154.46	161.97	2.24	18.45	36.86	38.98	168.31	196.39	15.51
2.96	12.29	-22.57	-21.37	-21.68	-22.55	59.34	67.34	3.40
105.46	117.67	33.41	36.00	50.98	52.78	52.67	67.85	7.72
0.04	0.01	0.01	0.03	0.01		0.03	0.02	0.01
32.39	17.53	-5.65	4.85	5.16	6.87	35.59	39.55	1.83
0.89	0.82	1.97	2.14	2.30	2.52	0.41	0.43	0.03
4.99	5.22	-0.13	0.38	0.62	0.94	6.20	5.13	0.88
3.52	3.42	-4.35	-0.60	-0.21	0.99	0.93	0.96	0.13
4.21	5.01	-0.45	-2.98	-0.32	-2.57	13.14	15.11	1.49
84.61	92.16	63.42	64.20	66.71	65.13	53.24	62.26	5.27
77.82	83.07	59.21	59.84	62.49	60.49	47.65	53.51	4.20
0.38	0.69	-0.06	-0.15	-0.03	-0.14	0.16	0.29	0.04
6.41	8.40	4.27	4.51	4.25	4.78	5.43	8.46	1.03
6.05	6.63	1.92	2.72	1.99	2.83	11.47	14.33	3.85
4.53	5.23	1.70	2.48	1.75	2.58	11.29	13.98	3.77
0.17	0.05	0.13		0.13		0.03	0.02	
1.35	1.35	0.09	0.24	0.11	0.25	0.15	0.33	0.08

10–16续表5

单位：亿元

类　别	Category	营业税金及附加 Taxes and othe Charges	
		2016	2017
租赁和商务服务业	Leasing Trade and Business Service	5.22	3.40
租 赁 业	Leasing Trade	0.13	0.07
商务服务业	Commercial Serive	5.09	3. 33
科学研究和技术服务业	Scientific Research, Technology Service	1.15	1.24
研究和试验发展	R & D	0.06	0.07
专业技术服务业	Professional Technology Service	1.07	1.15
科技推广和应用服务业	Technology Promotion and Application Services	0.02	0.02
水利、环境和公共设施管理业	Water Conservancy, Admistration of Environment and Public Facilities	0.71	0.50
水利管理业	Water Conservancy Admistrition		
生态保护和环境治理业	Conservatory Ecology and Admistration of Environment	0.02	0.03
公共设施管理业	Admistration of Public Facilities	0.69	0.47
居民服务、修理和其他服务业	Services to Households,Repair and Other Services	0.32	0.32
居民服务业	Services to Households	0.24	0.22
机动车、电子产品和日用产品修理业	Repair Services of Motor Vehicle,Electronics and Daily Products	0.04	0.04
其他服务业	Other Services	0.04	0.06
教 育	Education	0.29	0.21
卫生和社会工作	Health Care, Social Works	0.08	0.05
卫 生	Health Care	0.08	0.05
社会工作	Social Works		
文化、体育和娱乐业	Culture, Sports and Entertainment	0.67	0.95
新闻和出版业	News and Publishing	0.10	0.09
广播、电视、电影和影视录音制作业	Broadcast, Television,Filmdom and Audio & Video Production	0.09	0.09
文化艺术业	Culture and Arts	0.18	0.23
体 育 业	Sports	0.15	0.38
娱 乐 业	Entertainment	0.15	0.16

continued

(100 million yuan)

营业费用、管理费用、财务费用合计 Expenses on business, Management and Finance		营业利润 Profits from Business		利润总额 Total Profits		应付职工薪酬 Wages Payable for Emploee		从业人员平均人数（万人） Average Number Of Employees (10 000 Persons)
2016	2017	2016	2017	2016	2017	2016	2017	2017
54.65	55.95	111.12	178.23	116.46	182.10	34.69	41.65	8.89
1.07	0.14	1.23	1.03	1.22	1.05	0.67	0.31	0.07
53.58	55.81	109.97	177.20	115.24	181.05	34.02	41.34	8.82
26.65	23.91	15.95	11.21	17.53	9.92	32.45	30.81	2.58
2.91	2.18	-1.85	-0.82	-0.78	-2.11	1.55	1.51	0.12
22.56	20.70	17.72	11.73	18.20	11.71	30.43	28.75	2.39
1.18	1.03	0.08	0.30	0.11	0.32	0.47	0.55	0.07
14.60	13.93	2.21	1.25	4.76	1.88	8.39	9.89	1.61
0.12	-0.06	0.10	0.13	0.15	0.13	0.04	0.06	
0.34	0.68	0.44	0.35	0.54	0.39	0.47	0.50	0.08
14.14	13.31	1.67	0.77	4.07	1.36	7.88	9.33	1.53
7.39	9.59	1.32	3.32	1.61	3.63	4.93	7.34	1.89
5.26	7.10	1.17	2.33	1.27	2.54	3.02	4.49	0.94
1.08	1.29	0.11	0.23	0.12	0.23	0.93	1.03	0.30
1.05	1.20	0.04	0.76	0.22	0.86	0.98	1.82	0.64
4.46	4.78	2.88	3.01	3.05	3.10	5.91	5.88	1.08
12.39	12.87	0.01	0.59	0.20	0.63	9.62	11.71	2.06
12.38	12.87	0.01	0.59	0.20	0.63	9.59	11.71	2.06
0.01						0.03		
12.09	13.74	9.51	7.85	10.99	8.48	9.20	11.33	1.62
1.46	1.83	3.05	3.48	3.74	3.64	2.17	2.41	0.16
1.43	1.75	0.40	0.35	0.53	0.45	0.64	0.74	0.14
3.26	3.76	5.28	3.78	5.78	3.89	2.61	3.79	0.60
2.84	1.93	-0.36	-0.59	-0.21	-0.52	1.16	1.29	0.19
3.10	4.47	1.14	0.83	1.15	1.02	2.62	3.10	0.52

10-17 各州市重点服务业企业财务状况

Financial Indicators of Key Service Industry by Region

单位：亿元 (100 million yuan)

州 市	Region	企业数(个) Number of Enterprises (unit)	固定资产原价 Original Value of Fixed Assets 2016	2017	本年折旧 Depreciation in the Year 2016	2017	资产总计 Total Assets 2016	2017	负债合计 Total Liabilities 2016	2017
全 省	**Yunnan**	**1 896**	**5 348.19**	**5 734.67**	**190.80**	**206.07**	**14 774.07**	**14 455.90**	**7 876.50**	**7 436.63**
昆 明	Kunming	855	4 282.27	4 595.44	112.40	128.62	12 235.95	11 477.62	6 801.73	6 144.56
曲 靖	Qujing	119	69.02	76.16	4.63	4.97	77.78	90.54	42.88	50.46
玉 溪	Yuxi	89	100.40	103.60	5.40	5.74	948.16	966.10	191.20	195.19
保 山	Baoshan	50	58.47	67.17	3.73	4.24	71.55	328.75	34.91	195.51
昭 通	Zhaotong	64	83.11	93.82	4.80	5.84	179.19	220.06	121.53	135.32
丽 江	Lijiang	85	52.31	56.56	9.64	4.31	152.68	153.30	73.00	71.82
普 洱	Pu'er	63	55.54	59.23	4.20	4.90	115.15	113.08	92.73	93.71
临 沧	Lincang	34	39.16	43.20	13.02	4.07	38.11	31.73	20.24	17.32
楚 雄	Chuxiong	122	65.12	65.25	4.93	8.97	63.42	60.98	36.22	33.48
红 河	Honghe	106	267.24	282.25	9.16	10.71	394.31	512.94	195.24	227.35
文 山	Wenshan	57	57.18	61.62	4.01	5.08	95.94	88.26	52.20	45.70
西双版纳	Xishuangbanna	69	53.29	50.75	3.80	5.13	135.61	127.19	69.75	65.17
大 理	Dali	100	84.91	93.81	5.13	7.13	165.55	174.73	76.81	78.36
德 宏	Dehong	34	31.46	33.62	2.40	2.44	25.40	22.26	15.21	14.18
怒 江	Nujiang	18	14.03	14.75	1.34	0.79	12.45	12.38	8.62	8.52
迪 庆	Diqing	31	34.69	37.44	2.21	3.13	62.81	75.98	44.23	59.98

10–17 续表1 continued

单位：亿元 (100 million yuan)

州 市	Region	所有者权益 Total Owners' Equities		营业收入 Total Business Revenue		营业成本 Cost of Business		营业税金及附加 Taxes and Other Charges	
		2016	2017	2016	2017	2016	2017	2016	2017
全 省	**Yunnan**	**6 897.56**	**7 019.25**	**2 231.67**	**2 268.56**	**1 777.62**	**1 787.20**	**17.45**	**14.93**
昆 明	Kunming	5 434.25	5 333.05	1 718.04	1 732.99	1 405.51	1 408.14	10.87	10.63
曲 靖	Qujing	34.91	40.08	39.23	40.06	32.44	30.74	0.35	0.31
玉 溪	Yuxi	756.97	770.91	51.21	54.01	41.13	41.27	0.50	0.84
保 山	Baoshan	36.64	133.24	30.51	33.63	21.57	23.04	0.23	0.30
昭 通	Zhaotong	57.66	84.74	36.52	38.80	22.85	22.69	0.23	0.23
丽 江	Lijiang	79.68	81.48	46.40	44.43	32.67	29.36	0.53	0.46
普 洱	Pu'er	22.42	19.37	35.36	37.43	23.68	25.86	0.28	0.21
临 沧	Lincang	17.87	14.41	22.56	22.50	13.66	13.88	0.16	0.12
楚 雄	Chuxiong	27.20	27.50	35.78	37.84	27.64	29.08	0.28	0.26
红 河	Honghe	199.07	285.59	65.79	72.12	55.26	59.60	2.80	0.42
文 山	Wenshan	43.74	42.56	33.88	35.70	22.70	23.35	0.17	0.16
西双版纳	Xishuangbanna	65.86	62.02	28.66	28.36	18.78	18.93	0.27	0.19
大 理	Dali	88.74	96.37	50.26	53.54	33.99	35.49	0.50	0.50
德 宏	Dehong	10.19	8.07	16.94	17.19	11.61	11.36	0.10	0.11
怒 江	Nujiang	3.83	3.86	6.04	6.45	5.11	5.33	0.05	0.05
迪 庆	Diqing	18.54	16.00	14.49	13.51	9.04	9.08	0.13	0.14

10−17 续表2 continued

单位：亿元 (100 million yuan)

州 市	Region	营业费用、管理费用、财务费用 Expenses on Business, Management and Finance		营业利润 Profits from Business		利润总额 Total Profits		应付职工薪酬 Wages Payable for Employee		从业人员平均人数（万人） Average Number Of Employees (10 000 Persons)
		2016	2017	2016	2017	2016	2017	2016	2017	2017
全 省	**Yunnan**	**377.34**	**395.53**	**210.65**	**290.83**	**260.16**	**316.68**	**338.19**	**391.59**	**44.36**
昆 明	Kunming	270.00	281.21	129.11	206.46	166.07	224.89	255.22	295.95	26.86
曲 靖	Qujing	7.53	7.97	0.57	2.06	3.02	2.68	7.64	8.57	1.93
玉 溪	Yuxi	9.21	8.78	38.94	43.64	40.28	45.03	7.71	9.71	1.95
保 山	Baoshan	6.05	6.80	4.13	3.60	4.51	4.54	5.42	6.25	0.99
昭 通	Zhaotong	7.85	8.25	6.70	7.74	7.25	8.02	5.50	6.38	1.22
丽 江	Lijiang	8.37	8.51	7.08	6.92	8.25	7.82	5.11	5.96	1.01
普 洱	Pu'er	8.43	8.83	3.33	2.80	3.80	3.12	6.46	7.45	1.40
临 沧	Lincang	4.29	4.67	4.33	3.86	4.43	3.90	3.67	3.98	0.52
楚 雄	Chuxiong	5.98	6.67	2.37	1.80	3.12	2.92	6.47	7.23	1.48
红 河	Honghe	14.46	18.47	-2.79	-5.00	-0.61	-3.89	8.17	9.79	1.64
文 山	Wenshan	6.10	5.86	5.21	6.32	6.05	6.76	5.68	6.56	1.21
西双版纳	Xishaungbanna	8.62	8.01	1.52	2.17	2.09	2.43	6.03	6.09	1.06
大 理	Dali	10.56	11.56	7.08	7.32	7.74	7.58	8.26	10.30	1.79
德 宏	Dehong	3.31	3.49	2.09	2.21	2.23	2.18	3.27	3.40	0.73
怒 江	Nujiang	1.27	1.39	-0.22	-0.34	-0.03	-0.39	1.33	1.29	0.23
迪 庆	Diqing	5.31	5.06	1.20	-0.73	1.97	-0.91	2.27	2.68	0.34

10−18 各州市私人车辆拥有量（2017年）

Number of Private Motor Vehicles by Region (2017)

单位：万辆 (10 000 units)

州 市	Region	私人车辆拥有量 Private Cars	载客汽车 Passenger Vehicles	载货汽车 Trucks	拖拉机 Tractors	摩托车 Motors
全 省	**Yunnan**	**1 319.15**	**486.85**	**80.08**	**45.24**	**703.65**
昆 明	Kunming	233.59	182.39	12.47	2.25	36.05
曲 靖	Qujing	115.44	51.65	7.87	3.17	52.41
玉 溪	Yuxi	89.17	30.72	6.95	4.81	46.36
保 山	Baoshan	79.47	16.46	4.79	3.21	54.85
昭 通	Zhaotong	85.61	21.72	5.87	1.10	56.60
丽 江	Lijiang	31.56	12.94	2.74	2.18	13.49
普 洱	Pu'er	106.96	17.15	5.38	5.08	79.13
临 沧	Lincang	88.59	11.97	4.28	6.04	66.19
楚 雄	Chuxiong	69.32	19.93	3.58	3.31	42.33
红 河	Honghe	106.04	34.77	5.73	4.18	61.23
文 山	Wenshan	82.59	23.22	3.38	2.24	53.52
西双版纳	Xishuangbanna	48.49	12.82	3.53	1.46	30.66
大 理	Dali	102.09	31.42	6.96	2.21	61.07
德 宏	Dehong	59.08	12.65	4.03	2.52	39.79
怒 江	Nujiang	10.50	2.53	0.79	0.58	6.54
迪 庆	Diqing	10.65	4.50	1.73	0.92	3.44

主要统计指标解释

铁路营业里程 又称营业长度（包括正式营业和临时营业里程），指办理客货运输业务的铁路正线总长度。凡是全线或部分建成双线及以上的线路，以第一线的实际长度计算；复线、站线、段管线、岔线和特殊用途线以及不计算运费的联络线都不计算营业里程。该指标可以反映铁路运输业基础设施的发展水平，也是计算客货周转量、运输密度和机车车辆运用效率等指标的基础资料。

公路里程 指在一定时期内实际达到《公路工程技术标准 JTG B01-2003》规定的技术等级的公路，并经公路主管部门正式验收交付使用的公路里程数。包括大、中城市的郊区公路，以及公路通过小城镇（指县城、集镇）街道的公路里程和公路桥梁长度、隧道长度、渡口的宽度以及分期修建的公路已验收交付使用的里程，不包括大、中城市的街道、厂矿、林区生产用道和农业生产用道的里程。两条或多条公路共同经由同一路段，只计算一次，不得重复计算里程长度。按公路技术等级分为等级公路和等外公路，其中等级公路分为高速公路、一级公路、二级公路、三级公路和四级公路。

内河航道里程 内河航道通航里程指在一定时期内，能通航运输船舶及排筏的天然河流、湖泊水库、运河及通航渠道的长度。包括全年季节性通航累计三个月以上的航道，不包括仅供零散流放竹、木排的河道。两省以河为界的航道里程，双方均按一半计算，以免重复。该指标可以反映内河水运网的规模、水平和发展。

民用航空航线里程 指统计期间内全部民用航空航线的航线总长度。航线长度指民用航空航线的计费距离。计算航线里程可按重复和不重复两种方法，前者是指各航线长度相加的总和；后者则要扣除各航线之间相同航段重复计算的部分。

货（客）运量 指在一定时期内，各种运输工具实际运送的货物（旅客）数量。该指标是反映运输业为国民经济和人民生活服务的数量指标，也是制订和检查运输生产计划、研究运输发展规模和速度的重要指标。货运按吨计算，客运按人计算。货物不论运输距离长短、货物类别，均按实际重量统计。旅客不论行程远近或票价多少，均按一人一次客运量统计；半价票、小孩票也按一人统计。

货物（旅客）周转量 指在一定时期内，由各种运输工具运送的货物（旅客）数量与其相应运输距离的乘积之总和。该指标可以反映运输业生产的总成果，也是编制和检查运输生产计划，计算运输效率、劳动生产率以及核算运输单位成本的主要基础资料。计算货物周转量通常按发出站与到达站之间的最短距离，也就是计费距离计算。计算公式为：

货物（旅客）周转量 =Σ（货物（旅客）运输量 × 运输距离）

邮电业务总量 指以货币形式表示的邮电企业为社会提供各类邮电服务的总数量，是用于观察邮电业务发展变化总趋势的综合性总量指标。分别按邮政业务总量和电信业务总量统计。邮电业务总量是以各类业务的实物量分别乘以相应的不变单价，得出各类业务的货币量再加总求得。

移动电话用户 指报告期末通过移动电话交换机进入移动电话网的全部电话用户。包括各类签约用户、智能网预付费用户、无线上网卡用户（包括 2G 和 3G 无线上网卡用户）等。

固定电话用户 指在电信企业登记注册，且在报告期末实际已经接入电信企业固定电话网（包括局用电话交换机、接入网设备、软交换用户接入设备、无线市话设备）上的全部电话用户。包括普通电话用户、无线接入电话用户、公用电话用户、窄带综合业务数字网 (N-ISDN) 用户、集中用户交换机 (CENTREX) 用户、模拟中继线用户等。

城市电话用户 指话机安装地的行政区划属于中央直辖市、省辖市、地级市、县级市的市区、市郊区及县城区范围内的固定电话用户，还包括分布在农村地区的县团级以上建制的独立工矿区、林区、驻军的电话用户。

农村电话用户 指话机安装地的行政区划属于城市范围以外的乡（镇）、村的固定电话用户。

重点服务业 指交通运输、仓储和邮政业，信息传输、软件和信息技术服务业，租赁和商务服务业，科学研究和技术服务业，水利、环境和公共设施管理业，教育，卫生和社会工作；以及物业管理、房地产中介服务、自有房地产经营活动和其他房地产业等行业年营业收入 1000 万元及以上，或年末从业人员 50 人及以上服务业法人单位；居民服务、修理和其他服务业，文化、体育和娱乐业年营业收入 500 万元及以上，或年末从业人员 50 人及以上服务业法人单位。

从事服务业活动从业人员平均人数 指报告期内(年度、月度)平均拥有的从事服务业活动的人员数。按"谁用工，谁统计"的原则实施统计，包括参加企业服务业活动的正式人员，劳务派遣人员和临时聘用人员。不包括在本企业领取工资、股息、红利未参加服务业活动的人员。

Explanatory Notes on Principle Statistical Indicators

Length of Railways in Operation refers to the total length of the trunk line under passenger and freight transportation (including both full operation and temporary operation). The calculation is based on the actual length of the first line even if this line has a full or partial double track or more tracks, excluding double tracks, station sidings, tracks under the charge of stations, branch lines, special purpose lines and the non payable connecting lines. The length of railways in operation is an important indicator to show the development of the infrastructure for the railway transport, and also the essential data to calculate volume of passenger freight transport, traffic density and utilization efficiency of the locomotives and carriages.

Length of Highways refers to the length of highways which have actually reached the technical level specified in the technical standard JTG B01-2003 in a certain period of time and have been formally checked and accepted by the department of highway and put into use. The length of highway includes that of the suburb highways at large and medium-sized cities,highways passing through streets at small cities and towns,and also the length of bridge and ferries. It does not include the length of streets in big and medium-sized cities and highways built for the production purpose at factories, mines, forest areas and agricultural areas. If two more highways go the same section of the way, the length of the section is only calculated for once and no duplication is allowed. It is divided into grade highway and grade external highway by highway technology grade, among which grade highway is divided into expressway, grade one highway, grade two highway, grade three highway and grade four highway.

Length of Navigable Inland Waterways it is an indicator reflecting the size and development of inland water network, it refers to the length of the natural rivers, lakes, reservoirs, canals, and ditches open to navigation during a given period, which enables the transport by ships and rafts. It includes the channels open to navigation for over an accumulative 3 months in a year, yet this does not include the river courses, which are only used to float odd logs and bamboo rafts.The distance between the two provinces is calculated in half to avoid duplication. This indicator can reflect the scale, level and development situation of the inland waterway network.

Length of Civil Aviation Routes refers to the length of all routes for regular civil aviation flights, which is used to account the freight, during the period of statistics. There are usually two ways to calculate the route length: duplicated calculation and non-duplicated calculation, the former is the sum of length of all civil aviation routes, and latter should deduct the duplication length of same route among all routes.

Freight (Passenger) Traffic refers to the volume of freight (passenger) transported with various means. The freight (passenger)traffic provides a quantitative measure to show how the transport industry serves the national economy and people, and is also an important indicator for planning the transport industry and for studying the development scale and speed of the transport industry. Freight transport is calculated in tons and passenger traffic is calculated in the number of persons. Despite the type of freight and traveling distance, the freight transport is calculated in the actual weight of the goods, and despite the traveling distance and ticket price, the passenger traffic is calculated by the principle that one person can be counted only once in one travel. The passengers who travel with a half price ticket or a child ticket is also calculated as one person.

Freight Ton-kilometres (Passenger-kilometres) refer to the sum of the products of the volume of transported cargo (passengers) multiplying by the transport distance. It is an important indicator to reflect the achievement of transportation industry. Normally, the shortest distance between the departure station and the destination station (i.e., the payable distance) is the basis to calculate the freight ton-kilometers. This is an important indicator to show the total results of the transport industry, to prepare and examine the transport plan and to measure the efficiency, the labour productivity and the unit cost of transport. The formula is as follows:

$$\frac{\text{Freight ton-kilometres}}{\text{(passenger-kilometres)}} = \Sigma \frac{\text{freight}}{\text{(passenger) traffic}} \times \frac{\text{distance of}}{\text{transportation}}$$

Business Volume of Post and Telecommunications refers to the total amount of post and telecommunication services, expressed in value terms, provided by the post and telecommunications departments for the society. This indicator reflects the overall results of development of postal and telecommunication services. It can be classified as postal services and telecommunication services. Business Volume of Post and Telecommunications is the sum of all services in kind multiplying with the unit price (constant price) to get the total business value.

Mobile Telephone Subscribers refer to all telephone users who enter the mobile phone network through a mobile phone exchange at the end of the report. It includes all kinds of subscribers, prepaid users of smart networks, and users of wireless CARDS (including 2G and 3G wireless CARDS) and so on.

Local Telephone Subscribers refers to all telephone users registered in telecom enterprises and actually connected to the fixed telephone network of telecom enterprises at the end of the report (including the local telephone exchange, access network equipment, soft exchange user access equipment and wireless local telephone equipment). It includes general subscribers, wireless local telephone subscribers, public telephones subscribers, N-ISDN subscribers, CENTREX users, analog relay users and so on.

Urban Telephone Subscribers refer to the administrative division of the place where the mobile phone is installed belongs to the urban and suburban areas of central municipality, provincial cities, prefecture-level cities and county-level cities,including telephone users of independent industrial and mining areas, forest areas and military forces established at county level and above in rural areas.

Rural Telephone Subscribers refer to the place where the telephone is installed belongs to the fixed telephone users of towns and villages outside the coverage of urban areas according to the administrative division.

Key service industry refer to following 9 industries:industry of transport,storage and post, industry of information transmission,industry of ware and information technology services,industry of leasing and business, services, Industry of scientific arch,technical services and geologic prospecting, industry of management of water conservancy, environment and public facilities, industry of services to households, repairing and other services, industry of education,health, social works,industry of culture,sports and entertainment. own real estate business activities and other real estate business activities .Enterprises of annual revenue reaches 10 million yuan and above, and number of employees at the end of the year reaches 50 persons of property management services and real estate intermediary services industry are included in key service industry. Legal institutions which carry out enterprises management and accounting system are also included in key service industry.

Chapter 11

十一、金融和保险业
Banking and Insurance

11-1 金融机构存款年末余额（1978-2017年）

Historical Balance of Deposits of Financial Institutions at Year-end (1978-2017)

单位：亿元 (100 million yuan)

年份 Year	存款年末余额 The balance of deposits at Year-end	非金融企业存款 Deposits of non-financial Enterprises	住户存款 Household deposits
1978	28.51	8.36	3.24
1979	34.48	9.60	3.91
1980	39.95	11.14	5.43
1981	48.25	12.92	7.22
1982	59.61	17.88	12.36
1983	68.81	20.28	16.17
1984	81.45	25.43	22.24
1985	99.67	40.93	29.83
1986	128.58	53.80	39.76
1987	156.64	54.98	55.46
1988	190.41	70.51	63.84
1989	218.26	79.89	86.45
1990	292.19	105.81	117.89
1991	365.81	136.82	152.28
1992	466.72	172.79	195.82
1993	593.56	203.41	251.23
1994	841.15	319.19	351.40
1995	1 187.24	478.89	500.13
1996	1 539.59	650.80	671.20
1997	1 829.40	825.24	805.99
1998	2 076.06	910.64	912.89
1999	2 254.38	940.79	1 028.93
2000	2 465.68	1 038.40	1 138.22
2001	2 779.71	1 082.52	1 298.53
2002	3 121.28	1 106.12	1 500.24
2003	3 747.46	1 344.70	1 766.51
2004	4 404.36	1 688.81	2 052.12
2005	5 140.50	1 773.63	2 430.28
2006	6 131.25	2 066.50	2 854.86
2007	7 170.87	2 578.84	3 046.40
2008	8 418.94	2 882.69	3 783.78
2009	11 119.64	3 942.38	4 668.61
2010	13 411.49	4 462.42	5 719.55
2011	15 416.70	5 449.03	6 693.67
2012	18 008.04	6 131.96	7 848.64
2013	20 767.77	6 446.34	9 163.61
2014	22 456.26	6 354.69	9 923.95
2015	25 035.09	6 863.46	10 736.62
2016	27 726.10	7 983.61	11 935.78
2017	29 963.85	8 707.45	13 164.69

注：本表资料1981年及以前为国有商业银行数据，1982年后为全部金融机构数据。2010年及以前非金融企业存款为企业存款，住户存款为存款，变更后的指标口径不同，不具有可比性。

Note: The data in this table are obtained from National Commercial Bank before 1981,while after 1982,all data are obtained from financial institutions. Before2010,Deposits of non-financial Enterprises is Deposits of Enterprises,Household deposits is Savings Deposits,The Changed Statistical caliber is different and isn't comparable .

11−2 各州市金融机构存贷款余额（2017年）

Loans and Deposits of Financial Institutions by Region (2017)

单位：亿元 (100 million yuan)

州 市	Region	各项存款 Total Deposits		住户存款 Household deposits		各项贷款 Total Loans	
		余 额 Balance at Year-end	比年初增减额(±) Increase over Year Beginning(±)	余 额 Balance at Year-end	比年初增减额(±) Increase over Year Beginning(±)	余 额 Balance at Year-end	比年初增减额(±) Increase over Year Beginning(±)
全 省	**Yunnan**	**29 963.85**	**2 237.75**	**13 164.69**	**1 228.25**	**25 398.93**	**2 342.65**
昆 明	Kunming	13 466.56	810.88	4 431.40	307.02	14 789.35	1 269.03
曲 靖	Qujing	2 156.79	148.57	1 193.81	123.64	1 383.40	83.93
玉 溪	Yuxi	1 719.38	203.70	825.21	72.84	996.89	93.38
保 山	Baoshan	1 111.56	125.46	594.07	75.90	691.12	92.03
昭 通	Zhaotong	1 496.97	98.60	752.78	105.37	714.72	68.90
丽 江	Lijiang	656.32	52.65	373.43	42.42	466.16	35.59
普 洱	Pu'er	914.16	35.04	498.54	55.76	684.53	82.69
临 沧	Lincang	605.03	28.34	340.39	34.77	485.40	42.05
楚 雄	Chuxiong	1 229.56	90.15	629.20	65.80	733.77	81.21
红 河	Honghe	2 026.57	240.06	1 093.23	103.41	1 255.19	109.66
文 山	Wenshan	1 117.23	79.75	595.34	78.19	747.30	107.06
西双版纳	Xishuangbanna	647.14	71.46	371.15	31.48	372.86	22.31
大 理	Dali	1 618.54	148.04	873.83	77.84	1 205.77	154.92
德 宏	Dehong	628.90	53.65	387.02	27.65	436.23	25.60
怒 江	Nujiang	226.79	31.02	92.29	12.76	126.60	12.21
迪 庆	Diqing	342.34	20.35	112.98	13.41	228.72	49.91

11-3 金融机构人民币信贷情况（2017年）

Credit Funds of RMB Operation Condition of Financial Institution (2017)

单位：亿元 (100 million yuan)

项　目	Item	全　省 Yunnan	2017年比年初增长（%） Increase Rate over year Beginning (%)
各项存款余额	**Deposits in Various Forms**	**29 963.85**	**8.1**
非金融企业存款	Deposits of non-financial Enterprises	8 707.45	9.1
活期存款	Savings Deposits	5 425.59	8.9
定期及其他存款	Time and other Deposits	3 281.86	9.4
住户存款	Household deposits	13 164.69	10.3
活期存款	Savings Deposits	6 696.59	10.7
定期及其他存款	Time and other Deposits	6 468.09	9.9
财政性存款	Financial Deposits	840.82	55.2
机关团体存款	Temporary Deposits	6 818.35	0.6
各项贷款余额	**Loans in Various Forms**	**25 398.93**	**10.2**
短期贷款	Short-term Loans	6 186.74	3.1
中长期贷款	Medium & Long-term Loans	17 472.02	14.0

11-4　全省保险费收入和赔款给付（1999-2017年）

Premium Income and Expenditure for Claim and Payment (1999-2017)

单位：亿元　　(100 million yuan)

年　份 Year	保险费收入 Premium Income	赔款及给付支出 Expenditure for Claim and Payment	简单赔付率(%) Rate of Simple Claim and Payment (%)
1999	37.46	14.03	37.5
2000	39.72	16.71	42.1
2001	42.70	18.97	44.4
2002	55.44	19.18	34.6
2003	73.75	20.35	27.6
2004	74.22	25.91	34.9
2005	81.03	24.01	29.6
2006	95.29	28.90	30.3
2007	111.86	47.75	42.7
2008	165.39	63.40	38.3
2009	180.08	65.12	36.2
2010	235.68	66.31	28.1
2011	241.10	79.89	33.1
2012	271.30	100.11	36.9
2013	320.77	122.06	38.1
2014	375.99	150.88	40.1
2015	434.60	173.23	39.9
2016	529.37	206.10	38.9
2017	613.28	218.05	35.6

11–5 保险业务经济技术指标（2017年）

Economic and Technical Indicators of Insurance Companies (2017)

单位：亿元　　(100 million yuan)

项　目	Item	保险金额 Premium	原保险保费收入 Original Insurance Premium Income	各项赔款和给付 Claim and Payment
全　省	**Yunnan**	**324 993.29**	**613.28**	**218.05**
财产保险公司	**Property Insurance Companies**	**240 239.35**	**279.53**	**131.16**
企业财产保险	Enterprise Property Insurance	12 569.09	6.84	3.56
家庭财产保险	Family Property Insurance	6 081.57	1.42	0.76
机动车辆保险	Motor Vehicle Insurance	43 680.64	210.96	94.14
工程保险	Engineering Insurance	2 156.25	4.75	1.80
责任保险	Liability Insurance	53 580.43	8.18	3.39
信用保险	Export Credit Insurance	280.16	2.23	0.94
保证保险	Guarantee Insurance	85.98	7.59	1.67
船舶保险	Ship Insurance	2.41	0.03	0.01
货物运输保险	Freight Transport	3 446.38	0.98	0.48
特殊风险保险	Special Risk Insurance	1 109.64	0.29	0.31
农业保险	Agricultural Insurance	1 280.35	11.74	7.93
健康险	Health Insurance	43 023.90	15.67	12.92
意外伤害保险	Accident Injury Insurance	72 923.74	8.71	3.19
其他险	Other Insurance	18.81	0.14	0.07
人身保险公司	**Life Insurance Companies**	**84 753.94**	**333.76**	**86.89**
人寿保险	Life Insurance	51 506.89	260.55	59.27
健康保险	Health Insurance	21 826.21	61.34	24.85
意外伤害保险	Personal Accident Injury Insurance	11 420.84	11.86	2.76

11-6 云南省辖区证券市场基本情况（2012-2017年）

Basic Statistics on Securities Markets of Yunnan Province (2012-2017)

项　　目	Item	2012	2013	2014	2015	2016	2017
上市公司数（家）	**Number of Listed Companies (unit)**	**28**	**28**	**29**	**30**	**32**	**34**
发行A股公司数	A Shares	28	28	29	30	32	34
发行B股公司数	B Shares						
A、B股均发行公司数	A Shares and B Shares						
境外发行公司数	Overseas-listed Companies	1	1	1	1		
境内、外均发行公司数	Companies of Overseas-listed and Domestic	1	1	1	1		
ST公司数	ST Listed Companies	3	3	3	3	3	3
证券公司数（家）	**Number of Securities Companies(unit)**	**2**	**2**	**2**	**2**	**2**	**2**
证券营业部数（家）	**Number of Securities Business Department (unit)**	**77**	**113**	**127**	**138**	**153**	**161**
证券投资咨询机构数（家）	**Number of Securities Investment Consultative Institutions (unit)**	**1**	**1**	**1**	**1**	**1**	**1**
证券投资者资金开户数（累计数）（万户）	**Number Of Opening Account of Securities Investors (Cumulative Number) (10 000 households)**	**110.78**	**117.33**	**124.84**	**161.79**	**188.72**	**213.32**
上市公司当年境内募集资金总额（扣除发行费）（亿元）	**Total Volume of Domestic Raise Capital by Listed Companies in current year (after deducting issuance fee)(100 million yuan)**	**10.00**	**255.08**	**79.51**	**242.15**	**279.78**	**238.98**
首次公开发行	IPO			7.94	3.55	10.23	42.21
配股	Share Right Issued		42.85			42.98	
增发	Adding the Share Issue		209.73	62.57	107.00	117.57	131.77
可转债及公司债	Transferable Loans	10.00	2.50	9.00	131.60	109.00	65.00
市价总值（亿元）	**Total Market Value (100 million yuan)**	**1 988.50**	**2 066.09**	**3 097.55**	**3 881.62**	**3 928.65**	**5 125.98**
证券经营机构证券累计成交量（亿元）	**Trading Volume of Securities Managerial (100 million yuan)**	**6 355.11**	**10 461.31**	**16 017.61**	**42 885.43**	**23 066.52**	**26 588.37**

主要统计指标解释

存款 指企业、机关、团体或居民根据资金必须收回的原则，把货币资金存入银行或其他信贷机构保管并取得一定利息的一种信用活动形式。根据存款对象或性质的不同可划分为住户存款、非金融企业存款、政府存款、非银行业金融机构存。它是银行信贷资金的主要来源。

贷款 指银行或其他信贷机构根据资金必须归还的原则，按一定利率，为企业、个人等提供资金的一种信用活动形式。我国银行贷款分为短期贷款、中长期贷款、融资租赁、票据融资、各项垫款、境外贷款等。

保险金额 指保险人承担赔偿或者给付保险金责任的最高限额。

保费 指投保人为取得保险人在约定范围内所承担赔偿责任而支付给保险人的费用。

赔款 指保险人根据保险公司合同的规定，向被保险人支付的赔偿保险责任损失的金额。

Explanatory Notes on Principle Statistical Indicators

Deposit is a form of credit by which enterprises, institutions, organizations or households can put money into banks and other credit institutions for safekeeping and interest earning under the principle of free withdrawal. It can be divided into household deposits, non-financial corporate deposits, government deposits and non-banking financial institutions deposits according to the different objects or nature of deposits. Deposits are major sources of the credit funds of banks.

Loan is a form of credit by which banks and other credit institutions provide funds at certain interest rate to enterprises and individuals in the light of the principle of unconditional repayment. Loans from Chinese banks include short-term loan, medium-term and long-term loans, financial lease, bill financing, various money advanced, foreign loans.

Amount Insured refers to the maximum amount that the insurant will get for the claim of the case insured.

Premium is the fee paid by the insurant to the insurer to obtain the obligation of compensation from the insurance within the agreed terms.

Settled Claim is the compensation paid by the insurer to the insurant in accordance with the insurance contract.

Chapter 12

十二、旅游业
Tourism

12-1　全省旅游业发展情况（2012-2017年）

Basic Statistics on Tourism Development (2012-2017)

项　　目	Item	2012	2013	2014	2015	2016	2017
游客总人数(万人次)	**Number of Tourists (10 000 person-times)**	**20 088.12**	**24 505.85**	**28 647.55**	**32 914.03**	**43 119.71**	**57 339.81**
国内游客（万人次）	**Domestic Tourists (10 000 person-times)**	**19 630.28**	**23 972.35**	**28 116.49**	**32 343.95**	**42 519.33**	**56 672.12**
过夜游客	Overnight Tourists	10 698.03	13 079.60	15 287.33	17 430.55	20 584.47	28 286.16
一日游游客	One-day Tourists	8 932.26	10 892.75	12 829.16	14 913.40	21 934.85	28 385.95
外国人和港澳台过夜游客（万人次）	**Overseas Tourists and Tourists from Hong Kong, Macao and Taiwan (10 000 person-times)**	**457.84**	**533.50**	**531.06**	**570.08**	**600.38**	**667.69**
外国人	Foreigners	329.77	383.17	382.49	420.00	450.69	507.52
港澳台同胞	Compatriots from Hong Kong,Macao and Taiwan	128.05	150.33	148.57	150.08	149.69	160.17
入境游客(万人次)	**Number of Overseas Visitor Arrivals (10 000 person-times)**	**888.13**	**1 056.25**	**1 032.96**	**1 075.32**	**1 199.42**	**1 364.66**
旅游总收入（亿元）	**Total Tourism Revenue (100 million yuan)**	**1 702.54**	**2 111.24**	**2 665.74**	**3 281.79**	**4 726.25**	**6 922.23**
国内旅游收入（亿元）	Domestic Tourism Revenue (100 million yuan)	1 579.49	1 961.55	2 516.87	3 104.37	4 536.54	6 682.58
过夜游客收入	Revenue from Overnight Tourists	1 244.74	1 542.51	1 980.00	2 494.77	3 521.79	5 171.55
一日游收入	Revenue from One-day Tourists	334.74	419.04	536.87	609.60	1 014.75	1 511.03
国际旅游收入(亿美元)	Foreign Exchange Earning from International tourism（100 million USD）	19.47	24.19	24.21	28.76	30.75	35.50
折合人民币（亿元）	Equivalent Amount Converted into RMB (100 million yuan)	123.06	149.69	148.87	177.42	189.71	239.65

注：本表入境游客含口岸入境一日游游客。

Note: In this table, data of entry tourists include the port entry day tourists.

12-2 边境口岸入境一日游游客数及外汇收入（2017年）
Number of One-day Entry Tourists and Earnings in Foreign Exchange in Border Areas (2017)

拥有边境口岸州市	Region with Border Port	口岸入境一日游人数(万人次) Number of One-day Entry Tourists (10 000 person-times)	2017年比2016年增长 (%) Increase Rate over 2016 (%)	口岸入境一日游外汇收入(亿美元) Earnings in Foreign Exchange from One-day Entry Tourists (USD 100 million)	2017年比2016年增长 (%) Increase Rate over 2016 (%)
保　山	Baoshan	8.70	5.0	0.07	11.0
普　洱	Pu'er	16.48	12.0	0.12	18.5
临　沧	Lincang	35.39	20.6	0.26	27.6
红　河	Honghe	153.34	13.8	1.15	20.4
文　山	Wenshan	109.42	78.6	0.82	88.8
西双版纳	Xishuangbanna	60.81	-50.3	0.46	-47.4
德　宏	Dehong	303.31	35.8	2.27	43.6
怒　江	Nujiang	9.53	5.4	0.07	11.5

12—3 各州市旅游业发展情况（2017年）

Tourism Development by Region (2017)

州 市	Region	旅游总收入 (亿元) Total Tourism Revenue (100 million yuan)	旅游外汇收入 (亿美元) Foreign Exchange Earnings (USD 100 million)	国内旅游人数 (万人次) Domestic Tourists (10 000 person-times)	海外旅游人数 (万人次) Overseas Tourists (10 000 person-times)
全 省	**Yunnan**	**6 922.23**	**35.50**	**56 672.12**	**667.69**
昆 明	Kunming	1 608.66	5.32	13 208.45	134.07
曲 靖	Qujing	281.23	0.17	2 619.77	3.17
玉 溪	Yuxi	283.21	0.02	3 579.98	0.65
保 山	Baoshan	263.50	0.69	2 492.28	19.08
昭 通	Zhaotong	234.68	0.01	3 278.43	0.16
丽 江	Lijiang	821.90	4.98	3 950.87	118.58
普 洱	Pu'er	270.00	0.47	2 887.61	9.22
临 沧	Lincang	177.41	0.92	1 807.24	14.29
楚 雄	Chuxiong	332.70	0.15	3 630.69	5.10
红 河	Honghe	514.12	3.41	4 777.06	46.66
文 山	Wenshan	243.01	1.10	2 107.07	8.78
西双版纳	Xishuangbanna	507.75	4.38	3 205.07	60.59
大 理	Dali	650.82	5.57	4 120.45	102.08
德 宏	Dehong	386.90	4.04	2 053.30	47.78
怒 江	Nujiang	47.48	0.28	370.94	3.50
迪 庆	Diqing	298.86	3.99	2 582.89	94.00

注：本表旅游外汇收入包括口岸一日游创汇收入。

Note: In this table, the data of foreign exchange earning is included part of Revenue from one-day tourists in port .

12-4 按国别分外国入境游客及港澳台游客（2012-2017年）

Number of Overseas Visitor Arrivals by Country and Visitor Arrivals from Hong Kong and Macao（2012-2017）

单位：万人次 (10 000 person-times)

国家或地区	Country and Territory	2012	2013	2014	2015	2016	2017
海外和港澳台	**Tourists from Overseas and Hong Kong, Maccao & Taiwan**	**457.84**	**533.50**	**531.06**	**570.08**	**600.38**	**667.69**
外国旅游者	**Foreigners**	**329.77**	**383.17**	**382.49**	**420.00**	**450.69**	**507.52**
亚洲	**Asia**	**223.74**	**254.74**	**258.10**	**292.84**	**325.07**	**371.92**
日本	Japan	16.14	15.59	13.24	12.56	13.61	11.31
新加坡	Singapore	19.26	23.78	24.05	25.18	26.57	28.02
泰国	Thailand	42.76	49.00	45.61	50.34	52.40	59.33
马来西亚	Malaysia	25.55	26.13	25.91	25.76	24.20	22.85
蒙古	Mongolia	0.63	0.55	0.31	0.66	0.29	0.60
印度	India	5.18	4.98	5.60	5.72	5.29	5.63
其他	Others	76.88	92.51	103.13	172.62	202.71	244.17
美洲	**America**	**24.40**	**29.13**	**29.80**	**27.82**	**32.14**	**32.62**
美国	The United States	16.51	18.95	19.73	18.86	22.20	22.15
加拿大	Canada	5.59	7.22	7.28	6.56	7.57	7.68
其他	Others	2.30	2.95	2.79	2.40	2.37	2.79
欧洲	**Europe**	**69.57**	**81.60**	**76.65**	**83.09**	**76.36**	**83.95**
英国	The United Kingdom	9.52	11.70	11.64	12.54	13.05	15.76
德国	Germany	9.95	12.99	12.61	12.45	12.03	12.52
法国	France	14.15	15.85	15.18	15.09	14.84	15.76
意大利	Italy	6.40	8.12	8.90	9.11	9.04	9.90
瑞士	Switzerland	10.37	10.56	9.21	9.27	8.46	7.54
瑞典	Sweden	4.98	5.34	5.25	5.73	5.14	5.13
西班牙	Spain	2.59	3.84	2.67	3.56	3.39	3.26
俄罗斯	Russia	2.07	3.64	2.38	3.74	3.24	4.31
其他	Others	7.48	6.65	8.81	11.60	7.17	9.77
大洋州	**Oceanic**	**9.46**	**11.51**	**12.01**	**11.17**	**11.86**	**12.75**
澳大利亚	Australia	7.16	8.90	8.93	8.52	8.99	9.27
新西兰	New Zealand	1.53	1.79	2.08	2.05	2.23	2.67
其他	Others	0.77	0.82	0.99	0.59	0.64	0.81
非洲	**Africa**	**0.69**	**0.65**	**0.68**	**0.64**	**0.68**	**0.90**
其他国家	**Others**	**1.92**	**5.55**	**5.25**	**4.45**	**4.59**	**5.38**
港澳台同胞	**Compatriots from Hong Kong, Macao and Taiwan**	**128.07**	**150.33**	**148.57**	**150.08**	**149.69**	**160.17**

主要统计指标解释

入境游客 指报告期内来中国（大陆）观光、度假、探亲访友、就医疗养、购物、参加会议或从事经济、文化、体育、宗教活动的外国人、港澳台同胞等游客（即入境旅游人数）。入境旅游人数包括入境过夜游客和入境一日游游客。

出境人数（出境游客） 指中国（大陆）居民因公或因私出境前往其他国家、中国香港特别行政区、澳门特别行政区和台湾省观光、度假、探亲访友、就医疗养、购物、参加会议或从事经济、文化、体育、宗教活动的人数（即出境游客）。

国内游客 指报告期内在中国（大陆）观光游览、度假、探亲访友、就医疗养、购物、参加会议或从事经济、文化、体育、宗教活动的中国（大陆）居民人数，其出游的目的不是通过所从事的活动谋取报酬。

国际旅游（外汇）收入 指入境游客在中国（大陆）境内旅行、游览过程中用于交通、参观游览、住宿、餐饮、购物、娱乐等全部花费。

国内旅游收入 指国内游客在国内旅行、游览过程中用于交通、参观游览、住宿、餐饮、购物、娱乐等全部花费。

Explanatory Notes on Principle Statistical Indicators

Overseas Visitor Arrivals refer to the number of tourists of foreigners, Chinese compatriots from Hong Kong, Macao and Taiwan who come to China (mainland) within the reference period for sight-seeing, vacation, visiting relatives, medical treatment, shopping, attending conference, or to engage in economic, cultural, sports and religious activities (namely the number of overseas visitor arrivals). The number of overseas visitor arrivals includes inbound overnight tourists and one-day tourists.

Number of Chinese Residents Going Abroad (Chinese Outbound Visitors) refers to the number of Chinese (mainland) residents going to other countries, Hong Kong Special Administrative region, Macao Special Administrative region and Taiwan for on official or private purposes, for sight-seeing, vacation, visiting relatives, medical treatment, shopping, attending conference, or to engage in economic, cultural, sports and religious activities (namely the Chinese outbound visitors).

Number of Domestic Tourists refers to the number of Chinese (mainland) residents who travel within China (mainland) for sight-seeing, vacation, visiting relatives, medical treatment, shopping, attending conference, or to engage in economic, cultural, sports and religious activities.

Foreign Exchange Earnings from International Tourism refer to the total expenditure of foreigners, overseas Chinese, Chinese compatriots from Hong Kong, Macao and Taiwan during their stay in the mainland of China on transportation, sighting, accommodation, food, shopping and entertainment.

Income from Domestic Tourism refer to expenditure of domestic tourists on transportation, sighting, accommodation, food, shopping and entertainment while they travel.

Chapter 13

十三、教育、科技和文化
Education,Science and Technology and Culture

13-1 主要年份各级各类教育学校数

Number of Schools by Level and Type in Significant Years

单位：所 (unit)

年份 Year	普通高等教育学校 Regular Institutions of Higher Education	中等教育学校 Secondary Schools 普通中等教育专业学校 Regular Secondary Specialized Schools	普通教育中学 Regular Secondary Schools 合计 Total	高中 Senior Secondary Schools	初中 Junior Secondary Schools	职业教育中学 Vocational Secondary Schools	普通教育小学 Primary Schools	幼儿园 Kindergartens
1978	15	70	1 476	841	635		66 672	371
1980	18	100	1 435	610	825	59	59 499	591
1985	26	111	1 765	528	1 237	179	58 484	1 981
1986	26	118	1 825	520	1 305	185	57 786	1 728
1987	26	127	1 885	518	1 367	197	57 055	1 798
1988	26	130	1 946	518	1 431	208	55 154	1 760
1989	26	138	1 994	506	1 488	215	54 145	1 522
1990	26	138	2 030	503	1 527	228	53 556	1 434
1991	26	139	2 068	497	1 571	216	30 231	1 097
1992	26	142	2 120	496	1 624	228	28 124	1 054
1993	26	142	2 178	789	1 699	234	26 376	1 093
1994	26	142	2 182	469	1 723	231	25 007	1 323
1995	26	143	2 225	455	1 770	233	24 612	1 340
1996	26	144	2 242	442	1 800	217	24 078	1 501
1997	26	146	2 240	431	1 809	217	23 724	1 412
1998	26	142	2 245	419	1 826	211	23 249	1 500
1999	24	136	2 225	407	1 818	209	22 705	1 568
2000	24	127	2 236	418	1 818	199	22 151	1 770
2001	28	121	2 276	419	1 857	209	21 315	1 530
2002	31	121	2 267	411	1 856	193	20 595	1 711
2003	34	113	2 275	421	1 854	181	20 296	1 862
2004	43	99	2 280	429	1 851	177	19 725	2 103
2005	44	96	2 257	443	1 814	172	18 747	2 247
2006	50	93	2 266	452	1 814	168	18 127	2 495
2007	51	93	2 281	465	1 816	182	17 163	2 760
2008	59	94	2 272	460	1 812	182	16 573	3 085
2009	61	94	2 248	457	1 791	191	15 826	3 381
2010	61	91	2 183	451	1 732	198	14 059	3 790
2011	64	89	2 144	444	1 700	193	13 320	4 257
2012	66	87	2 124	444	1 680	192	13 020	4 768
2013	67	82	2 114	440	1 674	188	12 845	5 326
2014	67	83	2 113	446	1 667	175	12 608	6 129
2015	69	81	2 144	465	1 679	171	12 413	6 540
2016	72	81	2 150	480	1 670	166	11 673	7 310
2017	77	82	2 175	509	1 666	165	11 186	8 286

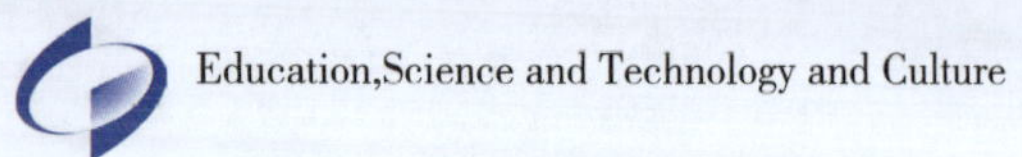

13-2 各级各类学校专任教师数（1978-2017年）

Number of Full-time Teachers by Level and Type of School（1978-2017）

单位：万人 (10 000 persons)

年份 Year	普通高等教育学校 Regular Institutions of Higher Education	中等教育学校 Secondary Schools: 普通中等教育专业学校 Regular Secondary Specialized Schools	普通教育中学 Regular Secondary Schools: 合计 Total	高中 Senior Secondary Schools	初中 Junior Secondary Schools	职业教育中学 Vocational Secondary Schools	普通小学 Primary Schools	幼儿园 Kindergartens
1978	0.37	0.22	5.90	1.16	4.74	0.02	16.41	0.25
1979	0.44		5.35				16.54	
1980	0.44	0.33	5.27	0.89	4.37	0.03	17.54	0.35
1981	0.45		4.83				17.96	
1982	0.50		4.77				17.62	
1983	0.53		4.82				17.75	
1984	0.56		4.86				17.15	
1985	0.64	0.46	5.21	1.07	4.14	0.19	17.16	0.81
1986	0.75	0.52	5.45	1.11	4.33	0.22	17.22	0.94
1987	0.78	0.60	5.86	1.16	4.70	0.25	17.23	0.94
1988	0.80	0.65	6.23	1.19	5.04	0.29	17.26	1.01
1989	0.80	0.69	6.58	1.21	5.37	0.34	17.40	1.09
1990	0.78	0.71	6.92	1.23	5.69	0.37	17.42	1.20
1991	0.76	0.71	7.25	1.27	5.98	0.44	17.44	1.24
1992	0.75	0.74	7.52	1.28	6.24	0.46	17.53	1.40
1993	0.72		7.66				17.59	
1994	0.73		7.85				17.84	
1995	0.74	0.79	8.02	1.27	6.75	0.55	18.14	1.63
1996	0.75	0.82	8.38	1.30	7.09	0.57	18.43	1.73
1997	0.77	0.84	8.81	1.31	7.51	0.60	18.91	1.89
1998	0.81	0.84	9.27	1.30	7.97	0.63	19.39	1.83
1999	0.83	0.83	9.89	1.35	8.54	0.69	20.11	1.86
2000	0.92	0.78	10.56	1.46	9.10	0.71	21.05	1.96
2001	1.00	0.77	10.97	1.60	9.37	0.71	21.77	1.31
2002	1.12	0.76	11.49	1.84	9.65	0.72	22.29	1.45
2003	1.22	0.73	12.02	2.15	9.87	0.72	22.16	1.53
2004	1.52	0.61	12.47	2.51	9.96	0.72	21.90	1.70
2005	1.68	0.63	13.17	2.98	9.96	0.75	21.92	1.80
2006	1.94	0.61	13.85	3.40	10.44	0.80	22.20	1.96
2007	2.12	0.63	14.31	3.68	10.63	0.89	22.27	2.13
2008	2.33	0.71	14.86	3.83	11.03	0.91	22.68	2.32
2009	2.49	0.74	15.52	3.97	11.55	0.96	23.38	2.53
2010	2.65	0.73	16.10	4.12	11.98	1.02	23.75	2.92
2011	2.95	0.76	16.21	4.29	11.92	1.05	23.48	3.27
2012	3.13	0.75	16.59	4.52	12.07	1.07	23.37	3.56
2013	3.44	0.76	16.91	4.73	12.18	1.07	23.02	4.01
2014	3.54	0.78	17.20	4.95	12.25	1.06	22.59	4.47
2015	3.69	0.76	17.53	5.15	12.38	1.08	22.48	4.90
2016	3.89	0.76	18.04	5.39	12.65	1.08	22.70	5.37
2017	3.93	0.78	18.56	5.66	12.90	1.08	22.73	5.89

13-3 各级各类学校招生数（1978-2017年）

Number of New Students Enrollment by Level and Type of School (1978-2017)

单位：万人 (10 000 persons)

年份 Year	普通高等教育学校 Regular Institutions of Higher Education	中等教育学校 Secondary Schools					普通小学 Primary Schools
		普通中等教育专业学校 Regular Specialized Secondary Schools	普通教育中学 Regular Secondary Schools			职业教育中学 Vocational Secondary Schools	
			合计 Total	高中 Senior Secondary Schools	初中 Junior Secondary Schools		
1978	0.71	1.28	51.55	10.42	41.13		109.34
1980	0.50	1.48	34.97	6.27	28.70	0.35	111.97
1985	1.26	1.97	36.58	6.32	30.26	1.95	103.58
1986	1.22	2.22	38.34	6.02	32.32	2.02	89.49
1987	1.32	2.45	39.22	5.91	33.31	2.21	79.96
1988	1.45	2.51	41.02	6.27	33.75	3.04	78.84
1989	1.27	2.29	41.49	6.05	35.44	2.97	78.46
1990	1.30	2.29	44.40	6.51	37.89	3.28	79.99
1991	1.34	2.36	45.15	6.46	38.69	5.80	81.75
1992	1.56	2.67	45.65	6.40	39.25	6.61	85.43
1993							
1994							
1995	1.65	3.51	47.66	6.54	41.12	6.56	87.93
1996	1.72	3.70	48.77	5.84	42.93	6.13	87.52
1997	1.83	3.96	52.52	6.25	46.27	6.31	85.27
1998	2.04	3.94	56.30	6.56	49.74	7.31	75.80
1999	2.75	3.65	62.94	7.43	55.51	7.77	70.99
2000	3.20	3.76	69.84	8.82	61.02	6.42	70.20
2001	4.25	4.67	72.20	10.67	61.54	6.20	72.36
2002	5.04	4.81	77.74	12.44	65.30	6.17	73.71
2003	6.22	4.54	81.59	13.84	67.75	5.35	73.11
2004	6.67	5.17	80.13	16.73	63.40	5.00	73.25
2005	7.45	5.97	82.31	19.00	63.31	5.80	73.34
2006	9.07	6.60	86.04	20.47	65.57	6.67	76.03
2007	9.92	6.92	88.59	20.33	68.26	8.73	75.46
2008	11.71	8.34	91.51	21.20	70.31	8.44	72.91
2009	13.24	9.79	91.74	22.03	69.70	10.71	69.50
2010	14.25	13.57	93.56	22.90	70.66	14.32	66.93
2011	16.13	10.18	93.00	24.38	68.62	8.23	65.38
2012	14.63	10.96	93.53	26.13	67.40	7.23	62.29
2013	16.83	10.95	94.90	26.74	68.16	6.86	61.35
2014	17.59	11.13	93.94	26.81	67.13	6.30	60.93
2015	18.98	11.25	92.74	27.45	65.29	6.25	63.41
2016	20.17	11.51	92.43	28.82	63.61	6.83	64.46
2017	23.28	11.92	93.18	29.79	63.39	6.75	63.48

13-4 各级各类学校在校学生数（1978-2017年）

Number of Students Enrolled by Level and Type of School（1978-2017）

单位：万人 (10 000 persons)

年 份 Year	普通高等教育学校 Regular Institutions of Higher Education	中等教育学校 Secondary Schools 普通中等教育专业学校 Regular Specialized Secondary Schools	普通教育中学 Regular Secondary Schools	高 中 Senior Secondary Schools	初 中 Junior Secondary Schools	职业教育中学 Vocational Secondary Schools	普通小学 Primary Schools	幼儿园 Kindergartens
1978	1.59	2.66	128.54	23.78	104.76	0.39	436.03	4.08
1979	1.86		108.47				427.32	
1980	1.81	4.02	96.86	14.67	82.20	0.54	424.39	10.32
1981	2.17		86.56				424.86	
1982	1.93		86.82				435.72	
1983	2.09		85.90				457.89	
1984	2.49		93.91				497.55	
1985	3.23	5.01	101.99	17.49	84.50	4.07	514.66	19.68
1986	3.77	5.58	110.52	18.22	92.30	4.84	512.13	20.35
1987	4.10	6.15	117.35	18.20	99.15	5.03	499.38	22.91
1988	4.50	6.79	119.38	18.13	101.25	6.04	480.40	23.32
1989	4.51	7.18	119.53	17.69	101.84	6.48	457.42	25.86
1990	4.35	7.38	123.95	18.06	105.89	6.82	446.86	30.06
1991	4.31	7.36	128.84	18.41	110.44	9.43	442.57	34.20
1992	4.54	7.75	131.66	18.66	113.01	10.26	445.43	40.26
1993								
1994								
1995	5.14	10.26	127.25	17.78	109.47	12.54	462.41	51.74
1996	5.40	10.97	133.43	17.61	115.82	9.78	473.12	53.35
1997	5.74	11.68	142.31	17.76	124.55	11.38	483.71	53.72
1998	6.24	12.24	152.15	17.84	134.31	12.51	485.45	54.37
1999	7.39	11.95	167.44	19.42	148.02	15.78	480.80	57.75
2000	9.04	11.92	185.97	22.21	163.76	15.85	472.06	60.35
2001	11.90	12.86	200.46	26.50	173.96	15.26	460.50	62.70
2002	14.34	13.89	215.14	31.55	183.58	14.64	450.93	66.85
2003	17.53	14.84	228.46	36.33	192.13	13.14	441.88	70.66
2004	20.06	14.76	235.06	41.98	193.09	13.21	440.65	75.37
2005	23.21	15.56	238.88	48.31	190.58	14.08	441.23	77.27
2006	26.81	17.35	244.70	54.54	190.16	16.21	452.26	82.38
2007	30.21	18.63	251.77	57.64	194.12	19.64	453.31	86.31
2008	34.35	20.53	259.48	59.47	200.01	21.28	451.04	89.57
2009	38.95	23.37	264.97	61.15	203.82	24.10	444.14	92.17
2010	43.69	29.00	270.63	63.28	207.35	28.64	435.21	98.69
2011	48.76	30.15	270.90	66.03	204.87	27.62	424.08	108.59
2012	51.22	31.56	265.95	70.62	195.33	24.96	406.70	112.23
2013	54.86	30.13	261.07	73.74	187.33	18.81	392.08	119.02
2014	57.70	30.84	266.55	76.85	189.70	17.83	382.69	124.58
2015	61.46	30.97	267.60	78.28	189.32	17.35	377.78	129.40
2016	65.66	31.25	267.78	80.58	187.20	17.30	376.61	131.50
2017	70.59	32.12	270.69	83.41	187.28	17.79	375.21	139.43

13–5 各级各类学校毕业生数（1978–2017年）
Number of Graduates by Level and Type of School（1978-2017）

单位：万人 (10 000 persons)

年份 Year	普通高等教育学校 Regular Institutions of Higher Education	中等教育学校 Secondary Schools: 普通中等教育专业学校 Regular Specialized Secondary Schools	普通教育中学 Regular Secondary Schools	高中 Senior Secondary Schools	初中 Junior Secondary Schools	职业教育中学 Vocational Secondary Schools	普通小学 Primary Schools
1978	0.33	0.99	44.60	9.19	35.41	0.11	56.76
1980	0.53	1.59	27.90	8.12	19.78	0.09	48.27
1985	0.54	1.23	24.32	4.63	19.69	0.58	51.90
1986	0.67	1.65	26.35	5.00	21.35	0.95	57.34
1987	0.98	1.92	28.83	5.58	23.25	1.55	60.99
1988	1.05	1.87	32.72	5.92	26.80	1.67	61.22
1989	1.27	1.88	33.96	5.81	28.15	2.12	62.58
1990	1.45	2.07	33.99	5.57	28.42	2.63	64.59
1991	1.32	2.34	33.32	5.56	27.77	2.21	61.95
1992	1.33	2.27	34.76	5.47	29.29	2.07	59.60
1993							
1994							
1995	1.63	2.63	35.71	5.55	30.16	2.83	56.03
1996	1.45	2.96	34.03	5.25	28.78	2.90	57.98
1997	1.49	3.20	37.03	5.48	31.55	2.97	61.25
1998	1.53	3.30	40.17	5.82	34.35	3.17	61.80
1999	1.58	3.50	42.80	5.15	37.65	3.50	65.61
2000	1.62	3.77	47.54	5.65	41.89	4.61	72.15
2001	1.94	3.69	52.50	5.93	46.56	4.94	76.04
2002	2.56	3.69	58.80	7.11	51.70	4.49	77.52
2003	3.13	3.94	63.94	8.45	55.49	4.30	77.15
2004	3.26	4.87	67.88	9.94	57.94	3.55	72.13
2005	4.49	4.88	73.10	11.60	61.50	4.07	69.32
2006	5.58	4.34	76.29	12.77	63.52	3.98	68.69
2007	6.61	5.07	76.21	15.33	60.88	4.51	71.46
2008	7.28	5.46	77.91	17.39	60.52	5.13	73.23
2009	8.36	6.31	80.45	18.38	62.08	5.58	73.31
2010	9.34	6.45	82.60	18.44	64.16	6.55	73.69
2011	10.73	6.93	86	19.23	66.77	5.97	72.91
2012	11.89	8.24	86.11	19.62	66.49	8.02	72.28
2013	12.79	10.72	83.48	21	62.48	10.21	71.38
2014	14.2	8.57	78.89	22.16	56.73	5.84	69.28
2015	14.6	9.24	81.76	24.07	57.69	5.45	67.22
2016	15.24	9.33	84.91	24.90	60.01	5.39	65.11
2017	17.53	9.14	85.75	25.22	60.53	5.19	64.55

13-6 培养研究生数（1985-2017年）

Number of Postgraduates (1985-2017)

单位：万人 (10 000 persons)

年份 Year	招生数 New Students Enrollment	在校人数 Total Enrollment		毕业生数 Graduates	
		攻读硕士学位 Master's Degree	攻读博士学位 Doctor's Degree	攻读硕士学位 Master's Degree	攻读博士学位 Doctor's Degree
1985	0.04	0.07		0.01	
1986	0.04	0.10		0.01	
1987	0.03	0.10		0.03	
1988	0.02	0.09		0.05	
1989	0.02	0.07		0.04	
1990	0.02	0.05		0.02	
1991	0.01	0.05		0.02	
1992	0.02	0.05		0.01	
1993	0.03	0.06		0.02	
1995	0.03	0.09	0.01	0.02	
1996	0.04	0.10	0.02	0.03	
1997	0.06	0.14	0.02	0.03	
1998	0.06	0.15	0.02	0.04	0.01
1999	0.08	0.18	0.02	0.05	0.01
2000	0.12	0.24	0.03	0.05	
2001	0.18	0.34	0.04	0.06	0.01
2002	0.23	0.48	0.05	0.07	0.01
2003	0.33	0.67	0.07	0.11	0.01
2004	0.45	0.93	0.09	0.16	0.01
2005	0.55	1.22	0.11	0.21	0.02
2006	0.62	1.49	0.13	0.30	0.02
2007	0.65	1.68	0.15	0.40	0.02
2008	0.69	1.84	0.17	0.49	0.03
2009	0.83	2.03	0.19	0.55	0.03
2010	0.93	2.32	0.21	0.57	0.03
2011	0.95	2.58	0.23	0.62	0.04
2012	0.99	2.68	0.24	0.80	0.04
2013	1.04	2.80	0.26	0.85	0.04
2014	1.05	2.88	0.22	0.86	0.04
2015	1.08	2.97	0.23	0.93	0.03
2016	1.12	3.06	0.25	0.96	0.04
2017	1.40	3.39	0.27	0.99	0.04

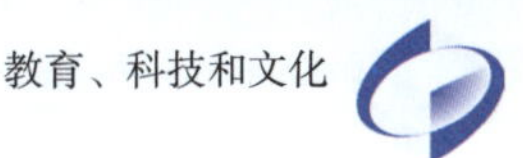

13-7 各级各类成人学校基本情况（2017年）

Basic Statistics on Adult Schools by Level and Type of School (2017)

单位：所、万人 (unit, 10 000 persons)

项　目	Item	学校数 Schools	毕业生数 Graduates	招生数 New Student Enrollment	在校学生数 Student Enrollment	教职工合计 Faculty	专任教师 Full-time Teachers
成人高等教育	**Adult Education Schools**	**2**	**6.80**	**6.78**	**20.30**	**0.02**	**0.01**
按办学形式	**Grouped by Form of Running a School**						
函　授	Correspondence Schools		3.83	4.06	11.98		
业　余	Sparetime Schools		2.63	2.45	7.75		
脱　产	Full-time Schools		0.35	0.27	0.57		
成人中专	**Secondary Specialized Schools for Adults**	**129**	**0.12**	**0.12**	**0.19**	**0.32**	**0.27**
成人小学	**Primary Schools for Adults**	**880**	**16.46**		**6.46**	**0.07**	**0.04**
小学班	Primary Courses	461	13.84		5.25	0.02	0.01

13－8 各级各类学校师生比（2010－2017年）

Student-teacher Ratio by Level and Type of School (2010-2017)

单位：% (教师人数=1)　　　　(%) (Number Of Teacher=1)

年 份	普通高等院校 Regular Institutions of Higher Education	普通中专 Regular Secondary Specialized Schools	成人中专 Specialized Secondary Schools for Adult	普通高中 Regular Senior Secondary Schools	职业高中 Vocational Senior Secondary Schools	普通初中 Regular Junior Secondary Schools	职业初中 Vocational Junior Secondary Schools	小 学 Primary Schools	幼儿园 Kindergartens
2010	20.5	39.6	2.3	20.1	28.4	17.3	20.8	18.3	33.8
2011	19.4	39.7	1.7	15.4	26.2	17.2	37.4	18.6	33.2
2012	21.5	31.9	2.4	15.6	23.1	16.2	10.2	18.0	31.5
2013	18.4	28.5	0.6	15.6	18.1	15.4	10.0	17.0	29.7
2014	18.9	26.4	0.6	15.5	16.6	15.5	10.6	16.9	27.9
2015	19.3	25.9	0.3	15.2	15.6	15.3	13.0	16.8	26.4
2016	19.4	25.1	0.1	15.0	15.3	14.8	23.0	16.6	24.5
2017	20.7	24.0	0.2	14.7	15.8	14.5	1.1	16.5	23.7

注：普通高等学校师生比按教育部新标准测算。

Note: The data in this table are calculated according to the new standards of educational departments.

13-9 主要年份小学学龄儿童入学率

Enrollment Rate of School-age Children in Primary Schools in Significant Years

单位：万人 (10 000 persons)

年 份 Year	学龄儿童人数 School-Age Children	已入学学龄儿童数 School-Age Children Enrolled in Schools	入学率(%) Enrollment Rate (%)		
			总计 Total	男生 Boys	女生 Girls
1980	400.79	349.54	87.20		
1985	421.61	384.14	93.10		
1990	342.40	324.06	94.60		
1995	427.81	416.79	97.40		
1997	452.05	446.64	98.40		
1998	454.13	448.37	98.37		
1999	449.02	444.52	99.00		
2000	438.41	434.10	99.02	99.11	98.90
2001	429.62	426.92	99.37	99.69	99.06
2002	421.63	419.86	99.58	99.56	99.60
2003	412.87	396.92	96.14	96.35	95.89
2004	416.06	400.02	96.15	96.28	96.00
2005	420.31	404.77	96.30	96.42	96.17
2006	427.83	413.17	96.57	96.69	96.44
2007	425.09	414.84	97.59	97.67	97.50
2008	420.32	413.15	98.29	98.30	98.28
2009	415.57	408.45	98.29	98.32	98.25
2010	402.01	400.82	99.71	99.69	99.71
2011	392.23	390.72	99.61	99.63	99.59
2012	370.61	369.03	99.57	99.61	99.53
2013	354.70	352.94	99.50	99.54	99.46
2014	349.56	347.83	99.51	99.54	99.47
2015	345.12	344.01	99.68	99.69	99.66
2016	346.41	345.47	99.73	99.75	99.70
2017	347.69	347.06	99.82	99.83	99.80

13—10 初中、高中、高等教育毛入学率（2000—2017年）
The Gross Enrollment Rate of the Junior Middle School, Senior Secondary Education and Higher Education（2000-2017)

单位：%　　　　(%)

年 份 Year	初中阶段毛入学率 Gross Enrollment Rate of Junior Middle School			高中阶段 毛入学率 Gross Enrollment Rate of Senior Selondany Education	高等教育 毛入学率 Gross Enrollment Rate of Higher Education
	总计 Total	男生 Boys	女生 Girls		
2000	82.77	84.37	81.00	24.93	4.91
2001	84.95	86.64	83.09	25.99	6.11
2002	87.50	89.14	85.68	27.30	8.64
2003	90.79	92.00	89.44	28.00	11.00
2004	93.29	94.06	92.43	29.85	11.15
2005	95.35	96.27	94.31	33.66	12.65
2006	98.19	98.81	97.49	39.34	14.00
2007	99.63	100.19	98.99	45.71	14.61
2008	102.21	102.08	102.31	52.00	16.17
2009	103.12	103.00	103.18	58.60	17.57
2010	104.36	104.73	103.95	65.00	20.02
2011	105.24	105.74	104.69	70.00	23.00
2012	106.04	106.11	105.96	71.20	24.30
2013	106.56	106.52	106.60	72.10	25.80
2014	107.81	107.87	107.74	75.30	28.30
2015	106.36	106.44	106.28	80.10	30.20
2016	106.91	106.89	106.93	82.60	32.60
2017	106.89	106.68	107.13	76.05	37.70

13-11 主要年份自然科学研究成果获奖统计

Statistics on Prizes of Natural Science Research Achievements in Significant Years

单位：项 (unit)

年 份 Year	自然科学研究成果科学技术奖 Provincial Technological Prize				
	申报数 Applications Acceptance	获奖数 Number of Prize-wining	奖励等级 Reward Grade		
			一等奖 Grade I	二等奖 Grade II	三等奖 Grade III
1985	455	149	3	22	124
1990	179	90		11	79
1995	293	182	1	19	162
1999	377	208	2	24	182
2000	444	193	6	24	163
2002	298	173	8	29	136
2003	416	239	12	15	212
2004	374	221	12	42	167
2005	404	242	15	50	177
2006	413	230	12	46	172
2007	420	227	15	45	167
2008	402	211	22	42	147
2009	411	198	18	40	140
2010	401	174	14	35	125
2011	346	192	21	40	131
2012	360	194	20	41	133
2013	322	180	14	37	129
2014	339	180	14	38	128
2015	310	180	26	38	116
2016	311	198	24	39	135
2017	340	196	25	40	131

注：1.1985年和2010年一等奖中各含特等奖1项；2011年、2012年和2013年一等奖中各含特等奖2项；2014年一等奖中含特等奖1项、杰出贡献奖1项。2015年一等奖中含特等奖4项，杰出贡献奖1项，科学技术合作奖1项。2016年一等奖中含特等奖3项，杰出贡献奖1项。2017年一等奖中含特等奖4项，杰出贡献奖1项。

2.云南省星火奖从1988年开始实行，2000年以后不再统计。

Note: a.Number of the first prizes in 1985 and 2010 includs one special award respectively,in 2011,2012 and 2013 includes two special awards,in 2014 includes one special award and one outstanding contribution award.2015 includes one special award and one outstanding contribution award.2016 includes three special award and one outstanding contribution award.2017 includes four special award and one outstanding contribution award.

b.The Spark Prize was executed in 1988 in Yunnan province,and it hasn't been calculated since 2000.

13-12 主要年份自然科学研究机构数(独立科研机构)
Number of Research Institutions of Natural Science in Significant Years (Independent Research Institutions)

单位：个 (unit)

年份 Year	中国科学院 Chinese Academy of Sciences	国务院各部委直属 Directly under Departments of State Council	省业务局直属 Directly under Provincial Departments	州(市)直属 Directly under Prefecture (municipal) Departments	年份 Year	中国科学院 Chinese Academy of Sciences	国务院各部委直属 Directly under Departments of State Council	省业务局直属 Directly under Provincial Departments	州(市)直属 Directly under Prefecture (municipal) Departments
1980	5	12	54	83	2005	3	4	23	61
1985	4	15	57	72	2006	3	4	22	60
1990	4	14	55	80	2007	3	4	21	58
1995	4	12	54	79	2008	3	5	19	59
1996	4	12	54	79	2009	3	5	19	58
1997	4	12	54	78	2010	3	5	18	60
1998	4	12	53	77	2011	3	5	18	61
1999	4	12	51	73	2012	3	5	19	57
2000	4	9	55	67	2013	3	5	19	56
2001	4	9	55	65	2014	3	5	19	60
2002	4	9	55	64	2015	4	3	21	59
2003	3	8	55	64	2016	4	4	20	61
2004	3	5	24	62	2017	4	5	25	60

13-13 主要年份分行业自然科学独立研究机构数
Number of Independent Research Institutions of Natural Science by Sector in Significant Years

单位：个 (unit)

年 份 Year	全 省 Yunnan	农 业 Farming	工 业 Industry	建筑业 Construction	交通运输邮电通信业 Transport, Postal and Telecommunication Services	社会服务业 Social Services	卫生、体育和社会福利业 Health Care, Sports and Social Welfare	科学研究与综合技术服务业 Scientific Research and Polytechnic Services	地质普查及勘探业 Geological Prospecting
1985	149	59	44	2	3		16	24	1
1990	153	79	35	2	3	3	12	17	2
1994	150	77	32	2	3	3	12	19	2
1995	149	76	32	2	3	3	12	19	2
1996	149	61	36	2	3	5	11	28	3
1997	148	57	48	2	3	7	12	16	3
1998	146	57	46	2	3	7	12	16	3
1999	140	56	44	2	3	7	11	14	1
2000	135	67	25	1	3	4	5	29	1
2001	133	67	22	1	3	4	6	29	1
2002	132	70	22	1	3	4	6	25	1
2003	130	70	27	2	2	4	6	19	
2004	94	57	10	1	1	6	7	12	
2005	91	56	9	1	1	5	7	11	1
2006	89	56	8	1	1	5	7	10	1
2007	86	56	7	1	1	5	6	9	1
2008	86	56	7	1	1	4	6	10	1
2009	85	56	7		1	4	6	10	1
2010	86	55	8		1	4	7	10	1
2011	87	56	8		1	4	7	11	
2012	84	55	7		1	4	8	9	
2013	83	53	8		1	4	8	9	
2014	87	53	7	1	1	4	8	13	
2015	87	53	5	1		4	8	16	
2016	89	54	7	1		4	7	16	
2017	94	55	6	1		4	7	21	

注：从1991年起不包括国防科工委系统的机构数。
Note: Units under committee of science, technology and industry for national defense have not been included since 1991.

13-14 主要年份分行业自然科学独立研究机构科技活动人员数
Number of Scientific and Technical Personnel in Independent Research Institutions of Natural Science by Sector in Significant Years

单位：人 (person)

年 份 Year	全 省 Yunnan	农 业 Farming	工 业 Industry	建筑业 Construction	交通运输邮电通信业 Transport, Postal and Telecommunication Services	社会服务业 Social Services	卫生、体育和社会福利业 Health Care, Sports and Social Welfare	科学研究与综合技术服务业 Scientific Research and Polytechnic Services	地质普查及勘探业 Geological Prospecting
1985	8 012	1 956	3 522	60	193		845	1 340	96
1990	11 008	2 801	5 006	89	190	98	814	1 890	120
1994	8 875	2 818	2 746	72	187	105	876	1 948	123
1995	8 722	2 821	2 606	67	175	115	875	1 943	120
1996	8 260	2 572	2 523	64	170	331	562	1 895	143
1997	8 135	2 524	2 724	53	172	411	592	1 532	127
1998	7 863	2 305	2 619	62	154	400	623	1 482	128
1999	7 606	2 528	2 306	98	160	409	522	1 443	58
2000	7 160	2 819	1 754	82	152	258	321	1 726	48
2001	7 224	2 978	1 609	82	138	220	406	1 748	43
2002	6 965	3 060	1 574	85	157	201	407	1 433	48
2003	6 573	3 033	1 578	164	116	156	352	1 174	
2004	5 229	3 281	293	50	45	317	413	830	
2005	5 151	3 192	298	50	46	277	413	811	64
2006	5 517	3 497	343	60	35	285	406	826	65
2007	5 467	3 452	373	55	35	292	334	865	61
2008	5 471	3 465	323	55	38	279	333	917	61
2009	5 657	3 476	302		47	283	292	1 196	61
2010	5 774	3 527	309		44	291	312	1 230	61
2011	5 856	3 589	307		45	269	328	1 318	
2012	6 088	3 598	344		40	261	444	1 401	
2013	6 324	3 860	307		44	227	496	1 390	
2014	6 326	3 593	327	14	43	282	498	1 569	
2015	6 967	3 821	205	15		265	565	2 096	
2016	7 266	3 888	350	15		246	580	2 187	
2017	8 410	3 615	393	17		301	624	3 460	

注：从1991年起不包括国防科工委系统的人员数。

Note:Number Of committee of science, technology and industry for national defense have not been included since 1991.

13-15 各州市自然科学机构中从事科技人员数（2017年）
Number of Scientific and Technical Personnel in Natural Science Institutions by Region (2017)

单位：人 (person)

州市	Region	科技人员数 Scientists and Technicians	高级技术人员 Senior Technicians	中级技术人员 Middle Technicians	其他 Others
全省	**Yunnan**	8 410	2 703	2 386	3 321
昆明	Kunming	4 625	1 664	1 265	1 696
曲靖	Qujing	59	27	21	11
玉溪	Yuxi	45	26	12	7
保山	Baoshan	220	70	59	91
昭通	Zhaotong	104	34	25	45
丽江	Lijiang	129	55	34	40
普洱	Pu'er	228	49	68	111
临沧	Lincang	133	36	59	38
楚雄	Chuxiong	241	76	67	98
红河	Honghe	532	137	164	231
文山	Wenshan	296	42	69	185
西双版纳	Xishuangbanna	1 228	352	361	515
大理	Dali	236	68	79	89
德宏	Dehong	273	48	74	151
怒江	Nujiang	34	11	17	6
迪庆	Diqing	27	8	12	7

13−16 各州市独立研究与开发机构情况（2016−2017年）
Basic Statistics on Independent Scientific Research and Development Institutions by Region (2016-2017)

单位：个、人 (unit, person)

州市	Region	2016 合计 Total 机构 Institutions	2016 合计 Total 人员 Employees	2016 自然科学 Natural Science 机构 Institutions	2016 自然科学 Natural Science 人员 Employees	2017 合计 Total 机构 Institutions	2017 合计 Total 人员 Employees	2017 自然科学 Natural Science 机构 Institutions	2017 自然科学 Natural Science 人员 Employees
全省	**Yunnan**	**112**	**9 808**	**89**	**8 950**	**116**	**9 978**	**94**	**9 141**
昆明	Kunming	42	6 353	31	5 639	40	5 721	30	5 033
曲靖	Qujing	3	73	2	65	3	76	2	68
玉溪	Yuxi	3	74	1	45	3	75	1	45
保山	Baoshan	4	124	4	124	5	257	5	257
昭通	Zhaotong	4	124	3	107	4	125	3	108
丽江	Lijiang	4	86	3	71	5	141	4	126
普洱	Pu'er	7	253	6	243	7	256	6	245
临沧	Lincang	6	145	5	135	6	145	5	135
楚雄	Chuxiong	5	185	4	154	6	274	5	244
红河	Honghe	6	218	5	210	8	600	7	591
文山	Wenshan	4	306	4	306	4	315	4	315
西双版纳	Xishuangbanna	7	1 246	7	1 246	8	1 369	8	1 369
大理	Dali	3	269	3	269	3	268	3	268
德宏	Dehong	7	277	6	269	7	284	6	274
怒江	Nujiang	4	42	3	37	4	41	3	36
迪庆	Diqing	3	33	2	30	3	31	2	27

13–17　独立研究与开发机构基本情况（2012–2017年）

Basic Statistics on Independent Research and Development Institutions (2012-2017)

单位：个、人　　(unit, person)

指　　标	Item	2012	2013	2014	2015	2016	2017
机构合计	**Total Institutions**	**101**	**99**	**109**	**108**	**112**	**116**
人员合计	**Total Employees**	**8 349**	**8 828**	**9 012**	**8 986**	**9 808**	**9 978**
自然科学技术领域	Field of Natural Sciences and Technology						
机构数	Number of Institutions	84	83	87	87	89	94
人员数	Number of Employees	7 575	8 086	8 182	8 171	8 950	9 141
#大学本科及以上学历	Bachelor Degree and above	4 389	5 278	4 866	5 385	5 761	6 639
社会、人文科学技术领域	Field of Social Sciences and Humanities						
机构数	Number of Institutions	8	7	10	9	11	10
人员数	Number of Employees	485	458	516	506	541	517
#大学本科及以上学历	Bachelor Degree and above	382	364	436	433	460	443
科技情报和文献机构	Scientific-Technological Information and Literature Institutions						
机构数	Number of Institutions	9	9	12	12	12	12
人员数	Number of Employees	289	284	314	309	317	320
#大学本科及以上学历	Bachelor Degree and above	230	230	262	253	266	263

13–18　主要年份专利申请和批准数

Number of Patents Applications Approved and Granted in Significant Years

单位：件　　　　(unit)

年　份 Year	专利申请数（件） Applications for patent	发　明 Invention	实用新型 Utility Models	外观设计 Design	专利批准数（件） Applications Granted	发　明 Invention	实用新型 Utility Models	外观设计 Design
1985	135	66	65	4				
1990	461	77	326	58	362	24	312	26
1993	729	164	485	80	686	35	568	83
1994	883	171	499	213	439	25	367	47
1995	959	195	476	288	569	35	346	188
1996	1 290	266	665	359	602	33	336	233
1997	1 108	163	612	333	692	20	362	310
1998	1 136	163	579	394	832	45	477	310
1999	1 246	198	609	438	1 185	73	695	417
2000	1 710	341	737	632	1 216	139	606	417
2001	1 793	344	807	642	1 347	113	662	572
2002	1 780	448	722	610	1 128	83	522	523
2003	1 976	574	797	605	1 213	172	521	513
2004	1 710	341	737	632	1 216	139	606	471
2005	2 556	776	905	875	1 381	306	563	512
2006	3 085	1 005	1 076	1 004	1 637	355	689	593
2007	3 108	1 014	1 100	994	2 139	368	1 017	754
2008	4 089	1 474	1 389	1 226	2 021	383	1 038	600
2009	4 633	1 637	1 825	1 171	2 923	476	1 338	1 109
2010	5 645	2 333	2 212	1 100	3 823	652	2 026	1 145
2011	7 150	2 796	3 175	1 179	4 199	1 006	2 217	976
2012	9 260	3 324	4 482	1 454	5 853	1 301	3 456	1 096
2013	11 512	3 961	5 705	1 846	6 804	1 312	4 322	1 170
2014	13 343	4 732	6 508	2 103	8 124	1 423	5 438	1 263
2015	17 603	6 301	9 147	2 155	11 658	2 079	7 437	2 142
2016	23 709	7 907	13 549	2 253	12 032	2 125	8 063	1 844
2017	28 695	7 801	17 867	3 027	14 230	2 259	10 085	1 886

13-19 文化事业机构数（1978-2017年）
Number of Cultural Institutions（1978-2017）

单位：个 (unit)

年 份 Year	文化艺术事业 Culture and Art		图书出版社 Publishing Houses	博物馆 Museums	公共图书馆 Public Libraries
	表演团体 Art Performance Troupes	艺术表演场所 Art Performance Sites			
1978	149	3	2	4	16
1979	154			3	66
1980	154	26	2	4	80
1981	159			3	84
1982	157	15	4	3	149
1983	157			5	142
1984	158			10	149
1985	154			16	149
1986	147			17	148
1987	147			17	148
1988	141			17	148
1989	137			20	148
1990	137	46	7	20	148
1991	137			21	148
1992	136			22	148
1993	136			22	148
1994	135	44	8	22	148
1995	134	44	8	22	148
1996	133	42	8	23	148
1997	132	40	8	26	148
1998	131	40	8	27	148
1999	130	39	8	27	147
2000	129	40	8	30	148
2001	128	41	8	30	147
2002	124	38	8	30	148
2003	123	39	8	30	149
2004	116	40	8	31	149
2005	135	38	8	32	149
2006	126	33	8	33	149
2007	131	31	8	36	149
2008	127	31	8	36	150
2009	146	34	8	113	150
2010	142	36	8	120	150
2011	161	27	8	84	152
2012	220	60	8	85	152
2013	259	18	8	84	152
2014	284	17	8	86	151
2015	276	40	8	86	151
2016	221	30	8	90	151
2017	316	45	8	125	151

13−19 续表 continued

单位：个 (unit)

年 份 Year	群众文化事业 Mass Culture		广播事业 Broadcasting and Television Stations	
	群众艺术馆及文化馆 Mass Art Centers and Cultural Centers	文 化 站 Cultural Stations	中短波发射台 Medium and Short Wave Transmitting Station	县级以上广播电台 Broadcasting Stations above County Level
1978	145	2	5	3
1980	148	388	5	4
1985	148	1 456	12	5
1990	147	1 477	24	12
1994	147	1 591	15	13
1995	147	1 567	30	14
1996	147	1 582	30	14
1997	147	1 577	44	13
1998	147	1 593	44	13
1999	147	1 580	44	13
2000	147	1 551	44	14
2001	146	1 586	28	14
2002	147	1 576	27	11
2003	148	1 582	17	12
2004	149	1 577	33	14
2005	149	1 535	33	15
2006	148	1 400	33	15
2007	148	1 375	56	15
2008	148	1 376	56	16
2009	148	1 365	56	16
2010	148	1 369	57	16
2011	148	1 371	60	17
2012	148	1 378	60	12
2013	148	1 398	60	6
2014	148	1 410	60	9
2015	148	1 416	61	7
2016	149	1 434	60	7
2017	149	1 444	51	9

注：电视发射台及转播台2010年以前数据为中短波发射台数。

Note: Data of television transmitting station and rebroadcasting stations before 2010 are data of medium and short wave transmitting stations.

13-20 艺术、群众文化发展情况（1978-2017年）

Basic Statistics on Artist and Mass Cultural Development (1978-2017)

年份 Year	艺术活动 Artist Activities		群众文化活动 Mass Cultural Activities	
	演出场次(万场) Number of Performances (10 000 shows)	国内观众人次(万人次) Number of Domestic Spectators (10 000 person-times)	办展览(万个) Number of Exhibitions (10 000 units)	训练班结业(万人次) Number of Persons Completing Courses (10 000 person-times)
1978	0.68	975.60	0.06	
1979				
1980	1.61	1 528.80	0.10	1.16
1981	1.50	1 376.40	0.09	1.29
1982	1.68	1 569.50	0.09	1.63
1983	1.74	1 481.60	0.07	2.21
1984	1.22	1 230.20	0.09	6.81
1985	0.91	886.40	0.08	2.02
1986	0.76	638.20	0.12	2.50
1987	0.82	694.40	0.09	2.82
1988	0.84	782.90	0.07	2.75
1989	0.80	840.20	0.23	2.30
1990	0.91	1 064.50	0.25	2.40
1991	0.92	926.60	0.24	2.86
1992	0.40	322.00	0.20	8.24
1993	0.60	773.00	0.23	8.01
1994	1.13	859.60	0.26	8.04
1995	1.45	1 295.40	0.21	7.03
1996				
1997				
1998				
1999	1.02	1 206.60	0.31	19.20
2000	1.01	1 329.20	0.34	17.80
2001	1.10	1 220.90	0.30	16.70
2002	0.89	1 111.30	0.31	20.80
2003	0.90	1 029.80	0.33	21.60
2004	1.03	1 320.00	0.53	21.88
2005	0.82	1 113.70	0.43	22.60
2006	0.89	1 227.70	1.15	23.10
2007	1.50	1 254.70	0.31	43.90
2008	0.96	1 122.60	0.33	47.30
2009	2.37	2 069.60	0.42	58.60
2010	2.10	1 740.70	0.42	63.81
2011	2.04	1 549.80	0.32	85.94
2012	2.66	2 226.98	0.39	128.56
2013	3.82	2 305.28	1.13	263.61
2014	5.28	2 605.57	0.52	146.09
2015	5.75	2 079.85	0.52	135.21
2016	5.52	4 101.46	0.53	144.03
2017	5.60	2 854.58	0.46	141.04

13-21 图书馆、博物馆利用情况（1978-2017年）

Facilities and Services of Libraries and Museums (1978-2017)

年　份 Year	图书馆 Library 借阅册次（万册次） Number of Books Borrowed by the Readers (10 000 volume-times)	图书馆 Library 借阅人次（万人次） Number of Circulation Borrowing People (10 000 person-times)	博物馆 Museum 陈列、展览（个） Number of Displays and Exhibitions (unit)	博物馆 Museum 参观人数（万人次） Number of Visitors (10 000 person-times)
1978	55.20	35.80		
1979				
1980	338.40	288.90	19	4.00
1981	460.60	336.40	19	22.90
1982	607.90	412.10	10	6.30
1983	655.00	620.70	9	6.00
1984	746.50	696.40	16	13.70
1985	539.90	463.00	99	47.30
1986	483.00	466.00	48	33.20
1987	649.50	525.80	60	67.20
1988	683.00	507.00	59	42.10
1989	680.00	499.00	82	45.00
1990	710.00	517.00	85	50.60
1991	519.30	1 131.30	70	48.00
1992	630.50	349.60	68	46.00
1993	560.00	608.50	64	44.70
1994	552.10	510.10	64	38.90
1995	528.50	558.60	112	88.70
1996				
1997				
1998				
1999	742.60	403.00	146	143.70
2000	680.30	383.40	145	106.60
2001	687.70	372.90	156	111.20
2002	641.40	341.50	109	123.40
2003	618.10	342.20	98	58.00
2004	585.00	276.60	131	126.60
2005	700.50	351.90	139	137.10
2006	631.20	317.10	221	181.50
2007	607.10	396.50	131	151.40
2008	568.00	276.90	299	234.10
2009	767.00	389.70	598	932.60
2010	702.40	402.60	2 681	1 529.10
2011	982.18	415.50	509	1 020.50
2012	759.77	473.99	524	1 078.36
2013	869.58	506.69	365	1 238.43
2014	892.14	529.94	452	1 678.70
2015	1 071.66	534.13	466	1 700.37
2016	972.72	534.04	507	1 912.32
2017	958.49	519.58	781	2 342.31

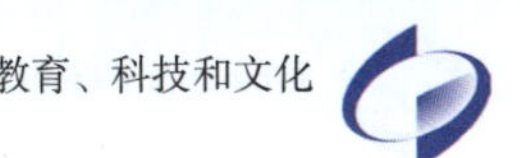

13-22 图书、杂志、报纸出版发行情况（1978-2017年）
Publication of Books, Magazines and Newspapers (1978-2017)

年份 Year	出版总数(种) Number of Publications (kind)			出版印数 Printed Copies		
	图书 Books Published	杂志 Magazines Published	报纸 Newspapers Published	图书(万册) Books Published (10 000 copies)	杂志(万册) Magazines Published (10 000 copies)	报纸(亿份) Newspapers Published (100 million copies)
1978	333	31	7	6 753	75	
1979				6 293	96	
1980	336	87	11	8 106	739	1.76
1981				7 082	890	1.72
1982				8 332	850	1.73
1983				8 810	1 141	0.99
1984				12 229	1 152	2.96
1985	568	65	43	11 411	1 161	3.21
1986				10 111	1 103	3.58
1987				11 877	1 491	2.40
1988				12 288	1 266	2.60
1989				13 072	1 072	2.05
1990	804	68	41	12 330	954	2.23
1991				12 568	1 117	2.37
1992				13 027	1 305	0.26
1993				11 667	1 453	2.72
1994				11 248	1 391	2.23
1995	1 452	99	44	11 889	1 604	2.59
1996				13 489	1 495	2.74
1997				15 413	1 566	3.44
1998				14 281	1 599	2.87
1999				17 151	1 811	2.96
2000	1 644	125	70	13 414	2 877	3.60
2001				13 471	3 186	3.68
2002				12 687	2 755	3.93
2003				14 687	2 745	4.26
2004				15 052	2 379	4.72
2005	2 337	124	61	12 898	2 308	4.97
2006	2 471	124	61	17 388	2 898	5.33
2007	3 117	126	63	15 962	2 793	5.59
2008	3 336	126	63	17 485	3 265	5.89
2009	3 541	125	63	17 068	3 086	6.72
2010	4 598	126	64	15 084	3 538	6.41
2011	6 110	125	64	16 952	3 326	6.52
2012	7 901	127	63	16 736	3 890	6.54
2013	7 730	127	64	17 162	4 157	6.51
2014	6 958	127	63	15 307	4 000	6.14
2015	8 465	127	62	19 020	3 792	4.61
2016	8 563	127	42	15 244	3 387	4.00
2017	7 972	128	42	16 423	2 830	3.56

13-23 各州市文化、文物事业建设情况（2017年）

Basic Statistics on Development of Culture and Cultural Relics by Region (2017)

州 市	Region	公共图书馆(个) Public Libraries (unit)	公共图书馆藏书量(万册) Number of books in Public Libraries (10 000 volumes)	艺术表演团体(个) Numbers of Art Performance Troupes(unit)	艺术表演场所(个) Arts Performance Places (unit)	群众艺术馆及文化馆(个) Mass Art and Cultural Centers (unit)	文化站(个) Cultural Centers (unit)	文物事业费(亿元) Total Expenditures on Cultural Relics (100 million yuan)	博物馆(个) Museums (unit)
全 省	**Yunnan**	**151**	**2 110.62**	**316**	**45**	**149**	**1 444**	**28.82**	**125**
省本级	Provincial Level	1	344.15	4	2	1		3.50	2
昆 明	Kunming	16	323.41	24	17	15	137	4.11	29
曲 靖	Qujing	11	175.73	58	3	10	133	1.91	11
玉 溪	Yuxi	10	141.51	11	7	10	75	2.14	5
保 山	Baoshan	7	99.07	8		6	81	1.13	15
昭 通	Zhaotong	12	92.88	14		12	146	1.23	4
丽 江	Lijiang	6	61.15	16		6	65	0.86	6
普 洱	Pu'er	11	100.81	9		11	105	1.50	7
临 沧	Lincang	9	77.04	27		10	84	0.78	3
楚 雄	Chuxiong	11	137.65	10	2	11	103	1.74	4
红 河	Honghe	14	198.69	28	1	14	139	2.52	12
文 山	Wenshan	9	79.58	10		9	106	1.41	3
西双版纳	Xishuangbanna	4	22.26	11	10	4	44	1.17	2
大 理	Dali	13	127.06	17	1	14	110	2.31	12
德 宏	Dehong	8	54.54	16		7	58	0.88	5
怒 江	Nujiang	5	48.58	5		5	29	0.53	1
迪 庆	Diqing	4	26.52	48	2	4	29	1.10	4

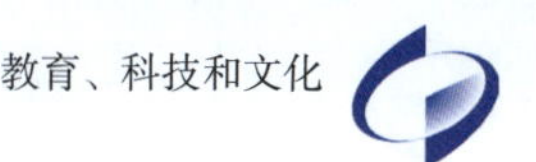

13-24 广播电视业发展情况（2008-2017年）

Basic Statistics on Development of Radio and Television (2008-2017)

年 份 Year	广播电视台电台 (座) Number of Broadcasting Stations (unit)	职工人数 (万人) Number of Staff and Workers (10 000 persons)	广播人口覆盖率 (%) Radio Coverage of Population (%)	电视人口覆盖率 (%) Television Coverage of Population (%)
2008	16	1.50	93.1	94.3
2009	16	1.55	94.3	95.1
2010	17	1.63	95.4	96.4
2011	17	1.75	95.7	96.7
2012	12	1.83	96.0	97.0
2013	11	1.80	96.3	97.3
2014	10	1.91	96.5	97.5
2015	10	1.85	96.7	97.7
2016	10	1.92	97.4	98.2
2017	10	2.31	98.4	98.7

13-25 规模以上工业企业科技活动基本情况（2012-2017年）
Basic Statistics on Science and Technology Activities of Industrial Enterprises above Designated Size（2012-2017）

指　标	Item	2012	2013	2014	2015	2016	2017
企业基本情况	**Statistics on Industrial Enterprises**						
有R&D活动企业数(个)	Number of Enterprises Having R&D Activities (unit)	304	394	500	744	879	1 003
有R&D活动企业所占比重(%)	Percentage of Enterprises Having R&D Activities to Total Number of Enterprises (%)	9.47	11.14	13.22	19.21	20.98	23.97
R&D活动情况	**Statitstics on R&D Activities**						
R&D人员全时当量(万人年)	**Full-time Equivalent of R&D Personnel (10 000 person-years**	**1.23**	**1.18**	**1.30**	**1.60**	**1.70**	**2.10**
R&D经费内部支出(亿元)	Intramural Expenditure on R&D (100 million yuan)	38.44	45.43	51.66	61.96	74.18	88.56
R&D经费内部支出与主营业务收入之比(%)	Percentage of Intramural Expenditure on R&D to Sales Revenue (%)	0.43	0.46	0.50	0.63	0.73	0.76
R&D项目数(项)	Projects of R&D (item)	1 665	1 729	2 102	3 017	3 441	4 122
R&D项目经费内部支出(亿元)	Intramural Expenditure on R&D Projects (100 million yuan)	30.46	36.46	45.00	58.79	73.97	88.34
企业办科技机构情况	**Statitstics on R&D Institutions**						
机构数(个)	Number of R&D Institutions (unit)	287	339	388	479	554	648
机构人员数(万人)	R&D Personnel (10 000 persons)	1.22	1.32	1.38	1.45	1.46	1.80
机构经费支出(亿元)	Expenditure on R&D (100 million yuan)	43.07	38.88	34.29	33.52	36.45	49.06
新产品开发及生产情况	**Statitstics on New Products Development and Production**						
新产品开发项目数(项)	Number of New Products (unit)	1 512	1 903	2 123	2 503	3 834	4 208
新产品开发经费支出(亿元)	Expenditure on New Products Development (100 million yuan)	39.63	49.68	60.57	63.2	88.43	102.67
新产品销售收入(亿元)	Sales Revenue of New Products (100 million yuan)	446.82	443.38	518.26	513.20	628.45	808.62
#新产品出口	Export	26.21	20.86	17.09	19.89	30.25	36.46
专利情况	**Statistics on Patent**						
专利申请数(件)	Patent Applications (unit)	2 404	2 793	3 137	3 751	4 942	5 389
#发明专利	Inventions	1 066	1 167	1 281	1 493	1 878	1 891
有效发明专利数(件)	Number of Patents In Force (unit)	1 644	2 280	2 865	4 605	5 880	6 510
技术获取和技术改造情况(亿元)	**Statistics on Technology Acquisition and Technology Reconstruction (100 million yuan)**						
引进境外技术经费支出	Expenditure for Acquisition of Technology	3.06	1.40	2.06	0.47	1.54	1.26
引进境外技术消化吸收经费支出	Expenditure for Assimilation of Technology	2.15	0.99	0.72	2.50	0.22	0.08
购买境内技术经费支出	Expenditure for Purchase of Domestic Technology	5.66	0.96	0.89	0.63	4.90	4.44
技术改造经费支出	Expenditure for Technical Renovation	40.47	40.63	40.15	34.80	28.77	35.35

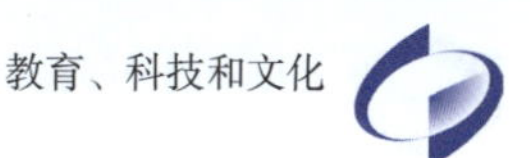

13-26 按登记注册类型分规模以上工业企业研究与试验发展(R&D)活动情况（2017年）
Basic Statistics on R&D Activities of Industrial Enterprises above Designated Size by Registration Status (2017)

登记注册类型	Status of Registration	R&D人员全时当量（人年）Full-time Equivalent of R&D Personnel (person-year)	R&D经费（亿元）Expenditure on R&D (100 million yuan)	R&D项目数（项）R&D Projects (unit)
全　省	**Yunnan**	**21 393**	**88.56**	**4 122**
内资企业	**Domestic Funded Enterprises**	**20 303**	**83.78**	**3 852**
国有企业	State-owned Enterprises	1 020	2.68	107
集体企业	Collective-owned Enterprises	93	0.46	19
股份合作企业	Cooperative Enterprises			
联营企业	Joint Ownership Enterprises			
国有联营企业	State Joint Ownership Enterprises			
有限责任公司	Limited Liability Corporations	9 552	38.11	1 826
国有独资公司	State Sole Funded Corporations	1 531	8.13	344
股份有限公司	Share-holding Corporations Ltd.	3 991	18.98	773
私营企业	Private Enterprises	5 646	23.56	1 127
其他企业	Other Enterprises			
港澳台商投资企业	**Enterprises with Funds from Hong Kong, Maccao & Taiwan**	**656**	**2.30**	**178**
合资经营企业	Joint-venture Enterprises	349	1.14	82
合作经营企业	Cooperative Enterprises			
独资经营企业	Enterprises with Sole Fund	101	0.22	20
投资股份有限公司	Share-holding Corporations Ltd.	153	0.77	66
外商投资企业	**Foreign Funded Enterprises**	**434**	**2.48**	**92**
中外合资经营企业	Joint-venture Enterprises	261	0.74	34
中外合作经营企业	Cooperation Enterprises	19	0.18	8
外资企业	Enterprises with Sole Fund	58	0.70	13
外商投资股份有限公司	Share-holding Corporations Ltd.	82	0.80	36

13-27 按行业分规模以上工业企业研究与试验发展(R&D)活动情况（2017年）
Basic Statistics on R&D Activities of Industrial Enterprises above Designated Size by Industrial Sector (2017)

行　　业	Sector	R&D人员全时当量(人年) Full-time Equivalent of R&D Personnel (person-year)	R&D经费(亿元) Expenditure on R&D (100 million yuan)	R&D项目数(项) R&D Projects (unit)
全　省	**Yunnan**	**21 393**	**88.56**	**4 122**
采矿业	**Mining**	**773**	**3.95**	**151**
煤炭开采和洗选业	Mining and Washing of Coal	55	0.43	13
黑色金属矿采选业	Mining and Dressing of Ferrous Metal Ores	94	0.59	29
有色金属矿采选业	Mining and Dressing of Nonferrous Metals Ores	485	2.03	74
非金属矿采选业	Mining and Dressing of Nonmetal Ores	139	0.89	35
制造业	**Manufacturing Industry**	**19 801**	**83.28**	**3 793**
农副食品加工业	Processing of Farm and Sideline Food	1 907	7.97	316
食品制造业	Manufacture of Food	757	4.10	191
酒、饮料和精制茶制造业	Manufacture of Wine,Beverage and Refined Tea	710	3.09	164
烟草制品业	Tobacco Products Manufacturing	757	1.30	169
纺织业	Textile Industry	116	0.23	14
纺织服装、服饰业	Manufacture of Textile Garments and Dress Accessory	39	0.05	11
皮革、毛皮、羽毛及其制品和制鞋业	Feather, Furs, Down, Related Products and Footwear Manufacturing	1	0.01	3
木材加工和木、竹、藤、棕、草制品业	Timber Processing, Bamboo, Cane, Palm Fiber & Straw Products Manufacturing	222	1.01	36
家具制造业	Manufacture of Furniture	25	0.13	7
造纸和纸制品业	Papermaking and Paper Products Manufacturing	399	1.00	76
印刷和记录媒介复制业	Printing and Record Medium Reproduction	496	1.64	112
文教、工美、体育和娱乐用品制造业	Manufacture of Culture, Education,Industrial Arts, Sports and Entertainment Goods	51	0.20	11
石油加工、炼焦和核燃料加工业	Petroleum Refining, Coking and Nuclear Fuel Processing	143	0.44	19
化学原料和化学制品制造业	Manufacture of Raw Chemical Materials and Chemica Products	2 172	9.84	484
医药制造业	Manufacture of Medicines	1 857	6.04	485
化学纤维制造业	Chemical Fiber Manufacturing	55	0.13	18
橡胶和塑料制品业	Rubber and Plastic Products Manufacturing	309	1.58	60
非金属矿物制品业	Nonmetal Mineral Products Manufacturing	1 124	4.30	180
黑色金属冶炼和压延加工业	Smelting and Pressing of Ferrous Metals	781	5.51	95
有色金属冶炼和压延加工业	Smelting and Pressing of Nonferrous Metals	3 028	16.70	526
金属制品业	Metal Products Manufacturing	465	1.66	92
通用设备制造业	Manufacture of General Purpose Equipment	347	1.32	66
专用设备制造业	Manufacture of Special Purpose Equipment	1 253	3.88	151
汽车制造业	Automotive Industry	962	3.56	128
铁路、船舶、航空航天和其他运输设备制造业	Manufacture of Transport Equipment for Railway,Boats and Aerospace and Other Transport Equipments	164	1.17	27
电气机械和器材制造业	Electric Equipment and Machinery Manufacturing	835	3.49	194
计算机、通信和其他电子设备制造业	Communication Equipment, Computers and Other Electronic Equipment Production	437	1.73	83
仪器仪表制造业	Instrument Industry	319	0.70	56
其他制造业	Other Goods Production	3	0.01	2
废弃资源综合利用业	Comprehensive Utilization of Discarded Resources and Waste	68	0.50	17
电力、热力、燃气及水生产和供应业	**Production and Supply of Electricity, Heat ,Gas and Water**	**819**	**1.33**	**178**
电力、热力生产和供应业	Production and Supply of Electric Power and Heat Power	764	1.05	162
燃气生产和供应业	Production and Supply of Gas	6	0.03	4
水的生产和供应业	Production and Supply of Tap Water	49	0.25	12

13-28 按州市分规模以上工业企业研究与试验发展(R&D)活动情况（2017年）
Basic Statistics on R&D Activities of Industrial Enterprises above Designated Size by Region（2017）

州 市	Region	R&D人员全时当量 (人年) Full-time Equivalent of R&D Personnel (person-year)	R&D经费 (亿元) Expenditure on R&D (100 million yuan)	R&D项目数 (项) R&D Projects (unit)
全 省	**Yunnan**	**21 393**	**88.56**	**4 122**
昆 明	Kunming	9 822	36.81	1 843
曲 靖	Qujing	3 583	15.28	737
玉 溪	Yuxi	1 893	7.98	433
保 山	Baoshan	430	1.76	79
昭 通	Zhaotong	262	1.56	55
丽 江	Lijiang	99	0.80	46
普 洱	Pu'er	497	1.82	73
临 沧	Lincang	266	1.15	36
楚 雄	Chuxiong	436	1.70	79
红 河	Honghe	1 985	11.33	382
文 山	Wenshan	582	2.71	131
西双版纳	Xishuangbanna	99	0.73	53
大 理	Dali	1 096	3.52	124
德 宏	Dehong	150	0.94	35
怒 江	Nujiang	175	0.20	6
迪 庆	Diqing	18	0.29	10

13-29 按登记注册类型分规模以上工业企业新产品开发及生产情况（2017年）

New Products Development and Production of Industrial Enterprises above Designated Size by Registration Status (2017)

单位：亿元 (100 million yuan)

登记注册类型	Status of Registration	新产品项目数(项) New Products (unit)	开发新产品经费 Expenditure on New Products Development	新产品产值 Output Value of New Products	新产品销售收入 Sales Revenue of New Products	出口 Exports
全　省	**Yunnan**	**4 208**	**102.67**	**785.84**	**808.62**	**36.46**
内资企业	**Domestic Funded Enterprises**	**3 939**	**97.46**	**747.94**	**771.25**	**33.28**
国有企业	State-owned Enterprises	91	3.18	10.70	9.82	
集体企业	Collective-owned Enterprises	16	0.52	3.61	3.60	
股份合作企业	Cooperative Enterprises					
联营企业	Joint Ownership Enterprises					
国有联营企业	State Joint Ownership Enterprises					
有限责任公司	Limited Liability Corporations	1 804	44.10	372.04	357.33	17.08
国有独资公司	State Sole Funded Corporations	248	6.82	60.27	65.78	10.51
股份有限公司	Share-holding Corporations Ltd.	670	18.73	210.95	265.39	2.58
私营企业	Private Enterprises	1 356	30.92	150.65	135.11	13.62
其他企业	Other Enterprises	2	0.01			
港澳台商投资企业	**Enterprises with Funds from Maccao & Taiwan**	**186**	**2.52**	**22.40**	**22.60**	**0.20**
合资经营企业	Joint-venture Enterprises	78	1.26	11.22	11.62	
合作经营企业	Cooperative Enterprises					
独资经营企业	Enterprises with Sole Fund	22	0.24	2.81	2.69	0.01
投资股份有限公司	Share-holding Corporations Ltd.	73	0.78	8.34	8.28	0.20
外商投资企业	**Foreign Funded Enterprises**	**83**	**2.69**	**15.49**	**14.76**	**2.98**
中外合资经营企业	Joint-venture Enterprises	36	1.18	3.41	3.42	0.16
中外合作经营企业	Cooperation Enterprises	7	0.17	0.15	0.15	
外资企业	Enterprises with Sole Fund	18	0.73	2.90	2.86	0.09
外商投资股份有限公司	Share-holding Corporations Ltd.	21	0.56	9.04	8.33	2.73

13-30 按行业分规模以上工业企业新产品开发及生产情况（2017年）
New Products Development and Production of Industrial Enterprises above Designated Size by Industrial Sector (2017)

单位：亿元 (100 million yuan)

行业	Sector	新产品项目数（项）New Products (unit)	开发新产品经费 Expenditure on New Products Development	新产品产值 Output Value of New Products	新产品销售收入 Sales Revenue of New Products	出口 Exports
全省	**Yunnan**	**4 208**	**102.67**	**785.84**	**808.62**	**36.46**
采矿业	**Mining**	**95**	**3.65**	**24.37**	**25.79**	**1.19**
煤炭开采和洗选业	Mining and Washing of Coal	15	0.37	2.96	2.91	
黑色金属矿采选业	Mining and Dressing of Ferrous Metal Ores	20	0.92	1.87	1.15	
有色金属矿采选业	Mining and Dressing of Nonferrous Metals Ores	21	0.73	16.75	19.32	
非金属矿采选业	Mining and Dressing of Nonmetal Ores	39	1.63	2.78	2.41	1.19
制造业	**Manufacturing Industry**	**4 033**	**97.59**	**761.22**	**782.58**	**35.28**
农副食品加工业	Processing of Farm and Sideline Food	477	13.65	44.71	42.22	2.21
食品制造业	Manufacture of Food	272	5.44	15.24	14.89	1.30
酒、饮料和精制茶制造业	Manufacture of Wine,Beverage and Refined Tea	214	4.29	20.44	11.52	3.64
烟草制品业	Tobacco Products Manufacturing	125	3.96	48.87	40.05	
纺织业	Textile Industry	27	0.55	2.15	2.44	0.01
纺织服装、服饰业	Manufacture of Textile Garments and Dress Accessory	14	0.06	1.14	1.12	
皮革、毛皮、羽毛及其制品和制鞋业	Feather, Furs, Down, Related Products and Footwear Manufacturing	4	0.21	0.02	0.02	
木材加工和木、竹、藤、棕、草制品业	Timber Processing, Bamboo, Cane, Palm Fiber & Straw Products Manufacturing	36	1.02	1.33	1.44	
家具制造业	Manufacture of Furniture	12	0.29		0.03	
造纸和纸制品业	Papermaking and Paper Products Manufacturing	62	1.39	14.65	13.83	0.51
印刷和记录媒介复制业	Printing and Record Medium Reproduction	86	1.29	20.14	20.29	0.08
文教、工美、体育和娱乐用品制造业	Manufacture of Culture, Education,Industrial Arts, Sports and Entertainment Goods	24	0.61	0.96	0.78	
石油加工、炼焦和核燃料加工业	Petroleum Refining, Coking and Nuclear Fuel Processing	12	0.27	0.18	0.18	
化学原料和化学制品制造业	Manufacture of Raw Chemical Materials and Chemical Products	424	9.89	39.16	41.95	6.89
医药制造业	Manufacture of Medicines	513	7.58	68.58	61.23	2.28
化学纤维制造业	Chemical Fiber Manufacturing	8	0.13			
橡胶和塑料制品业	Rubber and Plastic Products Manufacturing	65	1.73	7.66	14.29	0.05
非金属矿物制品业	Nonmetal Mineral Products Manufacturing	195	5.10	20.09	19.37	
黑色金属冶炼和压延加工业	Smelting and Pressing of Ferrous Metals	79	4.41	93.91	111.02	7.37
有色金属冶炼和压延加工业	Smelting and Pressing of Nonferrous Metals	361	12.51	200.84	230.84	7.17
金属制品业	Metal Products Manufacturing	85	1.50	8.70	8.46	0.10
通用设备制造业	Manufacture of General Purpose Equipment	126	2.18	7.44	7.51	0.21
专用设备制造业	Manufacture of Special Purpose Equipment	182	4.46	14.52	15.19	1.48
汽车制造业	Automotive Industry	124	4.97	76.27	74.59	0.31
铁路、船舶、航空航天 和其他运输设备制造业	Manufacture of Transport Equipment for Railway,Boats and Aerospace and Other Transport Equipments	32	1.69	4.27	4.27	
电气机械和器材制造业	Electric Equipment and Machinery Manufacturing	266	4.45	26.94	24.31	0.46
计算机、通信和其他电子设备制造业	Communication Equipment, Computers and Other Electronic Equipment Production	99	2.36	14.08	12.06	0.33
仪器仪表制造业	Instrument Industry	90	1.10	8.35	8.25	0.86
其他制造业	Other Goods Production	4	0.01	0.01	0.01	
废弃资源综合利用业	Comprehensive Utilization of Discarded Resources and Waste	15	0.47	0.56	0.45	
电力、热力、燃气及水生产和供应业	**Production and Supply of Electricity, Heat ,Gas and Wate**	**80**	**1.43**	**0.26**	**0.24**	
电力、热力生产和供应业	Production and Supply of Electric Power and Heat Powe	73	1.31			
燃气生产和供应业	Production and Supply of Gas	2				
水的生产和供应业	Production and Supply of Tap Water	5	0.12	0.26	0.24	

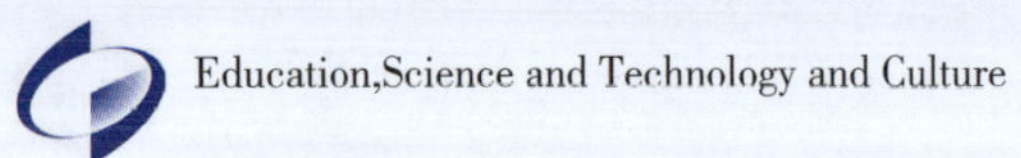

13−31 按州市分规模以上工业企业新产品开发及生产情况（2017年）

New Products Development and Production of Industrial Enterprises above Designated Size by Region (2017)

单位：亿元 (100 million yuan)

州市	Region	新产品项目数(项) New Products (unit)	开发新产品经费 Expenditure on New Products Development	新产品产值 Output Value of New Products	新产品销售收入 Sales Revenue of New Products	出口 Exports
全省	**Yunnan**	**4 208**	**102.67**	**785.84**	**808.62**	**36.46**
昆明	Kunming	1 885	46.48	343.47	340.12	13.01
曲靖	Qujing	789	16.82	144.49	183.83	2.28
玉溪	Yuxi	390	5.97	66.03	68.94	3.74
保山	Baoshan	140	3.18	12.72	15.37	0.33
昭通	Zhaotong	51	1.54	3.23	5.98	0.03
丽江	Lijiang	44	0.78	2.26	2.26	0.05
普洱	Pu'er	82	2.17	13.17	11.66	0.01
临沧	Lincang	53	2.07	16.81	6.80	1.22
楚雄	Chuxiong	221	6.16	27.94	25.15	0.24
红河	Honghe	199	7.60	100.72	99.47	10.01
文山	Wenshan	95	2.79	9.97	6.98	0.04
版纳	Xishuangbanna	31	0.49	2.36	2.21	0.00
大理	Dali	172	5.07	32.58	30.20	1.90
德宏	Dehong	39	0.98	5.45	5.06	3.47
怒江	Nujiang	5	0.18	4.63	4.57	0.13
迪庆	Diqing	12	0.39	0.02	0.02	

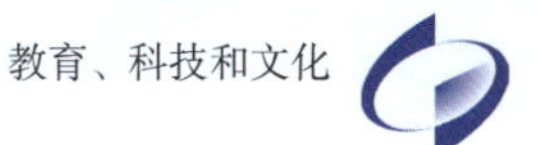

13-32 按登记注册类型分规模以上工业企业专利情况（2017年）
Statistics on Patent of Industrial Enterprises above Designated Size by Registration Status (2017)

单位：件 (piece)

登记注册类型	Status of Registration	专利申请数 Patent Applications	发明专利 Invention Patents	有效发明专利数 Number of Patents in Force
全　省	**Yunnan**	**5 389**	**1 891**	**6 510**
内资企业	**Domestic Funded Enterprises**	**5 231**	**1 841**	**6 149**
国有企业	State-owned Enterprises	204	53	162
集体企业	Collective-owned Enterprises	32	4	19
股份合作企业	Cooperative Enterprises			
联营企业	Joint Ownership Enterprises			
国有联营企业	State Joint Ownership Enterprises			
有限责任公司	Limited Liability Corporations	2 852	1 125	2 844
国有独资公司	State Sole Funded Corporations	257	96	342
股份有限公司	Share-holding Corporations Ltd.	798	303	1 571
私营企业	Private Enterprises	1 345	356	1 553
其他企业	Other Enterprises			
港澳台商投资企业	**Enterprises with Funds from Maccao & Taiwan**	**103**	**39**	**290**
合资经营企业	Joint-venture Enterprises	62	23	197
合作经营企业	Cooperative Enterprises			
独资经营企业	Enterprises with Sole Fund	13	1	63
投资股份有限公司	Share-holding Corporations Ltd.	16	9	25
外商投资企业	**Foreign Funded Enterprises**	**55**	**11**	**71**
中外合资经营企业	Joint-venture Enterprises	15	7	41
中外合作经营企业	Cooperation Enterprises	6		
外资企业	Enterprises with Sole Fund	20	3	26
外商投资股份有限公司	Share-holding Corporations Ltd.	14	1	2

13-33 按行业分规模以上工业企业专利情况（2017年）
Statistics on Patent of Industrial Enterprises above Designated Size by Industrial Sector (2017)

单位：件 (piece)

国民经济行业	Sector	专利申请数 Patent Applications	发明专利 Invention Patents	有效发明专利数 Number of Patents In Force
全　省	**Yunnan**	**5 389**	**1 891**	**6 510**
采矿业	**Mining**	**118**	**50**	**166**
煤炭开采和洗选业	Mining and Washing of Coal	4	1	
黑色金属矿采选业	Mining and Dressing of Ferrous Metal Ores	31	10	31
有色金属矿采选业	Mining and Dressing of Nonferrous Metals Ores	61	24	61
非金属矿采选业	Mining and Dressing of Nonmetal Ores	22	15	74
制造业	**Manufacturing Industry**	**4 958**	**1 752**	**6 114**
农副食品加工业	Processing of Farm and Sideline Food	476	140	405
食品制造业	Manufacture of Food	228	80	280
酒、饮料和精制茶制造业	Manufacture of Wine,Beverage and Refined Tea	204	71	193
烟草制品业	Tobacco Products Manufacturing	1 043	490	671
纺织业	Textile Industry	29	2	20
纺织服装、服饰业	Manufacture of Textile Garments and Dress Accessory	13	2	19
皮革、毛皮、羽毛及其制品和制鞋业	Feather, Furs, Down, Related Products and Footwear Manufacturing			
木材加工和木、竹、藤、棕、草制品业	Timber Processing, Bamboo, Cane, Palm Fiber & Straw Products Manufacturing	56	25	66
家具制造业	Manufacture of Furniture	16	9	2
造纸和纸制品业	Papermaking and Paper Products Manufacturing	72	12	101
印刷和记录媒介复制业	Printing and Record Medium Reproduction	159	25	198
文教、工美、体育和娱乐用品制造业	Manufacture of Culture, Education,Industrial Arts, Sports and Entertainment Goods	11	2	4
石油加工、炼焦和核燃料加工业	Petroleum Refining, Coking and Nuclear Fuel Processing	29	1	17
化学原料和化学制品制造业	Manufacture of Raw Chemical Materials and Chemical Products	457	205	588
医药制造业	Manufacture of Medicines	255	142	843
化学纤维制造业	Chemical Fiber Manufacturing			68
橡胶和塑料制品业	Rubber and Plastic Products Manufacturing	83	25	117
非金属矿物制品业	Nonmetal Mineral Products Manufacturing	143	37	86
黑色金属冶炼和压延加工业	Smelting and Pressing of Ferrous Metals	91	24	257
有色金属冶炼和压延加工业	Smelting and Pressing of Nonferrous Metals	408	189	786
金属制品业	Metal Products Manufacturing	148	25	230
通用设备制造业	Manufacture of General Purpose Equipment	120	40	179
专用设备制造业	Manufacture of Special Purpose Equipment	254	46	266
汽车制造业	Automotive Industry	161	31	86
铁路、船舶、航空航天和其他运输设备制造业	Manufacture of Transport Equipment for Railway,Boats and Aerospace and Other Transport Equipments	60	15	73
电气机械和器材制造业	Electric Equipment and Machinery Manufacturing	279	64	358
计算机、通信和其他电子设备制造业设备制造业	Communication Equipment, Computers and Other Electronic Equipment Production	70	18	74
仪器仪表制造业	Instrument Industry	81	24	103
其他制造业	Other Goods Production			
废弃资源综合利用业	Comprehensive Utilization of Discarded Resources and Waste	12	8	24
电力、热力、燃气及水生产和供应业	**Production and Supply of Electricity, Heat ,Gas and Water**	**313**	**89**	**230**
电力、热力生产和供应业	Production and Supply of Electric Power and Heat Power	307	87	213
燃气生产和供应业	Production and Supply of Gas	1		10
水的生产和供应业	Production and Supply of Tap Water	5	2	7

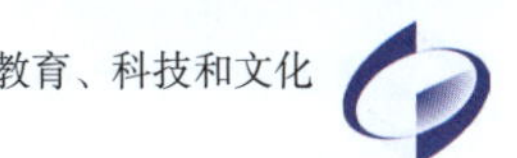

13-34 按州市分规模以上工业企业专利情况（2017年）

Statistics on Patent of Industrial Enterprises above Designated Size by Region (2017)

单位：件 (piece)

州市	Region	专利申请数 Patent Applications	发明专利 Invention Patents	有效发明专利数 Number of Patents in Force
全　省	**Yunnan**	**5 389**	**1 891**	**6 510**
昆　明	Kunming	2 823	1 122	3 344
曲　靖	Qujing	728	162	745
玉　溪	Yuxi	476	141	738
保　山	Baoshan	138	23	124
昭　通	Zhaotong	55	11	90
丽　江	Lijiang	61	28	96
普　洱	Pu'er	92	50	127
临　沧	Lincang	82	25	83
楚　雄	Chuxiong	255	102	420
红　河	Honghe	158	54	223
文　山	Wenshan	98	41	86
西双版纳	Xishuangbanna	93	46	68
大　理	Dali	227	54	263
德　宏	Dehong	52	22	67
怒　江	Nujiang	21	3	23
迪　庆	Diqing	30	7	13

主要统计指标解释

普通高等学校　指按照国家的审批程序批准举办，通过全国统一招生考试，招收高级中等学校毕业和具有同等学历者，实施高等教育，培养高等专门人才的学校。包括大学、专门学院、专科学校和短期职业大学。

成人高等学校　指按国家规定的审批程序批准举办，招收职业高中毕业或同等学历者，利用多种形式对成人实施高等教育，培养相当于普通高等专科或本科毕业水平的专门人才的学校。包括广播电视大学、职工高等学校、农民高等学校、干部管理学院、教育学院、独立函授学院以及普通高等学校举办的函授、夜大学等。

小学学龄儿童入学率　指调查范围内已入小学学习的学龄儿童占该地区校内外学龄儿童总数（包括弱智儿童在内，但不包括盲聋哑儿童）的比重。计算公式为：

小学学龄儿童入学率 = 已入学的小学学龄儿童数 / 校内外小学学龄儿童总数 ×100%

科技活动　指在自然科学、农业科学、医药科学、工程与技术科学、人文与社会科学领域（简称科学技术领域）中，与科技知识的产生、发展、传播和应用密切相关的有组织的活动。可分为研究与试验发展（R&D）、研究与试验发展成果应用及相关的科技服务三类活动。该定义是联合国教科文组织考虑成员国特别是发展中国家开展科技统计工作的需要，而对科技活动所作的统计界定。

科技活动人员　指直接从事科技活动，以及专门从事科技活动管理和为科技活动提供直接服务，累计的实际工作时间占全年制度工作时间 10% 及以上的人员。（1）直接从事科技活动的人员包括：在独立核算的科学研究与技术开发机构、高等学校、各类企业及其他事业单位内设的研究室、实验室、技术开发中心及中试车间（基地）等机构中从事科技活动的研究人员、工程技术人员、技术工人及其他人员，虽不在上述机构工作，但编入科技活动项目（课题）组的人员，科技信息与文献机构中的专业技术人员，从事论文设计的研究生等。（2）专门从事科技活动管理和为科技活动提供直接服务的人员，包括：独立核算的科学研究与技术开发机构、科技信息与文献机构、高等学校、各类企业及其他事业单位主管科技工作的负责人，专门从事科技活动的计划、行政、人事、财务、物资供应、设备维护、图书资料管理等工作的各类人员，但不包括保卫、医疗保健人员、司机、食堂人员、茶炉工、水暖工、清洁工等为科技活动提供间接服务的人员。该指标用来反映投入科技活动人力的规模。

科学家与工程师　指科技活动人员中具有高、中级技术职称（职务）的人员和不具有高、中级技术职称（职务）的大学本科及以上学历人员。该指标用来反映投入科技活动人力的素质。

研究与试验发展（R&D）　指在科学技术领域，为增加知识总量，以及运用这些知识去创造新的应用进行的系统的创造性的活动，包括基础研究、应用研究、试验发展三类活动。国际上通常采用 R&D 活动的规模和强度指标反映一国的科技实力和核心竞争力。

专业技术人员　指从事专业技术工作和专业技术管理工作的人员，即企事业单位中已经聘任专业技术职务从事专业技术工作和专业技术管理工作的人员，以及未聘任专业技术职务、现在专业技术岗位上工作的人员。包括工程技术人员，农业技术人员，科学研究人员，卫生技术人员，教学人员。

科技活动经费筹集　指从各种渠道筹集到的计划用于科技活动的经费，包括政府资金、企业资金、事业单位资金、金融机构贷款、国外资金和其他资金等。反映各社会经济主体对促进科技进步所作的努力。

政府资金　指从各级政府部门获得的计划用于科技活动的经费，包括科学事业费、科技三项费、科研基建费、科学基金、教育等部门事业费中计划用于科技活动的经费，以及政府部门预算外资金中计划用于科技活动的经费等。

科技活动经费内部支出 指报告年内用于科技活动的实际支出，包括劳务费、科研业务费、科研管理费、非基建投资购建的固定资产、科研基建支出以及其他用于科技活动的支出。不包括生产性活动支出、归还贷款支出及转拨外单位支出。反映科技投入实际完成情况。

劳务费 指以货币或实物形式直接或间接支付给从事科技活动人员的劳动报酬及各种费用。包括各种形式的工资、津贴、奖金、福利、离退休人员费用、人民助学金等。反映改善科技人员的待遇情况。

固定资产购建费 指报告年内使用非基建投资购建的固定资产和用于科研基建投资的实际支出额，即固定资产实际支出和科研基建投资实际完成额之和。固定资产是指长期使用而不改变原有实物形态的主要物资设备、图书资料、实验材料和标本以及其他设备和家具、房屋、建筑物。反映用于改善科研条件和科研手段方面的投入情况。

新产品 指采用新技术原理、新设计构思研制、生产的全新产品，或在结构、材质、工艺等某一方面比原有产品有明显改进，从而显著提高了产品性能或扩大了使用功能的产品。既包括政府有关部门认定并在有效期内的新产品，也包括企业自行研制开发，未经政府有关部门认定，从投产之日起一年之内的新产品。用来反映科技产出及对经济增长的直接贡献。

专利 是专利权的简称，是对发明人的发明创造经审查合格后，由专利局依据专利法授予发明人和设计人对该项发明创造享有的专有权。包括发明、实用新型和外观设计。反映拥有自主知识产权的科技和设计成果情况。

发明 指对产品、方法或者其改进所提出的新的技术方案。是国际通行的反映拥有自主知识产权技术的核心指标。

实用新型 指对产品的形状、构造或者其结合所提出的适于实用的新的技术方案。反映具有一定技术含量的技术成果情况。

外观设计 指对产品的形状、图案、色彩或者其结合所做出的富有美感并适于工业上应用的新设计。反映拥有自主知识产权的外观设计成果情况。

文化事业机构 指从事专业文化工作和为专业文化工作服务的单独核算、独立建制的单位。不包括半工半艺、半农半艺的业余剧团。

艺术表演观众人数 指售票、包场演出或民族地区免费演出的艺术表演观众人数。不包括彩排审查和内部观摩演出的观看人次数。

等级运动员人数 指经考核正式批准授予等级运动员称号的人数。运动员等级分为国际级运动健将、运动健将、一级运动员、二级运动员、三级运动员、少年级运动员。

等级裁判员人数 指经考核正式批准授予等级裁判员称号的人数。裁判员等级分为国际裁判、国家级裁判、一级裁判、二级裁判、三级裁判。

Explanatory Notes on Principle Statistical Indicators

Regular Institutions of Higher Learning refer to the educational institutions set up according to the government evaluation and approval procedures, enrolling graduates from senior high schools and providing higher education courses and training senior professionals. They include fulltime universities and colleges, junior colleges and short-term schools for professional training.

Institutions of Higher Learning for Adults refer to the educational institutions, set up in line with relevant rules approved by the government, enrolling staff and workers with senior high school or equivalent education, and providing higher education courses in many forms of full time, part time, spare time, or correspondence for adults. Professionals thus trained receive a qualification equivalent to graduates studying regular courses at regular universities, colleges and professional colleges. Institutions of higher learning for adults include Radio and TV universities, colleges for staff and workers and for farmers, management colleges for cadres, education colleges, independent correspondence college and correspondence schools, night schools and the like run by regular institutions of higher learning.

Enrollment Rate of Primary School-age Children refers to the proportion of school-age children enrolled at school to the total number of school-age children both at and out of school (including retarded children, but excluding blind, deaf and mute children). The formula is as follows:

Enrollment Rate of Primary School-age Children = (Total Primary School-age Children at School) / (Total Primary School-age Children Both at and out of School) ×100%

Scientific and Technological Activities (S&T Activities) refer to organized activities which are closely related to the creation, development, dissemination and application of scientific and technological knowledge in the fields of natural sciences, agricultural science, medical science, engineering and technological science, humanities and social sciences (referred to as scientific and technological fields). S&T activities can be divided into three categories: research and development (R&D) activities, application of R&D results, and related S&T services. This statistical definition is made by UNICHIEF for scientific and technological activities to meet the need for carrying out statistical work in this field in its member countries, especially those developing countries.

Personnel Engaged in S&T Activities refer to personnel directly engaged in S&T activities, in the management of S&T activities, and in providing direct service to S&T activities, who spend over 10% of the total working hours in a year in S&T activities. 1) .Personnel directly engaged in S&T activities include researchers, engineers, technicians and other related personnel engaged in S&T activities in independent-accounting R&D institutions, institutions of higher learning, and in research rooms and institutes, laboratories, technological development centers and central experiment workshops under enterprises and institutions. Also included are people working in S&T research project teams, professional and technical personnel working in S&T information and literature institutions, and graduate students working on the design of their theses. 2) .Personnel engaged in the management of S&T activities and in providing direct service to S&T activities include administrative personnel responsible for S&T activities in independent-accounting R&D institutions, S&T information and literature institutions, institutions of higher learning, and enterprises and institutions where S&T activities are undertaken. Also included are people responsible for the planning, administration, personnel management, financial management, logistics supply, equipment maintenance, information and library management that are related to S&T activities. People providing indirect services are excluded, such as security personnel, medical staff, drivers, plumbers, cleaners and those providing food and related services. This indicator reflects the scale of personnel engaged in S&T activities.

Scientists and Engineers refer to persons engaged in S&T activities who have obtained technical or professional titles of senior and middle rank, and those without such title but have completed university or higher education. This indicator reflects the quality of personnel engaged in S&T activities.

Research and Development （R&D） refers to systematic and creative activities in the field of science and technology aiming at increasing and using the knowledge for new application. R&D falls into 3 categories of activities: basic research, applied research and experiment and development. The scale and intensity of R&D are widely used internationally to reflect the strength of S&T and the core competitiveness of a country in the world.

Professional and Technical Personnel refer to persons engaged in professional and technical work or in the management of professional and technical activities, i.e., personnel with professional or technical titles who are engaged in professional and technical work or in the management of professional and technical activities, and personnel without professional or technical titles but working on professional or technical posts in enterprises and institutions. They include professionals and technicians working in the fields of engineering, agriculture, scientific research, health care and education.

Funding for S&T Activities refers to funds obtained from various sources for S&T activities, including government funds, self-raised funds by enterprises, self-raised funds by institutions, loans from financial institutions, foreign funds and other funds. This indicator reflects the efforts made by various social economic entities in promoting the development of S&T.

Government Funds refer to funds obtained from government departments at all levels for S&T activities, including funds for scientific undertakings, 3 kinds of funds for S&T activities, funds for capital construction for scientific research, science funds, funds from educational expenditures by educational departments for S&T activities, and extra-budgetary funds from government departments for S&T activities.

Internal Expenditures on S&T Activities refer to the actual expenditures on S&T activities during the report year, including service charges, operating expenses on research activities, overhead charges on research, fixed assets excluded in the investment in capital construction, expenditures on capital construction for scientific research, and other expenditures on S&T activities. Not included are expenditures on production activities, repayment of loans and transfer expenditures. This indicator reflects the real completion of input in S&T.

Service Charges refer to direct or indirect payments, in cash or in kind, made to personnel engaged in S&T activities as remuneration and other charges, including salaries, subsidies, bonus, benefits, retirement pensions, stipends, etc. This indicator reflects the improvement of treatment toward S&T personnel.

Expenditure on Purchase and Construction of Fixed Assets refers to the fixed assets purchased or constructed by using funds excluded in the investment in capital construction and the actual expenditures on capital construction for scientific research within the report year, i.e. the sum total of the actual expenditures on fixed assets and the actual investments in capital construction for scientific research. Fixed asset refers to main materials and equipment, literature and documents in libraries, materials for experiments, specimen, instruments, furniture, buildings and constructions that can be used for a long time without changing their original forms and shapes. This indictor reflects the input in improving the conditions and means of scientific research.

New Products refer to new products produced with new technology and design, or products that represent noticeable improvement in terms of structure, material, or production process so as to improve significantly the character or function of the older versions. They include new products certified by relevant government departments within the period of certification, and those designed and produced by enterprises within a year without certification by government departments. This indictor reflects the S&T output and its direct contribution to economic growth.

Patent is an abbreviation for patent right and refers to the exclusive right of ownership by the inventors or designers for their creations or inventions, conferred by the patent offices after the due process of assessment and approval in accordance with the Patent Law. Patent is granted for inventions, utility models and designs. This indicator reflects the achievements of S&T and design with independent intellectual property.

Inventions refer to the new technical proposals on products or methods or their modifications. This is universal core indicator reflecting the technologies with independent intellectual property.

Utility Models refer to the practical and new technical proposals on the shape and structure of the product or their combination. This indicator reflects the technological results with certain technical content.

Designs refer to the aesthetic and industrially applicable new designs for the shape, pattern and color of the product or their combinations. This indicator reflects the exterior design achievements with independent intellectual property.

Cultural Institutions refer to entities which have their own organizational systems and independent accounting systems and specialize in or serve cultural development, excluding other establishments run by these cultural institutions and amateur cultural groups established by various departments.

Number of Spectators at Art Performance refers to the number of attendants at commercial shows, completely booked shows or a free show offered in minority nationality areas, and does not include the number of spectators at rehearsals of examination and internal shows for observation.

Number of Athletes in Grades refers to the number of athletes who have been conferred titles after examination. The titles of athletes include international masters of sports, masters of sports, first-grade, second-grade and third-grade sportsmen and young athletes.

Number of Referees in Grades refers to the number of referees who have been conferred titles after examination. They are classified as international-level referees, national-level referees and referees of the first, second and third grades.

Chapter 14

十四、卫生、体育和社会管理

Public Health,Sports and Social Mangement

14-1 卫生医疗机构数（1985-2017年）

Number of Health and Medical Institutions（1985-2017）

单位：个 (unit)

年　份 Year	医　院 Hospitals	门诊部、所 Clinics	疾病预防控制中心（含卫生防疫站） Center for Disease Control and Prevention (Including Epidemic Prevention Stations)	妇幼保健站 Women and Children Care Agencies
1985	1 813	3 846	159	145
1986	1 789	3 959	159	145
1987	1 802	4 018	158	144
1988	1 868	4 068	150	144
1989	1 884	4 041	150	143
1990	1 908	4 085	150	144
1991	1 928	4 091	150	144
1992	1 950	4 107	149	144
1993	1 969	3 772	157	143
1994	2 115	3 618	157	143
1995	2 108	3 522	158	145
1996	548	53	148	140
1997	589	46	149	140
1998	594	53	150	143
1999	603	51	151	140
2000	602	51	151	142
2001	590	37	152	142
2002	584	38	148	144
2003	566	52	153	151
2004	594	69	150	146
2005	648	73	153	148
2006	649	69	150	148
2007	668	73	150	148
2008	692	74	152	148
2009	720	66	152	147
2010	780	78	150	147
2011	845	101	150	148
2012	924	126	150	147
2013	997	150	150	147
2014	1 060	159	150	145
2015	1 101	208	150	145
2016	1187	262	152	145
2017	1252	290	153	145

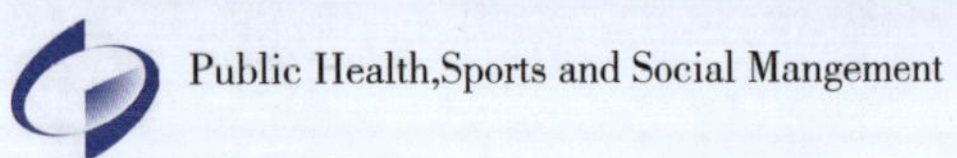

14-2 卫生医疗机构床位数（1985-2017年）

Number of Beds in Health and Medical Institutions（1985-2017）

年份 Year	机构病床数(万张) Number of beds in Health and Medical Institutions (10 000 units)	医院 Hospitals	乡镇卫生院 Township Health Centers	平均每万人口拥有医院床位数(张) Number of Hospital Beds per 10 000 Persons(unit)
1985	7.45	6.80	4.77	20.00
1986	7.53	8.63	4.72	19.90
1987	7.83	7.06	7.76	20.10
1988	8.27	7.49	4.88	20.80
1989	8.27	7.50	4.84	20.60
1990	8.45	7.61	4.83	20.40
1991	7.74	7.84	4.99	20.90
1992	9.10	8.09	5.05	21.10
1993	9.27	8.25	5.19	21.40
1994	9.37	8.34	4.98	21.20
1995	9.56	8.40	5.09	21.00
1996	9.08	6.08	3.07	15.10
1997	9.40	6.34	3.02	15.50
1998	9.60	6.40	2.97	15.50
1999	9.72	6.46	3.06	15.30
2000	9.75	6.61	3.12	15.60
2001	9.98	6.60	3.17	15.50
2002	9.66	6.75	3.19	15.60
2003	9.84	6.79	3.15	15.50
2004	10.22	7.12	3.23	16.10
2005	10.70	7.47	3.25	16.80
2006	11.05	7.74	3.43	17.30
2007	11.90	8.32		18.40
2008	12.78	9.04		19.90
2009	14.01	9.97		21.90
2010	15.71	11.25		24.50
2011	17.34	12.63	3.61	27.28
2012	19.47	14.35	3.98	30.81
2013	21.01	15.61	4.20	33.30
2014	22.49	16.97	4.35	36.00
2015	23.76	18.13	4.44	38.23
2016	25.36	19.47	4.62	40.82
2017	27.48	21.08	5.00	43.92

14-3 卫生医疗机构人员数（1978-2017年）

Number of Employed Persons in Health and Medical Institutions（1978-2017）

年 份 Year	卫生医疗机构人数(万人) Number of Employed Persons in Health and Medical Institutions (10 000 persons)			每千人口拥有卫生技术人员或医生(人) Number of Medical Technical Personnel or Doctors per 1 000 Persons(person)	
		卫生技术人员 Medical Technical Personnel	医 生 Doctors	卫生技术人员 Medical Technical Personnel	医 生 Doctors
1978	7.95	6.55	3.11	2.12	1.01
1979					
1980	8.91	7.14	3.34	2.25	1.28
1981	9.58	7.69	3.73	2.39	1.16
1982	9.86	7.96	3.01	2.43	1.16
1983	10.16	8.22	3.96	2.48	1.19
1984	10.47	8.46	4.09	2.52	1.22
1985	10.79	8.73	4.27	2.56	1.25
1986	11.13	8.98	4.37	2.60	1.27
1987	11.66	9.44	4.57	2.69	1.30
1988	11.99	9.75	5.12	2.71	1.43
1989	12.19	9.91	5.19	2.72	1.42
1990	12.55	10.16	5.39	2.72	1.44
1991	12.90	10.42	5.32	2.76	1.42
1992	13.18	10.56	5.35	2.76	1.40
1993	13.39	10.77	5.55	2.77	1.43
1994	13.72	11.09	5.77	2.82	1.46
1995	13.95	11.25	5.95	2.86	1.49
1996	13.87	11.16	5.64	2.76	1.40
1997	14.59	11.82	5.91	2.89	1.44
1998	14.72	11.92	5.91	2.88	1.43
1999	14.84	12.10	6.07	2.88	1.44
2000	15.16	12.41	6.26	2.93	1.48
2001	14.98	12.30	6.23	2.89	1.46
2002	13.32	10.97	5.17	2.56	1.20
2003	13.40	11.17	5.27	2.55	1.20
2004	13.67	11.39	5.32	2.58	1.21
2005	14.22	11.84	5.58	2.66	1.25
2006	14.56	12.14	5.65	2.71	1.26
2007	14.93	12.37	5.66	2.74	1.25
2008	15.19	12.62	5.73	2.78	1.26
2009	16.08	13.38	5.94	2.94	1.30
2010	17.00	14.17	6.21	3.08	1.35
2011	17.80	14.93	6.34	3.22	1.37
2012	19.61	16.48	6.69	3.54	1.44
2013	26.56	19.33	7.49	4.12	1.60
2014	28.28	20.89	7.54	4.43	1.60
2015	30.46	22.80	7.96	4.81	1.68
2016	33.04	25.02	8.59	5.25	1.80
2017	36.92	28.39	9.39	5.91	1.96

注：2002年及以后医生数系执业(助理)医师数。
Note: Number of doctors refers to number of certified (assistant) doctors since 2002.

14-4 卫生防疫机构、妇幼保健机构情况（1978-2017年）
Basic Statistics on Epidemic Prevention Institutions, Women and Children Care Agencies（1978-2017）

单位：个、人 (unit, person)

年份 Year	卫生防疫机构 Epidemic Prevention Institutions		妇幼保健机构 Women and Children Care Agencies		
	机构数 Number of Institutions	人员数 Number of Employed Persons	机构数 Number of Institutions	床位数 Number of Beds	人员数 Number of Employed Persons
1978	149	3 604	142	82	1 194
1979					
1985	159	4 931	145	524	2 108
1986	159	5 083	145	712	2 234
1987	158	5 286	144	770	2 401
1988	150	5 529	144	841	2 612
1989	150	5 737	143	872	2 808
1990	150	5 930	144	928	3 001
1991	150	6 146	144	1 021	3 252
1992	149	6 388	144	1 073	3 467
1993	157	6 606	143	1 244	3 669
1994	157	6 810	143	1 350	3 869
1995	158	6 962	145	1 510	4 197
1996	158	7 136	142	1 657	4 270
1997	159	7 344	142	1 836	4 559
1998	150	7 390	141	2 024	4 692
1999	151	7 493	140	2 252	4 822
2000	160	7 574	142	2 356	5 017
2001	175	7 810	142	2 588	5 124
2002	148	7 125	144	3 174	5 624
2003	153	7 241	151	3 341	5 650
2004	150	6 782	146	3 386	5 482
2005	153	7 590	148	3 521	5 641
2006	150	7 585	148	3 662	5 703
2007	150	7 844	148	3 954	5 782
2008	152	7 847	148	4 162	5 638
2009	152	7 734	147	4 398	6 031
2010	150	7 929	147	4 704	6 152
2011	150	7 942	148	4 927	6 393
2012	150	8 013	147	5 139	6 836
2013	150	8 134	147	5 579	7 403
2014	150	8 143	145	5 717	8 108
2015	150	8 225	145	5 834	9 359
2016	152	8 301	145	6 175	11 745
2017	153	8 473	145	6 894	14 397

14-5 主要年份等级裁判员、运动员人数
Number of Referees and Athletes in Significant Years

单位：人 (person)

年份 Year	等级裁判员 Number of Referees in Grades	国际级裁判 International Level Referees	一级裁判 First Grade Referees	二级裁判 Second Grade Referees	三级裁判 Third Grade Referees	等级运动员 Number of Athletes in Grades
1985	1 316		135	280	901	1 843
1990	1 920	1	145	455	1 320	1 379
1995	1 675		57	316	134	1 474
2000	2 229		40	519	1 663	1 187
2008	1 214	2	276	832		463
2009	1 989		44	1 942		1 457
2010	1 948		633	1 304		950
2011	2 114	4	41	1 014		622
2012	7 056		487	3 087	3 479	1 281
2013	9 133		289	3 480	5 363	1 259
2014	3 258		291	2 954		1 105
2015	2 714		395	2 319		1 139
2016	4 199		531	3 668		611
2017	3 605		152	3 453		730

14-5 续表 continued

单位：人 (person)

年 份 Year	国际级健将 International level Master Sportsmen	运动健将 Master Sportsmen	一级运动员 First Grade Sportsmen	二级运动员 Second Grade Sportsmen	三级运动员 Third Grade Sportsmen	少年级运动员 Juvenile Sportsmen
1985			63	83	861	836
1990	4	36	38	352	583	433
1995	3	27	52	328	703	361
2000			12	353	479	343
2008	7	21	58	377		
2009	8	21	43	1 385		
2010	7	24	83	836		
2011	4	21	163	434		
2012	2	34	190	1 038	17	
2013	2	18	158	1 068	13	
2014		18	177	910		
2015	2	23	305	809		
2016		29	184	398		
2017		37	192	501		

14-6 主要年份运动员参赛获奖情况

Prizes Won by Yunnan Athletes in Significant Years

单位：枚 (medal)

年份 Year	金牌 Gold Medal		银牌 Silver Medal		铜牌 Copper Medal	
	国际 International Competitions	全国 National Competitions	国际 International Competitions	全国 National Competitions	国际 International Competitions	全国 National Competitions
1978	1	4	1	9	14	8
1980	4	13	2	13		21
1985	11	24	13	13	9	18
1990	4	22		27	6	19
1995	9	27	3	29	4	31
2000	1	44		38	5	36
2005	1	34	1	30		32
2006	6	13	4	15	1	12
2007	2	13		15	1	15
2008	4	14	3	6	5	11
2009	3	17	2	16	10	22
2010	5	14	4	16	7	17
2011	6	13	3	5	5	15
2012	9	14	3	10	3	15
2013	4	15	3	21	4	12
2014	9	11	6	10	1	12
2015	3	15	5	16		14
2016	7	67	7	51	3	55
2017	7	68	2	82	5	58

14—7 律师、公证工作机构人员情况（2012—2017年）

Basic Statistics on Lawyers and Notarization (2012-2017)

项　　目	Item	2012	2013	2014	2015	2016	2017
律师工作	**Lawyers work**						
律师事务所(个)	Number of Law Offices (unit)	532	583	643	709	790	858
国资所	State-owned	112	108	107	106	105	103
合作所	Cooperative						
合伙所	Partnership	324	347	371	398	434	457
个人发起所	Initiated by Individual	96	128	165	205	251	298
执业律师（人）	Number of Lawyers (person)	5 614	6 638	7 278	8 190	8 963	10 143
专职律师	Full-time Lawyers	5 115	6 003	6 570	7 385	8 030	9 110
兼职律师	Part-time Lawyers	201	224	220	222	218	508
特邀律师	Guest Lawyers						
公证工作	**Notarization**						
公证处(个)	Number of Notary Offices (unit)	140	140	140	140	140	140
公证员(人)	Notaries (person)	469	499	521	554	578	625
公证员助理（人）	Assistant Notaries (person)	288	374	391	440	518	470
办理各类公证事项(万件)	Number of Notarized Affairs (10 000 items)	27.73	36.86	36.34	38.93	43.69	51.38

14-8 主要年份提供住宿的社会服务机构基本情况

Basic Statistics on Social Service Agency with Accommodation in Significant Years

年 份 Year	单位数(个) Number of Institutions(unit)	床位数(万张) Number of Beds(10 000 units)	年末在院人数(万人) Persons under Care at Year-end (10 000 persons)	社会福利经费(亿元) Funds of Institution (100 million yuan)
1985	34		0.14	0.02
1990	45		0.15	0.03
1993	49		0.16	0.05
1994	49		0.17	0.10
1995	50		0.18	0.11
1996	50		0.18	0.11
1997	50		0.22	0.13
1998	50		0.22	0.16
1999	50		0.12	0.19
2000	75		0.25	0.21
2001	112		0.28	0.23
2002	754	1.78	1.00	0.25
2003	781	1.97	1.10	0.28
2004	748	1.91	1.07	0.32
2005	771	2.06	1.09	0.56
2006	583	1.42	0.81	0.92
2007	667	2.28	1.53	1.48
2008	702	2.98	2.09	1.58
2009	729	3.77	2.75	2.20
2010	757	4.39	3.33	4.52
2011	778	4.93	3.78	7.45
2012	806	5.99	4.53	11.58
2013	992	7.44	5.63	8.79
2014	1 060	8.17	4.44	6.49
2015	1 639	11.80	5.36	13.14
2016	2 139	14.36	5.31	12.19
2017	2 251	13.30	4.02	17.82

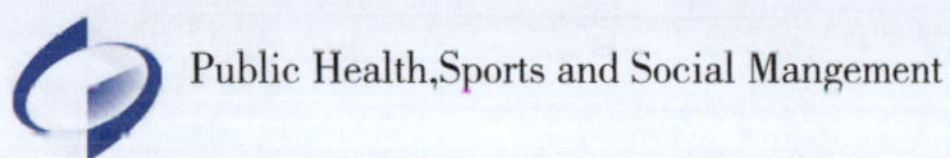

14-9 社会服务业发展情况（2013-2017年）

Basic Statistics on Social Service Development (2013-2017)

项　　目	Item	2013	2014	2015	2016	2017
社会服务工作	**Social Service Work**					
提供住宿的社会服务机构情况	**Social Service Agency Providing Accommodation**					
单位数（个）	Number of Institutions(unit)	992	1 060	1 639	2 139	2 251
床位数（万张）	Number of Beds (10 000 sets)	7.44	8.17	11.80	14.36	13.30
收养人数（万人）	Number of People Adopted (10 000 persons)	5.63	4.44	5.36	5.31	4.02
不提供住宿的社会服务机构(个)	**Social Service Agency without Accommodation(unit)**					
救灾储备仓库	Disaster Relief Storage Warehouse	41	40	40	40	40
福利彩票发行单位	Wellfare Lottery Issuer	17	17	17	12	13
烈士纪念建筑物管理单位	Administrative Office of Martyr Commemorative Structure	64	64	64	64	64
捐赠、救助等其他事业单位	Donation，Rescue and Other Government-sponsored Institutions	201	242	242	242	236
老龄机构	Institution Concerning the Aging Population Work	122	127	127	127	122
其他社会服务机构(个)	**Other Social Service Agencies(unit)**					
婚姻	**Marriage**					
婚姻登记服务类单位	Marriage Registration Service Agency	60	89	34	25	24
殡葬	**Funeral**					
殡仪馆	Funeral Home	78	79	78	77	78
公墓	Cemetery	72	73	42	23	23
殡葬管理单位	Administrative Office of Funeral	50	58	47	46	48
组织构成(个)	**Member Organization(unit)**					
社会组织	**Social Organization**	**16 954**	**19 207**	**21 128**	**22 552**	**23 184**
社会团体	Social Group	11 595	12 987	14 115	14 973	14 679
基金会	Foundation	62	75	93	98	112
民办非企业单位	Civilian-run Nonbusiness Unit	5 297	6 145	6 920	7 481	8 393
自治组织	**Self-governing Organization**	**14 209**	**14 238**	**14 259**	**14 299**	**14 378**
社区居委会	Residential Committee	2 072	2 203	2 235	2 328	2 473
村委会	Village Neighborhood Committee	12 137	12 035	12 024	11 971	11 905

14–10 社会救助和优抚安置情况（2012–2017年）

Basic Statistics on Social Assistance and Special Care and Placement (2012-2017)

单位：万人 (10 000 persons)

项　目	Item	2012	2013	2014	2015	2016	2017
社会救助	**Social Assistance**						
临时救助(万户次)	Person-times of Temporary Relief						57.71
本地户籍	Local domicile						57.57
非本地户籍	Non local household registration						0.14
城市居民最低生活保障人数	Urban Residents Received Subsistence Security Allowances	93.57	104.10	100.87	98.11	89.68	70.9
农村居民最低生活保障人数	Rural Residents Received Subsistence Security Allowances	437.51	466.50	458.94	455.28	422.94	329.9
农村五保供养人数	Rural Residents Enjoy the Five-guarantee System	21.92	21.56	21.14	20.71	17.35	13.8
农村集中供养五保人数	Rural Residents Enjoy the Concentrated Form of Five-guarantee System	3.53	3.54	3.93	4.17	2.85	1.58
农村分散供养五保人数	Rural Residents Enjoy the scattered Form of Five-guarantee System	18.39	18.02	17.21	16.55	14.50	12.22
农村传统救济人数	Rural Residents Supported by the Traditional Way of Relief	4.39	4.48	4.29	3.81	3.74	3.74
优抚安置	**Special Care and Placement**						
国家重点优抚对象人数	Persons Given National Key Special Pensions and Subsidies	37.84	37.81	35.18	35.31	32.19	28.31
安置义务兵、士官、复员	Placement of Compulsory Serviceman, Sergeancy and Demobilization						
干部人数	Persons in a Leading Position	1.19	1.02	1.15	1.18	1.20	1.00
接收军队离退休人员人数	Army Retired Staff Received	0.02	0.02	0.06	0.03	0.02	0.02

14-11 全省社会保险参保情况

Number of Persons Participating in Social Insurance

单位：万人 (10 000 persons)

年 份 Year	城镇职工基本养老保险 Number of Persons Participating in Basic Pension Insurance System for Urban Enterprises' Employees	城镇职工基本医疗保险 Number of Persons Participating in Basic Medical Insurance System for Urban Employees	城乡居民医疗保险 Medical insurance for urban and rural residents	城 镇失业保险 Number of Persons Participating in Unemployment Insurance System	工伤保险 Number of Persons Participating in Employment Injury Insurance System	城镇职工生育保险 Number of Persons Participating in Child-bearing Insurance System for Urban Employees
1997	168.44			129.00	47.65	57.40
1998	208.92			129.00	101.75	97.43
1999	223.47			181.00	99.64	96.67
2000	252.28	69.48		196.03	99.14	95.47
2001	243.12	185.72		190.73	97.26	96.11
2002	252.13	238.40		183.23	88.96	86.87
2003	257.34	281.52		183.01	84.11	82.79
2004	255.26	302.34		173.20	150.93	142.33
2005	258.69	320.70		189.20	166.95	156.14
2006	267.42	331.54		189.36	173.85	159.51
2007	279.36	345.81	73.00	190.00	188.47	165.14
2008	293.72	356.82	261.38	195.60	202.47	168.38
2009	306.54	397.42	365.03	198.60	215.13	181.13
2010	317.42	414.77	405.71	209.61	227.37	210.23
2011	342.82	443.36	422.44	216.75	243.40	216.49
2012	364.47	452.22	430.17	224.00	295.26	239.22
2013	384.32	457.96	660.79	232.52	334.26	270.87
2014	397.89	462.60	673.34	236.87	341.71	279.26
2015	412.94	468.29	672.47	243.34	368.07	289.83
2016	581.80	479.13	684.50	251.16	372.75	295.91
2017	591.46	491.32	3 972.49	259.81	383.67	307.92

注：本表城乡居民养老保险数据在2017年以前仅为城镇居民医疗保险，从2017年以后新农保与城镇居民基本医疗保险合并后为城乡居民基本医疗保险，所以2017年以前的数据不能和2017年以后比较。

Note: Data of basic pension insurance system for urban and rural residents in this table were only medical insurance for urban residents before 2017, and after 2017, new rural insurance and urban residents' basic medical insurance were merged into basic medical insurance system for urban and rural residents, so the data before 2017 cannot be compared with that after 2017.

14-12 城镇职工基本养老保险情况（2013-2017年）

Statistics on Basic Pension Insurance for Urban Employees (2013-2017)

类　　别	Item	2013	2014	2015	2016	2017
年末参保人数（万人）	**Number of People Insured at Year-end (10 000 persons)**	**384.32**	**397.89**	**412.94**	**581.80**	**591.46**
职　工	Employed Persons	268.62	279.23	291.15	413.78	420.12
企　业	Enterprises	260.49	271.43	283.38	292.41	297.34
离休、退休、退职人数	Retired and Resigned Persons	115.70	118.67	121.79	168.02	171.34
基金收支情况	**Fund Revenue and Expenses**					
基本养老保险费征缴收入(亿元)	Fund Revenue（100 million yuan)	253.46	263.71	284.45	453.81	875.33
基本养老金支出(亿元)	Fund Expenses (100 million yuan)	245.91	280.62	313.56	497.52	958.29
企业退休人员社会化管理服务情况(%)	**Socialized Management of Enterprise Retirees（%）**	**79.75**	**82.19**	**86.06**	**88.01**	**88.09**
企业养老金实发人数(万人)	Number of People Receiving Pension Insurance(10 000 persons)	112.91	115.69	118.68	121.93	123.12

14-13 残疾人事业基本情况

Basic Statistics on the Work for Persons with Disabilities

项目	Item	2013	2014	2015	2016	2017
康复	**Rehabilitation**					
视力残疾康复服务人数（万人）	Rehabilitation of Persons with Visual Disability (10 000 persons)	4.44	4.63	2.05	0.84	3.55
听力语言残疾康复服务人数（万人）	Rehabilitation of Persons with Hearing and Speech Disability(10 000 persons)	0.16	0.49	0.28	0.89	2.33
肢体残疾康复服务人数（万人）	Rehabilitation of Persons with Physical Disability (10 000 persons)	1.18	1.05	0.86	2.97	14.07
智力残疾康复服务人数（万人）	Rehabilitation of Persons with Intellectual Disability (10 000 persons)	0.38	0.41	1.05	0.41	1.88
精神病防治康复服务人数（万人）	Prevention and Rehabilitation of Mental Illness (PRMI)(10 000 persons)	4.30	4.02	4.27	1.64	4.09
残疾人康复机构（个）	Rehabilitation Institutions for Disabled Persons (unit)	145	142	183	206	240
辅助器具服务机构（个）	Auxiliary Appliance Service Agencies (unit)	52	51	63	81	92
教育(人)	**Education (person)**					
残疾人中等职业教育在校生	Students at Secondary Vocational Schools for PWDs	580	625	240	956	819
高等院校录取残疾考生	Disable Students Admitted to Higher Education Institutions	413	437	594	636	917
社会保障(万人)	**Social Security (10 000 persons)**					
残疾居民参加城乡社会养老保险	Residents with Disabilities Covered by Social Pension Insurance	76.10	78.95	71.33	78.46	86.27
托养残疾人	Fostered PWDs	2.18	2.27	2.58	2.61	1.56
扶贫	**Poverty Alleviation**					
农村残疾人实用技术培训(万人次)	Vocational Skills Training for PWDs (10 000 person-times)	4.37	4.37	4.65	3.18	3.52
农村贫困残疾人危房改造(户)	Dilapidated House Renovation for Poor PWDs (households)	6 435	2 395	1 670	1 774	3 317
农村贫困残疾人危房改造受益残疾人（人）	PWDs Benefited (persons)	7 270	3 063	3 264	2 551	4 112
维权(件)	**Rights Protection (case)**					
残疾人法律救助工作站办理的案件	Case Handled by the Legal Assistance Station for PWDs	10	10	59	90	79
组织建设	**Organization Development**					
残疾人人口库持证残疾人(万人)	PWDs with Disability Certificate in the PWD Database (10 000 persons)	95.96	104.15	113.41	126.50	136.07

主要统计指标解释

卫生机构 指从卫生行政部门取得《医疗机构执业许可证》，或从民政、工商行政、机构编制管理部门取得法人单位登记证书，为社会提供医疗保健、疾病控制、卫生监督服务或从事医学科研和教育等工作的单位。卫生机构包括医院、疗养院、社区卫生服务中心（站）、卫生院、门诊部、诊所（卫生所、医务室）、急救中心（站）、采供血机构、妇幼保健院（所、站）、专科疾病防治院（所、站）、疾病预防控制中心（防疫站）、卫生监督所、卫生监督检验（监测、检测）机构、医学科研机构、医学在职培训机构、健康教育所(站)等其他卫生机构。

医疗机构 指从卫生行政部门取得《医疗机构执业许可证》的机构，包括医院、疗养院、社区卫生服务中心（站）、卫生院、门诊部、诊所（卫生所、医务室）、妇幼保健院（所、站）、专科疾病防治院（所、站）、急救中心（站）和临床检验中心。

社区卫生服务中心（站） 指为本社区居民提供预防、医疗、保健、康复、健康教育、计划生育技术服务等的基层卫生机构。包括社区卫生服务中心和社区卫生服务站。

卫生人员 指在医疗、预防保健、医学科研和在职教育等卫生机构工作的职工，包括卫生技术人员、其他技术人员、管理人员和工勤人员。

卫生技术人员 包括执业（助理）医师、注册护士、药剂人员、检验和影像人员等卫生专业人员。不包括从事管理工作的卫生技术人员（一律计入管理人员）。

执业医师 指具有《医师执业证》及其“级别”为“执业医师”且实际从事医疗、预防保健工作的人员，不包括实际从事管理工作的执业医师。执业医师类别分为临床、中医、口腔和公共卫生。

执业助理医师 指具有《医师执业证》及其“级别”为“执业助理医师”且实际从事医疗、预防保健工作的人员，不包括实际从事管理工作的执业助理医师。执业助理医师类别同样分为临床、中医、口腔和公共卫生四类。

城市社会福利事业单位 包括社会福利院、儿童福利院和民政部门所属的精神病院等。

城乡社会救济费社会救济是指国家或集体用于生活困难人员的财物支出。本指标包括城镇社会救济费、乡村社会救济费、精简退职的老职工救济费。

1. 城镇社会救济费 包括民政部门支出的城镇困难户救济费和机关企事业单位支付的职工生活困难补助费。

2. 乡村社会救济费 包括民政部门支出的农村五保户、困难户及麻风病人救济费。本指标包括农村集体支付的散居五保户、贫困户救济折款（包括实物）。

3. 精减退职的老职工救济费 指民政部门支出的精减退职的老职工救济费（包括按原工资40%发给的救济费和其他困难救济费）。

自然灾害受灾人数 指遭受自然灾害人数中的成灾人数。所谓成灾是指遭受自然灾害，作物收成减产三成以上的单位，这种单位的全部农业人口即为成灾人口。

优抚事业单位 指革命残废军人休养院、荣复军人疗养院和复退军人精神病院、光荣院。

优抚对象 优抚是指我国人民群众对革命烈士家属、病故革命军人家属、革命残废军人、革命残废工作人员以及参战负伤致残的民兵、民工的优待和对这些人的抚恤。“优抚对象”包括烈军属、复退军人、革命残废人员。

优抚事业费 指民政部门开支的抚恤事业费。包括牺牲费、烈军属及复员退伍军人补助费、退伍军人安置费、优抚事业单位经费和其他抚恤事业费。

城镇职工基本养老保险

1.（参保）职工人数 指报告期末按照国家法律、法规和有关政策规定参加基本养老保险并在社保经办机构已建立缴费记录档案的职工人数，包括中断缴费但未终止养老保险关系的职工人数，不包括只登记未建立缴费记录档案的人数。

2.（参保）离退休人员人数 指报告期末参加基本养老保险的离休、退休和退职人员的人数。

3. 基本养老保险基金收入 指根据国家有关规定，由纳入基本养老保险范围的缴费单位和个人按国家规定的缴费基数和缴费比例缴纳的养老保险基金，以及通过其他方式取得的形成基金来源的收入。包括单位和职工个人缴纳的基本养老保险费、基本养老保险基金利息收入、上级补助收入、下级上解收入、转移收入、财政补贴和其他收入。

4. 基本养老保险基金支出 指按照国家政策规定的开支范围和开支标准从养老保险基金中支付给参加基本养老保险的个人的养老金、丧葬抚恤补助，以及由于保险关系转移、上下级之间调剂资金等原因而发生的支出。包括离休金、退休金、退职金、各种补贴、医疗费、死亡丧葬补助费、抚恤救济费、社会保险经办机构管理费、补助下级支出、上解上级支出、转移支出、其他支出等。

5. 基本养老保险基金累计结余 指截止报告期末基本养老保险基金收支相抵后的累计余额。

基本医疗保险

1. 参保人数 指报告期末按国家有关规定参加基本医疗保险的人数。包括参加保险的职工人数和退休人员人数。

2. 基金收入 指根据国家有关规定，由纳入基本医疗保险范围的缴费单位和个人，按国家规定的缴费基数和缴费比例缴纳的基金，以及通过其他方式取得的形成基金来源的款项。包括：单位缴纳的社会统筹基金收入、个人缴纳的个人账户基金收入、财政补贴收入、利息收入、其他收入。

3. 基金支出 指按照国家政策规定的开支范围和开支标准从社会统筹基金中支付给参加基本医疗保险的职工和退休人员的医疗保险待遇支出，和从个人账户基金中支付给参加基本医疗保险的职工和退休人员的医疗费用支出，以及其他支出。包括：住院医疗费用支出、门急诊医疗费用支出、个人账户基金支出、其他支出。

4. 基金累计结余 指截止报告期末基本医疗保险的社会统筹和个人帐户基金累计结余金额。包括银行存款、财政专户、债券投资和其他。

失业保险

1. 参保人数 指报告期末按照国家法律、法规和有关政策规定参加了失业保险的城镇企业、事业单位的职工及地方政府规定参加失业保险的其他人员的人数。

2. 失业保险基金收入 指按照规定从企业、事业及其他单位筹集的失业保险费及其他并入失业保险基金收入的总额。包括单位和个人缴纳的失业保险费、失业保险基金利息收入、上级补助收入、下级上解收入、转移收入、财政补贴和其他收入。

3. 失业保险基金支出 指报告期内为保障失业人员和下岗职工基本生活、促进其再就业等支出的基金总额。包括失业救济金、医疗费、死亡丧葬补助费、抚恤救济费、转业训练费支出、失业保险经办机构管理费、补助下级支出、上解上级支出、转移支出和其他支出。

4. 基金累计结余 指截止报告期末失业保险基金收支相抵后的累计余额。

工伤保险

1. 参加保险人数 指报告期末依据国家有关规定参加工伤保险的职工人数。

2. 享受保险待遇人数 指劳动者因工负伤致残、死亡或因患职业病致残，根据有关规定享受工伤保险待遇职工或供养直系亲属人数。包括伤残人数、职业病人数、因工死亡人数、供养直系亲属人数。

3. 基金收入 指根据国家有关规定，由参加工伤保险的单位按国家规定的缴费基数和缴费比例缴纳的工伤保险基金，以及通过其他形式取得的形成基金来源的款项。包括：单位缴纳的社会统筹基金收入、财政补贴收入、利息收入、其他收入。

4. 基金支出 指按照国家政策规定的开支范围和开支标准从工伤保险基金中支付给参加工伤保险的人员及供养直系亲属工伤保险待遇支出及其他支出。包括工伤医疗费、伤残补助金、工亡补助金、护理费、丧葬补助费、工伤预防费用、职业康复费用和其他支出。

5. 基金累计结余 指截止报告期末工伤保险基金累计结余金额。包括银行存款、财政专户、债券投资和其他。

生育保险

1. 参保人数 指报告期末依据有关规定参加生育保险的职工人数。

2. 基金收入 指根据国家有关规定，由参加生育保险的单位按照国家规定的缴费基数和缴费比例缴纳的生育保险基金，以及通过其他方式取得的形成基金来源的款项。包括：单位缴纳的基金收入、利息收入和其他收入。

3. 基金支出 指按照国家政策规定的开支范围和开支标准，从生育保险基金中支付给参加生育保险的职工，因妊娠、分娩和计划生育手术而享受的待遇及其他支出。包括：生育津贴、医疗费用支出及其他支出。

4. 基金累计结余 指截止报告期末生育保险基金累计结余金额。包括银行存款、财政专户、债券投资和其他。

律师 指受聘参加法律顾问工作，担任法律顾问、刑（民）事代理人、刑事辩护人，办理非诉讼事件，解答法律询问，代写法律事务文书等主要从事律师业务的专职法律工作者和兼职律师。

公证人员 指在国家公证机关依法办理公证事务的司法人员，包括公证员、助理公证员和公证处公证的其他人员。

Explanatory Notes on Principle Statistical Indicators

Health Care Institutions refer to the units which have been qualified the Certification of Health Care Institution by the administration of public health, or qualified the Certification of Corporate Unit by the civil affairs, administration for industry and commerce, commission office for public sector reform, and engaging in medical care, disease prevention and control, health supervision and inspection, medicine research and health education, etc., including: hospitals, sanatoriums, community health service centers (stations), health centers, clinics (health stations and infirmaries), first-aid centres (stations), blood gathering and supplying institutions, women and children care agencies (centres and stations), special disease prevention and curing agencies (centres and stations), disease prevention and control centres (epidemic prevention stations), health supervision and inspection agencies, sanitary inspection institutions, medicinal scientific research and on-job training institutions, health education centres and so on.

Medical Organizations refer to the institutions which have been qualified the Certification of Health Care Institution by the administration of public health, including: hospitals, sanatoriums, community health service centers (stations), health centers, clinics (health stations and infirmaries), women and children care agencies (centres and stations), special disease prevention and curing agencies (centres and stations), first-aid centres (stations) and clinic inspection centers.

Community Health Service Centres (stations) refer to the primary units that provide the health care for community residents, such as disease prevention and control, medical treatment, health care, rehabilitation, health education, family planning technical services, including community health service centres and community health service stations.

Health Care Employee refer to all employee engaged in the health care institutions, such as medical organizations, disease prevention and control centres, health care agencies, medicinal scientific research and on-job training institutions, including medical technical personnel, other technical personnel, manager and labour.

Medical Technical Personnel refer to the professional staff engaged in health care, including licensed (assistant) doctors, registered nurse, pharmacists, laboratory technician, and imaging staff, excluding the medical technical personnel engaged in management job (included as the management staff).

Licensed Doctors refer to the medical workers who have obtained the licenses of qualified doctors and are employed in medical treatment, disease prevention or healthcare institutions, excluding the licensed doctors engaged in management job. The classification of licensed doctors is clinician, Chinese medicine, dentist and public health.

Licensed Assistant Doctors refer to the medical workers who have obtained the licenses of qualified assistant doctors and are employed in medical treatment, disease prevention or healthcare institutions, excluding the licensed assistant doctors engaged in management job. The classification of licensed assistant doctors is clinician, Chinese medicine, dentist and public health.

Urban Social Welfare Institutions include social welfare institutions, children welfare institutions, metal hospitals subordinated to the civil affairs departments.

Urban and Rural Social Relief Funds refer to the financial expenditure for the needy by the state or collectives. This indicator includes urban social relief funds, rural social relief funds and relief funds for reduced or resigned old staff and workers.

1.Urban social relief funds include the relief funds paid by the civil affairs departments to urban needy households and the living allowances paid by government departments, enterprises and institutions to staff and workers with financial difficulties.

2.Rural social relief funds include the relief funds paid by the civil affairs departments to rural households (of infirm and childless old persons) enjoying the five guarantees, needy households and lepers. This indicator also includes the relief in money and in kind paid by rural collectives to scattered-living households (of infirm and childless old persons) enjoying the five guarantees and needy households.

3.Relief funds for reduced or resigned old staff and workers refer to the relief funds paid by the civil affairs departments to reduced or resigned old staff and workers (including the relief funds paid at 40% of their original wages and other relief funds).

Number of Natural Disaster Victims refers to the number of people stricken by natural disaster of a certain extent. The so-called "disaster of a certain extent" means any natural disaster that causes crop yield to reduce by over 30% and the total agricultural population hit by it is the stricken population.

Institutions for Special Care refer to rest homes for disabled revolutionary servicemen, the sanatoriums for honorably retired servicemen and mental homes or honor homes for retired servicemen.

Persons Enjoying Special Care Special care means the special treatment and compensation given by the state to family members of revolutionary martyrs, family members of revolutionary servicemen died of illness, disabled revolutionary servicemen, disabled revolutionary working staff and militias and laborers wounded and disabled in war. "Person Enjoying Special Care" refers to family members of revolutionary martyrs, retired servicemen and disabled revolutionary persons.

Funds for Special Care refer to the funds spent by the civil affairs departments for special care, which include sacrifice pensions, allowances for family members of martyrs and retired servicemen, placement allowances for retired servicemen, funds of institutions for special care and other special funds.

Basic Pension Insurance

1.Number of staff and workers covered refers to staff and workers participating in the basic pension insurance programme according to national laws, regulations and related policies at the end of the reference period, who have already had payment records in social security management agencies, including those who have interrupt payment without terminating the insurance programme. Those who have registered in the programme but with no payment records are not included.

2. Number of retirees participating in the basic pension insurance programme refers to the number of retirees participating in basic pension insurance programmes by the end of the reference period.

3. Revenue of the basic pension insurance programme refers to payments made by employers and individuals participating in the pension insurance programme in accordance with the basis and proportion stipulated in State regulations, and income from other sources that become source of pension insurance fund, including the premium paid by employers and staff and workers, interest income, subsidies from higher level agencies, income as transfer from subordinate agencies, transferred income, government financial subsidies and other income.

4. Expenditure of basic pension insurance programme refers to payment made on pensions and funeral subsidies to those retired and resigned people covered in pension insurance programmes according to related national policies on scopeand standard of expenditure. Also included are expenditure which arises due to shift of the insurance relationship or adjustment of funds among agencies. More specifically, included are pensions for resigned people, pensions for retired people, pension for people quitting jobs, various subsidies, medical fees, funeral subsidies, compensation payments, management fees for social security agencies, expenses on subsidies to lower subordinates, expenses as transfer to agencies at higher level, transferred expenditure and other expenditure.

5. Balance of basic pension insurance programme refers to the balance of basic pension insurance funds at the end of the reference period after deducting expenses from revenue.

Basic Medical Care Insurance

1. Number of people participating in the insurance programme refers to people participating in the basic medical care insurance programme according to related regulations as at the end of reference period, including number of staff and workers and retirees participating in this insurance programme.

2. Revenue of the insurance programme refers to payments made by employers and individuals participating in the medical care insurance programme in accordance with the basis and proportion stipulated in State regulations, and income from other sources that become source of medical insurance fund, including income of social comprehensive funds paid by employers, income from individual accounts, government financial subsidies, interest income and other income.

3. Expenditure of the insurance programme refers to payment made from social comprehensive funds to those retired and resigned people covered in basic medical care insurance within the scope and standards of expenditure according to related national policies, and medical care payment made from individual accounts to staff and workers and retirees, and other expenses, including medical expenses of hospital inpatients, medical expenses for outpatients and emergency patients, payment from individual accounts and other expenditure.

4. Balance of the basic medical care insurance programme refer to the balance of medical care insurance of social comprehensive funds and individual accounts at the end of the reference period, including bank savings, special fiscal accounts, investment in bonds and others.

Unemployment Insurance

1. Number of people covered refers to staff and workers in urban enterprises or institutions who have participated in the unemployment insurance programme according to relevant policies and regulations, and other people who have participated according to local government regulations, as at the end of reference period.

2. Revenue of the unemployment insurance programme refers to payments made by employers and individuals participating in unemployment insurance programme in accordance with relevant regulations and other income contributed to this programme, including unemployment insurance premium made by employers and individuals, interest income, subsidies from higher level agencies, income as transfer from subordinate agencies, transferred income, government financial subsidies and other income.

3. Expenditure of the unemployment insurance programme refers to total expenses during the reference period to guarantee the basic livelihood of unemployed people and laid-off staff and workers and to encourage their re-employment. Included are unemployment relief, medical fees, funeral subsidies, compensation payments, training expenses, management fees for unemployment insurance agencies, subsidies to lower level agencies, expenses as transfer to higher level agencies, transferred expenditure and other expenditure.

4. Balance of the unemployment insurance programme refers to the balance of revenue of the programme after deducting expenses at the end of the reference period.

Work Injury Insurance

1. Number of people covered refers to staff and workers who have participated in the work injury insurance programme according to relevant national regulations.

2. Number of beneficiaries refers to staff and workers and their direct dependents who can, in accordance with relevant regulations, benefit from work injury insurance, as a result of work injury leading to disability or death of the staff/worker, or occupational disease leading to disability. Included in this category are number of injured and disabled people, number of people with occupational diseases, number of deaths at work places, and number of direct dependents.

3. Revenue of the work injury insurance programme refers to payments made by employers participating in the work injury insurance programme in accordance with the basis and proportion stipulated in State regulations, and income from other sources that become source of work injury insurance fund, including income of social comprehensive funds paid by employers, government financial subsidies, interest income and other income.

4. Expenditure of the work injury insurance programme refers to payments made from work injury insurance funds to those who participated in the work injury insurance programme and their direct dependents within the scope and standards of expenditure according to related national policies, and other expenditure, including medical fees for work injury, injury and disability subsidies, death subsidies, nursing fees, funeral subsidies, injury prevention fees, occupational rehabilitation fees and other expenditure.

5. Balance of the work injury insurance programme refers to the balance of the work injury funds at the end of the reference period, including bank savings, special fiscal account, investment in bonds and others.

Maternity Insurance

1. Number of people covered refers to staff and workers who have participated in the maternity insurance programme according to relevant regulation at the end of the reporting period.

2. Revenue of maternity insurance refers to payments made by employers participating in the maternity insurance programme in accordance with the basis and proportion stipulated in State regulations, and income from other sources that become source of maternity insurance fund, including income of funds paid by employers, interest income and other income.

3. Expenditure of the maternity insurance programme refers to payments made from maternity insurance funds to staff and workers who participate in the maternity insurance programme within the scope and standards of expenditure in accordance with related national policies, expenses paid for pregnancy, child delivery or surgeries related to family planning, and other expenditure, including allowance for child bearing, medical fees and other expenditure.

4. Balance of the maternity programme refers to the balance of the maternity insurance funds at the end of reference period, including bank savings, special fiscal account, investment in funds and others.

Lawyers refer to the full-time legal workers and the part-time lawyers engaged in the law practices, employed by legal counseling firms to act as legal advisers, agents in criminal or civil lawsuits and defenders in criminal lawsuits, to handle non-lawsuit legal matters, advise on matters of law and write legal papers for others.

Notary Personnel refer to the judicial officers who handle the notary affairs under the law in the national notary organs, including notaries, assistant notaries and other workers who handle the notary affairs in the notary offices.

Chapter 15

十五、人口与就业

Population and Employment

15-1 主要年份全省年末人口数

Historical Population at Year-end in Significant Years

单位：万人 (10 000 persons)

年份 Year	总人口 Total Population	按性别分 By Sex 男 Male	女 Female	按城乡分 By Residence 城镇人口 Urban	乡村人口 Rural
1949	1 595.0				
1952	1 695.1			82.3	1 612.8
1957	1 896.8	941.9	954.8	237.1	1 659.7
1958	1 914.5	959.9	954.6	349.7	1 564.8
1960	1 894.6	937.8	956.7	305.2	1 589.4
1962	1 963.7	966.2	997.5	275.0	1 688.7
1965	2 160.4	1 075.3	1 085.1	261.4	1 899.0
1970	2 503.3	1 246.4	1 256.9	271.2	2 232.1
1973	2 746.9	1 369.7	1 377.2	323.9	2 423.0
1974	2 819.0	1 408.0	1 411.0	326.1	2 492.9
1975	2 884.3	1 441.8	1 442.5	335.9	2 548.4
1976	2 951.7	1 477.1	1 474.6	343.3	2 608.4
1977	3 024.6	1 515.0	1 509.6	351.7	2 672.9
1978	3 091.5	1 548.7	1 542.8	375.7	2 715.8
1979	3 134.8	1 569.1	1 565.6	388.3	2 746.5
1980	3 173.4	1 590.0	1 583.4	395.4	2 778.0
1981	3 222.8	1 622.2	1 600.6	416.5	2 806.3
1982	3 283.1	1 657.5	1 625.6	433.0	2 850.1
1983	3 330.8	1 683.1	1 647.7	472.0	2 858.8
1984	3 372.1	1 707.3	1 664.8	698.7	2 673.4
1985	3 418.1	1 733.7	1 684.4	904.6	2 513.5
1986	3 480.0	1 766.8	1 713.2	1 007.5	2 472.5
1987	3 534.0	1 797.7	1 736.3	996.2	2 537.8
1988	3 594.0	1 829.0	1 765.0	1 426.1	2 167.9
1989	3 648.0	1 861.2	1 786.8	1 524.5	2 123.5
1990	3 730.6	1 910.8	1 819.8	1 510.1	2 220.5
1991	3 782.1	1 939.1	1 843.0	1 555.2	2 226.9
1992	3 831.6	1 967.1	1 864.5	1 608.1	2 223.5
1993	3 885.2	1 997.0	1 888.2	1 664.0	2 221.2
1994	3 939.2	2 027.1	1 912.1	1 782.1	2 157.1
1995	3 989.6	2 055.2	1 934.4	1 821.3	2 168.3
1996	4 041.5	2 084.8	1 956.7	1 857.4	2 184.1
1997	4 094.0	2 112.9	1 981.1	1 937.3	2 156.7
1998	4 143.8	2 139.0	2 004.8	1 951.7	2 192.1
1999	4 192.4	2 165.8	2 026.6	1 991.3	2 201.1
2000	4 240.8	2 192.0	2 048.8	990.6	3 250.2
2001	4 287.4	2 217.4	2 070.0	1 066.0	3 221.4
2002	4 333.1	2 240.6	2 092.5	1 127.0	3 206.1
2003	4 375.6	2 263.6	2 112.0	1 163.9	3 211.7
2004	4 415.2	2 284.1	2 131.1	1 240.7	3 174.5
2005	4 450.4	2 302.2	2 148.2	1 312.9	3 137.5
2006	4 483.0	2 319.1	2 163.9	1 367.3	3 115.7
2007	4 514.0	2 335.1	2 178.9	1 426.4	3 087.6
2008	4 543.0	2 350.1	2 192.9	1 499.2	3 043.8
2009	4 571.0	2 364.6	2 206.4	1 554.1	3 016.9
2010	4 601.6	2 387.6	2 214.0	1 601.8	2 999.8
2011	4 631.0	2 402.8	2 228.2	1 704.2	2 926.8
2012	4 659.0	2 417.6	2 241.4	1 831.5	2 827.5
2013	4 686.6	2 432.3	2 254.3	1 897.1	2 789.5
2014	4 713.9	2 445.8	2 268.1	1 967.1	2 746.8
2015	4 741.8	2 461.0	2 280.8	2 054.6	2 687.2
2016	4 770.5	2 475.3	2 295.2	2 148.2	2 622.3
2017	4 800.5	2 490.9	2 309.6	2 241.4	2 559.1

15-2 各州市户数、人口数及构成（2017年）

Number of Households, Population and Its Composition by Region (2017)

州 市	Region	总户数（万户） Family Households (10 000 households)	总人口（万人） Total Population (10 000 persons)	按性别分（万人） By Sex (10 000 persons)		按城乡分（万人） By Residence (10 000 persons)		人口密度（人/平方千米） Population Density (person/sq.km)
				男 Male	女 Female	城镇人口 Urban	乡村人口 Rural	
全 省	**Yunnan**	**1 396.3**	**4 800.5**	**2 490.9**	**2 309.6**	**2 241.4**	**2 559.1**	**121.8**
昆 明	Kunming	205.3	678.3	348.7	329.6	488.7	189.6	314.3
曲 靖	Qujing	192.1	612.2	320.9	291.3	289.4	322.8	205.1
玉 溪	Yuxi	74.1	238.1	122.1	116.0	120.7	117.4	155.8
保 山	Baoshan	70.8	261.4	134.0	127.4	93.3	168.1	133.1
昭 通	Zhaotong	170.3	553.7	290.8	262.9	184.8	368.9	240.5
丽 江	Lijiang	38.4	129.0	66.6	62.4	50.6	78.4	60.8
普 洱	Pu'er	74.1	262.7	138.4	124.3	111.1	151.6	57.9
临 沧	Lincang	66.4	252.6	132.5	120.1	102.9	149.7	103.2
楚 雄	Chuxiong	80.8	274.4	140.5	133.9	121.1	153.3	63.3
红 河	Honghe	132.0	471.3	245.2	226.1	220.3	251.0	143.1
文 山	Wenshan	98.4	363.6	190.0	173.6	148.4	215.2	112.8
西双版纳	Xishuangbanna	28.2	118.0	61.1	56.9	55.3	62.7	59.9
大 理	Dali	107.5	358.4	181.7	176.7	163.7	194.7	121.7
德 宏	Dehong	32.3	130.9	67.5	63.4	59.2	71.7	113.5
怒 江	Nujiang	15.9	54.7	29.0	25.7	17.4	37.3	37.2
迪 庆	Diqing	9.8	41.2	21.9	19.3	14.2	27.0	17.3

15-3 全省各民族人口数（2017年）

Provincial Population by Nationality (2017)

单位：万人、% (10 000 persons ,%)

民族	Nationality	人口数 Population	比重 Proportion
全省	**Yunnan**	**4800.50**	**100.0**
汉族	Han Nationality	3188.97	66.4
彝族	Yi Nationality	528.71	11.0
白族	Bai Nationality	164.12	3.4
哈尼族	Hani Nationality	170.90	3.6
壮族	Zhuang Nationality	127.45	2.7
傣族	Dai Nationality	128.25	2.7
苗族	Miao Nationality	126.14	2.6
傈僳族	Lisu Nationality	70.09	1.5
回族	Hui Nationality	73.23	1.5
拉祜族	Lahu Nationality	49.82	1.0
佤族	Wa Nationality	42.04	0.9
纳西族	Naxi Nationality	32.50	0.7
瑶族	Yao Nationality	23.06	0.5

民族	Nationality	人口数 Population	比重 Proportion
藏族	Tibetan	14.92	0.3
景颇族	Jingpo Nationality	14.99	0.3
布朗族	Bulang Nationality	12.23	0.3
普米族	Pumi Nationality	4.41	0.1
怒族	Nu Nationality	3.34	0.1
阿昌族	Achang Nationality	3.99	0.1
基诺族	Jinuo Nationality	2.39	0.1
德昂族	De'ang Nationality	2.12	
蒙古族	Mongolian	2.37	0.1
独龙族	Dulong Nationality	0.67	
满族	Manchu Nationality	1.41	
水族	Shui Nationality	0.93	
布依族	Buyi Nationality	6.17	0.1
其他	Other Nationalities	5.29	0.1

15-4 全省人口出生率、死亡率、自然增长率（1978-2017年）
Birth Rate, Death Rate and Natural Growth Rate of Provincial Population (1978-2017)

单位：万人、‰ (10 000 persons, ‰)

年份 Year	年均人口数 Annual Average Population	出生 Birth		死亡 Death		人口自然增长 Natural Growth of Population	
		人数 Population	出生率 Birth Rate	人数 Population	死亡率 Death Rate	人数 Population	自然增长率 Natural Growth Rate
1978	3 058.00	86.8	28.37	21.2	6.93	65.60	21.4
1979	3 113.10	75.0	24.08	25.3	8.13	49.70	16.0
1980	3 154.10	65.9	20.91	23.2	7.36	42.70	13.5
1981	3 198.10	81.1	25.36	27.5	8.60	53.60	16.8
1982	3 252.90	77.4	23.80	32.1	9.88	45.30	13.9
1983	3 307.00	77.8	23.57	30.3	9.19	47.50	14.4
1984	3 351.50	67.8	20.29	26.5	7.92	41.30	12.4
1985	3 395.10	72.9	21.55	27.2	8.03	45.80	13.5
1986	3 449.50	89.1	26.03	27.0	7.87	62.10	18.2
1987	3 507.00	83.5	23.97	29.3	8.40	54.20	15.6
1988	3 564.00	84.9	24.00	25.2	7.13	59.70	16.9
1989	3 621.00	83.0	23.07	29.0	8.05	54.00	15.0
1990	3 689.30	87.0	23.60	29.0	7.92	58.00	15.7
1991	3 756.40	81.9	21.80	30.4	8.10	51.50	13.7
1992	3 806.90	79.9	21.00	30.5	8.00	49.50	13.0
1993	3 858.40	84.9	22.00	31.3	8.10	53.60	13.9
1994	3 912.20	85.3	21.80	31.3	8.00	54.00	13.8
1995	3 964.40	82.3	20.75	31.8	8.03	50.50	12.7
1996	4 015.60	83.8	20.87	31.9	7.94	51.90	12.9
1997	4 067.80	84.7	20.82	32.2	7.91	52.50	12.9
1998	4 118.90	82.4	20.01	32.6	7.91	49.80	12.1
1999	4 168.10	81.2	19.48	32.6	7.82	48.60	11.7
2000	4 216.60	80.3	19.05	31.9	7.57	48.40	11.5
2001	4 264.10	78.9	18.51	32.3	7.57	46.60	10.9
2002	4 310.25	77.3	17.90	31.5	7.30	45.70	10.6
2003	4 354.35	74.0	17.00	31.4	7.20	42.60	9.8
2004	4 395.40	68.6	15.60	29.0	6.60	39.60	9.0
2005	4 432.80	65.3	14.72	29.9	6.75	35.40	8.0
2006	4 466.70	59.0	13.20	28.1	6.30	30.90	6.9
2007	4 498.50	58.6	13.08	27.9	6.22	30.75	6.9
2008	4 528.50	57.2	12.63	28.6	6.31	28.60	6.3
2009	4 557.00	57.1	12.53	29.4	6.45	27.70	6.1
2010	4 586.30	60.1	13.10	30.1	6.56	29.99	6.5
2011	4 616.32	58.7	12.71	29.4	6.36	29.31	6.4
2012	4 645.00	58.7	12.63	29.8	6.41	28.90	6.2
2013	4 672.80	58.9	12.60	30.1	6.43	28.83	6.2
2014	4 700.30	59.5	12.65	30.3	6.45	29.14	6.2
2015	4 727.85	60.9	12.88	30.6	6.48	30.26	6.4
2016	4 756.15	62.6	13.16	31.2	6.55	31.40	6.6
2017	4 785.50	64.8	13.53	32.0	6.68	32.78	6.9

注：本表从1983年起的数字系抽样调查结果数，其余年份数字均为人口年报数。
Note: Data in this table from 1983 are data of population sample surveys,and the others are obtained from annual population reports.

15-5 各州市人口出生率、死亡率、自然增长率（2017年）

Birth Rate, Death Rate and Natural Growth Rate of Population by Region (2017)

单位：万人、‰ (10 000 persons, ‰)

州　市	Region	出　生 Birth		死　亡 Death		人口自然增长 Natural Growth of Population	
		人　数 Population	出生率 Birth Rate	人　数 Population	死亡率 Death Rate	人　数 Population	自然增长率 Natural Growth Rate
全　省	**Yunnan**	**64.75**	**13.53**	**31.97**	**6.68**	**32.78**	**6.85**
昆　明	Kunming	8.67	12.93	4.16	6.16	4.51	6.68
曲　靖	Qujing	8.53	15.91	4.06	6.65	4.47	7.32
玉　溪	Yuxi	2.89	12.16	1.47	6.17	1.42	5.99
保　山	Baoshan	3.53	13.55	1.98	7.60	1.55	5.95
昭　通	Zhaotong	9.24	18.26	3.99	7.25	5.25	9.54
丽　江	Lijiang	1.52	11.80	0.85	6.60	0.67	5.20
普　洱	Pu'er	3.28	12.51	1.61	6.13	1.67	6.38
临　沧	Lincang	3.37	13.34	1.67	6.60	1.70	6.74
楚　雄	Chuxiong	3.23	11.80	1.93	7.05	1.30	4.75
红　河	Honghe	6.55	13.95	3.30	7.02	3.26	6.93
文　山	Wenshan	4.97	13.70	2.38	6.55	2.59	7.15
西双版纳	Xishuangbanna	1.47	12.53	0.68	5.77	0.79	6.76
大　理	Dali	4.29	12.56	2.33	6.52	1.96	5.49
德　宏	Dehong	1.94	14.90	0.94	7.20	1.00	7.70
怒　江	Nujiang	0.82	15.38	0.40	7.37	0.42	7.71
迪　庆	Diqing	0.43	11.80	0.23	5.58	0.20	4.86

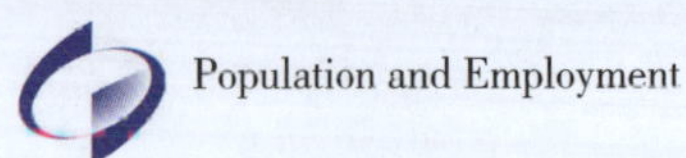

15-6 全省户数、年平均人口数及人口密度（1978-2017年）

Number of Households, Annual Average Population and Population Density (1978-2017)

年　份 Year	户　数 (万户) Number of Households (10 000 households)	平均每户人数 (人／户) Average Households Size (person/household)	年均人口数 (万人) Annual Average Population (10 000 persons)	人口密度 (人/平方千米) Population Density (person/sq.km)
1978	571.8	5.4	3 058.00	78.5
1979	577.5	5.4	3 113.10	79.6
1980	590.9	5.4	3 154.10	80.5
1981	605.8	5.3	3 198.10	81.8
1982	617.5	5.3	3 252.90	83.3
1983	634.8	5.2	3 307.00	84.5
1984	649.6	5.2	3 351.50	85.6
1985	667.4	5.1	3 395.10	86.8
1986	690.6	5.0	3 449.50	90.9
1987	721.5	4.9	3 507.00	92.3
1988	752.6	4.8	3 564.00	93.8
1989	782.7	4.6	3 621.00	95.3
1990	812.0	4.5	3 689.30	94.7
1991	837.4	4.5	3 756.40	96.4
1992	857.8	4.4	3 806.90	97.7
1993	883.4	4.4	3 858.40	99.0
1994	902.4	4.3	3 912.20	100.4
1995	925.9	4.3	3 964.40	101.3
1996	946.1	4.2	4 015.60	103.1
1997	965.4	4.2	4 067.80	103.9
1998	991.3	4.2	4 118.90	105.2
1999	1 012.0	4.2	4 168.10	106.4
2000	1 030.6	4.1	4 216.60	107.6
2001	1 046.7	4.1	4 264.10	108.8
2002	1 063.3	4.1	4 310.25	109.8
2003	1 083.1	4.0	4 354.35	111.0
2004	1 117.1	4.0	4 395.40	112.0
2005	1 216.2	3.7	4 432.80	112.9
2006	1 183.9	3.8	4 466.70	113.8
2007	1 222.3	3.7	4 498.50	114.5
2008	1 252.9	3.7	4 528.50	115.3
2009	1 287.3	3.5	4 557.00	116.0
2010	1 323.5	3.5	4 586.30	116.6
2011	1 346.7	3.4	4 616.32	117.5
2012	1 354.9	3.4	4 645.00	118.2
2013	1 362.9	3.4	4 672.80	118.9
2014	1 370.8	3.4	4 700.30	119.6
2015	1 379.0	3.4	4 727.85	120.3
2016	1 387.6	3.4	4 756.15	121.0
2017	1 396.3	3.4	4 785.50	121.8

15-7 六次全国人口普查全省人口基本情况
Basic Statistics on National Population Census in 1953,1964,1982,1990, 2000 and 2010

指　　标	Item	1953	1964	1982	1990	2000	2010
全省总人口(万人)	**Total Population of Yunnan Province (10 000 persons)**	**1 713.3**	**2 051.0**	**3 255.4**	**3 697.3**	**4 235.9**	**4 596.6**
男	Male	846.0	1 024.7	1 650.0	1 899.6	2 219.9	2 385.0
女	Female	867.3	1 026.3	1 605.4	1 797.7	2 016.0	2 211.6
性别比（以女性为100)	Sex Ratio (female=100)	97.6	99.8	102.8	105.7	110.1	107.8
家庭户规模（人/户）	**Average Family Household Size (person/household)**		**4.7**	**5.2**	**4.5**	**3.7**	**3.5**
各年龄组人口构成(%)	Population by Age Group (%)						
0–14岁	0-14	34.5	39.2	39.2	31.7	26.0	20.7
15–64岁	15-64	58.1	58.2	56.4	61.2	68.0	71.7
65岁及以上	65 and Over	7.4	2.6	4.5	7.1	6.0	7.6
民族人口数	**Population by Ethnicity**						
汉族人口数(万人)	Han (10 000 persons)	1 178.8	1 410.7	2 223.4	2 462.8	2 820.7	3 062.9
占总人口比重(%)	Percentage to Total Population (%)	68.8	68.8	68.3	66.6	66.6	66.6
少数民族人口数(万人)	Ethnic Minorities (10 000 persons)	534.5	640.3	1 032.0	1 234.5	1 415.2	1 533.7
占总人口比重(%)	Percentage to Total Population(%)	31.2	31.2	31.7	33.4	33.4	33.4
每十万人拥有的各种受教育程度人口数(万人)	**Population with Various Education Attainments Per 100 000 Persons (10 000persons)**						
大专及以上	Junior College and Above		0.03	0.03	0.08	0.20	0.58
高中和中专	Senior Secondary School and Technical Secondary School		0.10	0.28	0.41	0.66	0.84
初中	Junior Secondary School		0.31	1.02	1.38	2.12	2.75
小学	Primary School		2.31	2.93	3.79	4.48	4.34
平均受教育年限(年)	Average Education Year (year)		2.2	3.6	4.8	6.3	7.6
文盲人口数及文盲率	**Illiterate Population and Illiterate Rate**						
文盲人口数(万人)	Illiterate Population (10 000 persons)		969.9	1 025.1	940.6	484.2	276.9
文盲率(%)	Illiterate Rate (%)		47.3	31.5	25.4	11.4	6.0
平均预期寿命(岁)	**Life Expectancy (year old)**			**60.8**	**63.5**	**65.5**	**69.5**
男	Male			59.9	62.1	64.2	67.1
女	Female			61.6	64.9	66.9	72.4

注：1.1953年总人口数据中包括了间接调查人口，而民族人口、城乡人口中未包括。
2.1964年文盲人口为12岁及12岁以上不识字人口，1982、1990、2000、2010年文盲人口为15岁及以上不识字或识字很少人口。

Note:a.Total population of 1953 National Population Census includes the population from indirect survey,but it didn't include the ethnic minority population, urban and rural population.

b.Illiterate population of 1964 National Population Census referred to the population aged 12 and over who are unable to read. Illiterate population of 1982, 1990， 2000 and 2010 National Population Censuses referred to the population aged 15 and over who are unable or have difficulty to read.

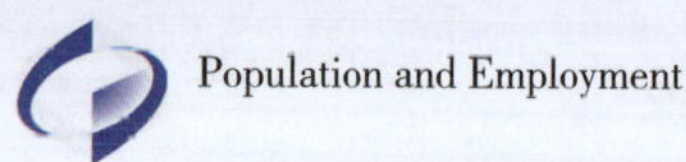

15–8 人口社会就业基本情况（2012–2017年）

Basic Statistics on Employment (2012-2017)

单位：万人 (10 000 persons)

项　目	Item	2012	2013	2014	2015	2016	2017
全省就业人员	**Number of Employed Persons**	**2 881.90**	**2 912.36**	**2 962.25**	**2 942.50**	**2 998.89**	**2 992.65**
按三次产业分就业人员	**Employed persons by Three Industries Persons**						
第一产业	Primary Industry	1 636.57	1 615.29	1 591.07	1 576.53	1 587.91	1 518.72
第二产业	Secondary Industry	388.65	384.58	390.43	382.09	397.27	402.33
第三产业	Tertiary Industry	856.68	912.49	980.75	983.88	1013.71	1 071.60
就业人员构成（合计=100）(%)	**Composition of Employed Persons(total=100)**						
第一产业	Primary Industry	56.8	55.5	53.7	53.6	53.0	50.8
第二产业	Secondary Industry	13.5	13.2	13.2	13.0	13.3	13.4
第三产业	Tertiary Industry	29.7	31.3	33.1	33.4	33.8	35.8
按城乡分就业人员	**Number of Employed Persons by Urban and Rural Areas**						
城镇就业人员	Urban Employed Persons	694.56	731.60	773.44	750.75	795.79	824.08
乡村就业人员	Rural Employed Persons	2 187.34	2 180.76	2 188.81	2 191.75	2 203.10	2 168.57
城镇单位在岗职工人数	**Number of Staff and Workers in Urban Units**	**344.65**	**352.27**	**347.06**	**343.25**	**345.8**	**357.38**
国有单位	State-owned Units	174.95	163.24	168.36	165.18	165.54	160.88
#企业	Enterprises	44.05	30.50	33.79	30.04	29.08	24.88
事　业	Institutions	87.66	88.47	90.05	89.86	90.03	88.54
机　关	Agencies & Organizations	43.24	44.18	44.47	45.26	46.42	47.45
城镇集体单位	Urban Collective-owned Units	11.16	11.65	10.00	10.62	9.17	8.65
其他单位	Units of Other Types of Ownership	158.54	177.38	168.70	167.45	171.08	187.85
城镇单位女性就业人员	**Number of Female Employment in Urban Units**	**132.07**	**140.06**	**144.97**	**144.15**	**146.13**	**155.22**
城镇登记失业人数	**Number of Registered Unemployed Persons in Urban Areas**	**17.40**	**18.09**	**19.19**	**19.47**	**20.58**	**19.81**
城镇登记失业率(%)	**Registered Unemployment Rate in Urban Areas (%)**	**4.03**	**3.98**	**3.98**	**3.96**	**3.60**	**3.20**

15-9 按三次产业分的年末就业人员数（1980-2017年）

Number of Employed Persons at Year-end by Type of Industry (1980-2017)

单位：万人 (10 000 persons)

年份 Year	全省 Yunnan	第一产业 Primary Industry	第二产业 Secondary Industry	第三产业 Tertiary Industry	构成 Percentage (%) (total=100) 第一产业 Primary Industry	第二产业 Secondary Industry	第三产业 Tertiary Industry
1980	1 404.20	1 194.00	113.30	96.90	85.0	8.1	6.9
1981	1 479.80	1 246.10	124.10	109.60	84.2	8.4	7.4
1982	1 543.60	1 295.10	129.30	119.20	83.9	8.4	7.7
1983	1 583.20	1 315.40	133.40	134.40	83.1	8.4	8.5
1984	1 620.30	1 322.70	144.30	153.30	81.6	8.9	9.5
1985	1 672.30	1 329.20	172.00	171.10	79.5	10.3	10.2
1986	1 731.40	1 367.80	177.40	186.20	79.0	10.2	10.8
1987	1 777.50	1 411.10	182.90	183.50	79.4	10.3	10.3
1988	1 826.90	1 454.40	183.30	189.20	79.6	10.0	10.4
1989	1 880.70	1 503.20	183.90	193.60	79.9	9.8	10.3
1990	1 922.70	1 537.80	184.80	200.10	80.0	9.6	10.4
1991	1 989.50	1 588.80	191.70	209.00	79.9	9.6	10.5
1992	2 032.60	1 612.90	198.00	221.70	79.4	9.9	10.7
1993	2 071.50	1 630.90	203.60	237.00	78.7	9.9	11.4
1994	2 108.70	1 642.10	215.80	250.80	77.9	10.2	11.9
1995	2 149.00	1 656.10	216.60	276.30	77.1	10.1	12.9
1996	2 186.20	1 596.90	242.70	346.60	73.0	11.1	15.9
1997	2 223.50	1 653.20	236.00	334.30	74.4	10.6	15.0
1998	2 240.50	1 687.50	232.00	321.00	75.3	10.4	14.3
1999	2 244.00	1 720.40	197.50	326.10	76.7	8.8	14.5
2000	2 295.40	1 695.90	210.40	389.20	73.9	9.2	17.0
2001	2 322.50	1 710.40	207.90	404.20	73.7	9.0	17.4
2002	2 341.30	1 715.80	206.50	419.00	73.3	8.8	17.9
2003	2 353.30	1 709.30	209.90	434.10	72.6	8.9	18.5
2004	2 401.40	1 711.90	218.40	471.10	71.3	9.1	19.6
2005	2 461.30	1 709.20	245.10	507.00	69.4	10.0	20.6
2006	2 517.60	1 696.95	262.45	558.15	67.4	10.4	22.2
2007	2 573.80	1 684.70	279.80	609.30	65.4	10.9	23.7
2008	2 638.37	1 678.42	298.57	661.38	63.6	11.3	25.1
2009	2 684.80	1 672.50	321.30	691.00	62.3	12.0	25.7
2010	2 765.90	1 671.30	348.60	746.00	60.4	12.6	27.0
2011	2 857.24	1 697.20	374.30	785.70	59.4	13.1	27.5
2012	2 881.90	1 636.57	388.65	856.68	56.8	13.5	29.7
2013	2 912.36	1 615.29	384.58	912.49	55.5	13.2	31.3
2014	2 962.25	1 591.07	390.43	980.75	53.7	13.2	33.1
2015	2 942.50	1 576.53	382.09	983.88	53.6	13.0	33.4
2016	2 998.89	1 587.91	397.27	1 013.71	53.0	13.3	33.8
2017	2 992.65	1 518.72	402.33	1 071.60	50.8	13.4	35.8

注：2000年起就业人员人数，按一、二、三产业划分的就业人员人数计算方法有调整，详见本篇末指标解释。

Note: Starting from 2000, the statistical method for employed persons in primary, secondary and tertiary industries is adjusted. The detail is explained in the explanatory notes at the end of this part.

15-10 按城乡分的年末就业人员数（1980-2017年）
Number of Employed Persons at Year-end by Residence in Urban and Rural Areas (1980-2017)

单位：万人 (10 000 persons)

年 份 Year	就业人员 Employed Persons	城镇单位就业人员 Number of Employed Persons in Urban Entities					城镇个体和私营就业人员 Engaged Persons in Urban Private Enterprises and Self-employed Individuals	乡 村 就业人员 Rural Employed Persons
		职工人数 Number of Staff and Workers	国有单位 State-owned Economic Entities	集体单位 Collective-owned Economic Entities	其他单位 Other Types of Ownership	其他就业人员 Others		
1980	1 404.20	229.99	200.67	29.15	0.17		0.81	1 173.40
1981	1 479.80	235.40	205.41	29.75	0.24		1.80	1 242.60
1982	1 543.60	242.37	211.65	30.46	0.26		2.53	1 298.70
1983	1 583.20	247.33	215.48	31.57	0.28		4.47	1 331.40
1984	1 620.30	256.64	216.52	39.80	0.32		8.26	1 355.40
1985	1 672.30	263.00	222.41	40.16	0.43		11.60	1 397.70
1986	1 731.40	268.66	227.78	40.38	0.50		11.94	1 450.80
1987	1 777.50	274.74	232.91	41.18	0.65		11.86	1 490.90
1988	1 826.90	280.09	237.65	41.68	0.76		13.51	1 533.30
1989	1 880.70	285.81	242.83	42.16	0.82		13.49	1 581.40
1990	1 922.65	291.87	249.26	41.94	0.67		13.75	1 617.03
1995	2 149.00	311.50	262.86	43.28	5.36	7.23	32.30	1 797.97
1998	2 240.50	295.10	245.20	30.50	19.40	9.10	57.50	1 878.80
1999	2 244.00	284.50	231.30	26.70	26.50	7.80	69.90	1 881.80
2000	2 295.40	273.40	220.60	23.70	29.10	6.80	66.40	1 948.80
2001	2 322.53	261.61	207.31	20.03	34.27	8.07	81.83	1 971.02
2002	2 341.25	249.26	195.78	16.62	36.86	8.77	92.54	1 990.68
2003	2 353.33	244.01	181.78	14.61	47.62	9.24	97.38	2 002.70
2004	2 401.39	235.43	171.15	12.24	51.74	10.52	125.45	2 029.99
2005	2 461.32	235.71	168.39	10.65	56.67	11.32	163.35	2 050.93
2006	2 517.60	247.98	170.98	12.63	64.37	11.24	159.28	2 099.10
2007	2 573.82	280.72	175.17	11.93	93.62	15.56	181.03	2 096.51
2008	2 638.37	286.73	177.78	10.44	98.51	16.77	222.13	2 112.74
2009	2 684.77	293.60	178.01	10.27	105.32	18.44	235.46	2 137.27
2010	2 765.85	303.67	181.30	9.79	112.58	19.10	276.30	2 166.78
2011	2 857.24	317.18	175.83	9.65	131.70	32.89	316.25	2 190.92
2012	2 881.90	344.65	174.95	11.16	158.54	48.02	301.89	2 187.34
2013	2 912.36	352.27	163.24	11.65	177.38	53.06	326.27	2 180.76
2014	2 962.25	347.06	168.36	10.00	168.70	55.69	370.69	2 188.81
2015	2 942.49	343.25	165.18	10.62	167.45	55.53	351.96	2 191.75
2016	2 998.89	345.80	165.54	9.17	171.08	57.39	392.60	2 203.10
2017	2 992.65	357.38	160.88	8.24	175.22	50.15	416.55	2 168.57

15-11 各州市按城乡分的年末就业人员数（2017年）
Number of Employed Persons at Year-end by Residence in Urban and Rural Areas and by Region (2017)

单位：万人 (10 000 persons)

州 市	Region	就业人员 Number of Employed Persons	城镇就业人员 Urban Employed Persons	乡村就业人员 Rural Employed Persons
全 省	**Yunnan**	**2 992.65**	**824.08**	**2 168.57**
昆 明	Kunming	461.22	287.39	173.83
曲 靖	Qujing	399.21	92.13	307.08
玉 溪	Yuxi	167.51	54.15	113.36
保 山	Baoshan	168.68	31.29	137.39
昭 通	Zhaotong	318.53	40.48	278.05
丽 江	Lijiang	84.10	26.07	58.03
普 洱	Pu'er	163.21	34.15	129.06
临 沧	Lincang	154.57	25.93	128.64
楚 雄	Chuxiong	170.56	44.54	126.02
红 河	Honghe	277.71	73.35	204.36
文 山	Wenshan	220.87	27.95	192.92
西双版纳	Xishuangbanna	57.24	12.72	44.52
大 理	Dali	207.30	38.89	168.41
德 宏	Dehong	81.01	19.82	61.19
怒 江	Nujiang	34.60	7.26	27.34
迪 庆	Diqing	26.33	7.96	18.37

15−12 分行业城镇单位年末职工人数（2012−2017年）

Number of Staff and Workers in Urban Unit by Sector at Year-end (2012-2017)

单位：万人 (10 000 persons)

国民经济行业	Sector	2012	2013	2014	2015	2016	2017
城镇单位在岗职工人数	**Number of Staff and Workers in Urban Units**	**344.65**	**352.27**	**347.06**	**343.25**	**345.80**	**357.38**
农、林、牧、渔业	Farming,Forestry,Animal Husbandry and Fishery	8.28	5.99	5.66	5.48	5.03	4.19
采矿业	Mining	20.61	17.51	13.19	11.89	10.59	11.59
制造业	Manufacturing	62.62	53.11	53.19	49.79	48.22	55.72
电力、热力、燃气及水生产和供应业	Production and Supply of Electric Power, Heat, Gas and Water	8.31	8.20	8.43	8.82	9.06	9.41
建筑业	Construction	49.85	53.68	48.77	48.41	51.00	51.19
批发和零售业	Wholesale and Retaile Trade	20.28	21.84	22.42	21.57	21.69	21.03
交通运输、仓储及邮政业	Transportation,Storage and Post	11.94	14.66	14.53	14.87	15.20	15.86
住宿和餐饮业	Hotel and Food Service	7.83	8.56	7.80	7.51	7.29	7.54
信息传输、软件和信息技术服务业	Information Transmission, Software and Information Technology Service	2.77	4.60	3.87	4.27	4.60	4.80
金融业	Banking	8.53	8.60	8.77	8.77	9.06	9.07
房地产业	Real Estate	6.47	8.93	9.91	9.65	9.72	10.69
租赁和商务服务业	Leasing Trade and Business Service	5.33	7.99	7.71	7.99	8.41	8.94
科学研究和技术服务业	Scientific Research, Technology Service and Geological Prospecting	7.30	8.27	9.01	8.94	9.09	9.35
水利、环境和公共设施管理业	Water Conservancy, Admistration of Environment and Public Facilit	4.99	5.63	5.87	5.63	5.62	5.41
居民服务、修理和其他服务业	Services to Households, Repair and Other Services	0.72	1.12	1.20	1.16	1.36	2.01
教育	Education	52.72	55.06	56.24	56.10	56.47	55.58
卫生和社会工作	Health Care, Social Works	16.91	19.06	20.82	21.59	21.88	22.33
文化、体育和娱乐业	Culture, Sports and Entertainment	3.01	2.99	2.94	2.98	3.10	3.32
公共管理、社会保障和社会组织	Common Administration and Social Organization	46.19	46.46	46.73	47.81	48.41	49.35

15－13 各州市分行业年末城镇单位就业人员数（2017年）
Number of Employed Persons in Urban Entities at Year-end by Sector and Region (2017)

单位：万人 (10 000 persons)

州 市	Region	就业人数 Employed Persons	农、林、牧、渔业 Farming, Forestry, Animal Husbandry and Fishery	采矿业 Mining	制造业 Manufacturing	电力、热力、燃气及水生产和供应业 Production and Supply of Electric Power,Heat,Gas and Water
全　省	**Yunnan**	**422.41**	**5.77**	**12.29**	**64.50**	**10.33**
昆　明	Kunming	137.02	0.33	2.05	19.28	1.82
曲　靖	Qujing	47.26	0.22	5.37	9.21	1.55
玉　溪	Yuxi	27.00	0.20	0.76	7.15	0.54
保　山	Baoshan	20.66	0.28	0.24	3.58	0.38
昭　通	Zhaotong	24.67	0.17	1.19	1.38	0.88
丽　江	Lijiang	10.42	0.06	0.09	0.37	0.35
普　洱	Pu'er	17.61	0.14	0.28	3.32	0.62
临　沧	Lincang	15.10	1.01	0.14	2.22	0.39
楚　雄	Chuxiong	16.18	0.18	0.32	1.88	0.49
红　河	Honghe	31.84	1.28	0.97	6.38	0.97
文　山	Wenshan	19.26	0.41	0.51	2.16	0.67
西双版纳	Xishuangbanna	8.46	0.17	0.06	1.12	0.21
大　理	Dali	26.14	0.42	0.16	3.89	0.72
德　宏	Dehong	12.15	0.38	0.04	1.71	0.39
怒　江	Nujiang	4.38	0.09		0.74	0.17
迪　庆	Diqing	4.27	0.43	0.10	0.12	0.18

注：不含城镇规模以下私营及个体就业人员，含乡村规模以上企业就业人员。

Note: Employed persons in urban private and individual enterprises under designated size are excluded from employed persons in urban entities,while employed persons of rural enterprises above designated size are included.

15-13 续表1 continued

单位：万人 (10 000 persons)

州 市	Region	建筑业 Construction	批发和零售业 Wholesale and Retail Trade	交通运输、仓储和邮政业 Transportation, Storage and Post	住宿和餐饮业 Hotel and Catering Service	信息传输、软件和信息技术服务业 Information Transmission,Software and Information Technology Service
全 省	**Yunnan**	**73.72**	**23.38**	**17.86**	**8.11**	**5.21**
昆 明	Kunming	34.40	9.44	11.63	3.59	2.55
曲 靖	Qujing	9.35	2.33	0.89	0.76	0.21
玉 溪	Yuxi	4.21	2.60	0.42	0.33	0.20
保 山	Baoshan	5.41	0.72	0.38	0.39	0.11
昭 通	Zhaotong	2.22	0.80	0.40	0.29	0.20
丽 江	Lijiang	0.94	0.56	0.37	0.75	0.14
普 洱	Pu'er	2.28	0.62	0.43	0.10	0.17
临 沧	Lincang	1.61	0.60	0.33	0.12	0.14
楚 雄	Chuxiong	2.04	0.60	0.40	0.15	0.18
红 河	Honghe	4.61	0.89	0.74	0.33	0.33
文 山	Wenshan	1.28	0.77	0.49	0.17	0.24
西双版纳	Xishuangbanna	0.31	0.52	0.24	0.26	0.13
大 理	Dali	3.42	1.81	0.67	0.52	0.35
德 宏	Dehong	1.13	0.84	0.17	0.22	0.13
怒 江	Nujiang	0.28	0.11	0.14	0.04	0.06
迪 庆	Diqing	0.24	0.17	0.14	0.09	0.07

15-13 续表2 continued

单位：万人 (10 000 persons)

州 市	Region	金融业 Banking	房地产业 Real Estate	租赁和商务服务业 Leasing Trade and Business Service	科学研究和技术服务业 Scientific Research, Technology Service and Geological Prospecting	水利、环境和公共设施管理业 Water Conservancy, Admistration of Environment and Public Facilities
全 省	**Yunnan**	**10.47**	**12.37**	**11.21**	**10.37**	**7.01**
昆 明	Kunming	3.61	4.69	6.01	5.24	1.43
曲 靖	Qujing	0.68	0.99	0.82	0.39	0.64
玉 溪	Yuxi	0.73	0.88	0.52	0.35	0.30
保 山	Baoshan	0.35	0.71	0.22	0.25	0.41
昭 通	Zhaotong	0.37	0.49	0.34	0.74	0.43
丽 江	Lijiang	0.46	0.31	0.20	0.28	0.64
普 洱	Pu'er	0.38	0.19	0.43	0.60	0.38
临 沧	Lincang	0.27	0.73	0.09	0.14	0.19
楚 雄	Chuxiong	0.45	0.40	0.35	0.42	0.40
红 河	Honghe	0.65	0.56	0.29	0.52	0.59
文 山	Wenshan	0.67	0.61	0.23	0.29	0.33
西双版纳	Xishuangbanna	0.13	0.50	0.22	0.31	0.43
大 理	Dali	0.83	1.01	1.01	0.43	0.40
德 宏	Dehong	0.67	0.23	0.40	0.27	0.09
怒 江	Nujiang	0.10	0.03	0.03	0.04	0.09
迪 庆	Diqing	0.12	0.03	0.07	0.12	0.25

15-13 续表3 continued

单位：万人 (10 000 persons)

州 市	Region	居民服务、修理和其他服务业 Services to Households, Repairand Other Services	教 育 Education	卫生和社会工作 Health Care, Social Security and Social Welfare	文化、体育和娱乐业 Culture, Sports and Entertainment	公共管理、社会保障和社会组织 Common Administration and Social Organization
全 省	**Yunnan**	**2.18**	**59.43**	**27.25**	**3.68**	**57.26**
昆 明	Kunming	1.35	11.98	6.97	1.41	9.27
曲 靖	Qujing	0.12	7.26	1.60	0.18	4.67
玉 溪	Yuxi	0.09	2.90	1.67	0.15	3.00
保 山	Baoshan	0.02	2.85	1.49	0.10	2.78
昭 通	Zhaotong	0.08	6.65	2.34	0.16	5.54
丽 江	Lijiang	0.02	1.83	0.66	0.25	2.15
普 洱	Pu'er	0.03	2.74	1.46	0.17	3.26
临 沧	Lincang	0.08	2.68	1.24	0.09	3.04
楚 雄	Chuxiong	0.02	2.49	1.57	0.10	3.74
红 河	Honghe	0.13	4.88	1.97	0.22	5.54
文 山	Wenshan	0.14	4.88	1.88	0.17	3.37
西双版纳	Xishuangbanna	0.01	1.24	0.75	0.26	1.57
大 理	Dali	0.06	3.90	2.10	0.21	4.21
德 宏	Dehong	0.02	1.67	0.99	0.09	2.71
怒 江	Nujiang	0.01	0.81	0.28	0.06	1.31
迪 庆	Diqing		0.67	0.29	0.08	1.11

15-14 各州市城镇单位分行业年末职工人数（2017年）
Number of Staff and Workers in Urban Entities at Year-end by Sector and Region (2017)

单位：万人 (10 000 persons)

州 市	Region	城镇单位职工人数 Number of Staff and Workers	农、林、牧、渔业 Farming,Forestry, Animal Husbandry and Fishery	采矿业 Mining	制造业 Manufacturing	电力、热力、燃气及水生产和供应业 Production and Supply of Electric Power,Heat,Gas and Water
全 省	**Yunnan**	**357.38**	**4.20**	**11.59**	**55.72**	**9.41**
昆 明	Kunming	110.39	0.28	1.99	16.76	1.54
曲 靖	Qujing	41.99	0.21	5.09	8.22	1.36
玉 溪	Yuxi	24.02	0.20	0.68	6.66	0.46
保 山	Baoshan	19.71	0.26	0.24	3.30	0.37
昭 通	Zhaotong	22.41	0.16	1.08	1.26	0.84
丽 江	Lijiang	9.01	0.06	0.09	0.34	0.33
普 洱	Pu'er	14.77	0.14	0.26	1.58	0.60
临 沧	Lincang	12.82	0.76	0.10	2.00	0.37
楚 雄	Chuxiong	13.95	0.17	0.30	1.72	0.48
红 河	Honghe	26.67	0.62	0.93	5.32	0.92
文 山	Wenshan	16.12	0.37	0.50	2.04	0.62
西双版纳	Xishuangbanna	7.23	0.10	0.06	0.92	0.20
大 理	Dali	21.20	0.35	0.14	3.41	0.64
德 宏	Dehong	10.24	0.37	0.04	1.50	0.37
怒 江	Nujiang	3.66	0.08		0.57	0.16
迪 庆	Diqing	3.20	0.06	0.09	0.11	0.16

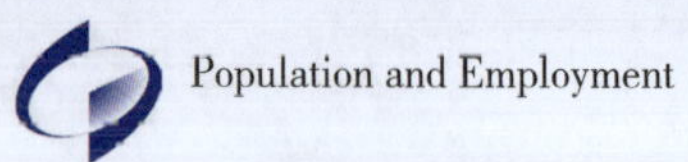

15-14 续表1 continued

单位：万人 (10 000 persons)

州 市	Region	建筑业 Construction	批发和零售业 Wholesale and Retail Trade	交通运输、仓储和邮政业 Transportation, Storage and Post	住宿和餐饮业 Hotel and Catering Service	信息传输、软件和信息技术服务业 Information Transmission,Software and Information Technology Service
全 省	**Yunnan**	**51.19**	**21.03**	**15.86**	**7.54**	**4.80**
昆 明	Kunming	20.54	8.64	10.35	3.22	2.38
曲 靖	Qujing	7.06	2.13	0.79	0.74	0.21
玉 溪	Yuxi	3.69	2.41	0.39	0.30	0.20
保 山	Baoshan	5.12	0.71	0.36	0.39	0.10
昭 通	Zhaotong	1.84	0.72	0.30	0.29	0.18
丽 江	Lijiang	0.83	0.41	0.36	0.74	0.13
普 洱	Pu'er	1.94	0.59	0.41	0.10	0.15
临 沧	Lincang	1.16	0.52	0.31	0.11	0.12
楚 雄	Chuxiong	1.53	0.56	0.35	0.14	0.15
红 河	Honghe	3.45	0.72	0.59	0.25	0.32
文 山	Wenshan	0.69	0.68	0.42	0.16	0.17
西双版纳	Xishuangbanna	0.27	0.42	0.23	0.26	0.12
大 理	Dali	2.04	1.52	0.60	0.50	0.33
德 宏	Dehong	0.74	0.77	0.15	0.21	0.12
怒 江	Nujiang	0.18	0.08	0.14	0.04	0.05
迪 庆	Diqing	0.12	0.15	0.13	0.09	0.06

15-14 续表2 continued

单位：万人 (10 000 persons)

州 市	Region	金 融 业 Banking	房地产业 Real Estate	租赁和商务服务业 Leasing Trade and Business Service	科学研究和技术服务业 Scientific Research,Technology Service and Geological Prospecting	水利、环境和公共设施管理业 Water Conservancy, Administration of Environment and Public Facilities
全 省	**Yunnan**	**9.07**	**10.69**	**8.94**	**9.35**	**5.41**
昆 明	Kunming	3.49	3.87	4.74	4.57	1.00
曲 靖	Qujing	0.61	0.91	0.73	0.38	0.38
玉 溪	Yuxi	0.68	0.84	0.20	0.33	0.24
保 山	Baoshan	0.33	0.70	0.22	0.24	0.40
昭 通	Zhaotong	0.35	0.43	0.19	0.73	0.42
丽 江	Lijiang	0.23	0.30	0.17	0.24	0.51
普 洱	Pu'er	0.36	0.16	0.42	0.53	0.37
临 沧	Lincang	0.25	0.56	0.05	0.13	0.14
楚 雄	Chuxiong	0.42	0.34	0.30	0.38	0.36
红 河	Honghe	0.56	0.50	0.28	0.48	0.42
文 山	Wenshan	0.40	0.54	0.22	0.27	0.22
西双版纳	Xishuangbanna	0.12	0.42	0.21	0.31	0.36
大 理	Dali	0.75	0.85	0.72	0.39	0.20
德 宏	Dehong	0.30	0.22	0.40	0.27	0.08
怒 江	Nujiang	0.09	0.03	0.03	0.04	0.07
迪 庆	Diqing	0.11	0.03	0.07	0.06	0.23

15-14 续表3 continued

单位：万人 (10 000 persons)

州 市	Region	居民服务、修理和其他服务业 Services to Households, Repairand Other Services	教 育 Education	卫生和社会工作 Health Care, Social Security and Social Welfare	文化、体育和娱乐业 Culture, Sports and Entertainment	公共管理、社会保障和社会组织 Common Administration and Social Organization
全 省	**Yunnan**	**2.01**	**55.58**	**22.33**	**3.32**	**49.35**
昆 明	Kunming	1.26	10.86	5.57	1.24	8.08
曲 靖	Qujing	0.12	7.14	1.49	0.17	4.25
玉 溪	Yuxi	0.07	2.66	1.41	0.14	2.47
保 山	Baoshan	0.02	2.81	1.45	0.09	2.58
昭 通	Zhaotong	0.08	6.22	2.14	0.16	5.03
丽 江	Lijiang	0.02	1.65	0.54	0.24	1.83
普 洱	Pu'er	0.03	2.68	1.21	0.15	3.07
临 沧	Lincang	0.08	2.60	0.92	0.09	2.54
楚 雄	Chuxiong	0.01	2.24	1.30	0.08	3.13
红 河	Honghe	0.10	4.76	1.59	0.20	4.67
文 山	Wenshan	0.13	4.38	1.34	0.16	2.80
西双版纳	Xishuangbanna	0.01	1.15	0.64	0.21	1.24
大 理	Dali	0.06	3.59	1.45	0.18	3.48
德 宏	Dehong	0.02	1.58	0.85	0.08	2.17
怒 江	Nujiang	0.01	0.67	0.22	0.05	1.13
迪 庆	Diqing		0.58	0.21	0.07	0.88

15-15 全省分行业城镇单位年末职工人数（2017年）

Provincial Number of Staff and Workers in Urban Unit by Sector at Year-end (2017)

单位：万人 (10 000 persons)

国民经济行业	Sector	城镇单位职工Number of Staff and Workers	国有单位 State-owned Entities	城镇集体单位Urban Collective-owned Entities	其他单位 Other Ownership
城镇单位在岗职工人数	**Number of Staff and Workers in Urban Units**	**357.38**	**160.88**	**8.65**	**187.85**
农、林、牧、渔业	Farming,Forestry,Animal Husbandry and Fishery	4.20	3.88	0.02	0.30
采矿业	Mining	11.59	1.66	0.45	9.48
制造业	Manufacturing	55.72	2.49	0.49	52.74
电力、热力、燃气及水生产和供应业	Production and Supply of Electricity, Heat, Gas and Water	9.41	2.10	0.06	7.26
建筑业	Construction	51.19	1.59	4.13	45.47
批发和零售业	Wholesale and Retaile Trade	21.03	2.68	0.58	17.78
交通运输、仓储及邮政业	Transportation,Storage and Post	15.86	6.83	0.10	8.93
住宿和餐饮业	Hotel and Food Service	7.54	0.75	0.10	6.68
信息传输、软件和信息技术服务业	Information Transmission, Software and Information Technology Service	4.80	0.44	0.01	4.35
金融业	Banking	9.07	4.11	1.83	3.13
房地产业	Real Estate	10.69	0.30	0.09	10.29
租赁和商务服务业	Leasing Trade and Business Service	8.94	0.90	0.16	7.88
科学研究和技术服务业	Scientific Research, Technology Service and Geological Prospecting	9.35	7.03	0.19	2.13
水利、环境和公共设施管理业	Water Conservancy,Admistration of Environment and Public Facilities	5.41	3.65	0.03	1.74
居民服务、修理和其他服务业	Services to Households, Repair and Other Services	2.01	0.17	0.05	1.79
教育	Education	55.58	51.53	0.22	3.84
卫生和社会工作	Health Care, Social Works	22.33	19.40	0.14	2.79
文化、体育和娱乐业	Culture, Sports and Entertainment	3.32	2.06		1.25
公共管理、社会保障和社会组织	Common Administration and Social Organization	49.35	49.32	0.01	0.02

15-16 各州市城镇国有单位分行业年末职工人数（2017年）

Number of Staff and Workers in State-owned Entities at Year-end by Sector and Region (2017)

单位：万人 (10 000 persons)

州 市	Region	城镇国有单位职工 Number of Staff and Workers	农、林、牧、渔业 Farming,Forestry,Animal Husbandryand Fishery	采矿业 Mining	制造业 Manufacturing	电力、热力、燃气及水生产和供应业 Production and Supply of Electric Power,Heat Gas and Water
全 省	**Yunnan**	**160.88**	**3.88**	**1.66**	**2.49**	**2.10**
昆 明	Kunming	33.22	0.13	0.06	1.05	0.43
曲 靖	Qujing	16.44	0.21	0.93	0.30	0.22
玉 溪	Yuxi	8.07	0.18		0.02	0.02
保 山	Baoshan	7.82	0.26		0.01	0.03
昭 通	Zhaotong	15.46	0.16	0.12	0.13	0.06
丽 江	Lijiang	5.25	0.03			0.13
普 洱	Pu'er	9.17	0.12		0.32	0.24
临 沧	Lincang	7.92	0.76		0.03	0.19
楚 雄	Chuxiong	8.42	0.17	0.05	0.17	0.23
红 河	Honghe	14.20	0.58	0.48	0.04	0.27
文 山	Wenshan	10.01	0.36	0.02	0.10	0.12
西双版纳	Xishuangbanna	3.83	0.10		0.02	0.01
大 理	Dali	10.51	0.31		0.01	0.02
德 宏	Dehong	5.84	0.35		0.26	0.02
怒 江	Nujiang	2.54	0.08		0.02	0.10
迪 庆	Diqing	2.18	0.06			0.03

15-16 续表1 continued

单位：万人 (10 000 persons)

州 市	Region	建筑业 Construction	批发和零售业 Wholesale and Retail Trade	交通运输、仓储和邮政业 Transportation, Storage and Post	住宿和餐饮业 Hotel and Catering Service	信息传输、软件和信息技术服务业 Information Transmission,Software and Information Technology Service
全 省	**Yunnan**	**1.59**	**2.68**	**6.83**	**0.75**	**0.44**
昆 明	Kunming	0.94	0.53	4.05	0.42	0.13
曲 靖	Qujing	0.09	0.43	0.35	0.02	0.01
玉 溪	Yuxi	0.01	0.36	0.15	0.02	0.03
保 山	Baoshan	0.01	0.09	0.12		
昭 通	Zhaotong	0.04	0.22	0.21	0.03	
丽 江	Lijiang	0.03	0.15	0.15	0.04	0.04
普 洱	Pu'er	0.10	0.11	0.20	0.01	0.02
临 沧	Lincang	0.01	0.13	0.29		0.01
楚 雄	Chuxiong	0.11	0.10	0.10	0.02	0.02
红 河	Honghe	0.14	0.16	0.24	0.04	0.03
文 山	Wenshan	0.01	0.08	0.40	0.01	0.02
西双版纳	Xishuangbanna	0.01	0.04	0.05	0.05	0.01
大 理	Dali	0.08	0.21	0.28	0.08	0.04
德 宏	Dehong		0.02	0.08	0.01	0.03
怒 江	Nujiang		0.02	0.06		
迪 庆	Diqing		0.02	0.09		0.03

15-16 续表2 continued

单位：万人 (10 000 persons)

州 市	Region	金融业 Banking	房地产业 Real Estate	租赁和商务服务业 Leasing Trade and Business Service	科学研究和技术服务业 Scientific Research, Technology Service and Geological Prospecting	水利、环境和公共设施管理业 Water Conservancy, Admistration of Environment and Public Facilities
全 省	**Yunnan**	**4.11**	**0.30**	**0.90**	**7.03**	**3.65**
昆 明	Kunming	1.24	0.12	0.55	2.60	0.40
曲 靖	Qujing	0.32	0.05	0.03	0.34	0.34
玉 溪	Yuxi	0.36	0.01	0.01	0.23	0.18
保 山	Baoshan	0.14		0.04	0.24	0.16
昭 通	Zhaotong	0.16		0.02	0.73	0.42
丽 江	Lijiang	0.13		0.01	0.24	0.29
普 洱	Pu'er	0.18	0.02	0.02	0.49	0.36
临 沧	Lincang	0.14		0.01	0.13	0.14
楚 雄	Chuxiong	0.18			0.36	0.34
红 河	Honghe	0.34	0.03	0.03	0.46	0.39
文 山	Wenshan	0.23	0.02	0.01	0.25	0.12
西双版纳	Xishuangbanna	0.03		0.04	0.29	0.14
大 理	Dali	0.39	0.03	0.11	0.33	0.13
德 宏	Dehong	0.12		0.01	0.26	0.07
怒 江	Nujiang	0.07			0.04	0.07
迪 庆	Diqing	0.06		0.01	0.06	0.09

15-16 续表3 continued

单位：万人 (10 000 persons)

州 市	Region	居民服务、修理和其他服务业 Services to Households, Repair and Other Services	教 育 Education	卫生和社会工作 Health Care, Social Security and Social Welfare	文化、体育和娱乐业 Culture, Sports and Entertainment	公共管理、社会保障和社会组织 Common Administration and Social Organization
全 省	**Yunnan**	**0.17**	**51.53**	**19.40**	**2.06**	**49.32**
昆 明	Kunming	0.04	7.93	3.94	0.62	8.05
曲 靖	Qujing	0.01	7.00	1.41	0.13	4.25
玉 溪	Yuxi	0.01	2.63	1.27	0.12	2.47
保 山	Baoshan	0.01	2.76	1.28	0.08	2.58
昭 通	Zhaotong		6.11	1.89	0.10	5.03
丽 江	Lijiang		1.60	0.49	0.08	1.83
普 洱	Pu'er	0.02	2.60	1.16	0.14	3.07
临 沧	Lincang		2.59	0.87	0.07	2.54
楚 雄	Chuxiong	0.01	2.17	1.20	0.05	3.13
红 河	Honghe	0.04	4.69	1.39	0.19	4.67
文 山	Wenshan	0.02	4.00	1.28	0.15	2.80
西双版纳	Xishuangbanna		1.14	0.63	0.03	1.24
大 理	Dali	0.01	3.49	1.37	0.13	3.48
德 宏	Dehong		1.57	0.79	0.06	2.17
怒 江	Nujiang		0.67	0.22	0.05	1.13
迪 庆	Diqing		0.58	0.20	0.06	0.88

15-17 各州市城镇集体单位分行业年末职工人数（2017年）
Number of Staff and Workers in Urban Collective-owned Entities at Year-end by Sector and Region (2017)

单位：万人 (10 000 persons)

州 市	Region	城镇集体职工人数 Number of Staff and Workers	农、林、牧、渔业 Farming,Forestry,Animal Husbandry and Fishery	采矿业 Mining	制造业 Manufacturing	电力、热力、燃气及水生产和供应业 Production and Supply of Electric Power,Heat,Gas and Water
全 省	**Yunnan**	**8.65**	**0.02**	**0.45**	**0.49**	**0.06**
昆 明	Kunming	3.39	0.01	0.01	0.22	0.01
曲 靖	Qujing	1.33		0.42	0.05	
玉 溪	Yuxi	0.48			0.13	0.03
保 山	Baoshan	0.11			0.01	
昭 通	Zhaotong	0.57			0.02	0.01
丽 江	Lijiang	0.34			0.03	
普 洱	Pu'er	0.63				
临 沧	Lincang	0.10				
楚 雄	Chuxiong	0.24				
红 河	Honghe	0.66			0.01	
文 山	Wenshan	0.28		0.01	0.01	
西双版纳	Xishuangbanna	0.06				
大 理	Dali	0.19	0.01		0.01	
德 宏	Dehong	0.18		0.01		
怒 江	Nujiang	0.04				
迪 庆	Diqing	0.06				

15−17 续表1 continued

单位：万人 (10 000 persons)

州 市	Region	建 筑 业 Construction	批发和零售业 Wholesale and Retail Trade	交通运输、仓储和邮政业 Transportation, Storage and Post	住宿和餐饮业 Hotel and Catering Service	信息传输、软件和信息技术服务业 Information Transmission,Software and Information Technology Service
全 省	**Yunnan**	**4.13**	**0.58**	**0.10**	**0.10**	**0.01**
昆 明	Kunming	2.08	0.14	0.06	0.06	0.01
曲 靖	Qujing	0.37	0.17	0.01	0.01	
玉 溪	Yuxi	0.07	0.09			
保 山	Baoshan		0.02			
昭 通	Zhaotong	0.32		0.01		
丽 江	Lijiang	0.15	0.02	0.02	0.01	
普 洱	Pu'er	0.47	0.03		0.01	
临 沧	Lincang		0.01			
楚 雄	Chuxiong	0.04	0.02			
红 河	Honghe	0.41	0.04		0.01	
文 山	Wenshan	0.08	0.02		0.01	
西双版纳	Xishuangbanna	0.02				
大 理	Dali	0.01	0.01			
德 宏	Dehong	0.07				
怒 江	Nujiang	0.01	0.01	0.01		
迪 庆	Diqing	0.03	0.01			

15-17 续表2 continued

单位：万人 (10 000 persons)

州 市	Region	金 融 业 Banking	房地产业 Real Estate	租赁和商务服务业 Leasing Trade and Business Service	科学研究和技术服务业 Scientific Research, Technology Service and Geological Prospecting	水利、环境和公共设施管理业 Water Conservancy, Admistration of Environment and Public Facilities
全 省	**Yunnan**	**1.83**	**0.09**	**0.16**	**0.19**	**0.03**
昆 明	Kunming	0.30	0.08	0.06	0.17	0.02
曲 靖	Qujing	0.18		0.05		
玉 溪	Yuxi	0.12			0.01	
保 山	Baoshan	0.09				
昭 通	Zhaotong	0.18	0.01			
丽 江	Lijiang	0.07				
普 洱	Pu'er	0.11		0.01		
临 沧	Lincang	0.09				
楚 雄	Chuxiong	0.15				
红 河	Honghe	0.17				0.01
文 山	Wenshan	0.12				
西双版纳	Xishuangbanna	0.01		0.02		
大 理	Dali	0.14				
德 宏	Dehong	0.05			0.01	
怒 江	Nujiang	0.02				
迪 庆	Diqing	0.03				

15-17 续表3 continued

单位：万人 (10 000 persons)

州 市	Region	居民服务、修理和其他服务业 Services to Households, Repaired Other Services	教 育 Education	卫生和社会工作 Health Care, Social Security and Social Welfare	文化、体育和娱乐业 Culture, Sports and Entertainment	公共管理、社会保障和社会组织 Common Administration and Social Organization
全 省	**Yunnan**	**0.05**	**0.22**	**0.14**		**0.01**
昆 明	Kunming	0.05	0.07	0.04		0.01
曲 靖	Qujing		0.06	0.02		
玉 溪	Yuxi		0.01			
保 山	Baoshan					
昭 通	Zhaotong		0.03			
丽 江	Lijiang		0.01	0.03		
普 洱	Pu'er					
临 沧	Lincang					
楚 雄	Chuxiong			0.01		
红 河	Honghe		0.01			
文 山	Wenshan		0.01	0.01		
西双版纳	Xishuangbanna					
大 理	Dali					
德 宏	Dehong		0.01	0.02		
怒 江	Nujiang					
迪 庆	Diqing					

15-18 各州市城镇其他单位分行业年末职工人数（2017年）
Number of Staff and Workers in Entities of Other Types of Ownership at Year-end by Sector and Region (2017)

单位：万人 (10 000 persons)

州 市	Region	城镇其他单位职工人数 Number of Staff and Workers	农、林、牧、渔业 Farming,Forestry, Animal Husbandry and Fishery	采矿业 Mining	制造业 Manufacturing	电力、热力、燃气及水生产和供应业 Production and Supply of Electric Power,Heat,Gas and Water
全 省	**Yunnan**	**187.85**	**0.30**	**9.48**	**52.74**	**7.26**
昆 明	Kunming	73.77	0.14	1.92	15.49	1.10
曲 靖	Qujing	24.21		3.75	7.88	1.14
玉 溪	Yuxi	15.47	0.02	0.68	6.51	0.41
保 山	Baoshan	11.78		0.24	3.28	0.34
昭 通	Zhaotong	6.37		0.96	1.11	0.76
丽 江	Lijiang	3.42	0.02	0.09	0.31	0.20
普 洱	Pu'er	4.97	0.02	0.26	1.27	0.36
临 沧	Lincang	4.80		0.09	1.97	0.18
楚 雄	Chuxiong	5.30		0.25	1.54	0.25
红 河	Honghe	11.81	0.04	0.45	5.27	0.65
文 山	Wenshan	5.83	0.01	0.47	1.93	0.50
西双版纳	Xishuangbanna	3.35		0.06	0.90	0.19
大 理	Dali	10.50	0.03	0.14	3.39	0.62
德 宏	Dehong	4.22	0.01	0.03	1.23	0.35
怒 江	Nujiang	1.08			0.55	0.07
迪 庆	Diqing	0.96		0.09	0.11	0.13

15-18 续表1 continued

单位：万人 (10 000 persons)

州　市	Region	建筑业 Construction	批发和零售业 Wholesale and Retail Trade	交通运输、仓储和邮政业 Transportation, Storage and Post	住宿和餐饮业 Hotel and Catering Service	信息传输、软件和信息技术服务业 Information Transmission,Software and Information Technology Service
全　省	**Yunnan**	**45.47**	**17.78**	**8.93**	**6.68**	**4.35**
昆　明	Kunming	17.52	7.97	6.24	2.74	2.24
曲　靖	Qujing	6.59	1.53	0.42	0.71	0.19
玉　溪	Yuxi	3.61	1.96	0.24	0.28	0.17
保　山	Baoshan	5.11	0.60	0.24	0.39	0.10
昭　通	Zhaotong	1.48	0.50	0.07	0.25	0.18
丽　江	Lijiang	0.65	0.24	0.19	0.69	0.09
普　洱	Pu'er	1.37	0.46	0.21	0.09	0.13
临　沧	Lincang	1.15	0.39	0.02	0.11	0.11
楚　雄	Chuxiong	1.38	0.44	0.25	0.12	0.13
红　河	Honghe	2.89	0.52	0.34	0.20	0.29
文　山	Wenshan	0.60	0.57	0.02	0.15	0.15
西双版纳	Xishuangbanna	0.24	0.38	0.18	0.21	0.12
大　理	Dali	1.95	1.29	0.32	0.41	0.29
德　宏	Dehong	0.67	0.74	0.07	0.20	0.09
怒　江	Nujiang	0.16	0.06	0.07	0.04	0.05
迪　庆	Diqing	0.10	0.12	0.04	0.08	0.03

15-18 续表2 continued

单位：万人 (10 000 persons)

州市	Region	金融业 Banking	房地产业 Real Estate	租赁和商务服务业 Leasing Trade and Business Service	科学研究和技术服务业 Scientific Research, Technology Service and Geological Prospecting	水利、环境和公共设施管理业 Water Conservancy, Admistration of Environment and Public Facilities
全省	**Yunnan**	**3.13**	**10.29**	**7.88**	**2.13**	**1.74**
昆明	Kunming	1.95	3.67	4.13	1.81	0.59
曲靖	Qujing	0.11	0.85	0.65	0.04	0.04
玉溪	Yuxi	0.19	0.84	0.19	0.09	0.06
保山	Baoshan	0.10	0.69	0.18	0.01	0.24
昭通	Zhaotong	0.01	0.42	0.16		
丽江	Lijiang	0.03	0.29	0.16		0.22
普洱	Pu'er	0.07	0.13	0.39	0.04	0.01
临沧	Lincang	0.02	0.56	0.04		
楚雄	Chuxiong	0.08	0.34	0.29	0.02	0.02
红河	Honghe	0.05	0.46	0.25	0.02	0.02
文山	Wenshan	0.05	0.52	0.21	0.02	0.10
西双版纳	Xishuangbanna	0.08	0.42	0.15	0.02	0.22
大理	Dali	0.22	0.82	0.61	0.05	0.07
德宏	Dehong	0.13	0.21	0.39		0.01
怒江	Nujiang	0.01	0.03	0.03		
迪庆	Diqing	0.02	0.02	0.06		0.14

15-18 续表3 continued

单位：万人 (10 000 persons)

州 市	Region	居民服务、修理和其他服务业 Services to Households, Repair and Other Services	教 育 Education	卫生和社会工作 Health Care, Social and Security Social Welfare	文化、体育和娱乐业 Culture, Sports and Entertainment	公共管理、社会保障和社会组织 Common Administration and Social Organization
全 省	**Yunnan**	**1.79**	**3.84**	**2.79**	**1.25**	**0.02**
昆 明	Kunming	1.17	2.85	1.59	0.62	0.01
曲 靖	Qujing	0.12	0.09	0.06	0.04	
玉 溪	Yuxi	0.06	0.02	0.14	0.02	
保 山	Baoshan	0.01	0.06	0.17	0.02	
昭 通	Zhaotong	0.08	0.08	0.25	0.05	
丽 江	Lijiang	0.02	0.03	0.02	0.16	
普 洱	Pu'er	0.01	0.08	0.05	0.02	
临 沧	Lincang	0.07	0.02	0.05	0.02	
楚 雄	Chuxiong	0.01	0.06	0.09	0.03	
红 河	Honghe	0.06	0.06	0.20	0.01	
文 山	Wenshan	0.11	0.37	0.05	0.01	
西双版纳	Xishuangbanna	0.01	0.01	0.01	0.18	
大 理	Dali	0.05	0.10	0.07	0.04	
德 宏	Dehong	0.02	0.01	0.04	0.02	
怒 江	Nujiang	0.01				
迪 庆	Diqing			0.01	0.02	

15-19 城镇单位全部就业人员数（2017年）

Number of Employed Persons in Urban Entities (2017)

单位：万人 (10 000 persons)

国民经济行业	National Economic Sector	就业人员 Number of Employed Persons	国有单位 State-owned Economy	城镇集体单位 Urban Collective-owned Entities	其他单位 Entities of Other Types of Ownership
全　省	**Yunnan**	**422.41**	**184.54**	**9.56**	**228.31**
按企业、事业、机关分组	**Grouped by Enterprises Institutions and Agencies and Organization**				
企业	Enterprises	265.47	29.78	9.30	226.39
事业	Institutions	101.90	100.06	0.22	1.62
机关	Agencies & Organizations	54.74	54.68	0.03	0.04
按国民经济行业分组	**Grouped by Industry Sector**				
农、林、牧、渔业	**Farming,Forestry,Animal Husbandry and Fishery**	**5.77**	**5.42**	**0.02**	**0.33**
农业	Farming	1.36	1.20	0.01	0.15
林业	Forestry	2.18	2.05		0.13
畜牧业	Animal Husbandry	0.03	0.01	0.01	0.01
渔业	Fishery				
农、林、牧、渔服务业	Farming,Forestry,Animal Husbandry and Fishery Services	2.20	2.16		0.04
采矿业	**Mining**	**12.29**	**1.86**	**0.47**	**9.96**
煤炭开采和洗选业	Coal Mining and Dressing	7.37	1.81	0.43	5.14
石油和天然气开采业	Petroleum and Natural Gas Extraction	0.01			0.01
黑色金属矿采选业	Ferrous Metals Mining and Dressing	0.88			0.88
有色金属矿采选业	Nonferrous Metals Mining and Dressing	2.88	0.01	0.02	2.85
非金属矿采选业	Nonmetal Minerals Mining and Dressing	1.14	0.04	0.02	1.08
开采辅助活动	Mining Auxiliary Activities				
其他采矿业	Other Minerals Mining	0.01			0.01
制造业	**Manufacturing**	**64.50**	**3.16**	**0.52**	**60.82**
农副食品加工业	Agricultural Non-staple Food Processing	5.96	0.38	0.02	5.56
食品制造业	Food Manufacturing	2.72		0.02	2.70
酒、饮料和精制茶制造业	Beverage Manufacturing	4.41	0.16		4.24
烟草制品业	Tobacco Production	3.94	0.10	0.08	3.77
纺织业	Textile Industry	0.54		0.01	0.53
纺织服装、服饰业	Textile,Clothing, Footwear Production	0.49	0.06	0.01	0.42
皮革、毛皮、羽毛及其制品和制鞋业	Feather, Furs, Down, Related Products and Footwear	0.34	0.06	0.01	0.27
木材加工和木、竹、藤、棕、草制品业	Timber Processing, Bamboo, Cane, Palm Fiber and Straw Products	1.10	0.10		1.00

注：不含城镇规模以下私营及个体就业人员，含乡村规模以上企业就业人员。

Note: Employed persons in urban private and individual enterprises under designated size are excluded.

15−19 续表1　continued

单位：万人　　　　(10 000 persons)

国民经济行业	National Economic Sector	就业人员 Number of Employed Persons	国有单位 State-owned Economy	城镇集体单位 Urban Collective-owned Entities	其他单位 Entities of Other Types of Ownership
家具制造业	Furniture Manufacturing	0.13			0.12
造纸和纸制品业	Papermaking and Paper Products	1.08		0.05	1.03
印刷业和记录媒介复制业	Printing and Record Medium Reproduction	1.14	0.11	0.02	1.02
文教、工美、体育和娱乐用品制造业	Manufacture of Culture, Education,Industrial Arts, Sports and Entertainment Goods	0.82			0.81
石油加工、炼焦和核燃料加工业	Petroleum Processing,Coking and Nuclear Fuel Processing	1.17	0.16		1.01
化学原料和化学制品制造业	Raw Chemical Materials and Chemical Products	6.86	0.78	0.03	6.06
医药制造业	Medical and Pharmaceutical Products	3.07	0.09	0.02	2.96
化学纤维制造业	Chemical Fiber Manufacturing	0.04			0.04
橡胶和塑料制品业	Rubber and Plastic Products	2.07	0.20	0.04	1.82
非金属矿物制品业	Nonmetal Mineral Products	5.96	0.14	0.03	5.78
黑色金属冶炼和压延加工业	Smelting and Pressing of Ferrous Metals	5.30	0.20	0.02	5.08
有色金属冶炼和压延加工业	Smelting and Pressing of Nonferrous Metals	9.08	0.14	0.04	8.90
金属制品业	Metal Products	1.31	0.09	0.04	1.18
通用设备制造业	General-purpose Machinery Manufacturing	1.10	0.16	0.03	0.91
专用设备制造业	Special Purposes Equipment	1.07	0.07	0.03	0.97
汽车制造业	Automotive Industry	1.51		0.01	1.50
铁路、船舶、航空航天和其他运输设备制造业	Manufacture of Transport Equipment for Railway,Boats and Aerospace and Other Transport Equipments	0.43	0.07		0.36
电气机械和器材制造业	Electric Equipment and Machinery	1.13			1.12
计算机、通信和其他电子设备制造业	Computers,Communication Equipment and other Other Electronic Equipment Production	0.96	0.05		0.91
仪器仪表制造业	Instrument Industry	0.44		0.01	0.43
其他制造业	Other Goods Production	0.12			0.11
废弃资源综合利用业	Comprehensive Utilization of Discarded Resources and Waste	0.17			0.17
金属制品、机械和设备维修业	Metal Products,Machinery and Equipment Repairing	0.04			0.04
电力、热力、燃气及水生产和供应业	**Production and Supply of Electricity, Heat ,Gas and Water**	**10.33**	**2.36**	**0.06**	**7.90**
电力、热力生产和供应业	Production and Supply of Electric Power and Heat	8.90	1.93	0.05	6.93
燃气生产和供应业	Gas Production and Supply	0.37	0.02		0.35
水的生产和供应业	Water Production and Supply	1.05	0.42	0.01	0.62
建筑业	**Construction**	**73.72**	**2.19**	**4.58**	**66.94**
房屋建筑业	House Building	53.34	0.73	4.00	48.61
土木工程建筑业	Construction Industry of Civil Engineering	14.39	1.15	0.47	12.77
建筑安装业	Construction Installation	2.82	0.13	0.09	2.59
建筑装饰和其他建筑业	Building Decoration and Other Construction Industry	3.17	0.18	0.01	2.97
批发和零售业	**Wholesale and Retail Trade**	**23.38**	**3.29**	**0.62**	**19.47**
批发业	Wholesale	9.63	2.93	0.17	6.53
零售业	Retail Trade	13.75	0.35	0.45	12.94

15-19 续表2 continued

单位：万人 (10 000 persons)

国民经济行业	National Economic Sector	就业人员 Number of Employed Persons	国有单位 State-owned Economy	城镇集体单位 Urban Collective-owned Entities	其他单位 Entities of Other Types of Ownership
交通运输、仓储和邮政业	**Transport, Storage and Post**	**17.86**	**7.68**	**0.11**	**10.08**
铁路运输业	Railway transport	3.93	3.90		0.03
道路运输业	Highway Transport	8.16	2.17	0.05	5.94
水上运输业	Water Way Transport	0.02	0.01		0.02
航空运输业	Air Transport	2.70	0.19		2.50
管道运输业	Pipeline Transport	0.04			0.04
装卸搬运和运输代理业	Lording, Unlording, Carrying and Other Transport Services	1.03	0.06	0.06	0.92
仓储业	Storage	0.19	0.07		0.12
邮政业	Postal	1.79	1.28		0.51
住宿和餐饮业	**Hotel and Food Service**	**8.11**	**0.85**	**0.11**	**7.15**
住宿业	Hotel Service	5.58	0.80	0.08	4.70
餐饮业	Food Service	2.53	0.06	0.03	2.45
信息传输、软件和信息技术服务业	**Information Transmission,Software and Information Technology Service**	**5.21**	**0.47**	**0.01**	**4.74**
电信、广播电视和卫星传输服务	Telecommunication, Videocast and Satellite Transmissions Service	4.28	0.44	0.01	3.83
互联网和相关服务	Internet and Related Service	0.03	0.01		0.02
软件和信息技术服务业	Software and Information Technology service	0.90	0.01		0.88
金融业	**Finance and Insurance**	**10.47**	**4.65**	**1.99**	**3.83**
货币金融服务	Banking	7.51	3.53	1.96	2.02
资本市场服务	Securities Industry	0.21	0.03	0.02	0.16
保险业	Insurance	2.68	1.08		1.61
其他金融业	Other Financial Trade	0.07	0.02	0.01	0.04
房地产业	**Real Estate Trade**	**12.37**	**0.34**	**0.13**	**11.90**
房地产开发经营	Development and Operation of Real Estate Trade	7.63	0.14	0.01	7.49
物业管理	Substance Management	4.29	0.09	0.10	4.10
房地产中介服务	Real Estate Agency Service	0.17	0.02		0.15
租赁和商务服务业	**Leasing Treade and Business Service**	**11.21**	**1.02**	**0.17**	**10.03**
租赁业	Leasing Trade	0.11	0.01		0.10
商务服务业	Commercial Serive	11.10	1.01	0.17	9.93
科学研究和技术服务业	**Scientific Research,Technology Service and Geological Prospecting**	**10.37**	**7.54**	**0.26**	**2.57**
研究与试验发展	R & D	1.03	0.91		0.12
专业技术服务业	Professional Technology Service	6.09	3.58	0.19	2.33
科技推广和应用服务业	Service Industry of Science and Technology Popularization and Application	3.24	3.05	0.07	0.12

15-19 续表3 continued

单位：万人 (10 000 persons)

国民经济行业	National Economic Sector	就业人员 Number of Employed Persons	国有单位 State-owned Economy	城镇集体单位 Urban Collective-owned Entities	其他单位 Entities of Other Types of Ownership
水利、环境和公共设施管理业	**Water Conservancy, Admistration of Environment and Public facilities**	**7.01**	**4.83**	**0.03**	**2.14**
水利管理业	Water Conservancy Admistrition	1.28	1.20	0.02	0.05
生态环境和环境治理业	Protection of Ecological Environment and Admistration of Environment	0.66	0.61		0.05
公共设施管理业	Admistration of Public Facilities	5.07	3.02	0.01	2.05
居民服务、修理和其他服务业	**Services to Households and Other Services**	**2.18**	**0.22**	**0.07**	**1.89**
居民服务业	Services to Households	0.81	0.12	0.03	0.66
机动车、电子产品和日用产品修理业	Repair Industry of Automotive Vehicles, Electronic Products and Daily Products	0.28	0.01	0.02	0.24
其他服务业	Other Services	1.09	0.09	0.02	0.99
教 育	**Education**	**59.43**	**55.05**	**0.24**	**4.15**
初等教育	Primary Education	27.74	27.03	0.07	0.64
中等教育	Secondary Education	22.29	21.37	0.01	0.91
高等教育	Higher Education	4.24	3.93		0.31
卫生和社会工作	**Health Care, Social Work**	**27.25**	**24.14**	**0.16**	**2.95**
卫生	Health Care	26.50	23.50	0.16	2.84
社会工作	Social Work	0.75	0.64	0.01	0.11
文化、体育和娱乐业	**Culture, Sports and Entertainment**	**3.68**	**2.25**		**1.43**
新闻和出版业	News and Publishing	0.50	0.32		0.18
广播、电视、电影和影视录音制作业	Broadcast, Television,Filmdom and Audio & Video Production	0.76	0.66		0.10
文化艺术业	Culture and Arts	1.69	1.13		0.56
体育	Sports	0.33	0.11		0.22
娱乐业	Entertainment	0.40	0.04		0.36
公共管理、社会保障和社会组织	**Common Administration ,Social Security and Social Organization**	**57.26**	**57.22**	**0.02**	**0.03**
中国共产党机关	Organs of Communist Party of China	2.68	2.68		
国家机构	Government Agencies of Country	51.63	51.63		
人民政协和民主党派	Chinese People's Political Consultative Conferences and Democracy Parties	0.85	0.85		
社会保障	Social Security	0.65	0.65		
群众社团、社会团体和宗教组织	Mass Groups, Social Groups and Religion Organization	1.23	1.21		0.02

15-20 城镇单位女性就业人员数（2017年）

Number of Female Employed in Urban Entities (2017)

单位：万人 (10 000 persons)

国民经济行业	National Economic Sector	女性就业人员 Number of Female Employed Persons	国有单位 State-owned Economy	城镇集体单位 Urban Collective-owned Entities	其他单位 Entities of Other Types of Ownership
全　省	**Yunnan**	**155.22**	**80.65**	**2.50**	**72.07**
按企业、事业、机关分组	**Grouped by Enterprises Institutions and Agencies**				
企　业	Enterprises	83.43	10.15	2.34	70.94
事　业	Institutions	53.79	52.66	0.15	0.97
机　关	Agencies & Organizations	17.86	17.83	0.01	0.02
按国民经济行业分组	**Grouped by Sector**				
农、林、牧、渔业	**Farming,Forestry,Animal Husbandry and Fishery**	**1.64**	**1.49**	**0.01**	**0.14**
农　业	Farming	0.46	0.37		0.09
林　业	Forestry	0.55	0.51		0.04
畜牧业	Animal Husbandry	0.01		0.01	
渔业	Fishery				
农、林、牧、渔服务业	Farming,Forestry,Animal Husbandry and Fishery Services	0.62	0.61		0.01
采矿业	**Mining**	**2.02**	**0.46**	**0.01**	**1.54**
煤炭开采和洗选业	Coal Mining and Dressing	1.06	0.45		0.61
石油和天然气开采业	Petroleum and Natural Gas Extraction				
黑色金属矿采选业	Ferrous Metals Mining and Dressing	0.15			0.15
有色金属矿采选业	Nonferrous Metals Mining and Dressing	0.50			0.49
非金属矿采选业	Nonmetal Minerals Mining and Dressing	0.29	0.01		0.28
开采辅助活动	Mining Auxiliary Activities				
其他采矿业	Other Minerals Mining				
制造业	**Manufacturing**	**22.84**	**1.11**	**0.19**	**21.54**
农副食品加工业	Agricultural Non-staple Food Processing	2.80	0.14	0.01	2.66
食品制造业	Food Manufacturing	1.36		0.01	1.35
酒、饮料和精制茶制造业	Beverage Manufacturing	2.00	0.07		1.93
烟草制品业	Tobacco Production	1.51	0.04	0.04	1.44
纺织业	Textile Industry	0.41			0.40
纺织服装、服饰业	Textile,Clothing, Footwear Production	0.34	0.05		0.28
皮革、毛皮、羽毛及其制品和制鞋业	Feather, Furs, Down and Related Products	0.25	0.02		0.22
木材加工和木、竹、藤、棕、草制品业	Timber Processing, Bamboo, Cane,Palm Fiber and Straw Products	0.45	0.03		0.41
家具制造业	Furniture Manufacturing	0.03			0.03
造纸和纸制品业	Papermaking and Paper Products	0.40		0.02	0.38
印刷业和记录媒介复制业	Printing and Record Medium Reproduction	0.48	0.05	0.01	0.43
文教、工美、体育和娱乐用品制造业	Manufacture of Culture, Education,Industrial Arts Sports and Entertainment Goods	0.37			0.37
石油加工、炼焦和核燃料加工业	Petroleum Processing,Coking and Nuclear Fuel Processing	0.32	0.02		0.30

15-20 续表1 continued

单位：万人 (10 000 persons)

国民经济行业	National Economic Sector	女性就业人员 Number of Female Employed Persons	国有单位 State-owned Economy	城镇集体单位 Urban Collective-owned Entities	其他单位 Entities of Other Types of Ownership
化学原料和化学制品制造业	Raw Chemical Materials and Chemical Products	2.08	0.30	0.01	1.77
医药制造业	Medical and Pharmaceutical Products	1.48	0.04	0.01	1.43
化学纤维制造业	Chemical Fiber Manufacturing	0.01			0.01
橡胶和塑料制品业	Rubber Products	0.84	0.06	0.02	0.76
非金属矿物制品业	Nonmetal Mineral Products	1.58	0.03	0.01	1.54
黑色金属冶炼和压延加工业	Smelting and Pressing of Ferrous Metals	1.43	0.07		1.36
有色金属冶炼和压延加工业	Smelting and Pressing of Nonferrous Metals	2.20	0.04	0.01	2.15
金属制品业	Metal Products	0.31	0.03	0.01	0.27
通用设备制造业	General-purpose Machinery Manufacturing	0.27	0.05	0.01	0.22
专用设备制造业	Special Purposes Equipment	0.26	0.02		0.24
汽车制造业	Automotive Industry	0.40			0.39
铁路、船舶、航空航天和其他运输设备制造业	Manufacture of Transport Equipment for Railway,Boats and Aerospace and Other Transport Equipments	0.11	0.02		0.09
电气机械和器材制造业	Electric Equipment and Machinery	0.37			0.37
计算机、通信和其他电子设备制造业	Communication Equipment, Computers and Other Electronic Equipment Production	0.51	0.01		0.50
仪器仪表制造业	Instrument Industry	0.16		0.01	0.16
其他制造业	Other Goods Production	0.05			0.05
废弃资源综合利用业	Comprehensive Utilization of Discarded Resources and Waste	0.03			0.03
金属制品、机械和设备维修业	Metal Products,Machinery and Equipment Repairing	0.01			0.01
电力、热力、燃气及水生产和供应业	**Production and Supply of Electricity, Heat, Gas and Water**	**3.03**	**0.71**	**0.02**	**2.31**
电力、热力生产和供应业	Production and Supply of Electric Power and Heat	2.48	0.53	0.01	1.94
燃气生产和供应业	Gas Production and Supply	0.13			0.12
水的生产和供应业	Water Production and Supply	0.43	0.17	0.01	0.25
建筑业	**Construction**	**10.95**	**0.48**	**0.62**	**9.85**
房屋建筑业	House Building and Civil Engineering	7.71	0.21	0.55	6.95
土木工程建筑业	Construction Installation	2.13	0.22	0.06	1.85
建筑安装业	Construction Installation	0.52	0.02	0.01	0.49
建筑装饰和其他建筑业	Building Decoration and Other Construction Industry	0.59	0.03		0.56
批发和零售业	**Wholesale and Retail Trade**	**11.95**	**1.07**	**0.27**	**10.61**
批发业	Wholesale	3.81	0.93	0.06	2.83
零售业	Retail Trade	8.14	0.14	0.21	7.78
交通运输、仓储和邮政业	**Transport, Storage and Post**	**5.28**	**2.17**	**0.03**	**3.08**
铁路运输业	Railway Transport	0.80	0.79	0.02	0.01
道路运输业	Highway Transport	2.52	0.67		1.83
水上运输业	Water Way Transport	0.01			0.01
航空运输业	Air Transport	0.93	0.06		0.87
管道运输业	Pipeline Transport	0.01			0.01
装卸搬运和运输代理业	Lording, Unlording, Carrying and Transport Agency Servic	0.25	0.02	0.01	0.22

15—20 续表2 continued

单位：万人 (10 000 persons)

国民经济行业	National Economic Sector	女性就业人员 Number of Female Employed Persons	国有单位 State-owned Economy	城镇集体单位 Urban Collective-owned Entities	其他单位 Entities of Other Types of Ownership
仓储业	Storage	0.05	0.02		0.03
邮政业	Postal	0.71	0.60		0.11
住宿和餐饮业	**Hotel and Food Service**	**4.89**	**0.48**	**0.07**	**4.34**
住宿业	Hotel Service	3.41	0.45	0.05	2.90
餐饮业	Food Service	1.48	0.03	0.02	1.44
信息传输、软件和信息技术服务业	**Information Transmission, Software and Information Technology Service**	**2.11**	**0.19**		**1.91**
电信、广播电视和卫星传输服务	Telecommunication, Videocast and Satellite Transmissions Service	1.77	0.18		1.59
互联网和相关服务	Internet and Related Service	0.02	0.01		0.01
软件和信息技术服务业	Software and Information Technology service	0.32	0.01		0.31
金融业	**Finance and Insurance**	**5.26**	**2.30**	**0.82**	**2.14**
货币金融服务	Banking	3.66	1.69	0.81	1.16
资本市场服务	Securities Industry	0.10	0.01	0.01	0.08
保险业	Insurance	1.47	0.58		0.89
其他金融业	Other Financial Trade	0.03	0.01		0.02
房地产业	**Real Estate Trade**	**4.78**	**0.14**	**0.07**	**4.56**
房地产开发经营	Development and Operation of Real Estate Trade	2.65	0.04		2.61
物业管理	Substance Management	1.91	0.04	0.06	1.81
房地产中介服务	Real Estate Agency Service	0.08	0.01		0.07
租赁和商务服务业	**Leasing Treade and Business Service**	**2.46**	**0.38**	**0.05**	**2.03**
租赁业	Leasing Treade	0.02			0.02
商务服务业	Commercial Serive	2.43	0.37	0.05	2.01
科学研究和技术服务业	**Scientific Research, Technology Service and Geological Prospecting**	**3.13**	**2.41**	**0.07**	**0.65**
研究与试验发展	R & D	0.40	0.35		0.05
专业技术服务业	Professional Technology Service	1.71	1.13	0.04	0.54
科技推广和应用服务业	Service Industry of Science and Technology Popularization and Application	1.03	0.94	0.03	0.05

15-20 续表3 continued

单位：万人 (10 000 persons)

国民经济行业	National Economic Sector	女性就业人员 Number of Employed Persons in	国有单位 State-owned Economy	城镇集体单位 Urban Collective-owned Entities	其他单位 Entities of Other Types of Ownership
水利、环境和公共设施管理业	**Water Conservancy, Admistration of Environment and Public facilities**	**3.17**	**2.09**	**0.01**	**1.08**
水利管理业	Water Conservancy Admistrition	0.35	0.33	0.01	0.01
生态环境和环境治理业	Admistration of Environment	0.17	0.15		0.02
公共设施管理业	Admistration of Public facilities	2.65	1.61		1.05
居民服务、修理和其他服务业	**Services to Households and Other Services**	**1.12**	**0.10**	**0.03**	**1.00**
居民服务业	Services to Households	0.46	0.04	0.02	0.40
机动车、电子产品和日用产品修理业	Repair Industry of Automotive Vehicles, Electronic Products and Daily Products	0.07		0.01	0.06
其他服务业	Other Services	0.59	0.05	0.01	0.53
教育	**Education**	**31.20**	**28.56**	**0.11**	**2.53**
初等教育	Primary Education	14.67	14.19	0.02	0.47
中等教育	Secondary Education	11.00	10.51	0.01	0.49
高等教育	Higher Education	2.13	1.95		0.18
卫生和社会工作	**Health Care, Social Security and Social Welfare**	**18.84**	**16.65**	**0.10**	**2.09**
卫生	Health Care	18.39	16.28	0.10	2.01
社会工作	Social Security	0.45	0.37		0.08
文化、体育和娱乐业	**Culture, Sports and Entertainment**	**1.72**	**1.06**		**0.66**
新闻和出版业	News and Publishing	0.23	0.14		0.09
广播、电视、电影和影视录音制作业	Broadcast, Television,Filmdom and Audio & Video Production	0.32	0.28		0.04
文化艺术业	Culture and Arts	0.83	0.59		0.24
体育	Sports	0.16	0.04		0.12
娱乐业	Entertainment	0.18	0.02		0.16
公共管理、社会保障和社会组织	**Common Administration ,Social Security and Social Organization**	**18.84**	**18.82**	**0.01**	**0.02**
中国共产党机关	Organs of Communist Party of China	0.84	0.84		
国家机构	Government Agencies of Country	16.68	16.68		
人民政协和民主党派	Chinese People's Political Consultative Conferences and Democracy Parties	0.26	0.26		
社会保障	Social Security	0.38	0.38		
群众社团、社会团体和宗教组织	Mass Groups, Social Groups and Religion Organization	0.59	0.58		0.01

15－21 各州市城镇单位按登记注册类型分年末就业人员数（2017年）

Number of Employed Persons in Urban Entities at Year-end by Status of Registration and Region (2017)

单位：万人 (10 000 persons)

州市	Region	城镇单位就业人员 Number of Employed Persons	国有单位 State-owned Entities	城镇集体单位 Urban Collective-owned Entities	其他单位 Others
全　省	**Yunnan**	**422.41**	**184.54**	**9.56**	**228.31**
昆　明	Kunming	137.02	38.33	3.64	95.05
曲　靖	Qujing	47.26	17.70	1.43	28.13
玉　溪	Yuxi	27.00	9.36	0.51	17.13
保　山	Baoshan	20.66	8.14	0.12	12.40
昭　通	Zhaotong	24.67	16.79	0.59	7.29
丽　江	Lijiang	10.42	6.37	0.38	3.67
普　洱	Pu'er	17.61	10.31	0.70	6.61
临　沧	Lincang	15.10	9.20	0.11	5.80
楚　雄	Chuxiong	16.18	9.67	0.26	6.25
红　河	Honghe	31.84	16.70	0.73	14.41
文　山	Wenshan	19.26	11.95	0.31	7.00
西双版纳	Xishuangbanna	8.46	4.52	0.08	3.86
大　理	Dali	26.14	12.78	0.34	13.02
德　宏	Dehong	12.15	6.77	0.19	5.18
怒　江	Nujiang	4.38	2.96	0.05	1.38
迪　庆	Diqing	4.27	3.00	0.13	1.13

15-22 各州市城镇单位按企事业机关分年末就业人员数（2017年）
Number of Employed Persons in Urban Entities at Year-end by Enterprise, Public Institution and Government Agency and by Region (2017)

单位：万人 (10 000 persons)

州 市	Region	城镇单位就业人员 Number of Employed Persons	企 业 Enterprises	事 业 Public Institutions	机 关 Government Agencies and Organizations
全 省	**Yunnan**	**422.41**	**265.47**	**101.90**	**54.74**
昆 明	Kunming	137.02	108.71	19.73	8.49
曲 靖	Qujing	47.26	32.60	10.29	4.37
玉 溪	Yuxi	27.00	18.67	5.50	2.81
保 山	Baoshan	20.66	12.91	5.00	2.71
昭 通	Zhaotong	24.67	8.97	9.50	6.14
丽 江	Lijiang	10.42	5.15	3.38	1.88
普 洱	Pu'er	17.61	8.99	5.67	2.95
临 沧	Lincang	15.10	7.35	4.92	2.82
楚 雄	Chuxiong	16.18	7.44	4.80	3.93
红 河	Honghe	31.84	17.85	8.81	5.18
文 山	Wenshan	19.26	8.31	7.56	3.36
西双版纳	Xishuangbanna	8.46	4.23	2.82	1.40
大 理	Dali	26.14	14.84	7.46	3.84
德 宏	Dehong	12.15	6.33	3.39	2.43
怒 江	Nujiang	4.38	1.65	1.45	1.28
迪 庆	Diqing	4.27	1.48	1.63	1.16

注：不含城镇规模以下私营及个体就业人员。

Note: Employed persons in urban private and individual enterprises under designated size are excluded,from employed persons in urban entities,while employed persons of rural enterprises above designated size are included.

15-23 各州市私营企业和个体年末就业人员数（2017年）

Number of Employed Persons in Private Enterprises and Self-employed Individuals at Year-end by Region (2017)

单位：万户、万人 (10 000 enterprises, 10 000 persons)

州 市	Region	私营企业 Private Enterprises		个体户 Self-employed Individuals	
		户 数 Number of Enterprises	就业人数 Number of Employed Persons	户 数 Number of Enterprises	就业人数 Number of Employed Persons
全 省	**Yunnan**	**54.87**	**405.49**	**207.73**	**390.78**
昆 明	Kunming	25.10	139.87	40.31	80.34
曲 靖	Qujing	4.82	40.29	24.04	41.52
玉 溪	Yuxi	2.57	31.49	15.46	37.49
保 山	Baoshan	1.71	15.43	9.70	16.65
昭 通	Zhaotong	2.09	16.19	13.84	22.15
丽 江	Lijiang	1.41	13.74	6.37	12.11
普 洱	Pu'er	1.72	11.77	12.35	23.29
临 沧	Lincang	1.63	11.84	10.24	18.46
楚 雄	Chuxiong	2.77	32.90	10.23	21.50
红 河	Honghe	3.26	31.32	17.97	40.48
文 山	Wenshan	1.77	13.34	12.21	14.83
西双版纳	Xishuangbanna	1.38	8.43	7.03	14.57
大 理	Dali	2.67	23.05	15.26	23.36
德 宏	Dehong	1.12	9.26	7.93	15.16
怒 江	Nujiang	0.38	3.21	1.81	3.11
迪 庆	Diqing	0.48	3.36	2.98	5.76

15-24 私营企业分行业年末就业人数（2017年）

Number of Employed Persons in Private Enterprises at Year-end by Region (2017)

单位：万人 (10 000 persons)

行　业	Sector	2017
全　省	**Yunnan**	**405.49**
农、林、牧、渔业	Farming,Forestry,Animal Husbandry and Fishery	48.50
采矿业	Mining	21.04
制造业	Manufacturing	58.76
电力、煤气及水的生产和供应业	Production and Supply of Electric Power,Gas and Water	3.59
建筑业	Construction	39.15
交通运输、仓储及邮电通信业	Transport,Storage,Post and Telecommunication Services	9.93
信息传输、软件和信息技术服务业	Information Transmission, Software and Information Technology service	13.33
批发和零售业	Wholesale and Retail Trade & Food Services	108.22
住宿和餐饮业	Hotel and Food Service	12.03
房地产业	Real Estate Trade	15.55
租赁和商务服务业	Leasing Trade and Business Service	36.29
居民服务和其他服务业	Services to Households and Other Services	12.24
卫生、社会保障和社会福利业	Health Care, Social Security and Social Welfare	2.70
文化、体育和娱乐业	Culture, Sports and Entertainment	5.74
其他合计	Others	0.02

15−25 个体就业人员分行业年末就业人数（2017年）

Number of Self-employed Individuals at Year-end by Region (2017)

单位：万人 (10 000 persons)

行　业	Sector	2017
全　省	**Yunnan**	390.78
农、林、牧、渔业	Farming,Forestry,Animal Husbandry and Fishery	39.50
采矿业	Mining	1.45
制造业	Manufacturing	21.43
电力、煤气及水的生产和供应业	Production and Supply of Electric Power,Gas and Water	0.09
建筑业	Construction	2.66
交通运输、仓储及邮电通信业	Transport,Storage,Post and Telecommunication Services	3.12
信息传输、软件和信息技术服务业	Information Transmission, Software and Information Technology Service	2.28
批发和零售业	Wholesale and Retail Trade & Food Services	195.09
住宿和餐饮业	Hotel and Food Service	74.45
房地产业	Real Estate Trade	0.10
租赁和商务服务业	Leasing Trade and Business Service	4.90
居民服务和其他服务业	Services to Households and Other Services	37.85
卫生、社会保障和社会福利业	Health Care, Social Security and Social Welfare	1.80
文化、体育和娱乐业	Culture, Sports and Entertainment	4.52
其他合计	Others	0.26

15−26　城镇登记失业人数和登记失业率（1978−2017年）

Registered Urban Unemployed Persons and Unemployment Rate (1978-2017)

单位：万人　　(10 000 persons)

年 份 Year	登记失业人数 Registered Urban Unemployed Persons	女 性 Female	长期失业者人数 Permanent Unemployed Persons	城镇登记失业率 (%) Urban Unemployment Rate (%)
1978	6.40			2.7
1979	9.90			4.3
1980	6.00			2.3
1981	6.16			3.1
1982	6.15			2.7
1983	5.83			2.0
1984	4.70			1.7
1985	4.21			2.5
1986	4.77			1.7
1987	5.85			2.0
1988	5.97			2.0
1989	7.07			2.4
1990	7.76			2.5
1991	7.63			2.3
1992	7.53			2.3
1993	7.34			2.3
1994	7.14			2.2
1995	8.10			2.3
1996	8.01			2.8
1997	7.84			2.7
1998	6.01	3.02		2.2
1999	6.20	3.10	3.10	2.5
2000	6.77	3.28	3.42	2.6
2001	8.00	3.89	3.64	3.3
2002	9.80	4.04	4.79	4.0
2003	12.12	5.94	5.64	4.1
2004	11.95	6.28	4.85	4.3
2005	12.97	6.12	5.17	4.3
2006	13.79	6.35	5.01	4.3
2007	14.02	6.37	4.20	4.2
2008	14.77	6.50	3.79	4.2
2009	15.63	6.73	3.44	4.3
2010	15.69	6.40	3.38	4.2
2011	15.99	6.80	2.56	4.1
2012	17.40	7.90	2.70	4.0
2013	18.09	8.05	2.46	4.0
2014	19.19	8.28	2.6	4.0
2015	19.47	8.31	2.9	4.0
2016	20.58	8.60	2.88	3.6
2017	19.81	8.50	3.40	3.2

15-27 全部职工工资总额和指数（1978−2017年）

Total Wages of Staff and Workers and Related Indices (1978-2017)

单位：亿元、% (100 million yuan, %)

年份 Year	职工工资总额 Total Wages	国有单位 State-owned Entities	城镇集体单位 Urban Collective-owned Entities	其他单位 Other Ownership	工资总额指数 Indices of Total Wages	国有单位 State-owned Entities	城镇集体单位 Urban Collective-owned Entities	其他单位 Other Ownership
1978	12.68	11.42	1.26		115.3	117.4	99.6	
1979	14.26	12.84	1.42		112.4	112.4	112.7	
1980	17.16	15.46	1.69		120.3	120.4	119.6	
1981	17.97	16.13	1.84		104.7	104.3	108.5	
1982	19.05	17.05	2.01		106.0	105.7	109.3	
1983	20.28	18.11	2.17		106.4	106.2	107.9	
1984	25.43	22.23	3.17	0.03	125.4	122.8	146.4	
1985	30.13	26.30	3.79	0.05	118.5	118.3	119.4	180.6
1986	34.09	29.72	4.31	0.06	113.1	113.0	113.4	125.8
1987	38.68	33.82	4.78	0.08	113.5	113.8	110.9	137.4
1988	47.09	41.30	5.66	0.13	121.7	122.1	118.4	158.7
1989	60.12	53.56	6.42	0.14	111.8	111.5	113.4	110.4
1990	60.66	53.56	6.97	0.13	115.3	116.3	108.6	93.6
1991	68.66	60.27	8.23	0.17	113.2	112.5	118.1	128.6
1992	81.43	71.26	9.95	0.23	118.6	118.2	120.9	135.2
1993	97.02	84.12	12.50	0.39	119.1	118.1	125.6	174.8
1994	138.94	121.35	15.57	2.03	143.2	144.3	124.5	514.3
1995	158.96	137.81	18.22	2.93	114.4	113.6	116.7	144.5
1996	194.07	169.06	20.27	4.73	122.1	122.7	111.3	161.5
1997	219.08	190.75	21.05	7.28	112.9	112.8	103.8	154.0
1998	226.09	193.15	18.70	14.24	103.2	101.3	88.9	195.5
1999	235.93	195.97	17.57	22.39	104.4	101.5	94.0	157.2
2000	254.46	209.50	16.78	28.18	107.9	106.9	95.5	125.8
2001	275.98	225.33	14.37	36.28	108.5	107.6	85.7	128.7
2002	300.85	245.22	13.21	42.42	109.0	108.8	91.9	116.9
2003	314.98	246.24	12.34	56.40	104.7	100.4	93.4	132.9
2004	344.52	264.02	11.53	68.97	109.4	107.2	93.4	122.3
2005	377.16	283.30	10.80	83.05	109.5	107.3	93.7	120.4
2006	458.62	339.88	14.70	104.04	121.6	120.0	136.0	125.3
2007	566.49	398.49	16.32	151.68	123.5	117.2	111.0	145.8
2008	683.69	473.30	18.89	191.50	120.7	118.8	115.7	126.3
2009	788.38	546.72	21.61	220.05	115.3	115.5	114.4	114.9
2010	903.72	619.53	24.46	259.73	114.6	113.3	113.2	118.0
2011	1 111.38	709.16	32.46	369.76	123.0	114.5	132.7	142.4
2012	1 340.24	794.46	41.79	503.99	120.6	112.0	128.8	136.3
2013	1 630.67	797.61	54.29	778.77	121.7	100.4	129.9	154.5
2014	1 727.71	916.93	52.51	758.27	106.0	115.0	96.7	97.4
2015	1 958.70	1 065.57	58.98	834.15	113.4	116.2	112.3	110.0
2016	2 284.05	1 323.26	58.14	902.65	116.6	124.2	98.6	108.2
2017	2 636.42	1 565.96	60.23	1 010.23	115.4	118.3	103.6	111.9

15-28 全部职工平均工资及指数（1978-2017年）

Average Wages of Staff and Workers and Related Indices (1978-2017)

单位：万元/人、% (10 000 yuan/person,%)

年份 Year	职工平均工资 Average Wages	国有单位 State-owned Entities	集体单位 Urban Collective-owned Entities	其他单位 Other Ownership	平均工资指数(上年=100，%) Indices of Average Wages (preceding year = 100 ,%)							
					货币工资 Money Wages	国有单位 State-owned Entities	集体单位 Urban Collective-owned Entities	其他单位 Other Ownership	实际工资 Real Wages	国有单位 State-owned Entities	城镇集体单位 Urban Collective-owned Entities	其他单位 Other Ownership
1978	0.06	0.06	0.05		112.0	108.5	128.8		112.0	108.5	128.8	
1979	0.07	0.07	0.05		108.6	109.0	106.7		107.7	108.1	105.8	
1980	0.08	0.08	0.06		115.2	115.2	114.2		106.5	106.5	105.6	
1981	0.08	0.08	0.06		102.6	102.3	105.8		101.8	101.5	105.0	
1982	0.08	0.08	0.07		103.3	103.1	105.8		101.6	101.4	104.0	
1983	0.08	0.09	0.07		104.2	103.9	106.4		103.6	103.3	105.7	
1984	0.10	0.10	0.08	0.11	120.7	122.4	114.5		117.7	119.3	111.6	
1985	0.12	0.12	0.10	0.11	115.5	115.1	117.9	97.0	103.2	102.8	105.3	86.7
1986	0.13	0.13	0.11	0.12	111.0	110.5	113.8	110.6	105.9	105.5	108.6	105.6
1987	0.14	0.15	0.12	0.13	110.7	111.2	107.6	105.7	103.1	103.5	100.2	98.4
1988	0.17	0.18	0.14	0.16	119.2	119.3	118.3	125.2	98.4	98.5	97.7	103.4
1989	0.19	0.19	0.16	0.17	109.6	109.4	110.9	106.6	93.0	92.8	94.1	90.5
1990	0.21	0.22	0.17	0.20	113.3	113.6	109.9	118.6	111.5	111.8	108.2	116.8
1991	0.23	0.24	0.19	0.24	109.3	109.0	112.0	117.5	105.3	105.0	107.9	113.2
1992	0.27	0.28	0.22	0.30	115.4	115.7	113.8	125.1	104.5	104.8	103.1	113.3
1993	0.32	0.33	0.27	0.39	118.0	117.2	123.2	130.2	99.3	98.7	103.7	109.6
1994	0.45	0.47	0.35	0.52	142.4	143.7	130.8	133.4	121.4	122.5	111.5	113.7
1995	0.51	0.53	0.42	0.58	114.1	113.1	120.4	111.6	94.8	94.0	100.1	92.7
1996	0.62	0.64	0.49	0.69	121.0	121.4	116.3	118.3	111.3	111.7	107.0	108.8
1997	0.70	0.72	0.55	0.79	112.9	112.7	111.1	114.4	107.9	107.7	106.2	109.4
1998	0.77	0.79	0.60	0.76	109.0	108.9	110.2	96.3	106.4	106.4	107.6	94.1
1999	0.83	0.84	0.65	0.86	107.9	107.2	107.9	113.2	109.2	108.5	109.2	96.5
2000	0.92	0.94	0.70	0.96	111.5	111.5	108.1	111.7	114.3	114.3	110.8	95.2
2001	1.05	1.09	0.72	1.04	114.1	115.5	102.4	108.8	116.4	117.7	104.4	92.7
2002	1.20	1.24	0.79	1.14	113.8	114.2	110.3	110.0	114.7	115.2	111.2	93.7
2003	1.29	1.35	0.85	1.19	107.4	108.4	107.2	103.9	106.0	107.0	105.8	88.5
2004	1.46	1.53	0.95	1.33	113.3	113.7	111.7	112.0	106.8	107.2	105.3	95.4
2005	1.61	1.69	1.05	1.49	110.7	110.3	110.5	111.9	108.8	108.5	108.6	110.1
2006	1.87	2.00	1.22	1.64	115.9	118.4	115.9	110.4	113.8	116.2	113.8	108.4
2007	2.05	2.29	1.41	1.67	109.5	114.3	115.3	101.5	103.4	108.0	108.8	95.9
2008	2.40	2.68	1.82	1.97	117.3	117.0	129.5	117.9	111.3	111.0	122.8	111.8
2009	2.70	3.03	2.14	2.16	112.3	113.3	117.7	109.9	111.8	112.8	117.1	109.4
2010	3.02	3.43	2.51	2.38	111.8	113.2	117.4	109.9	107.7	109.0	113.1	105.8
2011	3.54	4.04	3.40	2.87	117.3	117.6	135.3	120.7	111.9	112.2	129.1	115.2
2012	3.89	4.51	3.86	3.22	109.9	111.6	113.3	112.1	106.7	108.4	110.0	108.8
2013	4.40	4.90	4.50	4.00	113.6	108.7	117.8	124.3	110.2	105.5	114.3	120.7
2014	4.78	5.44	5.00	4.18	108.6	111.0	111.1	104.5	106.1	108.4	108.5	102.1
2015	5.50	6.45	5.62	4.65	115.1	118.5	112.5	111.4	113.0	116.3	110.4	109.3
2016	6.36	7.89	6.46	4.97	115.5	122.4	114.8	106.8	113.8	120.6	113.1	105.2
2017	7.35	9.57	7.30	5.45	115.7	121.3	113.0	109.5	114.7	120.3	112.1	108.7

15-29 各州市全部职工工资总额和平均工资（2017年）

Total Wages and Annual Average Wages of Staff and Workers by Region (2017)

单位：亿元、万元/人　　　　(100 million yuan, 10 000 yuan/person)

州 市	Region	职工工资总额 Total Wages	国有单位 State-owned Entities	城镇集体单位 Urban Collective-owned Entities	其他单位 Other Ownership	职工平均工资 Wages Average	国有单位 State-owned Entities	城镇集体单位 Urban Collective-owned Entities	其他单位 Other Ownership
全 省	**Yunnan**	**2 636.42**	**1 565.96**	**60.23**	**1 010.23**	**7.35**	**9.57**	**7.30**	**5.45**
昆 明	Kunming	868.85	361.79	17.43	489.63	7.64	10.41	5.55	6.40
曲 靖	Qujing	261.00	148.90	7.76	104.34	6.36	8.97	5.94	4.62
玉 溪	Yuxi	163.31	93.65	3.52	66.14	7.01	11.18	7.23	4.79
保 山	Baoshan	119.17	66.22	1.91	51.04	6.22	8.49	16.96	4.56
昭 通	Zhaotong	158.64	122.87	4.70	31.07	7.18	7.96	9.21	5.24
丽 江	Lijiang	67.19	48.01	2.57	16.62	7.39	8.97	7.55	4.88
普 洱	Pu'er	117.68	90.40	3.40	23.88	8.09	9.85	6.51	4.93
临 沧	Lincang	94.38	72.82	1.92	19.64	7.31	9.20	18.60	4.08
楚 雄	Chuxiong	111.18	84.26	3.28	23.64	8.05	9.87	13.93	4.97
红 河	Honghe	199.33	137.24	4.96	57.13	7.42	9.53	7.32	5.03
文 山	Wenshan	122.99	90.55	2.96	29.48	7.64	9.01	10.51	5.13
西双版纳	Xishuangbanna	54.64	36.19	0.44	18.02	7.54	9.44	7.92	5.40
大 理	Dali	163.21	111.39	2.86	48.96	7.53	10.15	14.95	4.78
德 宏	Dehong	68.77	48.72	1.56	18.49	6.87	8.33	9.06	4.65
怒 江	Nujiang	27.71	22.00	0.27	5.44	7.72	8.79	5.97	5.26
迪 庆	Diqing	38.37	30.96	0.69	6.71	11.71	13.89	11.13	6.85

15-30 各州市城镇单位按企事业机关分职工工资总额（2017年）
Total Wages of Employed Persons in Urban Entities at Year-end by Enterprise, Public Institution and Government Agency and by Region (2017)

单位：亿元 (100 million yuan)

州 市	Region	职工工资总额 Total Wages of Employed Persons	企 业 Enterprises	事 业 Public Institutions	机 关 Government Agencies and Organizations
全 省	**Yunnan**	**2 636.42**	**1 284.79**	**870.01**	**480.33**
昆 明	Kunming	868.85	608.52	175.88	84.11
曲 靖	Qujing	261.00	133.61	89.69	37.69
玉 溪	Yuxi	163.31	76.97	56.07	30.22
保 山	Baoshan	119.17	57.24	39.96	21.73
昭 通	Zhaotong	158.64	45.18	70.76	42.37
丽 江	Lijiang	67.19	24.33	25.41	17.40
普 洱	Pu'er	117.68	35.51	52.84	29.33
临 沧	Lincang	94.38	28.31	42.07	23.95
楚 雄	Chuxiong	111.18	35.26	42.21	33.70
红 河	Honghe	199.33	76.13	79.18	43.97
文 山	Wenshan	122.99	38.96	57.25	26.68
西双版纳	Xishuangbanna	54.64	20.32	22.73	11.52
大 理	Dali	163.21	63.91	62.97	36.32
德 宏	Dehong	68.77	23.30	27.13	18.33
怒 江	Nujiang	27.71	8.01	10.18	9.52
迪 庆	Diqing	38.37	9.22	15.67	13.48

15-31 各州市城镇单位按企事业机关分职工平均工资（2017年）

Average Wages of Staff and Workers in Urban Entities at Year-end by Enterprise, Public Institution and Government Agency and by Region (2017)

单位：万元/人 (10 000 yuan/person)

州 市	Region	全部职工 Staff and Workers	企 业 Enterprises	事 业 Institution	机 关 Agencies and Organization
全 省	**Yunnan**	**7.35**	**5.91**	**9.55**	**9.82**
昆 明	Kunming	7.64	6.88	9.93	10.67
曲 靖	Qujing	6.36	4.98	9.23	9.23
玉 溪	Yuxi	7.01	5.08	11.18	11.69
保 山	Baoshan	6.22	4.90	8.24	8.54
昭 通	Zhaotong	7.18	6.06	8.11	7.42
丽 江	Lijiang	7.39	5.44	8.81	10.12
普 洱	Pu'er	8.09	5.46	10.06	10.55
临 沧	Lincang	7.31	4.56	9.85	10.17
楚 雄	Chuxiong	8.05	5.88	10.07	9.77
红 河	Honghe	7.42	5.42	9.87	9.85
文 山	Wenshan	7.64	5.74	8.86	9.52
西双版纳	Xishuangbanna	7.54	5.55	9.22	10.60
大 理	Dali	7.53	5.44	10.08	10.44
德 宏	Dehong	6.87	4.70	8.88	9.27
怒 江	Nujiang	7.72	6.16	8.51	8.75
迪 庆	Diqing	11.71	7.48	14.24	14.43

15－32 各州市城镇单位分行业年末就业人员劳动报酬（2017年）
Earnings of Employed Persons in Urban Units by Sector and Region at Year-end (2017)

单位：亿元 (100 million yuan)

州　市	Region	劳动报酬 Earnings of Employed Persons	农、林、牧、渔业 Farming,Forestry,Animal Husbandry and Fishery	采矿业 Mining	制造业 Manufacturing	电力、热力、燃气及水生产和供应业 Production and Supply of Electric Power,Heat,Gas and Water
全　省	**Yunnan**	**2 869.29**	**25.65**	**60.87**	**345.05**	**89.48**
昆　明	Kunming	985.65	1.69	11.31	149.10	20.25
曲　靖	Qujing	278.19	1.97	21.71	41.94	13.10
玉　溪	Yuxi	174.07	1.92	4.95	28.63	4.14
保　山	Baoshan	122.99	1.42	1.03	15.82	3.39
昭　通	Zhaotong	165.94	1.11	6.05	7.04	7.33
丽　江	Lijiang	71.49	0.28	0.32	1.75	2.80
普　洱	Pu'er	123.05	0.87	1.48	8.56	4.49
临　沧	Lincang	100.87	2.98	0.65	8.30	2.54
楚　雄	Chuxiong	117.84	1.39	1.74	8.70	4.54
红　河	Honghe	214.26	3.75	6.45	31.63	7.32
文　山	Wenshan	132.72	2.33	3.49	10.09	5.68
西双版纳	Xishuangbanna	58.72	0.58	0.25	5.38	1.76
大　理	Dali	178.91	2.63	0.58	17.14	6.02
德　宏	Dehong	73.58	0.73	0.13	6.15	3.35
怒　江	Nujiang	29.78	0.65		4.13	1.41
迪　庆	Diqing	41.24	1.37	0.73	0.68	1.35

15-32 续表1 continued

单位：亿元 (100 million yuan)

州　市	Region	建筑业 Construction	批发和零售业 Wholesale and Retail Trade	交通运输、仓储和邮政业 Transportation, Storage and Post	住宿和餐饮业 Hotel and Catering Service	信息传输、软件和信息技术服务业 Information Transmission, Software and Information Technology Service
全　省	**Yunnan**	**309.12**	**128.61**	**142.74**	**29.51**	**41.43**
昆　明	Kunming	166.86	50.36	106.43	13.29	20.26
曲　靖	Qujing	32.34	14.96	4.34	2.50	1.40
玉　溪	Yuxi	15.47	11.29	2.32	1.05	1.63
保　山	Baoshan	20.89	4.53	2.31	1.40	1.00
昭　通	Zhaotong	8.43	6.36	2.44	0.89	1.90
丽　江	Lijiang	3.33	3.05	2.45	3.17	1.00
普　洱	Pu'er	7.83	4.03	2.77	0.36	1.55
临　沧	Lincang	6.70	3.45	2.11	0.35	1.13
楚　雄	Chuxiong	6.44	4.29	2.01	0.45	1.40
红　河	Honghe	17.12	4.99	3.63	1.14	2.46
文　山	Wenshan	5.37	3.80	3.31	0.56	1.78
西双版纳	Xishuangbanna	1.08	2.79	1.47	1.14	0.83
大　理	Dali	11.83	9.71	4.09	1.81	2.81
德　宏	Dehong	3.43	3.07	1.18	0.71	1.16
怒　江	Nujiang	0.82	0.64	0.69	0.17	0.43
迪　庆	Diqing	1.20	1.28	1.18	0.51	0.69

15-32 续表2 continued

单位：亿元 (100 million yuan)

州 市	Region	金融业 Finance	房地产业 Real Estate	租赁和商务服务业 Leasing Trade and Business Service	科学研究和技术服务业 Scientific Research, Technology Service and Geological Prospecting	水利、环境和公共设施管理业 Water Conservancy, Admistration of Environment and Public Facilities
全 省	**Yunnan**	**136.04**	**61.79**	**49.87**	**87.70**	**37.51**
昆 明	Kunming	59.55	26.72	30.98	44.35	7.18
曲 靖	Qujing	7.46	5.00	2.50	3.24	2.94
玉 溪	Yuxi	8.71	3.44	2.07	3.31	2.18
保 山	Baoshan	4.19	3.72	0.89	1.96	1.89
昭 通	Zhaotong	5.33	2.20	1.09	4.36	1.87
丽 江	Lijiang	3.49	1.82	0.85	2.33	3.32
普 洱	Pu'er	5.74	0.79	1.31	5.80	1.75
临 沧	Lincang	3.53	2.74	0.25	1.14	0.98
楚 雄	Chuxiong	5.70	1.96	0.98	3.67	2.93
红 河	Honghe	7.18	2.10	1.11	4.85	3.03
文 山	Wenshan	5.91	2.67	0.91	2.41	1.88
西双版纳	Xishuangbanna	1.96	2.94	0.76	2.83	2.06
大 理	Dali	9.70	4.31	4.61	3.69	2.09
德 宏	Dehong	4.87	1.11	1.10	2.44	0.38
怒 江	Nujiang	1.16	0.13	0.12	0.31	0.56
迪 庆	Diqing	1.57	0.16	0.32	1.01	2.47

15-32 续表3 continued

单位：亿元 (100 million yuan)

州 市	Region	居民服务、修理和其他服务业 Services to Households,Repair and Other Services	教 育 Education	卫生和社会工作 Health Care, Social Security and Social Welfare	文化、体育和娱乐业 Culture, Sports and Entertainment	公共管理、社会保障和社会组织 Common Administration, Social security and Social Organization
全 省	**Yunnan**	**7.01**	**551.16**	**220.82**	**28.13**	**516.81**
昆 明	Kunming	4.00	105.00	64.93	11.25	92.14
曲 靖	Qujing	0.44	66.83	13.23	1.26	41.03
玉 溪	Yuxi	0.30	33.03	15.06	1.42	33.17
保 山	Baoshan	0.10	24.10	10.94	0.74	22.67
昭 通	Zhaotong	0.26	55.32	14.64	1.05	38.28
丽 江	Lijiang	0.07	15.28	4.66	1.61	19.89
普 洱	Pu'er	0.22	29.73	12.07	1.38	32.33
临 沧	Lincang	0.21	27.47	9.38	0.58	26.39
楚 雄	Chuxiong	0.06	24.09	13.42	0.72	33.37
红 河	Honghe	0.55	51.11	14.60	1.93	49.31
文 山	Wenshan	0.37	39.45	12.93	1.38	28.40
西双版纳	Xishuangbanna	0.03	11.50	5.91	1.55	13.91
大 理	Dali	0.29	38.54	16.48	1.49	41.09
德 宏	Dehong	0.08	14.50	7.54	0.54	21.09
怒 江	Nujiang	0.03	6.05	2.00	0.38	10.10
迪 庆	Diqing		9.16	3.03	0.85	13.66

15-33 各州市城镇单位分行业职工平均工资（2017年）

Average Wages of Staff and Workers in Urban Entities by Sector and Region (2017)

单位：万元/人 (10 000 yuan/person)

州 市	Region	全部职工 Staff and Workers	农、林、牧、渔业 Farming,Forestry,Animal Husbandry and Fishery	采矿业 Mining	制造业 Manufacturing	电力、热力、燃气及水生产和供应业 Production and Supply of Electric Power,Heat,Gas and Water
全 省	**Yunnan**	**7.35**	**5.67**	**5.09**	**5.56**	**8.94**
昆 明	Kunming	7.64	5.89	5.77	6.94	11.93
曲 靖	Qujing	6.36	8.52	4.18	5.21	9.09
玉 溪	Yuxi	7.01	9.55	6.50	4.96	7.90
保 山	Baoshan	6.22	5.21	4.22	4.50	8.78
昭 通	Zhaotong	7.18	6.74	5.19	6.51	8.47
丽 江	Lijiang	7.39	4.97	3.61	4.80	8.17
普 洱	Pu'er	8.09	5.86	5.39	4.26	7.61
临 沧	Lincang	7.31	3.53	5.09	3.65	6.67
楚 雄	Chuxiong	8.05	8.02	5.17	5.92	9.27
红 河	Honghe	7.42	5.46	6.82	5.49	7.35
文 山	Wenshan	7.64	6.02	6.76	4.76	8.67
西双版纳	Xishuangbanna	7.54	4.48	4.18	5.10	8.60
大 理	Dali	7.53	7.28	3.85	4.85	8.49
德 宏	Dehong	6.87	1.86	3.00	3.95	8.67
怒 江	Nujiang	7.72	7.69		6.35	8.38
迪 庆	Diqing	11.71	13.94	7.25	5.82	8.00

15－33　续表1　continued

单位：万元/人　　(10 000 yuan/person)

州　市	Region	建筑业 Construction	批发和零售业 Wholesale and Retail Trade	交通运输、仓储和邮政业 Transportation, Storage and Post	住宿和餐饮业 Hotel and Catering Service	信息传输、软件和信息技术服务业 Information Transmission, Software and Information Technology Service
全　省	**Yunnan**	**4.60**	**5.76**	**8.30**	**3.66**	**8.19**
昆　明	Kunming	5.48	5.53	9.50	3.72	8.18
曲　靖	Qujing	3.78	6.38	5.01	3.33	6.53
玉　溪	Yuxi	3.94	4.76	5.58	3.33	7.97
保　山	Baoshan	4.26	6.37	6.07	3.62	9.18
昭　通	Zhaotong	3.96	8.39	6.56	3.10	9.82
丽　江	Lijiang	3.62	5.45	6.68	4.22	7.47
普　洱	Pu'er	4.08	6.56	6.37	3.49	9.53
临　沧	Lincang	4.17	6.19	6.62	3.05	8.31
楚　雄	Chuxiong	3.50	7.22	5.15	3.08	8.49
红　河	Honghe	4.04	6.09	5.57	3.41	7.57
文　山	Wenshan	4.53	5.10	6.86	3.37	8.26
西双版纳	Xishuangbanna	3.50	5.85	6.17	4.32	6.66
大　理	Dali	3.76	5.74	6.18	3.50	8.10
德　宏	Dehong	3.41	4.15	5.97	3.26	9.17
怒　江	Nujiang	2.87	6.58	4.83	4.52	7.35
迪　庆	Diqing	6.96	6.84	8.82	5.63	11.15

15−33 续表2 continued

单位：万元/人 (10 000 yuan/person)

州 市	Region	金融业 Finance	房地产业 Real Estate	租赁和商务服务业 Leasing Trade and Business Service	科学研究和技术服务业 Scientific Research, Technology Service and Geological Prospecting	水利、环境和公共设施管理业 Water Conservancy, Admistration of Environment and Public Facilities
全 省	**Yunnan**	**14.26**	**5.21**	**4.55**	**8.74**	**6.05**
昆 明	Kunming	16.70	5.97	5.27	8.67	5.61
曲 靖	Qujing	11.51	5.00	3.13	8.33	6.31
玉 溪	Yuxi	12.17	4.00	3.89	9.66	7.89
保 山	Baoshan	12.06	5.27	4.15	8.04	4.63
昭 通	Zhaotong	14.57	4.54	3.24	6.01	4.39
丽 江	Lijiang	11.59	5.84	4.58	9.26	5.85
普 洱	Pu'er	15.24	4.19	3.25	10.38	4.72
临 沧	Lincang	13.41	4.36	3.21	8.60	6.16
楚 雄	Chuxiong	13.22	5.10	2.83	9.50	7.64
红 河	Honghe	12.16	3.84	3.92	9.64	6.45
文 山	Wenshan	12.71	4.56	3.97	8.69	7.31
西双版纳	Xishuangbanna	15.17	6.10	3.71	9.21	4.86
大 理	Dali	12.22	4.77	4.72	8.95	6.88
德 宏	Dehong	13.52	4.90	2.90	9.04	4.32
怒 江	Nujiang	11.73	3.92	4.39	8.06	7.48
迪 庆	Diqing	13.59	4.56	4.96	12.71	10.58

15-33 续表3 continued

单位：万元/人 (10 000 yuan/person)

州 市	Region	居民服务、修理和其他服务业 Services to Households, Repairand Other Services	教 育 Education	卫生和社会工作 Health Care, Social Works	文化、体育和娱乐业 Culture, Sports and Entertainment	公共管理、社会保障和社会组织 Common Administration, Social Security and Social Organization
全 省	**Yunnan**	**4.05**	**9.72**	**8.87**	**7.90**	**9.77**
昆 明	Kunming	4.30	9.15	9.57	8.18	10.38
曲 靖	Qujing	3.55	9.40	8.67	7.30	9.23
玉 溪	Yuxi	3.94	11.87	9.86	9.55	11.59
保 山	Baoshan	5.37	8.56	7.63	7.80	8.55
昭 通	Zhaotong	3.18	8.81	6.70	6.71	7.34
丽 江	Lijiang	4.46	9.05	8.13	6.53	9.92
普 洱	Pu'er	7.06	11.11	8.79	8.52	10.45
临 沧	Lincang	2.73	10.53	9.46	6.63	9.86
楚 雄	Chuxiong	4.88	10.54	9.45	8.18	9.89
红 河	Honghe	4.21	10.72	8.21	8.91	9.80
文 山	Wenshan	2.78	8.77	8.66	8.58	9.54
西双版纳	Xishuangbanna	4.02	9.79	8.54	6.35	10.49
大 理	Dali	4.93	10.53	9.51	7.35	10.33
德 宏	Dehong	4.20	9.10	8.45	6.32	9.23
怒 江	Nujiang	2.37	8.84	8.40	8.01	8.76
迪 庆	Diqing		15.32	13.13	11.41	14.13

15−34 各州市国有单位分行业职工平均工资（2017年）
Average Wages of Staff and Workers of State-owned Units by Sector and Region (2017)

单位：万元／人 (10 000 yuan/person)

州 市	Region	国有单位 State-owned Units	农、林、牧、渔业 Farming,Forestry, Animal-Husbandry and Fishery	采矿业 Mining	制造业 Manufacturing	电力、热力、燃气及水生产和供应业 Production and Supply of Electric Power,Gas Heat and Water
全 省	**Yunnan**	**9.57**	**5.87**	**5.78**	**7.13**	**9.16**
昆 明	Kunming	10.41	9.05	6.29	10.08	13.50
曲 靖	Qujing	8.97	8.52	4.29	7.19	8.64
玉 溪	Yuxi	11.18	10.08		2.68	8.38
保 山	Baoshan	8.49	5.21		4.75	8.74
昭 通	Zhaotong	7.96	6.74	4.24	8.37	7.34
丽 江	Lijiang	8.97	6.04		9.17	8.02
普 洱	Pu'er	9.85	6.10		3.21	7.44
临 沧	Lincang	9.20	3.53	12.27	4.89	6.53
楚 雄	Chuxiong	9.87	8.02	4.58	5.06	10.68
红 河	Honghe	9.53	5.67	9.11	2.69	5.83
文 山	Wenshan	9.01	6.06	4.40	6.81	9.08
西双版纳	Xishuangbanna	9.44	4.44		2.08	5.70
大 理	Dali	10.15	7.79		2.77	6.89
德 宏	Dehong	8.33	1.86		2.17	5.50
怒 江	Nujiang	8.79	7.69		5.16	10.66
迪 庆	Diqing	13.89	13.94		2.41	8.78

15-34 续表1 continued

单位：万元／人 (10 000yuan/person)

州 市	Region	建筑业 Construction	批发和零售业 Wholesale and Retail Trade	交通运输、仓储和邮政业 Transportation, Storage and Post	住宿和餐饮业 Hotel and Catering Service	信息传输、软件和信息技术服务业 Information Transmission, Computer Service and Software Service
全 省	**Yunnan**	**7.58**	**13.55**	**9.23**	**3.95**	**9.17**
昆 明	Kunming	9.41	8.41	10.48	3.95	13.41
曲 靖	Qujing	4.13	14.69	5.72	3.16	2.94
玉 溪	Yuxi	5.14	13.05	7.46	4.95	9.21
保 山	Baoshan	8.21	24.05	7.82		6.92
昭 通	Zhaotong	3.99	17.97	7.29	3.32	8.01
丽 江	Lijiang	3.35	7.57	8.43	3.07	4.92
普 洱	Pu'er	4.37	16.08	8.19	4.49	7.64
临 沧	Lincang	5.04	13.94	6.81	2.74	7.59
楚 雄	Chuxiong	4.37	19.68	6.52	4.77	8.54
红 河	Honghe	4.60	13.62	8.08	3.88	8.02
文 山	Wenshan	5.48	12.64	6.80	6.20	5.42
西双版纳	Xishuangbanna	4.55	23.02	7.80	4.88	10.19
大 理	Dali	6.56	13.75	8.13	3.65	6.99
德 宏	Dehong		14.82	7.79	2.73	8.12
怒 江	Nujiang	4.21	15.56	7.39		8.24
迪 庆	Diqing		7.19	10.49		10.38

15-34 续表2 continued

单位：万元/人 (10 000 yuan/person)

州 市	Region	金融业 Finance	房地产业 Real Estate	租赁和商务服务业 Leasing Trade and Business Service	科学研究和技术服务业 Scientific Research, Technology Service and Geological Prospecting	水利、环境和公共设施管理业 Water Conservancy, Environment and Admistration of Public Facilities
全 省	**Yunnan**	**12.04**	**7.17**	**9.41**	**8.94**	**6.70**
昆 明	Kunming	15.56	8.42	10.36	8.81	7.51
曲 靖	Qujing	9.32	5.55	8.10	8.82	6.82
玉 溪	Yuxi	9.02	6.98	9.79	10.73	8.99
保 山	Baoshan	10.70	5.38	5.82	8.13	5.95
昭 通	Zhaotong	10.44	5.95	8.62	6.01	4.40
丽 江	Lijiang	9.47	8.18	7.11	9.28	5.94
普 洱	Pu'er	13.10	6.20	5.12	10.86	4.75
临 沧	Lincang	10.21	6.10	4.48	8.69	6.16
楚 雄	Chuxiong	10.59	9.44	8.38	9.38	7.95
红 河	Honghe	10.43	5.02	6.79	9.89	6.56
文 山	Wenshan	10.64	8.21	9.32	8.80	8.50
西双版纳	Xishuangbanna	9.54	5.10	4.66	9.31	5.91
大 理	Dali	11.16	7.81	9.70	9.69	7.65
德 宏	Dehong	12.38	9.99	10.83	9.20	4.51
怒 江	Nujiang	11.46		7.74	8.06	7.48
迪 庆	Diqing	12.85	2.11	9.92	13.95	14.36

15-34 续表3 continued

单位：万元/人 (10 000 yuan/person)

州 市	Region	居民服务、修理和其他服务业 Services to Households, Repair and Other Services	教 育 Education	卫生和社会工作 Health Care and Social Works	文化、体育和娱乐业 Culture, Sports and Entertainment	公共管理、社会保障和社会组织 Common Administration, Social Security and Social Organization
全 省	**Yunnan**	**6.35**	**10.12**	**9.38**	**9.04**	**9.77**
昆 明	Kunming	5.60	10.62	10.92	9.21	10.40
曲 靖	Qujing	7.30	9.49	8.94	8.25	9.23
玉 溪	Yuxi	6.08	11.97	10.49	10.28	11.59
保 山	Baoshan	6.60	8.64	7.95	7.62	8.55
昭 通	Zhaotong	4.40	8.90	7.08	8.53	7.34
丽 江	Lijiang	10.46	9.18	8.41	7.91	9.92
普 洱	Pu'er	7.82	11.36	8.94	8.98	10.45
临 沧	Lincang	6.75	10.58	9.72	7.62	9.86
楚 雄	Chuxiong	7.29	10.76	9.86	9.91	9.89
红 河	Honghe	7.02	10.84	8.18	9.47	9.80
文 山	Wenshan	4.29	9.24	8.71	8.72	9.54
西双版纳	Xishuangbanna	4.61	9.84	8.60	9.75	10.49
大 理	Dali	8.56	10.71	9.83	9.08	10.33
德 宏	Dehong	4.70	9.15	8.71	7.25	9.23
怒 江	Nujiang		8.85	8.40	8.09	8.76
迪 庆	Diqing		15.32	13.61	13.20	14.13

15-35 各州市城镇集体单位分行业职工平均工资（2017年）
Average Wages of Staff and Workers in Urban Collective-owned Entities by Sector and Region (2017)

单位：万元/人 (10 000 yuan/person)

州市	Region	集体单位 Collective-owned	农、林、牧、渔业 Farming,Forestry,Animal Husbandry and Fishery	采矿业 Mining	制造业 Manufacturing	电力、热力、燃气及水生产和供应业 Production and Supply of Electric Power, Heat, Gas and Water
全　省	**Yunnan**	**7.30**	**3.92**	**4.04**	**3.89**	**5.72**
昆　明	Kunming	5.55	4.40	5.14	3.88	3.89
曲　靖	Qujing	5.94		4.12	4.98	
玉　溪	Yuxi	7.23		3.60	3.86	7.08
保　山	Baoshan	16.96			2.86	2.00
昭　通	Zhaotong	9.21			4.26	4.88
丽　江	Lijiang	7.55			3.73	
普　洱	Pu'er	6.51	2.69		2.17	
临　沧	Lincang	18.60			4.00	
楚　雄	Chuxiong	13.93				5.61
红　河	Honghe	7.32			1.36	
文　山	Wenshan	10.51		1.93	2.27	
西双版纳	Xishuangbanna	7.92				2.48
大　理	Dali	14.95	4.01		3.62	2.09
德　宏	Dehong	9.06		2.10	3.48	1.83
怒　江	Nujiang	5.97				
迪　庆	Diqing	11.13				

15−35 续表1 continued

单位：万元/人 (10 000 yuan/person)

州市	Region	建筑业 Construction	批发和零售业 Wholesale and Retail Trade	交通运输、仓储和邮政业 Transportation, Storage and Post	住宿和餐饮业 Hotel and Catering Service	信息传输、软件和信息技术服务业 Information Transmission, Software and Information Technology Service
全省	**Yunnan**	**4.14**	**2.99**	**4.53**	**3.19**	**3.12**
昆明	Kunming	4.37	3.78	4.72	3.15	3.12
曲靖	Qujing	4.35	2.27	4.06	3.45	
玉溪	Yuxi	2.83	2.30			
保山	Baoshan		2.48			
昭通	Zhaotong	4.16	9.70	2.97	4.44	
丽江	Lijiang	4.40	3.13	5.62	4.13	
普洱	Pu'er	2.86	3.20		2.35	
临沧	Lincang		3.31		3.05	
楚雄	Chuxiong	3.52	4.39			
红河	Honghe	4.49	2.36		3.17	
文山	Wenshan	3.97	4.27		3.30	
西双版纳	Xishuangbanna	2.23	5.07			
大理	Dali	3.92	3.82	2.94	2.45	
德宏	Dehong	3.18	4.57		2.00	
怒江	Nujiang	2.03	3.90	3.64		
迪庆	Diqing	5.53	4.02		3.81	

15-35 续表2 continued

单位：万元/人 (10 000 yuan/person)

州 市	Region	金融业 Banking	房地产业 Real Estate	租赁和商务服务业 Leasing Trade and Business Service	科学研究和技术服务业 Scientific Research, Technology Service and Geological Prospecting	水利、环境和公共设施管理业 Water Conservancy, Environment and Admistration of Public Facilities
全 省	**Yunnan**	**18.46**	**3.32**	**4.32**	**3.39**	**4.93**
昆 明	Kunming	18.40	3.23	3.44	2.94	4.02
曲 靖	Qujing	16.94		3.58		1.33
玉 溪	Yuxi	17.12		4.01	9.42	
保 山	Baoshan	21.07		11.51		
昭 通	Zhaotong	18.70	2.87			
丽 江	Lijiang	17.50				
普 洱	Pu'er	19.18	3.92	4.91	11.90	
临 沧	Lincang	20.20	9.83	11.69	2.89	
楚 雄	Chuxiong	18.54		11.36		3.01
红 河	Honghe	16.14	2.86	6.65		7.74
文 山	Wenshan	19.33		10.79		
西双版纳	Xishuangbanna	22.14		4.53		
大 理	Dali	19.33	4.43	8.35	4.07	
德 宏	Dehong	23.20	3.91	5.13	4.65	
怒 江	Nujiang	12.20				
迪 庆	Diqing	18.92		4.78	2.20	

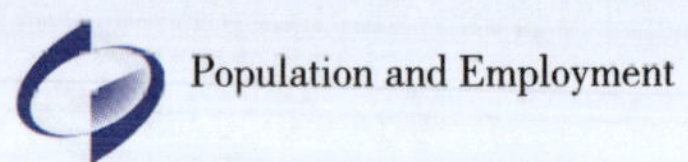

15—35 续表3 continued

单位：万元/人 (10 000 yuan/person)

州 市	Region	居民服务、修理和其他服务业 Services to Households, Repairand Other Services	教 育 Education	卫生和社会工作 Health Care, Social Works	文化、体育和娱乐业 Culture, Sports and Entertainment	公共管理、社会保障和社会组织 Common Administration, Social Security and Social Organization
全 省	**Yunnan**	**3.26**	**5.43**	**5.15**	**8.01**	**3.28**
昆 明	Kunming	3.25	4.54	3.95	8.01	3.28
曲 靖	Qujing		8.54	4.56		
玉 溪	Yuxi	2.45	5.99			
保 山	Baoshan					
昭 通	Zhaotong		2.42			
丽 江	Lijiang		4.37	6.71		
普 洱	Pu'er	5.08		3.33		
临 沧	Lincang					
楚 雄	Chuxiong			7.37		
红 河	Honghe		3.06	5.40		
文 山	Wenshan		4.61	4.49		
西双版纳	Xishuangbanna					
大 理	Dali			2.53		
德 宏	Dehong		5.05	5.32		
怒 江	Nujiang					
迪 庆	Diqing					

15-36 各州市其他单位分行业职工平均工资（2017年）
Average Wages of Staff and Workers in Entities of Other Types of Ownership by Sector and Region (2017)

单位：万元／人 (10 000 yuan/person)

州　市	Region	其他单位 Other Types	农、林、牧、渔业 Farming, Forestry, Animal Husbandry and Fishery	采矿业 Mining	制造业 Manufacturing	电力、热力、燃气及水生产和供应业 Production and Supply of Electric Power, Heat, Gas and Water
全　省	**Yunnan**	**5.45**	**3.15**	**5.02**	**5.50**	**8.90**
昆　明	Kunming	6.40	2.93	5.76	6.75	11.42
曲　靖	Qujing	4.62		4.16	5.14	9.18
玉　溪	Yuxi	4.79	3.75	6.50	4.99	7.93
保　山	Baoshan	4.56		4.22	4.50	8.80
昭　通	Zhaotong	5.26		5.31	6.32	8.61
丽　江	Lijiang	4.88	3.31	3.61	4.89	8.27
普　洱	Pu'er	4.93	4.88	5.39	4.53	7.73
临　沧	Lincang	4.08	4.10	4.77	3.63	6.80
楚　雄	Chuxiong	4.97		5.28	6.01	8.04
红　河	Honghe	5.02	2.72	4.34	5.52	7.98
文　山	Wenshan	5.13	4.66	6.97	4.67	8.57
西双版纳	Xishuangbanna	5.40	6.83	4.18	5.16	8.78
大　理	Dali	4.78	2.72	3.85	4.86	8.56
德　宏	Dehong	4.65	2.05	3.34	4.36	8.83
怒　江	Nujiang	5.26			6.40	5.18
迪　庆	Diqing	6.85		7.25	5.86	7.80

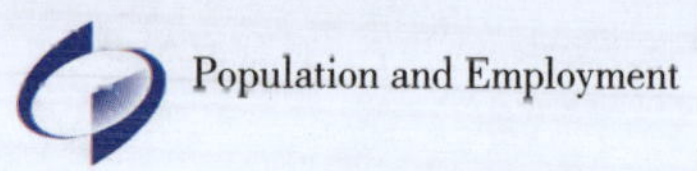

15-36 续表1 continued

单位：万元／人 (10 000 yuan/person)

州 市	Region	建筑业 Construction	批发和零售业 Wholesale and Retail Trade	交通运输、仓储和邮政业 Transportation, Storage and Post	住宿和餐饮业 Hotel and Catering Service	信息传输、软件和信息技术服务业 Information Transmission, Software and Information Technology Service
全 省	**Yunnan**	**4.53**	**4.63**	**7.59**	**3.64**	**8.11**
昆 明	Kunming	5.38	5.37	8.88	3.70	7.93
曲 靖	Qujing	3.74	3.78	4.41	3.33	6.75
玉 溪	Yuxi	3.96	3.75	4.30	3.18	7.75
保 山	Baoshan	4.25	3.72	5.16	3.62	9.26
昭 通	Zhaotong	3.92	3.56	4.80	3.06	9.86
丽 江	Lijiang	3.45	4.31	5.33	4.29	8.48
普 洱	Pu'er	4.40	4.55	4.64	3.52	9.87
临 沧	Lincang	4.17	3.79	3.65	3.05	8.38
楚 雄	Chuxiong	3.43	4.44	4.57	2.76	8.48
红 河	Honghe	3.95	4.07	3.68	3.35	7.53
文 山	Wenshan	4.59	4.04	8.24	3.22	8.69
西双版纳	Xishuangbanna	3.56	4.16	5.67	4.19	6.46
大 理	Dali	3.66	4.32	4.27	3.47	8.27
德 宏	Dehong	3.44	3.76	3.81	3.27	9.56
怒 江	Nujiang	2.91	3.93	2.87	4.52	7.29
迪 庆	Diqing	7.25	6.89	4.47	5.66	12.14

15-36 续表2 continued

单位：万元/人 (10 000 yuan/person)

州 市	Region	金融业 Finance	房地产业 Real Estate	租赁和商务服务业 Leasing Trade and Business Service	科学研究和技术服务业 Scientific Research, Technology Service and Geological Prospecting	水利、环境和公共设施管理业 Water Conservancy, Environment and Admistration of Public Facilities
全 省	**Yunnan**	**14.71**	**5.17**	**4.03**	**8.55**	**4.77**
昆 明	Kunming	17.15	5.95	4.66	8.99	4.45
曲 靖	Qujing	9.15	4.97	2.90	4.40	2.54
玉 溪	Yuxi	14.83	3.97	3.71	6.94	4.35
保 山	Baoshan	6.70	5.27	3.76	5.20	3.72
昭 通	Zhaotong	10.12	4.55	2.84		1.90
丽 江	Lijiang	5.16	5.80	4.43	6.19	5.74
普 洱	Pu'er	14.37	3.91	3.09	5.30	4.04
临 沧	Lincang	4.76	4.35	2.74		
楚 雄	Chuxiong	8.97	5.09	2.66	11.64	3.24
红 河	Honghe	10.42	3.77	3.54	4.20	4.15
文 山	Wenshan	7.14	4.41	3.72	7.35	5.79
西双版纳	Xishuangbanna	16.20	6.10	3.34	7.53	4.22
大 理	Dali	9.80	4.66	3.84	4.85	4.99
德 宏	Dehong	11.20	4.79	2.62	4.14	2.26
怒 江	Nujiang	13.27	3.92	4.33		
迪 庆	Diqing	8.28	4.80	4.18	6.78	8.27

15-36 续表3 continued

单位：万元/人 (10 000 yuan/person)

州 市	Region	居民服务、修理和其他服务业 Services to Households, Repair and Other Services	教 育 Education	卫生和社会工作 Health Care, Social Works	文化、体育和娱乐业 Culture, Sports and Entertainment	公共管理、社会保障和社会组织 Common Administration, Social Security and Social Organization
全 省	**Yunnan**	**3.79**	**4.60**	**5.29**	**6.02**	**4.19**
昆 明	Kunming	4.29	4.92	5.43	7.09	3.95
曲 靖	Qujing	3.33	3.23	3.89	4.05	
玉 溪	Yuxi	3.63	1.54	3.72	3.58	
保 山	Baoshan	3.80	4.65	5.28	8.50	
昭 通	Zhaotong	3.13	4.94	3.94	3.25	
丽 江	Lijiang	4.15	4.41	3.03	5.82	
普 洱	Pu'er	6.29	3.37	5.09	5.00	
临 沧	Lincang	2.67	2.34	4.53	2.25	
楚 雄	Chuxiong	2.83	3.35	4.15	5.30	
红 河	Honghe	2.43	3.14	8.47	3.06	
文 山	Wenshan	2.52	3.52	8.19	4.95	
西双版纳	Xishuangbanna	3.91	3.49	3.32	5.78	
大 理	Dali	3.95	3.97	3.83	3.10	7.05
德 宏	Dehong	4.11	4.10	4.32	3.12	
怒 江	Nujiang	2.37	4.16		3.04	
迪 庆	Diqing			4.34	4.95	

主要统计指标解释

人口数 指一定时点、一定地区范围内有生命的个人总和。年度统计的年末人口数指每年 12 月 31 日 24 时的人口数。年度统计的全国人口总数内未包括香港、澳门特别行政区和台湾省以及海外华侨人数。

城镇人口和乡村人口 城镇人口是指居住在城镇范围内的全部常住人口；乡村人口是除上述人口以外的全部人口。

人口密度 指一定时点一定地区的人口数与该地区的面积数之比，即一定时点的单位土地面积上的人口数通常以每平方公里的居民人数来表示。计算公式：

人口密度（人 / 平方公里）= 该地区的人口数 / 该地区的土地面积

出生率 出生率（又称粗出生率）指一定时期内（通常为一年内）平均每千人所出生的人数的比例，一般用千分率表示。计算公式：出生率（‰）= 年出生人数 / 年平均人数 ×1000‰

出生人数是指活产婴儿，即胎儿脱离母体时（不管怀孕月数）有过呼吸或其他生命现象。年平均人数是年初、年末人口数的平均数，也可用年中人口数代替。

死亡率 指在一定时期内(通常为一年内)一定地区的死亡人数与同期平均人数(或期中人数)之比，一般用千分率表示。计算公式：

死亡率（‰）= 年死亡人数 / 年平均人数 ×1000‰

人口自然增长率 在一定时期内（通常为一年内）人口自然增加数（出生人数减死亡人数）与平均人数（或期中人数）之比，一般用千分率表示。计算公式：

人口自然增长率 =（本年出生人口数 – 本年死亡人口数）/ 年平均人口数 ×1000%

人口自然增长率（‰）= 人口出生率 – 人口死亡率

性别比 反映男性与女性人口比例的指标，指在总人口中或各年龄组人口中，男性人数与女性人数之比。

通常以每 100 个女性人口相对应的男性人口数。计算公式：

性别比 = 男性人口 / 女性人口 ×100

经济活动人口 指年龄在 16 周岁及以上，有劳动能力，参加或要求参加社会经济活动的人口。包括就业人员和失业人员。

就业人员 指年龄在 16 周岁及以上，从事一定社会劳动并取得劳动报酬或经营收入的人员。这一指标反映了一定时期内全部劳动力资源的实际利用情况，是研究我国基本国情国力的重要指标。

单位就业人员 指在各级国家机关、政党机关、社会团体及企业、事业单位中工作，取得工资或其他形式的劳动报酬的全部人员。包括在岗职工、再就业的离退休人员、民办教师以及在各单位中工作的外方人员和港澳台方人员、兼职人员、借用的外单位人员和第二职业者。不包括离开本单位仍保留劳动关系的职工。各单位的就业人员反映了各单位实际参加生产或工作的全部劳动力。

城镇私营和个体就业人员 城镇私营就业人员指在工商管理部门注册登记，其经营地址设在县城关镇（含县城关镇）以上的私营企业就业人员，包括私营企业投资者和雇工。城镇个体就业人员指在工商管理部门注册登记，并持有城镇户口或在城镇长期居住，经批准从事个体工商经营的就业人员，包括个体经营者和在个体工商户劳动的家庭帮工和雇工。

职工 指在国有、城镇集体、联营、股份制、外商和港、澳、台投资、其他单位及其附属机构工作，并由其支付工资的各类人员。不包括下列人员：(1) 乡镇企业就业人员；(2) 私营企业就业人员；(3) 城镇个体劳动者；(4) 离休、退休、退职人员；(5) 再就业的离、退休人员；(6) 民办教师；(7) 在城镇单位中工作的外方及港、澳、台人员；(8) 其他按有关规定不列入职工统计范围的人员。(1998 年及以后的数据均为在岗职工数据，其他相关指标如职工工资总额，职工平均工资等指标也从 1998 年按此口径进行了相应调整)。

国有单位 指资产归国家所有的经济组织。包括按《中华人民共和国企业法人登记管理条例》规定登记注册的非公司制的经济组织，以及中央、地方各级国家机关、事业单位和社会团体。

集体单位 指生产资料归集体所有，并按《中华人民共和国企业法人登记管理条例》规定登记注册的经济组织。

其他单位包括股份合作单位、联营单位、有限责任公司、股份有限公司、港澳台商投资单位以及外商投资单位等其他登记注册类型单位。

在岗职工 指在本单位工作并由单位支付工资的人员，以及有工作岗位，但由于学习、病伤产假等原因暂未工作，仍由单位支付工资的人员。

工资总额 指各单位在一定时期内直接支付给本单位全部职工的劳动报酬总额。工资总额的计算原则应以直接支付给职工的全部劳动报酬为根据。各单位支付给职工的劳动报酬以及其他根据有关规定支付的工资，不论是计入成本的还是不计入成本的，不论是按国家规定列入计征奖金税项目的，还是未列入计征奖金税项目的，不论是以货币形式支付的还是以实物形式支付的，均包括在工资总额内。

平均工资 指企业、事业、机关单位的职工在一定时期内平均每人所得的货币工资额。它表明一定时期职工工资收入的高低程度，是反映职工工资水平的主要指标。计算公式为：

$$\text{平均工资} = \frac{\text{报告期实际支付的全部职工工资总额}}{\text{报告期全部职工平均人数}} \times 100\%$$

平均工资指数 指报告期职工平均工资与基期职工平均工资的比率，是反映不同时期职工货币工资水平变动情况的相对数。计算公式为：

$$\text{平均工资指数} = \frac{\text{报告期职工平均工资}}{\text{基期职工平均工资}} \times 100\%$$

平均实际工资指数 职工平均实际工资指扣除物价变动因素后的职工平均工资。职工平均实际工资指数是反映实际工资变动情况的相对数，表明职工实际工资水平提高或降低的程度。计算公式为：

$$\text{平均实际工资指数} = \frac{\text{报告期职工平均工资指数}}{\text{报告期城镇居民消费价格指数}} \times 100\%$$

城镇单位就业人员劳动报酬 指各单位在一定时期内直接支付给本单位全部就业人员的劳动报酬总额。包括职工工资总额和其他就业人员劳动报酬总额。

平均劳动报酬 指企业、事业、机关等单位的全部就业人员在一定时期内平均每人所得的货币工资额。

计算公式为：

$$\text{平均劳动报酬} = \frac{\text{报告期实际支付的全部就业人员劳动报酬}}{\text{报告期全部就业人员平均人数}} \times 100\%$$

城镇登记失业人员 指有非农业户口，在一定的劳动年龄内（16 周岁至退休年龄），有劳动能力，

无业而要求就业，并在当地就业服务机构进行求职登记的人员。

城镇登记失业率 城镇登记失业人员与城镇单位就业人员（扣除使用的农村劳动力、聘用的离退休人员、港澳台及外方人员）、城镇单位中的不在岗职工、城镇私营业主、个体户主、城镇私营企业和个体就业人员、城镇登记失业人员之和的比。计算公式为：

$$\text{城镇登记失业率} = \frac{\text{城镇登记失业人数}}{\begin{array}{c}(\text{城镇单位就业人员}-\text{使用的农村劳动力}-\\ \text{聘用的离退休人员}-\text{聘用的港澳台及外方人员})+\\ \text{不在岗职工}+\text{城镇私营业主}+\text{城镇个体户主}+\\ \text{城镇私营企业及个体就业人员}+\text{城镇登记失业人数}\end{array}} \times 100\%$$

Explanatory Notes on Principle Statistical Indicators

Total Population refers to the total number of people alive at a certain point of time within a given area.The annual statistics on total population is taken at midnight, the 31st of December, not including residents in Taiwan province, Hong Kong SAR and Macao SAR and Chinese national residing abroad.

Urban Population and Rural Population Urban population refers to all people residing in cities and towns,while rural population refers to population other than urban population.

Population Density refers to the ratio of population to the area at a certain point of time within a given area,i. e., the population of unit land area at a certain point of time, which is often expressed as number of inhabitants per square kilometer:

Population density = number of population in the region/land area in the region

Birth Rate or (crude Birth Rate) refers to the ratio of the number of births to the average population during a certain period of time (usually a year) which is often expressed in ‰. The formula is as follows:

Birth Rate = Number of Births/Annual Average Number of Population×1000‰.

Number of births refers to live births, i.e., the births when babies had showed any vital phenomena regardless of the length of pregnancy.

Annual Average Number of Population is the average of the number of population at the beginning of the year and that at the end of the year. Sometimes it is substituted for with the mid year population.

Death Rate (or Crude Death Rate) refers to the ratio of the number of deaths to the average population (or mid-period population) during a certain period of time (usually a year) which is often expressed in ‰. The formula is as follows:

Death Rate = Number of Deaths/Annual Average Number of Population×1000‰.

Natural Growth Rate of Population refers to the ratio of natural increase in population (number of births minus number of deaths) in a certain period of time (usually a year) to the average population (or mid-period population)of the same period which is often expressed in ‰. The formulas are as follows:

Natural Growth of Population = (Number of Birth - Number of Deaths)/Average Number of Population ×1000‰.

Natural Growth Rate of Population = Birth Rate - Death Rate

Sex Ratio reflects the indicator of male population and female population, which refers to the ratio of male population to female population in total population or population by age group. It usually means relevant male population per 100 female populations. The formula is as follows:

Sex ratio = male population/female population ×100.

Economically Active Population refers to the population aged 16 and over who are capable of working, are participating in or willing to participate in economic activities, including employed persons and unemployed persons.

Employed Persons refer to persons aged 16 and over who are engaged in gainful employment and thus receive remuneration payment or earn business income. This indicator reflects the actual utilization of total labour force during a certain period of time and is often used for the research on China's economic situation and national power.

Persons Employed in Various Units refer to all the persons working in government agencies of various levels, political and party organizations, social organizations, enterprises and institutions, and receiving wages or other forms of payment. They include fully-employed staff and workers, re-employed retirees, teachers in the schools run by the local people, foreigners and Chinese compatriots from Hong Kong, Macao, and Taiwan working in various units, part-time employees, employees of other units working temporarily at current posts, and employees holding the second job, but do not include persons who have left their working units while keeping their labour contract (employment relation) unchanged. This indicator reflects the total number of laborers actually engaged in production or other operations in various units.

Persons Employed in Private Enterprises and Self-Employed Individuals in Urban Areas Persons employed in private enterprises refer to the persons employed in the private enterprises which have been registered at the departments of industrial and commercial administration for which the business operation are situated at a county town (i.e. a town where the county government is located), or at urban areas with administrative hierarchy higher than a county town. The self-employed individuals in urban areas refer to persons who hold the certificates of residence in urban areas or have resided in the urban areas for a long time and have been registered at the departments of industrial and commercial administration and approved to be engaged in individual industrial or commercial business, including self-employed persons as well as helpers and hired labourers who work in individual households.

Staff and Workers refer to persons working in, and receive payment from units of state ownership, collective ownership, joint ownership, share holding ownership, foreign ownership, and ownership by entrepreneurs from Hong Kong, Macao, and Taiwan, and other types of ownership and their affiliated units. They do not include 1) persons employed in township enterprises, 2) persons employed in private enterprises, 3) urban self-employed persons, 4) retirees, 5) re-employed retirees, 6) teachers in the schools run by the local people, 7) foreigners and persons from Hong Kong, Macao and Taiwan who work in urban units, and 8) other persons not to be included byrelevant regulations. (Data since 1998 refer to fully employed staff and workers. Other related statistics indicators,such as total wage bill and average wage are adjusted since 1998 accordingly).

State-owned Units refer to economic units whose assets are owned by the state, including non-corporation units registered according to Regulation of the People's Republic of China on the Registration of Enterprises and Corporations, state organs, institutions and social organizations at the central-level and local levels.

Collective-owned Units refer to economic units registered according to Regulation of the People's Republic of China on the Registration of Enterprises and Corporations where the means of production are collectively owned.

Units of Other Types of Ownership refer to units registered with other types of ownership, including cooperative units, joint ownership units, limited liability corporations, share holding corporations, units funded by entrepreneurs from Hong Kong, Macao, and Taiwan, and foreign- funded units.

Employed Staff and Workers refer to persons who work in, and receive wages from their working units,including persons who have their work posts but are temporarily absent from work for reasons of study or on sick,injury or maternal leave and still receive wages from their working units.

Total Wage Bill refers to the total remuneration payment to staff and workers in various units during a

certain period of time. The calculation of total wage bill is based on the total remuneration payment to the staff and workers. Therefore, all the wages and salaries and other payments to staff and workers are included in the total wage bill regardless of sources, reckoning the cost of production or not, category, listing as items of premium taxation or not, and forms, paying in cash or in kind.

Average Wage refers to the average wage in money terms per person during a certain period of time for staffand workers in enterprises, institutions, and government agencies, which reflects the general level of wage incomeduring a certain period of time and is calculated as follows:

$$\text{Average Wage} = \frac{\text{Total Wage Bill of Staff and Workers at Reference Time}}{\text{Average Number of Staff and Workers at Reference Time}} \times 100\%$$

Average Wage Indices refers to the ratio of average wage of staff and workers at the reference period to that at the base period, which reflects the change of wage of staff and workers at the different period. It is calculated as follows:

$$\text{Average Wage Indices} = \frac{\text{Average Wage of Staff and Workers at Reference Time}}{\text{Average Wage of Staff and Workers at Base Period}} \times 100\%$$

Average Real Wage Indices average real wage of staff and workers refers to the average wage of staff and workers after removing the effects of the price changes and average real wage indices of staff and workers refers to the change of real wage, which reflects the relative increasing or decreasing level of real wage of staff and workers,which is calculated as follows:

$$\text{Average Real Wage Indices} = \frac{\text{Average Wage Indices of Staff and Workers at the Reference Time}}{\text{Urban Consumer Price Indices at Reference Time}} \times 100\%$$

Earning refer to total remuneration payment to all employees in various units in urban areas (did not include urban private units and self-employed individuals) during a certain period of time, including staff and workers and other employees (i.e., reemployed retirees or those who are from Hong Kong, Macao, Taiwan province or other countries).

Average Earning refer to average earning level in money terms per employee in the enterprise, institution and government organ during a certain period of time, it is calculated as follows:

$$\text{Average Earning Of Employees} = \frac{\text{Total Earnings of Employees at Reference Period}}{\text{Average Number of Employees at Reference Period}} \times 100\%$$

Registered Unemployed Persons in Urban Areas refer to the persons with non-agricultural houschold registration at certain working ages (16 years old to retirement age), who are capable of working, unemployed and willing to work, and have been registered at the local employment service agencies to apply for a job.

Registered Unemployment Rate in Urban Areas refers to the ratio of the number of the registered unemployed persons to the sum of the number of persons employed in various units (minus the employed rural labour force, re-employed retirees, and Hong Kong, Macao, Taiwan or foreign employees), laid-off staff and workers in urban units, owners of private enterprises in urban areas, owners of self-employed individuals in urban areas, employees of private enterprises in urban areas, employee of self-employed individuals in urban areas, and the registered unemployed persons in urban areas. The formula is as follows:

Registered unemployment rate in urban areas = number of registered urban unemployed persons / number of persons employed in urban units- employed rural labour force unemployed persons in urban areas urban self - employed individuals registered of urban private enterprises employees of urban self - employed individuals employees urban private enterprises owners of laid - off staff and workers owners of Macao, Taiwan or foreign employees re - employed retirees - Hong Kong ×100%

Chapter 16

十六、资源与环境
Resources and Environment

16-1 土地利用情况
Land Utilization

单位：万公顷 (10 000 hectares)

项　　目	Item	2017	占总面积(%) Proportion to Total Area (%)
土地调查面积	**Land Survey Area**	**3 831.89**	**100.0**
农用地	Agricultural Land	3 292.79	85.9
耕地	Cultivated Land	621.33	16.2
园地	Garden Plot	162.83	4.3
林地	Forest Land	2 300.62	60.1
牧草地	Grassland	14.70	0.4
其他农用地	Others	193.31	5.0
建设用地	Construction Land	110.51	2.9
居民点及工矿用地	Residential and Industrial Land	86.61	2.3
交通运输用地	Land for Transport	12.06	0.3
水利设施用地	Water Conservancy Facilities Land	11.84	0.3
未利用地	Unused Land	428.59	11.2

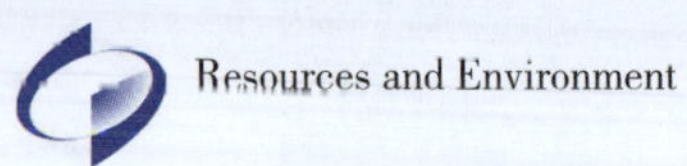

16–2　主要山峰高程

Height of Major Mountain Peaks

名　称	Mountain Range	标高（米） Height of Mountain Peak (m)	所处州、市	Region
梅里雪山（卡瓦格博峰）	Meili Snow Mountains (Kawagebo Peak)	6 740	迪 庆	Diqing
玉龙雪山（扇子陡峰）	Yulong Snow Mountains (Shanzi Peak)	5 596	丽 江	Lijiang
碧罗雪山	Biluo Snow Mountains	4 141	怒 江	Nujiang
点苍山（马龙峰）	Diancang Mountains (Malong Peak)	4 122	大 理	Dali
拱王山	Gongwang Mountains	3 677	昆 明	Kunming
大雪山	Daxue Mountains	3 504	临 沧	Lincang
高黎贡山	Gaoligong Mountains	3 374	保 山	Baoshan
无量山	Wuliang Mountains	3 291	大理、普洱	Dali, Pu'er
哀牢山	Ailao Mountains	2 940	普洱、玉溪、红河	Pu'er,Yuxi, Honghe
梁王山	Liangwang Mountains	2 833	曲 靖	Qujing
五莲峰	Wulian Mountains	2 561	昭 通	Zhaotong

注：全省最低点为河口县境内的南溪河与红河汇合处，海拔76.4米。
Note: The minimum height is that of 76.4 meters of the confluence of the Nanxi River and the Honghe River in Hekou county.

16-3 主要河流情况
Major Rivers

名　称	River	境内河长（千米） Internal Length (km)	集水面积（万平方千米） Catchments Area (10 000 sq.km)
金沙江	Jinsha River	1 560	10.56
澜沧江	Lancang River	1 227	8.86
元　江	Yuan River	680	3.75
南盘江	Nanpan River	677	4.33
怒　江	Nu River	618	3.34
瑞丽江	Ruili River	370	0.97
大盈江	Daying River	196	0.59

16-4 主要湖泊情况

Major Lakes

名　称	Lake	所属水系 River System	湖面面积（平方千米） Lake Area (sq · km)	最大水深（米） Maximum Depth(m)	平均水深（米） Average Depth(m)	平均水位（米） Average Water Level (m)	总容水量（亿立方米） Water Volume (100 million cu.m)
滇　池	Dianchi Lake	金沙江 Jinsha River	306.3	8	5	1 885	15.70
洱　海	Erhai Lake	澜沧江 Lancang River	250.0	23	10.5	1 974	30.00
抚仙湖	Fuxian Lake	南盘江 Nanpan River	212.0	151.5	87	1 720	185.00
程　海	Chenghai Lake	金沙江 Jinsha River	78.8	36.9	15	1 503	27.00
泸沽湖	Lugu Lake	金沙江 Jinsha River	51.8	73.2	40	2 685	20.72
星云湖	Xingyun Lake	南盘江 Nanpan River	39.0	12	9	1 723	2.30
杞麓湖	Qilu Lake	南盘江 Nanpan River	37.3	6.8	4	1 792	1.68
阳宗海	Yangzonghai Lake	南盘江 Nanpan River	31.0	30	20	1 770	6.02
异龙湖	Yilong Lake	泸　江 Lu River	31.0	6.6	2.8	1 413	1.27

16–5 各州市土地利用情况

Land Use by Region

单位：万公顷 (10 000 hectares)

州 市	Region	土地调查面积 Area under Land Survey	农用地 Land for Agriculture Use	园 地 Garden Land	牧草地 Land Grazing and Pasture	建设用地 Land for Construction	居民点及工矿用地 Land for Inhabitation, Mining and Manufacturing	交通运输用地 Land for Transport	水利设施用地 Land for Water Conservancy Facilities
全 省	**Yunnan**	**3 831.89**	**3 292.79**	**162.82**	**14.70**	**110.51**	**86.61**	**12.06**	**11.84**
昆 明	Kunming	210.13	161.23	5.06	0.30	16.59	13.61	1.91	1.07
曲 靖	Qujing	289.35	235.95	3.13	0.89	13.33	10.57	1.27	1.49
玉 溪	Yuxi	149.42	127.73	2.66	0.02	5.60	4.47	0.66	0.47
保 山	Baoshan	190.62	169.45	5.99	0.16	6.40	5.38	0.64	0.38
昭 通	Zhaotong	224.40	187.93	3.66	1.66	7.02	6.02	0.62	0.38
丽 江	Lijiang	205.54	172.54	1.69	1.80	3.74	2.87	0.41	0.46
普 洱	Pu'er	442.66	416.88	26.71	0.08	9.31	5.24	0.77	3.30
临 沧	Lincang	236.20	214.95	16.63	0.20	5.30	4.03	0.74	0.53
楚 雄	Chuxiong	284.38	242.35	3.74		7.77	5.86	0.86	1.05
红 河	Honghe	321.73	272.46	17.09	0.09	10.24	8.07	1.18	0.99
文 山	Wenshan	314.08	257.19	6.65	0.14	7.39	5.85	0.86	0.68
西双版纳	Xishuangbanna	190.96	180.00	56.15	0.01	3.28	2.74	0.34	0.20
大 理	Dali	282.99	248.81	9.29	0.22	8.36	6.79	0.99	0.58
德 宏	Dehong	111.72	102.97	3.94	0.04	3.82	3.26	0.37	0.19
怒 江	Nujiang	145.85	119.09	0.18	0.41	0.89	0.77	0.10	0.02
迪 庆	Diqing	231.86	183.26	0.25	8.68	1.47	1.08	0.34	0.05

注：本表为二次土地调查2015年土地变更调查数据，与2008年以前土地调查数据在土地分类标准、技术标准、调查手段和方法上不一致。

Note: Data in this table are obtained from the 2015 land change survey of the second land survey, which are inconsistent with the land classification standards, technical standards, survey means and methods of the detailed land survey data before 2008.

16-6 各州市自然湿地面积（2017年）

Area of Natural Wetlands by Region （2017）

州　市	Region	天然湿地面积（万公顷）Area of Natural Wetlands (1 0 000 hectares)	河　流 Rivers	湖　泊 Lakes	沼　泽 Marshland	占国土面积比重(%) Proportion to Total Territory Area (%)
全　省	**Yunnan**	**38.98**	**23.35**	**12.07**	**3.56**	**1.02**
昆　明	Kunming	4.60	1.20	3.36	0.04	2.19
曲　靖	Qujing	1.61	1.42	0.15	0.04	0.56
玉　溪	Yuxi	3.83	0.82	3.01	0.01	2.56
保　山	Baoshan	1.64	1.59	0.04	0.01	0.86
昭　通	Zhaotong	2.25	1.73	0.01	0.52	1.01
丽　江	Lijiang	2.99	1.30	1.15	0.54	1.46
普　洱	Pu'er	3.03	3.02	0.01	0.01	0.68
临　沧	Lincang	1.28	1.27		0.01	0.54
楚　雄	Chuxiong	2.01	1.98	0.01	0.02	0.71
红　河	Honghe	2.14	1.33	0.80	0.01	0.67
文　山	Wenshan	1.58	1.08	0.46	0.04	0.50
西双版纳	Xishuangbanna	1.24	1.23	0.01		0.65
大　理	Dali	4.58	1.57	2.82	0.18	1.62
德　宏	Dehong	1.50	1.33	0.06	0.11	1.34
怒　江	Nujiang	1.42	1.30	0.03	0.09	0.98
迪　庆	Diqing	3.28	1.19	0.16	1.93	1.42

16–7 造林面积情况
Area of Afforestation

单位：万公顷 (10 000 hectares)

年份 Year 州市 Region		造林总面积 Total Area of Afforestation	按造林方式分 By Approach		按林种用途分 By Function of Forest				
			人工造林 Manual Planting	飞机播种 Airplane Planting	用材林 Timber Forests	经济林 By-product Forests	防护林 Protection Forests	薪炭林 Fuel Forests	特种用途林 Forests for Special Purpose
2001		33.50	27.98	5.52	8.92	10.45	13.82	0.22	0.09
2002		40.23	30.79	9.44	6.82	7.43	25.53	0.34	0.11
2003		49.51	43.14	6.37	8.37	9.10	31.85	0.10	0.09
2004		22.82	17.43	5.39	3.10	3.10	14.96	1.62	0.04
2005		20.79	16.36	4.43	3.48	3.93	13.25	0.13	
2006		15.80	13.62	2.18	3.02	9.18	3.57		0.03
2007		31.92	26.42		37.97	18.17	9.80	0.01	0.15
2008		56.61	50.77		4.16	40.81	11.55	0.01	0.09
2009		71.35	60.60		8.80	48.15	14.21	0.06	0.13
2010		66.15	59.69		7.16	48.15	10.61	0.11	0.12
2011		62.00	55.13		6.71	43.37	10.97	0.93	0.01
2012		54.45	49.54		5.37	40.49	8.44	0.12	0.03
2013		52.43	46.77		6.13	35.21	11.00	0.09	
2014		40.04	33.46		7.25	21.66	10.83	0.04	0.26
2015		58.26	35.05		7.24	22.18	5.60	0.04	
2016		66.05	30.84		6.71	19.53	4.53	0.01	0.06
2017		53.05	27.77		5.51	17.33	4.89		0.04
昆　明	Kunming	2.47	0.75			0.51	0.23		
曲　靖	Qujing	4.29	2.18		0.58	0.96	0.64		
玉　溪	Yuxi	1.57	0.93		0.02	0.74	0.17		
保　山	Baoshan	2.71	0.83		0.34	0.47	0.02		
昭　通	Zhaotong	5.62	3.54		0.03	1.56	1.95		
丽　江	Lijiang	3.14	1.24		0.06	1.06	0.12		
普　洱	Pu'er	2.21	1.81		0.63	1.18			
临　沧	Lincang	5.81	4.70		0.86	3.84			
楚　雄	Chuxiong	3.28	1.60		0.11	1.35	0.12		0.02
红　河	Honghe	5.71	2.41		0.82	1.23	0.36		
文　山	Wenshan	4.66	2.16		1.00	0.86	0.28		0.01
西双版纳	Xishuangbanna	2.75	1.07		0.83	0.24			
大　理	Dali	2.84	1.12		0.09	0.87	0.16		
德　宏	Dehong	0.49	0.22		0.10	0.12			
怒　江	Nujiang	2.37	2.11		0.02	2.06	0.03		
迪　庆	Diqing	3.13	1.09			0.27	0.82		

注：2017年造林总面积包括人工造林、飞播造林、当年新封山育林、退化林修复面积、人工更新面积和森林抚育面积。

Note: The total area of afforestation in 2017 includes artificial afforestation, aerial planting afforestation, new forest closing for the year, reforestation area of degraded forest, artificial regeneration area and forest nursery area.

16–8 水资源状况
Water Resources

年 份	Year	水资源总量 (亿立方米) Total Amount of Water Resources (100 million cu.m)	地表水资源量 Surface Water Resources	地下水与地表水资源重复量 Duplicated Measurement Between Surface Water and Groundwater
州 市	Region			
2001		2 561.94	2 561.94	808.50
2002		2 308.87	2 308.87	763.60
2003		1 699.36	1 699.36	592.20
2004		2 106.30	2 106.30	719.80
2005		1 846.43	1 846.43	660.30
2006		1 712.00	1 712.00	615.00
2007		2 256.00	2 256.00	794.60
2008		2 314.49	2 314.49	801.60
2009		1 577.00	1 577.00	582.60
2010		1 941.00	1 941.00	686.00
2011		1 480.19	1 480.19	548.05
2012		1 689.77	1 689.77	583.20
2013		1 706.69	1 706.69	573.29
2014		1 726.63	1 726.63	557.39
2015		1 872.00	1 872.00	615.16
2016		2 089.00	2 089.00	699.70
2017		2 202.63	2 202.63	762.00
昆 明	Kunming	76.92	76.92	29.42
曲 靖	Qujing	144.70	144.70	37.43
玉 溪	Yuxi	48.23	48.23	18.98
保 山	Baoshan	143.90	143.90	44.88
昭 通	Zhaotong	125.30	125.30	46.05
丽 江	Lijiang	62.46	62.46	20.75
普 洱	Pu'er	303.50	303.50	126.70
临 沧	Lincang	147.40	147.40	49.80
楚 雄	Chuxiong	52.80	52.80	13.95
红 河	Honghe	231.70	231.70	85.88
文 山	Wenshan	174.80	174.80	50.65
西双版纳	Xishuangbanna	117.70	117.70	50.68
大 理	Dali	79.12	79.12	26.16
德 宏	Dehong	131.50	131.50	48.16
怒 江	Nujiang	234.90	234.90	65.94
迪 庆	Diqing	127.70	127.70	46.54

16–9 各州市水资源及供、用水情况（2017年）
Water Resource and Tap Water Supply and Use by Region (2017)

单位：亿立方米 (100 million cu.m)

州 市	Region	水资源总量 Total Amount of Water Resources	供水总量 Total Volume of Water Supply	用水总量 Total Volume of Water Use	农 业 For Agriculture Use	工 业 For Industry Use	生 活 For Residential Use	生 态 For Environmental Use
全 省	**Yunnan**	**2 202.63**	**164.62**	**164.62**	**108.50**	**23.40**	**21.67**	**11.05**
昆 明	Kunming	76.92	24.17	24.17	7.46	5.47	4.40	6.83
曲 靖	Qujing	144.70	14.73	14.73	9.12	3.28	2.27	0.06
玉 溪	Yuxi	48.23	9.35	9.35	5.20	1.98	1.02	1.15
保 山	Baoshan	143.90	11.53	11.53	8.84	1.37	1.23	0.10
昭 通	Zhaotong	125.30	12.03	12.03	6.83	2.72	2.16	0.32
丽 江	Lijiang	62.46	6.35	6.35	4.62	0.63	0.49	0.61
普 洱	Pu'er	303.50	11.70	11.70	9.96	0.64	1.04	0.06
临 沧	Lincang	147.40	8.61	8.61	7.13	0.50	0.91	0.07
楚 雄	Chuxiong	52.80	9.93	9.93	8.06	0.75	1.06	0.06
红 河	Honghe	231.70	16.22	16.22	11.15	2.25	2.19	0.63
文 山	Wenshan	174.80	10.09	10.09	7.19	1.08	1.63	0.19
西双版纳	Xishuangbanna	117.70	5.86	5.86	4.87	0.26	0.66	0.07
大 理	Dali	79.12	13.54	13.54	9.61	1.77	1.60	0.56
德 宏	Dehong	131.50	7.13	7.13	5.99	0.34	0.65	0.15
怒 江	Nujiang	234.90	1.83	1.83	1.38	0.21	0.19	0.05
迪 庆	Diqing	127.70	1.55	1.55	1.08	0.16	0.18	0.13

16−10 各州市城市人口和建设用地情况（2017年）

Basic Statistics on Urban Population and Land Use for Construction by Region (2017)

州 市	Rejion	城区人口（万人）Number of Urban Population (10 000 persons)	城区面积（平方公里）City Area (sq.km)	建成区面积 Of Which Developed Area	绿化覆盖面积（平方公里）Coverage Area of Greenery and Plants (sq.km)	建成区面积 Of Which Developed Area	人均公园绿地面积（平方米）Per Capita Public Park Area (sq.km)	建成区绿化覆盖率(%) Percentage of Coverage by Greenery and Plants in Developed Area (%)
全 省	**Yunnan**	**1 388.21**	**4 694.60**	**1 844.87**	**850.83**	**681.82**	**10.86**	**36.96**
昆 明	Kunming	459.56	2 215.59	542.23	300.38	224.01	11.50	41.31
曲 靖	Qujing	159.65	272.79	219.47	79.17	72.48	8.91	33.02
玉 溪	Yuxi	66.59	235.89	75.35	42.04	29.08	11.39	38.60
保 山	Baoshan	68.21	189.95	87.25	36.45	34.50	10.62	39.54
昭 通	Zhaotong	96.64	188.29	120.17	37.44	32.19	8.41	26.78
丽 江	Lijiang	25.51	57.20	48.70	17.75	16.81	17.29	34.52
普 洱	Pu'er	55.43	141.26	76.16	29.29	27.14	9.88	35.64
临 沧	Lincang	57.95	120.20	70.59	29.69	28.74	10.59	40.71
楚 雄	Chuxiong	64.62	228.17	101.10	47.89	37.49	12.35	37.08
红 河	Honghe	126.50	235.98	150.58	90.25	59.52	12.13	39.52
文 山	Wenshan	56.88	164.06	93.26	30.99	28.71	8.33	30.78
西双版纳	Xishuangbanna	21.85	197.93	40.51	18.60	18.56	13.35	45.82
大 理	Dali	73.35	210.18	107.95	40.82	39.09	10.37	36.21
德 宏	Dehong	33.59	136.00	67.32	26.29	22.99	11.35	34.16
怒 江	Nujiang	10.90	26.54	17.92	5.61	3.22	11.05	17.95
迪 庆	Diqing	10.98	74.57	26.31	18.19	7.30	10.79	27.75

注：本表数据为初步数据。
Note: Data in this table are preliminary data.

16-11 废水、废气、固体废物排放情况

Waste Water, Waste Gas and Solid Waste Discharged

单位：万吨 (10 000 tons)

年份 州市	Year Region	废水排放总量 Total Volume of Waste Water Discharged	生活污水排放量 Consumption Waste Water Discharged	化学需氧量(COD)排放量 COD Discharge	生活污水中COD排放量 COD Discharge from Consumption Waste Water	二氧化硫(SO_2)排放量 Volume of Sulphur Dioxide Emission	工业SO_2排放量 Volume of Industry Sulphur Dioxide Emission	工业固体废物排放量 Volume of Industrial Solid Wastes Discharged	一般工业固体废物处置率(%) Ratio of Common Industrial Solid Wastes Utilized
2001		64 152.34	31 439.00	30.89	16.64	35.75	29.44	295.80	15.87
2002		66 271.02	32 575.00	30.10	18.07	36.41	29.31	231.81	10.50
2003		68 180.80	33 526.00	28.52	19.24	45.26	38.07	121.67	21.41
2004		78 302.56	39 901.00	29.02	19.26	47.75	39.99	55.10	22.27
2005		75 202.45	42 274.00	28.47	17.78	52.19	42.89	70.66	35.14
2006		80 478.36	46 192.41	29.37	18.80	55.10	45.62	99.56	33.72
2007		83 758.94	48 406.66	29.00	19.21	53.37	44.54	82.66	33.03
2008		83 864.57	50 869.04	28.05	18.86	50.17	41.99	39.42	30.84
2009		87 590.64	55 215.43	27.31	18.78	49.93	41.78	60.65	29.69
2010		91 992.68	61 066.20	26.83	17.90	50.07	43.96	36.31	30.99
2011		147 523.10	100 208.27	55.47	29.35	69.12	64.25	168.70	28.60
2012		154 008.29	111 088.18	54.86	29.17	67.22	62.26	43.14	381.74
2013		156 583.28	114 635.37	54.72	29.44	66.31	61.30	48.86	29.90
2014		157 544.15	116 905.20	53.38	28.69	63.67	58.26	6.73	31.91
2015		173 333.44	127 082.04	51.03	28.15	58.37	52.38	6.86	29.51
2016		181 089.33	131 931.52	37.38	28.03	52.62	46.13	1.52	30.85
2017		185 111.86	164 498.43	33.07	29.82	38.44	30.54	4.29	44.42
昆明	Kunming	86 197.11	82 833.03	1.18	0.78	6.14	5.59	2.00	56.58
曲靖	Qujing	13 531.57	12 043.89	5.85	5.57	11.20	10.01		13.22
玉溪	Yuxi	7 201.51	5 239.49	2.23	2.09	3.31	3.25	1.33	31.32
保山	Baoshan	5 040.96	4 212.65	1.74	1.56	1.26	0.93	0.01	16.45
昭通	Zhaotong	7 616.63	5 789.16	2.80	2.69	4.18	1.09		9.85
丽江	Lijiang	4 533.56	4 315.07	0.11	0.06	0.85	0.45	0.11	17.22
普洱	Pu'er	8 307.10	5 689.98	2.45	2.11	0.78	0.58		58.29
临沧	Lincang	6 084.22	5 072.10	2.05	1.95	0.44	0.28	0.01	4.96
楚雄	Chuxiong	6 552.75	6 092.47	2.23	1.90	1.59	1.29	0.81	6.68
红河	Honghe	9 400.07	8 201.39	2.83	2.65	4.10	3.60		16.45
文山	Wenshan	7 363.24	6 089.29	3.54	3.25	1.50	1.02		86.32
西双版纳	Xishuangbanna	3 776.95	3 227.19	1.22	1.07	0.17	0.14		29.20
大理	Dali	12 174.06	11 218.81	2.58	2.33	1.31	0.98		3.35
德宏	Dehong	4 986.34	2 907.20	1.52	1.19	1.10	1.04		14.25
怒江	Nujiang	1 268.30	734.57	0.31	0.23	0.26	0.22		0.15
迪庆	Diqing	1 077.50	832.14	0.42	0.39	0.25	0.07	0.01	64.83

16–12 各州市工业废水排放及处理情况（2017年）

Discharge and Disposal of Industrial Waste Water by Region (2017)

单位：亿吨 (100 million tons)

州 市	Region	取水量 Volume of Industrial Water Intake	工业废水处理量 Volume of Industrial Waste Water Treated	工业废水排放总量 Total Volume of Industrial Waste Water Discharged
全 省	**Yunnan**	**6.81**	**8.00**	**2.05**
昆 明	Kunming	1.48	1.26	0.33
曲 靖	Qujing	1.91	1.47	0.15
玉 溪	Yuxi	0.43	0.82	0.20
保 山	Baoshan	0.18	0.20	0.08
昭 通	Zhaotong	0.23	0.18	0.18
丽 江	Lijiang	0.04	0.03	0.02
普 洱	Pu'er	0.36	0.25	0.26
临 沧	Lincang	0.13	0.10	0.10
楚 雄	Chuxiong	0.19	0.77	0.05
红 河	Honghe	0.69	2.00	0.12
文 山	Wenshan	0.35	0.36	0.13
西双版纳	Xishuangbanna	0.08	0.10	0.05
大 理	Dali	0.28	0.09	0.09
德 宏	Dehong	0.25	0.21	0.21
怒 江	Nujiang	0.13	0.09	0.05
迪 庆	Diqing	0.08	0.05	0.02

16–13 各州市工业废气排放及处理能力情况（2017年）

Emission and Disposal Capacity of Industrial Waste Gas by Region (2017)

州　市	Region	工业废气处理设施数（套）Number of Facilities for Disposal of Industrial Waste Gas (set)	工业废气治理设施处理能力（万立方米/时）Capacity of Facilities for Disposal of Industrial Waste Gas (10 000 cu.m/h)	工业废气排放总量（亿立方米）Total Volume of Industrial Waste Gas Emitted (10 000 cu.m)
全　省	**Yunnan**	**8 330**	**607 763**	**15 630.75**
昆　明	Kunming	1 775	10 058	3 172.10
曲　靖	Qujing	835	563 844	2 549.65
玉　溪	Yuxi	1 173	3 798	1 505.71
保　山	Baoshan	325	1 682	326.35
昭　通	Zhaotong	391	5 485	2 970.06
丽　江	Lijiang	174	461	175.86
普　洱	Pu'er	441	2 154	555.28
临　沧	Lincang	418	1 180	263.50
楚　雄	Chuxiong	261	1 329	448.57
红　河	Honghe	752	9 846	1 629.59
文　山	Wenshan	433	1 720	527.82
西双版纳	Xishuangbanna	249	383	49.04
大　理	Dali	638	2 630	816.01
德　宏	Dehong	321	2 177	395.54
怒　江	Nujiang	47	724	145.12
迪　庆	Diqing	97	291	100.57

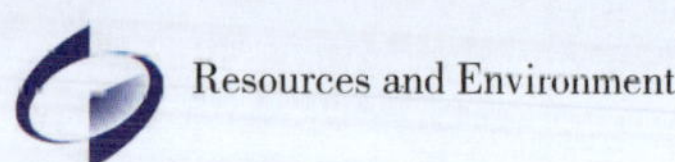

16-14 各州市工业固体废物排放及处理利用情况（2017年）

Discharge, Disposal and Recycling of Industrial Solid Wastes by Region (2017)

单位：万吨 (10 000 tons)

州市	Region	工业固体废物产生量 Volume of Industrial Solid Wastes Produced	工业固体废物综合利用量 Volume of Industrial Solid Wastes Utilized	工业固体废物综合利用率(%) Rate of Industrial Solid Wastes Utilized (%)	工业固体废物贮存量 Volume of Industrial Solid Wastes Stored	工业固体废物处置量 Volume of Industrial Solid Wastes Disposal	处置往年贮存量 Volume of Previously Stored Industrial Solid Wastes Disposal	工业固体废物排放量 Volume of Industrial Solid Wastes Discharged
全省	**Yunnan**	**13 725.19**	**5 363.54**	**38.46**	**2 553.40**	**6 154.72**	**130.11**	**4.29**
昆明	Kunming	3 039.57	1 178.12	38.69	145.45	1 720.91	1.72	2.00
曲靖	Qujing	1 453.24	912.26	59.84	420.66	192.25	0.65	
玉溪	Yuxi	2 107.39	1 159.27	54.92	290.67	660.29	0.76	1.33
保山	Baoshan	191.83	147.33	76.73	14.69	31.87	1.90	0.01
昭通	Zhaotong	213.00	129.56	60.52	64.52	21.10	1.10	
丽江	Lijiang	48.56	73.60	77.12	20.00	9.74	8.00	0.11
普洱	Pu'er	367.98	85.95	22.96	92.58	240.61	44.82	
临沧	Lincang	164.02	147.70	85.76	16.38	8.13		0.01
楚雄	Chuxiong	614.70	392.53	62.10	197.73	41.07	0.01	0.81
红河	Honghe	1 287.19	599.45	44.49	595.64	223.42	71.09	
文山	Wenshan	3 260.63	202.01	6.20	244.00	2 814.67	0.04	
西双版纳	Xishuangbanna	124.03	72.66	58.36	15.62	36.21		
大理	Dali	331.74	83.22	25.09	237.39	11.13		
德宏	Dehong	136.58	114.55	83.87	2.57	19.46		
怒江	Nujiang	194.13	5.23	2.69	188.61	0.29		
迪庆	Diqing	190.60	60.12	31.54	6.90	123.56		0.01

16-15 各州市城市污水排放和处理情况（2017年）

Discharge and Disposal of City Sewage by Region (2017)

州 市	Region	城市污水排放量（万立方米）Total Volume of City Sewage Discharged (10 000 cu.m)	污水处理总量（万立方米）Total Volume of Sewage Disposal (10 000 cu.m)	污水厂污水处理量 Volume of Sewage Disposal by Sewage Disposal Plants	城市污水处理率（%）Ratio of City Sewage Disposal (%)	污水处理厂集中处理率（%）Ratio of Centralized Disposal by Sewage Disposal Plants (%)
全 省	**Yunnan**	**122 349**	**112 941**	**111 721**	**92.31**	**91.31**
昆 明	Kunming	55 013	52 036	50 816	94.59	92.37
曲 靖	Qujing	8 599	8 092	8 092	94.10	94.10
玉 溪	Yuxi	5 728	5 337	5 337	93.17	93.17
保 山	Baoshan	4 154	3 812	3 812	91.77	91.77
昭 通	Zhaotong	6 579	5 472	5 472	83.17	83.17
丽 江	Lijiang	2 963	2 767	2 767	93.39	93.39
普 洱	Pu'er	3 961	3 585	3 585	90.51	90.51
临 沧	Lincang	3 123	2 842	2 842	91.00	91.00
楚 雄	Chuxiong	5 813	5 573	5 573	95.87	95.87
红 河	Honghe	8 800	7 931	7 931	90.13	90.13
文 山	Wenshan	4 350	3 803	3 803	87.43	87.43
西双版纳	Xishuangbanna	2 472	2 034	2 034	82.28	82.28
大 理	Dali	6 632	6 112	6 112	92.16	92.16
德 宏	Dehong	2 547	2 297	2 297	90.18	90.18
怒 江	Nujiang	1008	711	711	70.54	70.54
迪 庆	Diqing	607	537	537	88.47	88.47

注：本表数据为初步数据。
Note: Data in this table are preliminary data.

16-16 主要城市空气质量指标（2017年）

The Indicators of Air Quality By Main Cities and Towns (2017)

单位：毫克/立方米 (mg/m³)

城市	City	可吸入颗粒物 (PM10) Particulate Matters	二氧化硫 (SO_2) Sulphur Dioxide	二氧化氮 (NO_2) Nitrogen Dioxide	空气质量达到及好于二级的天数(天) Days of Air Quality Equal to and Above Grade Ⅱ	空气质量综合指数 Comprehensive Index of Air Quality
昆明市	Kunming	58	15	32	359	3.76
曲靖市	Qujing	54	18	23	357	3.58
玉溪市	Yuxi	47	16	22	362	3.41
保山市	Baoshan	39	8	13	358	2.94
昭通市	Zhaotong	56	18	21	346	3.58
丽江市	Lijiang	27	11	15	363	2.3
普洱市	Pu'er	44	6	17	354	2.93
临沧市	Lincang	40	12	19	354	3.01
楚雄市	Chuxiong	40	19	21	362	3.09
蒙自市	Mengzi	51	16	12	350	3.27
文山市	Wenshan	40	10	15	362	2.77
景洪市	Jinghong	48	8	18	345	3.13
大理市	Dali	33	8	18	361	2.72
芒　市	Mangshi	46	13	21	355	3.36
六库镇	Liuku	43	11	18	356	2.8
香格里拉县城	Shangri-La	36	10	15	348	2.31

注：统计范围是州、市所在地监测城市
Note: Statistical coverage is the monitored cities of prefectures and cities.

16-17 主要城市区域环境噪声源构成情况（2017年）

Composition of Environmental Noise Source By Major Cities and Towns (2017)

单位：分贝 (dB)

城 市	City	等效声级 Average Equivalent Sound Level of Environmental Noise	交通噪声 Average Equivalent Sound Level of Traffic Noise	工业噪声 Average Equivalent Sound Level of Industrial Noise	施工噪声 Average Equivalent Sound Level of Construction Noise	生活噪声 Average Equivalent Sound Level of Residental Noise
全 省	**Total**	**52.5**	**54.7**	**53.7**	**52.6**	**51.4**
昆明市	Kunming	53.2	54.9	52.4	51.7	52.4
曲靖市	Qujing	52.1	53.2	52.8	48.1	51.8
玉溪市	Yuxi	49.7	51.1	51.4	54.7	49.2
保山市	Baoshan	53.7	54.4	55.2	53.1	53.5
昭通市	Zhaotong	54.3	49.6	55.0		
丽江市	Lijiang	48.8	52.8		53.9	47.1
普洱市	Pu'er	53.6	53.4	56.6		53.2
临沧市	Lincang	53.6	58.5			50.9
楚雄市	Chuxiong	51.8	50.4	53.9		51.8
个旧市	Gejiu	51.7	53.8	50.0		50.8
开远市	Kaiyuan	48.5	50.4	49.8	54.4	47.6
蒙自市	Mengzi	55.0	56.6	59.3	58.6	54.0
文山市	Wenshan	50.5	52.3	46.9	52.0	49.6
景洪市	Jinghong	54.4	57.6		58.0	50.2
大理市	Dali	49.2	54.3	51.9	52.3	47.4
瑞丽市	Ruili	55.9	60.3		64.9	52.5
芒 市	Mangshi	50.1	49.5		47.3	50.7
六库镇	Liuku	53.3	54.0	53.2	52.6	52.8
香格里拉	Shangri-La	55.1	63.9	50.3	62.2	52.6

注：统计范围是州、市所在地监测城市
Note: Statistical coverage is the monitored cities of prefectures and cities.

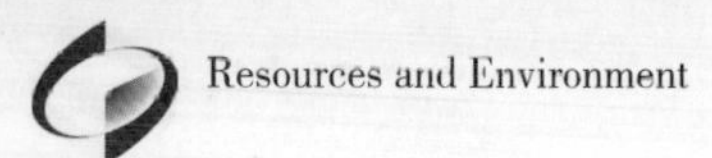

主要统计指标解释

土地调查面积 指行政区域内的土地调查总面积，包括农用地、建设用地和未利用地。

农用地 指直接用于农业生产的土地，包括耕地、园地、林地、牧草地及其他农用地。

耕地 指种植农作物的土地，包括熟地，新开发、复垦、整理地，休闲地（含轮歇地、轮作地）；以种植农作物（含蔬菜）为主，间有零星果树、桑树或其他树木的土地；平均每年能保证收获一季的已垦滩地和海涂。耕地中包括南方宽度 <1.0 米，北方宽度 <2.0 米固定的沟、渠、路和地坎（埂）；临时种植药材、草皮、花卉、苗木等的耕地，以及其他临时改变用途的耕地。

园地 指种植以采集果、叶、根、茎、汁等为主的集约经营的多年生木本和草本作物，覆盖度大于 50% 和每亩株数大于合理株数 70% 的土地。包括用于育苗的土地。

林地 指生长乔木、竹类、灌木的土地，及沿海生长红树林的土地。包括迹地，不包括居民点内部的绿化林木用地，铁路、公路征地范围内的林木，以及河流、沟渠的护堤林。

牧草地 指生长草本植物为主的土地。

居民点及工矿用地 指城乡居民点、独立居民点以及居民点以外的工矿、国防、名胜古迹等企事业单位用地，包括其内部交通、绿化用地。

交通运输用地 指用于运输通行的地面线路、场站等的土地。包括民用机场、港口、码头、地面运输管道和各种道路用地。

水利设施用地 指陆地水域，海涂，沟渠、水工建筑物等用地。不包括滞洪区和已垦滩涂中的耕地、园地、林地、居民点、道路等用地。

未利用地 指农用地和建设用地以外的土地，主要包括荒草地、盐碱地、沼泽地、沙地、裸土地、裸岩等。

湿地 指天然或人工、长久或暂时性的沼泽地、泥炭地或水域地带，包括静止或流动、淡水、半咸水、咸水体，低潮时水深不超过 6 米的水域以及海岸地带地区的珊瑚滩和海草床、滩涂、红树林、河口、河流、淡水沼泽、沼泽森林、湖泊、盐沼及盐湖。

造林总面积 指报告期内在荒山、荒地、沙丘、退耕地等一切可以造林的土地上，采用人工播种、飞机播种、植苗造林、分植造林等方法新植成片乔木林和灌木林，经过检查验收符合《造林技术规程》要求的单位面积株数，并按《中华人民共和国森林法实施条例》规定，成活率达 85% 以上（含 85%，年降雨量在 400 毫米以下且无浇灌条件的地区造林成活率达 70% 以上）的总面积。“四旁”植树如一侧在四行以上，连片面积 0.066 公顷（一亩）以上，应统计在造林面积内。造林面积通常按所有制（国有、国有集体合作、集体和个人）、造林方式（人工、飞机播种）、主要林种用途（用材林、经济林、防护林、薪炭林、特种用途林）分组进行统计。

人工造林 指在宜林荒山荒地、宜林沙荒地、无立木林地、疏林地和退耕地等其他宜林地上通过播种、植苗和分植来提高森林植被覆被率的技术措施。

飞机播种 通过飞机播种，为宜林荒山荒地、宜林沙荒地、其他宜林地、疏林地补充适量的种源，并辅以适当的人工措施，在自然力的作用下使其形成森林或灌草植被，提高森林植被覆被率的技术措施。

用材林 指以生产木材为主要目的的森林和林木，包括以生产竹材为主要目的的竹林。

经济林 指以生产果品，食用油料、饮料、调料，工业原料和药材为主要目的的林木。经济林是人们为了取得林木的果实、叶片、皮层、胶液等产品作为工业原料或者供食用所营造的林木，如油茶、油桐、核桃、樟树、花椒、茶、桑、果等。

防护林 指以防护为主要目的的森林、林木和灌木丛。包括水源涵养林，水土保持林，防风固沙林，农田、牧场防护林，护岸林，护路林等。

薪炭林 指以生产燃料为主要目的的林木。

特种用途林 指以国防、环境保护、科学实验等为主要目的的森林和林木。包括国防林、实验林、母树林、环境保护林、风景林，名胜古迹和革命纪念地的林木，自然保护区的森林。

水资源总量 指评价区内降水形成的地表和地下产水总量，即地表产流量与降水入渗补给地下水量之和，不包括过境水量。

地表水资源量 指评价区内河流、湖泊、冰川等地表水体中可以逐年更新的动态水量，即当地天然河川径流量。

地下水资源量 指评价区内降水和地表水对饱水岩土层的补给量，包括降水入渗补给量和河道、湖库、渠系、渠灌田间等地表水体的入渗补给量。

地表水与地下水资源重复量 指地表水和地下水相互转化的部分，即天然河川径流量中的地下水排泄量和地下水补给量中来源于地表水的入渗补给量。

供水总量 指各种水源工程为用户提供的包括输水损失在内的毛供水量之和，不包括海水直接利用量。

用水总量 指分配给各类用户的包括输水损失在内的毛用水量之和。

农业用水 指农田灌溉用水、林果地灌溉用水、草地灌溉用水和鱼塘补水。

工业用水 指工矿企业在生产过程中用于制造、加工、冷却、空调、净化、洗涤等方面的用水，按新水取用量计，不包括企业内部的重复利用水量。

生活用水 包括城镇生活用水和农村生活用水。城镇生活用水由居民用水和公共用水（含第三产业及建筑业等用水）组成；农村生活用水除居民生活用水外，还包括牲畜用水在内。

生态用水 仅包括人为措施供给的城镇环境用水和部分河湖、湿地补水，而不包括降水、径流自然满足的水量。

城区人口 指划定的城区范围的户籍人口数。按公安部门的户籍统计为准填报。

城区面积 指城市的城区面积。设市城市城区包括：市本级（1）街道办事处所辖地域；（2）城市公共设施、居住设施和市政公用设施等连接到的其他镇（乡）地域；（3）常住人口在3000人以上独立的工矿区、开发区、科研单位、大专院校等特殊区域。

建成区面积 城市行政区内实际已成片开发建设、市政公用设施和公共设施基本具备的区域。对核心城市，它包括集中连片的部分以及分散的若干个已经成片建设起来，市政公用设施和公共设施基本具备的地区；对一城多镇来说，它包括由几个连片开发建设起来的，市政公用设施和公共设施基本具备的地区组成。因此建成区范围，一般是指建成区外轮廓线所能包括的地区，也就是这个城市实际建设用地所达到的范围。

绿化覆盖面积 指城市中的乔木、灌木、草坪等所有植被的垂直投影面积。包括公园绿地、防护绿地、生产绿地、附属绿地、其他绿地的绿化种植覆盖面积、屋顶绿化覆盖面积以及零散树木的覆盖面积，不含各类绿地中的水域面积以及没有被植被覆盖的面积（硬化道路、无屋顶绿化的建筑物等）。乔木树冠下重迭的灌木和草本植物不能重复计算。

人均公园绿地面积 指报告期末区域内城区人口平均每人拥有的公园绿地面积。人口数采用年底人口数。计算公式为：

$$人均公园绿地面积 = \frac{公园绿地面积}{城区人口 + 城区暂住人口} \times 100\%$$

建成区绿化覆盖率 指报告期末建成区内绿化覆盖面积与建成区面积的比率。计算公式为：

$$建成区绿化覆盖率 = \frac{建成区绿化覆盖面积}{建成区面积} \times 100\%$$

废水排放总量 指工业废水排放量、城镇生活污水排放量和集中式治理设施污水排放量之和。

化学需氧量 (COD) 指用化学氧化剂氧化水中有机污染物时所需的氧量。COD 值越高，表示水中有机污染物污染越重。

生活污水中化学需氧量 (COD) 排放量 指城镇居民每年排放的生活污水中的 COD 的量。用人均系数法测算。测算公式为：

$$\begin{matrix}城镇生活污水中\\化学需氧量（COD）排放量\end{matrix} = \begin{matrix}城镇生活污水中\\COD 产生系数\end{matrix} \times \begin{matrix}市镇非\\农业人口\end{matrix} \times 365$$

二氧化硫排放量 指报告期内工业 SO_2 排放量与生活 SO_2 排放量之和。

工业 SO_2 排放量 指报告期内企业在燃料燃烧和生产工艺过程中排入大气的 SO_2 总量，计算公式为：

$$\begin{matrix}工业 SO_2\\排放量\end{matrix} = \begin{matrix}燃料燃烧过程\\中废气排放量\end{matrix} + \begin{matrix}生产工艺过程\\中废气排放量\end{matrix}$$

工业固体废物排放量 指报告期内企业将所产生的固体废物排到固体废物污染防治设施、场所以外的数量，不包括矿山开采的剥离废石和掘进废石（煤矸石和呈酸性或碱性的废石除外）。

工业固体废物处置率 指工业固体废物处置量占工业固体废物产生量与处置往年贮存量之和的百分率。计算公式为：

$$工业固体废物处置率 = \frac{工业固体废物处置量}{工业固体废物产生量 + 处置往年贮存量} \times 100\%$$

工业废水排放量 指报告期内经过企业厂区所有排放口排到企业外部的工业废水量。包括生产废水、外排的直接冷却水、超标排放的矿井地下水和与工业废水混排的厂区生活污水，不包括外排的间接冷却水（清污不分流的间接冷却水应计算在内）。

工业废气治理设施数 指报告期末企业用于减少在燃料燃烧过程与生产工艺过程中排向大气的污染物或对污染物加以回收利用的废气治理设施总数，以一个废气治理系统为单位统计。包括除尘、脱硫、脱硝及其它的污染物的烟气治理设施。已报废的设施不统计在内。锅炉中的除尘装置属于“三同时”设备，应统计在内。

工业废气治理设施处理能力 指报告期末企业实有的废气治理设施的实际废气处理能力。

工业废气排放量 指报告期内企业厂区内燃料燃烧和生产工艺过程中产生的各种排入大气的含有污染物的气体的总量，以标准状态 (273K，101325Pa) 计算。

工业固体废物产生量 工业固体废物产生量 指报告期内企业在生产过程中产生的固体状、半固体状和高浓度液体状废弃物的总量，包括危险废物、冶炼废渣、粉煤灰、炉渣、煤矸石、尾矿、放射性废物和其他废物等；不包括矿山开采的剥离废石和掘进废石（煤矸石和呈酸性或碱性的废石除外）。酸性或碱性废石指采掘的废石其流经水、雨淋水的 PH 值小于 4 或 PH 值大于 10.5 者。

工业固体废物综合利用量 指报告期内企业通过回收、加工、循环、交换等方式，从固体废物中提取或者使其转化为可以利用的资源、能源和其他原材料的固体废物量（包括当年利用往年的工业固体废物贮存量），如用作农业肥料、生产建筑材料、筑路等。综合利用量由原产生固体废物的单位统计。

工业固体废物综合利用率 指工业固体废物综合利用量占工业固体废物产生量，包括综合利用往年贮存量的百分率。计算公式为：

$$工业固体废物综合利用率=\frac{工业固体废物综合利用量}{工业固体废物产生量综合利用往年贮存量}\times 100\%$$

工业固体废物贮存量 指报告期内企业以综合利用或处置为目的，将固体废物暂时贮存或堆存在专设的贮存设施或专设的集中堆存场所内的数量。专设的固体废物贮存场所或贮存设施必须有防扩散、防流失、防渗漏、防止污染大气、水体的措施。

工业固体废物处置量 指报告期内企业将固体废物焚烧或者最终置于符合环境保护规定要求的场所，并不再回取的工业固体废物量，包括当年处置往年的工业固体废物贮存量。处置方式有填埋（其中危险废物应安全填埋）、焚烧、专业贮存场（库）封场处理、深层灌注、回填矿井及海洋处置（经海洋管理部门同意投海处置）等。

城市污水排放量 指城市生活污水、工业废水的排放总量，包括从排水管道和排水沟（渠）排出的污水量。

城市污水处理量 指城市污水处理厂和处理装置实际处理的污水量。包括物理处理量、生物处理量和化学处理量。

城市污水集中处理率 指城市污水处理厂处理的污水量与城市污水排放总量的比率。计算公式：

$$城市污水处理率=\frac{城市污水处理厂污水处理量}{城市污水排放总量}\times 100\%$$

Explanatory Notes on Principle Statistical Indicators

Land survey area refers to the total land survey area within the administrative region, including agricultural land, construction land and unused land.

Land for Agriculture Use refers to land directly used for agriculture production, including land for cultivation, gardening, forests, herbage and other agriculture activities.

Cultivated Land refers to land mainly for the regular cultivation of farm crops (including vegetables), with some fruit trees, mulberry trees and others, covers cultivated land, newly-developed land, reclaimed land, consolidated land, fallow, beach land that can guarantee one harvest per year on average. It also covers fixed ditch, canal, road and sill (ridge) with width less than 1 meter in the South and 2 meters in the North, lands planted temporarily with herbs, grass, flowers and nursery stocks, and other cultivated land with temporary change of use.

Garden Land refers to land for intensive cultivation of perennial woody plants and herbs to collect fruits, leaves, roots, stems and juice, with a covering rate over 50% and plant number per mu over 70% of rational plant number. Land for nursery is included.

Forestland refers to land for planting arbor, bamboo, bush shrub and land in coastal zones for planting mangrove. It includes slash, but not the green belts in residential area, forests requested for railway and highway, and the dike protection forest around rivers and ditches.

Pastureland refers to land mainly for the growth of herbs.

Land for residential areas and mining refers to the urban and rural residential areas, independent residential areas and residential areas outside of the mining, national defense, scenic spots and historical sites, such as land for enterprises and institutions, including the internal transportation, landscaping.

Land used for transportation refers to the land used for transportation, such as ground lines and stations. Including civil airports, ports, docks, ground transport pipelines and various road land.

Land used for water conservancy facilities refers to land used for water area, mudflats, ditches and hydraulic structures. It's not included in flood detention areas and reclaimed beaches, such as arable land, garden land, woodland, residential areas and roads.

Unused land refers to the land other than agricultural land and construction land, mainly including waste grass land, saline-alkali land, marsh land, sand land, bare land, bare rock, etc.

Wetlands refer to marshland and peat bog, whether natural or man-made, permanent or temporary; water covered areas, whether stagnant or flowing, with fresh or semi-fresh or salty water that is less than 6 meters deep at low tide; as well as coral beach, weed beach, mud beach, mangrove, river outlet, rivers, fresh-water marshland, marshland forests, lakes, salty bog and salt lakes along the coastal areas.

Total Area of A forestation refers to the total area of land suitable for a forestation, including barren hills, idle land, sand dunes, "grain for green" land, on which acres of arbores or bushes are planted through manual planting, airplane planting, plant seedlings, etc. in accordance with the required density standards of the Technical Procedures of A forestation, and with a survival rate of over 85% in line with the Implementing Rules of the Forest Law of the People's Republic of China (or a survival rate of 75% in areas with less that 400 mm of annual rainfall and without irrigation facilities). Included in this category are trees planted alone the roadsides, riversides, or next to houses that occupy an area over 0.066 hectares, or where more than 4 lines of trees are planted. Total area of a forestation is further classified by ownership (state-owned, state-collective, collective or private), by approach of planting (manual, airplane), and by type of forests (timber, by-products, protection, fuel, special use, etc.).

Area of Man-made Forests refer to the area of stable growing forests, planted manually or by airplanes, with a survival rate of 80% or higher of the designed number of trees per hectare, or with a canopy density of 0.20 - or above after 3-5 years of manual planting or 5-7 years of airplane planting.

Airplane sowing refers to sowing for waste hills or unreclaimed lands suitable for afforestation, waste areas, and the other around, opening supplementary provenance, supplemented by appropriate artificial measures, under the action of the forces of nature, make its formation of forest vegetation, or bringing technical measures to improve forest vegetation cover rate.

Timber Forests refer to forests which are mainly for the production of timber, including bamboo groves planted to harvest bamboos.

By-product Forests refer to forests that mainly produce fruits, nuts, edible oil, beverages, indigents, raw materials and medicine materials. By-product forests are planted to harvest the fruits, leaves, bark or liquid of trees, and consume them as food or raw materials for the manufacturing industry, such as tea-oil trees, tung oil trees, walnut trees, camphor trees, tea bushes, mulberry trees, fruit trees, etc.

Protection Forests refer to forests, trees and bushes planted mainly for protection or preservation purpose, including water resource conservation forests, water and soil conservation forests, windbreak and dune-fixing forcsts, farmland and pasture protection forests, riverside protection forests, roadside protection forests, etc.

Fuel Forests refer to forests planted mainly for fuels.

Forests for Special Purpose refer to forests planted mainly for national defense, environment protection or scientific experiments, including national defense forests, experimental forests, mother-tree forests, environment protection forests, scenery forests, trees in historical or scenic spots, roadside in natural reserves.

Total Water Resources refers to total volume of water resources measured as run-off for surface water from rainfall and recharge for groundwater in a given area, excluding transit water.

Surface Water Resources refers to total renewable resources which exist in rivers, lakes, glaciers and other collectors from rainfall and are measured as run-off of rivers.

Groundwater Resources refers to replenishment of aquifers with rainfall and surface water.

Duplicated Measurement between Surface Water and Groundwater refers to mutual exchange between surface water and groundwater, i.e. run-off of rivers includes some depletion into groundwater while groundwater includes some replenishment from surface water.

Water Supply refers to gross water supply by supply systems from sources to consumers, including losses during distribution.

Water Use refers to the sum of the gross water amount, including water loss, allocated to various users.

Water Use by Agriculture refers to irrigation water for farmland, fruit land, grassland and fish pond.

Water Use by Industry refers to new withdrawals of water, excluding reuse of water within enterprises.

Water Use by Living Consumption including urban living water and rural living water. Urban domestic water is composed of residential water and public water (including water for tertiary industry and construction industry). Rural domestic water use in addition to residential water use, also include livestock water.

Water Use by ecology only includes urban environmental water supplied by artificial measures and water replenishment in some rivers and lakes and wetlands, but does not include water naturally met by precipitation and runoff.

Urban population refers to the number of registered population within the designated urban area. The household registration statistics of the public security department shall be reported.

Urban area refers to the urban area of a city. The urban areas include: (1) the district under the sub-district office of the city; (2) other town (township) areas connected to urban public facilities, residential facilities and municipal public facilities; (3) special areas such as industrial and mining areas, development zones, scientific research units and colleges and universities with a permanent population of more than 3,000 people.

Built-up area refers to an area within an urban administrative region that has been developed and constructed on a large scale, and that has basic municipal public facilities and public facilities. For the core cities, it includes concentrated continuous parts as well as several scattered areas that have been built in pieces and have basic municipal utilities and public facilities. For more than one town, it consists of several areas developed and constructed in succession, with municipal utilities and basic public facilities. Therefore, the scope of built-up area generally refers to the area covered by the outer contour line of the built-up area, that is, the actual construction land of this city reaches.

Green cover area refers to thc vertical projection area of all vegetation such as trees, shrubs and lawns in the city. It includes the green area of park, protective green space, production green space, attached green space and other green space, the green area of roof and the covered area of scattered trees, excluding the water area of all kinds of green space and the area not covered by vegetation (hardening roads, buildings without roof greening, etc.). Overlapping shrubs and herbs under the canopy of trees cannot be counted repeatedly.

Park green area per capita efers to the park green area per urban population in the area at the end of the report period. The population is to be counted at the end of the year. The calculation formula is:

park green area per capita = Green area of the park / (urban population + temporary urban residents) ×100%

Greening coverage rate of built-up areas refers to the ratio of greening coverage area and built-up area at the end of the report. The calculation formula is:

Green coverage of built-up area=Green coverage area of built-up area / Built-up area ×100%

Total amount of waste water discharge refers to the total amount of industrial waste water discharge, urban sewage discharge and sewage discharge from centralized treatment facilities.

Chemical Oxygen Demand (COD) refers to the amount of oxygen required to oxidize organic pollutants in water with chemical oxidants. The higher the COD value, the heavier the pollution of organic pollutants in the water.

Volume of Chemical Oxygen Demand (COD) Generated by Urban Non-industrial Waster Water refers to chemical oxygen demand generated through the annual discharge of non-industrial waste water by urban households. It is estimated as:

$$\text{Volume of chemical oxygen demand (cod) generated by urban non - industrial waster water} = \text{Coefficient of COD generated through urban non -industrial waste water} \times \text{urban non - agricultural population} \times 365$$

SO_2 Emission is calculated on the basis of consumption of coal by households and industrial activities.

SO_2 Emission through Industrial Activities refers to volume of sulphur dioxide emission from fuel burning and production process by enterprises during a given period of time. It is calculated as:

$$SO_2 \text{ emission through industrial activities} = SO_2 \text{ emission from fuel burning} + SO_2 \text{ emission from production process}$$

Industrial Solid Wastes Discharged refers to the volume of industrial solid wastes discharged by producing enterprises to disposal facilities or to other sites. The wastes exclude stones stripped or dug from mining (gangue and acid or alkaline waste stones not included).

Ratio of industrial solid waste disposal refers to the percentage of industrial solid waste disposal in the sum of industrial solid waste production and disposal in previous years. The calculation formula is:

ratio of industrial solid waste disposal = industrial solid wastes disposed / (industrial solid wastes produced + dispose of past storage)×100%

Waste Water Discharged by Industry refers to the volume of waste water discharged by industrial enterprises through all their outlets, including waste water from production process, directly cooled water, groundwater from mining wells which does not meet discharge standards and sewage from households mixed with waste water produced by industrial activities, but excluding indirectly cooled water discharged (It should be included if the discharge is not separated from waste water).

Number of industrial waste gas treatment facilities refers to the total amount of waste gas treatment facilities used by enterprises at the end of the reporting period to reduce the pollutants discharged into the atmosphere or to recycle and utilize the pollutants in the process of fuel combustion and production process. Including dust removal, desulphurization, denitration and other pollutant smoke treatment facilities. Abandoned facilities are not counted. The dust removal device in the boiler belongs to the "three simultaneous" equipment, which should be included in the statistics.

The capacity of industrial waste gas treatment facilities refers to the actual capacity of waste gas treatment facilities of the enterprises at the end of the reporting period.

Industrial Waste Air Emission refers to the discharge into atmosphere of waste air containing pollutants generated from fuel burning and production processes in enterprises within a given period of time. It is calculated at standard status (273K, 101325Pa) as.

Industrial Solid Wastes Produced refers to total volume of solid, semi-solid and high concentration liquid residues produced by industrial enterprises from production process in a given period of time, including hazardous wastes, slag, coal ash, gangue, tailings, radioactive residues and other wastes, but excluding stones stripped or dug out in mining - gangue and acid or alkaline stones not included (a stone is acid or alkaline according to the pH value of the water being below 4 or above 10.5 when the stone is in, or soaked by water).

Industrial Solid Wastes Utilized refers to volume of solid wastes from which useful materials can be extracted or which can be converted into usable resources, energy or other materials by means of reclamation, processing, recycling and exchange (including utilizing in the year the stocks of industrial solid wastes of the previous year). Examples of such utilizations include fertilizers, building materials and road materials. The information shall be collected by the producing units of the wastes.

Ratio of Utilization of Industrial Solid Wastes refers to the percentage of industrial solid wastes utilized over industrial solid wastes produced (including stocks of the previous years). It is calculated as:

$$\text{Rate of utilization of industrial solid wastes} = \frac{\text{volume of industrial solid wastes utilized}}{\text{industrial solid wastes produced+ stock of previous years}} \times 100\%$$

Stock of Industrial Solid Wastes refers to the volume of solid wastes placed in special facilities or special sites for purposes of utilization or disposal. The sites or facilities should take measures against dispersion, loss, seepage, and air and water contamination.

Industrial Solid Wastes Disposed refers to the quantity of industrial solid wastes which are burnt or placed ultimately in the sites meeting the requirements for environmental protection and not salvaged or recycled (including disposition in the year of those wastes of previous years). The disposition includes landfill (Safe landfills should be conducted for hazardous wastes), incineration, containment spaces, deep underground disposal, backfill in mining pits and disposal at sea.

Urban Sewage Discharge refers to volume of the domestic sewage and industrial sewage, which includes the sewage discharged from the drainage pipe and drainage channel(ditch).

Capacity of urban sewage treatment refers to the amount of sewage actually treated by urban sewage treatment plants and treatment plants. Including physical capacity, biological capacity and chemical capacity.

Treatment Rate of Urban Sewage refers to the percentage of sewage volume disposed by the sewage treatment plants over the urban sewage discharge volume. It is calculated as:

Treatment Rate of Urban Sewage= sewage volume disposed by the sewage treatment plants ÷ urban sewage discharge volume×100%

Chapter 17

十七、民族自治地方经济概况
Survey of National Autonomous Area

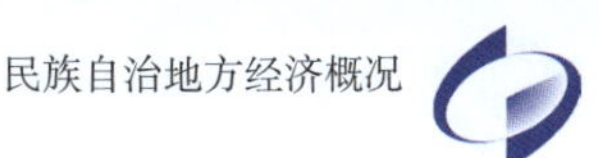

17-1 云南民族自治地方行政区划（2017年）

Administrative Division of Ethnic Minority Autonomous Regions (2017)

单位：个 (unit)

民族自治地方	National Autonomous Area	县级市 Number of Cities at County Level	非民族自治县 Number of Non-minority Autonomous Counties	民族自治县 Number of Minority Autonomous Counties
民族自治地方	**National Autonomous Area**	**12**	**37**	**29**
8个自治州	**8 Autonomous Prefectures**	**12**	**37**	**9**
楚雄彝族自治州	Chuxiong Yi Autonomous Prefecture	1	9	
红河哈尼族彝族自治州	Honghe Hani & Yi Autonomous Prefecture	4	6	3
文山壮族苗族自治州	Wenshan Zhuang & Miao Autonomous Prefecture	1	7	
西双版纳傣族自治州	Xishuangbanna Dai Autonomous Prefecture	1	2	
大理白族自治州	Dali Bai Autonomous Prefecture	1	8	3
德宏傣族景颇族自治州	Dehong Dai & Jingpo Autonomous Prefecture	2	3	
怒江傈僳族自治州	Nujiang Lisu Autonomous Prefecture	1	1	2
迪庆藏族自治州	Diqing Tibetan Autonomous Prefecture	1	1	1
自治州以外的20个自治县	**20 Autonomous Counties Except above Prefectures**			**20**
石林彝族自治县	Shilin Yi Autonomous County			1
禄劝彝族苗族自治县	Luquan Yi & Miao Autonomous County			1
寻甸回族彝族自治县	Xundian Hui & Yi Autonomous County			1
峨山彝族自治县	Eshan Yi Autonomous County			1
新平彝族傣族自治县	Xinping Yi & Dai Autonomous County			1
元江哈尼族彝族傣族自治县	Yuanjiang Hani & Yi & Dai Autonomous County			1
玉龙纳西族自治县	Yulong Naxi Autonomous County			1
宁蒗彝族自治县	Ninglang Yi Autonomous County			1
宁洱哈尼族彝族自治县	Ning'er Hani & Yi Autonomous County			1
墨江哈尼族自治县	Mojiang Hani Autonomous County			1
景东彝族自治县	Jingdong Yi Autonomous County			1
景谷傣族彝族自治县	Jinggu Dai & Yi Autonomous County			1
镇沅彝族哈尼族拉祜族自治县	Zhenyuan Yi & Hani & Lahu Autonomous County			1
江城哈尼族彝族自治县	Jiangcheng Hani & Yi Autonomous County			1
孟连傣族拉祜族佤族自治县	Menglian Dai & Lahu & Wa Autonomous County			1
澜沧拉祜族自治县	Lancang Lahu Autonomous County			1
西盟佤族自治县	Ximeng Wa Autonomous County			1
双江拉祜族佤族布朗族傣族自治县	Shuangjiang Lahu & Wa & Bulang & Dai Autonomous County			1
耿马傣族佤族自治县	Gengma Dai & Wa Autonomous County			1
沧源佤族自治县	Cangyuan Wa Autonomous County			1

17-2 全省民族自治县分布情况（2017年）

Geographical Distribution of Ethnic Minority Autonomous Counties (2017)

州　市	Region	民族自治县数（个）Number of Minority Autonomous Counties (unit)	民族自治县名称 Schedule of Minority Autonomous Counties
全　省	**Yunnan**	**29**	
昆　明	Kunming	3	石林彝族自治县、禄劝彝族苗族自治县、寻甸回族彝族自治县 Shilin Yi Autonomous County, Luquan Yi & Miao Autonomous County, Xundian Hui & Yi Autonomous County
玉　溪	Yuxi	3	峨山彝族自治县、新平彝族傣族自治县、元江哈尼族彝族傣族自治县 Eshan Yi Autonomous County，Xinping Yi & Dai Autonomous County, Yuanjiang Hani & Yi & Dai Autonomous County
丽　江	Lijiang	2	玉龙纳西族自治县、宁蒗彝族自治县 Yulong Naxi Autonomous County, Ninglang Yi Autonomous County
普　洱	Pu'er	9	宁洱哈尼族彝族自治县、墨江哈尼族自治县、景东彝族自治县、景谷傣族彝族自治县、镇沅彝族哈尼族拉祜族自治县、江城哈尼族彝族自治县、孟连傣族拉祜族佤族自治县、澜沧拉祜族自治县、西盟佤族自治县 Ning'er Hani & Yi Autonomous County, Mojiang Hani Autonomous County, Jingdong Yi Autonomous County, Jinggu Dai & Yi Autonomous County, Zhenyuan Yi & Hani & Lahu Autonomous County, Jiangcheng Hani & Yi Autonomous County, Menglian Dai & Lahu & Wa Autonomous County, Lancang lahu Autonomous County, Ximeng Wa Autonomous County
临　沧	Lincang	3	双江拉祜族佤族布朗族傣族自治县、耿马傣族佤族自治县、沧源佤族自治县 Shuangjiang Lahu & Wa & Bulang & Dai Autonomous County, Gengma Dai & Wa Autonomous County, Cangyuan Wa Autonomous County
红　河	Honghe	3	屏边苗族自治县、金平苗族瑶族傣族自治县、河口瑶族自治县 Pingbian Miao Autonomous County, Jinping Miao & Yao & Dai Autonomous County, Hekou Yao Autonomous County
大　理	Dali	3	漾濞彝族自治县、南涧彝族自治县、巍山彝族回族自治县 Yangbi Yi Autonomous County, Nanjian Yi Autonomous County, Weishan Yi & Hui Autonomous County
怒　江	Nujiang	2	贡山独龙族怒族自治县、兰坪白族普米族自治县 Gongshan Dulong & Nu Autonomous County , Lanping Bai & Pumi Autonomous County
迪　庆	Diqing	1	维西傈僳族自治县 Weixi Lisu Autonomous County

17-3 云南少数民族分布的主要地方
Geographic Distribution of Ethnic Minorities

民 族	Ethnic Minority	分布的主要地方(州、市)	Main Geographic Distribution
彝 族	Yi	楚雄州、红河州、玉溪市、大理州、普洱市、昆明市	Chuxiong, Honghe,Yuxi, Dali, Pu'er, Kunming
白 族	Bai	大理州	Dali
哈尼族	Hani	红河州、西双版纳州、普洱市、玉溪市	Honghe, Xishuangbanna, Pu'er, Yuxi
壮 族	Zhuang	文山州、红河州、曲靖市	Wenshan, Honghe, Qujing
傣 族	Dai	西双版纳州、德宏州、普洱市、临沧市	Xishuangbanna, Dehong , Pu'er , Lincang
苗 族	Miao	文山州、红河州、昭通市	Wenshan , Honghe , Zhaotong
傈僳族	Lisu	怒江州、迪庆州、丽江市、大理州	Nujiang , Diqing , Lijiang , Dali
回 族	Hui	昆明市、大理州、曲靖市、楚雄州、红河州、玉溪市	Kunming , Dali , Qujing , Chuxiong , Honghe , Yuxi
拉祜族	Lahu	普洱市、临沧市、西双版纳州	Pu'er, Lincang , Xishuangbanna
佤 族	Wa	临沧市、普洱市	Lincang , Pu'er
纳西族	Naxi	丽江市、迪庆州	Lijiang , Diqing
瑶 族	Yao	文山州、红河州	Wenshan , Honghe
藏 族	Tibetan	迪庆州	Diqing
景颇族	Jingpo	德宏州	Dehong
布朗族	Bulang	西双版纳州、普洱市、临沧市	Xishuangbanna , Pu'er , Lincang
普米族	Pumi	丽江市、怒江州、迪庆州	Lijiang , Nujiang , Diqing
怒 族	Nu	怒江州	Nujiang
阿昌族	Achang	德宏州、保山市	Dehong , Baoshan
基诺族	Jino	西双版纳州	Xishuangbanna
德昂族	De'ang	德宏州、临沧市	Dehong , Lincang
蒙古族	Mongolian	玉溪市	Yuxi
布依族	Buyi	曲靖市	Qujing
独龙族	Dulong	怒江州	Nujiang
水 族	Shui	曲靖市	Qujing

17-4 民族自治地方基本情况（2017年）

民族自治地方	National Autonomous Area	建立时间
民族自治地方	**Minority Autonomous Area**	
自治州合计	**Autonomous Prefectures**	
西双版纳傣族自治州	Xishuangbanna Dai Autonomous Prefecture	1953年1月24日
德宏傣族景颇族自治州	Dehong Dai & Jingpo Autonomous Prefecture	1953年7月24日
怒江傈僳族自治州	Nujiang Lisu Autonomous Prefecture	1954年8月23日
大理白族自治州	Dali Bai Autonomous Prefecture	1956年11月22日
迪庆藏族自治州	Diqing Tibetan Autonomous Prefecture	1957年9月13日
红河哈尼族彝族自治州	Honghe Hani & Yi Autonomous Prefecture	1957年11月18日
文山壮族苗族自治州	Wenshan Zhuang & Miao Autonomous Prefecture	1958年4月1日
楚雄彝族自治州	Chuxiong Yi Autonomous Prefecture	1958年4月15日
自治州以外的自治县合计	**Autonomous Counties Except above Prefectures**	
峨山彝族自治县	Eshan Yi Autonomous County	1951年5月12日
澜沧拉祜族自治县	Lancang Lahu Autonomous County	1953年4月7日
江城哈尼族彝族自治县	Jiangcheng Hani & Yi Autonomous County	1954年5月18日
孟连傣族拉祜族佤族自治县	Menglian Dai & Lahu & Wa Autonomous County	1954年6月16日
耿马傣族佤族自治县	Gengma Dai & Wa Autonomous County	1955年10月16日
宁蒗彝族自治县	Ninglang Yi Autonomous County	1956年9月20日
石林彝族自治县	Shilin Yi Autonomous County	1956年12月13日
沧源佤族自治县	Cangyuan Wa Autonomous County	1964年2月28日
西盟佤族自治县	Ximeng Wa Autonomous County	1965年3月5日
墨江哈尼族自治县	Mojiang Hani Autonomous County	1979年11月28日
寻甸回族彝族自治县	Xundian Hui & Yi Autonomous County	1979年12月20日
元江哈尼族彝族傣族自治县	Yuanjiang Hani & Yi & Dai Autonomous County	1980年11月22日
新平彝族傣族自治县	Xinping Yi & Dai Autonomous County	1980年11月25日
禄劝彝族苗族自治县	Luquan Yi & Miao Autonomous County	1985年11月25日
宁洱哈尼族彝族自治县	Ning'er Hani & Yi Autonomous County	1985年12月15日
景东彝族自治县	Jingdong Yi Autonomous County	1985年12月20日
景谷傣族彝族自治县	Jinggu Dai & Yi Autonomous County	1985年12月25日
双江拉祜族佤族布朗族傣族自治县	Shuangjiang Lahu & Wa & Bulang & Dai Autonomous County	1985年12月30日
镇沅彝族哈尼族拉祜族自治县	Zhenyuan Yi & Hani & Lahu Autonomous County	1990年5月15日
玉龙纳西族自治县	Yulong Naxi Autonomous County	2002年12月26日

注：2003年4月8日，普洱哈尼族彝族自治县更名为宁洱哈尼族彝族自治县。

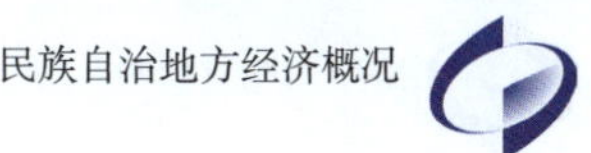

Basic Conditions of Minority Autonomous Regions (2017)

Foundation Date	乡、镇、街道办事处合计(个) Total(unit)	街道办事处 Community Offices	乡 Townships	镇 Towns	民族乡数(个) Number of Minority Townships and Towns (unit)
	814	**24**	**372**	**418**	**67**
	593	**10**	**274**	**309**	**53**
Jan.24,1953	32	1	12	19	7
July.24,1953	51	1	27	23	5
Aug.23,1954	29		16	13	2
Nov.22,1956	112	2	40	70	11
Sept.13,1957	29		20	9	3
Nov.18,1957	133	3	62	68	5
Apr.1,1958	104	3	59	42	16
Apr. 15,1958	103		38	65	4
	221	**14**	**98**	**109**	**14**
May.12,1951	8	2	3	3	
Apr.7,1953	20		15	5	6
May.18,1954	7		2	5	
June.16,1954	6		2	4	
Oct.16,1955	9		5	4	1
Sept.20,1956	15		14	1	1
Dec.13,1956	7	3	1	3	
Feb.28,1964	10		6	4	1
Mar.5,1965	7		2	5	1
Nov.28,1979	15		3	12	1
Dec.20,1979	16	3	4	9	
Nov.22,1980	10	3	5	2	
Nov.25,1980	12	2	6	4	
Nov.25,1985	16	1	6	9	
Dec.15,1985	9		3	6	
Dec.20,1985	13		3	10	
Dec.25,1985	10		4	6	
Dec.30,1985	6		4	2	
May.15,1990	9		1	8	
Dec.26,2002	16		9	7	3

Note: Pu'er Hani and Yi autonomous county changed its name into Ning'er Hani and Yi autonomous county in 8th April,2003.

17-4　续表

民族自治地方	National Autonomous Area	土 地 面 积 (万平方千米) Land Area (10 000 sq.km)	占全省土地面积 (%) Proportion to Provincial Total (%)
民族自治地方	**National Autonomous Area**	**27.67**	**70.2**
自治州合计	**Autonomous Prefectures**	**19.37**	**49.1**
楚雄彝族自治州	Chuxiong Yi Autonomous Prefecture	2.93	7.4
红河哈尼族彝族自治州	Honghe Hani and Yi Autonomous Prefecture	3.29	8.4
文山壮族苗族自治州	Wenshan Zhuang and Miao Autonomous Prefecture	3.22	8.2
西双版纳傣族自治州	Xishuangbanna Dai Autonomous Prefecture	1.97	5.0
大理白族自治州	Dali Bai Autonomous Prefecture	2.95	7.5
德宏傣族景颇族自治州	Dehong Dai and Jingpo Autonomous Prefecture	1.15	2.9
怒江傈僳族自治州	Nujiang Lisu Autonomous Prefecture	1.47	3.7
迪庆藏族自治州	Diqing Tibetan Autonomous Prefecture	2.39	6.1
自治州以外的自治县合计	**Autonomous Counties Except the Above Prefectures**	**8.30**	**21.1**
石林彝族自治县	Shilin Yi Autonomous County	0.18	0.5
禄劝彝族苗族自治县	Luquan Yi and Miao Autonomous County	0.44	1.1
寻甸回族彝族自治县	Xundian Hui and Yi Autonomous County	0.40	1.0
峨山彝族自治县	Eshan Yi Autonomous County	0.20	0.5
新平彝族傣族自治县	Xinping Yi and Dai Autonomous County	0.42	1.1
元江哈尼族彝族傣族自治县	Yuanjiang Hani and Yi and Dai Autonomous County	0.29	0.7
玉龙纳西族自治县	Yulong Naxi Autonomous County	0.76	1.9
宁蒗彝族自治县	Ninglang Yi Autonomous County	0.62	1.6
宁洱哈尼族彝族自治县	Ning'er Hani and Yi Autonomous County	0.37	0.9
墨江哈尼族自治县	Mojiang Hani Autonomous County	0.55	1.4
景东彝族自治县	Jingdong Yi Autonomous County	0.45	1.1
景谷傣族彝族自治县	Jinggu Dai and Yi Autonomous County	0.78	2.0
镇沅彝族哈尼族拉祜族自治县	Zhenyuan Yi and Hani and Lahu Autonomous County	0.42	1.1
江城哈尼族彝族自治县	Jiangcheng Hani and Yi Autonomous County	0.35	0.9
孟连傣族拉祜族佤族自治县	Menglian Dai and Lahu and Wa Autonomous County	0.20	0.5
澜沧拉祜族自治县	Lancang Lahu Autonomous County	0.88	2.2
西盟佤族自治县	Ximeng Wa Autonomous County	0.14	0.4
双江拉祜族佤族布朗族傣族自治县	Shuangjiang Lahu and Wa and Bulang and Dai Autonomous County	0.23	0.6
耿马傣族佤族自治县	Gengma Dai and Wa Autonomous County	0.38	1.1
沧源佤族自治县	Cangyuan Wa Autonomous County	0.25	0.6

continued

年末总人口 (万人) Total Population at Year-end (10 000 persons)	占全省人口比重 (%) Proportion to Provincial Total (%)	少数民族人口 (万人) Population of Minority Nationalities (10 000 persons)	占民族地方总人口比重(%) Proportion to Local Total Population (%)
2 344.52	**48.8**	**1 304.54**	**55.6**
1 812.50	**37.8**	**987.97**	**54.5**
274.40	5.7	89.23	32.5
471.30	9.8	267.07	56.7
363.60	7.6	208.64	57.4
118.00	2.5	89.28	75.7
358.40	7.5	179.02	49.9
130.90	2.7	68.28	52.2
54.70	1.1	50.53	92.4
41.20	0.9	35.92	87.2
532.02	**11.1**	**316.57**	**59.5**
26.27	0.5	9.10	34.6
41.42	0.9	12.65	30.5
47.22	1.0	10.30	21.8
17.01	0.4	11.27	66.3
29.20	0.6	21.68	74.2
22.45	0.5	17.91	79.8
22.30	0.5	11.33	50.8
26.85	0.6	19.95	74.3
19.35	0.4	9.03	46.7
36.91	0.8	16.89	45.8
36.93	0.8	19.45	52.7
29.98	0.6	23.67	79.0
21.32	0.4	18.17	85.2
12.78	0.3	9.81	76.8
14.20	0.3	13.36	94.1
50.09	1.0	42.57	85.0
9.56	0.2	7.70	80.6
18.46	0.4	8.21	44.5
30.87	0.6	15.99	51.8
18.85	0.4	17.53	93.0

17–5 全省民族自治地方主要指标（2012–2017年）

指　　标	Item	2012
年末总人口数(万人)	**Total Population at year-end (10 000 persons)**	**2 285.54**
#少数民族人口	Minority Population	1 271.47
规模以上工业总产值	Gross Output Value of Industry Above Designated Size	3 016.88
农业总产值	Gross Output Value of Farming, Forestry, Animal Husbandry and Fishery	1 602.19
农业生产	**Agriculture Production**	
主要农业产品产量(万吨)	Yields of Major Agricultural Products (10 000 tons)	
粮　食	Grain	989.64
甘　蔗	Sugarcane	1 493.15
烤　烟	Flue-cured Tobacco	58.80
工业生产	**Industry Production**	
主要工业产品产量(万吨)	Output of Major Industrial Products(10 000 tons)	
粗　钢	Steel	442.30
生　铁	Pig Iron	371.10
原　煤	Coal	2 158.03
发电量（亿万千瓦小时）	Electricity (100 million kwh)	388.27
成品糖	Sugar of Finished Product	138.68
地方一般公共预算收支(亿元)	**Public Budgetary Revenue and Expenditure of Local Government(100 million yuan)**	
地方一般公共预算收入	Public Budgetary Revenue of Local Government	355.73
地方一般公共预算支出	Public Budgetary Expenditure of Local Government	1 378.84

注：2016年起地方一般公共预算收入数据为新口径。

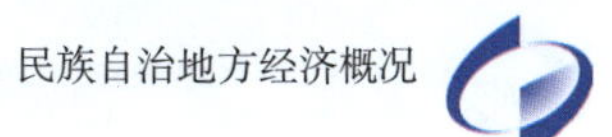

Principal Indicators of Minority Autonomous Regions (2012-2017)

2013	2014	2015	2016	2017
2 297.05	**2 308.75**	**2 320.27**	**2 332.61**	**2 344.52**
1 277.76	1 284.30	1 290.75	1 297.72	1 304.54
3 403.21	3 705.42	3 604.97	3 897.56	4 219.41
1 861.31	1 983.01	2 105.81	2 207.40	2 318.40
1 026.26	1 047.30	1 062.2	1 072.19	1 080.43
1 604.70	1 587.38	1 470.78	1 356.16	1 274.01
54.09	49.88	47.80	47.24	45.11
478.32	439.72	363.73	411.80	402.92
387.47	327.56	235.83	268.34	238.71
2 102.08	1 758.54	1 174.07	1 489.31	1 516.50
158.42	488.77	378.30	528.78	613.42
169.12	180.47	186.35	160.20	170.18
423.25	466.79	492.16	520.58	537.69
1 597.80	1 765.34	1 916.10	2 070.54	2 242.61

Note: Sine 2016, The public budgetary revenue of local government in this table is new caliber.

17-6 民族自治地方主要社会经济指标占全省的比重（2017年）
Proportion of Principal Socio-economic Indicators in Minority Autonomous Areas to the Whole Province (2017)

指　　标	Item	全　省 Yunnan	民族自治地方 Minority Autonomous Areas	民族自治地方占全省比重(%) Proportion of Minority Autonomous Areas to the Whole Province(%)
市县数(个)	**Number of Cities and Counties (unit)**	**129**	**78**	**60.5**
年末总人口(万人)	**Total Population at Year-end (10 000 persons)**	**4 800.50**	**2 344.52**	**48.8**
土地面积(万平方千米)	**Land Area (10 000 sq.km)**	**39.41**	**27.67**	**70.2**
生产总值(当年价)(亿元)	**Gross Regional Product (at Current prices) (100 million yuan)**	**16 376.34**	**6 696.71**	**40.9**
规模以上工业总产值	Gross Output Value of Industry Above Designated Size	11 559.51	4 219.41	36.5
农业总产值	Gross Output Value of Agriculture,Forestry,Animal Husbandry,Fishery	3 872.93	2 318.40	59.9
主要农产品产量(万吨)	**Output of Major Agricultural Products(10 000 tons)**			
粮　食	Grain	1 843.40	1 080.43	58.6
甘　蔗	Sugarcane	1 516.15	1 274.01	84.0
烤　烟	Flue-cured Tobacco	83.85	45.11	53.8
固定资产投资额（不含农户）（亿元）	**Total Investment in Fixed Assets (100 million yuan)**	**18 474.89**	**8 542.85**	**46.2**
社会消费品零售总额(亿元)	**Retail Sales of Consumer Goods (100 million yuan)**	**6 423.06**	**2 216.89**	**34.5**
地方一般公共预算收支(亿元)	**Public Budgetary Revenue and Expenditure of Local Government(100 million yuan)**			
地方一般公共预算收入	Public Budgetary Revenue of Local Government	1 886.17	537.69	28.5
地方一般公共预算支出	Public Budgetary Expenditure of Local Government	5 712.97	2 242.61	39.3

17-7 民族自治地方一般公共预算收入和支出（2016-2017年）
Public Budgetary Revenue and Expenditure of Local Government in Minority Autonomous Regions (2016-2017)

单位：亿元 (100 million yuan)

民族自治地方	National Autonomous Area	地方一般公共预算收入 Government Revenue		地方一般公共预算支出 Government Expenditure	
		2016	2017	2016	2017
民族自治地方总计	**Minority Autonomous Area Total**	**520.58**	**537.69**	**2 070.54**	**2 242.61**
自治州合计	**Autonomous Prefectures**	**432.46**	**447.76**	**1 634.63**	**1 809.53**
楚雄彝族自治州	Chuxiong Yi Autonomous Prefecture	73.64	80.26	235.21	248.69
红河哈尼族彝族自治州	Honghe Hani and Yi Autonomous Prefecture	133.10	141.28	378.79	402.79
文山壮族苗族自治州	Wenshan Zhuang and Miao Autonomous Prefecture	54.69	56.88	272.23	321.57
西双版纳傣族自治州	Xishuangbanna Dai Autonomous Prefecture	30.48	28.46	117.31	117.77
大理白族自治州	Dali Bai Autonomous Prefecture	82.01	87.01	294.82	338.18
德宏傣族景颇族自治州	Dehong Dai and Jingpo Autonomous Prefecture	32.61	33.77	134.26	150.92
怒江傈僳族自治州	Nujiang Lisu Autonomous Prefecture	9.46	9.93	83.35	89.67
迪庆藏族自治州	Diqing Tibetan Autonomous Prefecture	16.47	10.17	118.66	139.94
自治州以外的自治县合计	**Autonomous Counties Except the Above Prefectures**	**88.12**	**89.93**	**435.91**	**433.08**
石林彝族自治县	Shilin Yi Autonomous County	6.13	6.17	16.26	20.35
禄劝彝族苗族自治县	Luquan Yi and Miao Autonomous County	6.37	6.12	27.30	33.59
寻甸回族彝族自治县	Xundian Hui and Yi Autonomous County	6.77	6.80	26.55	36.42
峨山彝族自治县	Eshan Yi Autonomous County	4.18	4.33	14.86	15.52
新平彝族傣族自治县	Xinping Yi and Dai Autonomous County	12.06	12.67	27.06	27.88
元江哈尼族彝族傣族自治县	Yuanjiang Hani and Yi and Dai Autonomous County	4.24	4.88	17.62	18.89
玉龙纳西族自治县	Yulong Naxi Autonomous County	7.66	5.58	25.67	27.87
宁蒗彝族自治县	Ninglang Yi Autonomous County	2.10	2.42	24.59	28.64
宁洱哈尼族彝族自治县	Ning'er Hani and Yi Autonomous County	3.39	3.60	17.86	19.65
墨江哈尼族自治县	Mojiang Hani Autonomous County	3.38	3.59	24.75	26.74
景东彝族自治县	Jingdong Yi Autonomous County	4.46	4.73	26.02	26.48
景谷傣族彝族自治县	Jinggu Dai and Yi Autonomous County	5.41	5.84	25.45	26.98
镇沅彝族哈尼族拉祜族自治县	Zhenyuan Yi and Hani and Lahu Autonomous County	3.63	3.86	19.82	22.72
江城哈尼族彝族自治县	Jiangcheng Hani and Yi Autonomous County	1.70	1.81	14.03	15.46
孟连傣族拉祜族佤族自治县	Menglian Dai and Lahu and Wa Autonomous County	1.52	1.67	15.13	17.56
澜沧拉祜族自治县	Lancang Lahu Autonomous County	5.16	5.47	36.00	45.10
西盟佤族自治县	Ximeng Wa Autonomous County	0.72	0.78	13.18	13.62
双江拉祜族佤族布朗族傣族自治县	Shuangjiang Lahu and Wa and Bulang and Dai Autonomous County	3.25	3.05	18.69	19.97
耿马傣族佤族自治县	Gengma Dai and Wa Autonomous County	3.62	3.79	25.20	26.46
沧源佤族自治县	Cangyuan Wa Autonomous County	2.37	2.77	19.87	21.07

17-8 民族自治地方生产总值及指数（2017年）

单位：亿元、%

民族自治地方	Minority Autonomous Area	生产总值 Gross Regional Product
民族自治地方总计	**Minority Autonomous Area Total**	**6 696.71**
自治州合计	**Autonomous Prefectures**	**5 382.56**
楚雄彝族自治州	Chuxiong Yi Autonomous Prefecture	937.37
红河哈尼族彝族自治州	Honghe Hani and Yi Autonomous Prefecture	1 478.57
文山壮族苗族自治州	Wenshan Zhuang and Miao Autonomous Prefecture	809.11
西双版纳傣族自治州	Xishuangbanna Dai Autonomous Prefecture	393.84
大理白族自治州	Dali Bai Autonomous Prefecture	1 066.55
德宏傣族景颇族自治州	Dehong Dai and Jingpo Autonomous Prefecture	356.97
怒江傈僳族自治州	Nujiang Lisu Autonomous Prefecture	141.50
迪庆藏族自治州	Diqing Tibetan Autonomous Prefecture	198.65
自治州以外的自治县合计	**Autonomous Counties Except the Above Prefectures**	**1 314.15**
石林彝族自治县	Shilin Yi Autonomous County	85.96
禄劝彝族苗族自治县	Luquan Yi and Miao Autonomous County	91.19
寻甸回族彝族自治县	Xundian Hui and Yi Autonomous County	89.89
峨山彝族自治县	Eshan Yi Autonomous County	78.17
新平彝族傣族自治县	Xinping Yi and Dai Autonomous County	139.68
元江哈尼族彝族傣族自治县	Yuanjiang Hani and Yi and Dai Autonomous County	81.55
玉龙纳西族自治县	Yulong Naxi Autonomous County	58.61
宁蒗彝族自治县	Ninglang Yi Autonomous County	36.29
宁洱哈尼族彝族自治县	Ning'er Hani and Yi Autonomous County	52.80
墨江哈尼族自治县	Mojiang Hani Autonomous County	62.29
景东彝族自治县	Jingdong Yi Autonomous County	68.84
景谷傣族彝族自治县	Jinggu Dai and Yi Autonomous County	100.30
镇沅彝族哈尼族拉祜族自治县	Zhenyuan Yi and Hani and Lahu Autonomous County	51.13
江城哈尼族彝族自治县	Jiangcheng Hani and Yi Autonomous County	28.29
孟连傣族拉祜族佤族自治县	Menglian Dai and Lahu and Wa Autonomous County	28.77
澜沧拉祜族自治县	Lancang Lahu Autonomous County	72.50
西盟佤族自治县	Ximeng Wa Autonomous County	13.57
双江拉祜族佤族布朗族傣族自治县	Shuangjiang Lahu and Wa and Bulang and Dai Autonomous County	42.48
耿马傣族佤族自治县	Gengma Dai and Wa Autonomous County	89.93
沧源佤族自治县	Cangyuan Wa Autonomous County	41.91

注：本表生产总值按当年价格计算，指数按可比价格计算。

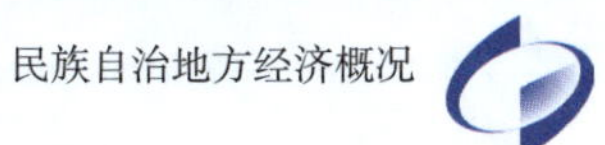

Gross Regional Product and Their Indices in Minority Autonomous Regions (2017)

(100 million yuan,%)

			生产总值指数			
第一产业 Primary Industry	第二产业 Secondary Industry	第三产业 Tertiary Industry	(上年=100) Indices of GRP (preceding year=100)	第一产业 Primary Industry	第二产业 Secondary Industry	第三产业 Tertiary Industry
1 321.56	**2 505.65**	**2 869.50**	**110.3**	**106.2**	**112.0**	**110.8**
985.57	**2 070.41**	**2 326.58**	**110.3**	**106.1**	**112.1**	**110.5**
171.02	366.11	400.24	110.8	106.3	113.1	110.6
225.03	687.94	565.60	110.8	106.2	113.5	109.3
163.03	291.67	354.41	110.0	106.0	111.9	110.3
96.80	106.63	190.41	108.7	105.9	106.4	111.4
214.95	409.63	441.97	109.7	106.0	110.4	110.8
81.87	89.19	185.91	110.7	106.1	111.8	112.3
20.86	43.25	77.39	110.9	105.4	112.7	111.4
12.01	75.99	110.65	111.0	105.9	114.0	109.6
335.99	**435.24**	**542.92**	**110.3**	**106.4**	**111.2**	**112.1**
20.33	23.05	42.58	108.5	107.0	107.2	109.9
23.61	23.95	43.63	109.1	107.1	101.1	115.5
23.62	26.35	39.92	107.0	106.9	103.4	109.8
11.86	30.14	36.17	112.6	106.5	115.0	112.4
20.30	53.92	65.46	112.5	106.7	112.2	114.5
19.80	17.59	44.16	113.5	106.7	121.5	113.6
11.51	25.51	21.59	109.3	106.0	111.0	109.0
8.29	13.62	14.38	109.0	105.6	110.6	109.4
11.61	20.22	20.97	110.6	106.4	113.2	110.7
15.62	20.28	26.39	110.5	106.3	112.0	112.1
25.19	20.55	23.10	109.0	106.2	109.4	111.9
29.58	39.50	31.22	109.2	106.2	110.7	110.3
19.75	15.78	15.60	111.0	106.4	116.3	111.9
9.18	10.28	8.83	107.5	106.4	108.1	107.8
10.73	5.98	12.06	110.0	106.4	112.9	111.8
20.53	28.22	23.75	111.3	105.8	114.7	112.1
3.04	3.01	7.52	110.5	106.2	112.9	111.4
10.92	14.70	16.86	110.0	105.9	110.8	112.3
30.54	28.20	31.19	110.7	106.2	113.4	112.9
9.98	14.39	17.54	111.5	105.9	113.3	113.4

Note: Data of gross regional value are calculated at current prices,while indices are calculated by comparable prices.

17−9 民族自治地方职工人数（2017年）

Number of Staff and Workers in Minority Autonomous Regions (2017)

单位：万人 (10 000 preson)

民族自治地方	Minority Autonomous Area	职工人数 Number of Staff and Workers	国有单位 State-owned Entities	城镇集体单位 Urban Collective-owned Entities	其他单位 Others
民族自治地方合计	**Minority Autonomous Area Total**	**129.37**	**73.28**	**2.78**	**53.31**
自治州合计	**Autonomous Prefectures**	**102.26**	**57.52**	**1.70**	**43.04**
楚雄彝族自治州	Chuxiong Yi Autonomous Prefecture	13.95	8.42	0.24	5.30
红河哈尼族彝族自治州	Honghe Hani and Yi Autonomous Prefecture	26.67	14.20	0.66	11.81
文山壮族苗族自治州	Wenshan Zhuang and Miao Autonomous Prefecture	16.12	10.01	0.28	5.83
西双版纳傣族自治州	Xishuangbanna Dai Autonomous Prefecture	7.23	3.83	0.06	3.35
大理白族自治州	Dali Bai Autonomous Prefecture	21.20	10.51	0.19	10.50
德宏傣族景颇族自治州	Dehong Dai and Jingpo Autonomous Prefecture	10.24	5.84	0.18	4.22
怒江傈僳族自治州	Nujiang Lisu Autonomous Prefecture	3.66	2.54	0.04	1.08
迪庆藏族自治州	Diqing Tibetan Autonomous Prefecture	3.20	2.18	0.06	0.96
自治州以外的自治县合计	**Autonomous Counties Except the Above Prefectures**	**27.11**	**15.76**	**1.08**	**10.27**
石林彝族自治县	Shilin Yi Autonomous County	1.66	0.76	0.20	0.70
禄劝彝族苗族自治县	Luquan Yi and Miao Autonomous County	1.38	0.78	0.06	0.54
寻甸回族彝族自治县	Xundian Hui and Yi Autonomous County	2.01	1.13	0.05	0.83
峨山彝族自治县	Eshan Yi Autonomous County	1.35	0.66	0.02	0.67
新平彝族傣族自治县	Xinping Yi and Dai Autonomous County	2.55	0.91	0.05	1.59
元江哈尼族彝族傣族自治县	Yuanjiang Hani and Yi and Dai Autonomous County	1.55	0.81	0.02	0.72
玉龙纳西族自治县	Yulong Naxi Autonomous County	1.80	1.05	0.04	0.72
宁蒗彝族自治县	Ninglang Yi Autonomous County	0.86	0.81	0.01	0.04
宁洱哈尼族彝族自治县	Ning'er Hani and Yi Autonomous County	0.86	0.72	0.05	0.10
墨江哈尼族自治县	Mojiang Hani Autonomous County	1.27	0.90	0.02	0.36
景东彝族自治县	Jingdong Yi Autonomous County	1.45	0.89	0.01	0.55
景谷傣族彝族自治县	Jinggu Dai and Yi Autonomous County	1.71	0.83	0.04	0.84
镇沅彝族哈尼族拉祜族自治县	Zhenyuan Yi and Hani and Lahu Autonomous County	1.16	0.63	0.06	0.46
江城哈尼族彝族自治县	Jiangcheng Hani and Yi Autonomous County	1.00	0.43	0.38	0.20
孟连傣族拉祜族佤族自治县	Menglian Dai and Lahu and Wa Autonomous County	0.97	0.72	0.01	0.24
澜沧拉祜族自治县	Lancang Lahu Autonomous County	1.59	1.14	0.02	0.42
西盟佤族自治县	Ximeng Wa Autonomous County	0.38	0.35	0.01	0.02
双江拉祜族佤族布朗族傣族自治县	Shuangjiang Lahu and Wa and Bulang and Dai Autonomous County	0.82	0.46	0.01	0.35
耿马傣族佤族自治县	Gengma Dai and Wa Autonomous County	1.91	1.17	0.01	0.73
沧源佤族自治县	Cangyuan Wa Autonomous County	0.81	0.59	0.01	0.22

17-10 民族自治地方职工平均工资（2017年）

Average Wages of Staff and Workers in Minority Autonomous Regions (2017)

单位：万元／人 (10 000 yuan / person)

民族自治地方	Minority Autonomous Area	职工平均工资 Average Wages of Staff and Workers	国有单位 State-owned Entities	集体单位 Collective-owned Entities	其他单位 Others
民族自治地方	**Minority Autonomous Area**	**7.63**	**9.61**	**8.84**	**4.85**
自治州合计	**Autonomous Prefectures**	**7.62**	**9.61**	**9.89**	**4.89**
楚雄彝族自治州	Chuxiong Yi Autonomous Prefecture	8.05	9.87	13.93	4.97
红河哈尼族彝族自治州	Honghe Hani , Yi Autonomous Prefecture	7.42	9.53	7.32	5.02
文山壮族苗族自治州	Wenshan Zhuang , Miao Autonomous Prefecture	7.64	9.01	10.51	5.13
西双版纳傣族自治州	Xishuangbanna Dai Autonomous Prefecture	7.54	9.44	7.92	5.40
大理白族自治州	Dali Bai Autonomous Prefecture	7.53	10.15	14.95	4.78
德宏傣族景颇族自治州	Dehong Dai , Jingpo Autonomous Prefecture	6.87	8.33	9.06	4.65
怒江傈僳族自治州	Nujiang Lisu Autonomous Prefecture	7.72	8.79	5.97	5.26
迪庆藏族自治州	Diqing Tibetan Autonomous Prefecture	11.71	13.89	11.13	6.85
自治州以外的自治县合计	**Autonomous Counties Except the Above Prefectures**	**7.63**	**9.58**	**7.01**	**4.66**
石林彝族自治县	Shilin Yi Autonomous County	6.59	8.79	4.69	4.36
禄劝彝族苗族自治县	Luquan Yi , Miao Autonomous County	8.61	10.67	10.49	5.15
寻甸回族彝族自治县	Xundian Hui , Yi Autonomous County	7.52	9.56	12.25	4.42
峨山彝族自治县	Eshan Yi Autonomous County	7.49	10.86	13.52	3.94
新平彝族傣族自治县	Xinping Yi , Dai Autonomous County	7.12	10.85	5.72	4.99
元江哈尼族彝族傣族自治县	Yuanjiang Hani , Yi , Dai Autonomous County	7.68	9.78	7.03	5.04
玉龙纳西族自治县	Yulong Naxi Autonomous County	7.62	9.10	7.94	5.43
宁蒗彝族自治县	Ninglang Yi Autonomous County	8.29	8.27	22.06	5.69
宁洱哈尼族彝族自治县	Ning'er Hani , Yi Autonomous County	10.19	11.12	6.98	5.40
墨江哈尼族自治县	Mojiang Hani Autonomous County	9.17	10.41	13.50	5.53
景东彝族自治县	Jingdong Yi Autonomous County	7.75	9.36	2.93	4.73
景谷傣族彝族自治县	Jinggu Dai , Yi Autonomous County	7.56	11.00	7.81	4.20
镇沅彝族哈尼族拉祜族自治县	Zhenyuan Yi , Hani , Lahu Autonomous County	7.69	10.19	14.18	3.75
江城哈尼族彝族自治县	Jiangcheng Hani , Yi Autonomous County	5.95	8.81	2.93	4.70
孟连傣族拉祜族佤族自治县	Menglian Dai , Lahu , Wa Autonomous County	7.66	7.31	18.55	8.19
澜沧拉祜族自治县	Lancang Lahu Autonomous County	8.36	9.56	14.43	4.65
西盟佤族自治县	Ximeng Wa Autonomous County	11.16	11.47	10.98	5.32
双江拉祜族佤族布朗族傣族自治县	Shuangjiang Lahu,Wa ,Bulang,Dai Autonomous County	7.13	9.32	18.51	4.18
耿马傣族佤族自治县	Gengma Dai , Wa Autonomous County	5.40	6.57	13.03	3.36
沧源佤族自治县	Cangyuan Wa Autonomous County	9.42	11.16	17.88	4.24

17－11 民族自治地方农、林、牧、渔业总产值（2017年）

单位：亿元

民族自治地方	Minority Autonomous Area	农、林、牧、渔业总产值 Gross Output Value of Farming, Forestry, Animal Husbandry and Fishery
民族自治地方总计	**Minority Autonomous Area Total**	**2 318.40**
自治州合计	**Autonomous Prefectures**	**1 731.25**
楚雄彝族自治州	Chuxiong Yi Autonomous Prefecture	305.62
红河哈尼族彝族自治州	Honghe Hani and Yi Autonomous Prefecture	382.73
文山壮族苗族自治州	Wenshan Zhuang and Miao Autonomous Prefecture	278.05
西双版纳傣族自治州	Xishuangbanna Dai Autonomous Prefecture	169.59
大理白族自治州	Dali Bai Autonomous Prefecture	407.92
德宏傣族景颇族自治州	Dehong Dai and Jingpo Autonomous Prefecture	132.38
怒江傈僳族自治州	Nujiang Lisu Autonomous Prefecture	33.70
迪庆藏族自治州	Diqing Tibetan Autonomous Prefecture	21.26
自治州以外的自治县合计	**Autonomous Counties Except the Above Prefectures**	**587.15**
石林彝族自治县	Shilin Yi Autonomous County	38.57
禄劝彝族苗族自治县	Luquan Yi and Miao Autonomous County	43.98
寻甸回族彝族自治县	Xundian Hui and Yi Autonomous County	42.37
峨山彝族自治县	Eshan Yi Autonomous County	18.61
新平彝族傣族自治县	Xinping Yi and Dai Autonomous County	38.63
元江哈尼族彝族傣族自治县	Yuanjiang Hani and Yi and Dai Autonomous County	33.34
玉龙纳西族自治县	Yulong Naxi Autonomous County	23.18
宁蒗彝族自治县	Ninglang Yi Autonomous County	14.09
宁洱哈尼族彝族自治县	Ning'er Hani and Yi Autonomous County	19.53
墨江哈尼族自治县	Mojiang Hani Autonomous County	28.38
景东彝族自治县	Jingdong Yi Autonomous County	42.32
景谷傣族彝族自治县	Jinggu Dai and Yi Autonomous County	49.56
镇沅彝族哈尼族拉祜族自治县	Zhenyuan Yi and Hani and Lahu Autonomous County	33.53
江城哈尼族彝族自治县	Jiangcheng Hani and Yi Autonomous County	15.71
孟连傣族拉祜族佤族自治县	Menglian Dai and Lahu and Wa Autonomous County	19.71
澜沧拉祜族自治县	Lancang Lahu Autonomous County	34.20
西盟佤族自治县	Ximeng Wa Autonomous County	5.41
双江拉祜族佤族布朗族傣族自治县	Shuangjiang Lahu and Wa and Bulang and Dai Autonomous County	18.52
耿马傣族佤族自治县	Gengma Dai and Wa Autonomous County	48.78
沧源佤族自治县	Cangyuan Wa Autonomous County	18.74

注：本表按现行价格计算。

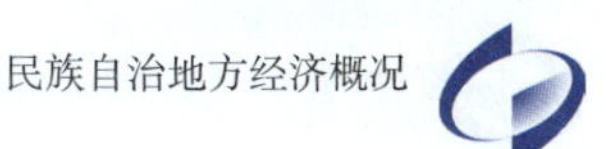

Gross Output Value of Farming, Forestry, Animal Husbandry and Fishery in Minority Autonomous Regions (2017)

(100 million yuan)

农 业 Farming	林 业 Forestry	牧 业 Animal Husbandry	渔 业 Fishery	农、林、牧、渔服务业 Services in Support of Agriculture, Forestry, Animal Husbandry and Fishery
1 194.01	**197.94**	**789.30**	**67.57**	**69.58**
882.38	**132.16**	**613.58**	**45.98**	**57.14**
160.80	7.09	113.67	3.88	20.18
164.92	21.27	179.64	11.13	5.77
139.22	18.16	108.87	7.46	4.34
81.05	56.96	15.22	7.50	8.85
229.39	11.30	146.27	9.95	11.01
82.89	9.74	30.66	5.53	3.56
13.92	5.23	12.73	0.06	1.77
10.19	2.40	6.52	0.46	1.68
311.63	**65.78**	**175.71**	**21.59**	**12.44**
21.47	3.07	11.87	0.77	1.38
20.19	2.65	20.57	0.17	0.39
19.83	1.24	19.35	1.45	0.49
9.91	0.97	7.25	0.17	0.31
20.79	2.16	14.97	0.25	0.47
26.12	0.75	6.06	0.30	0.11
9.50	0.74	10.46	0.66	1.81
6.40	0.88	6.37	0.28	0.16
9.48	2.03	6.28	1.30	0.44
14.26	2.73	7.71	3.03	0.63
20.18	5.67	14.64	0.91	0.91
20.24	17.21	6.75	4.23	1.13
17.24	5.75	8.75	1.21	0.59
10.05	2.27	2.35	0.68	0.36
11.73	4.12	2.51	0.45	0.90
19.24	2.39	9.88	2.20	0.48
2.42	1.61	1.00	0.08	0.30
10.36	1.21	5.19	1.17	0.60
31.32	6.60	8.58	1.70	0.59
10.89	1.70	5.17	0.60	0.38

Note: The data above are calculated at current prices.

17-12 民族自治地方主要农作物产量（2017年）

单位：万吨

民族自治地方	Minority Autonomous Area	粮食 Grain	稻谷 Rice
民族自治地方	**Minority Autonomous Area**	**1 080.43**	**324.45**
自治州合计	**Autonomous Prefectures**	**818.14**	**262.04**
楚雄彝族自治州	Chuxiong Yi Autonomous Prefecture	129.13	42.51
红河哈尼族彝族自治州	Honghe Hani and Yi Autonomous Prefecture	187.00	61.20
文山壮族苗族自治州	Wenshan Zhuang and Miao Autonomous Prefecture	163.62	45.34
西双版纳傣族自治州	Xishuangbanna Dai Autonomous Prefecture	48.92	22.90
大理白族自治州	Dali Bai Autonomous Prefecture	177.65	45.61
德宏傣族景颇族自治州	Dehong Dai and Jingpo Autonomous Prefecture	74.95	39.75
怒江傈僳族自治州	Nujiang Lisu Autonomous Prefecture	18.55	3.33
迪庆藏族自治州	Diqing Tibetan Autonomous Prefecture	18.33	1.40
自治州以外的自治县合计	**Autonomous Counties Except the Above Prefectures**	**262.29**	**62.41**
石林彝族自治县	Shilin Yi Autonomous County	15.23	2.09
禄劝彝族苗族自治县	Luquan Yi and Miao Autonomous County	24.01	2.29
寻甸回族彝族自治县	Xundian Hui and Yi Autonomous County	24.62	4.37
峨山彝族自治县	Eshan Yi Autonomous County	7.14	2.16
新平彝族傣族自治县	Xinping Yi and Dai Autonomous County	16.35	4.32
元江哈尼族彝族傣族自治县	Yuanjiang Hani and Yi and Dai Autonomous County	9.96	2.71
玉龙纳西族自治县	Yulong Naxi Autonomous County	12.05	0.58
宁蒗彝族自治县	Ninglang Yi Autonomous County	8.33	1.08
宁洱哈尼族彝族自治县	Ning'er Hani and Yi Autonomous County	9.73	2.72
墨江哈尼族自治县	Mojiang Hani Autonomous County	16.00	3.20
景东彝族自治县	Jingdong Yi Autonomous County	19.05	5.13
景谷傣族彝族自治县	Jinggu Dai and Yi Autonomous County	18.65	5.44
镇沅彝族哈尼族拉祜族自治县	Zhenyuan Yi and Hani and Lahu Autonomous County	12.40	2.99
江城哈尼族彝族自治县	Jiangcheng Hani and Yi Autonomous County	4.61	0.91
孟连傣族拉祜族佤族自治县	Menglian Dai and Lahu and Wa Autonomous County	6.40	2.93
澜沧拉祜族自治县	Lancang Lahu Autonomous County	26.08	9.84
西盟佤族自治县	Ximeng Wa Autonomous County	4.45	1.80
双江拉祜族佤族布朗族傣族自治县	Shuangjiang Lahu and Wa and Bulang and Dai Autonomous County	7.28	1.55
耿马傣族佤族自治县	Gengma Dai and Wa Autonomous County	12.10	4.28
沧源佤族自治县	Cangyuan Wa Autonomous County	7.86	2.03

注：2017年粮食作物分州（市）及分县数据为年报数据；经济作物分州（市）数据为第三次全国农业普查核定和修订的数据，分县数据为年报数据。

Yields of Major Farm Crops in Minority Autonomous Areas (2017)

(10 000 tons)

小 麦 Wheat	玉 米 Maize	豆 类 Beans and Peas	薯 类（折粮） Tubers	油 料 Oil-bearing Crops	甘 蔗 Sugarcane	烤 烟 Flue-cured Tobacco
48.44	**479.53**	**74.23**	**90.34**	**24.04**	**1 274.01**	**45.11**
34.98	**346.04**	**61.19**	**62.49**	**18.96**	**673.67**	**30.03**
10.68	46.91	14.07	6.17	5.20	1.48	8.62
7.09	74.18	11.99	19.86	3.16	101.64	7.17
7.76	82.70	11.77	12.29	6.19	135.20	5.02
0.01	25.35	0.28	0.26	0.12	90.30	
5.12	74.94	18.74	11.06	2.92	0.82	7.04
0.71	24.83	1.16	8.38	0.79	341.45	2.04
1.12	8.59	1.90	2.49	0.14	2.77	
2.49	8.55	1.29	1.97	0.43		0.14
13.45	**133.48**	**13.04**	**27.86**	**5.08**	**600.35**	**15.09**
1.60	8.84	0.76	1.29	0.06		1.42
1.73	11.78	1.26	5.07	0.33	0.12	1.23
0.94	5.89	1.52	8.81	0.37		2.04
0.19	4.15	0.42	0.11	0.77	0.39	1.01
0.31	9.68	0.46	0.52	0.12	50.81	1.06
0.39	5.93	0.32	0.20	0.35	23.20	0.67
2.21	4.55	1.43	1.95	0.55		1.47
0.24	1.88	1.01	2.98	0.01		0.32
0.75	5.32	0.26	0.51	0.22	0.06	0.52
0.51	10.81	0.80	0.36	0.33	3.91	0.79
1.56	8.98	1.49	1.74	0.34	22.40	1.28
0.61	10.11	0.63	1.69	0.40	47.72	1.06
1.09	7.50	0.59	0.18	0.33	3.12	1.29
0.03	3.60	0.02	0.04	0.06	4.57	
	3.38	0.03	0.02	0.04	44.76	
0.27	14.26	0.62	0.57	0.22	111.59	0.04
0.05	2.29	0.02	0.10		9.77	
0.58	3.80	0.32	0.71	0.21	40.66	0.46
0.28	5.63	0.83	0.82	0.21	180.52	0.18
0.12	5.10	0.26	0.21	0.15	56.75	0.25

Note: Data of each city and county of grain crops in 2017 are annual reports, the data of each city of the economic crops are verified and revised by the Third National Agricultural Census, and the data of the each county are the annual data.

17-13 民族自治地方规模以上工业企业单位数及总产值（2017年）

单位：亿元

民族自治地方	Minority Autonomous Area	工业企业单位数（个）Number of Industrial Enterprises(unit)
民族自治地方总计	**Minority Autonomous Area Total**	**1 719**
自治州合计	**Autonomous Prefectures**	**1 339**
楚雄彝族自治州	Chuxiong Yi Autonomous Prefecture	329
红河哈尼族彝族自治州	Honghe Hani and Yi Autonomous Prefecture	344
文山壮族苗族自治州	Wenshan Zhuang and Miao Autonomous Prefecture	157
西双版纳傣族自治州	Xishuangbanna Dai Autonomous Prefecture	82
大理白族自治州	Dali Bai Autonomous Prefecture	282
德宏傣族景颇族自治州	Dehong Dai and Jingpo Autonomous Prefecture	104
怒江傈僳族自治州	Nujiang Lisu Autonomous Prefecture	18
迪庆藏族自治州	Diqing Tibetan Autonomous Prefecture	23
自治州以外的自治县合计	**Autonomous Counties Except the Above Prefectures**	**380**
石林彝族自治县	Shilin Yi Autonomous County	42
禄劝彝族苗族自治县	Luquan Yi and Miao Autonomous County	26
寻甸回族彝族自治县	Xundian Hui and Yi Autonomous County	42
峨山彝族自治县	Eshan Yi Autonomous County	24
新平彝族傣族自治县	Xinping Yi and Dai Autonomous County	32
元江哈尼族彝族傣族自治县	Yuanjiang Hani and Yi and Dai Autonomous County	25
玉龙纳西族自治县	Yulong Naxi Autonomous County	9
宁蒗彝族自治县	Ninglang Yi Autonomous County	8
宁洱哈尼族彝族自治县	Ning'er Hani and Yi Autonomous County	17
墨江哈尼族自治县	Mojiang Hani Autonomous County	16
景东彝族自治县	Jingdong Yi Autonomous County	11
景谷傣族彝族自治县	Jinggu Dai and Yi Autonomous County	30
镇沅彝族哈尼族拉祜族自治县	Zhenyuan Yi and Hani and Lahu Autonomous County	12
江城哈尼族彝族自治县	Jiangcheng Hani and Yi Autonomous County	13
孟连傣族拉祜族佤族自治县	Menglian Dai and Lahu and Wa Autonomous County	6
澜沧拉祜族自治县	Lancang Lahu Autonomous County	14
西盟佤族自治县	Ximeng Wa Autonomous County	4
双江拉祜族佤族布朗族傣族自治县	Shuangjiang Lahu and Wa and Bulang and Dai Autonomous County	15
耿马傣族佤族自治县	Gengma Dai and Wa Autonomous County	25
沧源佤族自治县	Cangyuan Wa Autonomous County	9

注：1.统计范围为年主营业务收入2000万元及以上工业企业。
2.工业总产值按当年价格计算。

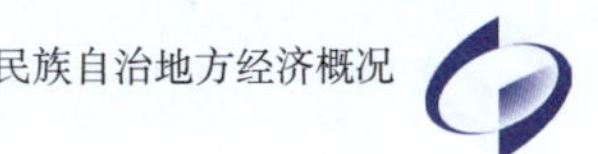

Number of Industrial Enterprises above Designated Size and Their Gross Output Value in Minority Autonomous Areas (2017)

(100 million yuan)

			工业总产值 Gross Output Value of Industry	
国 有 State-owned	轻工业 Light Industry	重工业 Heavy Industry		国 有 State-owned
31	**681**	**1 038**	**4 219.41**	**102.67**
26	**544**	**795**	**3 551.72**	**97.52**
4	151	178	770.62	24.81
13	122	222	1 220.42	26.75
4	53	104	352.10	34.26
	31	51	193.68	
	139	143	747.40	
3	37	67	176.71	3.23
2		18	46.91	8.47
	11	12	43.88	
5	**137**	**243**	**667.69**	**5.15**
1	19	23	38.72	0.22
	9	17	19.35	
1	14	28	44.50	3.07
	7	17	37.14	
	13	19	199.20	
	6	19	34.31	
	5	4	22.17	
	2	6	9.20	
1	5	12	17.28	0.82
	4	12	18.87	
	3	8	13.43	
	12	18	38.52	
	4	8	20.99	
	3	10	12.56	
	2	4	11.11	
	4	10	40.81	
1	1	3	3.36	0.76
	9	6	22.57	
1	12	13	48.92	0.28
	3	6	14.68	

Note: a.Statistical coverage are industrial enterprises with annual revenue over 2000 million yuan from principal business.
b.Gross industrial product value is calculated at the current prices.

17-14 民族自治地方规模以上工业主要产品产量（2017年）

单位：万吨

民族自治地方	Minority Autonomous Area	粗 钢 Steel	生 铁 Pig Iron
民族自治地方总计	**Minority Autonomous Area**	**402.92**	**238.71**
自治州合计	**Autonomous Prefectures**	**234.05**	**238.71**
楚雄彝族自治州	Chuxiong Yi Autonomous Prefecture	125.49	132.22
红河哈尼族彝族自治州	Honghe Hani and Yi Autonomous Prefecture	108.56	106.49
文山壮族苗族自治州	Wenshan Zhuang and Miao Autonomous Prefecture		
西双版纳傣族自治州	Xishuangbanna Dai Autonomous Prefecture		
大理白族自治州	Dali Bai Autonomous Prefecture		
德宏傣族景颇族自治州	Dehong Dai and Jingpo Autonomous Prefecture		
怒江傈僳族自治州	Nujiang Lisu Autonomous Prefecture		
迪庆藏族自治州	Diqing Tibetan Autonomous Prefecture		
自治州以外的自治县合计	**Autonomous Counties Except the Above Prefectures**	**168.87**	
石林彝族自治县	Shilin Yi Autonomous County		
禄劝彝族苗族自治县	Luquan Yi and Miao Autonomous County		
寻甸回族彝族自治县	Xundian Hui and Yi Autonomous County		
峨山彝族自治县	Eshan Yi Autonomous County		
新平彝族傣族自治县	Xinping Yi and Dai Autonomous County	168.87	
元江哈尼族彝族傣族自治县	Yuanjiang Hani and Yi and Dai Autonomous County		
玉龙纳西族自治县	Yulong Naxi Autonomous County		
宁蒗彝族自治县	Ninglang Yi Autonomous County		
宁洱哈尼族彝族自治县	Ning'er Hani and Yi Autonomous County		
墨江哈尼族自治县	Mojiang Hani Autonomous County		
景东彝族自治县	Jingdong Yi Autonomous County		
景谷傣族彝族自治县	Jinggu Dai and Yi Autonomous County		
镇沅彝族哈尼族拉祜族自治县	Zhenyuan Yi and Hani and Lahu Autonomous County		
江城哈尼族彝族自治县	Jiangcheng Hani and Yi Autonomous County		
孟连傣族拉祜族佤族自治县	Menglian Dai and Lahu and Wa Autonomous County		
澜沧拉祜族自治县	Lancang Lahu Autonomous County		
西盟佤族自治县	Ximeng Wa Autonomous County		
双江拉祜族佤族布朗族傣族自治县	Shuangjiang Lahu and Wa and Bulang and Dai Autonomous County		
耿马傣族佤族自治县	Gengma Dai and Wa Autonomous County		
沧源佤族自治县	Cangyuan Wa Autonomous County		

注：统计范围为年主营业务收入2000万元及以上工业企业。

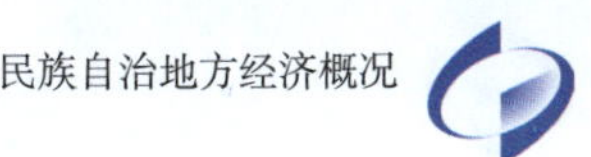

Output of Major Industrial Products above Designated size in Minority Autonomous Areas (2017)

(10 000 tons)

原 煤 Coal	发电量(亿千瓦小时) Electricity (100 million kwh)	成品糖 Sugar of Finished Product	农用化肥 Agricultural Chemical Fertilizer	白 酒(万升) Liquor (10 kiloliters)	啤 酒(万升) Beer (10 kiloliters)	水 泥 Cement
1 516.50	**613.42**	**170.18**	**93.58**	**6 143.38**	**34 249.19**	**5 062.02**
1 309.03	**504.63**	**103.23**	**89.08**	**4 030.59**	**32 534.69**	**3 722.41**
62.66	60.89	0.20	21.81	1 469.45	13 847.90	82.11
1 148.36	137.07	10.18	67.13	131.34	844.18	675.05
94.47	56.26	21.02	0.14	2 044.60		723.75
	8.85	15.48			862.01	131.23
3.55	74.84			383.10	16 980.60	1 450.26
	122.40	56.35				449.71
	19.47					
	24.86			2.10		210.30
207.47	**108.79**	**66.95**	**4.50**	**2 112.79**	**1 714.50**	**1 339.61**
	6.43					106.69
	38.59					
169.67	9.89		2.07			153.67
11.69	0.22			56.00	1 714.50	87.99
	5.06	4.95				73.77
	7.59	1.95	2.43			140.01
	1.46					
14.07	2.98			465.00		
	0.60					168.57
	18.84	0.38				
12.04	0.94	1.30				11.39
	6.08	3.15		1 410.50		
	0.33					200.23
	3.81					
	0.17	6.92				
	1.53	11.01				137.19
	1.06	3.09				
	1.55	4.75		159.69		
	1.27	22.24				120.02
	0.40	7.21		21.60		140.08

Note: Statistical coverage are industrial enterprises with annual revenue over 2000 million yuan from principal business.

17-15 民族自治地方规模以上工业企业主要财务指标（2017年）

单位：亿元

民族自治地方	Minority Autonomous Area	工业总产值 Gross Output Value (at current prices)
民族自治地方总计	**Minority Autonomous Area**	**4 219.41**
自治州合计	**Autonomous Prefectures**	**3 551.72**
楚雄彝族自治州	Chuxiong Yi Autonomous Prefecture	770.62
红河哈尼族彝族自治州	Honghe Hani and Yi Autonomous Prefecture	1 220.42
文山壮族苗族自治州	Wenshan Zhuang and Miao Autonomous Prefecture	352.10
西双版纳傣族自治州	Xishuangbanna Dai Autonomous Prefecture	193.68
大理白族自治州	Dali Bai Autonomous Prefecture	747.40
德宏傣族景颇族自治州	Dehong Dai and Jingpo Autonomous Prefecture	176.71
怒江傈僳族自治州	Nujiang Lisu Autonomous Prefecture	46.91
迪庆藏族自治州	Diqing Tibetan Autonomous Prefecture	43.88
自治州以外的自治县合计	**Autonomous Counties Except the Above Prefectures**	**667.69**
石林彝族自治县	Shilin Yi Autonomous County	38.72
禄劝彝族苗族自治县	Luquan Yi and Miao Autonomous County	19.35
寻甸回族彝族自治县	Xundian Hui and Yi Autonomous County	44.50
峨山彝族自治县	Eshan Yi Autonomous County	37.14
新平彝族傣族自治县	Xinping Yi and Dai Autonomous County	199.20
元江哈尼族彝族傣族自治县	Yuanjiang Hani and Yi and Dai Autonomous County	34.31
玉龙纳西族自治县	Yulong Naxi Autonomous County	22.17
宁蒗彝族自治县	Ninglang Yi Autonomous County	9.20
宁洱哈尼族彝族自治县	Ning'er Hani and Yi Autonomous County	17.28
墨江哈尼族自治县	Mojiang Hani Autonomous County	18.87
景东彝族自治县	Jingdong Yi Autonomous County	13.43
景谷傣族彝族自治县	Jinggu Dai and Yi Autonomous County	38.52
镇沅彝族哈尼族拉祜族自治县	Zhenyuan Yi and Hani and Lahu Autonomous County	20.99
江城哈尼族彝族自治县	Jiangcheng Hani and Yi Autonomous County	12.56
孟连傣族拉祜族佤族自治县	Menglian Dai and Lahu and Wa Autonomous County	11.11
澜沧拉祜族自治县	Lancang Lahu Autonomous County	40.81
西盟佤族自治县	Ximeng Wa Autonomous County	3.36
双江拉祜族佤族布朗族傣族自治县	Shuangjiang Lahu and Wa and Bulang and Dai Autonomous County	22.57
耿马傣族佤族自治县	Gengma Dai and Wa Autonomous County	48.92
沧源佤族自治县	Cangyuan Wa Autonomous County	14.68

Principal Financial Indicators of Industrial Enterprises above Designated size in Minority Autonomous Areas (2017)

(100 million yuan)

主营业务收入 Revenue from Principal Business	固定资产原价 Original Value of Fixed Assets	固定资产净值 Net Value of Fixed Assets	利税总额 Total Taxes and Profits	亏损企业亏损总额 Total Loss of Loss-making Enterprises
4 065.77	**5 336.49**	**3 644.25**	**601.56**	**86.16**
3 452.75	**3 896.60**	**2 601.77**	**538.34**	**66.90**
677.79	674.46	480.50	110.72	12.37
1 236.83	1 129.94	650.89	210.67	26.06
345.18	412.67	284.89	63.67	8.68
200.90	196.87	134.51	19.45	0.63
736.80	814.68	572.14	109.14	4.00
168.24	303.39	203.86	14.48	7.57
45.61	111.02	74.68	11.21	0.42
41.40	253.57	200.30	- 1.00	7.17
613.02	**1 439.89**	**1 042.48**	**63.22**	**19.26**
34.34	43.76	34.28	3.48	0.07
17.96	77.56	60.26	0.49	1.93
38.08	90.85	55.74	- 3.39	6.01
39.21	22.93	13.76	2.97	0.51
194.39	129.50	76.63	23.97	0.24
28.25	29.23	20.20	2.89	0.06
19.53	197.38	151.93	0.92	1.37
8.51	53.81	40.45	0.55	0.70
16.65	38.00	28.07	2.53	0.51
16.22	81.57	60.40	- 0.47	2.66
12.91	61.84	47.53	1.87	0.48
36.94	173.43	124.98	6.53	0.48
19.32	30.15	24.40	1.66	
11.66	52.61	38.52	- 0.75	1.70
10.51	3.34	1.73	1.26	
38.74	256.24	197.10	12.22	0.02
3.23	4.27	2.84	0.36	0.05
18.07	35.80	26.56	2.36	0.23
35.21	34.21	20.89	1.62	2.17
13.29	23.41	16.21	2.15	0.07

Chapter 18

十八、县域经济概况
Survey of Intra-counry Economies

18-1 各州市县生产总值及其指数（2017年）

Gross Regional Product and Its Indices by Region (2017)

单位：亿元、%　　(100 million yuan ,%)

州市县	Region	生产总值 Gross Regional Product	第一产业 Primary Industry	第二产业 Secondary Industry	第三产业 Tertiary Industry	生产总值指数（上年=100） Indices of GRP (preceding year=100)	第一产业 Primary Industry	第二产业 Secondary Industry	第三产业 Tertiary Industry
全　省	**Yunnan**	**16 376.34**	**2 338.37**	**6 204.97**	**7 833.00**	**109.5**	**106.1**	**110.7**	**109.5**
昆明市	**Kunming**	**4 857.64**	**210.13**	**1 865.97**	**2 781.54**	**109.7**	**106.0**	**109.0**	**110.5**
五华区	Wuhua	1 082.22	2.09	556.66	523.47	106.5	102.0	105.7	107.5
盘龙区	Panlong	654.70	5.05	191.04	458.61	110.6	101.7	110.9	110.5
官渡区	Guandu	1 140.14	8.11	406.83	725.20	110.4	96.5	108.8	111.5
西山区	Xishan	567.09	3.66	142.46	420.97	110.5	102.7	107.0	111.9
东川区	Dongchuan	91.87	6.37	46.43	39.07	110.0	107.0	109.5	111.1
呈贡区	Chenggong	227.12	5.13	118.20	103.79	111.4	103.0	109.6	114.3
晋宁区	Jinning	127.12	22.44	43.98	60.70	106.6	106.8	105.4	107.5
富民县	Fumin	72.71	10.69	37.04	24.98	110.1	106.5	112.1	108.6
宜良县	Yiliang	184.67	49.13	53.49	82.05	110.0	106.7	111.0	111.3
石林县	Shilin	85.96	20.33	23.05	42.58	108.5	107.0	107.2	109.9
嵩明县	Songming	117.95	15.94	53.80	48.21	107.1	106.6	102.4	113.6
禄劝县	Luquan	91.19	23.61	23.95	43.63	109.1	107.1	101.1	115.5
寻甸县	Xundian	89.89	23.62	26.35	39.92	107.0	106.9	103.4	109.8
安宁市	Anning	317.61	13.97	137.04	166.60	115.5	106.2	125.4	108.1
曲靖市	**Qujing**	**1 941.12**	**351.76**	**756.88**	**832.48**	**110.0**	**106.0**	**111.7**	**110.0**
麒麟区	Qilin	633.09	25.24	326.96	280.89	109.7	106.0	110.0	109.6
沾益区	Zhanyi	196.89	39.62	76.53	80.74	112.4	105.8	114.5	113.7
马龙县	Malong	53.85	9.64	23.13	21.08	111.4	106.0	115.3	109.1
陆良县	Luliang	168.03	57.29	46.11	64.63	111.0	106.3	117.3	111.1
师宗县	Shizong	118.14	40.15	34.03	43.96	110.1	106.0	115.3	109.9
罗平县	Luoping	169.88	42.90	51.74	75.24	110.5	106.1	114.2	110.6
富源县	Fuyuan	147.77	36.52	48.23	63.02	111.1	105.9	118.0	109.1
会泽县	Huize	180.25	41.05	72.54	66.66	107.0	106.0	103.6	111.9
宣威市	Xuanwei	272.80	59.36	76.98	136.46	109.5	105.9	113.4	109.0
玉溪市	**Yuxi**	**1 415.14**	**141.95**	**729.44**	**543.75**	**109.3**	**106.3**	**107.9**	**112.0**
红塔区	Hongta	635.08	15.00	430.55	189.53	105.4	105.5	103.3	110.7
江川区	Jiangchuan	90.85	16.68	30.51	43.66	113.0	106.3	116.4	113.3
澄江县	Chengjiang	90.80	11.20	28.25	51.35	113.5	106.7	109.7	117.5
通海县	Tonghai	112.38	16.99	42.17	53.22	111.7	106.0	114.9	110.8
华宁县	Huaning	87.22	18.67	27.53	41.02	111.2	106.4	114.7	111.1
易门县	Yimen	100.51	11.44	54.29	34.78	117.6	106.3	123.9	112.2
峨山县	Eshan	78.17	11.86	30.14	36.17	112.6	106.5	115.0	112.4
新平县	Xinping	139.68	20.30	53.92	65.46	112.5	106.7	112.2	114.5
元江县	Yuanjiang	81.55	19.80	17.59	44.16	113.5	106.7	121.5	113.6

18-1 续表1 continued

单位：亿元、%　　　(100 million yuan ,%)

州市县	Region	生产总值 Gross Regional Product	第一产业 Primary Industry	第二产业 Secondary Industry	第三产业 Tertiary Industry	生产总值指数 (上年=100) Indices of GRP (preceding year=100)	第一产业 Primary Industry	第二产业 Secondary Industry	第三产业 Tertiary Industry
保山市	**Baoshan**	**678.95**	**159.06**	**245.70**	**274.19**	**111.0**	**106.2**	**114.5**	**110.9**
隆阳区	Longyang	260.77	51.41	93.36	116.00	111.5	106.4	115.2	110.8
施甸县	Shidian	62.52	16.61	18.47	27.44	112.0	106.2	117.0	112.5
龙陵县	Longling	76.30	20.98	31.70	23.62	111.4	106.2	113.7	113.1
昌宁县	Changning	103.62	34.33	36.70	32.59	111.5	106.3	114.1	114.3
腾冲市	Tengchong	176.83	35.73	65.45	75.65	110.5	106.3	113.5	109.9
昭通市	**Zhaotong**	**832.45**	**156.38**	**357.94**	**318.13**	**109.0**	**105.9**	**110.1**	**109.2**
昭阳区	Zhaoyang	255.87	28.48	126.09	101.30	109.2	106.1	108.7	110.7
鲁甸县	Ludian	56.69	12.15	22.42	22.12	109.0	106.1	111.2	108.3
巧家县	Qiaojia	61.56	22.23	17.02	22.31	109.1	105.7	115.5	108.1
盐津县	Yanjin	45.61	9.79	17.88	17.94	107.0	104.1	107.4	108.4
大关县	Daguan	32.99	7.34	10.85	14.80	109.1	105.9	112.5	108.3
永善县	Yongshan	78.52	14.41	42.17	21.94	106.6	106.0	106.6	107.3
绥江县	Suijiang	22.61	4.23	5.00	13.38	109.1	106.1	107.9	110.6
镇雄县	Zhenxiong	113.10	26.16	39.59	47.35	110.5	105.9	113.9	110.3
彝良县	Yiliang	56.59	22.03	16.76	17.80	109.2	106.0	114.8	108.1
威信县	Weixin	36.07	7.32	12.01	16.74	109.9	105.9	114.6	108.3
水富县	Shuifu	54.84	2.25	37.65	14.94	109.0	106.2	109.9	107.1
丽江市	**Lijiang**	**339.48**	**49.61**	**137.14**	**152.73**	**109.4**	**105.8**	**112.1**	**108.1**
古城区	Gucheng	126.94	5.70	41.33	79.91	108.1	105.5	111.2	106.7
玉龙县	Yulong	58.61	11.51	25.51	21.59	109.3	106.0	111.0	109.0
永胜县	Yongsheng	78.67	17.53	38.76	22.38	110.0	106.0	112.9	108.2
华坪县	Huaping	38.05	6.58	17.91	13.56	110.2	105.7	113.6	107.8
宁蒗县	Ninglang	36.29	8.29	13.62	14.38	109.0	105.6	110.6	109.4
普洱市	**Pu'er**	**624.59**	**159.82**	**222.89**	**241.88**	**110.5**	**106.2**	**112.0**	**112.0**
思茅区	Simao	148.07	14.59	58.87	74.61	111.3	106.0	111.3	112.4
宁洱县	Ning'er	52.80	11.61	20.22	20.97	110.6	106.4	113.2	110.7
墨江县	Mojiang	62.29	15.62	20.28	26.39	110.5	106.3	112.0	112.1
景东县	Jingdong	68.84	25.19	20.55	23.10	109.0	106.2	109.4	111.9
景谷县	Jinggu	100.30	29.58	39.50	31.22	109.2	106.2	110.7	110.3
镇沅县	Zhenyuan	51.13	19.75	15.78	15.60	111.0	106.4	116.3	111.9
江城县	Jiangcheng	28.29	9.18	10.28	8.83	107.5	106.4	108.1	107.8
孟连县	Menglian	28.77	10.73	5.98	12.06	110.0	106.4	112.9	111.8
澜沧县	Lancang	72.50	20.53	28.22	23.75	111.3	105.8	114.7	112.1
西盟县	Ximeng	13.57	3.04	3.01	7.52	110.5	106.2	112.9	111.4
临沧市	**Lincang**	**604.06**	**162.24**	**207.87**	**233.95**	**110.0**	**106.1**	**110.9**	**111.9**
临翔区	Linxiang	110.45	16.41	39.81	54.23	110.7	106.1	112.7	110.6
凤庆县	Fengqing	107.62	37.45	33.77	36.40	108.8	106.3	108.0	112.3
云县	Yunxian	106.02	30.72	42.28	33.02	108.8	106.1	109.6	110.3
永德县	Yongde	61.81	16.70	20.15	24.96	108.5	106.0	106.1	112.5
镇康县	Zhenkang	43.85	9.52	14.55	19.78	110.6	106.3	114.7	109.8
双江县	Shuangjiang	42.48	10.92	14.70	16.86	110.0	105.9	110.8	112.3
耿马县	Gengma	89.93	30.54	28.20	31.19	110.7	106.2	113.4	112.9
沧源县	Cangyuan	41.91	9.98	14.39	17.54	111.5	105.9	113.3	113.4

18-1 续表2 continued

单位：亿元、% (100 million yuan ,%)

州市县	Region	生产总值 Gross Regional Product	第一产业 Primary Industry	第二产业 Secondary Industry	第三产业 Tertiary Industry	生产总值指数 (上年=100) Indices of GRP (preceding year=100)	第一产业 Primary Industry	第二产业 Secondary Industry	第三产业 Tertiary Industry
楚雄州	**Chuxiong**	**937.37**	**171.02**	**366.11**	**400.24**	**110.8**	**106.3**	**113.1**	**110.6**
楚雄市	Chuxiong	358.34	26.43	184.42	147.49	110.0	106.3	109.7	111.0
双柏县	Shuangbo	37.62	10.81	9.82	16.99	112.3	106.2	120.0	112.0
牟定县	Mouding	49.39	12.21	18.17	19.01	112.5	106.3	118.5	111.2
南华县	Nanhua	60.49	14.63	20.43	25.43	112.1	106.3	118.3	110.6
姚安县	Yao'an	46.01	14.86	9.41	21.74	111.5	106.4	119.5	111.8
大姚县	Dayao	72.76	19.19	26.06	27.51	111.9	106.3	118.2	110.1
永仁县	Yongren	36.52	8.86	10.47	17.19	112.0	106.4	116.1	112.5
元谋县	Yuanmou	60.23	16.18	16.92	27.13	112.6	106.2	119.9	112.3
武定县	Wuding	70.88	17.58	21.78	31.52	111.9	106.3	119.1	110.2
禄丰县	Lufeng	141.89	30.28	47.58	64.03	108.8	106.3	111.7	107.9
红河州	**Honghe**	**1 478.57**	**225.03**	**687.94**	**565.60**	**110.8**	**106.2**	**113.5**	**109.3**
个旧市	Gejiu	243.48	14.31	129.90	99.27	109.3	106.2	109.1	109.9
开远市	Kaiyuan	185.89	18.58	67.93	99.38	110.5	106.1	113.6	109.3
蒙自市	Mengzi	190.96	24.19	100.06	66.71	117.4	106.2	127.4	107.8
弥勒市	Mile	287.65	29.49	179.94	78.22	107.0	106.1	106.4	108.7
屏边县	Pingbian	32.31	6.98	12.85	12.48	111.1	106.3	117.6	107.5
建水县	Jianshui	152.13	30.56	62.29	59.28	110.9	106.1	116.3	108.0
石屏县	Shiping	68.93	24.35	20.42	24.16	110.7	106.2	119.0	108.9
泸西县	Luxi	92.42	19.94	34.34	38.14	110.9	106.3	115.0	109.6
元阳县	Yuanyang	49.74	13.75	15.56	20.43	110.2	106.0	114.4	110.0
红河县	Honghe	39.41	12.19	12.67	14.55	111.1	106.2	119.2	108.7
金平县	Jinping	53.25	11.92	26.35	14.98	111.5	106.1	116.1	108.0
绿春县	Luchun	33.53	8.60	14.43	10.50	111.6	106.2	119.2	106.5
河口县	Hekou	51.42	10.16	11.68	29.58	121.5	106.1	118.9	129.1
文山州	**Wenshan**	**809.11**	**163.03**	**291.67**	**354.41**	**110.0**	**106.0**	**111.9**	**110.3**
文山市	Wenshan	228.59	18.56	102.26	107.77	110.0	105.9	111.6	109.1
砚山县	Yanshan	121.55	25.71	38.48	57.36	108.5	106.2	108.7	109.4
西畴县	Xichou	37.68	10.14	9.66	17.88	110.0	106.1	115.3	109.4
麻栗坡县	Malipo	59.02	11.71	23.10	24.21	109.5	105.9	111.2	109.6
马关县	Maguan	86.44	18.86	34.58	33.00	110.3	106.0	114.0	108.6
丘北县	Qiubei	77.59	22.94	20.72	33.93	109.4	105.8	110.7	111.2
广南县	Guangnan	109.54	33.10	33.24	43.20	109.3	106.0	111.7	109.9
富宁县	Funing	86.42	22.00	29.05	35.37	110.0	106.0	114.5	108.8
西双版纳州	**Xishuangbanna**	**393.84**	**96.80**	**106.63**	**190.41**	**108.7**	**105.9**	**106.4**	**111.4**
景洪市	Jinghong	208.28	36.41	59.63	112.24	108.4	105.8	102.4	112.7
勐海县	Menghai	100.62	26.74	33.01	40.87	109.2	106.0	112.0	108.9

18-1　续表3　continued

单位：亿元、%　　(100 million yuan ,%)

州市县	Region	生产总值 Gross Regional Product	第一产业 Primary Industry	第二产业 Secondary Industry	第三产业 Tertiary Industry	生产总值指数（上年=100） Indices of GRP (preceding year=100)	第一产业 Primary Industry	第二产业 Secondary Industry	第三产业 Tertiary Industry
勐腊县	Mengla	88.82	33.65	13.98	41.19	109.1	105.9	111.1	111.0
大理州	**Dali**	**1 066.55**	**214.95**	**409.63**	**441.97**	**109.7**	**106.0**	**110.4**	**110.8**
大理市	Dali	379.68	24.75	170.63	184.30	108.1	104.5	107.6	109.1
漾濞县	Yangbi	22.72	6.12	8.48	8.12	110.2	106.1	111.5	112.0
祥云县	Xiangyun	138.64	34.48	50.31	53.85	110.1	106.2	109.7	113.2
宾川县	Binchuan	103.00	43.42	20.37	39.21	109.5	106.2	112.0	111.9
弥渡县	Midu	53.54	14.55	14.94	24.05	110.5	106.1	113.1	111.6
南涧县	Nanjian	52.46	13.29	16.74	22.43	109.7	106.0	110.5	111.4
巍山县	Weishan	57.53	18.05	17.91	21.57	109.8	106.2	113.7	109.6
永平县	Yongping	41.46	14.23	12.07	15.16	109.6	106.1	112.4	110.8
云龙县	Yunlong	52.69	8.32	25.57	18.80	111.3	106.0	115.7	108.1
洱源县	Eryuan	63.52	19.35	22.36	21.81	110.0	105.9	113.3	110.2
剑川县	Jianchuan	30.79	6.24	13.67	10.88	110.6	106.0	113.0	110.3
鹤庆县	Heqing	66.39	12.14	39.00	15.25	111.6	106.2	114.7	108.2
德宏州	**Dehong**	**356.97**	**81.87**	**89.19**	**185.91**	**110.7**	**106.1**	**111.8**	**112.3**
瑞丽市	Ruili	103.57	10.24	22.78	70.55	116.0	105.9	112.7	118.8
芒　市	Mangshi	104.48	23.43	22.24	58.81	108.7	106.0	111.3	108.9
梁河县	Lianghe	21.46	6.90	3.80	10.76	108.0	106.3	112.5	107.5
盈江县	Yingjiang	84.39	25.14	31.29	27.96	108.1	105.9	110.0	107.9
陇川县	Longchuan	43.78	16.16	9.41	18.21	110.0	106.3	115.9	110.5
怒江州	**Nujiang**	**141.50**	**20.86**	**43.25**	**77.39**	**110.9**	**105.4**	**112.7**	**111.4**
泸水市	Lushui	51.95	7.28	17.41	27.26	107.5	105.4	104.3	110.4
福贡县	Fugong	15.05	3.19	2.35	9.51	111.9	105.4	124.4	111.4
贡山县	Gongshan	12.64	2.52	2.80	7.32	111.3	105.4	118.9	110.7
兰坪县	Lanping	59.23	7.87	22.46	28.90	112.1	105.4	116.4	110.8
迪庆州	**Diqing**	**198.65**	**12.01**	**75.99**	**110.65**	**111.0**	**105.9**	**114.0**	**109.6**
香格里拉市	Shangri-La	120.64	4.51	45.28	70.85	111.0	106.0	111.6	111.0
德钦县	Deqin	31.11	1.70	12.91	16.50	110.3	105.8	117.1	106.0
维西县	Weixi	46.91	5.80	17.80	23.31	110.3	106.0	120.2	104.9

18-2 各州市县人均生产总值（2016-2017年）

Per Capita Gross Regional Product by Region (2016-2017)

单位：元/人 (yuan/person)

州市县	Region	2016	2017	州市县	Region	2016	2017
全　省	**Yunnan**	**30 949**	**34 221**	昌宁县	Changning	26 568	29 041
昆 明 市	**Kunming**	**64 156**	**71 906**	腾冲市	Tengchong	24 047	26 439
五华区	Wuhua	113 097	123 809	**昭 通 市**	**Zhaotong**	**14 040**	**15 119**
盘龙区	Panlong	68 812	78 323	昭阳区	Zhaoyang	28 247	30 544
官渡区	Guandu	113 214	127 661	鲁甸县	Ludian	12 640	13 641
西山区	Xishan	63 653	72 103	巧家县	Qiaojia	10 452	11 392
东川区	Dongchuan	28 656	32 474	盐津县	Yanjin	10 913	11 736
呈贡区	Chengong	58 631	67 096	大关县	Daguan	10 919	11 889
晋宁区	Jinning	38 572	41 707	永善县	Yongshan	18 075	18 908
富民县	Fumin	41 636	46 578	绥江县	Suijiang	12 927	14 099
宜良县	Yiliang	37 769	42 124	镇雄县	Zhenxiong	7 354	8 064
石林县	Shilin	29 863	32 857	彝良县	Yiliang	9 498	10 229
嵩明县	Songming	34 106	36 450	威信县	Weixin	8 140	8 880
禄劝县	Luquan	19 870	22 021	水富县	Shuifu	46 735	50 359
寻甸县	Xundian	17 534	19 077	**丽 江 市**	**Lijiang**	**24 116**	**26 368**
安宁市	Anning	73 810	84 696	古城区	Gucheng	53 595	57 988
曲 靖 市	**Qujing**	**29 155**	**31 806**	玉龙县	Yulong	24 136	26 341
麒麟区	Qilin	74 935	81 805	永胜县	Yongsheng	17 681	19 488
沾益区	Zhanyi	39 678	43 569	华坪县	Huaping	19 918	21 820
马龙县	Malong	25 136	27 702	宁蒗县	Ninglang	12 430	13 532
陆良县	Luliang	23 552	26 140	**普 洱 市**	**Pu'er**	**21 737**	**23 821**
师宗县	Shizong	26 620	28 935	思茅区	Simao	42 210	46 993
罗平县	Luoping	27 102	29 778	宁洱县	Ning'er	24 500	27 303
富源县	Fuyuan	18 024	19 841	墨江县	Mojiang	15 339	16 880
会泽县	Huize	18 081	19 188	景东县	Jingdong	17 151	18 687
宣威市	Xuanwei	18 294	19 807	景谷县	Jinggu	31 234	33 535
玉 溪 市	**Yuxi**	**55 389**	**59 510**	镇沅县	Zhenyuan	21 791	24 025
红塔区	Hongta	120 129	124 088	江城县	Jiangcheng	20 935	22 209
江川区	Jiangchuan	28 284	31 588	孟连县	Menglian	18 632	20 393
澄江县	Chengjiang	44 630	50 303	澜沧县	Lancang	12 924	14 479
通海县	Tonghai	32 707	36 218	西盟县	Ximeng	12 923	14 259
华宁县	Huaning	36 017	39 484	**临 沧 市**	**Lincang**	**21 906**	**23 942**
易门县	Yimen	47 382	55 528	临翔区	Lincang	29 685	32 775
峨山县	Eshan	41 466	45 980	凤庆县	Fengqing	20 940	22 733
新平县	Xinping	42 852	47 868	云　县	Yunxian	21 091	22 810
元江县	Yuanjiang	32 250	36 343	永德县	Yongde	14 771	16 155
保 山 市	**Baoshan**	**23 654**	**26 058**	镇康县	Zhenkang	21 317	23 777
隆阳区	Longyang	24 213	26 803	双江县	Shuangjiang	20 972	23 037
施甸县	Shidian	17 773	19 718	耿马县	Gengma	26 355	29 169
龙陵县	Longling	23 714	26 302	沧源县	Cangyuan	19 911	22 268

注：2017年生产总值包含研发支出。
Note: GDP of 2017 inculdes R&D.

18-2 续表 continued

单位：元/人 (yuan/person)

州 市 县	Region	2016	2017	州 市 县	Region	2016	2017
楚 雄 州	**Chuxiong**	**30 948**	**34 192**	富宁县	Funing	18 536	20 527
楚雄市	Chuxiong	54 053	59 824	**西双版纳州**	**Xishuangbanna**	**31 338**	**33 490**
双柏县	Shuangbo	20 665	23 407	景洪市	Jinghong	35 881	38 664
牟定县	Mouding	20 413	23 252	勐海县	Menghai	27 047	29 215
南华县	Nanhua	22 303	24 966	勐腊县	Mengla	28 028	30 323
姚安县	Yao'an	20 043	22 500	**大 理 州**	**Dali**	**27 360**	**29 846**
大姚县	Dayao	23 134	26 030	大理市	Dali	52 673	56 509
永仁县	Yongren	29 154	32 810	漾濞县	Yangbi	19 628	21 332
元谋县	Yuanmou	24 082	27 280	祥云县	Xiangyun	26 639	29 466
武定县	Wuding	22 481	25 341	宾川县	Binchuan	26 414	28 611
禄丰县	Lufeng	30 074	32 875	弥渡县	Midu	15 123	16 580
红 河 州	**Honghe**	**28 588**	**31 479**	南涧县	Nanjian	21 266	23 911
个旧市	Gejiu	47 380	51 639	巍山县	Weishan	16 854	18 315
开远市	Kaiyuan	50 389	55 456	永平县	Yongping	20 974	22 753
蒙自市	Mengzi	37 130	42 435	云龙县	Yunlong	22 861	25 369
弥勒市	Mile	48 572	51 220	洱源县	Eryuan	21 063	22 881
屏边县	Pingbian	18 804	21 032	剑川县	Jianchuan	15 910	17 413
建水县	Jianshui	24 932	27 585	鹤庆县	Heqing	22 799	25 130
石屏县	Shiping	20 086	22 129	**德 宏 州**	**Dehong**	**25 150**	**27 427**
泸西县	Luxi	20 031	22 056	瑞丽市	Ruili	43 811	50 034
元阳县	Yuanyang	10 863	11 973	芒 市	Mangshi	23 307	24 970
红河县	Honghe	11 360	12 661	梁河县	Lianghe	12 521	13 388
金平县	Jinping	12 693	14 230	盈江县	Yingjiang	24 632	26 241
绿春县	Luchun	12 739	14 346	陇川县	Longchuan	20 677	22 531
河口县	Hekou	38 829	47 264	**怒 江 州**	**Nujiang**	**23 289**	**25 940**
文 山 州	**Wenshan**	**20 362**	**22 299**	泸水市	Lushui	24 963	27 531
文山市	Wenshan	41 686	45 719	福贡县	Fugong	13 040	14 949
砚山县	Yanshan	23 298	25 444	贡山县	Gongshan	28 658	32 649
西畴县	Xichou	12 889	14 356	兰坪县	Lanping	23 861	27 246
麻栗坡县	Malipo	18 839	20 600	**迪 庆 州**	**Diqing**	**43 247**	**48 334**
马关县	Maguan	20 835	22 820	香格里拉市	Shangri-La	61 394	67 508
丘北县	Qiubei	14 291	15 754	德钦县	Deqin	40 698	45 680
广南县	Guangnan	12 379	13 527	维西县	Weixi	25 570	28 550

18-3 各州市县年末总人口（2010-2017年）
Total Population at Year-end by Region（2010-2017）

单位：万人 (10 000 persons)

州市县	Region	2010	2011	2012	2013	2014	2015	2016	2017
全　省	**Yunnan**	**4 601.60**	**4 631.03**	**4 659.00**	**4 686.60**	**4 713.90**	**4 741.80**	**4 770.50**	**4 800.50**
昆明市	**Kunming**	**643.92**	**648.64**	**653.30**	**657.90**	**662.60**	**667.70**	**672.80**	**678.30**
五华区	Wuhua	85.64	86.20	85.90	86.30	86.60	87.00	87.27	87.55
盘龙区	Panlong	81.08	81.60	81.80	82.20	82.60	83.00	83.39	83.78
官渡区	Guandu	85.43	86.00	86.60	87.00	87.40	88.20	88.76	89.86
西山区	Xishan	75.46	76.24	76.90	77.20	77.50	77.90	78.40	78.90
东川区	Dongchuan	27.22	27.40	27.50	27.70	27.90	28.10	28.28	28.30
呈贡区	Chenggong	31.12	31.70	32.20	32.60	33.00	33.20	33.63	34.07
晋宁区	Jinning	28.41	28.50	29.10	29.40	29.70	30.00	30.31	30.64
富民县	Fumin	14.57	14.70	14.90	15.00	15.30	15.40	15.57	15.65
宜良县	Yiliang	41.99	42.25	42.60	42.90	43.20	43.40	43.69	43.98
石林县	Shilin	24.65	24.80	25.10	25.40	25.60	25.80	26.04	26.27
嵩明县	Songming	28.74	28.90	29.10	29.50	30.10	31.10	31.83	32.89
禄劝县	Luquan	39.68	39.95	40.20	40.50	40.80	41.10	41.39	41.42
寻甸县	Xundian	45.76	46.00	46.30	46.50	46.70	46.80	47.01	47.22
安宁市	Anning	34.17	34.40	35.10	35.70	36.20	36.70	37.23	37.76
曲靖市	**Qujing**	**586.14**	**589.89**	**593.60**	**597.40**	**600.90**	**604.70**	**608.40**	**612.20**
麒麟区	Qilin	74.16	75.02	75.32	75.80	76.25	76.73	77.16	77.61
沾益区	Zhanyi	43.15	43.76	44.06	44.34	44.62	44.85	45.07	45.31
马龙县	Malong	18.52	18.68	18.88	19.00	19.14	19.27	19.38	19.49
陆良县	Luliang	62.31	62.49	62.79	63.19	63.59	63.88	64.15	64.41
师宗县	Shizong	39.28	39.52	39.80	40.06	40.29	40.51	40.71	40.94
罗平县	Luoping	55.03	55.35	55.65	56.01	56.34	56.60	56.89	57.20
富源县	Fuyuan	72.34	72.75	73.18	73.65	74.01	74.17	74.37	74.58
会泽县	Huize	90.93	91.33	92.08	92.67	93.24	93.48	93.78	94.10
宣威市	Xuanwei	130.43	130.99	131.84	132.68	133.42	135.21	136.89	138.56
玉溪市	**Yuxi**	**230.60**	**231.80**	**233.00**	**234.00**	**235.10**	**236.20**	**237.50**	**238.10**
红塔区	Hongta	49.57	49.80	50.10	50.30	50.50	50.77	51.05	51.30
江川区	Jiangchuan	28.12	28.20	28.30	28.40	28.53	28.60	28.73	28.78
澄江县	Chengjiang	16.95	17.10	17.20	17.30	17.40	17.85	18.00	18.10
通海县	Tonghai	30.11	30.40	30.70	30.90	31.04	30.88	31.02	31.04
华宁县	Huaning	21.49	21.60	21.70	21.78	21.88	21.95	22.07	22.11
易门县	Yimen	17.73	17.75	17.80	17.86	17.96	17.96	18.08	18.11
峨山县	Ershan	16.30	16.35	16.40	16.46	16.56	16.86	16.98	17.01
新平县	Xinping	28.57	28.70	28.80	28.90	29.03	29.03	29.16	29.20
元江县	Yuanjiang	21.76	21.90	22.00	22.10	22.20	22.30	22.42	22.45

18-3 续表1 continued

单位：万人 (10 000 persons)

州市县	Region	2010	2011	2012	2013	2014	2015	2016	2017
保山市	**Baoshan**	**250.92**	**252.52**	**254.00**	**255.40**	**256.70**	**258.10**	**259.70**	**261.40**
隆阳区	Longyang	93.66	94.26	94.81	95.39	95.88	96.38	96.97	97.60
施甸县	Shidian	30.56	30.75	30.93	31.09	31.24	31.41	31.61	31.80
龙陵县	Longling	27.76	27.94	28.10	28.31	28.45	28.63	28.81	29.20
昌宁县	Changning	34.39	34.61	34.82	34.96	35.14	35.33	35.55	35.80
腾冲市	Tengchong	64.55	64.96	65.34	65.65	65.99	66.35	66.76	67.00
昭通市	**Zhaotong**	**521.92**	**525.85**	**529.60**	**534.20**	**538.70**	**543.00**	**547.50**	**553.70**
昭阳区	Zhaoyang	78.87	79.50	80.17	80.98	81.71	82.36	83.02	84.52
鲁甸县	Ludian	39.11	39.40	39.79	40.20	40.60	40.92	41.24	41.87
巧家县	Qiaojia	51.69	52.03	52.18	52.61	53.04	53.46	53.88	54.19
盐津县	Yanjin	37.03	37.31	37.62	37.91	38.20	38.50	38.80	38.91
大关县	Daguan	26.35	26.55	26.77	26.97	27.17	27.39	27.60	27.90
永善县	Yongshan	39.47	39.77	40.09	40.40	40.70	41.02	41.34	41.71
绥江县	Suijiang	15.33	15.45	15.57	15.67	15.77	15.89	16.01	16.06
镇雄县	Zhenxiong	132.98	133.98	134.83	136.05	137.28	138.39	139.47	141.03
彝良县	Yiliang	52.24	52.63	53.07	53.52	53.97	54.40	54.83	55.80
威信县	Weixin	38.63	38.92	39.18	39.49	39.81	40.13	40.44	40.80
水富县	Shuifu	10.23	10.31	10.33	10.40	10.46	10.54	10.86	10.91
丽江市	**Lijiang**	**124.61**	**125.41**	**126.20**	**126.90**	**127.50**	**128.00**	**128.50**	**129.00**
古城区	Gucheng	21.14	21.27	21.36	21.48	21.58	21.75	21.83	21.95
玉龙县	Yulong	21.49	21.62	21.83	21.95	22.04	22.10	22.19	22.30
永胜县	Yongsheng	39.24	39.52	39.68	39.90	40.05	40.15	40.31	40.42
华坪县	Huaping	16.82	16.92	17.08	17.17	17.24	17.32	17.39	17.48
宁蒗县	Ninglang	25.91	26.08	26.25	26.40	26.58	26.68	26.78	26.85
普洱市	**Pu'er**	**254.57**	**256.09**	**257.50**	**258.40**	**259.40**	**260.50**	**261.70**	**262.70**
思茅区	Simao	29.69	30.16	30.64	30.84	31.05	31.30	31.44	31.58
宁洱县	Ning'er	18.59	18.70	18.90	19.02	19.12	19.23	19.32	19.35
墨江县	Mojiang	36.09	36.22	36.36	36.47	36.59	36.72	36.89	36.91
景东县	Jingdong	35.99	36.11	36.20	36.31	36.44	36.58	36.74	36.93
景谷县	Jinggu	29.20	29.26	29.41	29.49	29.59	29.70	29.84	29.98
镇沅县	Zhenyuan	20.88	20.99	21.01	21.03	21.09	21.14	21.24	21.32
江城县	Jiangcheng	12.17	12.29	12.40	12.48	12.56	12.64	12.70	12.78
孟连县	Menglian	13.57	13.71	13.80	13.83	13.88	13.94	14.01	14.20
澜沧县	Lancang	49.24	49.49	49.56	49.68	49.74	49.82	50.05	50.09
西盟县	Ximeng	9.14	9.16	9.22	9.25	9.34	9.43	9.47	9.56
临沧市	**Lincang**	**243.21**	**244.77**	**246.30**	**247.90**	**249.30**	**250.90**	**252.00**	**252.60**
临翔区	Linxiang	32.41	32.55	32.80	32.95	33.23	33.40	33.65	33.75
凤庆县	Fengqing	45.88	46.14	46.40	46.71	46.92	47.20	47.32	47.36

18-3 续表2 continued

单位：万人 (10 000 persons)

州市县	Region	2010	2011	2012	2013	2014	2015	2016	2017
云　县	Yunxian	44.99	45.28	45.50	45.81	46.01	46.30	46.43	46.53
永德县	Yongde	37.01	37.23	37.40	37.62	37.79	38.00	38.21	38.31
镇康县	Zhenkang	17.65	17.77	17.90	18.03	18.16	18.30	18.41	18.47
双江县	Shuangjiang	17.67	17.79	17.90	18.05	18.17	18.30	18.42	18.46
耿马县	Gengma	29.66	29.86	30.10	30.28	30.46	30.70	30.78	30.87
沧源县	Cangyuan	17.93	18.15	18.30	18.45	18.56	18.70	18.78	18.85
楚雄州	**Chuxiong**	**268.71**	**270.43**	**271.90**	**272.40**	**272.80**	**273.30**	**273.90**	**274.40**
楚雄市	Chuxiong	58.93	59.07	59.38	59.54	59.64	59.75	59.85	59.95
双柏县	Shuangbo	16.00	16.03	16.12	16.02	16.03	16.05	16.05	16.08
牟定县	Mouding	20.90	21.07	21.16	21.15	21.16	21.18	21.22	21.25
南华县	Nanhua	23.64	23.84	23.99	24.05	24.07	24.11	24.19	24.26
姚安县	Yao'an	19.79	20.08	20.17	20.20	20.25	20.32	20.41	20.49
大姚县	Dayao	27.36	27.52	27.64	27.80	27.83	27.89	27.92	27.97
永仁县	Yongren	10.94	10.96	11.06	11.08	11.09	11.10	11.12	11.14
元谋县	Yuanmou	21.60	21.62	21.77	21.84	21.90	21.96	22.04	22.11
武定县	Wuding	27.23	27.53	27.69	27.74	27.81	27.88	27.96	27.98
禄丰县	Lufeng	42.32	42.71	42.92	42.98	43.02	43.06	43.14	43.17
红河州	**Honghe**	**450.58**	**453.46**	**456.10**	**459.10**	**462.00**	**465.00**	**468.10**	**471.30**
个旧市	Gejiu	46.03	46.26	46.44	46.63	46.82	47.05	47.20	47.10
开远市	Kaiyuan	32.30	32.47	32.67	32.97	33.13	33.26	33.41	33.62
蒙自市	Mengzi	41.76	42.01	42.26	42.53	42.84	43.14	44.80	45.20
弥勒市	Mile	54.03	54.38	54.68	54.96	55.27	55.75	55.97	56.35
屏边县	Pingbian	15.41	15.47	15.50	15.51	15.57	15.58	15.27	15.44
建水县	Jianshui	53.20	53.53	53.83	54.13	54.44	54.75	54.98	55.31
石屏县	Shiping	29.94	30.12	30.30	30.49	30.65	30.87	30.98	31.31
泸西县	Luxi	40.12	40.40	40.65	40.92	41.21	41.53	41.73	42.06
元阳县	Yuanyang	39.72	40.04	40.33	40.64	40.95	41.23	41.39	41.69
红河县	Honghe	29.68	29.91	30.12	30.35	30.61	30.82	30.98	31.28
金平县	Jinping	35.66	35.94	36.20	36.63	36.88	37.13	37.28	37.56
绿春县	Luchun	22.24	22.41	22.56	22.73	22.92	23.11	23.27	23.46
河口县	Hekou	10.47	10.52	10.56	10.61	10.71	10.78	10.84	10.92
文山州	**Wenshan**	**352.18**	**354.23**	**356.10**	**357.80**	**359.30**	**360.70**	**362.10**	**363.60**
文山市	Wenshan	48.20	48.66	48.92	49.30	49.54	49.70	49.89	50.10
砚山县	Yanshan	46.38	46.65	46.90	47.10	47.29	47.48	47.67	47.86
西畴县	Xichou	25.56	25.66	25.80	25.88	25.97	26.09	26.19	26.30
麻栗坡县	Malipo	27.83	27.95	28.10	28.25	28.37	28.48	28.59	28.71
马关县	Maguan	36.79	37.00	37.20	37.35	37.50	37.65	37.80	37.96

18-3　续表3　continued

单位：万人　(10 000 persons)

州市县	Region	2010	2011	2012	2013	2014	2015	2016	2017
丘北县	Qiubei	47.80	48.08	48.33	48.56	48.76	48.95	49.14	49.35
广南县	Guangnan	78.83	79.19	79.61	79.85	80.18	80.50	80.81	81.14
富宁县	Funing	40.80	41.04	41.26	41.51	41.68	41.85	42.01	42.18
西双版纳州	**Xishuangbanna**	**113.47**	**114.20**	**114.90**	**115.20**	**115.70**	**116.40**	**117.20**	**118.00**
景洪市	Jinghong	52.05	52.38	52.72	52.86	53.01	53.33	53.69	54.05
勐海县	Menghai	33.22	33.43	33.63	33.72	33.90	34.10	34.32	34.56
勐腊县	Mengla	28.20	28.39	28.55	28.62	28.79	28.97	29.19	29.39
大 理 州	**Dali**	**346.01**	**347.80**	**349.30**	**351.00**	**352.70**	**354.40**	**356.30**	**358.40**
大理市	Dali	65.28	65.69	65.90	66.16	66.40	66.65	67.03	67.34
漾濞县	Yangbi	10.24	10.29	10.30	10.39	10.43	10.49	10.59	10.71
祥云县	Xiangyun	45.61	45.85	46.10	46.26	46.49	46.71	46.93	47.16
宾川县	Binchuan	34.91	35.09	35.20	35.39	35.58	35.73	35.90	36.09
弥渡县	Midu	31.35	31.50	31.60	31.76	31.90	32.04	32.20	32.38
南涧县	Nanjian	21.17	21.26	21.40	21.49	21.62	21.74	21.86	22.01
巍山县	Weishan	30.47	30.61	30.70	30.88	31.02	31.17	31.32	31.49
永平县	Yongping	17.54	17.62	17.70	17.83	17.94	18.04	18.15	18.29
云龙县	Yunlong	20.01	20.10	20.20	20.33	20.45	20.57	20.69	20.84
洱源县	Eryuan	26.86	27.01	27.20	27.28	27.41	27.55	27.68	27.84
剑川县	Jianchuan	17.02	17.09	17.20	17.29	17.40	17.50	17.61	17.75
鹤庆县	Heqing	25.56	25.69	25.80	25.94	26.06	26.21	26.34	26.50
德 宏 州	**Dehong**	**121.28**	**122.05**	**122.90**	**124.50**	**126.40**	**127.90**	**129.40**	**130.90**
瑞丽市	Ruili	18.08	18.43	18.60	19.10	19.75	20.19	20.54	20.86
芒　市	Mangshi	39.03	39.28	39.50	40.00	40.56	41.04	41.57	42.10
梁河县	Lianghe	15.43	15.46	15.60	15.67	15.79	15.86	15.97	16.09
盈江县	Yingjiang	30.55	30.67	30.90	31.11	31.39	31.70	32.00	32.32
陇川县	Longchuan	18.18	18.21	18.30	18.62	18.91	19.11	19.32	19.53
怒 江 州	**Nujiang**	**53.49**	**53.61**	**53.80**	**53.90**	**54.10**	**54.20**	**54.40**	**54.70**
泸水市	Lushui	18.50	18.54	18.60	18.64	18.71	18.75	18.82	18.92
福贡县	Fugong	9.87	9.89	9.90	9.95	9.98	10.00	10.04	10.10
贡山县	Gongshan	3.79	3.80	3.80	3.82	3.84	3.84	3.86	3.88
兰坪县	Lanping	21.32	21.37	21.50	21.49	21.56	21.60	21.68	21.80
迪 庆 州	**Diqing**	**40.06**	**40.28**	**40.50**	**40.60**	**40.70**	**40.80**	**41.00**	**41.20**
香格里拉市	Shangri-La	17.32	17.41	17.60	17.57	17.60	17.66	17.80	17.94
德钦县	Deqing	6.67	6.70	6.70	6.73	6.80	6.78	6.80	6.81
维西县	Weixi	16.08	16.17	16.20	16.30	16.30	16.36	16.40	16.45

18–4 各州市县人口数及构成（2017年）
Population and Its Composition by Region (2017)

单位：万户、万人 (10 000 households，10 000 persons)

州市县	Region	总户数 Total Number of Households	总人口 Total Population	按性别分 By Sex 男 Male	女 Female
全　省	**Yunnan**	**1 396.34**	**4 800.50**	**2 490.90**	**2 309.60**
昆明市	**Kunming**	**205.25**	**678.30**	**348.74**	**329.56**
五华区	Wuhua	24.31	87.55	43.84	43.71
盘龙区	Panlong	19.61	83.78	43.28	40.50
官渡区	Guandu	23.02	89.86	46.78	43.08
西山区	Xishan	23.52	78.90	40.34	38.56
东川区	Dongchuan	10.70	28.30	14.67	13.63
呈贡区	Chenggong	6.96	34.07	18.10	15.97
晋宁区	Jinning	12.54	30.64	15.56	15.08
富民县	Fumin	5.57	15.65	7.94	7.71
宜良县	Yiliang	16.62	43.98	22.29	21.69
石林县	Shilin	9.16	26.27	13.57	12.70
嵩明县	Songming	10.52	32.89	16.80	16.09
禄劝县	Luquan	14.93	41.42	21.04	20.38
寻甸县	Xundian	15.33	47.22	24.12	23.10
安宁市	Anning	12.48	37.76	20.41	17.35
曲靖市	**Qujing**	**192.09**	**612.20**	**320.87**	**291.33**
麒麟区	Qilin	25.00	77.61	39.79	37.82
沾益区	Zhanyi	12.30	45.31	23.73	21.58
马龙县	Malong	5.77	19.49	9.97	9.52
陆良县	Luliang	22.48	64.41	33.58	30.83
师宗县	Shizong	11.09	40.94	21.49	19.45
罗平县	Luoping	17.86	57.20	30.02	27.18
富源县	Fuyuan	20.25	74.58	39.35	35.23
会泽县	Huize	30.03	94.10	49.90	44.20
宣威市	Xuanwei	47.31	138.56	73.04	65.52
玉溪市	**Yuxi**	**74.14**	**238.10**	**122.09**	**116.01**
红塔区	Hongta	16.30	51.30	25.86	25.44
江川区	Jiangchuan	9.58	28.78	14.57	14.21

18-4 续表1 continued

单位：万户、万人 (10 000 households、10 000 persons)

州市县	Region	总户数 Total Number of Households	总人口 Total Population	按性别分 By Sex 男 Male	女 Female
澄江县	Chengjiang	5.61	18.10	9.15	8.95
通海县	Tonghai	9.50	31.04	15.70	15.34
华宁县	Huaning	7.01	22.11	11.39	10.72
易门县	Yimen	5.87	18.11	9.48	8.63
峨山县	Ershan	5.32	17.01	8.77	8.24
新平县	Xinping	8.58	29.20	15.46	13.74
元江县	Yuanjiang	6.37	22.45	11.70	10.75
保 山 市	**Baoshan**	**70.84**	**261.40**	**134.04**	**127.36**
隆阳区	Longyang	26.38	97.60	49.12	48.48
施甸县	Shidian	9.30	31.80	16.15	15.65
龙陵县	Longling	8.08	29.20	15.43	13.77
昌宁县	Changning	9.76	35.80	18.41	17.39
腾冲市	Tengchong	17.32	67.00	34.94	32.06
昭 通 市	**Zhaotong**	**170.26**	**553.70**	**290.77**	**262.93**
昭阳区	Zhaoyang	27.15	84.52	43.54	40.98
鲁甸县	Ludian	12.41	41.87	21.93	19.94
巧家县	Qiaojia	18.11	54.19	29.42	24.77
盐津县	Yanjin	11.45	38.91	20.43	18.48
大关县	Daguan	8.66	27.90	14.77	13.13
永善县	Yongshan	14.28	41.71	22.26	19.45
绥江县	Suijiang	4.77	16.06	8.36	7.70
镇雄县	Zhenxiong	41.28	141.03	73.93	67.10
彝良县	Yiliang	16.08	55.80	29.30	26.50
威信县	Weixin	12.36	40.80	21.13	19.67
水富县	Shuifu	3.72	10.91	5.70	5.21
丽 江 市	**Lijiang**	**38.38**	**129.00**	**66.57**	**62.43**
古城区	Gucheng	4.66	21.95	11.04	10.91
玉龙县	Yulong	6.33	22.30	11.63	10.67
永胜县	Yongsheng	13.18	40.42	20.47	19.95
华坪县	Huaping	5.80	17.48	9.37	8.11

18-4 续表2 continued

单位：万户、万人 (10 000 households、10 000 persons)

州市县	Region	总户数 Total Number of Households	总人口 Total Population	按性别分 By Sex 男 Male	女 Female
宁蒗县	Ninglang	8.40	26.85	14.05	12.80
普洱市	**Pu'er**	**74.08**	**262.70**	**138.37**	**124.33**
思茅区	Simao	7.40	31.58	16.51	15.07
宁洱县	Ning'er	5.85	19.35	10.10	9.25
墨江县	Mojiang	9.91	36.91	19.84	17.07
景东县	Jingdong	10.81	36.93	19.15	17.78
景谷县	Jinggu	9.14	29.98	16.04	13.94
镇沅县	Zhenyuan	6.56	21.32	11.33	9.99
江城县	Jiangcheng	3.45	12.78	6.71	6.07
孟连县	Menglian	3.81	14.20	7.30	6.90
澜沧县	Lancang	13.96	50.09	26.42	23.67
西盟县	Ximeng	3.21	9.56	4.96	4.60
临沧市	**Lincang**	**66.42**	**252.60**	**132.53**	**120.07**
临翔区	Linxiang	9.38	33.75	17.31	16.44
凤庆县	Fengqing	11.87	47.36	24.56	22.80
云　县	Yunxian	12.82	46.53	24.60	21.93
永德县	Yongde	9.51	38.31	20.68	17.63
镇康县	Zhenkang	4.64	18.47	9.93	8.54
双江县	Shuangjiang	4.84	18.46	9.72	8.74
耿马县	Gengma	8.21	30.87	15.89	14.98
沧源县	Cangyuan	5.14	18.85	9.83	9.02
楚雄州	**Chuxiong**	**80.79**	**274.40**	**140.50**	**133.90**
楚雄市	Chuxiong	16.41	59.95	30.65	29.30
双柏县	Shuangbo	4.76	16.08	8.42	7.66
牟定县	Mouding	6.14	21.25	10.89	10.36
南华县	Nanhua	7.07	24.26	12.35	11.91
姚安县	Yao'an	6.12	20.49	10.37	10.12
大姚县	Dayao	8.83	27.97	14.33	13.64
永仁县	Yongren	3.42	11.14	5.79	5.35

18-4 续表3 continued

单位：万户、万人 (10 000 households，10 000 persons)

州市县	Region	总户数 Total Number of Households	总人口 Total Population	按性别分 By Sex 男 Male	女 Female
元谋县	Yuanmou	6.67	22.11	11.28	10.83
武定县	Wuding	7.94	27.98	14.27	13.71
禄丰县	Lufeng	13.43	43.17	22.16	21.01
红河州	**Honghe**	**131.95**	**471.30**	**245.17**	**226.13**
个旧市	Gejiu	13.85	47.10	24.64	22.46
开远市	Kaiyuan	9.41	33.62	17.26	16.36
蒙自市	Mengzi	12.35	45.20	23.43	21.77
弥勒市	Mile	16.18	56.35	28.96	27.39
屏边县	Pingbian	4.16	15.44	8.10	7.34
建水县	Jianshui	16.70	55.31	28.16	27.15
石屏县	Shiping	9.82	31.31	15.77	15.53
泸西县	Luxi	12.61	42.06	22.28	19.78
元阳县	Yuanyang	10.37	41.69	22.30	19.39
红河县	Honghe	7.87	31.28	16.33	14.95
金平县	Jinping	9.81	37.56	19.84	17.72
绿春县	Luchun	5.44	23.46	12.31	11.15
河口县	Hekou	3.38	10.92	5.79	5.13
文山州	**Wenshan**	**98.44**	**363.60**	**190.02**	**173.58**
文山市	Wenshan	14.78	50.10	25.76	24.34
砚山县	Yanshan	12.60	47.86	24.82	23.04
西畴县	Xichou	7.15	26.30	13.78	12.52
麻栗坡县	Malipo	7.78	28.71	15.03	13.68
马关县	Maguan	10.61	37.96	19.87	18.09
丘北县	Qiubei	13.91	49.35	26.08	23.27
广南县	Guangnan	20.46	81.14	43.02	38.12
富宁县	Funing	11.16	42.18	21.67	20.51
西双版纳州	**Xishuangbanna**	**28.16**	**118.00**	**61.15**	**56.85**
景洪市	Jinghong	12.69	54.05	27.98	26.07
勐海县	Menghai	8.24	34.56	17.84	16.72

18-4 续表4 continued

单位：万户、万人 (10 000 households，10 000 persons)

州市县	Region	总户数 Total Number of Households	总人口 Total Population	按性别分 By Sex 男 Male	女 Female
勐腊县	Mengla	7.23	29.39	15.33	14.06
大理州	**Dali**	**107.52**	**358.40**	**181.68**	**176.72**
大理市	Dali	19.90	67.34	33.64	33.70
漾濞县	Yangbi	3.42	10.71	5.52	5.19
祥云县	Xiangyun	14.36	47.16	23.91	23.25
宾川县	Binchuan	10.27	36.09	18.44	17.65
弥渡县	Midu	9.83	32.38	16.35	16.03
南涧县	Nanjian	6.63	22.01	11.18	10.83
巍山县	Weishan	9.11	31.49	15.86	15.63
永平县	Yongping	5.89	18.29	9.39	8.90
云龙县	Yunlong	6.59	20.84	11.03	9.81
洱源县	Eryuan	8.31	27.84	14.01	13.83
剑川县	Jianchuan	5.22	17.75	8.97	8.78
鹤庆县	Heqing	8.00	26.50	13.37	13.13
德宏州	**Dehong**	**32.30**	**130.90**	**67.51**	**63.39**
瑞丽市	Ruili	4.57	20.86	10.79	10.07
芒　市	Mangshi	10.17	42.10	21.61	20.49
梁河县	Lianghe	4.50	16.09	8.35	7.74
盈江县	Yingjiang	7.72	32.32	16.84	15.48
陇川县	Longchuan	5.33	19.53	9.93	9.60
怒江州	**Nujiang**	**15.87**	**54.70**	**28.96**	**25.74**
泸水市	Lushui	5.40	18.92	10.12	8.80
福贡县	Fugong	2.99	10.10	5.18	4.92
贡山县	Gongshan	1.26	3.88	2.06	1.82
兰坪县	Lanping	6.22	21.80	11.61	10.19
迪庆州	**Diqing**	**9.84**	**41.20**	**21.94**	**19.26**
香格里拉市	Shangri-La	4.11	17.94	9.52	8.42
德钦县	Deqing	1.40	6.81	3.68	3.13
维西县	Weixi	4.33	16.45	8.74	7.71

18-5 各州市县土地、气温、降水量（2017年）

Land Characteristics, Temperature and Precipitation By Region (2017)

州市	Region	土地调查面积（万平方千米）Area under Land Survey (10 000 sq.km)	牧草地面积（万公顷）Area of Grazing Land (10 000 hectares)	年平均气温（℃）Annual Average Temperature(℃)	年降水量（毫米）Annual Precipitation(mm)
全省	**Yunnan**	**38.32**	**14.70**	**17.1**	**1 178.7**
昆明市	**Kunming**	**2.10**	**0.29**	**16.3**	**1 042.6**
五华区	Wuhua	0.04			
盘龙区	Panlong	0.03			
官渡区	Guandu	0.06	0.06	15.7	1 186.4
西山区	Xishan	0.09			
东川区	Dongchuan	0.19		20.3	830.9
呈贡区	Chenggong	0.05		15.7	943.3
晋宁区	Jinning	0.13	0.01	15.4	1 146.2
富民县	Fumin	0.10		16.4	982.1
宜良县	Yiliang	0.19	0.01	17.4	1 055.5
石林县	Shilin	0.17		16.7	1 008.4
嵩明县	Songming	0.13		14.9	1 150.1
禄劝县	Luquan	0.42		16.2	810.2
寻甸县	Xundian	0.36	0.21	14.9	1 290.0
安宁市	Anning	0.13		15.9	1 065.2
曲靖市	**Qujing**	**2.89**	**0.88**	**14.6**	**1 093.6**
麒麟区	Qilin	0.15	0.05	15.6	1 107.3
沾益区	Zhanyi	0.28		15.3	1 149.2
马龙县	Malong	0.16	0.01	14.1	900.3
陆良县	Luliang	0.20		15.4	866.7
师宗县	Shizong	0.28		14.1	1 389.1
罗平县	Luoping	0.30		16.1	1 598.5
富源县	Fuyuan	0.33		13.9	1 047.9
会泽县	Huize	0.59	0.80	12.9	848.1
宣威市	Xuanwei	0.61	0.02	14.4	935.5
玉溪市	**Yuxi**	**1.49**	**0.02**	**17.6**	**1 050.5**
红塔区	Hongta	0.09		16.7	1 184.3
江川区	Jiangchuan	0.08		16.9	1 009.5
澄江县	Chengjiang	0.08	0.02	16.6	1 151.1
通海县	Tonghai	0.07		16.2	1 229.6
华宁县	Huaning	0.12		16.3	1 023.9
易门县	Yimen	0.15		16.9	981.3
峨山县	Eshan	0.19		16.5	922.5
新平县	Xinping	0.43		17.6	1 031.2
元江县	Yuanjiang	0.27		24.3	921.1

注：土地调查面积为二次土地调查2014年土地变更调查数据，与2008年以前土地详查数据在土地分类标准、技术标准、调查手段和方法上不一致

Note: Area under Land Survey data are obtained from 2014 land changing survey of the second land survey.detailed land survey before 2008 in terms of land classification standard, technical standard and investigation methods.

18-5 续表1 continued

州 市	Region	土地调查面积(万平方千米) Area under Land Survey (10 000 sq.km)	牧草地面积(万公顷) Area of Grazing Land (10 000 hectares)	年平均气温(℃) Annual Average Temperature (℃)	年降水量(毫米) Annual Precipitation (mm)
保 山 市	**Baoshan**	**1.91**	**0.15**	**16.8**	**1 292.9**
隆阳区	Longyang	0.49		17.6	942.7
施甸县	Shidian	0.20		18.5	886.3
龙陵县	Longling	0.28	0.07	16.1	2 033.4
昌宁县	Changning	0.38		16.1	1 111.8
腾冲市	Tengchong	0.57	0.08	15.6	1 490.3
昭 通 市	**Zhaotong**	**2.24**	**1.66**	**15.9**	**945.0**
昭阳区	Zhaoyang	0.22		12.6	827.3
鲁甸县	Ludian	0.15		12.7	955.2
巧家县	Qiaojia	0.32	0.65	21.4	1 027.4
盐津县	Yanjin	0.20		18.5	1 042.8
大关县	Daguan	0.17		15.1	1 069.8
永善县	Yongshan	0.28	0.91	16.6	792.0
绥江县	Suijiang	0.07		18.2	1 085.3
镇雄县	Zhenxiong	0.37	0.02	12.6	819.2
彝良县	Yiliang	0.28	0.08	16.7	768.9
威信县	Weixin	0.14		14.4	1 061.9
水富县	Shuifu	0.04			
丽 江 市	**Lijiang**	**2.06**	**1.80**	**15.4**	**929.4**
古城区	Gucheng	0.13	0.01	13.8	863.3
玉龙县	Yulong	0.62	1.45		
永胜县	Yongsheng	0.49	0.09	14.5	832.5
华坪县	Huaping	0.21		20.0	1 241.7
宁蒗县	Ninglang	0.60	0.25	13.2	780.1
普 洱 市	**Pu'er**	**4.43**	**0.08**	**19.7**	**1 531.9**
思茅区	Simao	0.39	0.01	19.7	1 448.3
宁洱县	Ning'er	0.37		18.4	1 477.5
墨江县	Mojiang	0.53		18.6	1 585.3
景东县	Jingdong	0.45	0.01	19.6	956.2
景谷县	Jinggu	0.75		20.7	1 343.5
镇沅县	Zhenyuan	0.41		19.6	1 363.7
江城县	Jiangcheng	0.34		19.4	2 181.6
孟连县	Menglian	0.19		20.3	1 277.2
澜沧县	Lancang	0.87	0.05	20.5	1 790.6
西盟县	Ximeng	0.13		19.8	1 894.8
临 沧 市	**Lincang**	**2.36**	**0.20**	**19.3**	**1 315.1**
临翔区	Linxiang	0.26	0.01	18.2	1 357.1
凤庆县	Fengqing	0.33		17.6	1 289.2
云 县	Yunxian	0.37		20.5	791.6
永德县	Yongde	0.32		18.2	1 342.4

18-5 续表2 Continued

州 市	Region	土地调查面积（万平方千米）Area under Land Survey (10 000 sq.km)	牧草地面积（万公顷）Area of Grazing Land (10 000 hectares)	年平均气温（℃）Annual Average Temperature (℃)	年降水量（毫米）Annual Precipitation (mm)
镇康县	Zhenkang	0.25	0.18	20.5	1495
双江县	Shuangjiang	0.22		20.5	1 190.3
耿马县	Gengma	0.37		20.1	1 457.3
沧源县	Cangyuan	0.24		18.6	1 597.5
楚 雄 州	**Chuxiong**	**2.84**		**17.0**	**842.5**
楚雄市	Chuxiong	0.44		16.9	836.1
双柏县	Shuangbo	0.39		15.5	975.7
牟定县	Mouding	0.14		16.4	806.9
南华县	Nanhua	0.23		15.1	744.2
姚安县	Yao'an	0.17		16.6	686.2
大姚县	Dayao	0.40		16.7	682.4
永仁县	Yongren	0.22		18.4	849.9
元谋县	Yuanmou	0.20		21.9	585.1
武定县	Wuding	0.29		16.5	952.4
禄丰县	Lufeng	0.36		16.4	1 305.6
红 河 州	**Honghe**	**3.22**	**0.09**	**19.2**	**1 386.5**
个旧市	Gejiu	0.16	0.02	16.7	1 189.3
开远市	Kaiyuan	0.19		19.9	933.1
蒙自市	Mengzi	0.22		19.0	858.8
弥勒市	Mile	0.39		18.2	1 096.8
屏边县	Pingbian	0.18		16.9	1 892.4
建水县	Jianshui	0.38		19.4	1 121.5
石屏县	Shiping	0.30		18.8	1 021.5
泸西县	Luxi	0.16		15.9	959.5
元阳县	Yuanyang	0.22		24.0	1 078.0
红河县	Honghe	0.20		20.8	869.7
金平县	Jinping	0.36	0.06	18.3	2 650.4
绿春县	Luchun	0.31		17.5	2 256.8
河口县	Hekou	0.13		23.6	2 096.4
文 山 州	**Wenshan**	**3.14**	**0.14**	**17.8**	**1 376.7**
文山市	Wenshan	0.30		18.2	1 152.4
砚山县	Yanshan	0.39	0.01	16.5	1 090.5
西畴县	Xichou	0.15		16.2	1 440.8
麻栗坡县	Malipo	0.24		18.3	1 200.1
马关县	Maguang	0.27		17.7	2 076.9
丘北县	Qiubei	0.50	0.10	17.0	1 373.9
广南县	Guangnan	0.77	0.03	17.8	1 296.7
富宁县	Funing	0.53		20.7	1 382.3

18–5 续表3 continued

州 市	Region	土地调查面积（万平方千米）Area under Land Survey (10 000 sq.km)	牧草地面积（万公顷）Area of Grazing Land (10 000 hectares)	年平均气温（℃）Annual Average Temperature (℃)	年降水量（毫米）Annual Precipitation (mm)
西双版纳州	**Xishuangbanna**	**1.91**	**0.01**	**21.4**	**1 710.0**
景洪市	Jinghong	0.69	0.01	23.4	1 443.1
勐海县	Menghai	0.54		18.8	1 745.0
勐腊县	Mengla	0.69		22.0	1 941.8
大 理 州	**Dali**	**2.83**	**0.22**	**16.5**	**775.5**
大理市	Dali	0.17	0.10	15.7	909.7
漾濞县	yangbi	0.19		16.8	914.3
祥云县	Xiangyun	0.24		16.5	653.7
宾川县	Binchuan	0.25		19.8	473.6
弥渡县	Midu	0.15		17.6	691.9
南涧县	Nanjian	0.17		19.4	654.9
巍山县	Weishan	0.22	0.01	16.8	596.7
永平县	Yongping	0.28		16.4	932.7
云龙县	Yunlong	0.44	0.11	16.0	849.4
洱源县	Eryuan	0.25		14.8	658.4
剑川县	Jianchuan	0.22		13.7	819.9
鹤庆县	Heqing	0.24		14.6	1 150.4
德 宏 州	**Dehong**	**1.12**	**0.04**	**20.6**	**1 424.9**
瑞丽市	Ruili	0.09		21.5	1 199.3
芒 市	Mangshi	0.29		21.0	1 657.8
梁河县	Lianghe	0.11		19.3	1 510.8
盈江县	Yingjiang	0.43	0.04	20.9	1 447.3
陇川县	Longchuan	0.19		20.1	1 309.4
怒 江 州	**Nujiang**	**1.46**	**0.41**	**16.1**	**1 387.3**
泸水市	Lushui	0.31		20.2	1 062.6
福贡县	Fugong	0.27		17.3	1 636.4
贡山县	Gongshan	0.44	0.06	15.1	1 926.1
兰坪县	Lanping	0.44	0.35	11.7	924.0
迪 庆 州	**Diqing**	**2.32**	**8.68**	**8.6**	**754.8**
香格里拉市	Shangri-La	1.14	6.46	6.7	635.1
德钦县	Deqing	0.73	0.11	6.8	640.5
维西县	Weixi	0.45	2.11	12.3	988.9

18-6 各州市县职工人数（2017年）

Number of Staff and Workers by Region (2017)

单位：万人 (10 000 persons)

州市县	Region	单位从业人员 Number of Employed Persons in Entities	职工人数 Number of Staff and Workers	国有单位 State-owned Entities	城镇集体单位 Urban Collective-owned Entities	其他单位 Other Ownership Entities
全　省	**Yunnan**	**422.41**	**357.38**	**160.88**	**8.65**	**187.85**
昆明市	**Kunming**	**137.02**	**110.39**	**33.22**	**3.39**	**73.77**
五华区	Wuhua	20.76	17.70	4.40	0.26	13.04
盘龙区	Panlong	22.74	16.21	5.36	0.47	10.38
官渡区	Guandu	29.38	23.38	7.26	0.17	15.94
西山区	Xishan	16.42	13.00	3.62	0.35	9.03
东川区	Dongchuan	3.85	2.64	0.87	0.04	1.74
呈贡区	Chenggong	6.74	5.61	1.82	0.04	3.75
晋宁区	Jinning	3.15	2.82	0.93	0.21	1.68
富民县	Fuming	2.46	2.07	0.50	0.02	1.55
宜良县	Yiliang	4.74	4.60	0.90	1.39	2.32
石林县	Shilin	2.09	1.66	0.76	0.20	0.70
嵩明县	Songming	2.40	2.20	0.87	0.03	1.31
禄劝县	Luquan	1.50	1.38	0.78	0.06	0.54
寻甸县	Xundian	2.16	2.01	1.13	0.05	0.83
安宁市	Anning	6.05	5.10	1.33	0.11	3.66
曲靖市	**Qujing**	**47.26**	**41.99**	**16.44**	**1.33**	**24.21**
麒麟区	Qilin	15.96	13.68	3.89	0.08	9.71
沾益区	Zhanyi	3.08	2.91	1.01	0.07	1.83
马龙县	Malong	1.41	1.30	0.62	0.01	0.66
陆良县	Luliang	3.92	3.45	1.53	0.13	1.79
师宗县	Shizong	2.12	1.94	1.00	0.09	0.85
罗平县	Luoping	2.94	2.39	1.28	0.02	1.08
富源县	Fuyuan	4.88	4.69	1.72	0.12	2.85
会泽县	Huize	3.26	3.15	1.76	0.12	1.27
宣威市	Xuanwei	9.68	8.47	3.62	0.68	4.16
玉溪市	**Yuxi**	**27.00**	**24.02**	**8.07**	**0.48**	**15.47**
红塔区	Hongta	12.29	11.03	2.80	0.22	8.00
江川区	Jiangchuan	1.66	1.60	0.66	0.02	0.92
澄江县	Chengjiang	1.29	1.01	0.46	0.05	0.50
通海县	Tonghai	2.46	2.19	0.66	0.03	1.49
华宁县	Huaning	1.48	1.17	0.57	0.03	0.57
易门县	Yimen	1.76	1.57	0.53	0.03	1.01
峨山县	Ershan	1.45	1.35	0.66	0.02	0.67
新平县	Xinping	3.02	2.55	0.91	0.05	1.59
元江县	Yuanjiang	1.58	1.55	0.81	0.02	0.72

18-6 续表1 continued

单位：万人 (10 000 persons)

州市县	Region	单位从业人员 Number of Employed Persons in Entities	职工人数 Number of Staff and Workers	国有单位 State-owned Entities	城镇集体单位 Urban Collective-owned Entities	其他单位 Other Ownership Entities
保山市	**Baoshan**	**20.66**	**19.71**	**7.82**	**0.11**	**11.78**
隆阳区	Longyang	10.26	9.61	3.11	0.03	6.46
施甸县	Shidian	1.71	1.68	1.11		0.56
龙陵县	Longling	1.95	1.84	0.82	0.01	1.02
昌宁县	Changning	2.42	2.32	1.02	0.02	1.29
腾冲市	Tengchong	4.32	4.26	1.76	0.04	2.45
昭通市	**Zhaotong**	**24.67**	**22.41**	**15.46**	**0.57**	**6.37**
昭阳区	Zhaoyang	7.04	5.90	3.56	0.27	2.06
鲁甸县	Ludian	2.15	2.09	1.30	0.02	0.77
巧家县	Qiaojia	1.91	1.87	1.51	0.02	0.34
盐津县	Yanjin	1.18	1.02	0.88	0.01	0.13
大关县	Daguan	1.04	1.01	0.83	0.01	0.17
永善县	Yongshan	1.52	1.35	1.06	0.02	0.28
绥江县	Suijiang	1.10	1.01	0.61	0.13	0.28
镇雄县	Zhenxiong	3.96	3.81	2.81	0.03	0.98
彝良县	Yiliang	1.64	1.60	1.23	0.02	0.35
威信县	Weixin	1.75	1.44	0.96	0.01	0.46
水富县	Shuifu	1.37	1.30	0.71	0.04	0.55
丽江市	**Lijiang**	**10.42**	**9.01**	**5.25**	**0.34**	**3.42**
古城区	Gucheng	4.30	3.63	1.81	0.09	1.73
玉龙县	Yulong	2.14	1.80	1.05	0.04	0.72
永胜县	Yongsheng	1.89	1.77	0.94	0.16	0.68
华坪县	Huaping	1.03	0.95	0.64	0.05	0.26
宁蒗县	Ninglang	1.05	0.86	0.81	0.01	0.04
普洱市	**Pu'er**	**17.61**	**14.77**	**9.17**	**0.63**	**4.97**
思茅区	Simao	5.88	4.38	2.56	0.03	1.79
宁洱县	Ning'er	1.02	0.86	0.72	0.05	0.10
墨江县	Mojiang	1.36	1.27	0.90	0.02	0.36
景东县	Jingdong	1.52	1.45	0.89	0.01	0.55
景谷县	Jinggu	1.73	1.71	0.83	0.04	0.84
镇沅县	Zhenyuan	1.20	1.16	0.63	0.06	0.46
江城县	Jiangcheng	1.42	1.00	0.43	0.38	0.20
孟连县	Menglian	1.00	0.97	0.72	0.01	0.24
澜沧县	Lancang	1.60	1.59	1.14	0.02	0.42
西盟县	Ximeng	0.88	0.38	0.35	0.01	0.02
临沧市	**Lincang**	**15.10**	**12.82**	**7.92**	**0.10**	**4.80**
临翔区	Linxiang	3.97	3.74	2.38	0.02	1.35

18-6 续表2 continued

单位：万人 (10 000 persons)

州市县	Region	单位从业人员 Number of Employed Persons in Entities	职工人数 Number of Staff and Workers	国有单位 State-owned Entities	城镇集体单位 Urban Collective-owned Entities	其他单位 Other Ownership Entities
凤庆县	Fengqing	1.63	1.29	0.86	0.01	0.41
云　县	Yunxian	2.47	2.14	0.99	0.02	1.13
永德县	Yongde	1.81	1.34	0.96	0.01	0.37
镇康县	Zhenkang	1.05	0.77	0.51	0.01	0.25
双江县	Shuangjiang	1.03	0.82	0.46	0.01	0.35
耿马县	Gengma	2.03	1.91	1.17	0.01	0.73
沧源县	Cangyuan	1.12	0.81	0.59	0.01	0.22
楚雄州	**Chuxiong**	**16.18**	**13.95**	**8.42**	**0.24**	**5.30**
楚雄市	Chuxiong	5.51	5.07	2.66	0.07	2.34
双柏县	Shuangbo	1.07	0.85	0.51	0.01	0.33
牟定县	Mouding	1.16	0.95	0.52	0.01	0.41
南华县	Nanhua	1.09	0.87	0.57	0.02	0.28
姚安县	Yao'an	0.90	0.85	0.66	0.01	0.18
大姚县	Dayao	1.34	1.12	0.68	0.02	0.43
永仁县	Yongren	0.58	0.46	0.37	0.01	0.08
元谋县	Yuanmou	1.02	0.78	0.56	0.03	0.19
武定县	Wuding	1.31	0.97	0.71	0.02	0.24
禄丰县	Lufeng	2.19	2.02	1.17	0.04	0.81
红河州	**Honghe**	**31.84**	**26.67**	**14.20**	**0.66**	**11.81**
个旧市	Gejiu	5.70	4.24	1.23	0.05	2.96
开远市	Kaiyuan	3.57	3.44	1.66	0.03	1.76
蒙自市	Mengzi	6.10	4.99	2.52	0.04	2.44
弥勒市	Mile	3.60	2.56	1.28	0.06	1.21
屏边县	Pingbian	0.97	0.86	0.53	0.09	0.24
建水县	Jianshui	2.68	2.54	1.54	0.11	0.89
石屏县	Shiping	2.23	1.90	0.84	0.01	1.04
泸西县	Luxi	1.90	1.68	1.04	0.16	0.49
元阳县	Yuanyang	1.04	0.95	0.71	0.01	0.23
红河县	Honghe	0.95	0.87	0.76	0.01	0.10
金平县	Jinping	1.11	0.98	0.77	0.01	0.20
绿春县	Luchun	0.93	0.80	0.66	0.02	0.12
河口县	Hekou	1.08	0.86	0.67	0.06	0.12
文山州	**Wenshan**	**19.26**	**16.12**	**10.01**	**0.28**	**5.83**
文山市	Wenshan	7.45	5.88	2.95	0.04	2.89
砚山县	Yanshan	3.01	2.66	1.23	0.04	1.39

18-6 续表3 continued

单位：万人 (10 000 persons)

州市县	Region	单位从业人员 Number of Employed Persons in Entities	职工人数 Number of Staff and Workers	国有单位 State-owned Entities	城镇集体单位 Urban Collective-owned Entities	其他单位 Other Ownership Entities
西畴县	Xichou	0.81	0.81	0.68	0.02	0.10
麻栗坡县	Malipo	1.24	1.05	0.83	0.06	0.17
马关县	Maguan	1.58	1.34	0.82	0.02	0.51
丘北县	Qiubei	1.67	1.48	1.14	0.05	0.29
广南县	Guangnan	2.20	1.80	1.40	0.03	0.38
富宁县	Funing	1.28	1.09	0.95	0.03	0.12
西双版纳州	**Xishuangbanna**	**8.46**	**7.23**	**3.83**	**0.06**	**3.35**
景洪市	Jinghong	5.35	4.61	2.02	0.02	2.57
勐海县	Menghai	1.68	1.21	0.70	0.03	0.48
勐腊县	Mengla	1.43	1.41	1.11	0.01	0.29
大理州	**Dali**	**26.14**	**21.20**	**10.51**	**0.19**	**10.50**
大理市	Dali	11.62	9.46	3.79	0.07	5.60
漾濞县	Yangbi	0.58	0.51	0.41	0.01	0.09
祥云县	Xiangyun	3.15	2.64	0.93		1.71
宾川县	Binchuan	1.65	1.32	0.78	0.02	0.53
弥渡县	Midu	1.27	1.10	0.59	0.02	0.49
南涧县	Nanjian	0.99	0.83	0.60	0.01	0.22
巍山县	Weishan	1.36	0.99	0.64		0.35
永平县	Yongping	0.95	0.71	0.50	0.01	0.19
云龙县	Yunlong	1.04	0.75	0.55	0.01	0.19
洱源县	Eryuan	1.30	0.99	0.60	0.02	0.37
剑川县	Jianchuan	1.00	0.84	0.50	0.01	0.33
鹤庆县	Heqing	1.23	1.05	0.62	0.01	0.43
德宏州	**Dehong**	**12.15**	**10.24**	**5.84**	**0.18**	**4.22**
瑞丽市	Ruili	2.55	2.25	1.15	0.02	1.08
芒市	Mangshi	5.20	4.59	2.36	0.09	2.14
梁河县	Lianghe	0.93	0.84	0.60	0.03	0.22
盈江县	Yingjiang	1.88	1.37	0.89	0.02	0.46
陇川县	Longchuan	1.59	1.18	0.85	0.01	0.33
怒江州	**Nujiang**	**4.38**	**3.66**	**2.54**	**0.04**	**1.08**
泸水市	Lushui	2.10	1.76	1.22		0.54
福贡县	Fugong	0.42	0.40	0.37	0.01	0.02
贡山县	Gongshan	0.41	0.34	0.24		0.10
兰坪县	Lanping	1.46	1.15	0.71	0.03	0.42
迪庆州	**Diqing**	**4.27**	**3.20**	**2.18**	**0.06**	**0.96**
香格里拉市	Shangri-La	2.43	2.15	1.31	0.01	0.82
德钦县	Deqin	0.63	0.46	0.36	0.01	0.09
维西县	Weixi	1.20	0.60	0.51	0.04	0.05

18-7 各州市县职工平均工资（2017年）

Average Wages of Staff and Workers by Region (2017)

单位：万元/人 (10 000 yuan/person)

州市县	Region	职工平均工资 Average Wage of Staff and Workers	国有单位 State-owned Entities	城镇集体单位 Urban Collective-owned Entities	其他单位 Other Ownership Entities
全　省	**Yunnan**	**7.35**	**9.57**	**7.30**	**5.45**
昆明市	**Kunming**	**7.64**	**10.41**	**5.55**	**6.40**
五华区	Wuhua	7.72	11.81	3.98	6.26
盘龙区	Panlong	7.49	7.15	2.99	7.86
官渡区	Guandu	8.59	10.83	3.71	7.59
西山区	Xishan	6.67	10.31	5.96	5.14
东川区	Dongchuan	5.81	9.06	8.52	3.89
呈贡区	Chenggong	9.53	13.22	22.71	7.52
晋宁区	Jinning	6.50	9.54	5.74	4.74
富民县	Fuming	5.86	9.14	16.23	4.51
宜良县	Yiliang	5.93	10.20	4.86	4.77
石林县	Shilin	6.59	8.79	4.69	4.36
嵩明县	Songming	7.18	9.29	19.96	5.40
禄劝县	Luquan	8.61	10.67	10.49	5.15
寻甸县	Xundian	7.52	9.56	12.25	4.42
安宁市	Anning	7.41	10.69	9.90	6.17
曲靖市	**Qujing**	**6.36**	**8.97**	**5.94**	**4.62**
麒麟区	Qilin	6.35	10.10	11.82	4.86
沾益区	Zhanyi	6.18	10.11	8.09	3.96
马龙县	Malong	6.84	9.81	20.22	3.51
陆良县	Luliang	6.53	8.87	6.94	4.32
师宗县	Shizong	6.94	9.63	5.42	4.05
罗平县	Luoping	7.65	10.11	12.07	4.50
富源县	Fuyuan	5.84	7.96	5.07	4.54
会泽县	Huize	8.03	9.85	5.61	5.95
宣威市	Xuanwei	5.46	6.82	4.66	4.40
玉溪市	**Yuxi**	**7.01**	**11.18**	**7.23**	**4.79**
红塔区	Hongta	6.81	11.68	3.58	5.19
江川区	Jiangchuan	6.94	10.66	13.71	3.98
澄江县	Chengjiang	6.99	9.32	7.70	4.72
通海县	Tonghai	6.88	12.92	16.01	3.83
华宁县	Huaning	8.15	12.14	12.47	3.88
易门县	Yimen	6.69	10.67	14.91	4.09
峨山县	Eshan	7.49	10.86	13.52	3.94
新平县	Xinping	7.12	10.85	5.72	4.99
元江县	Yuanjiang	7.68	9.78	7.03	5.04

18-7 续表1 continued

单位：万元 / 人 (10 000 yuan/person)

州市县	Region	职工平均工资 Average Wage of Staff and Workers	国有单位 State-owned Entities	城镇集体单位 Urban Collective-owned Entities	其他单位 Other Ownership Entities
保山市	**Baoshan**	**6.22**	**8.49**	**16.96**	**4.56**
隆阳区	Longyang	6.15	8.99	19.36	4.65
施甸县	Shidian	6.29	7.48	3.40	4.04
龙陵县	Longling	7.02	8.37	23.25	5.69
昌宁县	Changning	5.85	8.09	19.84	3.85
腾冲市	Tengchong	6.19	8.51	13.02	4.36
昭通市	**Zhaotong**	**7.18**	**7.96**	**9.21**	**5.26**
昭阳区	Zhaoyang	7.82	9.32	6.56	5.75
鲁甸县	Ludian	5.89	7.18	19.91	3.49
巧家县	Qiaojia	6.82	7.14	18.79	4.71
盐津县	Yanjin	7.81	8.08	13.49	5.40
大关县	Daguan	5.96	6.11	19.37	4.44
永善县	Yongshan	7.42	7.29	6.35	7.90
绥江县	Suijiang	6.84	7.50	5.84	5.24
镇雄县	Zhenxiong	7.34	8.05	18.87	4.95
彝良县	Yiliang	7.47	7.59	17.41	6.53
威信县	Weixin	7.43	8.56	23.93	4.61
水富县	Shuifu	6.14	7.10	6.33	4.91
丽江市	**Lijiang**	**7.39**	**8.97**	**7.55**	**4.88**
古城区	Gucheng	7.27	9.23	7.49	5.10
玉龙县	Yulong	7.62	9.10	7.94	5.43
永胜县	Yongsheng	7.08	9.59	6.35	3.72
华坪县	Huaping	7.18	7.99	8.52	4.73
宁蒗县	Ninglang	8.29	8.27	22.06	5.69
普洱市	**Pu'er**	**8.09**	**9.85**	**6.51**	**4.93**
思茅区	Simao	7.98	9.81	18.09	5.16
宁洱县	Ning'er	10.19	11.12	6.98	5.40
墨江县	Mojiang	9.17	10.41	13.50	5.53
景东县	Jingdong	7.75	9.36	2.93	4.73
景谷县	Jinggu	7.56	11.00	7.81	4.20
镇沅县	Zhenyuan	7.69	10.19	14.18	3.75
江城县	Jiangcheng	5.95	8.81	2.93	4.70
孟连县	Menglian	7.66	7.31	18.55	8.19
澜沧县	Lancang	8.36	9.56	14.43	4.65
西盟县	Ximeng	11.16	11.47	10.98	5.32
临沧市	**Lincang**	**7.31**	**9.20**	**18.60**	**4.08**
临翔区	Linxiang	7.33	8.97	19.30	4.54

18-7 续表2 continued

单位：万元 / 人 (10 000 yuan/person)

州市县	Region	职工平均工资 Average Wage of Staff and Workers	国有单位 State-owned Entities	城镇集体单位 Urban Collective-owned Entities	其他单位 Other Ownership Entities
凤庆县	Fengqing	10.02	12.15	20.28	4.87
云　县	Yunxian	6.70	10.14	22.61	3.62
永德县	Yongde	6.80	7.82	17.25	3.84
镇康县	Zhenkang	8.16	9.68	20.61	4.47
双江县	Shuangjiang	7.13	9.32	18.51	4.18
耿马县	Gengma	5.40	6.57	13.03	3.36
沧源县	Cangyuan	9.42	11.16	17.88	4.24
楚雄州	**Chuxiong**	**8.05**	**9.87**	**13.93**	**4.97**
楚雄市	Chuxiong	8.03	10.27	11.69	5.52
双柏县	Shuangbo	7.34	9.63	19.62	3.43
牟定县	Mouding	7.29	10.32	15.13	3.00
南华县	Nanhua	8.33	9.96	17.50	4.31
姚安县	Yao'an	8.02	8.74	15.82	4.92
大姚县	Dayao	8.31	10.16	18.80	5.10
永仁县	Yongren	9.62	10.40	9.64	6.26
元谋县	Yuanmou	8.84	9.89	14.43	4.83
武定县	Wuding	8.15	9.27	15.36	4.13
禄丰县	Lufeng	7.76	9.42	11.92	5.19
红河州	**Honghe**	**7.42**	**9.53**	**7.32**	**5.02**
个旧市	Gejiu	6.93	10.71	8.65	5.37
开远市	Kaiyuan	6.89	9.64	15.60	4.07
蒙自市	Mengzi	7.46	9.91	11.46	5.24
弥勒市	Mile	8.23	10.27	11.93	6.21
屏边县	Pingbian	7.28	9.07	6.75	3.48
建水县	Jianshui	7.18	8.70	5.23	4.87
石屏县	Shiping	6.59	9.36	10.05	4.11
泸西县	Luxi	7.96	10.11	3.86	4.45
元阳县	Yuanyang	7.86	9.03	6.60	4.35
红河县	Honghe	8.35	8.83	15.90	3.59
金平县	Jinping	8.71	9.55	19.43	5.07
绿春县	Luchun	7.93	8.46	7.86	4.98
河口县	Hekou	7.46	7.92	4.77	6.05
文山州	**Wenshan**	**7.64**	**9.01**	**10.51**	**5.13**
文山市	Wenshan	7.35	9.26	16.39	5.19
砚山县	Yanshan	6.84	9.37	10.91	4.45

18-7 续表3 continued

单位：万元 / 人 (10 000 yuan/person)

州市县	Region	职工平均工资 Average Wage of Staff and Workers	国有单位 State-owned Entities	城镇集体单位 Urban Collective-owned Entities	其他单位 Other Ownership Entities
西畴县	Xichou	8.09	8.76	4.32	4.48
麻栗坡县	Malipo	7.55	8.04	7.08	5.36
马关县	Maguan	8.93	10.03	22.09	6.71
丘北县	Qiubei	7.84	8.85	5.86	4.23
广南县	Guangnan	7.73	8.09	16.74	5.68
富宁县	Funing	8.83	9.38	8.85	5.30
西双版纳州	**Xishuangbanna**	**7.54**	**9.44**	**7.92**	**5.40**
景洪市	Jinghong	7.40	9.65	2.49	5.72
勐海县	Menghai	8.24	10.61	13.56	4.45
勐腊县	Mengla	7.40	8.28	4.75	4.03
大理州	**Dali**	**7.53**	**10.15**	**14.95**	**4.78**
大理市	Dali	7.14	10.22	14.28	4.97
漾濞县	Yangbi	8.10	8.54	6.96	5.99
祥云县	Xiangyun	6.75	9.86		4.81
宾川县	Binchuan	7.91	10.09	20.99	4.38
弥渡县	Midu	7.48	9.59	16.89	4.15
南涧县	Nanjian	8.83	10.52	12.48	3.99
巍山县	Weishan	8.96	11.19	3.42	5.08
永平县	Yongping	8.12	10.15	13.10	3.99
云龙县	Yunlong	8.70	9.87	21.08	4.99
洱源县	Eryuan	8.31	11.17	13.54	3.74
剑川县	Jianchuan	7.73	9.71	16.88	4.18
鹤庆县	Heqing	7.95	10.15	11.73	4.79
德宏州	**Dehong**	**6.87**	**8.33**	**9.06**	**4.65**
瑞丽市	Ruili	6.01	7.08	15.43	4.55
芒市	Mangshi	7.02	8.93	3.79	4.98
梁河县	Lianghe	7.46	8.64	8.02	3.56
盈江县	Yingjiang	7.96	9.42	23.29	4.64
陇川县	Longchuan	6.14	6.95	22.25	3.36
怒江州	**Nujiang**	**7.72**	**8.79**	**5.97**	**5.26**
泸水县	Lushui	7.67	9.11	2.98	4.38
福贡县	Fugong	7.26	7.51	3.95	5.37
贡山县	Gongshan	7.88	9.81	15.38	3.25
兰坪县	Lanping	7.91	8.58	6.61	6.85
迪庆州	**Diqing**	**11.71**	**13.89**	**11.13**	**6.85**
香格里拉市	Shangri-La	11.44	14.20	20.45	6.90
德钦县	Deqin	12.70	14.08	15.96	7.39
维西县	Weixi	11.95	12.99	7.23	4.81

18-8 各州市县固定资产投资（不含农户）（2016-2017年）

Total Investment in Fixed Assets (Exclude Rural Households) by Region (2016-2017)

单位：亿元 (100 million yuan)

州市县	Region	2016	2017	州市县	Region	2016	2017
全　省	**Yunnan**	**15 662.49**	**18 474.89**	**保山市**	**Baoshan**	**667.33**	**881.78**
昆明市	**Kunming**	**3 920.07**	**4 217.94**	隆阳区	Longyang	242.85	317.38
五华区	Wuhua	334.50	300.52	施甸县	Shidian	102.62	146.00
盘龙区	Panlong	445.07	476.93	龙陵县	Longling	84.25	114.20
官渡区	Guandu	698.63	817.66	昌宁县	Changning	68.50	103.05
西山区	Xishan	544.19	588.82	腾冲市	Tengchong	169.11	201.15
东川区	Dongchuan	118.15	145.59	**昭通市**	**Zhaotong**	**739.30**	**897.36**
呈贡区	Chenggong	456.81	478.76	昭阳区	Zhaoyang	203.17	244.38
晋宁区	Jinning	133.21	174.15	鲁甸县	Ludian	94.05	70.45
富民县	Fumin	67.00	77.57	巧家县	Qiaojia	85.24	63.70
宜良县	Yiliang	149.15	167.46	盐津县	Yanjin	51.38	39.34
石林县	Shilin	144.04	159.30	大关县	Daguan	25.62	30.99
嵩明县	Songming	167.43	189.73	永善县	Yongshan	28.35	28.65
禄劝县	Luquan	163.43	146.84	绥江县	Suijiang	16.02	8.17
寻甸县	Xundian	128.95	147.35	镇雄县	Zhenxiong	127.97	130.11
安宁市	Anning	359.12	300.82	彝良县	Yiliang	34.13	39.83
曲靖市	**Qujing**	**1 794.00**	**2244.80**	威信县	Weixin	21.11	26.26
麒麟区	Qilin	540.39	681.06	水富县	Shuifu	11.65	15.20
沾益区	Zhanyi	200.03	252.01	**丽江市**	**Lijiang**	**345.63**	**402.23**
马龙县	Malong	84.08	106.74	古城区	Gucheng	101.00	116.25
陆良县	Luliang	118.07	148.78	玉龙县	Yulong	60.20	73.19
师宗县	Shizong	124.08	156.35	永胜县	Yongsheng	68.13	83.20
罗平县	Luoping	104.40	131.52	华坪县	Huaping	62.62	78.31
富源县	Fuyuan	184.16	232.05	宁蒗县	Ninglang	40.21	48.31
会泽县	Huize	119.73	137.54	**普洱市**	**Pu'er**	**502.10**	**611.34**
宣威市	Xuanwei	319.06	398.75	思茅区	Simao	125.17	133.06
玉溪市	**Yuxi**	**893.69**	**1 080.85**	宁洱县	Ning'er	55.47	67.81
红塔区	Hongta	288.34	290.31	墨江县	Mojiang	53.96	69.71
江川区	Jiangchuan	57.67	75.85	景东县	Jingdong	46.34	65.22
澄江县	Chengjiang	103.81	133.18	景谷县	Jinggu	63.16	72.26
通海县	Tonghai	56.70	74.49	镇沅县	Zhenyuan	43.30	59.71
华宁县	Huaning	54.17	71.04	江城县	Jiangcheng	26.14	31.46
易门县	Yimen	76.43	100.98	孟连县	Menglian	22.02	26.77
峨山县	Eshan	72.56	95.51	澜沧县	Lancang	52.33	68.39
新平县	Xinping	111.01	142.55	西盟县	Ximeng	14.22	16.96
元江县	Yuanjiang	73.00	96.94				

18-8 续表 continued

单位：亿元 (100 million yuan)

州 市 县	Region	2016	2017	州 市 县	Region	2016	2017
临 沧 市	**Lincang**	**917.04**	**1 170.14**	麻栗坡县	Malipo	46.64	57.87
临翔区	Linxiang	181.89	233.36	马关县	Maguan	44.02	58.09
凤庆县	Fengqing	130.18	170.11	丘北县	Qiubei	71.58	87.65
云 县	Yunxian	138.10	174.05	广南县	Guangnan	70.13	84.79
永德县	Yongde	120.35	151.47	富宁县	Funing	82.31	99.26
镇康县	Zhenkang	91.67	117.57	**西双版纳州**	**Xishuangbanna**	**415.07**	**479.35**
双江县	Shuangjiang	62.40	78.22	景洪市	Jinghong	264.73	292.11
耿马县	Gengma	107.27	137.31	勐海县	Menghai	44.22	53.07
沧源县	Cangyuan	85.20	108.04	勐腊县	Mengla	106.12	134.17
楚 雄 州	**Chuxiong**	**1 009.45**	**1 290.33**	**大 理 州**	**Dali**	**750.61**	**881.97**
楚雄市	Chuxiong	339.16	424.79	大理市	Dali	297.30	315.16
双柏县	Shuangbo	51.60	67.09	漾濞县	yangbi	19.12	23.90
牟定县	Mouding	72.14	94.62	祥云县	Xiangyun	80.08	96.78
南华县	Nanhua	72.85	95.43	宾川县	Binchuang	55.92	70.01
姚安县	Yao'an	58.54	75.69	弥渡县	Midu	44.06	52.85
大姚县	Dayao	88.44	115.40	南涧县	Nanjian	29.56	39.90
永仁县	Yongren	45.52	57.66	巍山县	Weishan	31.56	39.43
元谋县	Yuanmou	55.13	76.93	永平县	Yongping	20.27	24.94
武定县	Wuding	88.36	117.28	云龙县	Yunlong	27.13	37.27
禄丰县	Lufeng	137.70	165.43	洱源县	Eryuan	57.01	68.88
红 河 州	**Honghe**	**2 106.68**	**2 533.75**	剑川县	Jianchuan	37.46	47.24
个旧市	Gejiu	265.63	319.00	鹤庆县	Heqing	51.14	65.61
开远市	Kaiyuan	256.83	308.20	**德 宏 州**	**Dehong**	**310.57**	**371.39**
蒙自市	Mengzi	275.09	326.80	瑞丽市	Ruili	98.70	123.63
弥勒市	Mile	279.00	338.00	芒 市	Mangshi	92.97	102.58
屏边县	Pingbian	64.87	80.21	梁河县	Lianghe	10.41	13.58
建水县	Jianshui	265.73	321.60	盈江县	Yingjiang	82.75	95.31
石屏县	Shiping	117.10	141.10	陇川县	Longchuan	25.74	36.29
泸西县	Luxi	167.52	203.36	**怒 江 州**	**Nujiang**	**120.92**	**151.65**
元阳县	Yuanyang	86.85	103.35	泸水市	Lushui	51.42	57.53
红河县	Honghe	88.77	106.01	福贡县	Fugong	9.74	13.02
金平县	Jinping	84.13	100.35	贡山县	Gongshan	8.94	12.04
绿春县	Luchun	86.51	104.07	兰坪县	Lanping	50.82	69.06
河口县	Hekou	68.64	81.68	**迪 庆 州**	**Diqing**	**315.46**	**364.48**
文 山 州	**Wenshan**	**627.36**	**758.07**	香格里拉县	Shangri-La	163.70	188.96
文山市	Wenshan	186.99	221.45	德钦县	Deqin	62.62	72.46
砚山县	Yanshan	103.83	121.56	维西县	Weixi	89.14	103.07
西畴县	Xichou	21.86	27.39	**不分地区**	**Trans-Regional**	**227.18**	**137.46**

18-9 各州市县地方一般公共预算收入（2009-2017年）

Public Budgetary Revenue of Local Government by Region（2009-2017）

单位：亿元 (100 million yuan)

州市县	Region	2009	2010	2011	2012	2013	2014	2015	2016	2017
全　省	**Yunnan**	**698.25**	**871.19**	**1 111.16**	**1 338.15**	**1 611.30**	**1 698.06**	**1 808.15**	**1 812.29**	**1 886.17**
昆明市	**Kunming**	**201.61**	**253.83**	**317.69**	**378.40**	**450.75**	**477.97**	**502.22**	**530.00**	**560.86**
五华区	Wuhua	15.77	20.55	25.42	30.49	36.31	32.47	33.91	36.83	38.47
盘龙区	Panlong	12.50	16.67	22.01	27.20	33.25	33.40	35.19	38.03	39.34
官渡区	Guandu	20.09	26.16	32.18	37.78	45.00	41.54	41.78	38.84	39.94
西山区	Xishan	13.00	17.00	22.00	26.64	32.51	34.59	35.63	38.43	39.79
东川区	Dongchuan	2.41	4.09	5.44	6.79	6.93	7.10	5.53	6.13	6.67
呈贡区	Chenggong	5.31	6.88	7.49	9.07	11.07	14.29	17.49	20.49	21.06
晋宁区	Jinning	4.70	6.24	8.43	11.01	13.43	14.50	15.82	16.93	14.57
富民县	Fumin	1.21	1.90	2.68	3.43	4.27	4.73	4.80	5.18	5.29
宜良县	Yiliang	3.83	4.68	4.52	5.60	6.84	7.21	6.83	7.43	7.84
石林县	Shilin	2.60	3.51	4.73	6.15	7.45	5.13	5.60	6.13	6.17
嵩明县	Songming	3.29	4.50	5.86	7.39	9.03	9.70	10.48	11.53	10.80
禄劝县	Luquan	2.31	2.92	3.58	4.87	5.98	6.06	5.87	6.37	6.12
寻甸县	Xundian	2.71	3.42	4.59	5.93	7.24	7.62	6.18	6.77	6.80
安宁市	Anning	12.80	16.69	21.40	24.03	26.99	22.74	26.45	29.13	28.88
市本级	City-level	99.09	118.61	147.36	172.01	204.44	236.90	250.66	261.79	289.12
曲靖市	**Qujing**	**63.19**	**72.43**	**88.31**	**103.83**	**121.53**	**115.67**	**118.09**	**126.31**	**136.22**
麒麟区	Qilin	7.61	9.21	12.84	16.81	20.34	18.71	19.52	19.72	21.40
沾益区	Zhanyi	4.72	5.43	6.36	6.97	8.23	6.83	6.31	6.47	7.38
马龙县	Malong	2.02	2.39	3.00	3.52	4.13	4.31	4.51	4.55	5.19
陆良县	Luliang	3.38	3.90	4.53	5.42	6.37	6.38	6.61	7.07	7.78
师宗县	Shizong	2.51	2.92	3.70	4.40	5.16	5.22	5.39	5.44	5.90
罗平县	Luoping	3.01	3.43	4.05	5.08	6.11	6.70	7.03	7.20	7.80
富源县	Fuyuan	7.18	8.38	10.30	12.45	13.84	8.31	8.58	9.21	10.51
会泽县	Huize	5.51	6.10	7.02	8.00	9.40	10.10	10.78	11.05	11.94
宣威市	Xuanwei	7.94	9.00	10.50	12.50	14.70	15.00	11.28	12.07	13.06
市本级	City-level	19.32	21.67	26.01	28.68	33.25	34.12	38.10	43.52	45.26
玉溪市	**Yuxi**	**54.16**	**64.73**	**77.25**	**90.22**	**105.97**	**113.59**	**124.82**	**131.06**	**137.22**
红塔区	Hongta	7.01	9.29	11.22	13.21	18.46	19.63	20.01	21.59	16.59
江川区	Jiangchuan	2.09	2.40	2.89	3.54	4.61	5.02	5.40	5.82	7.10
澄江县	Chengjiang	2.42	2.92	3.31	3.88	4.66	5.41	5.87	7.33	8.76
通海县	Tonghai	2.41	2.70	3.03	3.54	4.14	4.41	4.79	5.19	5.58
华宁县	Huaning	1.79	2.02	2.27	2.51	3.13	3.46	3.73	3.95	4.21
易门县	Yimen	2.13	2.42	2.80	3.34	3.91	4.57	5.30	5.82	6.08
峨山县	Eshan	2.18	2.72	3.04	3.56	4.31	4.60	4.42	4.18	4.33
新平县	Xinping	4.25	5.41	7.06	8.32	10.00	10.95	11.22	12.06	12.67
元江县	Yuanjiang	1.43	1.74	2.10	2.55	3.15	3.40	3.68	4.24	4.88
市本级	City-level	28.44	33.12	39.54	45.77	49.59	52.16	60.40	60.88	67.03

注：本表中2016年起数据为新口径。
Note:Date in this table are new caliber since 2016.

18-9 续表1 continued

单位：亿元 (100 million yuan)

州 市 县	Region	2009	2010	2011	2012	2013	2014	2015	2016	2017
保 山 市	**Baoshan**	**15.81**	**21.38**	**28.20**	**35.55**	**42.84**	**47.18**	**52.24**	**57.51**	**62.32**
隆阳区	Longyang	5.07	6.07	7.41	8.78	10.07	12.91	15.35	16.79	17.89
施甸县	Shidian	0.83	1.30	1.95	2.29	3.06	3.74	4.45	5.21	5.64
龙陵县	Longling	1.40	1.60	2.00	2.67	3.47	4.21	4.86	5.37	5.85
昌宁县	Changning	1.45	3.35	4.17	5.21	5.97	4.43	4.70	5.26	5.70
腾冲市	Tengchong	5.01	6.57	9.26	12.10	14.92	15.30	15.94	16.57	16.99
市本级	City-level	2.04	2.48	3.40	4.50	5.34	6.58	6.95	8.30	10.25
昭 通 市	**Zhaotong**	**20.79**	**25.62**	**32.59**	**39.47**	**47.47**	**51.02**	**55.27**	**59.80**	**67.53**
昭阳区	Zhaoyang	4.07	5.03	6.41	7.71	9.01	10.61	11.46	11.60	11.38
鲁甸县	Ludian	1.09	1.57	2.04	2.26	2.49	2.07	2.63	3.06	4.01
巧家县	Qiaojia	0.86	1.09	1.40	1.72	2.15	2.67	3.08	3.45	3.80
盐津县	Yanjin	0.87	0.92	1.14	1.38	1.66	1.36	1.52	1.40	1.45
大关县	Daguan	0.47	0.54	0.67	0.87	1.06	1.18	1.24	1.14	1.19
永善县	Yongshan	1.04	1.36	1.85	2.24	2.88	3.78	4.44	6.57	7.74
绥江县	Suijiang	0.64	0.89	1.48	2.20	2.68	3.12	2.49	2.94	3.02
镇雄县	Zhenxiong	2.01	2.70	3.80	5.10	5.88	5.07	5.51	5.77	6.35
彝良县	Yiliang	1.16	1.52	2.07	2.20	2.32	2.41	2.84	2.94	3.32
威信县	Weixin	1.01	1.27	1.62	1.95	2.36	1.69	1.78	1.51	1.67
水富县	Shuifu	1.28	1.59	1.78	2.16	2.28	2.06	2.60	2.37	2.63
市本级	City-level	6.30	7.14	8.32	9.67	12.70	14.98	15.68	17.06	20.96
丽 江 市	**Lijiang**	**11.66**	**16.46**	**26.26**	**38.01**	**45.78**	**46.07**	**47.77**	**48.25**	**40.06**
古城区	Gucheng	3.67	5.01	7.25	9.19	10.79	12.42	13.33	13.76	10.06
玉龙县	Yulong	1.41	2.13	3.00	4.51	5.71	6.80	7.27	7.66	5.58
永胜县	Yongsheng	1.37	1.78	2.02	2.87	3.75	4.16	3.81	4.00	3.31
华坪县	Huaping	2.65	3.50	4.04	5.25	5.78	4.60	3.63	3.70	3.84
宁蒗县	Ninglang	0.73	1.08	1.43	1.87	2.34	2.39	1.79	2.10	2.42
市本级	City-level	1.81	2.95	8.52	14.32	17.41	15.71	17.95	17.02	14.85
普 洱 市	**Pu'er**	**16.00**	**30.86**	**39.29**	**47.90**	**53.72**	**44.99**	**47.49**	**50.06**	**53.22**
思茅区	Simao	3.31	4.06	5.22	7.10	8.38	7.17	7.53	8.00	8.03
宁洱县	Ning'er	1.19	1.61	1.71	2.36	2.71	3.01	3.20	3.39	3.60
墨江县	Mojiang	1.22	1.64	2.18	2.72	3.27	3.66	3.85	3.38	3.59
景东县	Jingdong	1.80	2.29	2.54	3.05	3.42	4.01	4.21	4.46	4.73
景谷县	Jinggu	1.84	2.97	3.32	4.28	4.80	4.76	5.01	5.41	5.84
镇沅县	Zhenyuan	0.72	1.10	1.56	2.26	2.84	3.14	3.36	3.63	3.86
江城县	Jiangcheng	0.51	0.60	0.80	1.09	1.35	1.50	1.60	1.70	1.81
孟连县	Menglian	0.41	0.52	0.70	0.92	1.14	1.33	1.43	1.52	1.67
澜沧县	Lancang	1.24	2.22	3.11	3.64	4.36	4.63	4.87	5.16	5.47
西盟县	Ximeng	0.21	0.27	0.37	0.45	0.54	0.63	0.67	0.72	0.78
市本级	City-level	4.16	13.60	17.80	20.04	20.93	11.16	11.76	12.69	13.85
临 沧 市	**Lincang**	**10.05**	**14.51**	**21.39**	**30.22**	**36.85**	**37.26**	**38.06**	**38.27**	**40.04**
临翔区	Linxiang	1.43	1.95	2.69	4.49	5.60	6.41	6.63	6.77	7.08
凤庆县	Fengqing	1.43	2.62	3.22	4.46	3.72	4.36	4.45	4.72	4.92
云 县	Yunxian	1.95	2.17	3.01	4.06	5.05	4.02	4.18	4.45	4.63
永德县	Yongde	0.73	1.07	1.61	2.44	3.15	3.31	3.39	2.89	3.10
镇康县	Zhenkang	0.65	0.92	1.68	2.67	3.55	3.00	3.01	3.19	2.92
双江县	Shuangjiang	0.41	0.63	1.01	1.62	2.25	3.14	3.23	3.25	3.05
耿马县	Gengma	0.85	1.23	1.94	2.80	3.65	3.54	3.61	3.62	3.79
沧源县	Cangyuan	0.44	0.80	1.21	1.72	2.21	2.18	2.23	2.37	2.77
市本级	City-level	2.17	3.13	5.00	5.95	7.66	7.29	7.34	7.02	7.76

注：本表中2016年起数据为新口径。
Note:Date in this table are new caliber since 2016.

18-9 续表2 continued

单位：亿元 (100 million yuan)

州市县	Region	2009	2010	2011	2012	2013	2014	2015	2016	2017
楚 雄 州	**Chuxiong**	**25.58**	**30.70**	**37.58**	**46.32**	**56.37**	**63.72**	**68.19**	**73.64**	**80.26**
楚雄市	Chuxiong	8.31	9.73	11.60	13.93	16.30	18.43	20.00	21.61	23.19
双柏县	Shuangbo	0.79	0.98	1.14	1.42	1.97	2.28	2.51	2.74	3.01
牟定县	Mouding	0.74	0.96	1.30	1.83	2.30	2.67	2.88	3.12	3.37
南华县	Nanhua	0.98	1.24	1.71	2.49	3.21	3.86	4.10	4.43	4.78
姚安县	Yao'an	0.62	0.77	1.01	1.42	1.81	2.23	2.41	2.62	2.88
大姚县	Dayao	1.08	1.45	2.22	2.80	3.48	3.94	4.22	4.56	4.98
永仁县	Yongren	0.68	0.88	1.14	1.63	2.04	2.42	2.62	2.83	3.07
元谋县	Yuanmou	0.85	0.86	1.00	1.62	1.91	2.27	2.52	2.83	3.17
武定县	Wuding	1.42	1.95	2.76	3.68	4.31	5.00	5.00	5.40	5.81
禄丰县	Lufeng	4.02	4.63	5.40	5.61	7.46	7.66	8.05	8.69	9.61
州本级	Prefecture-level	6.10	7.26	8.31	9.89	11.58	12.98	13.89	14.82	16.40
红 河 州	**Honghe**	**52.04**	**61.22**	**72.79**	**84.48**	**97.25**	**111.02**	**123.24**	**133.10**	**141.28**
个旧市	Gejiu	7.73	7.90	8.62	8.89	9.33	10.73	11.11	11.35	12.05
开远市	Kaiyuan	5.01	5.77	7.01	8.42	9.77	11.23	12.45	13.20	13.99
蒙自市	Mengzi	5.81	7.23	9.05	10.64	12.56	15.03	16.82	17.55	18.71
弥勒市	Mile	5.60	6.95	8.08	9.50	11.13	13.09	15.01	16.22	17.22
屏边县	Pingbian	0.47	0.54	0.63	0.74	0.93	1.14	1.33	1.47	1.57
建水县	Jianshui	3.78	4.76	6.00	7.35	8.60	10.05	11.20	12.10	12.83
石屏县	Shiping	1.70	2.00	2.30	2.71	3.19	3.83	4.41	4.77	5.11
泸西县	Luxi	2.61	3.16	4.01	5.07	6.19	7.24	8.18	8.83	9.45
元阳县	Yuanyang	1.05	1.21	1.40	1.61	1.85	2.23	2.41	2.61	2.80
红河县	Honghe	0.34	0.43	0.63	0.83	1.08	1.31	1.50	1.66	1.79
金平县	Jinping	1.40	1.63	1.91	2.20	2.33	2.44	2.50	2.24	2.41
绿春县	Luchun	0.72	0.83	1.00	1.17	1.35	1.63	1.86	2.01	2.15
河口县	Hekou	0.90	1.03	1.19	1.44	1.83	2.23	2.55	2.76	3.00
州本级	Prefecture-level	14.92	17.77	20.95	23.93	27.12	28.84	31.89	36.33	38.19
文 山 州	**Wenshan**	**17.29**	**22.03**	**27.45**	**36.13**	**42.72**	**50.70**	**52.04**	**54.69**	**56.88**
文山市	Wenshan	5.36	6.80	8.60	10.70	13.30	15.60	17.20	18.24	20.07
砚山县	Yanshan	2.37	2.82	3.41	4.02	5.04	6.20	6.61	7.02	7.52
西畴县	Xichou	0.51	0.61	0.71	0.78	1.00	1.40	1.61	1.82	2.00
麻栗坡县	Malipo	1.36	1.70	2.50	2.70	3.16	3.28	2.80	2.90	3.08
马关县	Maguan	1.97	2.71	3.51	4.31	5.17	5.25	5.00	5.40	6.05
丘北县	Qiubei	1.32	1.63	2.21	2.91	3.64	4.15	4.00	4.20	4.41
广南县	Guangnan	1.35	1.62	2.00	2.40	3.00	3.78	4.00	4.15	4.32
富宁县	Funing	1.50	1.80	2.32	2.87	3.60	4.10	3.80	2.80	3.00
州本级	Prefecture-level	1.56	2.34	2.18	5.44	4.82	6.93	7.02	8.17	6.43
西双版纳州	**Xishuangbanna**	**8.60**	**11.26**	**17.60**	**22.26**	**26.81**	**28.79**	**30.80**	**30.48**	**28.46**
景洪市	Jinghong	3.62	4.77	8.09	10.18	11.98	11.73	12.10	11.59	11.03
勐海县	Menghai	1.13	1.38	1.85	2.51	3.51	4.21	4.64	4.75	4.95

注：本表中2016年起数据为新口径。
Note:Date in this table are new caliber since 2016.

18-9 续表3 continued

单位：亿元 (100 million yuan)

州市县	Region	2009	2010	2011	2012	2013	2014	2015	2016	2017
勐腊县	Mengla	1.57	2.27	2.63	2.91	3.15	3.48	3.71	3.64	3.86
州本级	Prefecture-level	2.28	2.84	5.03	6.67	8.17	9.37	10.35	10.50	8.62
大理州	**Dali**	**31.55**	**37.62**	**45.95**	**59.28**	**71.97**	**75.28**	**78.10**	**82.01**	**87.01**
大理市	Dali	12.29	14.21	17.10	21.52	25.60	27.53	29.19	30.07	31.67
漾濞县	Yangbi	0.68	0.78	0.91	1.19	1.47	0.77	0.86	1.19	1.48
祥云县	Xiangyun	2.85	3.34	4.11	5.41	6.75	7.18	7.63	8.01	8.82
宾川县	Binchuan	1.61	1.90	2.19	2.82	3.44	3.66	3.77	3.93	4.25
弥渡县	Midu	1.09	1.30	1.74	2.27	2.76	3.15	3.38	3.50	3.72
南涧县	Nanjian	1.21	1.63	2.09	2.65	2.91	2.57	2.65	2.91	3.00
巍山县	Weishan	0.97	1.34	1.87	2.58	3.23	3.39	3.07	3.20	3.42
永平县	Yongping	0.96	1.38	1.62	2.00	2.26	2.03	2.14	2.05	2.26
云龙县	Yunlong	0.89	1.09	1.51	2.07	2.66	2.87	3.12	3.29	3.39
洱源县	Eryuan	1.01	1.20	1.45	1.95	2.47	2.87	3.09	3.22	3.42
剑川县	Jianchuan	0.94	0.98	1.31	1.77	2.38	2.41	2.49	2.57	2.73
鹤庆县	Heqing	1.50	1.87	2.27	3.22	4.29	4.99	5.09	5.22	5.56
州本级	Prefecture-level	5.56	6.58	7.78	9.84	11.76	11.85	11.62	12.84	13.29
德宏州	**Dehong**	**9.83**	**13.24**	**18.91**	**24.32**	**27.96**	**31.00**	**31.96**	**32.61**	**33.77**
瑞丽市	Ruili	2.21	3.73	5.12	6.95	8.75	9.13	7.30	7.41	7.72
芒　市	Mangshi	2.55	3.30	4.46	5.66	7.02	7.11	5.80	5.81	6.00
梁河县	Lianghe	0.57	0.68	0.96	1.25	1.35	1.50	1.22	1.27	1.39
盈江县	Yingjiang	2.17	2.89	4.33	4.95	5.53	5.59	4.39	4.48	4.85
陇川县	Longchuan	0.69	0.89	1.27	1.70	1.81	2.13	1.73	1.88	2.17
州本级	Prefecture-level	1.64	1.75	2.77	3.81	3.49	5.54	11.52	11.75	11.63
怒江州	**Nujiang**	**4.67**	**5.84**	**6.66**	**7.51**	**8.41**	**9.33**	**9.00**	**9.46**	**9.93**
泸水市	Lushui	1.08	1.27	1.46	1.72	2.00	2.38	2.46	2.55	2.58
福贡县	Fugong	0.23	0.27	0.34	0.47	0.55	0.67	0.76	0.84	0.75
贡山县	Gongshan	0.23	0.26	0.32	0.38	0.48	0.60	0.68	0.79	0.75
兰坪县	Lanping	2.10	2.80	3.10	3.36	3.73	4.25	3.24	3.50	4.00
州本级	Prefecture-level	1.02	1.23	1.43	1.58	1.65	1.43	1.87	1.78	1.85
迪庆州	**Diqing**	**4.36**	**5.97**	**8.60**	**10.75**	**13.05**	**14.49**	**15.53**	**16.47**	**10.17**
香格里拉市	Shangri-La	1.66	2.10	2.75	3.50	4.37	5.05	5.50	5.84	4.86
德钦县	Deqin	0.45	0.71	1.00	1.28	1.60	1.80	1.59	1.69	0.92
维西县	Weixi	0.58	1.01	1.45	1.86	2.38	2.71	2.93	3.10	1.02
州本级	Prefecture-level	1.67	2.15	3.40	4.12	4.69	4.94	5.51	5.83	3.38
省本级	**Province-level**	**150.47**	**183.50**	**244.66**	**283.49**	**361.85**	**379.97**	**413.34**	**338.56**	**340.93**

注：本表中2016年起数据为新口径。
Note:Date in this table are new caliber since 2016.

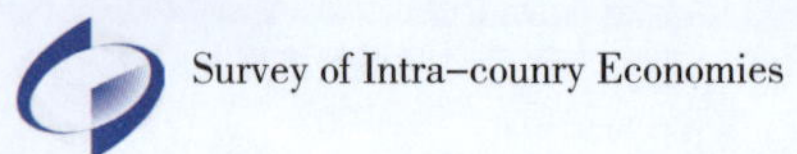

18-10 各州市县人均地方一般公共预算收入（2013-2017年）

Per Capita Public Budgetary Revenue of Local Government by Region (2013-2017)

单位：元/人 (yuan/person)

州市县	Region	2013	2014	2015	2016	2017
全　省	**Yunnan**	**3 448**	**3 613**	**3 824**	**3 810**	**3 941**
昆明市	**Kunming**	**6 875**	**7 239**	**7 550**	**7 908**	**8 302**
五华区	Wuhua	4 217	3 755	3 907	4 226	4 401
盘龙区	Panlong	4 212	4 054	4 250	4 571	4 707
官渡区	Guandu	5 185	4 764	4 759	4 390	4 473
西山区	Xishan	4 220	4 473	4 586	4 918	5 060
东川区	Dongchuan	2 511	2 554	1 974	2 173	2 358
呈贡区	Chenggong	3 418	4 357	5 284	6 130	6 222
晋宁区	Jinning	4 592	4 906	5 299	5 613	4 780
富民县	Fumin	2 857	3 120	3 128	3 344	3 387
宜良县	Yiliang	1 601	1 674	1 577	1 706	1 788
石林县	Shilin	2 951	2 010	2 178	2 366	2 358
嵩明县	Songming	2 791	3 255	3 425	3 664	3 338
禄劝县	Luquan	1 482	1 491	1 433	1 543	1 478
寻甸县	Xundian	1 560	1 636	1 322	1 443	1 444
安宁市	Anning	7 623	6 327	7 257	7 879	7 701
曲靖市	**Qujing**	**2 041**	**1 931**	**1 959**	**2 082**	**2 232**
麒麟区	Qilin	2 692	2 461	2 552	2 562	2 765
沾益区	Zhanyi	1 862	1 536	1 410	1 438	1 633
马龙县	Malong	2 183	2 258	2 347	2 355	2 670
陆良县	Luliang	1 011	1 006	1 037	1 105	1 210
师宗县	Shizong	1 292	1 298	1 333	1 340	1 446
罗平县	Luoping	1 094	1 193	1 244	1 269	1 367
富源县	Fuyuan	1 885	1 126	1 157	1 240	1 411
会泽县	Huize	1 018	1 087	1 155	1 180	1 271
宣威市	Xuanwei	1 111	1 127	840	887	948
玉溪市	**Yuxi**	**4 538**	**4 843**	**5 297**	**5 533**	**5 770**
红塔区	Hongta	3 678	3 894	3 952	4 241	3 241
江川区	Jiangchuan	1 626	1 762	1 890	2 031	2 470
澄江县	Chengjiang	2 702	3 116	3 330	4 087	4 854
通海县	Tonghai	1 346	1 422	1 547	1 676	1 798
华宁县	Huaning	1 440	1 587	1 702	1 796	1 905
易门县	Yimen	2 192	2 550	2 953	3 229	3 357
峨山县	Eshan	2 621	2 787	2 647	2 468	2 544
新平县	Xinping	3 467	3 780	3 865	4 146	4 342
元江县	Yuanjiang	1 430	1 534	1 654	1 895	2 175
保山市	**Baoshan**	**1 682**	**1 843**	**2 029**	**2 221**	**2 392**
隆阳区	Longyang	1 059	1 350	1 597	1 737	1 838
施甸县	Shidian	988	1 201	1 419	1 654	1 777
龙陵县	Longling	1 231	1 485	1 702	1 870	2 017
昌宁县	Changning	1 711	1 263	1 334	1 484	1 598
腾冲市	Tengchong	2 278	2 325	2 408	2 490	2 540
昭通市	**Zhaotong**	**893**	**951**	**1 022**	**1 097**	**1 226**
昭阳区	Zhaoyang	1 118	1 304	1 397	1 403	1 359
鲁甸县	Ludian	623	512	644	746	964
巧家县	Qiaojia	411	506	578	643	703
盐津县	Yanjin	441	359	396	363	373
大关县	Daguan	393	436	455	413	429
永善县	Yongshan	716	933	1 086	1 596	1 865
绥江县	Suijiang	1 714	1 986	1 576	1 842	1 881
镇雄县	Zhenxiong	434	371	400	415	453
彝良县	Yiliang	435	449	525	538	601
威信县	Weixin	600	426	445	374	411
水富县	Shuifu	2 199	1 978	2 476	2 214	2 418
丽江市	**Lijiang**	**3 618**	**3 622**	**3 739**	**3 762**	**3 112**
古城区	Gucheng	5 036	5 767	6 150	6 313	4 596
玉龙县	Yulong	2 611	3 090	3 292	3 459	2 510
永胜县	Yongsheng	943	1 040	949	996	821
华坪县	Huaping	3 373	2 671	2 099	2 133	2 202
宁蒗县	Ninglang	889	902	673	786	901
普洱市	**Pu'er**	**2 083**	**1 738**	**1 827**	**1 917**	**2 030**
思茅区	Simao	2 725	2 316	2 416	2 550	2 547
宁洱县	Ning'er	1 430	1 576	1 668	1 759	1 861
墨江县	Mojiang	898	1 002	1 049	917	973
景东县	Jingdong	942	1 102	1 153	1 218	1 284
景谷县	Jinggu	1 629	1 612	1 689	1 818	1 954
镇沅县	Zhenyuan	1 349	1 493	1 593	1 714	1 812
江城县	Jiangcheng	1 082	1 196	1 270	1 339	1 417
孟连县	Menglian	826	961	1 030	1 087	1 185
澜沧县	Lancang	879	931	978	1 033	1 093
西盟县	Ximeng	587	672	719	757	817
临沧市	**Lincang**	**1 491**	**1 499**	**1 522**	**1 522**	**1 587**
临翔区	Linxiang	1 704	1 936	1 989	2 018	2 101
凤庆县	Fengqing	798	931	946	999	1 039
云　县	Yunxian	1 106	876	905	960	997
永德县	Yongde	840	878	894	757	811
镇康县	Zhenkang	1 978	1 661	1 648	1 738	1 584
双江县	Shuangjiang	1 253	1 733	1 772	1 771	1 657
耿马县	Gengma	1 209	1 165	1 181	1 176	1 231
沧源县	Cangyuan	1 203	1 177	1 198	1 265	1 474

注：本表中2016年起数据为新口径。
Note:Date in this table are new caliber since 2016.

18-10 续表 continued

单位：元/人 (yuan/person)

州市县	Region	2013	2014	2015	2016	2017	州市县	Region	2013	2014	2015	2016	2017
楚雄州	**Chuxiong**	**2 071**	**2 338**	**2 497**	**2 692**	**2 928**	富宁县	Funing	870	986	910	668	713
楚雄市	Chuxiong	2 741	3 092	3 351	3 613	3 871	**西双版纳州**	**Xishuangbanna**	**2 330**	**2 494**	**2 654**	**2 610**	**2 420**
双柏县	Shuangbo	1 228	1 421	1 565	1 706	1 873	景洪市	Jinghong	2 269	2 216	2 275	2 166	2 047
牟定县	Mouding	1 087	1 261	1 361	1 471	1 586	勐海县	Menghai	1 042	1 244	1 366	1 389	1 438
南华县	Nanhua	1 336	1 605	1 700	1 836	1 971	勐腊县	Mengla	1 101	1 212	1 285	1 251	1 319
姚安县	Yao'an	896	1 101	1 186	1 287	1 409	**大理州**	**Dali**	**2 055**	**2 140**	**2 209**	**2 308**	**2 435**
大姚县	Dayao	1 255	1 416	1 515	1 634	1 781	大理市	Dali	3 876	4 154	4 388	4 498	4 714
永仁县	Yongren	1 842	2 180	2 358	2 544	2 762	漾濞县	Yangbi	1 416	736	825	1 131	1 391
元谋县	Yuanmou	878	1 037	1 148	1 285	1 435	祥云县	Xiangyun	1 462	1 549	1 637	1 711	1 874
武定县	Wuding	1 555	1 799	1 795	1 935	2 077	宾川县	Binchuan	975	1 033	1 058	1 098	1 180
禄丰县	Lufeng	1 738	1 782	1 869	2 017	2 227	弥渡县	Midu	872	990	1 058	1 091	1 153
红河州	**Honghe**	**2 125**	**2 411**	**2 659**	**2 853**	**3 008**	南涧县	Nanjian	1 356	1 193	1 222	1 337	1 368
个旧市	Gejiu	2 006	2 296	2 368	2 408	2 556	巍山县	Weishan	1 048	1 095	988	1 025	1 089
开远市	Kaiyuan	2 976	3 398	3 751	3 959	4 174	永平县	Yongping	1 274	1 137	1 187	1 134	1 240
蒙自市	Mengzi	2 963	3 520	3 912	3 992	4 157	云龙县	Yunlong	1 310	1 408	1 521	1 593	1 633
弥勒市	Mile	2 030	2 375	2 704	2 904	3 066	洱源县	Eryuan	906	1 050	1 126	1 167	1 232
屏边县	Pingbian	599	733	855	951	1 023	剑川县	Jianchuan	1 383	1 389	1 426	1 462	1 543
建水县	Jianshui	1 594	1 852	2 051	2 205	2 326	鹤庆县	Heqing	1 656	1 919	1 947	1 986	2 104
石屏县	Shiping	1 049	1 253	1 434	1 543	1 642	**德宏州**	**Dehong**	**2 260**	**2 471**	**2 514**	**2 535**	**2 595**
泸西县	Luxi	1 517	1 762	1 977	2 122	2 256	瑞丽市	Ruili	4 641	4 697	3 656	3 641	3 731
元阳县	Yuanyang	458	546	586	631	674	芒　市	Mangshi	1 767	1 766	1 423	1 407	1 434
红河县	Honghe	356	429	490	537	576	梁河县	Lianghe	861	952	771	798	870
金平县	Jinping	639	665	676	603	643	盈江县	Yingjiang	1 784	1 788	1 391	1 405	1 509
绿春县	Luchun	596	716	809	867	920	陇川县	Longchuan	983	1 138	910	980	1 117
河口县	Hekou	1 732	2 091	2 373	2 555	2 757	**怒江州**	**Nujiang**	**1 562**	**1 728**	**1 662**	**1 743**	**1 821**
文山州	**Wenshan**	**1 197**	**1 414**	**1 445**	**1 513**	**1 568**	泸水市	Lushui	1 074	1 274	1 311	1 357	1 366
文山市	Wenshan	2 708	3 157	3 466	3 663	4 014	福贡县	Fugong	555	676	763	838	747
砚山县	Yanshan	1 072	1 314	1 394	1 475	1 573	贡山县	Gongshan	1 262	1 569	1 762	2 064	1 944
西畴县	Xichou	386	541	619	695	763	兰坪县	Lanping	1 735	1 975	1 500	1 619	1 841
麻栗坡县	Malipo	1 120	1 160	985	1 017	1 074	**迪庆州**	**Diqing**	**3 217**	**3 566**	**3 810**	**4 026**	**2 475**
马关县	Maguan	1 387	1 403	1 331	1 431	1 597	香格里拉市	Shangri-La	2 485	2 869	3 122	3 292	2 721
丘北县	Qiubei	751	853	819	856	896	德钦县	Deqin	2 386	2 657	2 340	2 489	1 353
广南县	Guangnan	376	472	498	515	534	维西县	Weixi	1 466	1 663	1 793	1 895	618

注：本表中2016年起数据为新口径。
Note:Date in this table are new caliber since 2016.

18-11　各州市县地方一般公共预算支出（2010-2017年）

Public Budgetary Expenditure of Local Government by Region (2010-2017)

单位：亿元　　(100 million yuan)

州市县	Region	2010	2011	2012	2013	2014	2015	2016	2017
全　省	**Yunnan**	**2 285.72**	**2 929.60**	**3 572.66**	**4 096.51**	**4 437.98**	**4 712.83**	**5 018.86**	**5 712.97**
昆明市	**Kunming**	**346.29**	**441.73**	**525.50**	**585.76**	**593.66**	**615.49**	**688.40**	**775.90**
五华区	Wuhua	20.35	25.50	29.60	32.77	31.12	32.10	35.14	39.01
盘龙区	Panlong	20.10	25.10	31.14	37.11	36.43	39.14	43.07	48.92
官渡区	Guandu	29.81	35.74	40.41	47.05	41.46	43.00	40.71	45.37
西山区	Xishan	19.81	25.13	29.10	36.94	35.53	38.07	42.19	44.31
东川区	Dongchuan	16.06	19.59	23.23	22.21	22.31	24.85	25.27	27.67
呈贡区	Chenggong	9.66	11.01	12.27	14.75	17.22	24.92	23.35	32.68
晋宁区	Jinning	11.24	15.41	20.34	24.45	24.81	23.27	25.14	25.02
富民县	Fumin	6.67	7.99	8.40	9.83	9.97	10.49	11.25	11.40
宜良县	Yiliang	10.27	11.64	17.36	17.68	15.92	17.26	18.82	20.08
石林县	Shilin	9.34	11.18	13.52	14.30	14.09	15.30	16.26	20.35
嵩明县	Songming	11.49	15.93	17.50	17.01	18.99	21.21	22.07	25.56
禄劝县	Luquan	12.20	13.97	18.51	22.75	21.95	24.35	27.30	33.59
寻甸县	Xundian	13.04	16.43	19.57	22.90	23.05	26.26	26.55	36.42
安宁市	Anning	19.28	25.34	27.88	31.03	27.01	29.19	30.71	36.22
市本级	City-level	136.97	181.76	216.68	234.97	253.81	246.07	300.57	329.30
曲靖市	**Qujing**	**181.59**	**222.19**	**281.93**	**297.26**	**334.17**	**363.05**	**400.15**	**442.55**
麒麟区	Qilin	17.80	22.31	28.42	30.57	31.27	40.99	41.91	50.15
沾益区	Zhanyi	12.68	15.24	16.93	19.16	21.56	20.61	25.13	25.96
马龙县	Malong	8.72	9.70	11.50	13.25	16.78	16.60	17.75	19.01
陆良县	Luliang	15.10	19.20	21.38	22.77	25.03	29.07	30.09	34.48
师宗县	Shizong	11.27	14.84	17.96	18.88	20.15	21.54	25.51	29.30
罗平县	Luoping	12.88	16.27	22.48	23.31	26.41	30.06	32.75	35.56
富源县	Fuyuan	20.96	25.59	32.23	30.28	29.93	30.56	37.93	42.67
会泽县	Huize	21.00	26.10	35.61	38.14	50.19	58.67	52.09	55.96
宣威市	Xuanwei	31.32	37.95	49.31	52.18	59.77	61.91	69.45	77.29
市本级	City-level	29.85	35.00	46.12	48.72	53.09	53.03	67.55	72.16
玉溪市	**Yuxi**	**107.30**	**139.65**	**161.82**	**186.28**	**207.31**	**223.30**	**233.35**	**262.12**
红塔区	Hongta	15.10	17.33	20.16	24.74	27.48	31.06	32.31	31.42
江川区	Jiangchuan	7.37	9.54	11.53	14.08	15.56	15.98	17.42	18.40
澄江县	Chengjiang	6.64	7.58	9.17	11.16	11.56	12.69	14.26	21.85
通海县	Tonghai	7.38	10.20	11.83	14.31	13.31	15.84	16.65	18.00
华宁县	Huaning	6.77	8.24	9.69	11.72	12.17	13.83	15.47	16.07
易门县	Yimen	6.48	8.74	10.96	13.32	14.48	15.89	16.67	17.22
峨山县	Eshan	7.52	8.14	9.47	11.99	11.67	12.92	14.86	15.52
新平县	Xinping	13.79	17.68	19.45	23.56	21.92	23.60	27.06	27.88
元江县	Yuanjiang	7.99	9.05	10.75	13.18	14.63	16.00	17.62	18.89
市本级	City-level	28.28	43.14	48.82	48.24	64.54	65.47	61.02	76.88

注：1994年以后全省分县财政支出数按新财政体制口径统计。

Note: Data of government expenditure by county after 1994 have been recorded according to the new financial system.

18—11 续表1 continued

单位：亿元 (100 million yuan)

州 市 县	Region	2010	2011	2012	2013	2014	2015	2016	2017
保 山 市	**Baoshan**	**82.29**	**106.43**	**141.57**	**150.32**	**164.24**	**192.13**	**212.65**	**238.03**
隆阳区	Longyang	20.76	24.99	37.56	36.11	39.05	48.18	50.97	62.54
施甸县	Shidian	10.02	12.37	16.97	17.92	19.66	23.93	26.36	29.14
龙陵县	Longling	10.49	12.69	15.60	18.47	21.71	22.63	25.52	29.17
昌宁县	Changning	11.73	15.03	21.52	21.38	21.18	26.92	28.32	31.45
腾冲市	Tengchong	21.75	30.55	35.94	38.71	41.86	45.37	53.32	55.14
市本级	City-level	7.54	10.80	13.98	17.72	20.79	25.10	28.16	30.59
昭 通 市	**Zhaotong**	**146.60**	**178.28**	**248.09**	**261.26**	**330.89**	**405.29**	**410.06**	**416.42**
昭阳区	Zhaoyang	19.22	24.07	34.03	38.07	43.48	51.12	52.52	57.55
鲁甸县	Ludian	11.75	14.12	20.27	20.39	46.66	60.11	46.78	34.93
巧家县	Qiaojia	13.40	14.81	20.67	21.50	35.60	61.17	40.10	34.15
盐津县	Yanjin	8.29	11.25	14.40	16.33	19.26	19.30	21.35	23.68
大关县	Daguan	8.66	8.81	13.09	14.41	16.89	15.52	16.43	21.67
永善县	Yongshan	10.96	12.71	16.71	19.82	25.13	36.57	30.12	34.20
绥江县	Suijiang	5.61	8.27	9.73	11.60	11.64	12.10	13.00	15.49
镇雄县	Zhenxiong	26.19	33.19	46.22	47.27	50.34	59.07	72.39	81.37
彝良县	Yiliang	12.04	17.14	32.25	27.41	26.93	27.00	32.78	36.89
威信县	Weixin	9.82	11.52	14.93	15.01	17.10	22.37	27.30	26.06
水富县	Shuifu	5.67	5.90	6.79	7.12	7.69	8.76	9.51	9.64
市本级	City-level	14.98	16.51	18.98	22.31	30.17	32.20	47.79	40.79
丽 江 市	**Lijiang**	**59.11**	**81.49**	**106.73**	**113.20**	**128.03**	**144.04**	**150.07**	**160.80**
古城区	Gucheng	8.88	12.77	16.31	17.05	19.82	24.44	26.82	26.12
玉龙县	Yulong	9.44	12.16	16.80	20.02	20.04	23.57	25.67	27.87
永胜县	Yongsheng	11.78	15.19	18.25	20.11	23.02	27.36	27.02	32.63
华坪县	Huaping	9.08	12.62	13.67	12.81	13.50	16.09	17.93	19.16
宁蒗县	Ninglang	10.35	13.68	21.76	19.92	21.81	22.40	24.59	28.64
市本级	City-level	9.59	15.06	19.96	23.29	29.84	30.19	28.04	26.37
普 洱 市	**Pu'er**	**114.11**	**145.75**	**170.09**	**201.61**	**224.36**	**219.10**	**245.72**	**271.78**
思茅区	Simao	9.57	13.47	15.72	21.40	17.46	18.21	21.18	21.93
宁洱县	Ning'er	7.64	8.31	10.72	13.39	14.64	13.89	17.86	19.65
墨江县	Mojiang	11.58	12.48	14.50	17.93	21.30	22.82	24.75	26.74
景东县	Jingdong	11.49	12.36	16.07	22.21	23.18	22.36	26.02	26.48
景谷县	Jinggu	10.47	13.72	14.91	17.88	31.65	22.91	25.45	26.98
镇沅县	Zhenyuan	8.06	9.99	12.43	15.98	18.42	19.81	19.82	22.72
江城县	Jiangcheng	5.36	7.68	8.94	10.84	12.80	12.87	14.03	15.46
孟连县	Menglian	5.62	8.39	9.50	10.04	11.04	13.16	15.13	17.56
澜沧县	Lancang	17.52	23.26	25.33	29.68	29.42	33.99	36.00	45.10
西盟县	Ximeng	5.09	7.52	7.50	8.34	9.31	12.07	13.18	13.62
市本级	City-level	21.73	28.56	34.47	33.91	35.12	26.99	32.30	35.54
临 沧 市	**Lincang**	**90.77**	**128.79**	**160.62**	**181.33**	**194.45**	**202.50**	**213.39**	**242.95**
临翔区	Linxiang	9.77	15.43	19.60	22.36	25.79	26.65	28.01	29.54
凤庆县	Fengqing	12.43	16.33	20.51	21.52	24.37	27.86	29.81	31.08
云 县	Yunxian	10.52	15.39	19.63	21.72	22.15	24.28	29.40	29.72
永德县	Yongde	11.17	15.01	19.07	21.76	23.40	23.43	21.08	22.57
镇康县	Zhenkang	8.16	11.32	14.35	16.80	18.96	18.98	17.82	18.80
双江县	Shuangjiang	6.73	11.08	14.01	16.07	18.12	17.53	18.69	19.97
耿马县	Gengma	11.69	16.14	19.91	22.97	20.05	23.82	25.20	26.46
沧源县	Cangyuan	8.43	11.37	14.49	17.10	19.25	18.42	19.87	21.07

18-11 续表2 continued

单位：亿元 (100 million yuan)

州市县	Region	2010	2011	2012	2013	2014	2015	2016	2017
市本级	City-level	11.87	16.72	19.07	21.04	22.37	21.53	23.50	43.75
楚雄州	**Chuxiong**	**108.58**	**126.76**	**158.02**	**172.65**	**205.12**	**216.23**	**235.21**	**248.69**
楚雄市	Chuxiong	18.71	21.60	28.63	30.18	35.30	36.22	39.84	43.93
双柏县	Shuangbo	6.77	7.35	9.80	11.00	16.54	16.03	15.30	18.10
牟定县	Mouding	6.63	8.66	10.38	12.46	13.27	13.90	17.83	17.91
南华县	Nanhua	8.07	9.02	12.73	13.72	17.55	17.10	17.79	19.57
姚安县	Yao'an	6.09	7.61	10.60	11.20	12.88	14.59	15.25	17.27
大姚县	Dayao	9.12	11.87	14.22	16.55	18.39	19.19	21.46	23.17
永仁县	Yongren	5.41	6.69	8.19	9.47	10.75	12.05	12.84	13.95
元谋县	Yuanmou	7.24	8.38	11.35	11.79	14.92	16.03	17.65	18.06
武定县	Wuding	8.23	10.88	15.49	15.63	18.50	20.52	21.31	23.66
禄丰县	Lufeng	15.65	15.01	18.43	19.96	21.75	24.17	28.41	27.23
州本级	Prefecture-level	16.65	19.70	18.18	20.71	25.28	26.44	27.55	25.83
红河州	**Honghe**	**169.42**	**213.19**	**248.08**	**310.71**	**344.79**	**369.15**	**378.79**	**402.79**
个旧市	Gejiu	21.02	23.17	25.82	30.35	35.12	33.07	31.87	37.47
开远市	Kaiyuan	12.51	15.80	17.69	23.00	23.29	25.50	27.80	29.54
蒙自市	Mengzi	13.22	17.24	22.37	28.66	30.52	31.69	33.59	34.98
弥勒市	Mile	15.50	17.91	20.71	26.54	31.19	35.76	39.60	39.21
屏边县	Pingbian	5.68	7.09	9.33	12.26	13.26	14.15	14.17	14.66
建水县	Jianshui	13.67	16.43	20.49	26.21	27.53	31.53	34.15	34.98
石屏县	Shiping	10.26	11.60	13.50	17.78	18.43	23.94	24.18	25.88
泸西县	Luxi	11.21	14.02	17.62	22.97	26.79	26.17	29.24	31.00
元阳县	Yuanyang	9.54	11.55	14.44	17.81	20.51	24.07	24.62	25.60
红河县	Honghe	9.04	11.44	14.39	18.71	18.84	21.58	21.30	21.36
金平县	Jinping	10.55	13.30	15.52	18.20	20.17	24.49	23.23	26.65
绿春县	Luchun	7.83	10.07	13.68	17.35	17.30	19.06	20.71	20.77
河口县	Hekou	5.96	7.60	8.45	11.40	13.50	14.57	15.57	16.39
州本级	Prefecture-level	23.44	35.98	34.05	39.48	48.32	43.57	38.75	44.29
文山州	**Wenshan**	**114.12**	**143.79**	**167.80**	**195.46**	**217.23**	**242.76**	**272.23**	**321.57**
文山市	Wenshan	15.27	20.08	22.09	28.89	32.72	38.08	42.10	54.04
砚山县	Yanshan	11.89	15.65	19.59	23.11	25.78	29.44	32.22	35.43
西畴县	Xichou	7.81	10.91	11.10	12.53	14.46	18.79	23.79	25.54
麻栗坡县	Malipo	11.34	13.02	14.82	16.98	19.49	20.37	23.28	26.48
马关县	Maguan	12.65	14.53	16.77	19.66	23.30	23.83	25.86	32.19
丘北县	Qiubei	13.51	16.70	18.93	24.68	24.72	25.95	31.97	36.31
广南县	Guangnan	15.72	20.91	25.96	27.95	31.70	35.88	38.74	48.54
富宁县	Funing	13.67	16.61	20.06	22.31	25.23	27.96	29.58	34.06
州本级	Prefecture-level	12.25	15.38	18.49	19.35	19.83	22.47	24.70	28.99
西双版纳州	**Xishuangbanna**	**42.43**	**67.12**	**80.63**	**81.26**	**90.07**	**105.67**	**117.31**	**117.77**
景洪市	Jinghong	14.27	26.31	32.84	29.40	31.27	33.94	39.09	38.23
勐海县	Menghai	10.21	15.34	16.46	17.52	20.76	25.48	27.11	29.93

18-11 续表3 continued

单位：亿元 (100 million yuan)

州 市 县	Region	2010	2011	2012	2013	2014	2015	2016	2017
勐腊县	Mengla	8.93	13.84	16.00	16.62	18.46	24.34	26.86	28.08
州本级	Prefecture-level	9.02	11.64	15.32	17.72	19.57	21.91	24.25	21.54
大 理 州	**Dali**	**124.24**	**159.62**	**200.50**	**222.93**	**243.57**	**277.43**	**294.82**	**338.18**
大理市	Dali	21.05	28.15	35.00	40.23	41.92	46.59	46.80	53.79
漾濞县	Yangbi	5.09	5.81	7.40	9.11	9.38	11.10	12.43	13.85
祥云县	Xiangyun	11.38	14.80	21.51	20.69	23.47	27.66	30.35	32.95
宾川县	Binchuan	9.95	11.96	15.32	16.77	19.08	20.45	22.44	24.24
弥渡县	Midu	8.56	10.83	14.71	15.81	18.77	18.74	19.82	22.89
南涧县	Nanjian	6.93	8.76	11.11	12.47	13.08	15.51	18.00	20.36
巍山县	Weishan	8.25	10.56	13.81	15.02	17.33	20.74	21.23	21.50
永平县	Yongping	6.15	8.19	10.07	10.50	11.69	14.32	15.20	17.33
云龙县	Yunlong	7.97	11.49	12.31	13.51	15.50	16.20	16.77	20.53
洱源县	Eryuan	8.50	10.70	12.70	17.77	17.30	20.39	22.63	24.51
剑川县	Jianchuan	6.50	7.77	10.21	12.29	12.90	15.01	17.75	18.73
鹤庆县	Heqing	9.00	10.26	13.50	14.31	16.37	23.95	22.26	22.93
州本级	Prefecture-level	14.91	20.33	22.85	24.45	26.76	26.78	29.12	44.56
德 宏 州	**Dehong**	**58.11**	**92.30**	**102.16**	**99.60**	**121.72**	**124.53**	**134.26**	**150.92**
瑞丽市	Ruili	9.88	13.94	15.86	16.68	20.83	17.95	21.57	26.44
芒　市	Mangshi	13.36	16.66	28.24	19.75	23.41	25.96	28.05	28.43
梁河县	Lianghe	6.23	7.98	8.89	9.28	12.02	12.51	12.76	14.21
盈江县	Yingjiang	11.07	28.86	18.07	18.15	30.60	29.81	27.45	29.40
陇川县	Longchuan	8.41	10.40	11.01	11.65	13.70	16.17	17.75	19.02
州本级	Prefecture-level	9.16	14.46	20.09	24.08	21.16	22.15	26.68	33.41
怒 江 州	**Nujiang**	**34.04**	**42.68**	**50.39**	**55.29**	**63.36**	**71.81**	**83.35**	**89.67**
泸水市	Lushui	8.47	9.52	12.71	13.22	15.86	18.29	23.80	23.57
福贡县	Fugong	5.80	6.90	8.25	9.66	12.47	14.34	14.96	15.25
贡山县	Gongshan	5.25	6.81	6.49	8.41	8.51	9.29	11.15	11.96
兰坪县	Lanping	9.33	11.35	13.87	14.71	18.98	20.83	22.76	25.47
州本级	Prefecture-level	5.19	8.10	9.06	9.29	7.55	9.06	10.69	13.42
迪 庆 州	**Diqing**	**43.15**	**66.11**	**73.14**	**108.85**	**101.13**	**110.47**	**118.66**	**139.94**
香格里拉市	Shangri-La	11.25	23.49	26.89	32.58	33.12	38.97	38.14	42.37
德钦县	Deqin	7.63	15.49	12.38	20.42	18.32	19.42	24.89	25.64
维西县	Weixi	10.67	11.55	16.50	28.06	23.43	26.42	30.66	28.69
州本级	Prefecture-level	13.61	15.59	17.37	27.80	26.27	25.66	24.97	43.24
省本级	**Provincial-level**	**463.57**	**573.69**	**695.59**	**872.75**	**873.89**	**829.88**	**830.44**	**1 092.90**

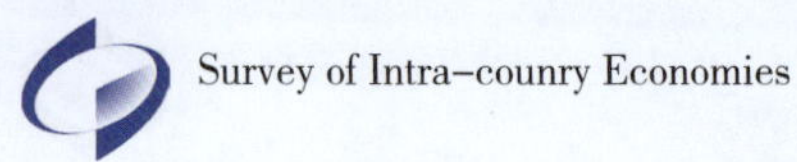

18–12　全省各州市县人均地方一般公共预算支出（2013–2017年）
Per Capita Public Budgetary Government Expenditure of Local Government by Region (2013-2017)

单位：元/人　　　　(yuan/person)

州 市 县	Region	2013	2014	2015	2016	2017
全　　省	**Yunnan**	**8 767**	**9 442**	**9 968**	**10 552**	**11 938**
昆 明 市	**Kunming**	**8 935**	**8 991**	**9 253**	**10 271**	**11 485**
五华区	Wuhua	3 806	3 599	3 698	4 032	4 462
盘龙区	Panlong	4 701	4 422	4 727	5 177	5 853
官渡区	Guandu	5 421	4 755	4 897	4 601	5 080
西山区	Xishan	4 794	4 593	4 900	5 399	5 633
东川区	Dongchuan	8 047	8 024	8 877	8 964	9 781
呈贡区	Chenggong	4 552	5 249	7 529	6 988	9 654
晋宁区	Jinning	8 359	8 396	7 796	8 335	8 207
富民县	Fumin	6 578	6 580	6 836	7 264	7 305
宜良县	Yiliang	4 136	3 697	3 986	4 321	4 580
石林县	Shilin	5 664	5 526	5 954	6 271	7 779
嵩明县	Songming	5 257	6 372	6 930	7 014	7 898
禄劝县	Luquan	5 638	5 399	5 947	6 619	8 112
寻甸县	Xundian	4 935	4 946	5 618	5 659	7 730
安宁市	Anning	8 765	7 513	8 008	8 306	9 659
曲 靖 市	**Qujing**	**4 992**	**5 577**	**6 023**	**6 597**	**7 251**
麒麟区	Qilin	4 045	4 113	5 359	5 446	6 480
沾益区	Zhanyi	4 335	4 846	4 607	5 588	5 746
马龙县	Malong	6 996	8 798	8 645	9 181	9 779
陆良县	Luliang	3 615	3 948	4 561	4 699	5 364
师宗县	Shizong	4 729	5 015	5 332	6 280	7 176
罗平县	Luoping	4 175	4 701	5 324	5 772	6 233
富源县	Fuyuan	4 124	4 054	4 125	5 107	5 729
会泽县	Huize	4 129	5 399	6 284	5 564	5 957
宣威市	Xuanwei	3 945	4 492	4 610	5 105	5 612
玉 溪 市	**Yuxi**	**7 978**	**8 839**	**9 476**	**9 852**	**11 023**
红塔区	Hongta	4 927	5 452	6 135	6 346	6 139
江川区	Jiangchuan	4 965	5 466	5 594	6 075	6 399
澄江县	Chengjiang	6 468	6 662	7 201	7 954	12 106
通海县	Tonghai	4 646	4 297	5 115	5 380	5 800
华宁县	Huaning	5 391	5 573	6 313	7 028	7 276
易门县	Yimen	7 469	8 085	8 849	9 252	9 512
峨山县	Eshan	7 296	7 067	7 735	8 785	9 127
新平县	Xinping	8 165	7 566	8 131	9 301	9 554
元江县	Yuanjiang	5 977	6 606	7 192	7 880	8 418
保 山 市	**Baoshan**	**5 902**	**6 414**	**7 464**	**8 214**	**9 136**
隆阳区	Longyang	3 797	4 083	5 012	5 273	6 428
施甸县	Shidian	5 780	6 306	7 640	8 365	9 191
龙陵县	Longling	6 550	7 648	7 928	8 885	10 055
昌宁县	Changning	6 128	6 042	7 640	7 990	8 814
腾冲市	Tengchong	5 910	6 360	6 856	8 010	8 245
昭 通 市	**Zhaotong**	**4 912**	**6 168**	**7 494**	**7 521**	**7 563**
昭阳区	Zhaoyang	4 725	5 344	6 232	6 351	6 870
鲁甸县	Ludian	5 098	11 550	14 746	11 388	8 404
巧家县	Qiaojia	4 103	6 739	11 488	7 471	6 320
盐津县	Yanjin	4 325	5 059	5 033	5 525	6 093
大关县	Daguan	5 362	6 240	5 689	5 973	7 808
永善县	Yongshan	4 926	6 196	8 950	7 314	8 235
绥江县	Suijiang	7 428	7 405	7 642	8 151	9 658
镇雄县	Zhenxiong	3 490	3 684	4 286	5 211	5 802
彝良县	Yiliang	5 144	5 011	4 984	6 001	6 669
威信县	Weixin	3 816	4 312	5 597	6 777	6 416
水富县	Shuifu	6 870	7 372	8 339	8 888	8 852
丽 江 市	**Lijiang**	**8 945**	**10 065**	**11 275**	**11 702**	**12 489**
古城区	Gucheng	7 961	9 204	11 280	12 308	11 931
玉龙县	Yulong	9 146	9 110	10 677	11 590	12 527
永胜县	Yongsheng	5 054	5 760	6 822	6 716	8 082
华坪县	Huaping	7 480	7 846	9 310	10 328	10 987
宁蒗县	Ninglang	7 566	8 233	8 411	9 199	10 680
普 洱 市	**Pu'er**	**7 816**	**8 666**	**8 428**	**9 411**	**10 366**
思茅区	Simao	6 962	5 642	5 840	6 752	6 959
宁洱县	Ning'er	7 063	7 676	7 246	9 265	10 161
墨江县	Mojiang	4 925	5 830	6 226	6 724	7 245
景东县	Jingdong	6 126	6 371	6 124	7 097	7 188
景谷县	Jinggu	6 073	10 716	7 728	8 549	9 019
镇沅县	Zhenyuan	7 600	8 749	9 383	9 354	10 676
江城县	Jiangcheng	8 712	10 224	10 213	11 074	12 135
孟连县	Menglian	7 268	7 968	9 464	10 821	12 448
澜沧县	Lancang	5 982	5 919	6 828	7 209	9 008
西盟县	Ximeng	9 034	10 011	12 865	13 946	14 311
临 沧 市	**Lincang**	**7 338**	**7 822**	**8 097**	**8 486**	**9 629**
临翔区	Linxiang	6 801	7 793	7 998	8 355	8 766
凤庆县	Fengqing	4 622	5 204	5 920	6 308	6 566
云　县	Yunxian	4 757	4 824	5 261	6 340	6 393
永德县	Yongde	5 801	6 206	6 182	5 532	5 900
镇康县	Zhenkang	9 352	10 475	10 412	9 705	10 193
双江县	Shuangjiang	8 940	10 004	9 613	10 179	10 830
耿马县	Gengma	7 608	6 601	7 791	8 198	8 582
沧源县	Cangyuan	9 307	10 401	9 890	10 604	11 193

18-12 续表 continued

单位：元/人 (yuan/person)

州 市 县	Region	2013	2014	2015	2016	2017
楚 雄 州	**Chuxiong**	**6 344**	**7 525**	**7 919**	**8 597**	**9 071**
楚雄市	Chuxiong	5 075	5 924	6 067	6 662	7 334
双柏县	Shuangbo	6 844	10 318	9 993	9 530	11 261
牟定县	Mouding	5 888	6 273	6 564	8 408	8 435
南华县	Nanhua	5 710	7 293	7 100	7 366	8 076
姚安县	Yao'an	5 546	6 366	7 195	7 485	8 446
大姚县	Dayao	5 972	6 610	6 887	7 688	8 291
永仁县	Yongren	8 553	9 690	10 860	11 561	12 530
元谋县	Yuanmou	5 407	6 823	7 310	8 021	8 178
武定县	Wuding	5 639	6 658	7 368	7 632	8 460
禄丰县	Lufeng	4 647	5 057	5 616	6 592	6 310
红 河 州	**Honghe**	**6 790**	**7 486**	**7 964**	**8 119**	**8 575**
个旧市	Gejiu	6 521	7 516	7 046	6 762	7 947
开远市	Kaiyuan	7 009	7 047	7 683	8 338	8 812
蒙自市	Mengzi	6 760	7 149	7 371	7 640	7 774
弥勒市	Mile	4 841	5 659	6 441	7 089	6 983
屏边县	Pingbian	7 909	8 534	9 085	9 183	9 544
建水县	Jianshui	4 855	5 071	5 776	6 224	6 344
石屏县	Shiping	5 849	6 030	7 781	7 819	8 308
泸西县	Luxi	5 632	6 524	6 326	7 024	7 398
元阳县	Yuanyang	4 400	5 028	5 859	5 959	6 162
红河县	Honghe	6 187	6 181	7 026	6 893	6 862
金平县	Jinping	4 997	5 488	6 618	6 242	7 122
绿春县	Luchun	7 661	7 576	8 280	8 933	8 888
河口县	Hekou	10 771	12 662	13 563	14 405	15 063
文 山 州	**Wenshan**	**5 476**	**6 059**	**6 743**	**7 533**	**8 862**
文山市	Wenshan	5 883	6 621	7 674	8 456	10 807
砚山县	Yanshan	4 917	5 462	6 212	6 771	7 414
西畴县	Xichou	4 847	5 576	7 219	9 100	9 728
麻栗坡县	Malipo	6 027	6 884	7 165	8 160	9 242
马关县	Maguan	5 274	6 225	6 342	6 853	8 493
丘北县	Qiubei	5 094	5 079	5 312	6 518	7 377
广南县	Guangnan	3 506	3 961	4 466	4 803	5 996
富宁县	Funing	5 390	6 066	6 693	7 055	8 089
西双版纳州	**Xishuangbanna**	**7 063**	**7 801**	**9 105**	**10 044**	**10 015**
景洪市	Jinghong	5 570	5 906	6 383	7 305	7 096
勐海县	Menghai	5 203	6 141	7 494	7 925	8 689
勐腊县	Mengla	5 815	6 431	8 427	9 235	9 587
大 理 州	**Dali**	**6 367**	**6 922**	**7 847**	**8 297**	**9 463**
大理市	Dali	6 093	6 324	7 004	7 001	8 006
漾濞县	Yangbi	8 808	9 012	10 611	11 794	13 003
祥云县	Xiangyun	4 480	5 061	5 935	6 483	7 004
宾川县	Binchuan	4 750	5 377	5 736	6 265	6 733
弥渡县	Midu	4 989	5 898	5 861	6 172	7 090
南涧县	Nanjian	5 816	6 068	7 153	8 257	9 281
巍山县	Weishan	4 878	5 600	6 671	6 793	6 846
永平县	Yongping	5 910	6 533	7 959	8 398	9 511
云龙县	Yunlong	6 669	7 604	7 899	8 129	9 884
洱源县	Eryuan	6 524	6 325	7 418	8 194	8 830
剑川县	Jianchuan	7 127	7 435	8 601	10 108	10 592
鹤庆县	Heqing	5 531	6 297	9 165	8 471	8 679
德 宏 州	**Dehong**	**8 051**	**9 703**	**9 794**	**10 436**	**11 595**
瑞丽市	Ruili	8 849	10 720	8 987	10 596	12 774
芒 市	Mangshi	4 969	5 811	6 362	6 790	6 796
梁河县	Lianghe	5 938	7 642	7 902	8 014	8 867
盈江县	Yingjiang	5 854	9 793	9 451	8 617	9 142
陇川县	Longchuan	6 311	7 296	8 504	9 236	9 789
怒 江 州	**Nujiang**	**10 267**	**11 734**	**13 261**	**15 350**	**16 438**
泸水市	Lushui	7 100	8 490	9 765	12 673	12 492
福贡县	Fugong	9 728	12 503	14 345	14 927	15 143
贡山县	Gongshan	22 065	22 209	24 185	28 957	30 898
兰坪县	Lanping	6 844	8 815	9 652	10 518	11 716
迪 庆 州	**Diqing**	**26 843**	**24 879**	**27 108**	**29 012**	**34 048**
香格里拉市	Shangri-La	18 525	18 828	22 104	21 513	23 709
德钦县	Deqin	30 404	27 061	28 607	36 650	37 652
维西县	Weixi	17 266	14 372	16 176	18 719	17 462

18-13 各州市县社会消费品零售总额（2016-2017年）
Total Retail Sales of Consumer Goods by Region (2016-2017)

单位：亿元 (100 million yuan)

州市县	Region	2016	2017	州市县	Region	2016	2017
全　省	**Yunnan**	**5 722.90**	**6 423.06**	元江县	Yuanjiang	24.46	27.51
昆明市	**Kunming**	**2 310.09**	**2 590.95**	**保山市**	**Baoshan**	**200.18**	**224.90**
五华区	Wuhua	496.68	543.22	隆阳区	Longyang	114.32	128.44
盘龙区	Panlong	443.77	499.23	施甸县	Shidian	14.43	16.22
官渡区	Guandu	445.13	501.70	龙陵县	Longling	14.82	16.65
西山区	Xishan	532.64	600.74	昌宁县	Changning	17.39	19.54
东川区	Dongchuan	22.59	25.76	腾冲市	Tengchong	39.21	44.06
呈贡区	Chenggong	44.26	50.47	**昭通市**	**Zhaotong**	**237.63**	**266.74**
晋宁区	Jinning	36.44	41.38	昭阳区	Zhaoyang	96.24	108.00
富民县	Fumin	16.81	19.09	鲁甸县	Ludian	10.26	11.54
宜良县	Yiliang	42.67	48.73	巧家县	Qiaojia	14.98	16.80
石林县	Shilin	39.59	45.22	盐津县	Yanjin	10.18	11.42
嵩明县	Songming	30.22	34.33	大关县	Daguan	7.78	8.73
禄劝县	Luquan	31.91	36.20	永善县	Yongshan	12.96	14.54
寻甸县	Xundian	31.55	35.90	绥江县	Suijiang	7.33	8.21
安宁市	Anning	95.84	108.98	镇雄县	Zhenxiong	39.68	44.52
曲靖市	**Qujing**	**564.97**	**635.33**	彝良县	Yiliang	16.85	18.95
麒麟区	Qilin	169.92	190.52	威信县	Weixin	11.92	13.41
沾益区	Zhanyi	30.17	34.09	水富县	Shuifu	9.47	10.62
马龙县	Malong	12.12	13.69	**丽江市**	**Lijiang**	**104.85**	**117.70**
陆良县	Luliang	48.68	55.50	古城区	Gucheng	50.34	56.53
师宗县	Shizong	18.18	20.54	玉龙县	Yulong	11.31	12.71
罗平县	Luoping	46.65	53.19	永胜县	Yongsheng	18.20	20.42
富源县	Fuyuan	48.96	55.81	华坪县	Huaping	14.76	16.57
会泽县	Huize	39.06	44.14	宁蒗县	Ninglang	10.24	11.48
宣威市	Xuanwei	151.22	167.85	**普洱市**	**Pu'er**	**163.04**	**182.86**
玉溪市	**Yuxi**	**326.77**	**367.45**	思茅区	Simao	54.31	61.02
红塔区	Hongta	155.75	175.00	宁洱县	Ning'er	12.28	13.81
江川区	Jiangchuan	21.93	24.68	墨江县	Mojiang	11.68	13.06
澄江县	Chengjiang	19.68	22.16	景东县	Jingdong	15.89	17.87
通海县	Tonghai	30.77	34.61	景谷县	Jinggu	20.88	23.38
华宁县	Huaning	18.35	20.65	镇沅县	Zhenyuan	11.38	12.82
易门县	Yimen	18.59	20.93	江城县	Jiangcheng	6.43	7.27
峨山县	Eshan	15.72	17.69	孟连县	Menglian	9.52	10.76
新平县	Xinping	21.51	24.22	澜沧县	Lancang	17.97	19.81

18-13 续表 continued

单位：亿元 (100 million yuan)

州市县	Region	2016	2017	州市县	Region	2016	2017
西盟县	Ximeng	2.72	3.07	西畴县	Xichou	13.57	15.19
临沧市	**Lincang**	**173.65**	**195.28**	麻栗坡县	Malipo	19.74	22.10
临翔区	Linxiang	52.59	57.91	马关县	Maguan	33.46	37.52
凤庆县	Fengqing	23.11	25.49	丘北县	Qiubei	27.99	31.53
云　县	Yunxian	30.84	34.85	广南县	Guangnan	54.34	60.84
永德县	Yongde	21.30	24.61	富宁县	Funing	38.19	42.79
镇康县	Zhenkang	8.86	10.15	**西双版纳州**	**Xishuangbanna**	**116.41**	**130.33**
双江县	Shuangjiang	8.21	8.91	景洪市	Jinghong	73.41	82.19
耿马县	Gengma	18.99	22.10	勐海县	Menghai	20.34	22.78
沧源县	Cangyuan	9.76	11.26	勐腊县	Mengla	22.66	25.36
楚雄州	**Chuxiong**	**298.77**	**335.99**	**大理州**	**Dali**	**332.99**	**373.81**
楚雄市	Chuxiong	124.68	140.07	大理市	Dali	139.90	156.90
双柏县	Shuangbo	9.59	10.79	漾濞县	Yangbi	6.55	7.35
牟定县	Mouding	13.67	15.36	祥云县	Xiangyun	43.20	48.55
南华县	Nanhua	18.26	20.51	宾川县	Binchuan	23.57	26.46
姚安县	Yao'an	13.27	14.91	弥渡县	Midu	23.29	26.22
大姚县	Dayao	23.96	26.88	南涧县	Nanjian	14.94	16.83
永仁县	Yongren	5.89	6.89	巍山县	Weishan	17.99	20.23
元谋县	Yuanmou	17.05	19.24	永平县	Yongping	10.85	12.15
武定县	Wuding	22.56	25.40	云龙县	Yunlong	11.66	13.06
禄丰县	Lufeng	49.84	55.94	洱源县	Eryuan	17.21	19.31
红河州	**Honghe**	**366.56**	**411.85**	剑川县	Jianchuan	9.65	10.80
个旧市	Gejiu	72.66	81.63	鹤庆县	Heqing	14.18	15.93
开远市	Kaiyuan	46.33	52.14	**德宏州**	**Dehong**	**124.73**	**138.52**
蒙自市	Mengzi	50.00	56.22	瑞丽市	Ruili	35.14	39.14
弥勒市	Mile	39.95	44.85	芒　市	Mangshi	44.14	49.48
屏边县	Pingbian	11.19	12.57	梁河县	Lianghe	6.23	6.84
建水县	Jianshui	38.65	43.38	盈江县	Yingjiang	30.31	33.00
石屏县	Shiping	25.60	28.79	陇川县	Longchuan	8.92	10.06
泸西县	Luxi	33.73	37.90	**怒江州**	**Nujiang**	**32.63**	**36.53**
元阳县	Yuanyang	12.87	14.43	泸水市	Lushui	15.15	16.96
红河县	Honghe	9.62	10.79	福贡县	Fugong	3.63	4.07
金平县	Jinping	10.32	11.57	贡山县	Gongshan	2.74	3.06
绿春县	Luchun	8.81	9.89	兰坪县	Lanping	11.10	12.43
河口县	Hekou	6.83	7.67	**迪庆州**	**Diqing**	**45.93**	**51.42**
文山州	**Wenshan**	**323.72**	**363.40**	香格里拉市	Shangri-La	32.00	35.83
文山市	Wenshan	96.85	108.63	德钦县	Deqin	5.99	6.70
砚山县	Yanshan	39.58	44.78	维西县	Weixi	7.94	8.89

18-14 各州市县住户存款年末余额（2013-2017年）
Balance of Savings Deposits of Household at Year-end by Region (2013-2017)

单位：亿元 (100 million yuan)

州市县	Region	2013	2014	2015	2016	2017
全 省	**Yunnan**	**9 163.61**	**9 923.95**	**10 736.62**	**11 935.78**	**13 164.69**
昆明市	**Kunming**	**3 520.52**	**3 697.59**	**3 835.46**	**4 124.21**	**4 431.40**
五华区	Wuhua	1 911.93	1 942.06	1 911.22	1 947.17	2 014.20
盘龙区	Panlong					
官渡区	Guandu	500.01	556.63	618.47	700.22	790.09
西山区	Xishan	364.84	382.63	401.05	468.34	496.71
东川区	Dongchuan	60.79	66.97	67.76	74.81	83.45
呈贡区	Chenggong	145.61	155.81	170.19	189.58	214.47
晋宁区	Jinning	82.70	88.68	98.47	107.44	117.14
富民县	Fumin	32.58	36.67	40.66	43.45	49.02
宜良县	Yiliang	93.62	103.82	113.38	124.58	140.51
石林县	Shilin	43.71	48.50	53.24	59.41	63.17
嵩明县	Songming	56.21	65.95	78.54	97.05	109.04
禄劝县	Luquan	40.22	46.42	51.33	61.05	68.02
寻甸县	Xundian	50.15	57.78	68.12	76.57	93.58
安宁市	Anning	138.16	145.67	163.02	174.54	192.00
曲靖市	**Qujing**	**818.13**	**885.58**	**971.00**	**1 070.12**	**1 193.81**
麒麟区	Qilin	307.90	317.04	329.13	344.64	381.43
沾益区	Zhanyi	46.22	53.11	61.76	71.39	79.99
马龙县	Malong	24.79	27.44	32.37	34.80	38.85
陆良县	Luliang	67.36	78.37	89.16	102.52	115.03
师宗县	Shizong	42.33	45.31	51.53	57.95	62.25
罗平县	Luoping	52.64	59.06	66.98	75.61	82.61
富源县	Fuyuan	72.46	76.85	82.73	92.66	103.12
会泽县	Huize	62.82	71.68	82.74	95.72	106.73
宣威市	Xuanwei	141.62	156.73	174.61	194.84	223.80
玉溪市	**Yuxi**	**581.25**	**627.50**	**683.45**	**752.34**	**825.21**
红塔区	Hongta	254.32	262.16	275.59	291.76	317.82
江川区	Jiangchuan	53.66	60.42	67.57	73.98	81.57
澄江县	Chengjiang	35.77	41.19	47.20	49.98	57.17
通海县	Tonghai	75.51	81.70	89.58	102.86	109.02
华宁县	Huaning	32.96	36.02	41.45	46.53	50.07
易门县	Yimen	33.36	37.89	41.78	50.98	53.59
峨山县	Eshan	30.23	34.58	38.57	44.40	48.22
新平县	Xinping	39.41	44.43	48.81	52.84	65.45
元江县	Yuanjiang	26.02	29.11	32.89	39.02	42.30

18-14 续表1 continued

单位：亿元 (100 million yuan)

州 市 县	Region	2013	2014	2015	2016	2017
保 山 市	**Baoshan**	**339.72**	**380.84**	**431.40**	**518.14**	**594.07**
隆阳区	Longyang	128.81	144.34	166.36	203.44	239.97
施甸县	Shidian	30.43	34.95	40.67	50.12	58.85
龙陵县	Longling	33.04	37.99	44.13	55.97	59.91
昌宁县	Changning	31.14	34.18	39.65	49.26	54.18
腾冲市	Tengchong	116.30	129.39	140.59	159.35	181.17
昭 通 市	**Zhaotong**	**436.77**	**489.12**	**558.88**	**647.39**	**752.78**
昭阳区	Zhaoyang	118.88	132.98	153.79	181.67	210.50
鲁甸县	Ludian	19.71	25.90	30.20	31.74	37.43
巧家县	Qiaojia	32.79	38.64	44.21	48.20	56.08
盐津县	Yanjin	25.41	28.48	32.16	36.97	42.25
大关县	Daguan	19.08	21.89	25.57	28.33	31.78
永善县	Yongshan	49.73	50.06	53.97	58.82	65.54
绥江县	Suijiang	25.90	27.13	30.33	35.03	40.09
镇雄县	Zhenxiong	63.21	73.13	86.05	106.00	127.22
彝良县	Yiliang	28.57	30.76	35.56	41.54	50.29
威信县	Weixin	28.64	33.51	38.12	46.69	57.28
水富县	Shuifu	24.86	26.64	28.93	32.42	34.30
丽 江 市	**Lijiang**	**254.94**	**275.27**	**300.88**	**330.98**	**373.43**
古城区	Gucheng	114.54	120.25	130.06	138.17	152.32
玉龙县	Yulong	23.13	27.63	30.45	33.28	38.47
永胜县	Yongsheng	51.86	56.82	62.97	72.61	84.78
华坪县	Huaping	46.47	48.46	52.37	56.46	61.78
宁蒗县	Ninglang	18.94	22.11	25.02	30.46	36.08
普 洱 市	**Pu'er**	**303.99**	**336.08**	**379.41**	**442.78**	**498.54**
思茅区	Simao	92.14	98.37	109.39	122.96	138.04
宁洱县	Ning'er	25.21	28.38	31.59	37.40	42.37
墨江县	Mojiang	26.39	30.02	33.44	39.58	44.73
景东县	Jingdong	31.40	36.03	41.96	49.71	55.85
景谷县	Jinggu	29.68	34.95	41.01	46.28	51.87
镇沅县	Zhenyuan	21.91	24.52	28.46	34.39	36.89
江城县	Jiangcheng	11.90	13.06	15.09	16.36	19.02
孟连县	Menglian	26.71	28.34	32.70	41.50	49.27
澜沧县	Lancang	32.92	36.11	38.49	45.81	50.74
西盟县	Ximeng	5.73	6.31	7.29	8.80	9.77
临 沧 市	**Lincang**	**215.19**	**235.37**	**263.09**	**305.60**	**340.39**
临翔区	Linxiang	57.26	59.71	65.51	74.41	85.49
凤庆县	Fengqing	28.24	32.50	37.08	42.05	46.26
云 县	Yunxian	34.91	38.85	43.69	51.33	56.38
永德县	Yongde	21.51	23.70	26.73	31.27	34.81
镇康县	Zhenkang	17.81	20.22	24.37	28.51	29.95
双江县	Shuangjiang	15.24	16.89	17.96	20.99	23.28
耿马县	Gengma	26.88	30.06	33.16	39.14	44.53
沧源县	Cangyuan	13.35	13.43	14.59	17.89	19.69

18-14 续表2 continued

单位：亿元 (100 million yuan)

州市县	Region	2013	2014	2015	2016	2017
楚雄州	**Chuxiong**	**393.22**	**449.07**	**494.15**	**563.39**	**629.20**
楚雄市	Chuxiong	137.12	154.61	165.91	181.05	199.66
双柏县	Shuangbo	17.73	20.68	23.17	26.44	30.24
牟定县	Mouding	23.49	27.42	30.88	34.48	38.41
南华县	Nanhua	25.34	30.60	34.08	38.25	44.89
姚安县	Yao'an	24.94	28.27	31.68	34.82	40.12
大姚县	Dayao	31.32	35.07	39.08	45.24	49.96
永仁县	Yongren	13.97	15.95	18.52	21.04	23.97
元谋县	Yuanmou	26.74	30.51	34.39	45.95	50.89
武定县	Wuding	30.23	34.45	38.88	45.25	51.03
禄丰县	Lufeng	62.34	71.51	77.55	90.88	100.03
红河州	**Honghe**	**743.79**	**824.49**	**896.08**	**989.68**	**1093.23**
个旧市	Gejiu	142.19	147.61	148.95	160.34	172.02
开远市	Kaiyuan	84.96	92.67	99.85	108.02	115.86
蒙自市	Mengzi	113.23	121.83	139.26	150.87	163.51
弥勒市	Mile	79.66	91.98	100.63	111.00	123.90
屏边县	Pingbian	13.82	15.94	17.32	21.21	23.01
建水县	Jianshui	103.48	117.57	127.11	143.28	157.62
石屏县	Shiping	51.86	59.43	67.11	75.82	86.18
泸西县	Luxi	57.04	63.93	71.15	80.34	91.70
元阳县	Yuanyang	22.25	24.79	27.14	31.12	36.32
红河县	Honghe	15.35	18.39	21.45	24.82	28.79
金平县	Jinping	21.83	25.86	29.09	31.83	37.80
绿春县	Luchun	11.48	12.95	14.14	16.82	18.52
河口县	Hekou	26.63	31.52	32.89	34.21	38.01
文山州	**Wenshan**	**366.91**	**409.03**	**455.78**	**517.12**	**595.34**
文山市	Wenshan	125.31	130.93	144.74	167.68	192.86
砚山县	Yanshan	43.78	49.27	54.61	61.68	69.62
西畴县	Xichou	19.11	23.23	26.04	28.66	33.63
麻栗坡县	Malipo	26.89	31.11	34.65	38.39	43.34
马关县	Maguan	40.88	45.21	49.5	54.05	61.49
丘北县	Qiubei	29.48	33.47	37.98	43.24	51.21
广南县	Guangnan	49.22	58.98	67.09	76.50	89.36
富宁县	Funing	32.24	36.81	41.15	46.93	53.83
西双版纳州	**Xishuangbanna**	**239.58**	**271.19**	**296.61**	**339.65**	**371.15**
景洪市	Jinghong	145.36	162.37	177.74	203.32	220.05
勐海县	Menghai	39.01	46.73	52.04	58.63	63.28

18-14 续表3 continued

单位：亿元 (100 million yuan)

州市县	Region	2013	2014	2015	2016	2017
勐腊县	Mengla	55.21	62.09	66.83	77.70	87.82
大理州	**Dali**	**551.24**	**629.42**	**697.80**	**795.96**	**873.83**
大理市	Dali	239.85	268.79	289.21	321.90	348.73
漾濞县	Yangbi	10.49	12.21	14.28	16.83	19.19
祥云县	Xiangyun	60.30	68.42	78.13	89.06	98.29
宾川县	Binchuan	41.37	47.53	51.35	60.44	67.84
弥渡县	Midu	33.77	39.96	46.07	53.50	56.54
南涧县	Nanjian	17.46	20.51	23.74	27.06	30.55
巍山县	Weishan	27.06	32.80	36.42	41.63	44.49
永平县	Yongping	16.81	19.91	21.76	26.04	29.26
云龙县	Yunlong	18.01	20.85	24.05	27.43	30.66
洱源县	Eryuan	27.74	33.19	37.67	44.89	52.10
剑川县	Jianchuan	21.07	23.43	26.69	29.91	33.05
鹤庆县	Heqing	37.31	41.83	48.43	57.25	63.14
德宏州	**Dehong**	**276.96**	**281.19**	**320.90**	**359.35**	**387.02**
瑞丽市	Ruili	119.17	109.67	131.44	142.43	146.86
芒　市	Mangshi	80.03	85.51	94.22	104.86	112.90
梁河县	Lianghe	17.62	19.30	22.96	27.43	32.34
盈江县	Yingjiang	38.82	42.47	44.82	50.06	58.30
陇川县	Longchuan	21.31	24.24	27.46	34.56	36.62
怒江州	**Nujiang**	**54.93**	**59.74**	**67.76**	**79.51**	**92.29**
泸水市	Lushui	24.05	25.44	27.92	32.77	38.07
福贡县	Fugong	5.58	6.32	7.51	8.83	11.10
贡山县	Gongshan	3.76	4.32	5.26	6.34	7.95
兰坪县	Lanping	21.54	23.67	27.07	31.58	35.18
迪庆州	**Diqing**	**66.43**	**72.45**	**83.97**	**99.56**	**112.98**
香格里拉市	Shangri-La	44.03	47.82	54.56	64.32	73.34
德钦县	Deqin	7.42	7.98	10.13	11.42	12.38
维西县	Weixi	14.99	16.64	19.28	23.82	27.26

18-15 各州市县农村常住居民人均可支配收入（2016-2017年）
Disposable Income Per Capita of Rural Resident by Region (2016-2017)

单位：元/人 (yuan/person)

州市县	Region	2016	2017	州市县	Region	2016	2017
全　省	**Yunnan**	**9 020**	**9 862**	隆阳区	Longyang	10 392	11 390
昆明市	**Kunming**	**12 555**	**13 698**	施甸县	Shidian	8 629	9 440
五华区	Wuhua	16 217	17 660	龙陵县	Longling	8 841	9 707
盘龙区	Panlong	16 386	17 877	昌宁县	Changning	9 097	9 952
官渡区	Guandu	17 166	18 728	腾冲市	Tengchong	9 400	10 331
西山区	Xishan	16 802	18 331	**昭通市**	**Zhaotong**	**7 951**	**8 675**
东川市	Dongchuan	7 078	7 800	昭阳区	Zhaoyang	8 766	9 608
呈贡区	Chenggong	16 605	18 116	鲁甸县	Ludian	7 975	8 765
晋宁区	Jinning	13 253	14 512	巧家县	Qiaojia	7 871	8 579
富民县	Fumin	12 346	13 482	盐津县	Yanjin	8 108	8 830
宜良县	Yiliang	12 598	13 770	大关县	Daguan	7 617	8 272
石林县	Shilin	12 443	13 588	永善县	Yongshan	7 840	8 585
嵩明县	Songming	12 236	13 386	绥江县	Suijiang	7 928	8 681
禄劝县	Luquan	7 301	8 046	镇雄县	Zhenxiong	7 959	8 739
寻甸县	Xundian	7 524	8 299	彝良县	Yiliang	7 441	8 111
安宁市	Anning	15 215	16 584	威信县	Weixin	7 826	8 515
曲靖市	**Qujing**	**10 380**	**11 345**	水富县	Shuifu	9 127	9 958
麒麟区	Qilin	13 813	15 125	**丽江市**	**Lijiang**	**8 750**	**9 520**
沾益区	Zhanyi	11 673	12 794	古城区	Gucheng	14 606	15 877
马龙县	Malong	9 477	10 358	玉龙县	Yulong	9 272	10 181
陆良县	Luliang	12 390	13 517	永胜县	Yongsheng	9 083	9 937
师宗县	Shizong	9 920	10 813	华坪县	Huaping	10 118	11 049
罗平县	Luoping	12 254	13 455	宁蒗县	Ninglang	6 151	6 723
富源县	Fuyuan	10 422	11 370	**普洱市**	**Pu'er**	**8 669**	**9 484**
会泽县	Huize	8 603	9 394	思茅区	Simao	9 366	10 209
宣威市	Xuanwei	10 140	11 093	宁洱县	Ning'er	9 007	9 953
玉溪市	**Yuxi**	**11 968**	**13 057**	墨江县	Mojiang	8 504	9 295
红塔区	Hongta	14 177	15 510	景东县	Jingdong	8 879	9 776
江川区	Jiangchuan	11 167	12 172	景谷县	Jinggu	9 162	10 042
澄江县	Chengjiang	12 707	13 889	镇沅县	Zhenyuan	9 001	9 964
通海县	Tonghai	13 783	15 051	江城县	Jiangcheng	8 315	9 080
华宁县	Huaning	11 694	12 723	孟连县	Menglian	8 226	9 040
易门县	Yimen	11 472	12 516	澜沧县	Lancang	8 037	8 873
峨山县	Eshan	10 921	11 937	西盟县	Ximeng	8 135	8 900
新平县	Xinping	11 226	12 259	**临沧市**	**Lincang**	**8 914**	**9 814**
元江县	Yuanjiang	10 690	11 706	临翔区	Linxiang	8 969	9 830
保山市	**Baoshan**	**9 426**	**10 321**	凤庆县	Fengqing	9 099	9 991

18-15 续表 continued

单位：元/人 (yuan/person)

州 市 县	Region	2016	2017	州 市 县	Region	2016	2017
云 县	Yunxian	9 457	10 441	马关县	Maguan	8 360	9 171
永德县	Yongde	9 044	9 930	丘北县	Qiubei	8 635	9 404
镇康县	Zhenkang	8 786	9 629	广南县	Guangnan	7 976	8 718
双江县	Shuangjiang	8 887	9 793	富宁县	Funing	8 730	9 586
耿马县	Gengma	9 267	10 249	**西双版纳州**	**Xishuangbanna**	**11 049**	**12 043**
沧源县	Cangyuan	8 658	9 498	景洪市	Jinghong	12 493	13 655
楚 雄 州	**Chuxiong**	**9 181**	**10 044**	勐海县	Menghai	9 986	10 935
楚雄市	Chuxiong	9 887	10 787	勐腊县	Mengla	8 981	9 780
双柏县	Shuangbo	8 406	9 213	**大 理 州**	**Dali**	**9 612**	**10 525**
牟定县	Mouding	8 556	9 420	大理市	Dali	13 329	14 609
南华县	Nanhua	8 821	9 659	漾濞县	yangbi	9 075	9 937
姚安县	Yao'an	9 033	9 927	祥云县	Xiangyun	9 859	10 845
大姚县	Dayao	8 836	9 667	宾川县	Binchuan	12 800	14 029
永仁县	Yongren	8 408	9 215	弥渡县	Midu	8 373	9 152
元谋县	Yuanmou	10 588	11 530	南涧县	Nanjian	7 779	8 448
武定县	Wuding	8 359	9 178	巍山县	Weishan	8 428	9 271
禄丰县	Lufeng	10 101	11 010	永平县	Yongping	8 552	9 390
红 河 州	**Honghe**	**9 449**	**10 356**	云龙县	Yunlong	8 259	9 027
个旧市	Gejiu	12 871	14 068	洱源县	Eryuan	8 989	9 852
开远市	Kaiyuan	12 532	13 723	剑川县	Jianchuan	7 477	8 165
蒙自市	Mengzi	11 540	12 567	鹤庆县	Heqing	8 713	9 593
弥勒市	Mile	11 092	12 124	**德 宏 州**	**Dehong**	**8 659**	**9 464**
屏边县	Pingbian	7 110	7 842	瑞丽市	Ruili	9 681	10 659
建水县	Jianshui	11 415	12 488	芒 市	Mangshi	9 456	10 364
石屏县	Shiping	10 407	11 469	梁河县	Lianghe	7 284	7 954
泸西县	Luxi	10 193	11 222	盈江县	Yingjiang	8 901	9 720
元阳县	Yuanyang	7 131	7 830	陇川县	Longchuan	7 954	8 726
红河县	Honghe	7 138	7 852	**怒 江 州**	**Nujiang**	**5 299**	**5 871**
金平县	Jinping	7 121	7 826	泸水市	Lushui	5 387	5 953
绿春县	Luchun	7 006	7 742	福贡县	Fugong	5 092	5 672
河口县	Hekou	10 361	11 335	贡山县	Gongshan	5 110	5 698
文 山 州	**Wenshan**	**8 403**	**9 184**	兰坪县	Lanping	5 380	5 934
文山市	Wenshan	9 278	10 178	**迪 庆 州**	**Diqing**	**7 088**	**7 776**
砚山县	Yanshan	8 925	9 755	香格里拉市	Shangri-La	7 173	7 912
西畴县	Xichou	7 930	8 715	德钦县	Deqin	7 115	7 791
麻栗坡县	Malipo	8 302	9 074	维西县	Weixi	7 015	7 674

18-16 各州市县农、林、牧、渔业总产值（2014-2017年）
Gross Output Value of Farming, Forestry, Animal Husbandry and Fishery by Region (2014-2017)

(按现行价格计算) (Calculated at current prices)
单位：亿元 (100 million yuan)

州市县	Region	2014	2015	2016	2017
全　省	**Yunnan**	**3 261.30**	**3 383.09**	**3 704.69**	**3 872.93**
昆明市	**Kunming**	**316.77**	**328.58**	**349.69**	**366.38**
五华区	Wuhua	3.25	3.32	3.41	3.43
盘龙区	Panlong	7.90	8.11	8.39	8.40
官渡区	Guandu	14.20	14.27	14.54	13.96
西山区	Xishan	5.86	5.97	6.14	6.20
东川区	Dongchuan	12.21	12.83	13.67	14.45
呈贡区	Chenggong	8.65	7.79	8.06	8.21
晋宁区	Jinning	32.34	33.73	35.98	37.98
富民县	Fumin	15.18	15.82	16.84	17.75
宜良县	Yiliang	66.29	68.81	73.98	77.98
石林县	Shilin	32.88	34.23	36.50	38.57
嵩明县	Songming	24.36	24.90	26.52	27.91
禄劝县	Luquan	36.81	38.76	41.58	43.98
寻甸县	Xundian	35.62	37.47	40.06	42.37
安宁市	Anning	21.21	22.56	24.02	25.19
曲靖市	**Qujing**	**523.00**	**542.78**	**576.02**	**603.74**
麒麟区	Qilin	39.04	40.49	42.97	45.18
沾益区	Zhanyi	53.57	55.02	58.31	60.12
马龙县	Malong	14.99	16.34	17.57	18.38
陆良县	Luliang	86.42	87.22	92.67	97.01
师宗县	Shizong	50.77	53.67	56.40	58.80
罗平县	Luoping	71.09	74.52	79.52	82.96
富源县	Fuyuan	50.90	53.83	56.83	59.48
会泽县	Huize	69.00	71.37	76.18	80.54
宣威市	Xuanwei	87.23	90.32	95.57	101.28
玉溪市	**Yuxi**	**210.33**	**219.31**	**233.62**	**245.58**
红塔区	Hongta	27.03	27.96	28.81	29.02
江川区	Jiangchuan	24.17	25.20	26.63	27.79
澄江县	Chengjiang	16.57	17.07	18.18	19.12
通海县	Tonghai	24.53	25.66	27.43	28.78
华宁县	Huaning	26.33	27.63	28.70	29.88
易门县	Yimen	18.05	18.77	19.68	20.40
峨山县	Eshan	14.78	15.72	17.67	18.61
新平县	Xinping	30.10	31.64	35.25	38.63
元江县	Yuanjiang	28.77	29.67	31.28	33.34
保山市	**Baoshan**	**224.91**	**234.52**	**249.59**	**262.09**
隆阳区	Longyang	74.15	77.02	82.39	85.84
施甸县	Shidian	28.56	29.78	31.63	32.92
龙陵县	Longling	25.37	26.59	28.65	30.56
昌宁县	Changning	47.15	52.22	52.36	55.12
腾冲市	Tengchong	49.68	48.91	54.56	57.66
昭通市	**Zhaotong**	**214.19**	**222.08**	**235.90**	**247.02**
昭阳区	Zhaoyang	38.37	39.77	42.12	44.07
鲁甸县	Ludian	16.17	16.72	17.87	18.74
巧家县	Qiaojia	32.77	34.06	36.15	37.87
盐津县	Yanjin	12.83	13.32	14.16	14.81
大关县	Daguan	9.19	9.51	10.11	10.63
永善县	Yongshan	18.61	19.27	20.47	21.48
绥江县	Suijiang	6.17	6.31	6.71	7.03
镇雄县	Zhenxiong	38.23	39.71	42.18	44.08
彝良县	Yiliang	27.50	28.54	30.34	31.76
威信县	Weixin	11.10	11.50	12.21	12.79
水富县	Shuifu	3.25	3.37	3.59	3.76
丽江市	**Lijiang**	**78.71**	**81.76**	**86.93**	**91.03**
古城区	Lijiang	8.87	9.02	9.65	10.05
玉龙县	Yulong	20.19	21.04	22.06	23.18
永胜县	Yongsheng	25.79	26.98	29.01	30.47
华坪县	Huaping	11.71	11.97	12.68	13.24
宁蒗县	Ninglang	12.15	12.76	13.52	14.09
普洱市	**Pu'er**	**234.57**	**244.59**	**260.31**	**273.35**
思茅区	Simao	21.17	22.04	23.36	25.00
宁洱县	Ning'er	16.70	17.29	18.45	19.53
墨江县	Mojiang	23.62	24.77	27.75	28.38
景东县	Jingdong	36.10	38.48	40.20	42.32
景谷县	Jinggu	47.31	48.54	49.09	49.56
镇沅县	Zhenyuan	28.56	29.71	31.86	33.53
江城县	Jiangcheng	14.43	14.47	15.20	15.71
孟连县	Menglian	15.14	17.04	18.30	19.71
澜沧县	Lancang	27.08	27.54	31.08	34.20
西盟县	Ximeng	4.47	4.71	5.02	5.41

注：因分级核算，各州(市)加总数不等于全省数，分县(市、区)加总数不等于州(市)数。
Note: Number of the whole province is not equal to the aggregate number of 16 cities and prefectures and the number of the city and prefecture is not equal to the aggregate number of its counties because of the different accounting at different levels.

18-16 续表 continued

(按现行价格计算) (Calculated at current prices)
单位：亿元 (100 million yuan)

州 市 县	Region	2014	2015	2016	2017	州 市 县	Region	2014	2015	2016	2017
临 沧 市	**Lincang**	**226.84**	**235.86**	**251.01**	**263.38**	麻栗坡县	Malipo	17.43	17.97	18.49	19.34
临翔区	Linxiang	23.57	24.48	26.08	27.38	马关县	Maguan	27.66	28.50	29.95	31.49
凤庆县	Fengqing	48.05	50.04	53.26	55.89	丘北县	Qiubei	35.64	36.80	38.61	40.38
云 县	Yunxian	40.57	42.23	45.07	47.36	广南县	Guangnan	51.45	52.89	56.65	59.34
永德县	Yongde	24.26	25.22	26.79	28.06	富宁县	Funing	31.06	31.94	34.33	36.01
镇康县	Zhenkang	16.11	16.75	17.79	18.64	**西双版纳州**	**Xishuangbanna**	**146.76**	**152.45**	**162.24**	**169.59**
双江县	Shuangjiang	16.00	16.61	17.67	18.52	景洪市	Jinghong	60.68	62.00	65.83	68.76
耿马县	Gengma	42.09	43.68	46.49	48.78	勐海县	Menghai	34.13	34.85	37.28	39.02
沧源县	Cangyuan	16.20	16.84	17.88	18.74	勐腊县	Mengla	51.95	55.60	59.14	61.81
楚 雄 州	**Chuxiong**	**262.97**	**273.17**	**290.72**	**305.62**	**大 理 州**	**Dali**	**344.26**	**366.74**	**388.83**	**407.92**
楚雄市	Chuxiong	39.96	41.58	44.19	46.44	大理市	Dali	40.25	42.87	45.38	47.03
双柏县	Shuangbo	17.11	17.78	18.91	19.85	漾濞县	Yangbi	9.28	9.89	10.50	11.03
牟定县	Mouding	17.62	18.26	19.45	20.43	祥云县	Xiangyun	45.36	48.37	51.33	53.90
南华县	Nanhua	24.50	25.48	27.15	28.48	宾川县	Binchuan	68.83	73.23	77.68	81.73
姚安县	Yao'an	23.45	24.21	25.74	27.09	弥渡县	Midu	27.56	29.41	31.21	32.87
大姚县	Dayao	31.80	32.74	34.85	36.59	南涧县	Nanjian	20.49	21.82	23.12	24.28
永仁县	Yongren	13.69	14.32	15.22	16.00	巍山县	Weishan	26.12	27.84	29.52	31.00
元谋县	Yuanmou	23.48	24.57	26.20	27.67	永平县	Yongping	19.57	20.87	22.13	23.25
武定县	Wuding	26.90	28.30	30.21	31.74	云龙县	Yunlong	20.34	21.67	22.96	24.10
禄丰县	Lufeng	44.45	45.92	48.80	51.33	洱源县	Eryuan	33.33	35.46	37.60	39.40
红 河 州	**Honghe**	**329.68**	**343.44**	**364.47**	**382.73**	剑川县	Jianchuan	11.28	12.02	12.74	13.39
个旧市	Gejiu	21.74	22.67	24.30	25.54	鹤庆县	Heqing	21.87	23.27	24.67	25.94
开远市	Kaiyuan	25.75	26.81	28.42	29.58	**德 宏 州**	**Dehong**	**114.46**	**119.02**	**126.31**	**132.38**
蒙自市	Mengzi	33.22	34.58	36.62	38.16	瑞丽市	Ruili	13.51	13.68	14.47	15.14
弥勒市	Mile	45.36	47.82	49.39	51.47	芒 市	Mangshi	30.63	31.88	33.71	35.29
屏边县	Pingbian	9.48	9.99	10.81	11.67	梁河县	Lianghe	11.22	11.74	12.49	13.11
建水县	Jianshui	45.96	47.18	49.98	52.03	盈江县	Yingjiang	35.73	37.28	39.63	41.50
石屏县	Shiping	40.40	42.06	44.58	46.73	陇川县	Longchuan	23.38	24.44	26.01	27.34
泸西县	Luxi	29.90	31.16	33.37	35.04	**怒 江 州**	**Nujiang**	**26.54**	**30.53**	**32.34**	**33.70**
元阳县	Yuanyang	18.51	19.27	20.43	21.55	泸水市	Lushui	9.43	10.50	11.08	11.55
红河县	Honghe	16.18	16.87	18.11	19.19	福贡县	Fugong	3.86	4.75	5.04	5.24
金平县	Jinping	16.68	17.40	18.72	19.96	贡山县	Gongshan	2.93	3.48	3.76	3.91
绿春县	Luchun	13.83	14.43	15.58	16.67	兰坪县	Lanping	10.33	11.80	12.47	13.01
河口县	Hekou	12.66	13.20	14.17	15.14	**迪 庆 州**	**Diqing**	**18.49**	**19.19**	**20.32**	**21.26**
文 山 州	**Wenshan**	**240.86**	**249.73**	**265.27**	**278.05**	香格里拉市	Shangri-La	7.00	7.26	7.67	8.01
文山市	Wenshan	28.05	28.74	30.27	31.70	德钦县	Deqin	2.58	2.67	2.81	2.91
砚山县	Yanshan	35.00	37.79	40.82	42.88	维西县	Weixi	8.90	9.25	9.84	10.34
西畴县	Xichou	14.59	15.10	16.15	16.91						

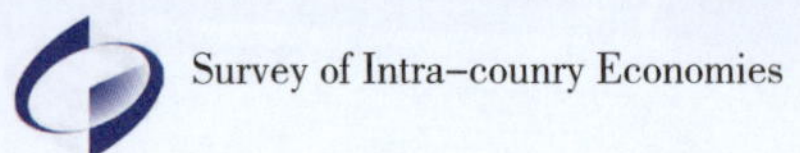

18－17　各州市县农村和农业生产基本情况（2017年）

Basic Statistics on Rural Area and Agricultural Production by Region (2017)

州市县	Region	乡村户数（万户）Rural Household (10 000 households)	乡村人口（万人）Rural Population (10 000 persons)	乡村从业人员（万人）Number of Rural Employed Persons (10 000 persons)	粮食产量（万吨）Output of Grain (10 000 tons)	粮食播种面积（万公顷）Sown Areas of Grain (10 000 hectares)
全　省	**Yunnan**	**1000.23**	**3 762.98**	**2 214.35**	**1 843.40**	**416.92**
昆 明 市	**Kunming**	**88.77**	**306.16**	**184.29**	**121.76**	**27.21**
五华区	Wuhua	2.05	5.84	3.07	1.18	0.22
盘龙区	Panlong	2.63	9.43	5.49	4.26	0.97
官渡区	Guandu	2.62	7.43	4.50	2.51	0.49
西山区	Xishan	2.80	7.91	5.06	1.31	0.27
东川区	Dongchuan	7.27	24.89	15.13	7.93	1.92
呈贡区	Chenggong	5.33	15.37	9.15	0.27	0.04
晋宁区	Jinning	8.30	24.10	15.24	3.53	0.78
富民县	Fuming	3.89	13.40	8.23	6.98	1.45
宜良县	Yiliang	11.07	38.36	23.94	17.84	3.52
石林县	Shilin	6.46	22.32	13.88	15.23	3.40
嵩明县	Songming	7.35	28.39	16.35	8.18	1.84
禄劝县	Luquan	11.62	44.24	25.73	24.01	5.47
寻甸县	Xundian	13.10	51.67	30.60	24.62	6.25
安宁市	Anning	4.27	12.80	7.94	3.92	0.57
曲 靖 市	**Qujing**	**153.30**	**557.30**	**316.39**	**347.71**	**68.50**
麒麟区	Qilin	11.82	43.01	23.33	23.34	3.76
沾益区	Zhanyi	9.30	36.75	20.03	35.21	7.47
马龙县	Malong	5.14	17.50	11.37	11.53	3.62
陆良县	Luliang	16.91	56.36	29.08	38.05	6.63
师宗县	Shizong	10.42	42.35	23.38	22.76	4.22
罗平县	Luoping	15.50	59.38	31.22	39.02	5.92
富源县	Fuyuan	18.83	73.14	40.94	40.26	6.44
会泽县	Huize	23.81	89.25	59.42	51.48	11.47
宣威市	Xuanwei	41.57	139.57	77.62	86.06	18.99
玉 溪 市	**Yuxi**	**57.80**	**188.71**	**119.32**	**62.79**	**11.38**
红塔区	Hongta	10.15	30.43	18.54	5.43	0.72
江川区	Jiangchuan	8.40	26.10	16.83	4.44	0.62
澄江县	Chengjiang	5.33	15.46	9.61	3.55	0.61
通海县	Tonghai	8.23	25.65	16.29	3.71	0.64
华宁县	Huaning	5.68	18.98	12.12	6.06	1.18
易门县	Yimen	4.25	14.34	9.12	6.16	1.34
峨山县	Eshan	3.75	13.14	8.44	7.14	1.21
新平县	Xinping	6.97	25.72	16.40	16.35	3.14
元江县	Yuanjiang	5.04	18.89	11.99	9.96	1.93

注：2017年粮食数据全省数为第三次全国农业普查核定和修订的数据，分州（市）及分县（市、区）数为年报数据。

Note: In 2017,data of grain output of the whole province are verified and revised according to the Third National Agricultural Census,and the data by region are annual reports.

18-17 续表1 continued

州市县	Region	乡村户数（万户）Rural Household (10 000 households)	乡村人口（万人）Rural Population (10 000 persons)	乡村从业人员（万人）Number of Rural Employed Persons (10 000 persons)	粮食产量（万吨）Output of Grain (10 000 tons)	粮食播种面积（万公顷）Sown Areas of Grain (10 000 hectares)
保山市	**Baoshan**	**57.45**	**206.92**	**137.39**	**146.25**	**26.25**
隆阳区	Longyang	14.46	52.32	45.92	49.79	6.83
施甸县	Shidian	9.87	32.79	19.25	16.64	3.46
龙陵县	Longling	6.38	24.65	16.33	15.23	3.28
昌宁县	Changning	10.24	32.29	19.93	21.49	4.35
腾冲市	Tengchong	16.50	64.86	35.96	43.10	8.33
昭通市	**Zhaotong**	**139.10**	**541.99**	**279.13**	**231.40**	**54.09**
昭阳区	Zhaoyang	21.20	77.75	40.92	34.85	5.54
鲁甸县	Ludian	10.90	41.96	21.36	18.40	4.01
巧家县	Qiaojia	15.29	50.93	30.09	26.11	5.31
盐津县	Yanjin	8.87	36.87	18.20	17.51	4.65
大关县	Daguan	6.17	25.97	13.43	11.79	3.57
永善县	Yongshan	11.46	41.99	22.13	20.49	5.29
绥江县	Suijiang	3.06	12.06	5.60	3.85	0.98
镇雄县	Zhenxiong	36.58	150.52	70.34	51.88	14.53
彝良县	Yiliang	14.96	58.28	34.03	22.34	4.48
威信县	Weixin	8.80	38.93	19.45	21.26	5.02
水富县	Shuifu	1.80	6.71	3.58	2.91	0.71
丽江市	**Lijiang**	**28.87**	**105.15**	**58.03**	**53.02**	**13.60**
古城区	Gucheng	2.14	8.79	4.55	4.73	1.13
玉龙县	Yulong	5.51	20.90	11.96	12.05	3.35
永胜县	Yongsheng	10.29	36.53	21.19	20.41	4.03
华坪县	Huaping	3.70	13.33	7.06	7.50	1.85
宁蒗县	Ninglang	7.23	25.60	13.26	8.33	3.24
普洱市	**Pu'er**	**60.93**	**219.23**	**132.06**	**123.21**	**34.90**
思茅区	Simao	3.07	12.05	7.55	5.85	1.78
宁洱县	Ning'er	4.30	16.06	9.35	9.73	2.86
墨江县	Mojiang	7.06	30.55	17.42	16.00	4.60
景东县	Jingdong	11.16	34.44	21.03	19.05	4.55
景谷县	Jinggu	7.84	28.88	18.71	18.65	4.83
镇沅县	Zhenyuan	6.04	20.10	11.74	12.40	3.49
江城县	Jiangcheng	2.94	11.19	7.47	4.61	1.43
孟连县	Menglian	3.22	12.37	7.25	6.40	1.71
澜沧县	Lancang	12.74	45.28	26.99	26.08	8.06
西盟县	Ximeng	2.56	8.32	4.56	4.45	1.60
临沧市	**Lincang**	**51.55**	**206.60**	**128.64**	**106.76**	**30.19**
临翔区	Linxiang	6.55	24.73	15.21	9.91	2.44
凤庆县	Fengqing	9.86	40.36	24.89	18.70	5.08

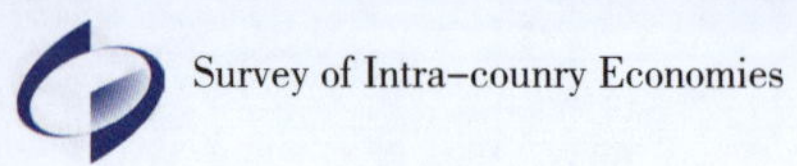

18—17　续表2　continued

单位：

州市县	Region	乡村户数（万户）Rural Household (10 000 households)	乡村人口（万人）Rural Population (10 000 persons)	乡村从业人员（万人）Number of Rural Employed Persons (10 000 persons)	粮食产量（万吨）Output of Grain (10 000 tons)	粮食播种面积（万公顷）Sown Areas of Grain (10 000 hectares)
云　县	Yunxian	10.20	39.79	25.42	22.02	5.91
永德县	Yongde	7.74	31.74	20.21	19.86	5.97
镇康县	Zhenkang	3.70	16.12	9.70	9.02	3.21
双江县	Shuangjiang	4.06	15.44	8.71	7.28	2.28
耿马县	Gengma	5.64	23.76	15.69	12.10	2.98
沧源县	Cangyuan	3.81	14.67	8.81	7.86	2.32
楚雄州	**Chuxiong**	**49.77**	**195.22**	**126.03**	**129.13**	**25.99**
楚雄市	Chuxiong	7.11	29.38	18.82	21.36	3.90
双柏县	Shuangbo	3.16	12.47	7.79	8.57	2.07
牟定县	Mouding	4.56	18.42	11.30	10.96	2.38
南华县	Nanhua	4.77	18.69	11.27	12.61	2.53
姚安县	Yao'an	3.71	14.27	9.31	10.35	1.77
大姚县	Dayao	5.37	20.55	15.80	15.01	3.16
永仁县	Yongren	2.44	9.32	5.84	6.27	1.43
元谋县	Yuanmou	4.18	16.48	10.37	9.30	1.67
武定县	Wuding	6.48	24.64	15.28	12.93	2.77
禄丰县	Lufeng	8.01	31.00	20.24	21.77	4.29
红河州	**Honghe**	**95.88**	**371.64**	**216.82**	**187.00**	**39.41**
个旧市	Gejiu	5.64	18.80	11.54	7.79	1.58
开远市	Kaiyuan	4.65	18.17	11.40	12.93	2.37
蒙自市	Mengzi	7.55	29.66	18.30	17.48	4.54
弥勒市	Mile	12.76	46.48	28.97	25.05	5.12
屏边县	Pingbian	3.32	13.41	7.85	8.20	2.40
建水县	Jianshui	13.43	47.11	28.00	22.45	4.55
石屏县	Shiping	10.20	29.07	17.89	13.77	2.89
泸西县	Luxi	9.55	36.26	21.10	20.82	3.69
元阳县	Yuanyang	8.69	41.38	22.34	17.94	3.69
红河县	Honghe	6.94	32.39	16.08	12.07	2.29
金平县	Jinping	7.70	34.54	19.85	14.56	3.19
绿春县	Luchun	4.17	19.29	10.53	10.95	2.54
河口县	Hekou	1.27	5.07	2.98	2.99	0.56
文山州	**Wenshan**	**76.40**	**334.94**	**196.28**	**163.62**	**46.40**
文山市	Wenshan	8.61	37.03	22.07	19.79	4.92
砚山县	Yanshan	10.47	46.88	27.41	27.42	7.03
西畴县	Xichou	5.71	23.87	15.10	11.53	3.52
麻栗坡县	Malipo	6.30	26.07	14.86	12.39	4.09
马关县	Maguan	8.27	34.73	19.98	17.96	5.51

18－17　续表3　continued

州市县	Region	乡村户数（万户）Rural Household (10 000 households)	乡村人口（万人）Rural Population (10 000 persons)	乡村从业人员（万人）Number of Rural Employed Persons (10 000 persons)	粮食产量（万吨）Output of Grain (10 000 tons)	粮食播种面积（万公顷）Sown Areas of Grain (10 000 hectares)
丘北县	Qiubei	10.78	47.88	25.83	24.09	6.68
广南县	Guangnan	17.19	79.56	45.73	34.65	10.22
富宁县	Funing	9.08	38.91	25.31	15.79	4.44
西双版纳州	**Xishuangbanna**	**16.68**	**71.57**	**44.52**	**48.92**	**8.67**
景洪市	Jinghong	6.03	25.85	17.01	10.07	1.96
勐海县	Menghai	6.16	27.88	18.15	29.90	4.70
勐腊县	Mengla	4.49	17.84	9.35	8.94	2.01
大理州	**Dali**	**77.01**	**272.61**	**168.41**	**177.65**	**31.69**
大理市	Dali	9.84	32.12	18.49	16.87	2.23
漾濞县	Yangbi	2.15	7.21	5.06	7.05	1.47
祥云县	Xiangyun	8.61	30.74	19.16	21.37	3.43
宾川县	Binchuan	8.45	30.02	18.52	15.32	2.37
弥渡县	Midu	7.92	27.36	17.44	19.07	2.51
南涧县	Nanjian	4.19	16.42	13.16	12.46	2.72
巍山县	Weishan	7.39	27.37	18.98	16.68	3.25
永平县	Yongping	5.20	17.78	8.91	10.75	2.41
云龙县	Yunlong	5.19	15.70	9.05	13.97	3.22
洱源县	Eryuan	7.45	27.65	15.59	19.00	2.89
剑川县	Jianchuan	4.36	15.79	9.09	9.56	2.33
鹤庆县	Heqing	6.26	24.47	14.96	15.56	2.86
德宏州	**Dehong**	**25.47**	**104.83**	**61.35**	**74.95**	**14.19**
瑞丽市	Ruili	3.12	11.03	7.03	6.72	1.25
芒市	Mangshi	7.74	33.27	19.66	24.05	4.09
梁河县	Lianghe	3.68	15.30	8.50	7.28	1.49
盈江县	Yingjiang	6.60	27.89	15.94	23.09	4.77
陇川县	Longchuan	4.33	17.34	10.22	13.80	2.59
怒江州	**Nujiang**	**13.19**	**47.51**	**27.34**	**18.55**	**7.43**
泸水市	Lushui	4.38	14.88	8.52	6.33	2.48
福贡县	Fugong	2.68	10.47	5.26	2.34	0.97
贡山县	Gongshan	0.99	2.94	1.90	0.92	0.41
兰坪县	Lanping	5.15	19.22	11.66	8.96	3.57
迪庆州	**Diqing**	**8.05**	**32.61**	**18.37**	**18.33**	**4.80**
香格里拉市	Shangri-La	3.01	12.33	6.97	7.72	1.75
德钦县	Deqin	1.13	5.35	2.74	2.75	0.64
维西县	Weixi	3.91	14.92	8.66	7.86	2.41

18-18 各州市县粮食作物种植面积（2017年）
Planting Area of Major Food Crops by Region (2017)

单位：万公顷 (10 000 hectares)

州市县	Region	粮食 Grain	稻谷 Rice	小麦 Wheat	玉米 Corn	豆类 Beans	蚕豆 Broad Beans	薯类 Tubers
全省	**Yunnan**	**416.92**	**87.05**	**34.37**	**176.38**	**46.85**		**52.77**
昆明市	**Kunming**	**27.21**	**2.14**	**3.14**	**9.48**	**4.29**	**1.74**	**4.51**
五华区	Wuhua	0.22		0.02	0.13	0.04	0.01	0.01
盘龙区	Panlong	0.97		0.11	0.40	0.13	0.04	0.12
官渡区	Guandu	0.49		0.07	0.28	0.07	0.01	0.02
西山区	Xishan	0.27	0.01	0.04	0.15	0.04	0.02	0.01
东川区	Dongchuan	1.92	0.16	0.18	0.69	0.15	0.02	0.62
呈贡区	Chenggong	0.04			0.03	0.01		
晋宁区	Jinning	0.78	0.03	0.05	0.52	0.11	0.05	0.06
富民县	Fumin	1.45	0.14	0.22	0.55	0.40	0.08	0.09
宜良县	Yiliang	3.52	0.33	0.51	1.49	0.87	0.36	0.18
石林县	Shilin	3.40	0.33	0.46	1.31	0.49	0.26	0.31
嵩明县	Songming	1.84	0.19	0.24	0.55	0.54	0.40	0.12
禄劝县	Luquan	5.47	0.30	0.78	1.93	0.64	0.25	0.96
寻甸县	Xundian	6.25	0.63	0.43	1.04	0.73	0.23	1.99
安宁市	Anning	0.57	0.02	0.03	0.40	0.07	0.02	0.02
曲靖市	**Qujing**	**68.50**	**5.35**	**3.59**	**22.54**	**7.44**	**2.99**	**20.20**
麒麟区	Qilin	3.76	0.69	0.13	0.93	0.90	0.67	0.38
沾益区	Zhanyi	7.47	0.73	0.07	1.73	1.00	0.47	1.47
马龙县	Malong	3.62	0.53	0.18	0.69	0.20	0.03	0.85
陆良县	Luliang	6.63	0.82	0.12	1.67	0.60	0.54	2.71
师宗县	Shizong	4.22	0.40	0.48	1.32	0.49	0.17	0.85
罗平县	Luoping	5.92	0.61	0.31	2.63	1.02	0.15	0.84
富源县	Fuyuan	6.44	0.33	0.78	2.35	0.87	0.47	1.68
会泽县	Huize	11.47	0.47	0.59	2.86	1.33	0.21	5.42
宣威市	Xuanwei	18.99	0.76	0.94	8.36	1.03	0.28	6.00
玉溪市	**Yuxi**	**11.38**	**1.81**	**1.46**	**5.59**	**1.28**	**0.42**	**0.53**
红塔区	Hongta	0.72	0.05	0.06	0.44	0.12	0.03	0.01
江川区	Jiangchuan	0.62	0.19	0.08	0.18	0.09	0.04	0.08
澄江县	Chengjiang	0.61	0.05	0.13	0.30	0.06	0.01	0.03
通海县	Tonghai	0.64	0.04	0.17	0.34	0.06	0.03	0.03
华宁县	Huaning	1.18	0.10	0.25	0.54	0.19	0.01	0.08
易门县	Yimen	1.34	0.10	0.36	0.61	0.15	0.07	0.05
峨山县	Eshan	1.21	0.27	0.08	0.58	0.20	0.10	0.03
新平县	Xinping	3.14	0.61	0.17	1.61	0.24	0.08	0.17
元江县	Yuanjiang	1.93	0.40	0.17	1.00	0.17	0.04	0.06

注：2017年粮食作物种植面积全省数为第三次全国农业普查核定和修订数，分州（市）、分县（市、区）数据为年报数据。
Note: Data of planting area of major food crops of the whole province in 2017 are verified and revised by the Third National Agricultural Census, and the data of each city and county are annual reports.

18-18 续表1 continued

单位:万公顷 (10 000 hectares)

州市县	Region	粮食 Grain	稻谷 Rice	小麦 Wheat	玉米 Corn	豆类 Beans	蚕豆 Broad Beans	薯类 Tubers
保山市	**Baoshan**	**26.25**	**6.29**	**1.10**	**9.53**	**3.51**	**1.15**	**2.11**
隆阳区	Longyang	6.83	1.29	0.33	2.96	1.23	0.56	0.30
施甸县	Shidian	3.46	0.21	0.31	1.64	0.66	0.22	0.19
龙陵县	Longling	3.28	0.81	0.14	1.04	0.34	0.08	0.43
昌宁县	Changning	4.35	0.79	0.27	1.62	0.76	0.24	0.39
腾冲市	Tengchong	8.33	3.19	0.05	2.28	0.52	0.05	0.81
昭通市	**Zhaotong**	**54.09**	**2.58**	**3.69**	**22.39**	**4.92**	**1.00**	**18.52**
昭阳区	Zhaoyang	5.54	0.35	0.01	1.90	0.67	0.03	2.28
鲁甸县	Ludian	4.01	0.14	0.31	1.49	0.44	0.06	1.29
巧家县	Qiaojia	5.31	0.15	0.45	1.68	0.58	0.16	2.14
盐津县	Yanjin	4.65	0.46	0.11	2.08	0.44	0.09	1.56
大关县	Daguan	3.57	0.18	0.23	1.47	0.34	0.09	1.30
永善县	Yongshan	5.29	0.31	0.34	1.55	0.62	0.13	2.11
绥江县	Suijiang	0.98	0.13	0.02	0.55	0.15	0.05	0.14
镇雄县	Zhenxiong	14.53	0.10	1.64	6.84	0.77	0.18	4.73
彝良县	Yiliang	4.48	0.22	0.55	2.19	0.36	0.12	1.08
威信县	Weixin	5.02	0.34	0.04	2.30	0.50	0.08	1.81
水富县	Shuifu	0.71	0.21		0.35	0.07	0.01	0.08
丽江市	**Lijiang**	**13.60**	**1.42**	**1.39**	**4.34**	**2.72**	**1.16**	**2.27**
古城区	Gucheng	1.13	0.06	0.18	0.40	0.22	0.11	0.12
玉龙县	Yulong	3.35	0.12	0.62	1.14	0.62	0.15	0.52
永胜县	Yongsheng	4.03	0.76	0.17	1.56	0.98	0.72	0.31
华坪县	Huaping	1.85	0.24	0.32	0.61	0.42	0.05	0.24
宁蒗县	Ninglang	3.24	0.24	0.11	0.63	0.48	0.12	1.08
普洱市	**Pu'er**	**34.90**	**7.14**	**2.69**	**18.44**	**3.68**	**0.82**	**1.83**
思茅区	Simao	1.78	0.29	0.13	1.16	0.14	0.05	0.03
宁洱县	Ning'er	2.86	0.55	0.39	1.44	0.19	0.05	0.22
墨江县	Mojiang	4.60	0.64	0.33	2.52	0.68	0.13	0.17
景东县	Jingdong	4.55	0.66	0.76	1.73	1.00	0.20	0.34
景谷县	Jinggu	4.83	0.85	0.27	2.38	0.55	0.10	0.66
镇沅县	Zhenyuan	3.49	0.46	0.59	1.86	0.45	0.13	0.07
江城县	Jiangcheng	1.43	0.20	0.01	1.18	0.02		0.02
孟连县	Menglian	1.71	0.63		1.02	0.03		0.01
澜沧县	Lancang	8.06	2.30	0.16	4.38	0.59	0.15	0.29
西盟县	Ximeng	1.60	0.56	0.05	0.78	0.02	0.01	0.02
临沧市	**Lincang**	**30.19**	**4.11**	**3.95**	**14.38**	**4.25**	**1.57**	**2.22**
临翔区	Linxiang	2.44	0.28	0.21	1.12	0.41	0.14	0.30
凤庆县	Fengqing	5.08	0.66	1.26	1.94	0.65	0.36	0.23

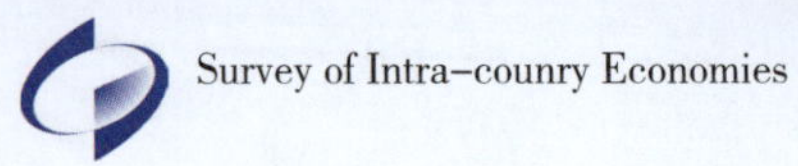

18-18 续表2 continued

单位：万公顷 (10 000 hectares)

州市县	Region	粮食 Grain	稻谷 Rice	小麦 Wheat	玉米 Corn	豆类 Beans	蚕豆 Broad Beans	薯类 Tubers
云　县	Yunxian	5.91	0.71	1.13	2.47	0.88	0.42	0.49
永德县	Yongde	5.97	0.41	0.64	3.39	0.97	0.28	0.44
镇康县	Zhenkang	3.21	0.53	0.27	1.65	0.50	0.14	0.22
双江县	Shuangjiang	2.28	0.20	0.25	1.13	0.27	0.08	0.24
耿马县	Gengma	2.98	0.84	0.12	1.33	0.38	0.09	0.20
沧源县	Cangyuan	2.32	0.48	0.06	1.36	0.22	0.06	0.10
楚 雄 州	**Chuxiong**	**25.99**	**5.17**	**3.69**	**7.70**	**5.37**	**3.44**	**1.14**
楚雄市	Chuxiong	3.90	0.86	0.60	1.04	0.67	0.56	0.12
双柏县	Shuangbo	2.07	0.26	0.36	0.75	0.57	0.27	0.05
牟定县	Mouding	2.38	0.56	0.25	0.54	0.72	0.51	0.08
南华县	Nanhua	2.53	0.35	0.45	0.74	0.33	0.25	0.22
姚安县	Yao'an	1.77	0.32	0.19	0.56	0.50	0.38	0.03
大姚县	Dayao	3.16	0.48	0.34	0.87	0.87	0.55	0.35
永仁县	Yongren	1.43	0.26	0.17	0.46	0.28	0.13	0.10
元谋县	Yuanmou	1.67	0.47	0.17	0.76	0.14	0.04	0.08
武定县	Wuding	2.77	0.54	0.55	0.88	0.43	0.18	0.06
禄丰县	Lufeng	4.29	1.07	0.62	1.09	0.85	0.56	0.05
红 河 州	**Honghe**	**39.41**	**8.39**	**3.57**	**13.34**	**5.38**	**1.32**	**4.53**
个旧市	Gejiu	1.58	0.20	0.11	0.73	0.21	0.06	0.26
开远市	Kaiyuan	2.37	0.37	0.29	0.94	0.32	0.18	0.36
蒙自市	Mengzi	4.54	0.74	0.28	1.45	1.25	0.31	0.35
弥勒市	Mile	5.12	0.67	1.30	2.01	0.30	0.21	0.37
屏边县	Pingbian	2.40	0.47	0.08	0.91	0.37	0.05	0.32
建水县	Jianshui	4.55	0.90	0.45	1.61	0.55	0.17	0.93
石屏县	Shiping	2.89	0.57	0.53	0.74	0.31	0.08	0.63
泸西县	Luxi	3.69	0.51	0.26	0.96	0.16	0.12	0.52
元阳县	Yuanyang	3.69	1.17	0.02	1.11	0.72	0.03	0.28
红河县	Honghe	2.29	0.77	0.25	0.39	0.35	0.05	0.19
金平县	Jinping	3.19	1.17		1.34	0.49	0.01	0.11
绿春县	Luchun	2.54	0.73		0.83	0.30	0.03	0.22
河口县	Hekou	0.56	0.14		0.34	0.06		
文 山 州	**Wenshan**	**46.40**	**6.55**	**4.92**	**17.87**	**9.51**	**1.14**	**5.70**
文山市	Wenshan	4.92	0.86	1.25	1.82	0.56	0.09	0.34
砚山县	Yanshan	7.03	1.04	1.49	3.23	0.77	0.13	0.40
西畴县	Xichou	3.52	0.35	0.04	1.08	0.96	0.07	0.84
麻栗坡县	Malipo	4.09	0.45	0.12	1.75	1.01	0.12	0.55
马关县	Maguan	5.51	0.80	0.06	1.95	1.76	0.16	0.75

18-18 续表3 continued

单位：万公顷 (10 000 hectares)

州市县	Region	粮食 Grain	稻谷 Rice	小麦 Wheat	玉米 Corn	豆类 Beans	蚕豆 Broad Beans	薯类 Tubers
丘北县	Qiubei	6.68	0.73	1.30	3.24	1.13	0.16	0.27
广南县	Guangnan	10.22	1.62	0.63	3.06	2.35	0.31	1.74
富宁县	Funing	4.44	0.71	0.04	1.75	0.96	0.11	0.80
西双版纳州	**Xishuangbanna**	**8.67**	**3.13**		**5.16**	**0.20**	**0.02**	**0.09**
景洪市	Jinghong	1.96	0.43		1.50	0.01		0.01
勐海县	Menghai	4.70	2.34		2.06	0.15	0.02	0.06
勐腊县	Mengla	2.01	0.36		1.60	0.04		0.01
大理州	**Dali**	**31.69**	**5.64**	**1.61**	**11.17**	**5.65**	**3.27**	**2.09**
大理市	Dali	2.23	0.60	0.07	0.76	0.47	0.46	0.15
漾濞县	Yangbi	1.47	0.16	0.14	0.66	0.23	0.09	0.16
祥云县	Xiangyun	3.43	0.31	0.20	1.15	0.71	0.51	0.29
宾川县	Binchuan	2.37	0.32	0.04	1.58	0.29	0.20	0.06
弥渡县	Midu	2.51	0.61	0.17	0.82	0.16	0.15	0.13
南涧县	Nanjian	2.72	0.13	0.21	1.11	0.50	0.08	0.17
巍山县	Weishan	3.25	0.56	0.21	0.91	0.85	0.46	0.12
永平县	Yongping	2.41	0.36	0.27	0.93	0.38	0.07	0.10
云龙县	Yunlong	3.22	0.46	0.13	1.20	0.59	0.20	0.23
洱源县	Eryuan	2.89	0.80	0.05	0.61	0.84	0.68	0.22
剑川县	Jianchuan	2.33	0.54	0.07	0.62	0.39	0.18	0.31
鹤庆县	Heqing	2.86	0.78	0.04	0.82	0.26	0.18	0.13
德宏州	**Dehong**	**14.19**	**6.04**	**0.20**	**5.40**	**0.73**	**0.16**	**1.79**
瑞丽市	Ruili	1.25	0.55		0.66	0.03	0.01	0.02
芒市	Mangshi	4.09	1.80	0.06	1.70	0.25	0.06	0.27
梁河县	Lianghe	1.49	0.74	0.03	0.45	0.08	0.02	0.20
盈江县	Yingjiang	4.77	1.85	0.03	1.49	0.26	0.04	1.11
陇川县	Longchuan	2.59	1.10	0.09	1.10	0.12	0.03	0.19
怒江州	**Nujiang**	**7.43**	**0.54**	**0.69**	**2.55**	**1.74**	**0.36**	**1.12**
泸水市	Lushui	2.48	0.23	0.10	1.00	0.54	0.13	0.41
福贡县	Fugong	0.97	0.08		0.27	0.26	0.07	0.26
贡山县	Gongshan	0.41	0.01	0.03	0.23	0.05	0.01	0.06
兰坪县	Lanping	3.57	0.22	0.57	1.05	0.88	0.15	0.38
迪庆州	**Diqing**	**4.80**	**0.25**	**0.77**	**1.81**	**0.54**	**0.09**	**0.57**
香格里拉市	Shangri-La	1.75	0.08	0.26	0.56	0.12	0.05	0.27
德钦县	Deqin	0.64	0.01	0.15	0.24	0.05		0.03
维西县	Weixi	2.41	0.16	0.36	1.00	0.37	0.04	0.27

18-19 各州市县主要农作物产量（一）（2017年）

Output of Major Farm Crops by Region (I) (2017)

单位：万吨 (10 000 tons)

州市县	Region	粮食 Grain	稻谷 Rice	小麦 Wheat	玉米 Corn	豆类 Beans	蚕豆 Broad Beans	薯类（折粮） Tubers
全　省	**Yunnan**	**1 843.40**	**529.20**	**73.70**	**912.90**	**118.30**		**157.00**
昆明市	**Kunming**	**121.76**	**16.33**	**7.88**	**59.89**	**8.82**	**3.87**	**21.22**
五华区	Wuhua	1.18		0.08	0.80	0.15	0.04	0.10
盘龙区	Panlong	4.26		0.15	2.72	0.30	0.11	0.74
官渡区	Guandu	2.51		0.13	2.05	0.13	0.02	0.11
西山区	Xishan	1.31	0.05	0.15	0.87	0.14	0.05	0.03
东川区	Dongchuan	7.93	1.27	0.20	3.37	0.19	0.02	2.69
呈贡区	Chenggong	0.27			0.26	0.01		
晋宁区	Jinning	3.53	0.15	0.13	2.56	0.29	0.13	0.37
富民县	Fuming	6.98	1.19	0.82	3.45	0.95	0.25	0.40
宜良县	Yiliang	17.84	3.25	1.46	10.27	1.64	0.81	0.85
石林县	Shilin	15.23	2.09	1.60	8.84	0.76	0.49	1.29
嵩明县	Songming	8.18	1.50	0.44	3.78	1.26	0.99	0.63
禄劝县	Luquan	24.01	2.29	1.73	11.78	1.26	0.41	5.07
寻甸县	Xundian	24.62	4.37	0.94	5.89	1.52	0.47	8.81
安宁市	Anning	3.92	0.16	0.07	3.24	0.20	0.07	0.14
曲靖市	**Qujing**	**347.71**	**39.38**	**8.21**	**157.28**	**20.04**	**8.87**	**99.01**
麒麟区	Qilin	23.34	6.42	0.43	8.42	3.20	2.52	2.23
沾益区	Zhanyi	35.21	5.17	0.23	13.87	2.36	1.36	7.44
马龙县	Malong	11.53	2.47	0.35	3.14	0.40	0.07	2.83
陆良县	Luliang	38.05	7.53	0.27	13.07	1.88	1.66	13.67
师宗县	Shizong	22.76	3.29	1.26	11.25	1.45	0.43	3.73
罗平县	Luoping	39.02	5.06	1.24	22.35	3.86	0.76	5.21
富源县	Fuyuan	40.26	2.27	1.89	18.32	2.53	1.08	11.86
会泽县	Huize	51.48	2.97	0.85	16.89	2.09	0.56	27.55
宣威市	Xuanwei	86.06	4.21	1.70	49.97	2.26	0.43	24.49
玉溪市	**Yuxi**	**62.79**	**14.09**	**3.56**	**37.93**	**3.03**	**0.91**	**2.13**
红塔区	Hongta	5.43	0.50	0.24	4.10	0.42	0.09	0.04
江川区	Jiangchuan	4.44	1.83	0.29	1.60	0.26	0.11	0.43
澄江县	Chengjiang	3.55	0.55	0.27	2.33	0.16	0.02	0.18
通海县	Tonghai	3.71	0.30	0.47	2.57	0.20	0.08	0.13
华宁县	Huaning	6.06	0.94	0.58	3.73	0.48	0.02	0.31
易门县	Yimen	6.16	0.80	0.81	3.85	0.32	0.14	0.21
峨山县	Eshan	7.14	2.16	0.19	4.15	0.42	0.23	0.11
新平县	Xinping	16.35	4.32	0.31	9.68	0.46	0.13	0.52
元江县	Yuanjiang	9.96	2.71	0.39	5.93	0.32	0.07	0.20

注：2017年粮食作物产量全省数为第三次全国农业普查核定和修订的数据，分州（市）、分县（市、区）数据为年报数据。

Note: Data of output of farm crops of the whole province in 2017 are verified and revised by the Third National Agricultural Census, and the data of each city and county are annual reports.

18-19 续表1 continued

单位：万吨 (10 000 tons)

州市县	Region	粮食 Grain	稻谷 Rice	小麦 Wheat	玉米 Corn	豆类 Beans	蚕豆 Broad Beans	薯类（折粮） Tubers
保山市	**Baoshan**	**146.25**	**48.57**	**3.67**	**62.67**	**9.21**	**2.36**	**8.68**
隆阳区	Longyang	49.79	13.51	1.40	24.76	4.76	1.15	2.18
施甸县	Shidian	16.64	1.95	1.13	9.81	1.34	0.49	0.73
龙陵县	Longling	15.23	5.27	0.33	5.77	0.61	0.14	1.52
昌宁县	Changning	21.49	6.73	0.69	9.47	1.60	0.49	1.52
腾冲市	Tengchong	43.10	21.11	0.11	12.87	0.91	0.08	2.72
昭通市	**Zhaotong**	**231.40**	**17.78**	**6.36**	**118.65**	**9.45**	**1.18**	**75.50**
昭阳区	Zhaoyang	34.85	3.14	0.02	16.82	2.33	0.06	11.79
鲁甸县	Ludian	18.40	1.12	0.30	8.93	0.67	0.05	6.60
巧家县	Qiaojia	26.11	0.97	1.03	9.70	1.23	0.24	12.62
盐津县	Yanjin	17.51	2.80	0.15	9.66	0.68	0.13	4.23
大关县	Daguan	11.79	1.32	0.30	5.63	0.41	0.10	4.05
永善县	Yongshan	20.49	2.28	0.66	7.47	0.92	0.13	8.47
绥江县	Suijiang	3.85	0.83	0.03	2.42	0.20	0.06	0.37
镇雄县	Zhenxiong	51.88	0.41	3.18	30.27	1.35	0.19	16.06
彝良县	Yiliang	22.34	1.44	0.60	13.08	0.93	0.11	6.13
威信县	Weixin	21.26	2.25	0.09	13.34	0.65	0.10	4.92
水富县	Shuifu	2.91	1.23		1.34	0.08	0.01	0.26
丽江市	**Lijiang**	**53.02**	**10.03**	**4.20**	**20.20**	**6.37**	**3.12**	**8.49**
古城区	Gucheng	4.73	0.31	0.50	2.29	0.48	0.25	0.68
玉龙县	Yulong	12.05	0.58	2.21	4.55	1.43	0.38	1.95
永胜县	Yongsheng	20.41	6.31	0.49	8.54	2.85	2.21	1.47
华坪县	Huaping	7.50	1.76	0.76	2.95	0.60	0.06	1.42
宁蒗县	Ninglang	8.33	1.08	0.24	1.88	1.01	0.21	2.98
普洱市	**Pu'er**	**123.21**	**36.46**	**5.14**	**70.03**	**4.64**	**1.01**	**5.27**
思茅区	Simao	5.85	1.51	0.26	3.78	0.20	0.07	0.07
宁洱县	Ning'er	9.73	2.72	0.75	5.32	0.26	0.07	0.51
墨江县	Mojiang	16.00	3.20	0.51	10.81	0.80	0.13	0.36
景东县	Jingdong	19.05	5.13	1.56	8.98	1.49	0.29	1.74
景谷县	Jinggu	18.65	5.44	0.61	10.11	0.63	0.12	1.69
镇沅县	Zhenyuan	12.40	2.99	1.09	7.50	0.59	0.16	0.18
江城县	Jiangcheng	4.61	0.91	0.03	3.60	0.02		0.04
孟连县	Menglian	6.40	2.93		3.38	0.03		0.02
澜沧县	Lancang	26.08	9.84	0.27	14.26	0.62	0.16	0.57
西盟县	Ximeng	4.45	1.80	0.05	2.29	0.02		0.10
临沧市	**Lincang**	**106.76**	**22.60**	**6.50**	**61.50**	**6.06**	**1.93**	**7.71**
临翔区	Linxiang	9.91	1.61	0.43	6.17	0.63	0.22	0.85
凤庆县	Fengqing	18.70	4.07	2.16	9.82	1.07	0.49	0.94

18—19 续表2 continued

单位:万吨 (10 000 tons)

州市县	Region	粮食 Grain Crops	稻谷 Rice	小麦 Wheat	玉米 Maize	豆类 Beans and Peas	蚕豆 Broad Beans	薯类(折粮) Tubers
云 县	Yunxian	22.02	4.24	1.66	12.80	1.05	0.45	1.79
永德县	Yongde	19.86	2.47	0.80	13.16	1.31	0.28	1.88
镇康县	Zhenkang	9.02	2.34	0.47	5.03	0.61	0.16	0.52
双江县	Shuangjiang	7.28	1.55	0.58	3.80	0.32	0.09	0.71
耿马县	Gengma	12.10	4.28	0.28	5.63	0.83	0.16	0.82
沧源县	Cangyuan	7.86	2.03	0.12	5.10	0.26	0.07	0.21
楚雄州	**Chuxiong**	**129.13**	**42.51**	**10.68**	**46.91**	**14.07**	**9.37**	**6.17**
楚雄市	Chuxiong	21.36	7.81	2.05	6.96	2.00	1.76	0.53
双柏县	Shuangbo	8.57	1.95	0.72	4.47	1.07	0.56	0.20
牟定县	Mouding	10.96	4.63	0.66	3.04	1.69	1.20	0.34
南华县	Nanhua	12.61	3.00	1.23	4.97	0.97	0.72	1.09
姚安县	Yao'an	10.35	2.94	0.83	3.98	1.69	1.36	0.23
大姚县	Dayao	15.01	3.52	1.03	4.83	2.57	1.63	2.48
永仁县	Yongren	6.27	2.22	0.37	2.33	0.54	0.24	0.41
元谋县	Yuanmou	9.30	4.01	0.37	4.19	0.33	0.10	0.29
武定县	Wuding	12.93	4.01	1.22	5.63	1.00	0.36	0.33
禄丰县	Lufeng	21.77	8.42	2.20	6.49	2.20	1.44	0.27
红河州	**Honghe**	**187.00**	**61.20**	**7.09**	**74.18**	**11.99**	**2.24**	**19.86**
个旧市	Gejiu	7.79	1.46	0.35	4.08	0.42	0.14	1.09
开远市	Kaiyuan	12.93	3.35	0.41	6.17	0.79	0.48	1.89
蒙自市	Mengzi	17.48	4.62	0.43	7.64	2.44	0.53	1.61
弥勒市	Mile	25.05	5.75	2.81	13.56	0.42	0.28	1.24
屏边县	Pingbian	8.20	2.63	0.14	3.68	0.62	0.07	0.60
建水县	Jianshui	22.45	7.28	0.72	9.46	1.04	0.22	3.59
石屏县	Shiping	13.77	4.37	0.80	3.78	0.63	0.12	3.92
泸西县	Luxi	20.82	4.88	0.83	6.34	1.16	0.19	2.49
元阳县	Yuanyang	17.94	8.13	0.03	5.91	1.64	0.06	1.11
红河县	Honghe	12.07	5.75	0.57	2.24	1.10	0.12	1.15
金平县	Jinping	14.56	7.71		5.32	1.04	0.01	0.32
绿春县	Luchun	10.95	4.37		4.18	0.49	0.03	0.86
河口县	Hekou	2.99	0.91		1.83	0.21		
文山州	**Wenshan**	**163.62**	**45.34**	**7.76**	**82.70**	**11.77**	**1.42**	**12.29**
文山市	Wenshan	19.79	6.14	2.02	9.42	0.76	0.13	1.26
砚山县	Yanshan	27.42	6.91	2.30	16.29	0.95	0.14	0.84
西畴县	Xichou	11.53	2.90	0.08	5.51	0.82	0.12	1.57
麻栗坡县	Malipo	12.39	3.27	0.11	6.68	0.99	0.07	1.00
马关县	Maguan	17.96	5.17	0.14	9.06	2.11	0.15	1.25

18-19 续表3 continued

单位:万吨 (10 000 tons)

州市县	Region	粮食 Grain	稻谷 Rice	小麦 Wheat	玉米 Corn	豆类 Beans	蚕豆 Broad Beans	薯类（折粮） Tubers
丘北县	Qiubei	24.09	4.75	2.08	15.34	1.06	0.14	0.86
广南县	Guangnan	34.65	10.81	1.00	13.63	3.68	0.56	3.58
富宁县	Funing	15.79	5.38	0.03	6.76	1.39	0.11	1.93
西双版纳州	**Xishuangbanna**	**48.92**	**22.90**	**0.01**	**25.35**	**0.28**	**0.03**	**0.26**
景洪市	Jinghong	10.07	2.46	0.01	7.57	0.02		0.02
勐海县	Menghai	29.90	18.74		10.63	0.19	0.02	0.22
勐腊县	Mengla	8.94	1.70		7.16	0.07		0.02
大理州	**Dali**	**177.65**	**45.61**	**5.12**	**74.94**	**18.74**	**11.23**	**11.06**
大理市	Dali	16.87	5.76	0.37	6.59	2.14	2.12	0.93
漾濞县	Yangbi	7.05	1.30	0.45	3.59	0.55	0.24	0.67
祥云县	Xiangyun	21.37	2.64	0.53	9.55	2.84	1.72	2.40
宾川县	Binchuan	15.32	3.04	0.14	10.59	0.95	0.64	0.30
弥渡县	Midu	19.07	6.06	0.82	6.86	0.84	0.63	0.92
南涧县	Nanjian	12.46	0.93	0.59	7.03	1.57	0.22	0.66
巍山县	Weishan	16.68	4.64	0.63	6.00	2.66	1.19	0.48
永平县	Yongping	10.75	2.74	0.81	4.85	0.92	0.18	0.44
云龙县	Yunlong	13.97	3.01	0.32	7.60	1.01	0.39	0.85
洱源县	Eryuan	19.00	7.14	0.15	4.72	3.45	2.74	1.55
剑川县	Jianchuan	9.56	2.64	0.20	2.99	0.98	0.54	1.25
鹤庆县	Heqing	15.56	5.70	0.12	4.57	0.84	0.63	0.61
德宏州	**Dehong**	**74.95**	**39.75**	**0.71**	**24.83**	**1.16**	**0.23**	**8.38**
瑞丽市	Ruili	6.72	3.65	0.02	2.94	0.05	0.01	0.06
芒市	Mangshi	24.05	13.34	0.20	8.69	0.35	0.08	1.44
梁河县	Lianghe	7.28	4.56	0.07	1.66	0.13	0.03	0.85
盈江县	Yingjiang	23.09	11.56	0.07	5.88	0.40	0.06	5.09
陇川县	Longchuan	13.80	6.65	0.35	5.65	0.22	0.05	0.93
怒江州	**Nujiang**	**18.55**	**3.33**	**1.12**	**8.59**	**1.90**	**0.31**	**2.49**
泸水市	Lushui	6.33	1.63	0.10	3.10	0.49	0.09	0.76
福贡县	Fugong	2.34	0.48		1.36	0.19	0.02	0.26
贡山县	Gongshan	0.92	0.07	0.03	0.64	0.03	0.01	0.11
兰坪县	Lanping	8.96	1.15	0.99	3.50	1.19	0.18	1.37
迪庆州	**Diqing**	**18.33**	**1.40**	**2.49**	**8.55**	**1.29**	**0.21**	**1.97**
香格里拉市	Shangri-La	7.72	0.51	1.23	2.79	0.33	0.14	1.16
德钦县	Deqin	2.75	0.05	0.56	1.39	0.17		0.08
维西县	Weixi	7.86	0.85	0.70	4.37	0.79	0.07	0.73

18-20 各州市县主要农作物产量（二）（2017年）

Output of Major Farm Crops by Region (II) (2017)

单位:万吨 (10 000 tons)

州市县	Region	油料 Oil-bearing Crops	花生 Peanuts	油菜籽 Rapeseeds	甘蔗 Sugarcane	烤烟 Flue-cured Tobacco	茶叶 Tea	园林水果 Fruits
全　省	**Yunnan**	**56.30**	**6.20**	**47.50**	**1 516.10**	**83.85**	**39.30**	**725.40**
昆明市	**Kunming**	**1.26**	**0.11**	**1.04**	**0.11**	**6.95**	**0.01**	**21.38**
五华区	Wuhua	0.01		0.01		0.03		0.32
盘龙区	Panlong					0.34		0.24
官渡区	Guandu							0.47
西山区	Xishan	0.02		0.01				1.03
东川区	Dongchuan	0.12	0.07	0.05				0.77
呈贡区	Chenggong							0.49
晋宁区	Jinning	0.13		0.11		0.18		0.49
富民县	Fumin	0.09		0.07		0.21		3.20
宜良县	Yiliang	0.06	0.02	0.02		1.00		1.09
石林县	Shilin	0.06		0.04		1.42		6.37
嵩明县	Songming					0.39		0.82
禄劝县	Luquan	0.33	0.04	0.28	0.12	1.23		1.11
寻甸县	Xundian	0.37		0.37		2.04		0.43
安宁市	Anning	0.34		0.33		0.12		3.31
曲靖市	**Qujing**	**18.38**	**0.08**	**17.86**	**0.02**	**17.08**		**25.14**
麒麟区	Qilin	0.11		0.11		1.53		4.64
沾益区	Zhanyi	0.09		0.09		1.58		1.45
马龙县	Malong	0.26		0.23		1.66		3.34
陆良县	Luliang	0.23		0.23		2.40		4.39
师宗县	Shizong	3.86		3.86		2.20		0.75
罗平县	Luoping	15.68		15.64		2.52		1.80
富源县	Fuyuan	1.81	0.01	1.75		1.30		0.88
会泽县	Huize	0.25	0.10	0.15	0.02	0.70		4.87
宣威市	Xuanwei	0.03				3.18		1.55
玉溪市	**Yuxi**	**3.18**	**0.13**	**2.91**	**65.31**	**7.53**	**0.38**	**80.64**
红塔区	Hongta	0.97		0.96		0.49		3.71
江川区	Jiangchuan	0.84		0.84		1.26		0.69
澄江县	Chengjiang	0.03		0.03		0.49		0.29
通海县	Tonghai	0.17		0.16		0.69		0.93
华宁县	Huaning	0.34	0.03	0.29	0.03	1.02		27.79
易门县	Yimen	0.28	0.01	0.24	0.08	0.86		0.68
峨山县	Eshan	0.77	0.01	0.73	0.39	1.01	0.01	0.29
新平县	Xinping	0.12	0.07	0.04	50.81	1.06	0.17	14.00
元江县	Yuanjiang	0.35	0.05	0.30	23.20	0.67	0.20	27.59

注：2017年全省及分州（市）农作物数据为第三次全国农业普查核定和修订的数据，分县（市、区）数据为年报数据。

Note: Data of major farm crops of the whole province and each region are verified and revised according to the Third National Agricultural Census, and the data of each county are annual reports.

18-20 续表1 continued

单位:万吨 (10 000 tons)

州市县	Region	油料 Oil-bearing Crops	花生 Peanuts	油菜籽 Rapeseeds	甘蔗 Sugarcane	烤烟 Flue-cured Tobacco	茶叶 Tea	园林水果 Fruits
保山市	**Baoshan**	**5.88**	**0.15**	**5.59**	**111.76**	**6.00**	**4.82**	**10.78**
隆阳区	Longyang	1.27	0.10	1.15	27.46	1.19	0.22	6.53
施甸县	Shidian	0.28	0.04	0.23	10.92	1.36	0.14	1.87
龙陵县	Longling	0.09	0.02	0.06	45.00	0.65	0.75	0.46
昌宁县	Changning	0.62	0.04	0.58	43.93	1.09	2.53	0.99
腾冲市	Tengchong	4.90		4.89	0.20	1.71	1.34	0.31
昭通市	**Zhaotong**	**3.64**	**0.66**	**2.85**	**2.00**	**3.74**	**0.23**	**39.39**
昭阳区	Zhaoyang	0.01		0.01	0.53	1.18		29.29
鲁甸县	Ludian	0.12	0.02	0.09	0.06	0.84		1.09
巧家县	Qiaojia	0.13	0.10	0.02	0.92	0.38		0.73
盐津县	Yanjin	0.95	0.18	0.77	0.20		0.19	0.24
大关县	Daguan	0.06	0.05	0.01	0.07	0.15	0.01	0.05
永善县	Yongshan	0.79	0.09	0.69	0.35	0.08	0.01	1.05
绥江县	Suijiang	0.15	0.01	0.15	0.06		0.01	3.43
镇雄县	Zhenxiong	0.87	0.16	0.71	0.01	0.51	0.01	0.55
彝良县	Yiliang	0.62	0.08	0.53	0.07	0.52	0.01	0.35
威信县	Weixin	0.64	0.15	0.49	0.03	0.08		0.14
水富县	Shuifu	0.09	0.03	0.06				0.20
丽江市	**Lijiang**	**1.03**	**0.18**	**0.69**	**1.03**	**3.28**	**0.09**	**20.36**
古城区	Gucheng	0.14		0.13		0.25		0.67
玉龙县	Yulong	0.55		0.54		1.47		1.96
永胜县	Yongsheng	0.43	0.17	0.12	1.06	0.98		2.93
华坪县	Huaping	0.12	0.07	0.05	0.11	0.26	0.09	12.49
宁蒗县	Ninglang	0.01				0.32		1.12
普洱市	**Pu'er**	**1.68**	**0.83**	**0.76**	**217.32**	**5.13**	**10.66**	**27.95**
思茅区	Simao	0.08	0.06	0.02	0.04	0.15	1.55	1.44
宁洱县	Ning'er	0.22	0.15	0.07	0.06	0.52	1.10	0.21
墨江县	Mojiang	0.33	0.32	0.01	3.91	0.79	1.40	0.79
景东县	Jingdong	0.34	0.07	0.27	22.40	1.28	1.27	0.73
景谷县	Jinggu	0.40	0.19	0.21	47.72	1.06	1.14	3.13
镇沅县	Zhenyuan	0.33	0.07	0.26	3.12	1.29	0.48	0.48
江城县	Jiangcheng	0.06	0.02	0.04	4.57		1.41	13.06
孟连县	Menglian	0.04	0.04		44.76		0.44	2.65
澜沧县	Lancang	0.22	0.16	0.05	111.59	0.04	1.88	3.57
西盟县	Ximeng				9.77		0.32	0.26
临沧市	**Lincang**	**2.28**	**0.21**	**1.93**	**444.89**	**4.12**	**12.38**	**18.76**
临翔区	Linxiang	1.53	0.02	1.50	11.75	0.90	1.57	0.49
凤庆县	Fengqing	0.27		0.26	40.02	1.00	3.66	0.75

18-20 续表2 continued

单位:万吨 (10 000 tons)

州市县	Region	油料 Oil-bearing Crops	花生 Peanuts	油菜籽 Rapeseeds	甘蔗 Sugarcane	烤烟 Flue-cured Tobacco	茶叶 Tea	园林水果 Fruits
云 县	Yunxian	0.27	0.04	0.23	70.12	0.39	2.05	1.37
永德县	Yongde	0.11	0.06	0.02	49.46	0.78	1.55	4.95
镇康县	Zhenkang	0.03	0.02	0.01	58.29	0.15	0.64	0.56
双江县	Shuangjiang	0.21	0.03	0.15	40.66	0.46	1.20	1.19
耿马县	Gengma	0.21	0.08	0.12	180.52	0.18	1.20	7.51
沧源县	Cangyuan	0.15	0.02	0.09	56.75	0.25	0.89	0.86
楚 雄 州	**Chuxiong**	**5.20**	**0.25**	**4.73**	**1.48**	**8.62**	**0.14**	**31.46**
楚雄市	Chuxiong	1.11		1.11		1.45	0.02	1.56
双柏县	Shuangbo	0.26	0.04	0.22	1.27	0.71	0.06	1.00
牟定县	Mouding	0.88		0.85		0.58	0.02	0.75
南华县	Nanhua	0.49		0.48		1.03	0.05	1.11
姚安县	Yao'an	0.70		0.70		0.93		0.88
大姚县	Dayao	0.33		0.31	0.13	0.74		1.14
永仁县	Yongren	0.29	0.05	0.19	0.01	0.47		4.08
元谋县	Yuanmou	0.21	0.17	0.02	0.06	0.26		13.41
武定县	Wuding	0.47	0.03	0.42	0.09	1.03		1.57
禄丰县	Lufeng	1.58	0.04	1.53	0.14	1.41	0.01	4.13
红 河 州	**Honghe**	**3.16**	**1.18**	**1.77**	**101.64**	**7.17**	**2.50**	**250.62**
个旧市	Gejiu	0.18	0.14	0.03	8.70	0.18		7.02
开远市	Kaiyuan	0.18	0.13	0.03		0.43		6.44
蒙自市	Mengzi	0.26	0.13	0.11	2.40	0.58		35.37
弥勒市	Mile	0.18	0.02	0.17	22.95	2.00		23.84
屏边县	Pingbian	0.12	0.08	0.04	1.94	0.05	0.15	15.83
建水县	Jianshui	0.18	0.14	0.03	0.43	0.84		21.35
石屏县	Shiping	0.26	0.08	0.16	8.92	1.08		16.32
泸西县	Luxi	1.64		1.62		2.01		16.67
元阳县	Yuanyang	0.19	0.19		24.09		0.11	6.05
红河县	Honghe	0.23	0.23		23.22		0.66	6.93
金平县	Jinping	0.18	0.18		22.99		0.05	42.11
绿春县	Luchun	0.21	0.21		0.21		1.61	0.10
河口县	Hekou	0.04	0.04		0.12			38.05
文 山 州	**Wenshan**	**6.19**	**2.13**	**3.50**	**135.20**	**5.02**	**1.09**	**43.21**
文山市	Wenshan	1.36	0.64	0.60	3.12	0.49		2.89
砚山县	Yanshan	0.93	0.75	0.06	0.96	1.67		1.21
西畴县	Xichou	0.22	0.11	0.10	5.57	0.24	0.03	0.47
麻栗坡县	Malipo	0.31	0.15	0.16	16.17	0.19	0.06	2.33
马关县	Maguan	0.81	0.27	0.53	10.92	0.39	0.02	29.71

18-20 续表3 continued

单位:万吨 (10 000 tons)

州市县	Region	油料 Oil-bearing Crops	花生 Peanuts	油菜籽 Rapeseeds	甘蔗 Sugarcane	烤烟 Flue-cured Tobacco	茶叶 Tea	园林水果 Fruits
丘北县	Qiubei	0.66	0.28	0.32	0.02	1.36		0.70
广南县	Guangnan	2.67	0.41	2.18	8.00	0.70	0.97	2.10
富宁县	Funing	0.55	0.18	0.37	109.49		0.04	1.29
西双版纳州	**Xishuangbanna**	**0.12**	**0.11**		**90.30**		**4.56**	**65.35**
景洪市	Jinghong	0.04	0.04		0.46		1.68	27.72
勐海县	Menghai	0.07	0.07		98.70		2.57	9.24
勐腊县	Mengla	0.04	0.04		3.86		0.46	24.59
大理州	**Dali**	**2.92**	**0.09**	**2.71**	**0.82**	**7.04**	**0.71**	**70.22**
大理市	Dali	0.17		0.17		0.29	0.01	1.12
漾濞县	Yangbi	0.12		0.12		0.24		0.49
祥云县	Xiangyun	0.51		0.51		1.50		1.35
宾川县	Binchuan	0.65	0.05	0.58	0.36	0.68		53.91
弥渡县	Midu	0.48	0.03	0.40		0.71	0.02	0.89
南涧县	Nanjian	0.17		0.17	0.04	0.68	0.55	0.32
巍山县	Weishan	0.60		0.60		0.75	0.05	3.62
永平县	Yongping	0.17		0.17		0.52	0.04	0.30
云龙县	Yunlong	0.06		0.06	0.04	0.41	0.05	0.64
洱源县	Eryuan	0.37		0.37		0.47		2.00
剑川县	Jianchuan	0.14		0.14		0.42		0.40
鹤庆县	Heqing	0.09	0.04	0.06	0.49	0.36		1.11
德宏州	**Dehong**	**0.79**	**0.07**	**0.70**	**341.45**	**2.04**	**1.74**	**18.02**
瑞丽市	Ruili	0.05		0.05	40.19		0.03	11.37
芒市	Mangshi	0.20	0.05	0.14	58.77	0.71	0.90	2.46
梁河县	Lianghe	0.12	0.01	0.11	21.65	0.60	0.32	0.19
盈江县	Yingjiang	0.19	0.01	0.18	102.84	0.20	0.36	2.56
陇川县	Longchuan	0.39	0.01	0.38	166.12	0.53	0.18	0.39
怒江州	**Nujiang**	**0.14**	**0.01**	**0.08**	**2.77**		**0.01**	**0.78**
泸水市	Lushui	0.03		0.03	3.16		0.01	0.17
福贡县	Fugong	0.06	0.01	0.04				0.02
贡山县	Gongshan	0.01		0.01				0.02
兰坪县	Lanping	0.07		0.03				0.52
迪庆州	**Diqing**	**0.43**		**0.38**		**0.14**		**1.34**
香格里拉市	Shangri-La	0.29		0.28		0.14		0.33
德钦县	Deqin	0.03						0.64
维西县	Weixi	0.20		0.19				0.29

18-21 各州市县畜牧业、水产品生产情况（2017年）

单位:万头、万只、万吨

州市县	Region	猪 Hogs			牛 Cattle and Buffaloes			
		存栏 Stocked	出栏 Slaughtered	肉产量 Output of Meat	存栏 Stocked	出栏 Slaughtered	肉产量 Output of Meat	存栏 Stocked
全　省	**Yunnan**	**3 189.18**	**4 066.61**	**341.80**	**817.85**	**317.83**	**37.32**	**1 340.20**
昆明市	**Kunming**	**267.44**	**452.08**	**37.64**	**62.10**	**32.90**	**3.70**	**155.28**
五华区	Wuhua	7.59	12.78	0.97	0.46	0.15	0.01	1.26
盘龙区	Panlong	1.78	3.62	0.35	0.49	0.25	0.03	1.85
官渡区	Guandu	2.61	6.13	0.57	0.35	0.13	0.02	1.31
西山区	Xishan	6.33	8.86	0.78	0.39	0.18	0.03	3.49
东川区	Dongchuan	30.24	45.11	4.05	6.60	1.70	0.17	24.44
呈贡区	Chenggong	0.44	0.35	0.02	0.11	0.02	0.00	0.48
晋宁区	Jinning	9.44	23.29	1.93	1.96	0.61	0.09	3.57
富民县	Fuming	16.74	20.87	2.06	2.24	1.08	0.13	6.30
宜良县	Yiliang	30.09	65.60	5.07	5.13	2.04	0.35	12.94
石林县	Shilin	18.70	27.82	2.20	4.32	1.87	0.24	18.31
嵩明县	Songming	15.14	30.22	2.55	2.79	1.76	0.23	3.18
禄劝县	Luquan	47.19	75.37	5.64	13.71	8.46	0.84	41.51
寻甸县	Xundian	57.07	82.88	7.63	22.66	13.90	1.47	32.35
安宁市	Anning	24.09	49.20	3.81	0.89	0.78	0.09	4.29
曲靖市	**Qujing**	**938.67**	**1 573.76**	**155.15**	**172.29**	**99.50**	**14.76**	**349.60**
麒麟区	Qilin	76.47	145.52	13.82	6.35	5.43	0.57	12.84
沾益区	Zhanyi	83.13	132.57	11.69	14.09	10.31	1.87	38.51
马龙县	Malong	33.87	52.57	4.25	9.14	3.84	0.51	32.74
陆良县	Luliang	87.45	176.39	17.31	9.67	9.50	1.29	29.22
师宗县	Shizong	61.89	102.88	9.85	13.94	7.63	0.93	30.82
罗平县	Luoping	82.43	146.76	13.20	18.15	11.73	1.58	47.94
富源县	Fuyuan	136.52	213.33	17.46	20.04	12.32	2.11	42.91
会泽县	Huize	158.60	230.15	23.02	60.28	28.58	4.04	74.16
宣威市	Xuanwei	218.31	373.56	44.54	20.63	10.14	1.87	40.45
玉溪市	**Yuxi**	**179.61**	**294.95**	**24.29**	**29.03**	**18.75**	**2.58**	**49.46**
红塔区	Hongta	21.78	54.90	4.92	0.48	1.08	0.20	1.89
江川区	Jiangchuan	23.13	32.14	2.52	0.53	0.28	0.05	2.30
澄江县	Chengjiang	7.58	11.41	1.00	1.39	0.67	0.09	4.34
通海县	Tonghai	15.84	30.29	2.22	1.63	2.11	0.39	3.17
华宁县	Huaning	24.91	37.58	3.11	4.15	3.77	0.53	8.31
易门县	Yimen	19.93	34.85	2.80	2.85	1.99	0.24	7.47
峨山县	Eshan	14.21	27.81	2.34	2.69	2.08	0.27	5.02
新平县	Xinping	34.92	45.01	3.59	9.98	4.23	0.48	12.35
元江县	Yuanjiang	17.32	20.96	1.81	5.31	2.55	0.32	4.61

注：2017年全省及分州（市）畜牧业、水产品数据为第三次全国农业普查核定和修订的数据，分县（市、区）数据为年报数据。

Output of Animal Husbandry Products and Aquatics Products by Region (2017)

(10 000 heads, 10 000 units, 10 000 tons)

羊 Sheep and Goats		家禽 Poultry			禽蛋产量	奶类产量		蜂蜜产量(吨)	水产品产量
出栏 Slaughtered	肉产量 Output of Meat	存栏 Stocked	出栏 Slaughtered	肉产量 Output of Meat	Poultry Eggs Output	Milk Output	牛奶产量 Cow Milk Output	Honey Output(ton)	Total Output of Aquatic Products
1 054.05	**18.35**	**14 939.78**	**20 617.77**	**45.85**	**30.27**	**61.46**	**53.77**	**11 204**	**63.12**
96.96	**1.96**	**2 834.30**	**6 982.11**	**11.10**	**8.89**	**12.15**	**10.64**	**649**	**4.14**
0.50	0.01	29.29	18.73	0.02	0.34	0.02	0.02		0.03
0.61	0.02	24.52	19.21	0.04	0.20			1	0.02
0.60	0.02	81.25	123.67	0.23	0.72			5	0.12
1.33	0.04	23.83	50.56	0.11	0.03	0.01	0.01	21	0.13
11.95	0.20	111.12	230.73	0.43	0.25	0.01		32	0.14
0.19		14.76	15.07	0.03	0.16	0.15	0.15		0.10
1.61	0.04	210.20	364.34	0.68	1.85	3.09	3.09	12	0.32
2.81	0.09	114.25	155.83	0.29	0.62	0.01		106	0.05
7.15	0.17	562.73	2 186.56	3.11	0.74	4.53	4.47	61	1.52
10.50	0.25	713.27	2 053.82	3.35	0.41	2.36	0.92	15	0.22
2.59	0.06	96.02	143.43	0.30	0.43	1.79	1.79	2	0.08
29.63	0.59	115.82	219.46	0.34	0.20			132	0.14
23.55	0.35	245.45	256.66	0.39	1.04	0.14	0.14	239	1.07
3.95	0.13	491.78	1 144.05	1.79	1.90	0.05	0.05	23	0.19
267.53	**6.23**	**1 933.90**	**3 748.40**	**7.93**	**8.31**	**3.52**	**1.88**	**1 996**	**16.49**
9.12	0.27	243.85	552.79	1.38	2.85			20	2.04
28.78	1.17	187.54	453.89	1.28	0.63	0.03	0.03		1.46
21.06	0.48	131.15	177.36	0.34	0.45			49	0.52
28.37	0.63	341.70	688.34	1.38	0.75	3.41	1.78	5	1.95
26.95	0.65	129.26	248.83	0.41	0.35	0.01	0.01	26	1.53
28.64	0.46	80.58	292.86	0.47	0.38			1463	4.15
33.46	0.71	210.73	339.15	0.69	0.53			2	1.62
62.89	1.12	321.21	513.25	0.82	1.24	0.06	0.06	340	1.55
28.26	0.74	287.88	481.92	1.17	1.13	0.01	0.01	91	1.67
33.46	**0.87**	**2 141.90**	**4 219.77**	**8.45**	**13.94**	**0.84**	**0.82**	**284**	**1.72**
1.89	0.06	312.02	886.09	2.04	2.65	0.01		35	0.13
1.58	0.05	197.06	321.09	0.68	1.69			64	0.44
1.67	0.05	97.73	250.53	0.49	0.36	0.28	0.28		0.17
2.75	0.07	769.63	783.25	1.42	7.37	0.54	0.54	2	0.31
4.57	0.15	124.23	298.40	0.61	0.28	0.01		14	0.16
5.32	0.14	283.58	843.47	1.80	0.31				0.07
4.74	0.11	95.87	241.72	0.39	0.38			23	0.11
8.14	0.17	186.29	490.98	0.84	0.63			114	0.15
2.81	0.07	75.49	104.23	0.17	0.26			32	0.18

Note: Data of animal husbandry products and aquatics products of the whole province and each region are verified and revised according to the Third National Agricultural Census, and the data of each county are annual reports.

18-21 续表1

单位:万头、万只、万吨

州市县	Region	猪 Hogs 存栏 Stocked	猪 Hogs 出栏 Slaughtered	猪 Hogs 肉产量 Output of Meat	牛 Cattle and Buffaloes 存栏 Stocked	牛 Cattle and Buffaloes 出栏 Slaughtered	牛 Cattle and Buffaloes 肉产量 Output of Meat	存栏 Stocked
保山市	**Baoshan**	**394.46**	**516.87**	**38.45**	**88.47**	**32.32**	**4.28**	**75.42**
隆阳区	Longyang	111.35	145.74	11.60	23.03	7.54	0.93	23.51
施甸县	Shidian	69.44	102.32	6.75	10.72	3.91	0.40	5.82
龙陵县	Longling	37.17	40.25	2.66	16.02	4.40	0.58	18.34
昌宁县	Changning	88.58	109.63	8.35	19.78	6.84	0.74	18.56
腾冲市	Tengchong	87.92	118.94	9.09	18.92	9.63	1.63	9.18
昭通市	**Zhaotong**	**423.97**	**549.60**	**45.42**	**67.34**	**25.78**	**3.01**	**80.73**
昭阳区	Zhaoyang	40.61	61.35	5.26	6.55	2.67	0.36	10.09
鲁甸县	Ludian	28.03	27.44	2.55	9.64	3.11	0.38	8.09
巧家县	Qiaojia	58.93	87.58	7.63	8.13	2.30	0.27	16.68
盐津县	Yanjin	47.62	60.81	4.56	2.34	0.62	0.08	1.50
大关县	Daguan	22.83	34.94	3.09	4.18	0.96	0.14	6.57
永善县	Yongshan	41.43	56.31	4.38	4.89	1.34	0.14	15.58
绥江县	Suijiang	8.33	12.89	1.10	0.73	0.37	0.06	1.71
镇雄县	Zhenxiong	108.44	129.02	9.83	14.09	9.21	0.99	5.62
彝良县	Yiliang	41.27	46.54	4.23	11.73	2.97	0.35	13.47
威信县	Weixin	21.00	24.32	2.03	4.97	2.20	0.24	0.51
水富县	Shuifu	5.50	8.40	0.75	0.09	0.04	0.01	0.92
丽江市	**Lijiang**	**146.39**	**182.79**	**11.46**	**49.11**	**13.23**	**1.26**	**141.51**
古城区	Gucheng	7.14	16.47	1.01	1.40	0.85	0.12	3.92
玉龙县	Yulong	47.06	70.03	4.75	14.18	4.07	0.50	25.33
永胜县	Yongsheng	50.85	65.86	3.76	16.78	5.83	0.39	56.23
华坪县	Huaping	9.42	8.61	0.65	3.60	0.98	0.11	14.28
宁蒗县	Ninglang	31.92	21.81	1.29	13.14	1.50	0.12	41.76
普洱市	**Pu'er**	**269.26**	**216.33**	**15.19**	**65.83**	**18.22**	**1.79**	**54.32**
思茅区	Simao	15.42	18.20	1.25	2.14	0.83	0.07	3.82
宁洱县	Ning'er	29.37	25.72	2.17	5.24	2.07	0.21	4.46
墨江县	Mojiang	40.58	28.91	2.12	12.17	2.58	0.24	6.17
景东县	Jingdong	44.69	33.99	2.50	10.73	3.85	0.31	14.31
景谷县	Jinggu	29.08	22.06	1.44	8.05	1.91	0.18	8.41
镇沅县	Zhenyuan	33.82	28.82	2.00	5.58	1.74	0.21	10.29
江城县	Jiangcheng	6.24	6.36	0.45	2.43	1.26	0.12	1.60
孟连县	Menglian	8.85	8.62	0.60	1.57	0.70	0.07	0.72
澜沧县	Lancang	55.89	38.65	2.34	16.45	2.68	0.32	4.03
西盟县	Ximeng	5.32	5.00	0.33	1.47	0.60	0.05	0.51
临沧市	**Lincang**	**313.41**	**373.34**	**22.73**	**76.43**	**23.39**	**2.96**	**85.47**
临翔区	Linxiang	29.06	31.44	1.90	5.68	1.55	0.19	9.16
凤庆县	Fengqing	62.09	92.61	5.85	13.78	5.95	0.71	20.35

continued

(10 000 heads, 10 000 units, 10 000 tons)

羊 Sheep and Goats		家 禽 Poultry			禽蛋产量 Poultry Eggs Output	奶类产量 Milk Output		蜂蜜产量(吨) Honey Output	水产品产量 Total Output of Aquatic Products
出栏 Slaughtered	肉产量 Output of Meat	存栏 Stocked	出栏 Slaughtered	肉产量 Output of Meat			牛奶产量 Cow Milk Output		
61.78	**1.35**	**932.37**	**1 561.80**	**3.43**	**2.10**	**0.71**	**0.71**	**1 891**	**5.35**
16.55	0.35	247.68	490.64	1.14	0.94	0.09	0.09	1 190	1.50
3.94	0.08	130.80	216.30	0.41	0.20			26	0.70
16.85	0.32	121.41	114.40	0.22	0.14			57	0.73
15.31	0.34	155.77	253.83	0.51	0.28			306	1.27
9.13	0.26	276.71	486.62	1.15	0.54	0.62	0.62	312	1.15
52.00	**1.07**	**971.50**	**1 264.36**	**2.29**	**2.95**	**0.04**	**0.04**	**158**	**5.07**
6.60	0.12	84.78	113.84	0.18	0.21	0.04	0.04	1	0.59
4.46	0.09	73.25	63.16	0.11	0.16			2	0.44
13.91	0.29	74.76	168.02	0.25	0.25			8	0.46
0.98	0.02	110.33	168.20	0.31	0.21			38	0.52
3.60	0.08	39.59	47.61	0.09	0.10			14	0.34
10.09	0.17	58.26	73.93	0.12	0.13			7	0.52
1.22	0.03	27.55	45.30	0.07	0.12			2	0.48
4.88	0.12	310.12	349.66	0.71	1.24				0.49
5.46	0.14	101.85	109.47	0.22	0.28			25	0.37
0.39	0.01	66.65	93.82	0.18	0.20			37	0.42
0.41	0.01	24.36	31.36	0.06	0.05			24	0.44
66.64	**1.01**	**401.61**	**389.08**	**0.58**	**0.55**	**0.46**	**0.46**	**401**	**1.98**
3.76	0.10	19.27	20.95	0.04	0.04			7	0.33
14.37	0.20	85.85	71.11	0.09	0.22	0.41	0.41	219	0.34
29.23	0.44	148.85	139.55	0.24	0.22	0.04	0.04	148	0.68
4.96	0.08	77.07	87.87	0.12	0.03			8	0.49
14.32	0.19	70.57	69.60	0.08	0.03	0.01	0.01	19	0.15
25.78	**0.54**	**1 480.87**	**1 639.61**	**2.32**	**1.71**	**0.01**	**0.01**	**1 123**	**16.10**
1.66	0.03	157.30	205.41	0.29	0.44	0.01	0.01	30	2.36
2.47	0.05	76.39	132.81	0.20	0.21			8	1.62
2.99	0.06	169.90	208.90	0.26	0.21			57	2.86
8.68	0.18	246.74	375.67	0.60	0.14			136	1.86
2.52	0.06	206.36	198.90	0.30	0.18			82	3.55
4.89	0.10	138.95	165.18	0.24	0.23			156	0.63
0.63	0.02	54.91	49.88	0.06	0.12			24	0.71
0.32	0.01	70.29	70.00	0.08	0.09			85	0.40
1.33	0.03	333.30	202.86	0.24	0.07			515	2.00
0.29	0.01	26.74	30.00	0.05	0.04			30	0.11
42.33	**0.86**	**1 302.44**	**1 602.14**	**2.32**	**1.37**	**0.03**	**0.03**	**377**	**11.71**
4.55	0.09	126.31	173.69	0.25	0.04	0.01	0.01	47	0.85
9.49	0.19	194.42	303.66	0.44	0.17			80	2.04

18-21 续表2

单位:万头、万只、万吨

州市县	Region	猪 Hogs			牛 Cattle and Buffaloes			
		存栏 Stocked	出栏 Slaughtered	肉产量 Output of Meat	存栏 Stocked	出栏 Slaughtered	肉产量 Output of Meat	存栏 Stocked
云县	Yunxian	69.36	86.41	5.23	17.18	3.89	0.47	25.89
永德县	Yongde	56.80	70.16	4.12	12.69	4.24	0.64	11.68
镇康县	Zhenkang	27.22	19.87	1.22	7.27	1.63	0.21	7.30
双江县	Shuangjiang	19.57	23.49	1.42	5.22	1.75	0.21	3.14
耿马县	Gengma	29.50	31.24	1.89	10.04	2.68	0.32	7.02
沧源县	Cangyuan	19.80	18.13	1.10	4.58	1.71	0.20	0.94
楚雄州	**Chuxiong**	**323.86**	**360.10**	**31.34**	**93.91**	**35.54**	**4.94**	**189.77**
楚雄市	Chuxiong	40.45	55.18	4.80	10.95	6.35	0.88	20.89
双柏县	Shuangbo	33.49	29.83	2.60	10.88	2.89	0.40	24.92
牟定县	Mouding	23.80	26.15	2.35	4.97	2.12	0.29	7.97
南华县	Nanhua	26.57	29.94	2.61	8.80	3.86	0.54	11.60
姚安县	Yao'an	20.93	28.19	2.45	10.23	3.25	0.45	10.82
大姚县	Dayao	38.99	28.75	2.50	9.97	3.28	0.46	32.05
永仁县	Yongren	19.98	21.39	1.84	5.27	2.20	0.31	15.69
元谋县	Yuanmou	21.15	21.86	1.90	7.46	2.16	0.30	19.57
武定县	Wuding	31.92	44.83	3.86	8.88	4.59	0.64	23.50
禄丰县	Lufeng	66.59	73.97	6.44	16.50	4.83	0.67	22.77
红河州	**Honghe**	**638.37**	**1039.27**	**75.96**	**149.47**	**65.28**	**6.71**	**139.67**
个旧市	Gejiu	49.30	77.72	5.52	14.66	7.05	0.71	11.90
开远市	Kaiyuan	20.99	34.13	2.80	6.31	2.80	0.28	10.04
蒙自市	Mengzi	52.68	92.06	7.09	7.89	2.79	0.42	4.71
弥勒市	Mile	85.25	162.39	11.21	21.51	11.71	1.02	29.20
屏边县	Pingbian	34.42	38.83	2.99	4.91	0.46	0.05	1.67
建水县	Jianshui	74.71	143.31	11.04	16.07	8.58	1.03	31.01
石屏县	Shiping	79.24	122.20	9.17	19.35	7.52	0.80	16.22
泸西县	Luxi	68.42	126.10	8.83	20.85	7.42	0.89	23.64
元阳县	Yuanyang	48.89	72.46	5.64	13.33	6.65	0.63	3.32
红河县	Honghe	63.39	70.24	4.61	11.29	5.72	0.49	6.18
金平县	Jinping	26.41	46.58	3.26	4.61	2.58	0.22	0.91
绿春县	Luchun	27.92	44.36	3.11	7.84	1.73	0.15	0.80
河口县	Hekou	6.75	8.88	0.72	0.84	0.25	0.02	0.07
文山州	**Wenshan**	**398.13**	**555.52**	**42.59**	**168.10**	**75.38**	**7.39**	**49.29**
文山市	Wenshan	40.89	59.11	5.02	15.74	4.37	0.47	4.09
砚山县	Yanshan	36.32	60.85	4.61	16.44	8.97	1.00	7.96
西畴县	Xichou	26.83	43.10	3.19	11.48	5.11	0.51	0.94
麻栗坡县	Malipo	31.28	47.51	3.48	14.65	4.89	0.48	2.65
马关县	Maguan	41.35	59.97	4.32	14.01	3.57	0.37	0.90

continued

(10 000 heads, 10 000 units, 10 000 tons)

羊 Sheep and Goats		家 禽 Poultry			禽 蛋 产 量	奶 类 产 量		蜂 蜜 产量(吨)	水产品产量 Total Output
出 栏 Slaughtered	肉产量 Output of Meat	存 栏 Stocked	出 栏 Slaughtered	肉产量 Output of Meat	Poultry Eggs Output	Milk Output	牛奶产量 Cow Milk Output	Honey Output	of Aquatic Products
14.38	0.29	343.78	452.77	0.66	0.14	0.02	0.02	138	1.87
4.63	0.09	181.92	191.42	0.28	0.28			72	1.04
3.31	0.08	87.48	123.89	0.18	0.04			12	0.83
2.41	0.05	105.63	97.90	0.14	0.30			28	2.71
3.04	0.06	165.10	187.39	0.27	0.22			1	1.45
0.51	0.01	97.78	71.41	0.10	0.19				0.93
101.72	**1.91**	**1 503.39**	**1 956.31**	**3.32**	**1.56**			**1 408**	**3.11**
11.21	0.21	247.76	390.58	0.65	0.42			40	0.71
9.91	0.19	101.07	85.88	0.15	0.05			52	0.11
5.16	0.10	64.06	75.92	0.13	0.12			63	0.23
7.39	0.14	180.08	266.90	0.46	0.16			39	0.18
7.10	0.13	90.40	144.97	0.25	0.11			73	0.61
16.66	0.32	113.90	114.84	0.20	0.14			797	0.19
11.11	0.21	53.94	65.38	0.11	0.05				0.09
10.15	0.19	69.88	76.77	0.13	0.05			27	0.31
15.62	0.27	208.65	461.24	0.79	0.15			138	0.14
7.42	0.14	373.66	273.84	0.46	0.32			179	0.56
99.99	**1.54**	**3 429.28**	**7 418.03**	**10.25**	**17.24**	**9.81**	**5.73**	**198**	**8.20**
6.34	0.10	178.44	412.12	0.49	1.49	3.06	3.06	20	0.79
7.01	0.10	468.36	1 075.03	1.61	3.11	0.01	0.01	17	0.63
4.24	0.08	208.59	408.00	0.61	1.55	0.06			0.52
23.11	0.35	507.91	1 650.01	2.30	1.28	1.73	1.30	1.00	0.58
0.73	0.01	130.75	178.89	0.23	0.12			11	0.31
20.14	0.32	697.82	1 386.99	1.80	4.34	2.43	0.54	14	1.02
10.32	0.15	233.87	390.41	0.55	0.67	0.17		41	1.06
17.23	0.28	338.43	598.05	0.84	2.94	2.36	0.82	70	0.58
2.83	0.04	117.20	256.09	0.37	0.69				1.06
6.37	0.09	173.48	316.89	0.39	0.64			15	0.45
0.90	0.01	178.20	385.30	0.54	0.17			1	0.61
0.74	0.01	169.31	330.28	0.46	0.14			8	0.47
0.02		26.93	29.99	0.05	0.10				0.13
50.14	**0.97**	**1 404.44**	**1 991.44**	**3.14**	**2.89**	**0.62**	**0.62**	**140**	**9.21**
4.40	0.10	132.88	180.01	0.32	0.60	0.62	0.62		0.67
10.00	0.23	193.13	283.17	0.44	0.80			4	1.06
1.01	0.02	157.77	252.63	0.39	0.16			20	0.25
2.34	0.04	132.83	204.77	0.31	0.19			36	0.66
0.90	0.02	163.60	226.29	0.29	0.31			5	0.48

18-21 续表3

单位:万头、万只、万吨

州市县	Region	猪 Hogs			牛 Cattle and Buffaloes			
		存栏 Stocked	出栏 Slaughtered	肉产量 Output of Meat	存栏 Stocked	出栏 Slaughtered	肉产量 Output of Meat	存栏 Stocked
丘北县	Qiubei	80.53	94.21	7.27	31.73	18.25	1.76	21.77
广南县	Guangnan	102.09	138.95	10.89	41.53	19.39	1.77	7.64
富宁县	Funing	38.84	51.82	3.82	22.52	10.83	1.02	3.34
西双版纳州	**Xishuangbanna**	**48.72**	**48.72**	**3.09**	**7.57**	**4.53**	**0.48**	**3.76**
景洪市	Jinghong	16.27	20.35	1.14	2.16	1.02	0.12	1.63
勐海县	Menghai	19.07	15.68	1.04	3.34	2.01	0.22	1.06
勐腊县	Mengla	13.38	12.69	0.90	2.07	1.49	0.15	1.07
大理州	**Dali**	**348.39**	**491.87**	**39.64**	**115.14**	**61.96**	**7.58**	**184.03**
大理市	Dali	20.85	53.96	4.86	2.13	3.99	0.56	1.83
漾濞县	Yangbi	16.37	16.73	1.34	9.21	3.54	0.38	16.04
祥云县	Xiangyun	44.10	67.36	5.39	8.36	3.50	0.49	11.47
宾川县	Binchuan	27.65	41.32	4.10	5.97	2.26	0.25	17.69
弥渡县	Midu	56.00	90.00	5.37	13.51	4.71	0.54	7.87
南涧县	Nanjian	21.93	22.43	2.04	11.80	8.60	0.89	7.92
巍山县	Weishan	26.06	28.78	2.59	12.82	10.23	1.28	19.79
永平县	Yongping	28.41	26.18	1.92	9.78	4.79	0.49	15.72
云龙县	Yunlong	31.07	31.28	2.85	15.85	6.26	0.91	29.87
洱源县	Eryuan	19.39	26.80	2.17	6.60	4.11	0.47	18.26
剑川县	Jianchuan	24.24	25.46	1.96	12.19	6.10	0.79	18.97
鹤庆县	Heqing	32.30	61.59	5.05	6.90	3.87	0.52	18.61
德宏州	**Dehong**	**80.98**	**100.02**	**8.36**	**29.12**	**16.92**	**1.86**	**11.93**
瑞丽市	Ruili	8.90	15.37	1.46	3.62	4.37	0.48	0.90
芒市	Mangshi	20.16	28.49	2.18	10.25	5.60	0.62	3.32
梁河县	Lianghe	15.68	11.74	1.12	2.51	1.04	0.11	1.78
盈江县	Yingjiang	21.05	28.07	2.36	6.90	3.62	0.39	3.48
陇川县	Longchuan	15.18	16.35	1.24	5.83	2.28	0.25	2.44
怒江州	**Nujiang**	**56.90**	**46.94**	**2.70**	**16.39**	**3.61**	**0.43**	**48.10**
泸水市	Lushui	24.97	19.49	1.15	6.14	1.49	0.18	18.64
福贡县	Fugong	8.84	7.63	0.42	1.48	0.57	0.07	4.74
贡山县	Gongshan	4.29	3.36	0.18	1.03	0.22	0.02	1.74
兰坪县	Lanping	18.80	16.46	0.95	7.74	1.33	0.16	22.99
迪庆州	**Diqing**	**49.99**	**35.27**	**2.38**	**24.65**	**4.44**	**0.53**	**23.13**
香格里拉市	Shangri-La	22.00	15.70	1.21	12.19	2.14	0.32	7.34
德钦县	Deqin	6.76	3.17	0.22	5.67	0.73	0.07	4.21
维西县	Weixi	21.23	16.40	0.95	6.79	1.57	0.13	11.58

continued

(10 000 heads, 10 000 units, 10 000 tons)

羊 Sheep and Goats		家禽 Poultry			禽蛋产量 Poultry Eggs Output	奶类产量 Milk Output		蜂蜜产量(吨) Honey Output	水产品产量 Total Output of Aquatic Products
出栏 Slaughtered	肉产量 Output of Meat	存栏 Stocked	出栏 Slaughtered	肉产量 Output of Meat			牛奶产量 Cow Milk Output		
20.27	0.33	167.66	240.21	0.41	0.14			22	1.39
8.56	0.18	283.20	354.21	0.63	0.60			21	1.41
2.66	0.05	173.36	250.15	0.36	0.08			32	3.30
1.57	**0.03**	**481.68**	**582.66**	**0.80**	**0.56**			**765**	**6.82**
0.67	0.01	212.03	303.03	0.43	0.13			334	2.92
0.33	0.01	168.83	136.85	0.17	0.28			344	2.40
0.58	0.01	100.82	142.78	0.20	0.14			87	1.50
158.61	**3.12**	**2 199.88**	**2 549.62**	**4.92**	**10.13**	**27.61**	**27.16**	**991**	**9.00**
1.77	0.04	247.66	536.81	1.07	1.32	4.94	4.94	2	0.49
11.15	0.19	64.80	93.64	0.15	0.11	0.09	0.09		0.06
4.23	0.11	961.33	606.66	1.16	6.14	0.79	0.79	66	1.29
13.51	0.22	84.16	96.89	0.23	0.23	0.78	0.78	125	1.22
7.70	0.18	74.10	133.60	0.30	0.25	6.08	6.08	13	1.66
14.32	0.22	233.50	377.45	0.60	0.27	0.02	0.02	53	0.52
26.29	0.45	150.66	261.16	0.52	0.43	0.53	0.53		1.11
11.97	0.18	125.90	89.57	0.17	0.09			45	0.11
21.32	0.54	65.54	124.79	0.25	0.57			268	0.12
16.14	0.37	50.21	70.00	0.16	0.20	10.28	10.28	318	1.21
13.79	0.27	60.26	71.26	0.14	0.17	2.92	2.48		0.52
16.42	0.35	81.78	87.80	0.18	0.36	1.17	1.17	101	0.70
9.57	**0.19**	**463.24**	**795.07**	**1.18**	**0.81**	**0.21**	**0.21**	**235**	**4.74**
1.74	0.03	165.00	245.97	0.36	0.22			118	0.83
2.58	0.05	112.60	240.68	0.36	0.21	0.11	0.11	33	1.24
1.29	0.03	37.53	61.37	0.09	0.06	0.01	0.01	11	0.37
2.20	0.05	90.37	140.81	0.21	0.18	0.04	0.04	67	1.02
1.76	0.04	57.73	106.24	0.16	0.14	0.05	0.05	6	1.29
27.14	**0.49**	**212.12**	**199.60**	**0.30**	**0.47**	**0.01**	**0.01**	**195**	**0.10**
9.74	0.18	105.89	117.16	0.18	0.39			55	0.06
4.77	0.10	42.63	19.67	0.03	0.01			22	0.01
0.64	0.01	18.01	16.50	0.02	0.01	0.01	0.01	35	0.01
12.00	0.21	45.59	46.28	0.07	0.06	0.01	0.01	83	0.03
9.89	**0.17**	**139.61**	**111.04**	**0.18**	**0.13**	**1.33**	**1.33**	**392**	**0.28**
3.26	0.07	65.87	47.11	0.08	0.05	0.89	0.89	22	0.12
0.75	0.02	20.63	15.59	0.02	0.03	0.39	0.39		
5.88	0.09	53.11	48.35	0.07	0.05	0.05	0.05	370	0.15

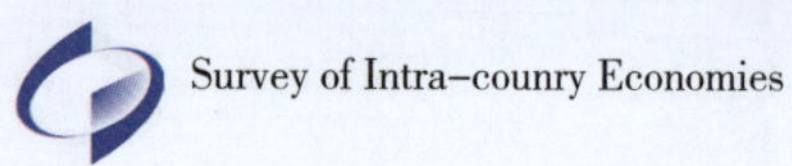

18–22 各州市县规模以上工业企业单位数和工业总产值（2017年）
Number of Industrial Enterprises above Designated Size and Their Gross Output Value by Region (2017)

(按当年价格计算)　　　　(Calculated at current prices)

州市县	Region	企业单位数（个）Number of Enterprises (unit)	工业总产值（亿元）Gross Industrial Output Value (100 million yuan)	国有企业 State-owned Enterprise		集体企业 Collective-owned Enterprise		股份合作制企业 Corporations Enterprise	
				单位数（个）Number of Enterprises (unit)	总产值（亿元）Gross Output Value (100 million yuan)	单位数（个）Number of Enterprises (unit)	总产值（亿元）Gross Output Value (100 million yuan)	单位数（个）Number of Enterprises (unit)	总产值（亿元）Gross Output Value (100 million yuan)
全　省	**Yunnan**	**4 186**	**11 559.51**	**79**	**620.82**	**31**	**26.42**	**7**	**4.39**
昆明市	**Kunming**	**999**	**3 323.92**	**26**	**471.61**	**10**	**5.18**	**2**	**0.37**
五华区	Wuhua	80	811.48	5	23.42				
盘龙区	Panlong	31	92.78	2	1.35			1	0.20
官渡区	Guandu	132	580.94	8	242.41	1	1.04		
西山区	Xishan	64	160.38	1	11.02	2	0.99		
东川区	Dongchuan	35	89.64						
呈贡区	Chenggong	126	433.43	2	3.04				
晋宁区	Jinning	97	133.45	1	0.35				
富民县	Fuming	53	70.36						
宜良县	Yiliang	85	129.97	2	1.08	3	1.09		
石林县	Shilin	42	38.72	1	0.22				
嵩明县	Songming	84	118.80					1	0.18
禄劝县	Luquan	26	19.35			2	1.00		
寻甸县	Xundian	42	44.50	1	3.07	1	0.82		
安宁市	Anning	102	600.12	3	185.65	1	0.25		
曲靖市	**Qujing**	**640**	**1 701.09**	**15**	**30.04**	**14**	**13.76**		
麒麟区	Qilin	136	551.05	4	9.22	1	2.30		
沾益区	Zhanyi	75	278.71			2	1.60		
马龙县	Malong	36	124.03						
陆良县	Luliang	65	92.26	2	7.40	1	0.97		
师宗县	Shizong	36	106.32			2	1.35		
罗平县	Luoping	43	96.96	3	6.25				
富源县	Fuyuan	99	161.30	3	4.69				
会泽县	Huize	38	112.33	1	1.22				
宣威市	Xuanwei	112	178.13	2	1.26	8	7.55		
玉溪市	**Yuxi**	**416**	**1 480.40**	**1**	**0.39**	**6**	**6.85**	**2**	**0.75**
红塔区	Hongta	111	834.66			5	6.05		
江川区	Jiangchuan	45	58.29						
澄江县	Chengjiang	24	41.98						
通海县	Tonghai	76	111.19	1	0.39	1	0.79	2	0.75
华宁县	Huaning	30	38.72						
易门县	Yimen	49	124.91						
峨山县	Eshan	24	37.14						
新平县	Xinping	32	199.20						
元江县	Yuanjiang	25	34.31						

18-22 续表1 continued

州市县	Region	企业单位数(个) Number of Enterprises (unit)	工业总产值(亿元) Gross Industrial Output Value (100 million yuan)	国有企业 State-owned Enterprise		集体企业 Collective-owned Enterprise		股份合作制企业 Corporations Enterprise	
				单位数(个) Number of Enterprises (unit)	总产值(亿元) Gross Output Value (100 million yuan)	单位数(个) Number of Enterprises (unit)	总产值(亿元) Gross Output Value (100 million yuan)	单位数(个) Number of Enterprise (unit)	总产值(亿元) Gross Output Value (100 million yuan)
保山市	**Baoshan**	**258**	**462.70**	**1**	**5.14**			**1**	**1.25**
隆阳区	Longyang	93	157.37	1	5.14				
施甸县	Shidian	27	33.62						
龙陵县	Longling	39	76.11						
昌宁县	Changning	47	74.49					1	1.25
腾冲市	Tengchong	52	121.10						
昭通市	**Zhaotong**	**129**	**434.03**	**4**	**5.17**				
昭阳区	Zhaoyang	23	119.09	2	1.28				
鲁甸县	Ludian	16	40.35						
巧家县	Qiaojia	8	9.94						
盐津县	Yanjin	5	3.76						
大关县	Daguan	6	7.85						
永善县	Yongshan	6	84.42						
绥江县	Suijiang	5	5.13						
镇雄县	Zhenxiong	31	48.39						
彝良县	Yiliang	8	31.98						
威信县	Weixin	13	16.43	1	2.78				
水富县	Shuifu	8	66.69	1	1.11				
丽江市	**Lijiang**	**75**	**114.11**						
古城区	Gucheng	10	20.23						
玉龙县	Yulong	9	22.17						
永胜县	Yongsheng	22	36.45						
华坪县	Huaping	26	26.06						
宁蒗县	Ninglang	8	9.20						
普洱市	**Pu'er**	**158**	**242.80**	**4**	**10.68**				
思茅区	Simao	35	64.75	2	9.10				
宁洱县	Ning'er	17	17.28	1	0.82				
墨江县	Mojiang	16	18.87						
景东县	Jingdong	11	13.43						
景谷县	Jinggu	30	38.52						
镇沅县	Zhenyuan	12	20.99						
江城县	Jiangcheng	13	12.56						
孟连县	Menglian	6	11.11						
澜沧县	Lancang	14	40.81						
西盟县	Ximeng	4	3.36	1	0.76				
临沧市	**Lincang**	**172**	**248.75**	**2**	**0.28**				
临翔区	Linxiang	34	31.82						
凤庆县	Fengqing	24	32.25						
云　县	Yunxian	35	55.83	1					
永德县	Yongde	11	16.81						
镇康县	Zhenkang	19	25.85						
双江县	Shuangjiang	15	22.57						
耿马县	Gengma	25	48.92	1	0.28				
沧源县	Cangyuan	9	14.68						

18-22　续表2　continued

州市县	Region	企业单位数（个）Number of Enterprises (unit)	工业总产值（亿元）Gross Industrial Output Value (100 million yuan)	国有企业 State-owned Enterprise		集体企业 Collective-owned Enterprise		股份合作制企业 Corporations Enterprise	
				单位数（个）Number of Enterprises (unit)	总产值（亿元）Gross Output Value (100 million yuan)	单位数（个）Number of Enterprises (unit)	总产值（亿元）Gross Output Value (100 million yuan)	单位数（个）Number of Enterprises (unit)	总产值（亿元）Gross Output Value (100 million yuan)
楚雄州	**Chuxiong**	**329**	**770.62**	**4**	**24.81**				
楚雄市	Chuxiong	82	343.29	2	17.71				
双柏县	Shuangbo	25	32.06						
牟定县	Mouding	26	28.92						
南华县	Nanhua	24	49.10						
姚安县	Yao'an	21	17.47						
大姚县	Dayao	33	58.20						
永仁县	Yongren	20	17.74						
元谋县	Yuanmou	32	47.88						
武定县	Wuding	26	39.37						
禄丰县	Lufeng	40	136.58	2	7.10				
红河州	**Honghe**	**344**	**1 220.42**	**13**	**26.75**			**1**	**0.81**
个旧市	Gejiu	47	283.00	2	0.82				
开远市	Kaiyuan	60	89.99	4	21.82				
蒙自市	Mengzi	31	321.74	2	0.71				
弥勒市	Mile	46	245.88						
屏边县	Pingbian	15	19.66	1	0.42				
建水县	Jianshui	22	104.26	1	0.24				
石屏县	Shiping	27	34.69	1	1.20			1	0.81
泸西县	Luxi	46	50.70	2	1.53				
元阳县	Yuanyang	10	19.80						
红河县	Honghe	10	8.80						
金平县	Jinping	15	24.67						
绿春县	Luchun	8	11.88						
河口县	Hekou	7	5.34						
文山州	**Wenshan**	**157**	**352.10**	**4**	**34.26**				
文山市	Wenshan	30	129.45	3	33.81				
砚山县	Yanshan	42	47.04						
西畴县	Xichou	5	8.80						
麻栗坡县	Malipo	9	14.48						
马关县	Maguan	15	51.77						
丘北县	Qiubei	22	23.12	1	0.45				
广南县	Guangnan	15	45.63						
富宁县	Funing	19	31.81						
西双版纳州	**Xishuangbanna**	**82**	**193.68**						
景洪市	Jinghong	45	133.26						
勐海县	Menghai	24	37.67						
勐腊县	Mengla	13	22.75						

18-22 续表3 continued

州市县	Region	企业单位数（个）Number of Enterprises (unit)	工业总产值（亿元）Gross Industrial Output Value (100 million yuan)	国有企业 State-owned Enterprise 单位数（个）Number of Enterprises (unit)	国有企业 总产值（亿元）Gross Output Value (100 million yuan)	集体企业 Collective-owned Enterprise 单位数（个）Number of Enterprises (unit)	集体企业 总产值（亿元）Gross Output Value (100 million yuan)	股份合作制企业 Corporations Enterprise 单位数（个）Number of Enterprises (unit)	股份合作制企业 总产值（亿元）Gross Output Value (100 million yuan)
大理州	**Dali**	**282**	**747.40**			**1**	**0.63**		
大理市	Dali	73	370.72						
漾濞县	Yangbi	19	11.01						
祥云县	Xiangyun	39	101.77						
宾川县	Binchuan	28	37.96						
弥渡县	Midu	20	26.57			1	0.63		
南涧县	Nanjian	16	25.22						
巍山县	Weishan	21	35.63						
永平县	Yongping	10	9.17						
云龙县	Yunlong	7	15.26						
洱源县	Eryuan	16	48.39						
剑川县	Jianchuan	13	18.75						
鹤庆县	Heqing	20	46.96						
德宏州	**Dehong**	**104**	**176.71**	**3**	**3.23**				
瑞丽市	Ruili	23	44.79						
芒　市	Mangshi	27	62.54	1	0.25				
梁河县	Lianghe	5	4.52						
盈江县	Yingjiang	37	42.56						
陇川县	Longchuan	12	22.30	2	2.98				
怒江州	**Nujiang**	**18**	**46.91**	**2**	**8.47**				
泸水市	Lushui	12	21.45	2	8.47				
福贡县	Fugong	2	0.48						
贡山县	Gongshan	2	1.01						
兰坪县	Lanping	2	23.96						
迪庆州	**Diqing**	**23**	**43.88**					**1**	**1.20**
香格里拉市	Shangri-La	17	41.93					1	1.20
德钦县	Deqin	1							
维西县	Weixi	5	1.94						

18-23 各州市县工业主要产品产量（2017年）
Output of Major Industrial Products by Region (2017)

州市县	Region	原煤（万吨）Coal (10 000 tons)	发电量（亿千瓦小时）Electricity (100 million kwh)	农用化肥（万吨）Agricultural Chemical Fertilizer (10 000 tons)	白酒（万升）Liquor (10 kiloliters)	啤酒（万升）Beer (10 kiloliters)	糖（万吨）Sugar (10 000 tons)	水泥（万吨）Cement (10 000 tons)
全　省	**Yunnan**	**4 392.91**	**2 730.09**	**271.98**	**11 322.70**	**98 005.75**	**227.13**	**11 292.89**
昆明市	**Kunming**	**265.60**	**1 129.21**	**105.50**	**506.67**	**37 351.76**		**1 888.17**
五华区	Wuhua		181.20	0.17				
盘龙区	Panlong		0.06					
官渡区	Guandu		685.08	1.22				198.84
西山区	Xishan		140.83	14.54				
东川区	Dongchuan		2.62	6.31				84.97
呈贡区	Chenggong		0.38	0.02				
晋宁区	Jinning			22.98		6 494.60		
富民县	Fumin		7.93		131.97	768.46		201.01
宜良县	Yiliang	95.93	18.55	5.68				820.39
石林县	Shilin		6.43					106.69
嵩明县	Songming					30 088.70		
禄劝县	Luquan		38.59					
寻甸县	Xundian	169.67	9.89	2.07				153.67
安宁市	Anning		37.65	52.50	374.70			322.58
曲靖市	**Qujing**	**1 925.93**	**164.41**	**30.23**	**1 062.46**	**2 842.10**	**0.46**	**1 660.84**
麒麟区	Qilin	179.19	6.42	0.95				270.46
沾益区	Zhanyi		2.04	24.03		2 842.10		68.62
马龙县	Malong	29.98	15.95					63.53
陆良县	Luliang	120.17	6.74				0.46	343.23
师宗县	Shizong	112.80	31.83					229.05
罗平县	Luoping	997.68	39.16		964.36			91.13
富源县	Fuyuan		22.43		98.10			120.02
会泽县	Huize	20.09	14.19	0.72				167.21
宣威市	Xuanwei	466.02	25.66	4.54				307.58
玉溪市	**Yuxi**	**25.33**	**26.60**	**9.26**	**284.20**	**1 714.50**	**6.90**	**1 127.31**
红塔区	Hongta		2.08	2.43				203.55
江川区	Jiangchuan				228.20			12.63
澄江县	Chengjiang		4.19					178.71
通海县	Tonghai		1.22	4.39				36.79
华宁县	Huaning	13.64	6.09					141.86
易门县	Yimen		0.15					252.01
峨山县	Eshan	11.69	0.22		56.00	1 714.50		87.99
新平县	Xinping		5.06				4.95	73.77
元江县	Yuanjiang		7.59	2.43			1.95	140.01

注：本表统计范围为规模以上工业法人单位。
Note: The coverage of statistics are industrial enterprises above designated size in this table.

18–23 续表1 continued

州市县	Region	原煤(万吨) Coal (10 000 tons)	发电量(亿千瓦小时) Electricity (100 million kwh)	农用化肥(万吨) Agricultural Chemical Fertilizer (10 000 tons)	白酒(万升) Liquor (10 kiloliters)	啤酒(万升) Beer (10 kiloliters)	糖(万吨) Sugar (10 000 tons)	水泥(万吨) Cement (10 000 tons)
保山市	**Baoshan**	**22.84**	**62.38**		**129.20**	**1 128.10**	**14.57**	**583.96**
隆阳区	Longyang		45.50			1 128.10	2.91	165.38
施甸县	Shidian		2.72				1.95	276.25
龙陵县	Longling						4.87	56.77
昌宁县	Changning		7.99		129.20		4.84	
腾冲市	Tengchong	22.84	2.33					85.56
昭通市	**Zhaotong**	**649.38**	**556.13**	**37.91**	**11.70**			**668.30**
昭阳区	Zhaoyang	1.31	15.86					242.59
鲁甸县	Ludian		7.63	0.23				53.33
巧家县	Qiaojia		11.58					84.46
盐津县	Yanjin	1.93	6.68		11.70			
大关县	Daguan		2.46					106.12
永善县	Yongshan		473.63					8.24
绥江县	Suijiang	35.03	0.08					71.36
镇雄县	Zhenxiong	489.55	16.82					102.20
彝良县	Yiliang	28.56	4.34					
威信县	Weixin	93.00	13.76					
水富县	Shuifu		3.29	37.68				
丽江市	**Lijiang**	**175.29**	**183.79**		**477.60**			**339.09**
古城区	Gucheng		105.56					74.26
玉龙县	Yulong		1.46					
永胜县	Yongsheng		73.34		12.60			74.59
华坪县	Huaping	161.22	0.45					190.24
宁蒗县	Ninglang	14.07	2.98		465.00			
普洱市	**Pu'er**	**19.50**	**85.54**		**1 410.50**		**25.85**	**807.75**
思茅区	Simao		52.18					290.37
宁洱县	Ning'er		0.60					168.57
墨江县	Mojiang		18.84				0.38	
景东县	Jingdong	12.04	0.94				1.30	11.39
景谷县	Jinggu		6.08		1 410.50		3.15	
镇沅县	Zhenyuan		0.33					200.23
江城县	Jiangcheng		3.81					
孟连县	Menglian		0.17				6.92	
澜沧县	Lancang	7.47	1.53				11.01	137.19
西盟县	Ximeng		1.06				3.09	
临沧市	**Lincang**		**17.41**		**3 409.79**	**22 434.60**	**76.11**	**495.04**
临翔区	Linxiang		2.83				2.40	
凤庆县	Fengqing		1.20		102.70		5.51	152.90
云　县	Yunxian		3.64		3 118.30	22 434.60	11.46	31.59
永德县	Yongde		2.38		7.50		3.22	17.91
镇康县	Zhenkang		4.13				19.33	32.54
双江县	Shuangjiang		1.55		159.69		4.75	
耿马县	Gengma		1.27				22.24	120.02
沧源县	Cangyuan		0.40		21.60		7.21	140.08

18-23 续表2 continued

州市县	Region	原煤 (万吨) Coal (10 000 tons)	发电量 (亿千瓦小时) Electricity (100 million kwh)	农用化肥 (万吨) Agricultural Chemical Fertilizer (10 000 tons)	白酒 (万升) Liquor (10 kiloliters)	啤酒 (万升) Beer (10 kiloliters)	糖 (万吨) Sugar (10 000 tons)	水泥 (万吨) Cement (10 000 tons)
楚雄州	**Chuxiong**	**62.66**	**60.89**	**21.81**	**1 469.45**	**13 847.90**	**0.20**	**82.11**
楚雄市	Chuxiong	10.82	3.11					37.79
双柏县	Shuangbo		5.01					
牟定县	Mouding		6.95		194.30			
南华县	Nanhua	47.47	7.91		171.55	13 847.90		
姚安县	Yao'an		8.48					
大姚县	Dayao		5.56					
永仁县	Yongren		3.37					
元谋县	Yuanmou		3.88					10.29
武定县	Wuding		1.23					
禄丰县	Lufeng	4.37	15.39	21.81	1 103.60		0.20	34.03
红河州	**Honghe**	**1 148.36**	**137.07**	**67.13**	**131.34**	**844.18**	**10.18**	**675.05**
个旧市	Gcjiu		5.33	9.93	63.54			
开远市	Kaiyuan	790.34	36.39	49.45		844.18		233.24
蒙自市	Mengzi		16.97					126.67
弥勒市	Mile	207.81	6.15	7.76			1.58	130.39
屏边县	Pingbian		10.07					16.82
建水县	Jianshui		2.12					51.59
石屏县	Shiping	22.99	20.74				0.80	12.93
泸西县	Luxi	127.22	23.05		67.80			93.34
元阳县	Yuanyang						3.92	
红河县	Honghe		0.08				2.05	
金平县	Jinping		13.66				1.84	
绿春县	Luchun							
河口县	Hekou		2.52					10.07
文山州	**Wenshan**	**94.47**	**56.26**	**0.14**	**2 044.60**		**21.02**	**723.75**
文山市	Wenshan		9.24				3.14	134.42
砚山县	Yanshan		1.78	0.14				439.78
西畴县	Xichou							2.42
麻栗坡县	Malipo		16.10					14.11
马关县	Maguan		9.66					21.37
丘北县	Qiubei		9.93		2 044.60			5.53
广南县	Guangnan		1.37				0.75	81.77
富宁县	Funing	94.47	8.18				17.13	24.35
西双版纳州	**Xishuangbanna**		**8.85**			**862.01**	**15.48**	**131.23**
景洪市	Jinghong		4.33			862.01	1.25	113.33
勐海县	Menghai		4.37				9.84	
勐腊县	Mengla		0.15				4.40	17.90

18－23 续表3 continued

州市县	Region	原煤(万吨) Coal (10 000 tons)	发电量(亿千瓦小时) Electricity (100 million kwh)	农用化肥(万吨) Agricultural Chemical Fertilizer (10 000 tons)	白酒(万升) Liquor (10 kiloliters)	啤酒(万升) Beer (10 kiloliters)	糖(万吨) Sugar (10 000 tons)	水泥(万吨) Cement (10 000 tons)
大理州	**Dali**	**3.55**	**74.84**		**383.10**	**16 980.60**		**1 450.26**
大理市	Dali		17.03			16 980.60		479.85
漾濞县	Yangbi		6.22					
祥云县	Xiangyun		8.49					48.00
宾川县	Binchuan		3.20					48.85
弥渡县	Midu		0.61					284.19
南涧县	Nanjian		0.09					29.63
巍山县	Weishan		9.37					20.27
永平县	Yongping		0.33					144.09
云龙县	Yunlong		3.52					94.41
洱源县	Eryuan		13.28					
剑川县	Jianchuan		7.08					106.63
鹤庆县	Heqing	3.55	5.62		383.10			194.33
德宏州	**Dehong**		**122.40**				**56.35**	**449.71**
瑞丽市	Ruili							
芒市	Mangshi		14.20				45.67	155.26
梁河县	Lianghe		6.55				2.94	
盈江县	Yingjiang		101.49				2.42	294.46
陇川县	Longchuan		0.15				5.31	
怒江州	**Nujiang**		**19.47**					
泸水市	Lushui		9.63					
福贡县	Fugong		3.67					
贡山县	Gongshan		6.18					
兰坪县	Lanping							
迪庆州	**Diqing**		**24.86**		**2.10**			**210.30**
香格里拉市	Shangri-La		19.74		2.10			210.30
德钦县	Deqin							
维西县	Weixi		5.12					

18-24 各州市县规模以上工业企业主要财务指标（2017年）
Principal Financial Indicators of Industrial Enterprises above Designated Size by Region (2017)

单位：亿元 (100 million yuan)

州市县	Region	资产总计 Total Assets	负债总计 Total Liabilities	所有者权益总计 Total Owners' Equities	主营业务收入 Revenue from Principal Business	利润总额 Total Profits	利税总额 Total Taxes and Profits
全　省	**Yunnan**	**20 241.46**	**12 555.54**	**7 677.67**	**11 684.53**	**782.65**	**2 133.18**
昆明市	**Kunming**	**5 478.35**	**3 002.12**	**2 485.11**	**3 763.64**	**178.06**	**542.44**
五华区	Wuhua	1 187.97	434.52	753.61	952.51	68.34	284.87
盘龙区	Panlong	238.52	149.98	88.54	162.31	5.97	14.53
官渡区	Guandu	1 154.93	529.65	634.28	554.17	45.33	75.07
西山区	Xishan	290.81	181.52	109.31	165.03	7.26	13.61
东川区	Dongchuan	80.45	39.68	40.77	89.22	3.94	7.82
呈贡区	Chenggong	698.82	424.83	273.99	632.25	22.01	36.77
晋宁区	Jinning	202.59	144.04	58.55	144.40	3.49	9.44
富民县	Fumin	75.76	52.02	23.73	68.43	4.13	6.43
宜良县	Yiliang	106.23	67.35	38.89	127.82	4.46	7.81
石林县	Shilin	69.21	46.18	23.01	34.34	3.12	3.48
嵩明县	Songming	111.47	60.04	51.43	111.93	4.42	8.12
禄劝县	Luquan	94.72	86.75	7.69	17.96	-0.71	0.49
寻甸县	Xundian	116.63	121.65	-5.02	38.08	-3.71	-3.39
安宁市	Anning	1 050.24	663.90	386.34	665.19	10.01	77.39
曲靖市	**Qujing**	**2 261.96**	**1 461.89**	**797.19**	**1 690.81**	**134.95**	**310.24**
麒麟区	Qilin	850.83	462.56	387.88	568.17	21.76	127.51
沾益区	Zhanyi	191.44	195.70	-4.26	262.60	82.73	86.34
马龙县	Malong	58.73	29.65	29.08	118.25	3.78	4.03
陆良县	Luliang	104.38	63.71	40.62	81.56	4.04	5.71
师宗县	Shizong	110.19	74.20	35.67	105.32	1.44	3.65
罗平县	Luoping	82.86	42.18	40.68	80.14	5.48	9.07
富源县	Fuyuan	405.65	320.31	83.33	166.97	-1.73	7.81
会泽县	Huize	290.28	117.72	172.57	137.59	16.81	60.11
宣威市	Xuanwei	167.61	155.86	11.62	170.22	0.63	6.02
玉溪市	**Yuxi**	**1 745.07**	**713.78**	**1 030.78**	**1 395.19**	**119.40**	**458.87**
红塔区	Hongta	1 203.20	381.34	821.86	824.25	84.14	406.26
江川区	Jiangchuan	41.12	16.51	24.10	47.51	3.18	4.55
澄江县	Chengjiang	48.71	34.95	13.76	30.45	1.58	2.63
通海县	Tonghai	70.16	41.90	28.26	103.35	1.79	3.02
华宁县	Huaning	39.27	24.51	14.76	28.32	1.10	1.54
易门县	Yimen	66.52	43.79	22.73	99.46	9.05	11.04
峨山县	Eshan	43.76	25.70	18.06	39.21	1.55	2.97
新平县	Xinping	188.56	115.66	72.89	194.39	14.83	23.97
元江县	Yuanjiang	43.77	29.42	14.36	28.25	2.18	2.89

18-24 续表1 continued

单位：亿元 (100 million yuan)

州市县	Region	资产总计 Total Assets	负债总计 Total Liabilities	所有者权益总计 Total Owners' Equities	主营业务收入 Revenue from Principal Business	利润总额 Total Profits	利税总额 Total Taxes and Profits
保山市	**Baoshan**	**650.32**	**422.12**	**222.01**	**417.84**	**32.15**	**52.51**
隆阳区	Longyang	337.55	243.49	88.14	141.76	5.92	11.57
施甸县	Shidian	32.85	16.16	16.42	27.08	2.85	3.56
龙陵县	Longling	78.87	40.30	38.57	66.95	2.82	7.15
昌宁县	Changning	110.77	73.98	36.79	69.48	7.17	10.20
腾冲市	Tengchong	90.28	48.19	42.09	112.58	13.40	20.02
昭通市	**Zhaotong**	**1 608.71**	**1 089.32**	**519.35**	**423.52**	**77.07**	**162.60**
昭阳区	Zhaoyang	276.59	159.73	116.86	114.77	9.96	59.50
鲁甸县	Ludian	106.11	90.26	15.85	35.80	0.61	2.35
巧家县	Qiaojia	45.75	38.76	6.99	9.81	0.70	1.75
盐津县	Yanjin	18.38	10.79	7.58	3.56	0.08	0.35
大关县	Daguan	17.16	11.49	5.67	7.85	0.14	0.55
永善县	Yongshan	490.69	307.36	183.32	83.38	36.68	51.87
绥江县	Suijiang	7.11	4.35	2.75	5.03	0.75	1.38
镇雄县	Zhenxiong	76.96	71.74	5.22	45.52	-2.30	1.69
彝良县	Yiliang	81.15	63.53	17.62	34.11	10.49	13.83
威信县	Weixin	151.28	122.75	28.50	15.96	-1.12	-1.92
水富县	Shuifu	337.52	208.55	128.97	67.74	21.07	31.26
丽江市	**Lijiang**	**814.75**	**652.08**	**162.67**	**100.24**	**-0.94**	**9.66**
古城区	Gucheng	138.64	109.62	29.03	16.31	-0.28	1.35
玉龙县	Yulong	200.54	161.52	39.02	19.53	-1.19	0.92
永胜县	Yongsheng	311.96	253.50	58.46	32.92	-1.52	2.25
华坪县	Huaping	91.95	69.85	22.10	22.97	2.42	4.59
宁蒗县	Ninglang	71.65	57.59	14.06	8.51	-0.37	0.55
普洱市	**Pu'er**	**1 196.83**	**918.81**	**277.79**	**222.36**	**17.01**	**36.00**
思茅区	Simao	288.97	218.84	70.13	55.27	6.65	11.18
宁洱县	Ning'er	45.15	36.44	8.71	16.65	1.41	2.53
墨江县	Mojiang	121.67	97.66	24.01	16.22	-1.39	-0.47
景东县	Jingdong	84.90	63.67	21.23	12.91	0.45	1.87
景谷县	Jinggu	207.73	161.07	46.43	36.94	2.85	6.53
镇沅县	Zhenyuan	47.81	37.47	10.34	19.32	0.97	1.66
江城县	Jiangcheng	48.48	43.33	5.15	11.66	-1.52	-0.75
孟连县	Menglian	7.41	4.13	3.28	10.51	0.91	1.26
澜沧县	Lancang	325.03	239.36	85.66	38.74	6.98	12.22
西盟县	Ximeng	5.75	3.52	2.23	3.23	0.25	0.36
临沧市	**Lincang**	**713.57**	**518.85**	**194.17**	**218.17**	**12.97**	**22.52**
临翔区	Linxiang	86.46	57.94	28.33	29.73	0.50	1.68
凤庆县	Fengqing	220.78	166.11	54.66	30.62	3.77	6.39
云 县	Yunxian	207.27	143.95	63.33	53.00	4.07	6.13
永德县	Yongde	31.25	22.49	8.76	14.81	-0.37	-0.13
镇康县	Zhenkang	44.10	36.15	7.60	23.44	1.30	2.33
双江县	Shuangjiang	53.87	37.59	16.28	18.07	1.39	2.36
耿马县	Gengma	39.08	31.84	7.24	35.21	0.72	1.62
沧源县	Cangyuan	30.77	22.79	7.98	13.29	1.58	2.15

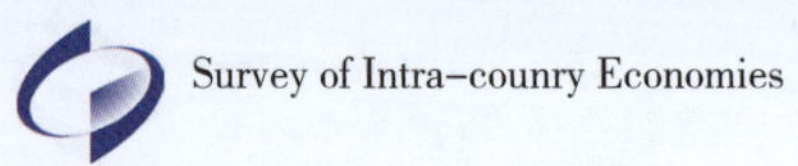

18-24 续表2 continued

单位：亿元 (100 million yuan)

州市县	Region	资产总计 Total Assets	负债总计 Total Liabilities	所有者权益总计 Total Owners' Equities	主营业务收入 Revenue from Principal Business	利润总额 Total Profits	利税总额 Total Taxes and Profits
楚 雄 州	**Chuxiong**	**1057.88**	**663.96**	**392.97**	**677.79**	**32.43**	**110.72**
楚雄市	Chuxiong	393.01	199.24	193.77	305.79	15.84	83.38
双柏县	Shuangbo	22.94	12.82	10.13	24.34	0.56	1.21
牟定县	Mouding	35.40	23.10	12.30	23.44	2.31	2.70
南华县	Nanhua	61.51	43.33	18.18	37.10	1.91	2.60
姚安县	Yao'an	31.87	19.13	12.55	17.21	2.94	3.42
大姚县	Dayao	138.46	107.99	30.48	52.91	2.28	5.03
永仁县	Yongren	69.13	58.07	10.29	16.75	1.47	2.11
元谋县	Yuanmou	33.31	17.92	15.39	48.06	4.48	5.50
武定县	Wuding	33.01	24.91	8.11	35.63	1.14	1.60
禄丰县	Lufeng	239.23	157.46	81.78	116.55	-0.52	3.19
红 河 州	**Honghe**	**1 764.45**	**1177.43**	**586.38**	**1236.83**	**61.90**	**210.67**
个旧市	Gejiu	535.58	451.87	83.66	288.95	-11.47	-4.58
开远市	Kaiyuan	197.85	153.12	44.72	92.50	-0.41	5.81
蒙自市	Mengzi	267.48	199.25	68.22	346.01	33.20	46.20
弥勒市	Mile	414.28	146.38	267.54	248.75	23.54	134.75
屏边县	Pingbian	14.78	6.49	8.29	18.40	2.01	3.05
建水县	Jianshui	138.59	104.03	34.56	99.50	6.66	9.80
石屏县	Shiping	22.22	9.65	12.57	33.18	1.93	3.63
泸西县	Luxi	79.61	54.04	25.57	47.25	3.03	5.89
元阳县	Yuanyang	28.11	10.94	17.17	18.07	1.59	2.35
红河县	Honghe	5.71	2.67	2.82	7.55	0.68	1.25
金平县	Jinping	35.92	23.69	12.22	20.93	0.13	1.14
绿春县	Luchun	8.42	4.01	4.41	11.96	0.83	1.00
河口县	Hekou	15.91	11.28	4.63	3.79	0.18	0.38
文 山 州	**Wenshan**	**603.34**	**377.97**	**225.37**	**345.18**	**40.15**	**63.67**
文山市	Wenshan	278.02	176.24	101.78	159.91	21.57	34.45
砚山县	Yanshan	73.47	55.06	18.41	43.25	2.25	3.56
西畴县	Xichou	12.13	7.20	4.92	8.35	0.67	0.99
麻栗坡县	Malipo	49.95	32.37	17.58	14.02	0.06	1.13
马关县	Maguan	73.47	21.82	51.64	47.58	10.85	16.16
丘北县	Qiubei	36.92	25.76	11.16	21.50	2.12	1.91
广南县	Guangnan	42.96	33.81	9.15	28.45	0.30	1.27
富宁县	Funing	36.43	25.70	10.73	22.13	2.35	4.20
西双版纳州	**Xishuangbanna**	**314.17**	**203.58**	**104.33**	**200.90**	**13.70**	**19.45**
景洪市	Jinghong	231.76	160.81	64.68	150.41	5.72	9.40
勐海县	Menghai	68.20	34.23	33.97	27.64	7.64	9.05
勐腊县	Mengla	14.21	8.53	5.68	22.85	0.33	1.00

18-24 续表3 continued

单位：亿元 (100 million yuan)

州市县	Region	资产总计 Total Assets	负债总计 Total Liabilities	所有者权益总计 Total Owners' Equities	主营业务收入 Revenue from Principal Business	利润总额 Total Profits	利税总额 Total Taxes and Profits
大 理 州	**Dali**	**1 274.90**	**814.59**	**460.31**	**736.80**	**54.59**	**109.14**
大理市	Dali	396.26	217.74	178.47	387.19	26.08	69.91
漾濞县	Yangbi	16.35	8.44	7.91	10.46	0.47	0.83
祥云县	Xiangyun	178.89	98.70	80.17	102.44	3.26	5.94
宾川县	Binchuan	118.97	92.55	26.44	35.29	0.98	-0.83
弥渡县	Midu	28.38	14.89	13.48	24.94	3.68	5.01
南涧县	Nanjian	100.23	72.50	27.73	24.24	2.37	3.90
巍山县	Weishan	61.41	44.75	16.67	26.66	2.23	3.33
永平县	Yongping	34.80	26.61	8.20	9.27	1.28	2.11
云龙县	Yunlong	84.68	60.51	24.18	14.95	1.73	3.21
洱源县	Eryuan	67.61	48.48	19.14	46.64	4.36	5.36
剑川县	Jianchuan	30.43	20.16	10.28	12.26	1.39	1.40
鹤庆县	Heqing	156.89	109.25	47.65	42.46	6.76	8.97
德 宏 州	**Dehong**	**362.65**	**247.85**	**115.91**	**168.24**	**7.84**	**14.48**
瑞丽市	Ruili	62.28	36.96	24.43	39.89	2.01	2.53
芒　市	Mangshi	97.77	76.02	27.99	65.01	-1.07	1.43
梁河县	Lianghe	12.60	13.43	0.28	4.41	0.02	0.21
盈江县	Yingjiang	150.63	94.89	53.46	35.73	4.58	7.05
陇川县	Longchuan	39.37	26.55	9.75	23.20	2.30	3.25
怒 江 州	**Nujiang**	**125.50**	**84.20**	**41.30**	**45.61**	**6.42**	**11.21**
泸水市	Lushui	62.07	49.11	12.97	22.02	0.88	2.05
福贡县	Fugong	3.30	2.32	0.98	0.47	0.13	0.15
贡山县	Gongshan	16.95	10.26	6.69	0.90	-0.07	-0.06
兰坪县	Lanping	43.18	22.51	20.67	22.21	5.48	9.07
迪 庆 州	**Diqing**	**269.00**	**206.99**	**62.02**	**41.40**	**-5.06**	**-1.00**
香格里拉市	Shangri-La	239.45	187.00	52.46	38.87	-4.37	-0.46
德钦县	Deqin	11.21	12.37	-1.16	0.75	-0.27	-0.24
维西县	Weixi	18.34	7.62	10.72	1.77	-0.41	-0.30

主要统计指标解释

乡村户数 指长期（一年以上）居住在乡镇(不包括城关镇)行政管理区域内的住户，还包括居住在城关镇所辖行政村范围内的农村住户。户口不在本地而在本地居住一年及以上的住户也包括在本地农村住户内；有本地户口，但举家外出谋生一年以上的住户，无论是否保留承包耕地都不包括在本地农村住户范围内。不包括乡村地区内的国家机关、团体、国有学校、企业、事业单位的集体户。

乡村人口数 指乡村地区常住居民户数中的常住人口数，即经常在家或在家居住6个月以上，而且经济和生活与本户连成一体的人口。外出从业人员在外居住时间虽然在6个月以上，但收入主要带回家中，经济与本户连成一体，仍视为家庭常住户口；在家居住，生活和本户连成一体的国家职工、退休人员也为家庭常住人口。但是现役军人、中专及以上（走读生除外）的在校学生、以及常年在外（不包括探亲、看病等）且已经有稳定的职业与居住场所的外出从业人员，不应当做家庭常住人口。

乡村从业人员 指乡村人口中16岁以上实际参加生产经营活动并取得实物或货币收入的人员，既包括劳动年龄内经常参加劳动的人员，也包括超过劳动龄但经常参加劳动的人员。但不包括户口在家的在外学生、现役军人和丧失劳动能力的人，也不包括待业人员和家务劳动者。从业人员年龄为16岁以上。从业人员按从事主业时间最长（时间相同按收入）分为农业从业人员、工业从业人员、建筑业从业人员、交运仓储及邮政从业人员、信息传输、计算机服务和软件业、批发与零售业从业人员、住宿和餐饮业从业人员、其他行业从业人员。

Explanatory Notes on Principle Statistical Indicators

Village Households refer to households which reside in the administrative region of townships and towns(excludes county towns) during a long time(more than one year) and also include the rural households reside in the administrative region of county towns. Households without local registrations but have resided in local for more than more year are included in the rural households.Households with local registrations but have left home and worked out of local places for more than more year are excluded from the rural households no matter their cultivated lands are kept. Village Households exclude collective household of state organs and groups, state owned schools,enterprises and public institutions in the rural areas.

Village Population refer to permanent resident population of permanent resident households in the rural areas,which also refers to the population that often stay at home or reside at home for more than 6 months and whose economies and lives are integrated into their households. Employees who have left home for more than 6 months but bring their major salaries home and economies are integrated into their households are regarded as the family permanent residence population. Family permanent residence population also include national staff and retirees who live at home and lives are integrated into their households. Active duty servicemen, students of technical secondary school and above(exclude day students) and employees who has acquire steady job and fixed dwelling places out of their local places(not include those who go to visit their relatives and see a doctor)are exclude from the family permanent residence population.

Village Employees refer to village population who are above 16 years old, having participated in the activities of production and operation actually and getting physical or monetary income, including persons who always take part in the labour within labor age and older than labor age.Students whose registered permanent residence are at home and studying out of local places,active duty servicemen, persons who have lost the ability to work, job seekers and house workers are excluded. Employees are above 16 years old, and can be divided into employees engaging in agriculture, employees engaging in industry, employees engaging in construction, employees engaging in transportation, storage and post, employees engaging in information transmission, employees engaging in computer services and software, employees engaging in wholesale and retail, employees engaging in accommodation and catering services and employees engaging in other trades.

中国统计出版社最新图书简目

(仅供参考,以实际出版为准)

统计资料

中国统计年鉴　中国统计摘要　中国第三产业统计年鉴
中国第三次全国农业普查综合资料　国际统计年鉴　金砖国家联合统计手册
中国-东盟国家统计手册　中国农村统计年鉴　中国县域统计年鉴
中国农产品价格调查年鉴　中国城市统计年鉴　中国价格统计年鉴
中国贸易外经统计年鉴　中国零售和餐饮连锁企业统计年鉴　中国商品交易市场统计年鉴
大中型批发零售和住宿餐饮企业统计年鉴　中国住户调查年鉴　中国工业统计年鉴
中国环境统计年鉴　中国能源统计年鉴　中国建筑业统计年鉴
中国房地产统计年鉴　中国固定资产投资统计年鉴　中国对外直接投资统计公报
中国人口和就业统计年鉴　中国劳动统计年鉴　中国社会统计年鉴
中国科技统计年鉴　中国高技术产业统计年鉴　全国企业创新调查年鉴
中国文化及相关产业统计年鉴　2018年时间利用调查资料　中国妇女儿童状况统计资料
中国基本单位统计年鉴　中国教育统计年鉴　中国教育经费统计年鉴
中国民族统计年鉴　中国残疾人事业统计年鉴

省级综合统计年鉴系列

北京 天津 河北 山西 内蒙古 辽宁 吉林 黑龙江 上海 江苏 浙江 安徽 福建 江西 山东 河南 湖北 湖南
广东 广西 海南 重庆 四川 贵州 云南 西藏 陕西 甘肃 青海 宁夏 新疆 新疆生产建设兵团

市(县)级综合统计年鉴系列

滨海新区 石家庄 唐山 邯郸 保定 沧州 邢台 廊坊 承德 衡水 秦皇岛 张家口 太原 大同 阳泉 长治 晋城
朔州 晋中 运城 忻州 临汾 吕梁 呼和浩特 呼和浩特新城区 鄂尔多斯 包头 沈阳 大连 长春 吉林 延吉 四平
通化 松原 哈尔滨 齐齐哈尔 黑龙江垦区 上海浦东新区 南京 无锡 徐州 常州 苏州 南通 连云港 淮安 盐城
扬州 镇江 泰州 宿迁 江阴 丹阳 海门 杭州 宁波 温州 嘉兴 湖州 绍兴 金华 衢州 舟山 台州 丽水 合肥
安庆 马鞍山 福州 厦门 宁德 漳州 龙岩 南昌 九江 上饶 新余 抚州 萍乡 赣州 吉安 景德镇 济南 青岛 潍坊
枣庄 日照 滕州 郑州 洛阳 平顶山 三门峡 商丘 信阳 济源 汝州 武汉 十堰 荆州 宜昌 荆门 咸宁 长沙 广州
深圳 惠州 东莞 汕尾 南宁 柳州 桂林 梧州 来宾 河池 防城港 海口 三亚 成都 贵阳 黔南 毕节 昆明 西安
咸阳 延安 宝鸡 安康 铜川 汉中 榆林 兰州 庆阳 银川 乌鲁木齐 兵团一师 兵团十师

调查年鉴系列

天津 内蒙古 上海 浙江 福建 河南 湖北 湖南 广东 广西 重庆 四川 云南 甘肃 宁夏

统计方法应用/实用手册

实用SAS统计分析教程　Python数据分析基础　统计公文知识问答　领导干部统计知识问答
乡镇统计人员岗位知识培训系列教材：辅助调查员岗位基础知识　乡镇统计人员岗位基础知识
县级统计人员岗位知识培训系列教材：Excel在统计工作中的应用　简明统计分析
地市级统计人员岗位知识培训系列教材：统计报告与演示　中国国民经济核算体系（2016）基础知识
全国统计专业技术资格考试系列考试用书：统计业务知识（第四版）　统计业务知识学习指导与习题
全国统计专业技术资格考试系列考试用书：统计相关知识（第四版）　统计相关知识学习指导与习题

统计通俗读物/统计科普图书

我国20个统计指标的历史变迁　联合国工业发展组织：2016年工业发展报告
中国古代统计发展史　理解国民账户

重点图书

波澜壮阔四十年　砥砺奋进铸就辉煌——改革开放40年与时俱进的中国统计
新编英汉汉英统计大词典　中国国民经济核算体系2016　国民经济行业分类注释
挑大学选专业2019—考研择校指南　挑大学选专业2019—高考志愿填报指南　中华医学统计百科全书